Die Bedeutung des Europarechts für die Entwicklung des Völkerrechts

STUDIEN UND MATERIALIEN ZUM ÖFFENTLICHEN RECHT

Herausgegeben von Herbert Bethge

Band 22

PETER LANG

Frankfurt am Main · Berlin · Bern · Bruxelles · New York · Oxford · Wien

Wolfram Wormuth

Die Bedeutung des Europarechts für die Entwicklung des Völkerrechts

PETER LANG
Europäischer Verlag der Wissenschaften

Bibliografische Information Der Deutschen Bibliothek
Die Deutsche Bibliothek verzeichnet diese Publikation in der Deutschen Nationalbibliografie; detaillierte bibliografische Daten sind im Internet über <http://dnb.ddb.de> abrufbar.

Zugl.: Passau, Univ., Diss., 2003

D 739
ISSN 1433-1500
ISBN 3-631-51943-5

www.peterlang.de

Meinen Eltern

Vorwort

Die vorliegende Arbeit wurde im Sommersemester 2003 von der Juristischen Fakultät der Universität Passau als Dissertation angenommen.

Das Manuskript ist Ende Januar 2003 abgeschlossen worden. Später erschienene Rechtsprechung und Literatur konnte daher nur noch vereinzelt Berücksichtigung finden.

Zu danken habe ich meinem Doktorvater und akademischen Lehrer, Herrn Prof. Dr. Michael Schweitzer. Er hat bei mir nicht nur das Interesse für das Völker- und Europarecht geweckt, sondern hat mir auch bei Auswahl und Ausgestaltung des Themas der Arbeit große Freiheit gelassen.
Herrn Prof. Dr. Otfried Seewald danke ich für die rasche Erstellung des Zweitgutachtens.
Für die Aufnahme der Arbeit in die Schriftenreihe der Studien und Materialien zum Öffentlichen Recht gebührt mein Dank dem Herausgeber, Herrn Prof. Dr. Herbert Bethge.

Vor allem aber möchte ich meinen lieben Eltern danken. Mit ihrer steten Unterstützung in Wort und Tat haben sie ganz erheblich zum Gelingen dieser Abhandlung beigetragen. Ihnen ist die Arbeit daher gewidmet.

Trier, im August 2003 *Wolfram Wormuth*

Inhaltsverzeichnis

Abkürzungsverzeichnis

a.A. / A.A.	andere Ansicht
a.a.O. / A.a.O.	am angegeben Ort
ABl.	Amtsblatt der Europäischen Gemeinschaften (seit 1968: Nr. L und C)
Abs.	Absatz / Absätze
Abschn.	Abschnitt
AC	Acuerdo de Cartagena
AC	Appeal Cases (House of Lords)
AdG	Archiv der Gegenwart
a.E.	am Ende
AEC	African Economic Community
AEMR	Allgemeine Erklärung der Menschenrechte
AFDI	Annuaire français de droit international
a.F.	alte Fassung
AfrYBIL	African Yearbook of International Law
AIDI	Annuaire de l'Institut de Droit International
AJIL	American Journal of International Law
AKP	afrikanisch-karibisch-pazifisch
AllER	All England Law Reports
Alt.	Alternative
Art.	Artikel
AU	African Union
Aufl.	Auflage
AVR	Archiv des Völkerrechts
BCEAO	Banque Centrale des Etats de l'Afrique d'Ouest
Bd.	Band
BEAC	Banque des Etats de l'Afrique Centrale
Bearb.	Bearbeiter
Beih.	Beiheft
Beil.	Beilage
BerDGV	Berichte der Deutschen Gesellschaft für Völkerrecht
BGBl.	Bundesgesetzblatt (seit 1951: Teil I u. II)
BISD	Basic Instruments and Selected Documents (GATT)
BJC	Boletín de Jurisprudencia Constitucional
BMJ	Boletim do Ministério da Justiça
Bull.EG	Bulletin der Europäischen Gemeinschaften (von 1968 bis 1993)
Bull.EU	Bulletin der Europäischen Union (seit 1994)
Bull.EWG	Bulletin der Europäischen Wirtschaftsgemeinschaft (bis 1967)
BVerfG(E)	(Entscheidungen des) Bundesverfassungsgericht(s)
bzgl.	bezüglich
bzw.	beziehungsweise
c.	contre
ca.	circa
CARICOM	Caribbean Community
CARIFTA	Caribbean Free Trade Association

Cass.	Cour des Cassation
Cass. Ass. plén.	Cour de cassation, Assemblée plénière
Cass. ch. mixte	Cour de cassation, chambre mixte
cass. crim.	(Cour supérieure de Justice, Luxembourg,) cassation criminelle
CAN	Comunidad Andina de Naciones
CC	Conseil constitutionnel
CCM	Common Caribbean Market
CE	Conseil d'Etat
CE Ass.	Conseil d'Etat, Assemblée du contentieux
CE Sect.	Conseil d'Etat, Section du contentieux
CEE	Communauté Economique Européenne
CDE	Cahiers de droit européen
CE	Communauté Européenne
CEEAC	Communauté Economique des Etats de l'Afrique Centrale
CEMAC	Communauté Economique et Monétaire de l'Afrique Centrale
CJCE	Cour de Justice des Communautés Européennes
COM	Commission Document
COMESA	Common Market for Eastern and Southern Africa
CONF	Conference
COREPER	Comité des Représentants Permanentes des Etats Membres
CSCE	Conference for Security and Cooperation in Europe
ders.	derselbe
D.h. / d.h.	das heißt
dies.	dieselbe(n)
doc./Doc.	Document
DR	Diário da República (3 Teile: 1.ª, 2.ª, 3.ª)
dt.	deutsch/deutsche(r)
EAG	Europäische Atomgemeinschaft
EAGV	Vertrag zur Gründung der Europäischen Atomgemeinschaft vom 25. März 1957
EBRD	European Bank for Reconstruction and Development
EC	European Community
ECHR Rep.	European Court for Human Rights, Reports of Judgements and Decisions bis 1995: Ser. A n°
ECJ	European Court of Justice
ECOWAS	Economic Community of West African States
EEA	Einheitliche Europäische Akte
EFARev	European Foreign Affairs Review
EFTA	European Free Trade Association
EG	Europäische Gemeinschaft(en)
EGKS	Europäische Gemeinschaft für Kohle und Stahl
EGKSV	Vertrag zur Gründung der Europäischen Gemeinschaft für Kohle und Stahl vom 18. April 1951

EGV	Vertrag zur Gründung der Europäischen Gemeinschaft (siehe EWGV)
EJIL	European Journal of International Law
engl.	englisch
EMRK	Europäische Menschenrechtskonvention
EPIL	Encyclopedia of Public International Law
EPZ	Europäische Politische Zusammenarbeit
Erg.-Lfg.	Ergänzungslieferung
ETS	European Treaty Series
EU	Europäische Union
EuG	Gericht erster Instanz der Europäischen Gemeinschaften
EuGH	Gerichtshof der Europäischen Gemeinschaften
EuGMR	Europäischer Gerichtshof für Menschenrechte
EuGRZ	Europäische Grundrechte-Zeitschrift
EuR	Europa-Recht
EUV	Vertrag über die Europäische Union (Vertrag von Maastricht)
EuZW	Europäische Zeitschrift für Wirtschaftsrecht
evtl.	eventuell
EWG	Europäische Wirtschaftsgemeinschaft (jetzt EG)
EWGV	Vertrag zur Gründung der Europäischen Wirtschaftsgemeinschaft vom 25. März 1957 (jetzt EGV)
EWS	Europäisches Wirtschafts- und Steuerrecht
f.	folgende (Seite)
FAO	Food and Agriculture Organization of the United Nations
FAZ	Frankfurter Allgemeine Zeitung
ff.	folgende (Seiten)
franz.	französisch
FS	Festschrift
Fn	Fußnote(n)
GA	Generalanwalt
GA Res.	General Assembly of the United Nations, Resolution
Gac.Of. del AC	Gaceta Oficial del Acuerdo de Cartagena
GASP	Gemeinsame Außen- und Sicherheitspolitik
GATT	General Agreement on Tariffs and Trade (Allgemeines Zoll- und Handelsabkommen)
GATT'47	General Agreement on Tariffs and Trade vom 30. Oktober 1947 i.d.F. der Schlußakte und des Protokolls von Torquay vom 21. April 1951
GATT'94	General Agreement on Tariffs and Trade i.d.F. vom 15. April 1994
GATS	General Agreement on Trade in Services
GazPal	Gazette du Palais 1er sem.: Premier semestre 2e sem.: Deuxième semestre
gem.	gemäß
GG	Grundgesetz für die Bundesrepublik Deutschland

ggf.	gegebenenfalls
ggü.	gegenüber
grds.	grundsätzlich
GRUR Int.	Gewerblicher Rechtsschutz und Urheberrecht, Internationaler Teil
GS	Gedächtnisschrift
GUS	Gemeinschaft Unabhängiger Staaten
GYIL	German Yearbook of International Law
h.M.	herrschende Meinung
Hrsg.	Herausgeber
IAEA	International Atomic Energy Agency
IBRD	International Bank for Reconstruction and Development (World Bank)
ICJ Rep.	International Court of Justice, Reports of Judgements, Advisory Opinions and Orders
ICLQ	International and Comparative Law Quarterly
i.d.F.	in der Fassung
i.d.S.	in diesem Sinne
i.e.	id est
IGH	Internationaler Gerichtshof
ILC	International Law Commission
ILM	International Legal Materials
ILO	International Labour Organization
IMF	International Monetary Fund
IMO	International Maritime Organization
insbes.	insbesondere
int.	international(e)
IntLaw FORUM	International Law FORUM du droit international
IO	International Organization (Zeitschrift)
IPbürgR	Internationaler Pakt über bürgerliche und politische Rechte vom 19. Dezember 1966
IPwirtR	Internationaler Pakt über wirtschaftliche, soziale und kulturelle Rechte vom 19. Dezember 1966
i.R.	in Rede
ISeeGH	Internationaler Seegerichtshof
i.S.v.	im Sinne von
ITO	International Trade Organization
i.ü.	im übrigen
i.V.m.	in Verbindung mit
i.w.S.	im weiteren Sinne
JdT	Journal des Tribunaux
JO	Journal Officiel de la République Française
JöR	Jahrbuch des öffentlichen Rechts der Gegenwart
JYILC	Juridical Yearbook of the International Law Commission
JZ	Juristen-Zeitung
Kap.	Kapitel
KOM (endg.)	Dokument der Kommission (endgültig)

KSZE	Konferenz für Sicherheit und Zusammenarbeit in Europa (jetzt OSZE)
LAFTA	Latin American Free Trade Association
Lit.	Literatur
lit.	littera
LNOJ	League of Nations Official Journal
LNTS	League of Nations Treaty Series
MartNRG	de Martens Nouveau Receuil général de Traités 1[ière] sér.: Première Série 2me sér.: Deuxième Série 3me sér.: Troisième Série
MCCA	Mercado Común Centroamericano
Mercosur	Mercado Común del Sur
n.F.	neue Fassung
NILR	Netherlands International Law Review
NJW	Neue Juristische Wochenschrift
N.J.	Nederlandse Jurisprudentie
Nr.	Nummer
No. / N° / n°	Numero, number
NordJIL	Nordic Journal of International Law
NQHR	Netherlands Quarterly of Human Rights
NYIL	Netherlands Yearbook of International Law
OAS	Organization of American States
OAU	Organization of African Unity
OECD	Organization for Economic Cooperation and Development
OEEC	Organization for European Economic Cooperation
o.g.	oben genannt / oben genannte(r)
OSZE	Organisation für Sicherheit und Zusammenarbeit in Europa
p.	page
Pas.b.	Pasiscrisie belge
Pas.lux.	Pasiscrisie luxembourgeoise
PB	Protocolo de Brasilia vom 17. Januar 1991
PCIJ Ser.	Permanent Court of International Justice Ser. A: Collection of Judgements, Nos. 1-24 (1923-30) Ser. B: Collection of Advisory Opinions, Nos. 1-18 (1922-30) Ser. A/B: Judgements, Orders and Advisory Opinions, Nos. 40-80 (1931-39)
PG	Protocolo de Guatemala vom 29. Oktober 1993
PJZS	Polizeiliche und Justizielle Zusammenarbeit in Strafsachen
PO	Protocolo de Olivos vom 10. Februar 2002
POP	Protocolo de Ouro Preto vom 17. Dezember 1994
PrGS	Gesetzsammlung für die Königlich Preußischen Staaten (1810-1906)

PT	Protocolo de Tegucigalpa vom 13. Dezember 1992
R	Regina / Rex
RADIC	Revue Africaine de Droit International et Comparé
RdC	Receuil des Cours de l'Académie de Droit International
RDP	Revue de droit public et de la science politique en France et à l'étranger
Rec.	Receuil des Décisions (CC / CE)
RecDSir (Jur.)	Receuil Dalloz-Sirey (jurisprudence)
RevInstEur	Revista de Instituciones Europeas
RGBl.	Reichsgesetzblatt (seit 1922: Teil I u. II.)
RGDIP	Revue Générale de Droit International Public
RHellDI	Revue Hellénique de Droit International
RIAA	Reports of International Arbitral Awards
RivDirInt	Rivista di diritto internazionale
RIW	Recht der Internationalen Wirtschaft
RMCUE	Revue du Marché Commun et de l'Union Européenne
Rn	Randnummer(n)
Rs.	Rechtssache
Rspr.	Rechtsprechung
RTDE	Revue Trimestrielle de Droit Européen
Rz	Randzahl(en)
S.	Seite(n)
s.	siehe
s.a.	siehe auch
SADC	Southern African Development Community
SC Res.	Security Council of the United Nations, Resolution
SIECA	Secretaría de Integración Económica Centroamericana
SeeRÜbk.	Seerechtsübereinkommen der Vereinten Nationen vom 10. Dezember 1982
SEK	Dokument des Generalsekretariats der Kommission
Slg.	Sammlung der Rechtsprechung des EuGH und des EuG
s.o.	siehe oben
sog.	sogenannte(r)
Spstr.	Spiegelstrich
Sp.	Spalte
ständ.	ständige
str.	streitig
Suppl.	Supplement
SZIER	Schweizerische Zeitschrift für internationales und europäisches Recht
TA	Tratado de Asunción vom 26. März 1991
TG	Tratado General de Integración Económica Centroamericana vom 13. Dezember 1960
TRIPS	Agreement on Trade-Related Aspects of Intellectual Property Rights
Tz	Teilungszeichen

u.	und
u.a.	unter anderem/und andere
UEMOA	Union Economique et Monétaire Ouest Africaine
Übers.	Übersetzung
Übk.	Übereinkommen
UN	United Nations
UNCTAD	United Nations Conference on Trade and Development
UNESCO	United Nations Scientific and Cultural Organization
UNJYB	United Nations Juridical Yearbook
UNTS	United Nations Treaty Series
usw.	und so weiter
V	Vertrag
v.	versus
v.a.	vor allem
VAndGH	Vertrag zur Errichtung des Andengerichtshofes
verb. Rs.	verbundene Rechtssachen
VerfO	Verfahrensordnung
vgl.	vergleiche
Verh.EurParl.	Verhandlungen des Europäischen Parlaments
VN	Vereinte Nationen
VO	Verordnung
Vol.	Volume
VRÜ	Verfassung und Recht in Übersee
VVDStRL	Veröffentlichungen der Vereinigung Deutscher Staatsrechtslehrer
WDK	Wiener Übereinkommen über diplomatische Beziehungen vom 18. April 1961
WTO	World Trade Organization
WVRK I	Wiener Übereinkommen über das Recht der Verträge vom 23. Mai 1969
WVRK II	Wiener Übereinkommen über das Recht der Verträge zwischen Staaten und Internationalen Organisationen oder zwischen Internationalen Organisationen vom 21. März 1986
YBECHR	Yearbook of the European Commission on Human Rights
YBILC	Yearbook of the International Law Commission
YBUN	Yearbook of the United Nations
YBWA	Yearbook of World Affairs
ZaöRV	Zeitschrift für ausländisches öffentliches Recht und Völkerrecht
z.B.	zum Beispiel
ZBJI	Zusammenarbeit in den Bereichen Justiz und Inneres
ZeuS	Zeitschrift für europarechtliche Studien
Ziff.	Ziffer
ZP	Zusatzprotokoll
ZParl	Zeitschrift für Parlamentsfragen
Zpkt.	Zeitpunkt
z.T.	zum Teil

Einleitung

Die Idee zur Untersuchung der Bedeutung des Europarechts für die Entwicklung des Völkerrechts geht auf einen Aufsatz *Pierre Pescatores* aus dem Jahre 1970 zurück, der den Titel trägt: „L'apport du droit communautaire au droit international public"[1].
Der Autor stellte darin seinerzeit fest, daß es sich bei dem Europäischen Gemeinschaftsrecht noch um ein zu junges Phänomen handele, als daß es bereits sichtbare Auswirkungen auf das Völkerrecht in seiner Gesamtheit habe zeitigen können:

> „[L]e droit communautaire est un phénomène encore trop récent [...], pour qu'il ait pu exercer d'ores et déjà une influence perceptible sur le droit international dans sa généralité."[2]

Gleichwohl zeigt *Pescatore* im Fazit des Beitrags drei Ebenen auf, auf denen das Gemeinschaftsrecht seiner Ansicht nach für die Entwicklung des Völkerrechts bereits Bedeutung erlangt habe oder -den Blick in die Zukunft gerichtet- werde erlangen können[3]:

1. Das Gemeinschaftsrecht könne ein konkretes Modell für Unternehmungen wirtschaftlicher Integration anderer Staaten liefern.
2. Das Gemeinschaftssystem gebe eine exemplarische Antwort auf Fragen, die sich der Wissenschaft allgemein im Zusammenhang mit Staatenzusammenschlüssen stellen, also insbesondere im Hinblick auf Entscheidungsmechanismen, das Verhältnis der geschaffenen Organe zueinander und das Rechtsschutzsystem.
3. Schließlich könne das Gemeinschaftsrecht die Völkerrechtsordnung um eine „neue Dimension" bereichern, das -vom Autor- so genannte „internationale Integrationsrecht". Diese Dimension liege allerdings in einem Grenzbereich, da sich das Gemeinschaftsrecht angesichts seiner Besonderheiten nicht mehr ohne weiteres dem Völkerrecht zuordnen lasse, sondern vielmehr im Übergang zu einer Art Staatsrecht („quelque forme de droit public") begriffen sei.

Mehr als 30 Jahre sind seit Veröffentlichung dieser Thesen vergangen.

Der EU und der EG steht in den nächsten Jahren die wohl tiefgreifendste Reform ihrer Geschichte bevor. Angesichts der zum Mai 2004 beschlossenen Erweiterung der Union um 10 neue Mitgliedstaaten auf dann 25 ist offenkundig, daß institutionelle Änderungen im europäischen Integrationssystem unausweichlich sind.

Der zur Erarbeitung entsprechender Reformen im Jahre 2001 eingesetzte EU-Konvent überreichte dem Europäischen Rat auf dessen Tagung in Thessaloniki am 20. Juni 2003 den Entwurf eines Vertrages über eine Verfassung für Europa. Bedenkt man, daß die Aufgabe des Konvents letztlich nicht in Verfassungsgebung, sondern in der Zusammenfassung und Überarbeitung der bereits vorhandenen Verfassungstexte bestand, also in „Verfassungsverbesserung"[4], dann verwundert es nicht, daß die neue EU-Verfassung im Kern die alte sein wird.
Dies dürfte ungeachtet etwaiger Änderungen am Konventsentwurf gelten, die möglicherweise von der am 4. Oktober 2003 in Rom beginnenden Konferenz der Staats- und Regierungschefs der Mitgliedstaaten noch beschlossen werden.

Absehbar ist daher schon jetzt, daß sich zumindest für die Teilnahme der EG/EU am Völkerrechtsverkehr keine grundlegenden Veränderungen ergeben werden. Lediglich das in-

---

[1] *Pescatore*, L'apport du droit communautaire au droit international public, CDE 6 (1970), S. 501 ff.

[2] A.a.O., S. 522.

[3] A.a.O., S. 522 ff.

[4] *Mayer*, Macht und Gegenmacht in der Europäischen Verfassung, ZaöRV 63 (2003), S. 59 ff. (64).

ternational ohnehin weitgehend ignorierte Nebeneinander von Gemeinschaften und EU wird zugunsten einer einheitlichen, als Internationale Organisation ausgestalteten Union aufgegeben. Diese wird gleichzeitig Rechtsnachfolgerin der beiden noch verbliebenen Europäischen Gemeinschaften.

Die zu erwartende Zäsur im europäischen Integrationsprozeß -wie auch immer man ihre rechtliche Dimension einschätzen mag- gibt Anlaß, mit der vorliegenden Arbeit eine Zwischenbilanz der Bedeutung zu ziehen, die das Europarecht für die Entwicklung des Völkerrechts bisher hat erlangen können.
Damit sollen zugleich *Pescatores* Thesen und Prognosen einer kritischen Würdigung unterzogen werden.

Der Gang der Untersuchung gliedert sich wie folgt:

In Teil 1 wird die Bedeutung des Europarechts als solchem für die Entwicklung des Völkerrechts betrachtet.
Es geht dabei einerseits um die Frage nach der Rechtsnatur des Europäischen Gemeinschaftsrechts. Handelt es sich bei ihm noch oder nicht mehr um einen Teil der Völkerrechtsordnung? Ist also, wie *Pesatore* es formuliert, „l'écart entre la société internationale et le monde communautaire trop grand" als daß sich das Gemeinschaftsrecht als besondere Entwicklungsstufe des Völkerrechts und als Manifestation der Dynamik des Völkerrechts insgesamt betrachten ließe? Anhand einer Analyse der echten strukturellen Besonderheiten des Gemeinschaftsrechts im Vergleich zu den Grundsätzen und Mechanismen des klassischen Völkerrechts wird eine Antwort auf diese nach wie vor aktuelle Streitfrage gesucht.

Andererseits stellt sich für die EG und die EU als Formen staatlicher Zusammenschlüsse die Frage, ob es sich bei ihnen um besondere Ausprägungen Internationaler Organisationen handelt, um Rechtsgebilde jeweils eigener Art oder gar -in Loslösung von der völkerrechtlichen Grundlage- um ein staatliches Gebilde. Im Falle der EG soll wiederum auf die Herausarbeitung der echten institutionellen Besonderheiten gegenüber klassisch strukturierten Internationalen Organisationen spezielles Augenmerk gerichtet werden.

In Teil 2 wird die Bedeutung des Europarechts für die Entwicklung des Völkerrechts als Folge der Außenbeziehungen der EG/EU und der Mitgliedstaaten untersucht.

Anders als noch Ende der 60er Jahre gehört die Teilnahme der EG am internationalen Rechtsverkehr heute zum völkerrechtlichen Alltag. Führt man sich die in diesem Zusammenhang möglichen Konstellationen von Rechtsbeziehungen zwischen den Beteiligten vor Augen (Gemeinschaft - dritte Völkerrechtssubjekte, Gemeinschaft - Mitgliedstaaten, dritte Völkerrechtssubjekte - Mitgliedstaaten), so wird deutlich, daß Aus- und Rückwirkungen des Europarechts auf das Völkerrecht auf unterschiedlichen Ebenen und in unterschiedlicher Weise denkbar sind:

Zu klären ist etwa, ob und wenn ja auf welchem Wege Normen des Gemeinschaftsrechts den Status völkerrechtlicher Normen in den Rechtsordnungen der Mitgliedstaaten beeinflussen. Bestehen dabei Unterschiede zwischen Völkervertrags- und -gewohnheitsrecht?

Entstehen für die Mitgliedstaaten, vermittelt durch die primär verpflichtete Gemeinschaft, völkerrechtliche Bindungen gegenüber dritten Völkerrechtssubjekten?

Auch in umgekehrter Richtung ist zu fragen: Können dritte Völkerrechtssubjekte die Erfüllung völkervertraglicher Verpflichtungen der Mitgliedstaaten auch von der Gemeinschaft verlangen? Erhalten sie also einen zusätzlichen vertraglich Verpflichteten?

Untersucht werden soll weiterhin, inwiefern das rechtserhebliche Handeln der Gemeinschaft oder der im Rahmen der Gemeinschaft/Union koordiniert handelnden Mitgliedstaaten nach außen hin zur Herausbildung neuer völkerrechtlicher Normen formell- oder materiell-rechtlicher Natur im universellen Maßstab geführt hat.

Teil 3 der Untersuchung geht schließlich der Frage nach, inwiefern das europäische Modell der Wirtschaftsintegration Staaten in anderen Regionen der Erde als konkretes Vorbild für die Errichtung vergleichbarer Organisationen zur regionalen Wirtschaftsintegration dient oder in der Vergangenheit gedient hat.
Der Begriff „europäisches Modell“ ist dabei im umfassenden Sinn zu verstehen: Zu erörtern ist zum einen, inwieweit die betreffenden Staaten mit ihrer Organisation wirtschaftliche Integrationsziele verfolgen, die an denen des EGV ausgerichtet sind. Zum anderen ist die Aufmerksamkeit auf die jeweiligen institutionellen Strukturen sowie auf das Verhältnis des von der Organisation ausgehenden Rechts zum innerstaatlichen Recht der Mitgliedstaaten zu richten.
In diesem Zusammenhang ist schließlich zu fragen, ob zwischen dem wirtschaftlichen Erfolg einer Organisation und der Gestalt ihrer Rechtsordnung, die ihr die Mitgliedstaaten verliehen haben, ein Abhängigkeitsverhältnis besteht.

Teil 1: Die Bedeutung des Europarechts *als solchem* für die Entwicklung des Völkerrechts

A. Einleitung

Der Begriff 'Europarecht' in seiner heute gebräuchlichen Verwendung beschreibt die Gesamtheit des Rechts der Europäischen Gemeinschaften und der Europäischen Union[1].
Ein rechtlicher Gehalt dergestalt, daß das Europarecht damit als dritte Kategorie neben Völkerrecht und Landesrecht zu sehen ist, wohnt diesem Begriff nicht inne. Schon die höchst unterschiedliche Struktur der EG[2] und ihrer Rechtsordnung im Vergleich zur EU und zum Unionsrecht verbietet es heute, dem Begriff des Europarechts einen solchen Bedeutungsgehalt beizumessen.

Struktur und Rechtsnatur der EG und des Gemeinschaftsrechts stehen in unmittelbarem Zusammenhang mit der Frage, ob das Europarecht als Beispiel für die Dynamik des Völkerrechts herangezogen werden kann:
Dazu müßte das Gemeinschaftsrecht Teil der Völkerrechtsordnung sein. Die unbestreitbaren Besonderheiten des Gemeinschaftsrechts gegenüber klassischem Völkerrecht wären dann gleichzeitig Manifestation der dynamischen Entwicklungsmöglichkeit und der Flexibilität des Völkerrechts. Sollte es sich dagegen beim Gemeinschaftsrecht um Staatsrecht oder um eine Rechtsordnung *sui generis* handeln -beide stünden außerhalb der Völkerrechtsordnung-, kommt eine unmittelbare Wechselbeziehung zwischen beiden Rechtsordnungen nicht in Betracht. In diesem Fall würde sich die Bedeutung des Gemeinschaftsrechts als solchem für die Entwicklung des Völkerrechts darin erschöpfen, unter Beweis gestellt zu haben, daß die Ablösung einer Rechtsordnung von ihrer völkerrechtlichen Grundlage auch ohne ausdrückliche Anordnung im zugrundeliegenden Vertrag möglich ist. Dem Völkerrecht käme dann in bezug auf die neue Rechtsordnung lediglich eine Art "Geburtshelferfunktion" zu.
Vergleichbares gilt für die Frage, ob es sich bei der EG noch um eine Internationale Organisation, schon um einen Staat oder um eine Organisation *sui generis* handelt.

Die rechtliche Qualifizierung der Europäischen Union ist dagegen weniger unter dem Gesichtspunkt der Dynamik des Völkerrechts bedeutsam als vielmehr unter der allgemeinen Fragestellung der Bedeutung des Europarechts für die Entwicklung des Völkerrechts. Sofern die EU als Internationale Organisation zu qualifizieren ist, würde sie diese -neben Staaten- zweite Gruppe von Völkerrechtssubjekten um ein besonderes Beispiel bereichern. Müßte man der EU hingegen die Völkerrechtsfähigkeit absprechen, so würde es sich bei ihr um eines der wenigen Beispiele eines völkerrechtlichen Zusammenschlusses handeln, der über eine echte Organstruktur verfügt, ohne völkerrechtliche Handlungsfähigkeit zu besitzen.

---

[1] *Schweitzer/Hummer, Europarecht*, Rn 7; *Streinz*, Europarecht, Rn 1; *Emmert*, Europarecht, Rn 1 ff. - vgl. *dies.* auch zur Verwendung des Begriffs 'Europarecht im weitesten Sinne'.

[2] Die drei Europäischen Gemeinschaften werden aus praktischen Erwägungen heraus bisweilen -wie auch hier- zusammenfassend als 'die EG' bezeichnet. Dabei soll nicht übersehen werden, daß es sich rechtlich um drei voneinander unabhängige Europäische Gemeinschaften handelt: die Europäische Gemeinschaft für Kohle und Stahl (EGKS), gegründet durch Vertrag vom 18.4.1951 (außer Kraft seit dem 23.7.2002), die Europäische Wirtschaftsgemeinschaft (EWG - seit dem 31.10.1993 Europäische Gemeinschaft (EG)) und die Europäische Atomgemeinschaft (EAG), beide gegründet durch die Römischen Verträge vom 25.3.1957 (in Kraft seit dem 1.1.1958).

B. Rechtsnatur der Europäischen Gemeinschaft

Die Frage nach der Rechtsnatur der Europäischen Gemeinschaft und der des Gemeinschaftsrechts ist eine der klassischen des Europarechts[3].

Die wesentlichen Meinungsfronten sind recht klar abgesteckt: Im Streit um die Rechtsnatur der EG und deren Rechtsordnung stehen Traditionalisten, die die EG als Internationale Organisation und das Europarecht als Teil des Völkerrechts sehen, Autonomisten gegenüber, die die Rechtsnatur der EG und ihrer Rechtsordnung als arteigen charakterisieren. Auch Föderalisten, nach deren Ansicht die EG Staatsqualität hat, beanspruchen Terrain für sich[4]. In der frankophonen Literatur wird die gleiche Debatte von *internationalistes*, *communautaristes*, und *constitutionnalistes* geführt[5], allerdings mit deutlich mehr Vehemenz[6]. Auf rechtstheoretischer Ebene wird letztlich die gleiche Diskussion fortgesetzt, wenn dort Integrationstheorien wie *neofunctionalism*, *liberal intergovernmentalism*, *consocialism* und *supranationalism* einander gegenübergestellt werden[7].

I. Die EG als Bundesstaat, Staatenbund oder Zweckverband wirtschaftlicher Integration ?

1. Bundesstaat

Die Gründungsväter der ersten Europäischen Gemeinschaft hatten das Bild eines föderalen Europas vor Augen, als sie den Schumannplan vom 9. Mai 1950 zur Grundlage ihrer Verhandlungen über den EGKS-Vertrag machten. Der Schumannplan sprach ausdrücklich davon, daß die in Angriff genommene Vereinigung der Kohle- und Stahlindustrie einen ersten Schritt in Richtung einer europäischen Föderation darstelle[8]. Die Diagnose von *Dagtoglou*, die dieser 1981 anläßlich des 30jährigen Bestehens des Gemeinschaftsrechts im Hinblick auf die föderalen Perspektiven der Europäischen Gemeinschaft stellte, kann auch heute noch als die herrschende Meinung gelten:

---

[3] Siehe dazu z.B. *Schweitzer/Hummer*, Europarecht, Rn 73-88; *Bleckmann*, Europarecht, Rn 139-167; *Streinz*, Europarecht, Rn 107-114; *Oppermann*, Europarecht, Rn 886-925.

[4] Die Begriffe „Traditionalisten" und „Autonomisten" gehen auf *Schweitzer/Hummer*, Europarecht, Rn 74 f., zurück.

[5] Einen Überblick vermittelt *Isaac*, Droit communautaire général, S. 216 f.; Älteren Datums, aber nach wie vor grundlegend die Darstellung von *Dagtoglou*, La nature juridique de la Communauté européenne - in: Commission des Communautés européennes (Hrsg.), Trente ans de droit communautaire, S. 35 ff.

[6] *Pellet*, ausgewiesener *„internationaliste"*, wirft den *„communautaristes"*, die er in der Mehrzahl wähnt, „terrorisme intellectuel" vor, wenn letztere behaupten, die Debatte sei zu ihren Gunsten entschieden (*ders.*, Les fondements juridiques internationaux du droit communautaire - in: Academy of European Law (Hrsg.), Collected Courses 1994, Vol. V, Part 2, S. 193 ff. (203)). *Simon* spricht angesichts der heftigen Auseinandersetzungen um die Streitfrage nach der Rechtsnatur von einem „terrain [...] joinché de mines antipersonnel" und von einem „champ de bataille pris sous le feu croisé des internationalistes orthodoxes et des communautaristes sectaires" (*ders.*, Les fondements de l'autonomie du droit communautaire - in: Société française pour le droit international (Hrsg.), Droit international et droit communautaire, perspectives actuelles, S. 207 ff. (209)).

[7] Vgl. z.B. *Craig*, The Nature of the Community: Integration, supremacy and legitimacy - in: Craig/de Burca (Hrsg.), The Evolution of EU Law, S. 1 ff.

[8] „[C]ette propositon réalisera les premiers assises concrètes d'une *Fédération européenne* indispensable à la préservation de la paix." (eigene Hervorhebung) zitiert bei *Mosler*, Der Vertrag über die Europäische Gemeinschaft für Kohle und Stahl, ZaöRV 14 (1953) S. 1 ff. (9).

„En tout état de cause il n'est pas contesté que la Communauté n'était à l'origine ni n'est devenue ultérieurement, ni ne deviendra par nécessité ou par automaticité politique un Etat fédéral - bien que cette perspective reste sûrement ouverte".[9]

Die rechtliche Begründung für die mangelnde (Bundes-)Staatsqualität der EG ist in dem Fehlen (eines) der drei konstitutiven Elemente zu sehen, deren kumulatives Vorliegen herkömmlicherweise als Voraussetzung für die Entstehung eines Staates genannt wird: Staatsgebiet, Staatsvolk und effektive Staatsgewalt[10].

a) Staatsgebiet

Als Staatsgebiet bezeichnet man einen abgrenzbaren Bereich der Erdoberfläche in Form einer Landmasse[11]. Im Falle der EG könnte man als Staatsgebiet die Gesamtheit der Landmassen der 15 Mitgliedstaaten betrachten, die dem räumlichen Geltungsbereich des EGV, den Art. 299 Abs. 1[12] exakt definiert, entspricht.
Man könnte sogar die in besonderen Rechtsbeziehungen zu den Mitgliedstaaten stehenden (abhängigen) Gebiete, auf die der EGV z.T. nur eingeschränkte Anwendung findet (vgl. Art. 299 Abs. 2-5 EGV), mit zum Staatsgebiet der EG zählen. Denn die (vollständige) Hoheitsgewalt der EG auch über diese Gebiete ist keine Frage des Merkmals 'Staatsgebiet', sondern allein eine solche der (effektiven) Staatsgewalt.

b) Staatsvolk

Die Bejahung des Vorliegens eines gemeinsamen Staatsvolkes der EG bereitet jedoch Schwierigkeiten. Zwar ist festzustellen, daß Art. 17 EGV Staatsangehörigen der Mitgliedstaaten die „Unionsbürgerschaft" verleiht, was wiederum als Schaffung eines europäischen Staatsvolkes gedeutet werden könnte, doch ist dagegen einzuwenden, daß sich diese Eigenschaft nicht verordnen läßt. Vielmehr müssen tatsächliche Voraussetzungen erfüllt sein, damit vom Bestehen eines Staatsvolkes gesprochen werden kann. Nach *Kirchhof* setzt sich der Begriff des Volkes (und der Nation) aus folgenden Elementen zusammen: einer Kulturgemeinschaft, einer politischen Gemeinschaft, einer Sprachgemeinschaft,

---

9 *Dagtoglou*, La nature juridique de la Communauté européenne - in: Commission des Communautés européennes (Hrsg.), Trente ans de droit communautaire, S. 35 ff. (38).

10 Die auf *Georg Jellinek* zurückgehende sog. „Drei-Elementen-Lehre" hat sich im Staatsrecht sowie in der völkerrechtlichen Theorie und Praxis durchgesetzt: siehe z.B. *Verdross/Simma*, Universelles Völkerrecht, § 380 ff.; *Doehring*, State, EPIL Vol. IV, S. 600 ff. (601); *Brownlie*, Principles of Public International Law, S. 70. Erwähnung in der völkerrechtlichen Praxis finden die drei Elemente u.a. in Art. 1 der 'Convention on Rights and Duties of States' (sog. Montevideo-Konvention), die auf der 7. Internationalen Konferenz Amerikanischer Staaten am 26.12.1933 unterzeichnet wurde (Text in: LNTS 165, S. 19 ff.) und in dem Gutachten No. 1 der Internationalen Schiedskommission für das ehemalige Jugoslawien (sog. *Badinter*-Kommission) vom 29.11.1991: „[L]'Etat est communément défini comme une collectivité qui se compose d'un territoire et d'une population soumis à un pouvoir politique organisé; qu'il se caractérise par la souveraineté." (abgedruckt in: RGDIP 96 (1992), S. 264 ff. (264); auf engl. in: ILM 31 (1992), S. 1494 ff.).

11 Dahm/Delbrück/Wolfrum-*Delbrück*, Völkerrecht I/1, S. 127 f.

12 Die Bestimmungen des EG- und des EU-Vertrages werden grds. nur in der gem. Art. 12 des Amsterdamer Vertrages vom 2.10.1997 (in Kraft seit dem 1.5.1999, Text in: ABl. 1997 Nr. C 340, S. 1 ff.) konsolidierten Fassung (abgedruckt a.a.O., S. 173 ff. u. S. 145 ff.; Änderungen durch den Vertrag von Nizza vom 26.2.2001 (in Kraft seit dem 1.2.2003, ABl. 2001 Nr. C 80, S. 1 ff.)) zitiert. Nur sofern es aus Verständnisgründen veranlaßt ist, werden neue und alte Fassung (n.F./ a.F.) nebeneinander angeführt.

einer geographischen Gemeinschaft und einer Abstammungsgemeinschaft[13]. „Stets bilden Volk und Nation eine historisch gewachsene Gemeinschaft, die ihren Zusammenhalt in gemeinsamen Anliegen, in wechselseitigem Handeln, in übereinstimmenden Werten und Erfahrungen findet“[14]. Zweifellos fehlt es den Bürgern Europas größtenteils schon im Ansatz an diesen Gemeinsamkeiten.

Aber selbst wenn man die tatsächliche Komponente des Begriff des Staatsvolkes allein in der Existenz einer Bevölkerung, die dauerhaft auf dem Staatsgebiet lebt, sieht[15] -diese Voraussetzungen würden von den EU-Bürgern erfüllt-, müßte als rechtliche Komponente die Unionsbürgerschaft mit der Staatsangehörigkeit im völkerrechtlichen und staatsrechtlichen Sinne überhaupt vergleichbar sein, damit von einem Staatsvolk der EG gesprochen werden kann. Dies ist nicht der Fall. Die Unionsbürgerschaft erweist sich vielmehr als Programmsatz oder, wie einmal formuliert wurde, als „fortement emblématique“[16]. Die Unionsbürgerschaft verleiht keine originäre Unions-Staatsbürgerschaft, sondern nur eine (von den Mitgliedsstaaten) abgeleitete. Sie richtet sich in ihren Voraussetzungen einzig und allein nach nationalem Recht, wie aus Art. 17 Abs. 1 S. 1 EGV mittelbar hervorgeht und sich ausdrücklich aus der „Erklärung zur Staatsangehörigkeit eines Mitgliedstaates“ des Europäischen Rates von Edinburgh vom 11. Dez. 1992 ergibt, die der Schlußakte der Konferenz von Maastricht beigefügt wurde[17]. Der EuGH hat dies bestätigt[18]. Nun ist es aber kaum vorstellbar, daß sich ein Staat, wenn er sich konstituiert hat, über ein Merkmal definieren soll, dessen rechtliche Komponente seiner Beeinflussungsmöglichkeit gänzlich entzogen ist[19].

Von einem europäischen Staatsvolk kann mithin schwerlich gesprochen werden. In Anlehnung an Art. 1 EUV könnte man vielleicht von einer Gemeinschaft der Völker Europas sprechen.

c) Staatsgewalt

Die dritte Voraussetzung für die Entstehung eines Staates ist das Vorliegen einer organisierten Staatsgewalt, die sich auf das Staatsgebiet und das Staatsvolk erstreckt (Territorial- und Personalhoheit). Effektive Staatsgewalt bedeutet die Fähigkeit, eine Ordnung auf dem Staatsgebiet zu organisieren und nach außen selbständig und von anderen Staaten rechtlich unabhängig zu handeln, im Rahmen und nach Maßgabe des Völkerrechts[20].

---

13 *Kirchhof*, Der Verfassungsstaat und seine Mitgliedschaft in der Europäischen Union - in: Classen u.a. (Hrsg.), FS Oppermann, S. 201 ff. (206); in diesem Sinne auch *Constantinesco*, Das Recht der Europäischen Gemeinschaften, Bd. I, S. 313; s.a. *Pechstein/König*, Die Europäische Union, Rn 57.

14 *Kirchhof*, a.a.O.

15 So z.B. *Verdross/Simma*, Universelles Völkerrecht, § 380; Ipsen-*Epping*, Völkerrecht, § 5 Rn 5.

16 *Kovar/Simon*, La Citoyenneté européenne, CDE 29 (1993), S. 285 ff. (286).

17 Diese Erklärung (ABl. 1992 Nr. C 191, S. 98) wird zwar nicht gem. Art. 311 EGV Bestandteil des Vertrages, sie kann aber gem. Art. 31 Abs. 2 WVRK zur Auslegung der Bestimmungen des EGV heran- gezogen werden.

18 EuGH Rs. C-369/90, Micheletti v. Delegacíon de Gobierno en Cantabria , Slg. 1992-I, S. 4239 ff. (4262 Rz 10).

19 *Tomuschat*, General Course on Public International Law, RdC 281 (1999 VI), S. 1 ff. (98): „Each State defines for itself who is its citizen.“; Schwarze-*Hatje*, EU-Kommentar, Art. 17 EGV Rn 4, weist allerdings zurecht darauf hin, daß ein Mitgliedstaat bei der Verleihung der Staatsangehörigkeit natürlich der EG/EU gegenüber an das Völkerrecht und an den Gemeinschaftsgrundsatz der Loyalität gebunden ist.

20 Ipsen-*Epping*, Völkerrecht, § 5 Rn 6.

Die EG besitzt zweifellos eine große Fülle politischer und rechtsetzender Macht, etwa im Bereich der Wirtschafts-, Wettbewerbs-, Beschäftigungs- und Sozialpolitik. Diese Macht ist aber grundlegend von den aus der (staatlichen) Souveränität fließenden Befugnissen zu unterscheiden[21].
Im Gegensatz zu Staaten besitzt die EG keine umfassende Gebietshoheit. Sie übt nur gewisse ihr verliehene Einzelzuständigkeiten im räumlichen Geltungsbereich des EGV aus.
Zudem mangelt es ihr an umfassender Personalhoheit. Die Unionsbürger sind vielmehr zuförderst der Hoheitsgewalt des Mitgliedsstaates, dessen Staatsangehörigkeit sie besitzen, unterworfen. Die EG kann sich nur in den von den Verträgen beschriebenen Bereichen ihrer Zuständigkeit mit den von den Verträgen zugelassenen Instrumentarien (Verordnungen und Entscheidungen, vgl. Art. 249 Abs. 2 u. 4 EGV) direkt an die Unionsbürger wenden. In allen anderen in der Zuständigkeit der Mitgliedstaaten verbleibenden Bereichen besitzt die EG keine Personalhoheit.
Die oben angesprochene Beschränkung der Kompetenzen der EG durch das in Art. 5 Abs. 1 EGV verankerte Prinzip der begrenzten Einzelermächtigung[22] ist zugleich das gewichtigste Argument für die fehlende Staatsqualität der EG: Ihr mangelt es an der Kompetenz-Kompetenz. Eine Ausweitung der Kompetenzen kann nur durch die Mitgliedstaaten im Wege der Vertragsänderung erfolgen. Unstreitig ist, daß sowohl die sog. *implied powers*-Lehre[23] als auch die ergänzende Rechtssetzungsbefugnis über Art. 308 nicht zur umfassenden Kompetenzfindung bzw. -begründung herangezogen werden können[24].
Schließlich ist noch darauf hinzuweisen, daß die EG-Organe gegenüber den Mitgliedstaaten sowie gegenüber den Unionsbürgern grundsätzlich keine Befugnisse zur Ausübung unmittelbaren Zwanges besitzen[25]. Eine z.B. nach Art. 15 oder 16 KartellVO verhängte Zahlungsverpflichtung gegenüber einem Unionsbürger kann gem. Art. 256 EGV nur nach nationalem Recht vollstreckt werden. Hier ist die Gemeinschaft auf den guten Willen der Mitgliedsstaaten und die "Überzeugungskraft" des Vertragsverletzungsverfahrens nach Art. 226 EGV angewiesen. Zahlungsentscheidungen gegenüber Mitgliedstaaten sind keine vollstreckbaren Titel. Dies ergibt sich aus dem Respekt vor der staatlichen Souveränität[26]. Die Mitgliedstaaten können hier wiederum nur im Wege des Vertragsverletzungsverfah-

---

21 Vgl. *Tomuschat*, General Course on Public International Law (Fn 19), S. 101.

22 Siehe dazu *Schweitzer/Hummer*, Europarecht, Rn 335 ff.

23 Nach der sog. *implied powers*-Lehre treten neben die der Internationalen Organisation im Gründungsvertrag ausdrücklich verliehenen Kompetenzen diejenigen hinzu, die zur Erfüllung der ihr von den Mitgliedstaaten übertragenen Aufgaben unbedingt erforderlich sind. Diese Kompetenzen gelten somit als implizit im Vertrag enthalten; vgl. *Brownlie*, Principles of Public International Law, S. 688 f.

24 Siehe nur Schwarze-*Schreiber*, EU-Kommentar, Art. 308 EGV Rn 4; Vgl. aber auch *Schweitzer/Hummer*, Europarecht, Rn 339 ff., die in dem Vertragslückenschließungsverfahren eine Durchbrechung des Prinzips der begrenzten Einzelermächtigung sehen.

25 Ausnahmen bestehen in kartell- und wettbewerbsrechtlichen Verfahren nach Art. 81, 82 EGV. Hier besitzt die Kommission auch Befugnisse für unmittelbare Zwangsmaßnahmen [vgl. Art. 14 der VO Nr. 17 (= Erste Durchführungsverordnung zu den Art. 85 u. 86 des Vertrages vom 6.2.1962 -sog. KartellVO-, ABl. 1962, S. 204 ff., Änderungen), insbes. dessen Abs. 6]. Art. 229 EGV eröffnet die Möglichkeit zum Erlaß von Verordnungen, die auch zur Anwendung unmittelbaren Zwangs autorisieren.

26 Schwarze-*Schoo*, EU-Kommentar, Art. 256 EGV Rn 6.

rens zur Zahlung verurteilt werden, wobei auch dieses Urteil nicht vollstreckbar ist. Es bleibt einzig die Möglichkeit der Zweitverurteilung nach Art. 228 EGV[27].
Der Kommissionspräsident kann eben nicht Gemeinschaftstruppen entsenden, um die Einhaltung eines Urteils des EuGH durchzusetzen:

> „La situation du président Eisenhower envoyant des troupes à Little Rock en 1959 pour assurer l'application de l'arrêt *Brown* de la Cour suprême (1954) [...] n'est évidemment pas imaginable dans le cadre de la Communauté européenne."[28]

Damit bleibt festzuhalten, daß die Rechtsnatur der EG jedenfalls keine bundesstaatliche ist. Die Qualifizierung des EG-Rechts als innerstaatliches Recht ist somit ebenfalls auszuschließen.

2. Staatenbund

Der Begriff des Staatenbundes (Konföderation) stammt aus einer Zeit, als die Internationale Organisation im heutigen Sinne noch unbekannt und der Staat mithin einziges Völkerrechtssubjekt war[29]. Heute ist hingegen die Völkerrechtssubjektivität eines Staatenbundes bei voller Erhaltung der Völkerrechtssubjektivität der Mitgliedsstaaten anerkannt, weshalb sich die Grenzen zwischen Staatenbund und Internationaler Organisation weitgehend verwischen[30]. Nach herrschender Meinung zeichnet sich ein Staatenbund durch eine besonders weitgehende Kooperation zwischen seinen Mitgliedstaaten aus, die über den wirtschaftlich-technischen Bereich hinausgeht[31]. Genannt wird vor allem die Führung einer gemeinsamen Außen- und Verteidigungspolitik durch gemeinsame Organe. Einerseits besteht im Rahmen der EG keine solche Verteidigungsgemeinschaft[32], andererseits ist aber in dem primären Gemeinschaftsrecht ein Merkmal zu sehen, das über die eines klassischen Staatenbundes hinausgeht[33]. Will man an dem verschwommenen Begriff des

---

[27] Dieser Weg ist nicht nur von theoretischer Bedeutung. So hat es bereits eine Verurteilung Griechenlands wegen Nichtausführung eines Urteils gegeben (EuGH Rs. C-387/97, Kommission v. Griechenland, Slg. 2000-I, 5047 ff. (insbes. 5119 Rz 99)).

[28] *Leben*, A propos de la nature juridique des Communautés européennes, Droits 13 (1991), S. 61 ff. (68).

[29] *Busse*, die völkerrechtliche Einordnung der Europäischen Union, S. 101; *Schermers/Blokker*, International Institutional Law, § 31, nennen die Vereinigten Niederlande (1579-1795), die Amerikanische Konföderation (1777-1787), die Schweiz (1815-1848) und den Deutschen Bund (1815-1866) als Beispiele für einen Staatenbund. Anders insofern *Fischer*, Is the EU an international Organization? - in: Ginther u.a. (Hrsg.), FS Zemanek, S. 179 ff. (181), der wohl schon die Hanseatische Liga und die Stadt-Staaten als frühe Internationale Organisationen ansieht.

[30] Graf Vitzthum-*Klein*, Völkerrecht, 4. Abschn. Rn 17; So weisen *Seidl-Hohenveldern/Liobl*, Recht der Internationalen Organisationen, Rn 0116, darauf hin, daß Staatenbünde ebenfalls unter den Begriff der Internationalen Organisation fallen, wenn sich die Mitgliedstaaten unter voller Beibehaltung ihrer Souveränität zu einem solchen zusammengeschlossen haben und ihn mit eigenen Organen ausgestattet haben.

[31] *Meng*, Recht der Internationalen Organisationen, S. 49 f.; *Bleckmann*, Europarecht, Rn 152; *Isaac*, Droit communautaire général, S. 324; *Seidl-Hohenveldern/Loibl*, a.a.O.

[32] Der am 27.5.1951 unterzeichnete Vertrag zur Gründung einer Europäischen Verteidigungsgemeinschaft (EVG) war bereits von Italien, den Benelux-Staaten und Deutschland ratifiziert worden (vgl. BGBl. 1954 II, S. 343 ff.), als das Projekt schließlich doch noch an einem ablehnenden Votum der französischen 'Assemblée Nationale' gut zwei Jahre später, am 30.8.1954, scheiterte.

[33] Vgl. *Constantinesco*, Das Recht der Europäischen Gemeinschaften, Bd. I, S. 320; Ipsen-*Epping*, Völkerrecht, § 5 Rn 22.

Staatenbundes heute überhaupt noch festhalten[34], so besteht zumindest im Ergebnis Einigkeit darüber, daß die EG kein Staatenbund ist.

3. Zweckverband funktioneller Integration

Die von *Ipsen* in den 60er Jahren für die EG erfundene Bezeichnung des Zweckverbandes funktioneller (= wirtschaftlicher) Integration[35] findet heute der Vollständigkeit halber z.T. noch Erwähnung in der Literatur[36]. Allerdings beschränkt man sich auch dort darauf, den „wichtigen Beitrag zum Verständnis der europäischen Integration", den dieses Denkmodell geliefert hat, zu würdigen[37]. Der Sache nach besteht Übereinstimmung darüber, daß die EG heute mehr ist als nur ein auf wirtschaftliche Integration angelegter Zweckverband. Die Entwicklung von einer reinen Wirtschaftsgemeinschaft hin zu einer umfassend(er)en politischen Gemeinschaft wird nicht nur an der Umbenennung der EWG in 'EG'[38] im Jahre 1993 deutlich, sondern kommt beispielsweise auch darin zum Ausdruck, daß neben die wirtschaftlichen Grundfreiheiten Gemeinschaftsgrundrechte getreten sind.

II. Die EG als supranationale Organisation oder Organisation *sui generis* ?

1. Supranationale Organisation

Die Europäischen Gemeinschaften wurden vor allem in der Anfangsphase, ausgehend von der EGKS, als supranationale Organisationen bezeichnet[39]. Der ursprünglich politische Begriff[40] der Supranationalität fand dann sogar zeitweilig Eingang in Art. 9 Abs. 5-6 des

---

34 Dies mit nachvollziehbaren Argumenten ablehnend *Busse*, Die Rechtsnatur der Europäischen Union, S. 103; Graf Vitzthum-*Klein*, Völkerrecht, 4. Abschn. Rn 17 Fn 31, nennt allerdings die Gemeinschaft Unabhängiger Staaten (GUS) als aktuelles Beispiel für einen Staatenbund.

35 *Ipsen*, Europäisches Gemeinschaftsrecht, § 8 Rn 24 ff.; Der Autor rechtfertigt die Begrifflichkeit damit, daß mit ihr „die begrenzt wirtschafts- und sozialpolitische Sachbezogenheit ihrer [der Gemeinschaften] Aufgaben, ihre an Teilfunktionen orientierte Zweckhaftigkeit" in Abgrenzung zu „aller Staatlichkeit als umfassender geistig-sozialer Wirklichkeit, potentiell unbeschränkter Kompetenzfülle, von Gebiets- und Personalhoheit" sichtbar gemacht werden könne (a.a.O., Rn 27). Soweit ersichtlich, fand der Begriff des Zweckverbandes zur Charakterisierung der Gemeinschaften erstmals auf der Tagung der Vereinigung der Deutschen Staatsrechtslehrer 1964 in Kiel in einem Diskussionsbeitrag *Ipsens* Erwähnung (VVDStRL 23 (1966), Diskussionsbeitrag, S. 128 ff. (130)).

36 *Oppermann*, Europarecht, Rn 910.

37 *Ders.*, a.a.O.: „*Ipsens* funktionale Zweckverbandtheorie ermöglichte in weiten Bereichen der wirtschaftlichen Integration ein vertieftes Verständnis der Gemeinschaftsaktion [...]".

38 Die Umbenennung erfolge durch Art. G (Art. 8 n.F.) des am 1.11.1993 in Kraft getretenen EU-Vertrages.

39 Vgl. nur *Schlochauer*, Das Verhältnis des Rechts der Europäischen Wirtschaftsgemeinschaft zu den nationalen Rechtsordnungen der Mitgliedstaaten, AVR 11 (1963), S. 1 ff. (2), mit umfassendem Überblick zu der damaligen Literatur (Fn 3 ebda.).

40 Der Ausdruck „supranational" wurde vom damaligen französischen Außenminister *Robert Schumann* in den Anfang der 50er Jahre beginnenden europäischen Einigungsprozeß eingeführt. Offizielle Erwähnung fand der Begriff auf der Pariser Konferenz vom 20. Juni 1950, die die Bezeichnung „Conversation sur le Plan Schumann" trug, im Zusammenhang mit der Zusammensetzung der zu schaffenden Hohen Behörde. Der Begriff findet sich auch in einem französischen Memorandum vom 10. Aug. 1950 zum Abschluß der ersten Verhandlungsphase zum EGKS-Vertrag. Dort heißt es: „[...] réaliser la mise en commun de certains ressources, la fusion de certains pouvoirs; elle a donc pour object d'instituer sur un point particulier *un régime supranational*" (eigene Hervorhebung); zitiert bei *Mosler*, Der Vertrag über die Europäische Gemeinschaft für Kohle und Stahl (Fn 8), S. 24.

EGKS-Vertrages vom 8.April 1951[41]. *De Visscher* beklagte diese Entscheidung als wenig glücklich („choix pas heureux"), denn dadurch würden politische und rechtliche Kategorien vermischt:

> „Parce que la différence [entre la Communauté européenne et les organisations internationales traditionnelles] n'était pas niable au point de vue politique, certains ont cru qu'elle était également fondamentale au point de vue juridique et c'est à la faveur de cette équivoque que le mot «supranational» s'est glissé dans la terminologie du Traité. [...] nous pensons que le choix de ce mot n'est pas heureux."[42]

Infolge der Fusion der Organe der drei Gemeinschaften 1965[43] verschwand der Begriff wieder aus dem EGKS-Vertrag und ist seither in keinem Vertragstext mehr aufgetaucht. Nichtsdestoweniger scheint aber auch heute noch der Terminus der Supranationalität untrennbar mit den Besonderheiten der EG im Vergleich zu herkömmlichen Internationalen Organisationen verbunden zu sein. Am deutlichsten formuliert dies *Bleckmann*, wenn er schreibt:

> „Die Europäischen Gemeinschaften stellen also internationale Organisationen dar, die sich allerdings von den traditionellen internationalen Organisationen unterscheiden. Diese Besonderheiten werden angesprochen, wenn man den Begriff «supranationale Organisation» verwendet."[44]

Eine eigenständige, von dem konkreten Fall der EG losgelöste Bedeutung hat der Terminus der Supranationalität offenbar für viele Autoren nicht entwickeln können. Dies mag darin begründet liegen, daß aus ihrer Sicht die EG lange Zeit die einzige Organisation war, die entsprechende „supranationale" Elemente aufwies[45]. Keine Übereinstimmung herrscht insbesondere darüber, ähnlich wie bei der Definition einer Internationalen Organisation, welche Elemente eine supranationale Organisation charakterisieren. Insofern geht mit der Verwendung des Begriffs 'Supranationalität' auch keine Bestimmung der Rechtsnatur entsprechender Organisationen bzw. Rechtsordnungen einher[46]. Unbeantwortet bleibt daher

---

41 Abs. 5 S. 2: „Sie [die Mitglieder der Hohen Behörde] haben jede Handlung zu unterlassen, die mit dem überstaatlichen Charakter ihrer Tätigkeit unvereinbar ist."; Abs. 6: „Jeder Mitgliedstaat verpflichtet sich, diesen überstaatlichen Charakter zu achten [...]" (abgedruckt in: BGBl. 1952 II, S. 447 ff.). In der authentischen französischen Fassung des Vertrages (vgl. Art. 100 EGKS) ist von „caractère supranational" die Rede.

42 *De Visscher*, La Communauté européenne du charbon et de l'acier et les Etats membres - in: Actes officiels du Congrès d'études sur la C.E.C.A de Stresa (1957), Bd. 2., S. 7 ff. (34).

43 Art. 10 i.V.m. Art. 19 des Fusionsvertrages (Vertrag zur Einsetzung eines gemeinsamen Rates und einer gemeinsamen Kommission der Europäischen Gemeinschaften) vom 8.4.1965 (ABl. 1967 Nr. 152, S. 2 ff., Änderungen) ersetzt sowohl Art. 9 EGKS-Vertrag als auch Art. 126 EAG- und Art. 157 EWG-Vertrag durch eine Fassung, in der der Terminus 'übernational' nicht mehr enthalten ist.

44 *Bleckmann*, Europarecht, Rn 153; vgl. auch *Capotorti*, Supranational Organizations, EPIL Vol. IV, S. 737 ff. (739) u. *Ipsen*, Europäisches Gemeinschaftsrecht in Einzelstudien: Über Supranationalität, S. 97 ff. (99). Letzterer nennt vier wesentliche Elemente, die die supranationale Struktur (der Europäischen Gemeinschaften) ausmachen und die insoweit die „vage Mehrdeutigkeit" des Begriffs der Supranationalität beseitigen sollen: 1. die Unabhängigkeit der Gemeinschaftsorgane, 2. die Autonomie und Effektivität des Gemeinschaftsrechts, 3. den Vorrang des Gemeinschaftsrechts, 4. den Durchgriff des Gemeinschaftsrechts.

45 Ipsen-*Epping*, Völkerrecht, § 5 Rn 7; a.A. insofern *Bindschedler*, International Organizations, General Aspects, EPIL Vol. II, S. 1289 ff. (1295): „The Zollverein (German Customs Union) and the European Danube Commission [...] belonged to this category [i.e. supranational organization], as do the ECSC and the Euratom now".

46 *Schermers/Blokker*, International Institutional Law, § 60: „[...] the term supranational does not have a clear meaning. To date the term has been used only descriptively and has not acquired a distinct legal meaning". Vgl. auch *Schlochauer*, a.a.O. (Fn 39) S. 4: „[...], ob das supranationale Recht zum Völkerrecht

die Frage, ob eine supranationale Organisation eine Internationale Organisation ist oder ein Organisationstypus eigener Art.

Rudolf etwa gibt folgende Definition einer supranationalen Organisation und ordnet sie dabei gleichzeitig der Kategorie 'Internationale Organisation' zu:

> Unter den internationalen Organisationen nehmen diejenigen eine besondere Stellung ein, denen das Recht zusteht, Maßnahmen unmittelbar an Personen in den Mitgliedsstaaten zu richten, ohne den Staat als Transformator einzuschalten. In diesen Fällen [...] spricht man von supranationalen Organisationen."[47]

Er sieht offensichtlich als notwendiges, aber auch als hinreichendes Kriterium die Durchgriffswirkung von Entscheidungen Internationaler Organisationen an[48].

Schweitzer/Hummer stellen entscheidend auf die Fähigkeit der Organisation ab, „in bestimmten -ursprünglich in der Souveränität bzw. Hoheitsgewalt der Mitgliedstaaten stehenden- Bereichen Mitgliedstaaten auch ohne deren ausdrückliche Zustimmung -sei es durch Mehrheitsbeschlüsse, sei es durch Beschlüsse unabhängiger Organe- [...] verpflichten" zu können[49].

Schermers/Blokker nennen sogar sechs „most fundamental" Charakteristika einer supranationalen Organisation[50], um aber gleich anschließend hinzuzufügen:

> „To be completely supranational, an organization should fulfill *all* the above-mentioned conditions. No such organization currently exists [...]. Since there is no such organization which is fully supranational we should use it in a relative, not absolute sense [...]. By using the word supranational in relative sense, the distinction between supranational and intergovernmental [i.e. traditional] organization becomes blurred."[51]

De Visscher weist sogar auf eine regelrechte Gefahr hin, die mit der Verwendung des Begriffs 'supranational' verbunden sei, da man durch die so erzeugte Abgrenzung zu dem Terminus 'international' die Möglichkeiten der Entwicklung und des Fortschritts des Völkerrechts behindere[52].

---

gerechnet, für einen gemischten Normenkreis gehalten oder als internes Staatengemeinschaftsrecht angesehen wird."

47 *Rudolf*, Einführung - in: Schweitzer (Hrsg.), Internationale Organisationen, S. 11 f.

48 In diesem Sinne auch *Bindschedler*, International Organizations, General Aspects (Fn 45), S. 1295; Graf Vitzthum-*Klein*, Völkerrecht, 4. Abschn. Rn 14.

49 *Schweitzer/Hummer*, Europarecht, Rn 872.

50 *Schermers/Blokker*, International Institutional Law, § 61: 1. Die Organisation müsse den Mitgliedstaaten gegenüber verbindliche Beschlüsse fassen können und dies müsse 2. durch von den Mitgliedstaaten unabhängige Organe in Mehrheitsentscheidung geschehen können. 3. Beschlüsse müßten unmittelbare Verbindlichkeit gegenüber Mitgliedstaaten und Individuen haben. 4. Die Organisation müsse selbst in der Lage sein, die Befolgung dieser Entscheidungen unabhängig vom Willen der Mitgliedstaaten erzwingen zu können. 5. Die Organisation müsse eine gewisse finanzielle Autonomie genießen und 6. Eine einseitige Loslösung vom Vertrag dürfe nicht möglich sein.

51 *Dies.*, a.a.O. (eigene Hervorhebung).

52 *De Visscher*, La Communauté européenne du charbon et de l'acier et les Etats membres (Fn 42), S. 35: „[...] en distinguant l'ordre juridique international et l'ordre juridique supranational [...] on risque en effet de limiter arbitrairement et fort dangereusement les virtualités de développement et de progrès du droit international."

Bernhardt bemerkte 1980 lapidar, daß der Ausdruck „etwas aus der Mode gekommen" sei[53].

Alles in allem kann somit zwar ein rechtlicher Mindestgehalt des Begriffs der Supranationalität ermitteln werden, doch dieser läßt keinen Rückschluß auf die Rechtsnatur supranationaler Organisationen zu. Die Verwendung des Begriffs verspricht daher für die vorliegende Untersuchung keinen unmittelbaren Gewinn. Sein grundsätzlicher Nutzen vor allem zur schlagwortartigen Abgrenzung eines besonderen Typus' von Organisation von klassisch strukturierten Internationalen Organisationen soll aber nicht bestritten werden.

2. Organisation *sui generis*

Die Antwort auf die Frage, ob es sich bei der EG um eine arteigene, also weder dem Völkerrecht noch dem Staatsrecht zuzuordnende rechtliche Einheit handelt, kann sinnvoller- und dogmatisch richtigerweise nicht am Anfang der Untersuchung stehen, sondern nur an deren Ende. Erst wenn sich eine Zuordnung zu einer der vorgenannten Kategorien als nicht möglich erweisen sollte, kann auf eine *sui generis*-Konstruktion zurückgegriffen werden.

III. Die EG als besonders weit integrierte Internationale Organisation ?

Neben individuellen Staaten sind Internationale Organisationen als eine bestimmte Art eines völkerrechtlichen Zusammenschlusses von Staaten der zweite Hauptakteur auf internationaler Ebene. 193 Staaten der Erde[54] stehen dabei 922 Internationale Organisationen[55] gegenüber. Möglicherweise ist die EG eine von ihnen.

1. Definition des Begriffs 'Internationale Organisation'

Angesichts der Vielzahl Internationaler Organisationen mit z.T. völlig unterschiedlicher Struktur, Arbeitsweise und Zielsetzung ist es verständlich, wenn in einem Standardwerk zum Recht der Internationalen Organisationen zu lesen ist: „There is no universally accepted definition of what constitutes an international organization"[56]. Dies schließt gleichwohl nicht aus, daß heute weitgehend Übereinstimmung über die Mindestvoraussetzungen besteht, die an das Bestehen jeder Internationalen Organisation zu stellen sind, auch wenn diese je nach Autor unterschiedlich umfangreich ausfallen[57].

---

[53] *Bernhardt*, Das Recht der Europäischen Gemeinschaften zwischen Völkerrecht und staatlichem Recht - in: Diez u.a. (Hrsg.), FS Bindschedler , S. 229 ff. (S. 231 Fn 5); so auch *Timmermans*, The EU and Public International Law, EFARev 4 (1999), S. 181 ff. (182): „out of date".

[54] Diese Zahl ergibt sich aus der Auflistung der Staaten in: The Europa World Year Book 43 (2002), Vol. I, Contents, S. viii u. Vol. II, Contents, S. vii f.

[55] Zahl nach: Yearbook of International Organizations 38 (2001/2002), Vol. 5, S. 15; Dabei wird zwischen „conventional international bodies (243) und „unconventional international bodies" (679) unterschieden. Mit letzteren sind ausweislich der Legende (Types of organization, lit. F) „organizations having a special form, including foundations, funds" gemeint. Nicht zu verwechseln ist letzterer Typ etwa mit Nichtregierungsorganisationen (NGOs) -hier wird eine Zahl von 9988 genannt-, die nach nahezu einhelliger Meinung keine Völkerrechtssubjektivität besitzen.

[56] *Schermers/Blokker*, International Institutional Law, § 32.

[57] Nicht vertieft werden soll hier die grundlegend abweichende Auffassung von Lord *Donaldson* (Master of the Rolls), die dieser in 'Arab Monetary Fund v. Hashim (No. 3)', AllER 2 [1990], S. 769 ff. (775 Rz f) ver-

Schermers/Blokker und *Brownlie* nennen drei im wesentlichen gleiche Elemente: (1.) Ein Internationales Abkommen zur Errichtung der Internationalen Organisation, die (2.) mit mindestens einem von den Mitgliedsstaaten unabhängigen Organ ausgestattet ist[58] und (3.) deren Tätigkeitsfeld über den bloß nationalen Bereich hinaus auf internationaler Ebene liegt, wo sie rechtserheblich zu handeln in der Lage ist[59].
Am ausführlichsten sind die Anforderungen, die *Seidl-Hohenveldern/Loibl* an das Bestehen einer Internationalen Organisation stellen. Sie nennen insgesamt acht Merkmale: 1. Tatsächliche Dauerhaftigkeit der Errichtung, 2. Entstehung durch völkerrechtliche Willenseinigung, 3. Staaten als Gründungspartner, 4. Gleichheit als Basis der Zusammenarbeit und (widerruflicher) Verzicht auf die Ausübung souveräner Rechte, 5. Erreichung eines gemeinsamen Ziels, das in den jeweiligen Mitgliedstaaten dem öffentlichen Recht unterstellt ist, 6. Möglichkeit der eigenen Willensbildung der Organisation, 7. Existenz mindestens eines Organs, das diesen Willen vertritt und 8. das geschaffene Gebilde muß durch seine Organe völkerrechtlich und innerstaatlich verpflichtet werden können.

Im Zusammenhang mit dem letzten Punkt stellt sich die Frage, ob eine Internationale Organisation der konstitutiven Anerkennung ihrer Völkerrechtspersönlichkeit durch dritte Völkerrechtssubjekte, also insbesondere durch Staaten, bedarf. Diese Diskussion ähnelt zwar formal dem Streit um die Anerkennungstheorien betreffend Staaten[60], doch besteht zwischen beiden der wesentliche Unterschied, daß die Internationale Organisation ihre Völkerrechtssubjektivität von den Mitgliedstaaten (über den völkerrechtlichen Gründungsvertrag) ableitet, während der Staat originäres Völkerrechtssubjekt ist[61]. Wollte man diese verliehene Völkerrechtspersönlichkeit auch im Verhältnis zu Drittstaaten wirksam werden lassen, so könnte dies für einen dritten Staat bedeuten, daß ihm durch den Gründungsvertrag mittelbar Lasten aufgebürdet werden, denen er nicht zugestimmt hat[62].

---

trat: „[A]n international organization [...] is not a native, but nor is it a visitor from abroad. It comes from the invisible depth of outer space".

58 Dieses Kriterium darf nicht als völlige Unabhängigkeit der Mitglieder des Organs von den Regierungen der Mitgliedstaaten mißverstanden werden. Gemeint ist vielmehr, daß der Willensbildungsprozeß eines Organs, zumindest in formaler Hinsicht, nicht von einzelnen Mitgliedstaaten oder dritten Staaten dominiert werden darf (vgl. *Busse*, Die völkerrechtliche Einordnung der Europäischen Union, S. 144).

59 *Schermers/Blokker*, International Institutional Law, § 33; *Brownlie*, Principles of Public International Law, S. 681; s.a. *Bettati*, Création et personnalité juridique des organisations internationales - in: Dupuy (Hrsg.), Manuel sur les organisations internationales, S. 33 ff. (33); ähnlich auch die Definition von *Sir G. Fitzmaurice* als Special Rapporteur der ILC in Art. 3 (b) des Entwurfs zum Recht der Verträge: „The term 'international organization' means a collectivity of states established by a treaty, with a constitution and common organs, having a personality distinct from that of member States and being a subject of international law with treaty-making capacity." (abgedruckt in: YILC 1956 II, S. 104 ff. (108)).
Eine Legaldefinition des Begriffs ist weder in der 'Convention on the Representation of States in their Relations with International Organizations' vom 14.3.1975 (AJIL 69 (1975), S. 730 ff.) enthalten noch in der Wiener Konvention über das Recht der Verträge zwischen Staaten und Internationalen Organisationen oder zwischen Internationalen Organisationen vom 21.3.1986 (BGBl. 1990 II, S. 1414 ff.; int. Quelle: ILM 25 (1986), S. 543 ff.).

60 Die h.M. vertritt hier nach wie vor die *deklaratorische* Theorie, wonach die Anerkennung der Völkerrechtssubjektivität allein rechtsfeststellend wirkt. Nach der *konstitutiven Theorie* begründet erst die Anerkennung als Völkerrechtsubjekt die Völkerrechtspersönlichkeit (vgl. nur Ipsen-*Gloria*, Völkerrecht, § 22 Rn 26-31; ausführlicher zum Streit über die Wirkung der Anerkennung siehe unten: Teil 2 C. IV. 1. (S. 271 f.)).

61 Liegen die drei Elemente Staatsgebiet, Staatsvolk, effektive Staatsgewalt vor, so *ist* -jedenfalls nach der deklaratorischen Theorie- das Völkerrechtssubjekt 'Staat' entstanden.

62 Solche Lasten können sich v.a. auf dem Gebiet der völkerrechtlichen Haftung ergeben. War vor der Schaffung der Internationalen Organisation ein Staat für eine völkervertragswidrige Handlung ggü. dem Drittstaat völkerrechtlich verantwortlich, so trifft diese Verantwortlichkeit nun die Internationale Organi-

Dies stünde im Widerspruch zu der völkerrechtlichen Regel, daß ein Vertrag eine reine *res inter alios acta* darstellt, was bedeutet, daß ein Vertrag zu Lasten Dritter ohne deren Einverständnis unzulässig ist (vgl. Art. 34 WVRK I und Art. 34 WVRK II). Die ganz überwiegende Meinung geht daher im Hinblick auf Internationale Organisationen dahin, ihre Völkerrechtspersönlichkeit im Verhältnis zu Drittstaaten oder anderen Internationalen Organisationen von deren Anerkennung abhängig zu machen[63].

2. Subsumtion der EG unter die Voraussetzungen für das Bestehen einer Internationalen Organisation

Wendet man nun die vorgenannten Merkmale auf die EG an, so erweist sich, daß sie diese unproblematisch erfüllt: Die Europäischen Gemeinschaften wurden von souveränen Staaten durch völkerrechtliche Verträge gegründet. Mit einer Versammlung (Europäisches Parlament), einem Rat und einem Sekretariat (Kommission), verfügt die EG zudem über die klassische dreigeteilte Organstruktur einer Internationalen Organisation. Keines der EG-Organe ist von einzelnen Mitgliedstaaten dergestalt abhängig, daß diese die Willensbildung innerhalb des Organs bestimmen. Die Tätigkeit der Gemeinschaft geht über den bloßen nationalen Rahmen hinaus und sie ist fähig, Trägerin völkerrechtlicher Rechte und Pflichten zu sein (vgl. Art. 281 EGV)[64]. Damit erfüllt die EG die Mindestvoraussetzungen für eine Internationale Organisation.

Aber auch die umfassenderen acht o.g. Voraussetzungen werden von der EG erfüllt:
Gemäß Art. 312 EGV ist die Gemeinschaft auf unbegrenzte Zeit geschlossen[65]. Die Gleichheit als Basis der Zusammenarbeit kommt in der paritätischen Besetzung der Posten in den Organen bzw. einem Schlüssel für Sitz- und Stimmenverteilung zum Ausdruck. Mit letzterem wird zwar von dem Grundsatz „one-state-one-vote" abgewichen, doch begün-

---

sation, die aufgrund der ihr von den Mitgliedstaaten übertragenen Befugnis völkerrechtserheblich handelt. Die Durchsetzung völkerrechtlicher Ansprüche ggü. einer völkerrechtswidrig handelnden Internationalen Organisation ist jedoch ungleich schwieriger als ggü. einem Staat: Sie verfügt regelmäßig nur über begrenzte finanzielle Mittel, sie ist vor internationalen Gerichten grds. nicht (aktiv- und) passivlegitimiert (vgl. z.B. Art. 34 Abs. 1 IGH-Statut), und Repressalien als völkerrechtlich zulässiges Druckmittel scheiden ihr gegenüber praktisch aus. Zudem besteht nach gegenwärtigem Völkerrecht keine gesamtschuldnerische oder subsidiäre Haftung der Mitgliedstaaten [vgl. Art. 6 lit. a) der Resolution des 'Institut de Droit International': „The Legal Consequences for Member States of the Non-fulfilment by International Organizations of their Obligations toward Third Parties" vom 1.9.1995 (AIDI Vol. 66-II (1996), S. 445 ff.). Zur -durchaus umstrittenen- Haftungsfrage s.a. Graf Vitzthum-*Klein*, Völkerrecht, Abschn. 4 Rn 104; Ipsen-*Epping*, Völkerrecht, § 31 Rn 40)].

63 *Frowein*, Recognition, EPIL Vol. IV S. 33 ff. (39); *Tomuschat*, General Course on Public International Law, RdC 281 (1999 VI), S. 1 ff. (128); *Seidl-Hohenveldern/Loibl*, Recht der Internationalen Organisationen, Rn 0700 ff; Ipsen-*Epping*, Völkerrecht, § 31 Rn 38; Grabitz/Hilf-*Simma*, Kommentar zur EU, Art. 210 Rn 9. Auch der IGH scheint -implizit- von einer konstitutiven Anerkennung auszugehen. Im *Bernadotte*-Gutachten ('Reparation for Injuries suffered in the Service of the United Nations Case', ICJ Rep. 1949, S. 173 ff. (185)) hält er fest, daß nur die UN Völkerrechtssubjektivität kraft ihrer Universalität genießt und nicht lediglich -wie sonst üblich- „[...] personality recognized by them [the states] [...]".

64 Vgl. für die anderen beiden Gemeinschaften: Art. 6 EGKSV, Art. 184 EAGV.

65 Dies gilt auch für den EAG-Vertrag (Art. 208); der EGKS-Vertrag wurde hingegen gem. Art. 97 nur für die Dauer von 50 Jahren geschlossen und trat dementsprechend am 23.7.2002 außer Kraft (mit der Folge, daß die Wirtschaftsbereiche Kohle und Stahl uneingeschränkt dem EGV unterfallen). Dieser Umstand nahm der EGKS aber nicht etwa die Eigenschaft als Internationale Organisation. Denn das Merkmal der Dauerhaftigkeit dient lediglich dazu, die Internationale Organisation von Internationalen Konferenzen abzugrenzen (vgl. *Moussée*, Le contentieux des organisations internationales, S. 5). Die dritte UN-Seerechtskonferenz beispielsweise dauerte 9 Jahre (1973-82) und verfügte über ein echtes Sekretariat.

stigt dieses System nach wie vor die kleineren Mitgliedstaaten gegenüber größeren[66]. Auch ein mehr oder weniger weitgehender Verzicht auf die Ausübung souveräner Rechte durch die Mitgliedstaaten in den einzelnen Regelungsbereichen des Vertrages -insbesondere in den Bereichen ausschließlicher Gemeinschaftszuständigkeit- ist gegeben. Durch eine Vertragsänderung können die Mitgliedstaaten die Übertragung von Hoheitsbefugnissen wieder rückgängig machen[67]. Die EG verfügt, vermittels ihrer Organe, über die Fähigkeit zur eigenen Willensbildung. Die EG kann, vertreten durch die Kommission und den Rat, völkerrechtliche Abkommen schließen (Art. 300 EGV) und in den Rechtsordnungen ihrer Mitgliedstaaten genießt sie Rechtspersönlichkeit (Art. 282 EGV)[68]. Schließlich hat die EG seitens dritter Staaten einen Grad an völkerrechtlicher Anerkennung erfahren[69], der sogar zu der Ansicht geführt hat, der EG komme eigenständige Völkerrechtssubjektivität zu[70].

Damit ist festzustellen, daß die EG jedenfalls alle Anforderungen erfüllt, die an das Bestehen einer Internationalen Organisation zu stellen sind. Ob die darüber hinaus bestehenden Besonderheiten der Gemeinschaft möglicherweise eine abweichende Bewertung gebieten, ist im folgenden zu klären.

3. Institutionelle Besonderheiten der EG nach h. M.

Als Besonderheiten der EG im Vergleich anderen Internationalen Organisationen werden folgende hinlänglich bekannten Elemente hervorgehoben[71]:

1. Echte Unabhängigkeit von den Mitgliedstaaten bei den Gemeinschaftsorganen: Europäisches Parlament[72], Kommission[73], Europäischer Gerichtshof[74] und Rechnungshof[75].

2. Entscheidungsfindung auch im Repräsentativorgan der Mitgliedstaaten, dem Rat, mit Mehrheit möglich[76].

---

[66] Als eindrücklichstes Beispiel sei hier nur auf die Stimmenverteilung im Rat (Art. 205 Abs. 2 EGV) hingewiesen: Deutschland verfügt zwar über 1000 mal mehr Einwohner als Luxemburg, über die 137-fache Größe und die 110-fache Wirtschaftskraft, doch im Rat stehen 2 luxemburgischen Stimmen lediglich 10 deutsche gegenüber.

[67] Siehe dazu oben: C. VI. 2. c) (S. 88 f.).

[68] Siehe auch Art. 185 EAGV und Art. 6 Abs. 3 EGKS.

[69] Im Jahre 1999 waren bei der EG 166 Staaten akkreditiert. Die Kommission unterhielt ihrerseits in 128 Ländern Delegationen (vgl. *Kommission*, Gesamtbericht 1999, Ziff. 886 u. 888); *Groux/Manin*, Die Europäischen Gemeinschaften in der Völkerrechtsordnung, S. 21, wiesen 1984 allerdings darauf hin, daß „die Gemeinschaften bisher noch von keinem einzigen Staat durch eine formelle Erklärung anerkannt worden [sind]".

[70] So etwa *Bernhardt*, Die Europäischen Gemeinschaften als neuer Rechtsträger im Geflecht der traditionellen zwischenstaatlichen Rechtsbeziehungen, EuR 18 (1983), S. 199 ff. (203).

[71] Vgl. Zusammenstellung bei *Seidl-Hohenveldern/Loibl*, Recht der Internationalen Organisationen, Rn 0113 oder *Oppermann*, Europarecht, Rn 894 ff.

[72] Die Unabhängigkeit der Mitglieder des Europaparlaments von den Mitgliedstaaten ergibt sich nicht unmittelbar aus dem Vertrag, geht aber aus Art. 4 Abs. 1 S. 2 der Direktwahlakte vom 20.9.1976 (ABl. 1976 Nr. L 278, S. 5 ff.) hervor.

[73] Art. 213 Abs. 2 EGV.

[74] Art. 223 UAbs. 1 EGV.

[75] Art. 247 Abs. 2 S. 2 EGV.

[76] Einfache Mehrheit gem. Art. 205 Abs. 1 EGV (diese ist selten; vgl. zu den Anwendungsfällen: Schwarze-*Hix*, EU-Kommentar, Art. 205 Rn 4) oder qualifizierte Mehrheit gem. Art. 205 Abs. 2 EGV.

3. Befugnis zum Erlaß von Rechtsakten, denen gegenüber den und in den Mitgliedstaaten unmittelbare Verbindlichkeit zukommt[77].

4. Umfänglicher Rechtsschutz durch einen Gerichtshof mit obligatorischer Zuständigkeit[78].

5. Unabhängigkeit der EG von Finanzbeiträgen der Mitgliedsstaaten[79].

4. Kritische Analyse der institutionellen "Besonderheiten" der EG im Vergleich zu klassischen Internationalen Organisationen

Bevor die Besonderheiten der EG im Vergleich zu dem Typus der klassischen Internationalen Organisation -wie sie sich aus der Zusammenschau der unter 1. genannten Elemente ergeben- nun im einzelnen untersucht werden, ist vorab zu klären, welcher Art diese Besonderheiten abstrakt sein müssen, um die Schaffung einer neuen Kategorie von Staatenverbindung bzw. eine *sui generis* -Lösung rechtfertigen zu können.

a) Abgrenzungskriterium „Andersartigkeit 'by nature' oder 'by degree' "

Diese Frage wird häufig in der Weise formuliert, ob zwischen der EG und klassischen Internationalen Organisationen ein Unterschied "by degree" oder "by nature" bzw. ob zwischen ihnen ein quantitativer oder qualitativer Unterschied besteht[80]. Trotz einiger definitorischer Unklarheiten dürfte die Formel vom qualitativen und quantitativen Unterschied folgendermaßen zu verstehen sein: Die EG kann dann noch in die Kategorie 'Internationale Organisation' eingeordnet werden, wenn ihre Besonderheit darin bestehen sollte, daß sie einzelne, von anderen Internationalen Organisationen schon bekannte Elemente in einer bisher nicht dagewesenen Häufung (Quantität) in sich vereinigt. Eine Klassifizierung der EG als arteigen erscheint hingegen dann als möglich, wenn sich die EG durch Besonderheiten auszeichnet, die im Recht der Internationalen Organisationen unbekannt sind, also durch qualitativ neue Elemente.
Teilweise wird jedoch vertreten, daß durch die Kumulation oder Kombination von schon Bekanntem gleichwohl etwas qualitativ Neues entstehen könne[81]. Dieser aus den Naturwissenschaften stammende Erfahrungssatz läßt sich auf den vorliegenden Fall jedoch nicht übertragen. Denn anders als dort kann hier der "Umschlagspunkt", also die Festlegung, ab welchem Grad der Kumulation das Bekannte in etwas Arteigenes umschlägt, nicht exakt

---

[77] Art. 249 Abs 2 EGV.

[78] Der EGV kennt 5 Arten von *Klage*verfahren: Vertragsverletzungsverfahren (Art. 226, 227), Nichtigkeitsklage (Art. 230), Untätigkeitsklage (Art. 232), Amtshaftungsklage (Art. 235 i.V.m. Art. 288 Abs. 2), Beamtenklage (Art. 236). Daß die Zuständigkeit des EuGH obligatorisch ist, ergibt sich jeweils aus der Formulierung „ist zuständig".

[79] Art. 269 UAbs. 1 EGV - allerdings wurde der Haushalt der Gemeinschaft bis zum Eigenmittelbeschluß des Rates vom 21.4.1970 (ABl. 1970 Nr. L 94, S. 19 ff.) ausschließlich aus den Finanzbeiträgen der Mitgliedstaaten finanziert (vgl. Art. 200 EWG-Vertrag a.F.). Gegenwärtig gilt der Beschluß des Rates vom 29.9.2000 über das System der Eigenmittel der Europäischen Gemeinschaften (ABl. 2000 Nr. L 253, S. 42 ff.).

[80] *Simon*, Les fondements de l'autonomie du droit communautaire in: Société française pour le droit international (Hrsg.), Droit international et droit communautaire, perspectives actuelles, S. 207 ff. (211); *de Witte*, Retour à «Costa» - La primauté du droit communautaire à la lumière du droit international, RTDE 20 (1984), S. 425 ff. (449); *Fischer*, Is the European Community an International Organization? (Fn 29), S. 180 u. 201; vgl. auch *Bindschedler*, Rechtsfragen der europäischen Einigung, S. 202.

[81] *De Witte*, a.a.O.

bestimmt werden. Einer solchen Festlegung müßte stets der Makel der Willkürlichkeit anhaften.
Will man überhaupt an dem Unterscheidungspaar "quantitativ/qualitativ" bzw. "by degree/ by nature" festhalten, dann müssen eindeutige Parameter zugrundegelegt werden, die, auf unterschiedliche Fälle angewendet, zu vergleichbaren Ergebnissen führen.
Das bedeutet, daß einem Staatenzusammenschluß nur dann eine Rechtsnatur außerhalb des Völkerrechts zuerkannt werden sollte, wenn sich in ihm zumindest *ein* wesentliches Element findet, das für sich genommen in keiner der bekannten Internationalen Organisationen vorhanden ist *und* wenn dieses Element mit den Grundsätzen des Völkerrechts unvereinbar ist.

Im konkreten Fall ist damit folgende zweischrittige Prüfung vorgezeichnet: Zunächst sind die echten institutionellen Besonderheiten der EG herauszuarbeiten. Sollten sich solche ergeben, ist zu untersuchen, ob diese mit dem Wesen des Völkerrechts in Einklang zu bringen sind. Nur wenn dies nicht der Fall ist, ist es gerechtfertigt, von einer Rechtsnatur der Gemeinschaft außerhalb des Völkerrechts zu sprechen.

b) Ermittlung der *echten* institutionellen Besonderheiten der EG

Einleitend ist anzumerken, daß es kaum verwunderlich ist und für sich genommen keine Besonderheit der EG darstellt, daß die Struktur der einzelnen Organe der Gemeinschaft keinem vorhandenen Muster folgt. Denn strenggenommen unterscheidet sich jede Internationale Organisation von jeder anderen in ihrer Struktur[82].

aa) Unabhängigkeit der Organe

Die echte Unabhängigkeit bestimmter Organe Internationaler Organisationen ist recht verbreitet.
Wie die Abgeordneten des Europäischen Parlaments sind auch die Vertreter der Mitgliedstaaten des Europarates in der Beratenden Versammlung von den Regierungen der Mitgliedstaaten unabhängig. Sie werden gem. Art. 25 lit. a) der Satzung des Europarates[83] von den nationalen Parlamenten gewählt oder ernannt.
Wie der Präsident der Europäischen Kommission und die übrigen Kommissionsmitglieder dürfen beispielsweise der UN-Generalsekretär und die sonstigen Bediensteten des Sekretariats bei der Wahrnehmung ihrer Pflichten gem. Art. 100 Abs. 1 UN-Charta[84] von einer Regierung oder einer Autorität außerhalb der Organisation Weisungen weder erbitten noch entgegennehmen.
Eine (teilweise) Unabhängigkeit von den Regierungen der Mitgliedstaaten gibt es bei der Internationalen Arbeitsorganisation (ILO) sogar in ihrem zentralen Beschlußorgan, dem Verwaltungsrat (Governing body), der sich nur zur Hälfte aus Regierungsvertretern zusammensetzt. Die andere Hälfte rekrutiert sich aus Vertretern der Arbeitgeber und der

---

[82] *Seidl-Hohenveldern/Loibl*, Recht der Internationalen Organisationen, Rn 0113; *Schermers/Blokker* haben ihr Werk 'International Institutional Law' gar mit dem Untertitel „*Unity within diversity*" versehen, worin die große Unterschiedlichkeit Internationaler Organisationen im einzelnen bei grundsätzlicher Vergleichbarkeit ihrer wesentlichen Elemente zum Ausdruck gebracht werden soll; s.a. § 22 ff. ebda.
[83] UNTS 87, S. 103 ff.; dt. Quelle: BGBl. 1949-50, S. 263 ff.
[84] YBUN 1 (1946/47), S. 831 ff.; dt. Quelle: BGBl. 1973 II, S. 431 ff.

Arbeitnehmer der Mitgliedstaaten (vgl. Art. 7 Abs. 2 ILO-Verfassung[85]), die formal keiner Einflußnahme durch die Regierungen der Mitgliedstaaten unterliegen[86].
Die formale Unabhängigkeit des Rechtsprechungsorgans einer Internationalen Organisation ist die Regel (vgl. z.B. Art. 2 IGH-Statut[87], Art. 21 Abs. 3 EMRK[88]). Auch der EuGH bildet insofern keine Ausnahme.

bb) Mehrheitsentscheidungen im Repräsentativorgan der Mitgliedsstaaten möglich

Mehrheitsentscheidungen in Gremien größerer Internationaler Organisationen, die auch die Mitgliedstaaten bindende Beschlüsse fassen können, sind ebenfalls nichts Ungewöhnliches.
So kann beispielsweise die Generalversammlung der Vereinten Nationen in Haushaltsfragen gem. Art. 18 Abs. 2 i.V.m. Art. 17 UN-Charta bindende Beschlüsse mit Zweidrittelmehrheit fassen. Das Ministerkomitee des Europarates kann den für die Mitgliedsstaaten verbindlichen Haushalt gem. Art. 20 Abs. 4 lit. d) Satzung des Europarates beschließen.

Seltener verfügen Internationale Organisationen über die in der EG etablierte Befugnis, für die Mitgliedstaaten verbindliche Mehrheitsentscheidungen treffen zu können, die über bloße Budgetfragen hinausgehen. Dies ist allerdings der Fall beim Sicherheitsrat der Vereinten Nationen, der mit einer Mehrheit von 9 aus 15 Stimmen (vgl. Art. 27 Abs. 1 u. 3 UN-Charta) für die UN-Mitgliedstaaten mit Verbindlichkeit entscheidet[89]. Den fünf ständigen Mitgliedern des Sicherheitsrates steht zwar gem. Art. 27 Abs. 2 der Charta ein Vetorecht zu, doch *de facto* haben die Mitgliedstaaten der EG in ihrem sog. Luxemburger Kompromiß vom 29.1.1966[90] nichts anderes vereinbart, für den Fall, daß ein Mehrheitsbeschluß im Rat „vitale Interessen" eines überstimmten Mitgliedstaates beeinträchtigt.
In der Versammlung und im Rat der durch das Seerechtsübereinkommen der Vereinten Nationen vom 10.12.1982[91] errichteten Internationalen Meeresbodenbehörde (The Authority), einer vollwertigen Internationalen Organisation, sind Mehrheitsbeschlüsse ebenfalls vorgesehen (vgl. Art. 159 Abs. 7 f. u. Art. 161 Abs. 8 SeeRÜbk.[92]). Allerdings handelt es sich beim Rat der Behörde um kein echtes Repräsentativorgan der Mitgliedstaaten.

---

85 UNTS 15, S. 40 ff.; 191, S. 143 ff.; 466, S. 323 ff.; 958, S. 167 ff.; dt. Quelle: BGBl. 1957 II, S. 317 ff.; 1964 II, S. 101 ff.; 1975 II, S. 2208 ff.

86 *Klein*, United Nations, Specialized Agencies, EPIL Vol. IV, S. 1172 ff. (1180): „[...] these two other delegates must not be instructed by their national governments".

87 YBUN 1 (1946/47), S. 843 ff.; dt. Quelle: BGBl. 1973 II, S. 505 ff.

88 EMRK i.d.F. des Protokolls No. 11 vom 11.5.1994 (ETS No. 155; dt. Quelle: BGBl. 1995 II, S. 579 ff.); Art. 40 Abs. 7 EMRK a.F.

89 Die Verbindlichkeit für die Mitgliedstaaten ergibt sich aus Art. 25 und 48 der Charta.

90 Bull. EWG 3-1966, S. 9; zur umstr. Rechtsnatur des Beschlusses vgl. Grabitz/Hilf-*Schweitzer*, Recht der EU, Art. 205 EGV Rn 14 f.; Beachtenswert ist in diesem Zusammenhang auch der sog. Kompromiß von Ioannina (Ratsbeschluß vom 29.3.1994, ABl. 1994 Nr. C 105, S. 1), wonach faktisch keine bindenden Ratsbeschlüsse gegen den erklärten Willen von drei großen Mitgliedstaaten und einem kleinen (mit mindestens drei Stimmen im Rat) getroffen werden können (vgl. dazu Schwarze-*Hix*, EU-Vertrag, Art. 205 Rn 9).

91 ILM 21 (1982), S. 1261 ff.; dt. Quelle: BGBl. 1994 II, S. 1799 ff.

92 Vgl. auch die -jedenfalls bzgl. des Rates- modifizierenden Bestimmungen in Abschnitt 3 Abs. 5 des Durchführungsabkommens zu Teil XI des SeeRÜbk. (Text: Annex zu GA Res. 48/263 vom 28.7.1994 (YBUN 48 (1994), S. 1301 ff.); dt. Quelle: BGBl. 1994 II, S. 2566 ff.); Das Durchführungsabkommen geht gem. seines Art. 2 Abs. 1 im Falle des Widerspruchs zu Teil XI des SeeRÜbk. diesem vor.

Auch in diesem Fall stellt mithin nur die Quantität der Mehrheitsentscheidungen in der EG eine Besonderheit im Vergleich zu herkömmlichen Internationalen Organisationen dar.

cc) Unmittelbare Verbindlichkeit von Rechtsakten der Internationalen Organisation für Mitgliedstaaten und Individuen

In der Regel wenden sich Internationale Organisationen mit von ihnen erlassenen Rechtsvorschriften nur an ihre Bediensteten und an die Mitgliedstaaten. Im letzteren Fall kann sich dies auf interne Fragen beschränken, etwa auf Satzungsfragen. Rechtsakte können aber auch externe Wirkung haben, wie z.B. die vom Sicherheitsrat der Vereinten Nationen ausgesprochene Verpflichtung, bestimmte friedensgefährdende Maßnahmen zu unterlassen. Ein solcher Beschluß des Sicherheitsrates erlangt unmittelbare Verbindlichkeit, bedarf also keiner weiteren Umsetzung (Ratifikation) mehr durch die Mitgliedstaaten. Diese unmittelbare Verbindlichkeit von Entscheidungen mit externer Wirkung war auch schon in Art. 13 lit. a) der am 16.4.1948 geschlossenen Konvention der OEEC[93] (Organization for European Economic Cooperation) vorgesehen, wurde aber in den neuen OECD-Vertrag vom 14.12.1960 nicht übernommen.

Unmittelbare Verbindlichkeit für Individuen in den Mitgliedstaaten hatten bereits Fluß-, Schiffahrts- und Polizeireglements der Europäischen Donaukommission[94] (vgl. Art. 17 S. 2 Ziff. 1 Pariser Friedensvertrag[95]). An Stelle der Uferstaaten erließ die Donaukommission bindende Verwaltungsakte. Der *Inspecteur de la Navigation* (du bas Danube) und der *Capitaine du Port* (de Soulina) konnten sogar -nach Anhörung der Betroffenen- im Namen der Europäischen Kommission Strafen wegen Nichtbeachtung der Reglements und ihrer Anordnungen verhängen (vgl. Art. 125-146 des Reglements vom 10.11.1875[96])[97].

Auch Art. 249 Abs. 2 und 3 EGV waren somit letztlich nicht ohne völkerrechtliches Vorbild.

dd) Umfänglicher Rechtsschutz durch einen Gerichtshof mit obligatorischer Zuständigkeit

Viele der zahlreichen Internationalen Organisationen verfügen über ein Rechtsprechungsorgan[98]. Diesem obliegt in erster Linie die Kontrolle der Rechtmäßigkeit von Rechtsvor-

---

[93] UNTS 888, S. 142 ff.; dt. Quelle: Auswärtiges Amt (Hrsg.), Verträge der Bundesrepublik Deutschland, Serie A Nr. 1-11 (Nr. 1, S. 1 ff.).

[94] Errichtet durch Art. 15-19 des den Krimkrieg beendenden Pariser Friedensvertrages vom 30.3.1856, in Ausdehnung der Wiener Kongreßakte von 1815, bestand die zunächst nur als vorläufig konzipierte Kommission aus einem Vertreter Frankreichs, Österreichs, Großbritanniens, Preußens, Rußlands, Sardiniens und der Türkei. Rumänien erhielt einen Sitz durch den Berliner Vertrag vom 13.7.1878. Die Elemente "überstaatlicher" Verwaltung durch die Europäische Donaukommission wurden jedoch durch den Vertrag von Sinaia (18.8.1938) weitgehend ausgehöhlt (vgl. den Überblick bei *Martius*, Die Entwicklung des Zwischenstaatlichen Donauschiffahrtsrechts, AVR 1 (1948/49), S. 233 ff.).

[95] Abgedruckt in: MartNRG (1ière sér.) 15 (1857), S. 770 ff; dt. Quelle: PrGS. 1856, S. 307 ff.

[96] Abgedruckt in: MartNRG (2e sér.) 3 (1878-79), S. 572 ff.; Die nachfolgenden Reglements vom 19.5. 1881 (MartNRG (2e sér.) 9 (1884), S. 254 ff.) und 10.11.1911 (MartNRG (3e sér.) 9 (1919), S. 252 ff.) enthalten keine substantiellen Änderungen.

[97] Vgl. dazu *Seidl-Hohenveldern*, Danube River, EPIL Vol. I, S. 934 ff. (935): „The legislative and judicial powers of this Commission were so far-reaching that they may well be compared to those enjoyed by supranational organizations, especially by the European Communities".

[98] Vgl. die Übersicht bei *Schermers/Blokker*, International Institutional Law, Index S. xvi f.

schriften der Internationalen Organisation und die Entscheidung über Streitigkeiten zwischen Mitgliedstaaten. Aber auch Rechtsschutz für Bedienstete der Internationalen Organisation und für Angehörige der Mitgliedstaaten fällt z.T. in ihren Zuständigkeitsbereich.

(1) Streitigkeiten zwischen Mitgliedstaaten

Der IGH als ständiger Gerichtshof ist von verschiedenen Verfassungen internationaler Organisationen zur Klärung von Streitigkeiten zwischen Mitgliedstaaten über die Auslegung oder Anwendung der Gründungsverträge berufen worden (vgl. Art. 36 Abs. 1 IGH-Statut), sofern sich diese nicht auf eine andere Art der Streitbeilegung einigen. Solche Zuweisungen finden sich etwa in Art. 37 Abs. 1 der ILO-Satzung[99], Art. XIV Abs. 2 der UNESCO-Satzung[100], Art. 75 der WHO-Satzung[101] oder in Art. XVII der IAEA-Satzung[102].

Auch der EuGMR ist gem. Art. 33 EMRK zur Entscheidung über den von einem Mitgliedstaat gegen einen anderen erhobenen Vorwurf der Verletzungen der Konvention zuständig.

(2) Streitigkeiten zwischen Organisation und Mitgliedstaaten

Internationale Organisationen im System der Vereinten Nationen können zwar nach Art. 96 UN-Charta i.V.m. Art. 65 IGH-Statut Rechtsgutachten des IGH über Rechtsfragen aus ihrem Tätigkeitsbereich, also auch aus ihrem Verhältnis zu den Mitgliedstaaten, anfordern, doch fehlt ihnen die Aktiv- und Passivlegitimation in Streitverfahren mit den Mitgliedstaaten (vgl. Art. 34 Ziff. 1 IGH-Statut).

Das UN-Seerechtsübereinkommen von 1982 läßt die Internationale Meeresbodenbehörde (Art. 156 ff. SeeRÜbk.) in Streitverfahren um den Meeresboden als Klägerin oder Beklagte vor dem Internationalen Seegerichtshof in Hamburg[103] zu (Art. 187 lit. c), d) und e) SeeRÜbk.).

(3) Streitigkeiten zwischen Organisation und Individuen

Ein Streitverfahren zwischen Individuen, die außerhalb der Organisation stehen, kommt grds. nur dann in Betracht, wenn die Organisation auch befugt ist, Entscheidungen unmittelbar an solche Individuen zu richten. Ein prozessualer Weg zur Geltendmachung eines -vermeintlichen- abstrakten Rechtsbefolgungsanspruchs wird -soweit ersichtlich- Individuen von keiner Internationalen Organisation eingeräumt.

Der Europäischen Donaukommission und ihren Beamten standen, wie oben ausgeführt, recht weitgehende Regelungsbefugnisse im Rahmen des internationalen Schiffahrtsregimes gegenüber Individuen zu. Erging durch den im Namen der Kommission handelnden *Inspekteur de la Navigation* oder den *Capitaine de Port* ein Strafbescheid, so konnte sich der Betroffene binnen drei Monaten mit einer Berufung an die Europäische Kommission wenden (Art. 153 des Schiffahrts-Reglements vom 10.11.1875). Bis 1922 befand darüber

---

[99] Siehe Fn 85.

[100] UNTS 4, S. 275 ff.; dt. Quelle: BGBl. 1971 II, S. 473 ff.

[101] UNTS 14, S. 185 ff.; dt. Quelle: BGBl. 1974 II, S. 43 ff.

[102] UNTS 276, S. 3 ff.; dt. Quelle: BGBl. 1958 II, S. 4 ff.

[103] Der ISeeGH wurde auf Grundlage des Annexes VI zum UN SeeRÜbk. errichtet und nahm seine Arbeit am 18.10.1996 auf.

das Exekutivkomitee der Kommission. Danach lag die Zuständigkeit für Berufungssachen bei den im Plenum tagenden Delegierten der Mitgliedstaaten. Im Berufungsverfahren konnte auch die Rechtswidrigkeit der Bestimmung geltend gemacht werden, wegen deren Verletzung der Strafbescheid erging[104].

Natürliche oder juristische Personen können nach Maßgabe von Art. 187 lit. c) SeeRÜbk. vor der Kammer für Meeresbodenangelegenheiten des ISeeGH gegen die Internationale Meeresbodenbehörde in Streitigkeiten um einen auf Grundlage von Art. 153 Abs. 3 SeeRÜbk. geschlossenen Vertrag auftreten.

(4) Streitigkeiten zwischen Organisation und Personal

Zur Entscheidung über Streitigkeiten zwischen einer Internationalen Organisation und ihren Bediensteten sind z.B. im Rahmen der UNO und ihrer Sonderorganisationen sog. 'Administrative Tibunals' berufen. Erwähnt sei hier nur das 'UN-Administrative Tribunal'[105], das für das gesamte Personal der UNO und das der Sonderorganisationen ICAO (International Civil Aviation Organization) und IMO (International Maritime Organization) zuständig ist.[106]

(5) Zusammenfassung

Die EG verfügt über ein komplexes Rechtsschutzsystem, das in keiner der klassisch strukturierten Internationalen Organisationen eine Parallele hat. Betrachtet man allerdings die einzelnen Verfahrensarten isoliert, so waren und sind sie im Recht der Internationalen Organisationen sehr wohl bekannt. Eine echte institutionelle Besonderheit kann daher in der umfassenden Zuständigkeit des EuGH nicht erblickt werden. Ausdrücklich auszunehmen ist insofern allerdings das oben nicht erörterte Vorabentscheidungsverfahren nach Art. 234 EGV. Denn bei diesem Verfahren handelt es sich im Kern um ein strukturelles Problem, also um eine Frage des Verhältnisses von Gemeinschaftsrecht zum nationalen Recht, das an anderer Stelle einer gesonderten Betrachtung bedarf[107].

ee) Unabhängigkeit der Internationalen Organisation von Beiträgen der Mitgliedstaaten

Als Finanzquellen Internationaler Organisationen kommen vor allem in Betracht: Beiträge der Mitgliedstaaten, eigene Einkünfte (z.B. durch von Staaten oder Individuen in Anspruch genommene Dienstleistungen) oder Einnahmen aus Besteuerung.
Die häufigste und bedeutsamste Finanzierungsquelle Internationaler Organisationen ist heute immer noch der Beitrag von Mitgliedstaaten, der in den meisten Fällen nach einem sich aus dem Finanzbedarf der Organisation ergebenden Beitragsschlüssel festgesetzt wird[108]. Bis 1970 folgte auch die EG diesem Finanzierungssystem[109].

---

104 Vgl. *Schlochauer*, Der Rechtsschutz gegenüber der Tätigkeit internationaler und übernationaler Behörden, S. 13 f.

105 Errichtet durch GA Res. 351 (IV) vom 24.11.1949 (YBUN 3 (1948-49), S. 921 f.) auf der Grundlage von Art. 22 UN-Charta.

106 Vgl. *Moussé*, Le contentieux des organisations internationales, S. 121-126, mit weiteren Beispielen.

107 Siehe unten: C. IV. 2. c) (S. 70 ff.).

108 *Schermers/Blokker*, International Institutional Law, § 926, weisen in diesem Zusammenhang auf die geradezu systemimmanente Schwäche dieser Finanzierungsweise hin: „In most households expenditure

Es gibt aber durchaus Beispiele Internationaler Organisationen, die sich ausschließlich aus anderen Quellen als Beiträgen finanzieren.
So werden z.B. die Mitglieder des Internationalen Währungsfonds (IMF) und der Internationalen Bank für Wiederaufbau und Entwicklung (IBRD) -kurz: Weltbank- durch die jeweilige Satzung nicht zur Leistung von regelmäßigen Beiträgen verpflichtet, sondern nur zur einmaligen Zeichnung von Anteilen am Grundkapital der Organisation anläßlich ihres Beitritts[110]. Die Organisationen finanzieren sich aus dem Gewinn, den sie durch ihre Geschäftstätigkeit erwirtschaften, Überschüsse können an die Mitgliedstaaten ausgeschüttet werden[111].
Eine rein steuerfinanzierte Finanzausstattung gab es bereits bei der Ostafrikanischen Gemeinschaft von 1967[112]. Die Gemeinschaft erhob nicht nur eigene Einkommensteuern, sondern sie zog auch Zölle und Verbrauchsteuern ein, die dann nach einem komplizierten Schlüssel unter den drei Mitgliedstaaten der Gemeinschaft (Kenia, Tansania und Uganda) verteilt wurden[113].
Der 1962 als gesamtarabische Institution der Arabischen Liga gegründete Rat für Arabische Wirtschaftseinheit (Council for Arab Economic Unity)[114] sollte sich ausschließlich durch eigene Einnahmen („common revenues") finanzieren (vgl. Art. 10 d. Abk.). Die erwarteten Überschüsse sollten unter den Mitgliedstaaten verteilt werden (Art. 11 d. Abk.).

Die Besonderheit der EG im Vergleich zu andern Internationalen Organisationen ist daher auch nicht die Art und Weise ihrer Finanzierung, sondern allein die Höhe der von ihr erzielten Eigenmittel[115]. Der Betrag relativiert sich indes, wenn man bedenkt, daß er nicht einmal 5% der Summe der Staatsausgaben der Mitgliedstaaten ausmacht[116] und daß mit diesen Mitteln größtenteils Aufgaben wahrgenommen werden, die ansonsten von jedem Mitgliedstaat unmittelbar zu finanzieren wären.

In diesem Zusammenhang ist schließlich noch auf die Währungsunion zwischen den EU-Mitgliedstaaten einzugehen, die ebenfalls als "Besonderheit" betrachtet wird. In drei Stufen vollzog sich von 1990 an die Einführung einer gemeinsamen Währung zwischen 12

---

follows income, income sets the limits of expenditure. For governments and international organizations it is the other way round. [...] income follows expenditure".

109 Siehe Fn 79.

110 Vgl. Art. III Abschn. 1 IMF-Statut (UNTS 2, S. 39 ff. - Neufassung des Übk. vom 30.4.1976, ILM 15 (1976), S. 546 ff.; dt. Quelle: BGBl. 1978 II, S. 15 ff.); Art. II Abschn. 3 lit. a) IBRD-Satzung (UNTS 2, S. 134 ff.; dt. Quelle: BGBl. 1952 II, S. 66 ff.).

111 Art. XII Abschn. 6 IMF-Satzung und Art. V Abschn. 14 IBRD-Satzung.

112 Ausführlich zur East-African Community siehe unten: Teil 3 B. I. 1. (S. 227 ff.).

113 Vgl. Art. 65-68 des 'Treaty for East-African Cooperation' vom 6.6.1967 (ILM 6 (1967), S. 932 ff.) u. *Friedrich*, Gemeinsamer Markt in Ostafrika und Zentralamerika, VRÜ-Beih. 6 (1975), S. 133 f.

114 Errichtet durch das 'Agreement for Economic Unity among Arab League States', das am 3. Juni 1957 abgefaßt wurde und nach Unterzeichnung am 6.6.1962 durch die ersten Mitgliedstaaten am 30. April 1964 in Kraft trat; Text in: ILM 3 (1964), S. 1096 ff.

115 Der Haushaltsplan der EU für das Jahr 2001 wies 93,78 Mrd. EUR an Mitteln für Zahlungen aus (*Kommission*, Gesamtbericht 2001, Tab. 22 (S. 406 ff.)).

116 Gem. Art. 3 Abs. 1 des Eigenmittelbeschlusses des Rates vom 29.9.2000 (Fn 79) ist die Gesamtobergrenze der Eigenmittel der Gemeinschaften für Zahlungsermächtigungen auf 1,27 % des Bruttosozialproduktes der Mitgliedstaaten (im Jahr 2000: 3.242,6 Mrd. US$; Quelle: *World Bank*, World Development Indicators 2002, S. 18 ff. u. 36) festgelegt.

der 15 EU-Mitgliedstaaten[117]. Seit dem 1.1.2002 befindet sich in diesen Ländern das einheitliche Bargeld, der Euro, in Umlauf. Mit dem 1.7.2002 verloren die nationalen Währungen grundsätzlich ihre Gültigkeit. Die Dimension und Bedeutung dieses einheitlichen Währungsraums ist zweifellos ohne historisches Beispiel. In der Sache selbst lassen sich aus der völkerrechtlichen Praxis jedoch verschiedene Beispiele für eine Währungsunion zwischen souveränen Staaten anführen[118]. Im Rahmen der Belgisch-Luxemburgischen Wirtschaftsunion aus dem Jahre 1925[119] existierte praktisch eine Währungsunion zwischen beiden Ländern, indem der Belgische Franc als gesetzliches Zahlungsmittel in Luxemburg eingeführt wurde, während Luxemburg in seiner Währungshoheit einschränkt war[120]. Eine *de jure-* Währungsunion stellten die 1962 gegründete *Union Monétaire Ouest Africaine* (UMOA)[121] und die *Union Monétaire de l'Afrique Centrale* (UMAC) von 1972[122] dar, die gemeinsam die sog. *Zone franc* bilden. Die Zentralbanken der Westafrikanischen (*BCEAO*) und der zentralafrikanischen (*BEAC*) Staaten[123] emittieren die gemeinsame Währung, den Franc CFA[124].

---

117 Zur Entwicklung der Währungsunion vgl. den Überblick bei *Streinz*, Europarecht, Rn 884-890; s.a. Art. 4 Abs. 2, Art. 105-124 EGV.

118 Für die Zwecke dieser Untersuchung soll die von *Gold*, Monetary Unions and Monetary Zones, EPIL Vol. III, S. 454 ff. (454) gegebene Definition einer Währungsunion zugrundegelegt werden: „[A] monetary union is defined as an arrangement by which the members, in order to promote an economic objective, have agreed to establish a common central bank that issues a common currency as the only currency in circulation and that holds the pooled monetary reserves of members to support the currency".

119 Die Konvention zwischen Belgien und dem Großherzogtum Luxemburg zur Errichtung einer Wirtschaftsunion wurde am 25.7.1921 in Brüssel unterzeichnet und trat am 6.3.1922 in Kraft (abgedruckt in: LNTS 9, S. 223 ff.; Protokolle und eine konsolidierte Fassung der Konvention vom 29.1.1963 in UNTS 547, S. 39 ff.).

120 Vgl. Art. 22 der Konvention von 1921 und das Sonderprotokoll zwischen Belgien und Luxemburg betreffend die Währungsgemeinschaft vom 29.1.1963 (Text in: UNTS 547, S. 76 ff.) sowie das Protokoll über die Anwendung des Sonderprotokolls vom 21.5.1965 (UNTS 547, S. 84 ff.); *Pescatore*, Belgium-Luxemburg Economic Union, EPIL Vol. I, S. 367 ff. (371), spricht insofern von einer *„de facto* monetary union" zwischen beiden Staaten.

121 Der Vertrag zur Gründung der UMOA wurde am 12.5.1962 von der Elfenbeinküste, Dahomey (heute Benin), Obervolta (heute Burkina Faso), Mali, Mauretanien, Niger und dem Senegal in Paris unterzeichnet (Text abgedruckt bei: Sohn (Hrsg.), Basic Documents of African Regional Organizations Vol. II, S. 933 ff.). Togo und Guinea-Bissau traten dem Abkommen später bei. Mauretanien kündigte es, noch bevor es am 11.10.1974 in Kraft treten konnte. 1994 wurden die UMOA und die CEAO (Communauté Economique de l'Afrique de l'Ouest) in der neugegründeten UEMOA (Union Economique et Monétaire Ouest-Africaine; ausführlich dazu unten: Teil 3 B. III. (S. 303 ff.)) zusammengefaßt.

122 Formal existiert die UMAC erst seit Inkrafttreten der entsprechenden Konvention ('Convention sur l'Union Monétaire de l'Afrique centrale' vom 5.7.1994) am 23.7.1999, doch der Sache nach setzen die sechs Mitgliedstaaten (Äquatorial-Guinea, Gabun, Kamerun, Kongo, Tschad und die Zentralafrikanische Republik) dadurch ihre auf dem Vertrag von Brazzaville vom 22.11.1972 ('Convention de coopération monétaire' i.V.m. Beitrittsvertrag für Äquatorial-Guinea vom 24.8.1984) beruhende Kooperation lediglich fort (s. zum Ganzen: *Mouelle Kombi*, Les aspects juridiques d'une union monétaire: l'example de l'union monétaire d'Afrique centrale, RGDIP 105 (2001), S. 521 ff.; zur heutigen CEMAC siehe unten: Teil 3 B. IV. (S. 312 ff.).

123 Die Vorgängerinstitute der '*B*anque *C*entrale des *E*tats de l'*A*frique de l'*O*uest' und der '*B*anque des *E*tats de l'*A*frique centrale' waren die 'Banque centrale des Etats de l'Afrique occidentale' und die 'Banque centrale des Etats de l'Afrique équatoriale et du Cameroun', die jeweils 1959 gegründet wurden.

124 Ursprünglich: Franc des *C*olonies *F*rançaises d'*A*frique; ab 1958: Franc de la *C*ommunauté *F*rançaise d'*A*frique; heute: Franc de la *C*ommunauté *F*inancière d'*A*frique (für die UEMOA-Staaten), Franc de la *C*oopération *F*inancière en *A*frique centrale (für die CEMAC-Staaten). Der Wechselkurs Euro : Franc CFA liegt seit dem 1.1.1999 bei 1 EUR = 655,957 Francs CFA.

c) Ergebnis

Von außen betrachtet stellt sich die EG als einzigartig geschlossenes und komplexes Gebilde dar. Schlüsselt man dieses System jedoch in seine einzelnen Konstruktionselemente auf, so tritt zutage, daß sie sämtlich dem Arsenal des Rechts der Internationalen Organisationen entstammen. Echte institutionelle Besonderheiten, also solche, die von keiner anderen Internationalen Organisation her bekannt sind, weist die EG nicht auf. Daß angesichts der Komplexität und der Größe des "Gebäudes" der Blick für dessen Substanz verlorengeht, ist nachvollziehbar. Gleiches kann jedoch nicht für die damit einhergehende Schlußfolgerung gelten, bei der EG könne es sich insofern nicht mehr um eine Internationale Organisation handeln.

Die EG gehört zwar der Kategorie der Internationalen Organisationen an, doch kann sie innerhalb dieser Gruppe nicht ohne weiteres auf eine Stufe mit den übrigen 921 Internationalen Organisationen gestellt werden. Die Kumulation von einzelnen, besonders ausgestalteten Strukturelementen, die -isoliert- z.T. auch in anderen Internationalen Organisationen vorhanden sind, macht die EG vielmehr zu einer besonders weit fortgeschrittenen oder besonders weit integrierten Internationalen Organisation.

5. Die Rechtsnatur der EG aus Sicht der Staatengemeinschaft

Die internationale Staatengemeinschaft siedelt die EG -zumindest in rechtlicher Hinsicht- auf einer Stufe mit anderen Internationalen Organisationen an. Diese Auffassung manifestiert sich beispielhaft in der Anlage IX zum Seerechtsübereinkommen der Vereinten Nationen. In Art. 1 der Anlage wird der in Art. 305 Abs. 1 lit. f) SeeRÜbk[125] verwendete Begriff der Internationalen Organisation definiert als „eine zwischenstaatliche Organisation, die von Staaten gegründet ist und der die Mitgliedstaaten Zuständigkeit für die durch dieses Übereinkommen geltenden Angelegenheiten übertragen haben, einschließlich der Zuständigkeit, Verträge über diese Angelegenheiten zu schließen". Hätte das Völkerrecht die EG als etwas anderes als eine Internationale Organisation (oder einen Staat) angesehen, wäre zweifellos angesichts der großen weltweiten Bedeutung der EG in Fischereiangelegenheiten[126] -auch auf solche bezieht sich die Konvention (vgl. v.a. Art. 116-120)- (zusätzlich) eine spezielle EG-Klausel in die Anlage aufgenommen worden. So beklagen dann auch *Gautron/Grard* die Verkennung der EG als neue Rechtskategorie durch das Völkerrecht und die Versagung einer dieser neuen Kategorie entsprechenden Sonderbehandlung durch das Völkerrecht[127]. Die EG selbst macht sich diese Ansicht

[125] Art. 305 SeeRÜbk. (Fundstelle Fn 91) regelt, wem das Übk. zur Unterzeichnung offensteht. Art. 307 (Beitritt) nimmt Bezug auf Art. 305.

[126] Diese resultiert aus der ausschließlichen Zuständigkeit der EG in Fischereiangelegenheiten, welche sich wiederum aus Art. 3 Abs. 1 lit. e) i.V.m. Art. 32 ff. EGV sowie der Ratsentschließung vom 3.11.1976 (vgl. Bull. EG 10-1976, Ziff. 1501 ff.) und Art. 3 der VO 170/83 (EWG) (ABl. 1983 Nr. L 24, S. 1 ff.) ergibt. *Oppermann* spricht von der EG als „einem der weltweit größten Vertragspartner in den internationalen Fischereibeziehungen" (Europarecht, Rn 1407 a.E.).

[127] *Gautron/Grard*, Le Droit international dans la construction de l' Union européenne - in: Société française pour le droit international (Hrsg.), Droit international et droit communautaire, perspectives actuelles, S. 11 ff. (79): „[...] ce qui traduit une méconnaissance du Droit international public à l'égard du Droit communautaire en continuant à le considérer comme une catégorie connue et non comme un objet nouveau nécessitant des traitements juridiques inédits."; Realistisch(er) insofern *Sack*, Die Europäische Union in den Internationalen Organisationen, ZEuS 4 (2001), S. 267 ff. (271): Die Ansichten, „welche die Gemeinschaft [...] als eigenständige Entwicklung zwischen Völkerrecht und innerstaatlichem Recht angesiedelt haben, verpuffen [...] im Völkerrecht noch immer weitgehend ungehört".

offenbar nicht zu eigen, denn der Entwurf des Annexes ist nicht nur auf sie geradezu maßgeschneidert worden[128], sondern sie unterzeichnete das SeeRÜbk am 7. Dez. 1984 auch[129] und hinterlegte am 1. April 1998 die Beitrittsurkunde[130]. Spätestens durch den Beitrittsakt, mit dem die völkerrechtliche Verbindlichkeit des Übereinkommens samt seiner Anlagen (s. Art. 318 SeeRÜbk) für die EG eingetreten ist, hat sie die Ansicht der internationalen Gemeinschaft über ihre Rechtsnatur als Internationale Organisation akzeptiert.

Seither ist die EG zahlreichen anderen internationalen Abkommen beigetreten, die in ihrem Vertragstext lediglich allgemein die Mitgliedschaft Internationaler Organisationen (zur regionalen Wirtschaftsintegration) zulassen[131]. Eine spezielle EG-Beitrittsklausel, die erforderlich gewesen wäre, wenn die EG als Völkerrechtssubjekt *sui generis* betrachtet würde, enthalten diese Abkommen nicht.

6. Die EG als Internationale Organisation im Spiegel der Literatur

Schließlich betrachtet auch ein Großteil des Schrifttums die EG als Internationale Organisation, zumeist jedoch nicht ohne die Besonderheitern der EG gegenüber anderen Internationalen Organisationen deutlich zu machen.

Bleckmann sieht die EGen als „internationale Organisationen, die sich von den traditionellen internationalen Organisationen stark unterscheiden"[132].

Streinz bezeichnet sie als „eine Entwicklungsstufe des Rechts der internationalen Organisationen im Sinne des Völkerrechts [...] allerdings als eine qualitativ neue"[133].

Diese Formulierung greift auch *Epping* auf: „i.E. [wird] man die Europäischen Gemeinschaften immer noch als eine Entwicklungsstufe des Rechts der Internationalen Organisationen ansehen müssen"[134].

Bettati spricht von „organisations internationales [d'intégration] auxquelles appartient la CEE"[135].

---

[128] *Scobbie*, International Organizations and International Relations - in: Dupuy (Hrsg.), Manuel sur les organisations internationales, S. 831 ff. (882 Fn 218).

[129] Der Rat gab am gleichen Tag die gem. Art. 2 Annex IX geforderte Erklärung ab, die den Umfang ihrer seerechtlichen Kompetenzen beschreibt (Bull.EG 12-1984, S. 167).

[130] Vgl. Ratsbeschluß vom 23. März 1998 (ABl. 1998 Nr. L 179, S. 1 f.) i.V.m. der gem. Art. 5 Annex IX geforderten Erklärung (ABl. 1998 Nr. L 179, S. 129 ff.).

[131] So z.B. das Wiener Übereinkommen zum Schutz der Ozonschicht vom 22.3.1985 (Beitrittsklausel in Art. 14 des Übk.; Beitrittserklärung vom 14.10.1988, ABl. 1988 Nr. L 297, S. 8 f.), das Rahmenübereinkommen der Vereinten Nationen über Klimaänderungen vom 9.5.1992 (Beitrittsklausel in Art. 22 des Übk.; Beitrittserklärung vom 15.12.1993, ABl. 1994 Nr. L 33, S. 11 f.), das Übereinkommen über die biologische Vielfalt vom 5.6.1992 (Beitrittsklausel in Art. 35 des Übk., Beitrittserklärung vom 25.10.1993, ABl. 1993 Nr. L 309, S. 1 f.) oder das Übereinkommen der Vereinten Nationen zur Bekämpfung der Wüstenbildung in den von Dürre und/oder Wüstenbildung schwer betroffenen Ländern, insbesondere in Afrika vom 17.6.1994 (Beitrittsklausel in Art. 34 des Übk., Beitrittserklärung vom 9.3.1998, ABl. 1998 Nr. L 83, S. 1 f.).

[132] *Bleckmann*, Europarecht, Rn 153.

[133] *Streinz*, Europarecht, Rn 113, unter allgemeinem Verweis auf *Meng*, Recht der Internationalen Organisationen. Dieser sagt, daß alle drei Gemeinschaften unter den Begriff der Internationalen Organisation fallen, ohne daß der Blick für die Besonderheiten des Gemeinschaftsrechts verstellt werden dürfe (a.a.O., S. 52).

[134] Ipsen-*Epping*, Völkerrecht, § 33 Rn 2.

[135] *Bettati*, Création et personnalité juridique des organisations internationales (Fn 59), S. 57.

Seidl-Hohenveldern/Loibl qualifizieren die Europäische Gemeinschaft als „stärker integrierte Internationale Organisation“[136].

Diese “These” analysierend, kommt *Bernhardt* 1998 zu dem Ergebnis, daß es „sich völkerrechtlich nicht beanstanden [läßt], daß [man] die Europäische Gemeinschaft trotz all ihrer Besonderheiten auch weiterhin zur Familie der internationalen Organisationen zählt“.[137]

Schermers/Blokker schreiben in der gegenwärtig wohl umfassendsten Darstellung des Rechts der Internationalen Organisationen:

> „[A]lthough the European Communities impose much stronger constraints on domestic policies of the member states than other international organizations, their institutional law can be compared to that of other organizations.“[138]

> „[T]he European Communities should still be classified as international organizations.“[139]

Bindschedler bezeichnet die Europäischen Gemeinschaften als „supranational organizations“, um dann -im Gegensatz zu anderen Autoren, die sich des Terminus' supranational bedienen- klar zu sagen: „[...] it [a supranational organization] remains an international organization on par with other organizations“[140].

In diesem Sinne äußern sich auch *Thun-Hohenstein/Cede*: „Die [...] Europäische Gemeinschaft [...] ist eine mit supranationalen Befugnissen ausgestattete internationale Organisation“[141].

De Witte meint: „[...] [On peut] classer les Communautés européennes parmi les organisations internationales“[142].

Ebenso lapidar *Zuleeg*: „Die EG gehört [...] zu den internationalen Organisationen.“[143]

Pellet vertritt folgende Ansicht: „L'indéniable originalité des Communautés européennes par rapport aux autres organisations internationales ne saurait suffire à les exclure de cette catégorie générale [...]“[144].

Louis kommt in seiner Studie über die Gemeinschaftsrechtsordnung, nachdem er eine gewisse Ähnlichkeit des Gemeinschaftsrechts mit innerstaatlichem Recht feststellt hat, zu dem Ergebnis, daß diese eine „manifestation très avancée du droit des organisations internationales“ darstelle[145].

1991 schrieb *Leben* zur Frage der Rechtsnatur der Europäischen Gemeinschaft kurz und -wie er selbst einräumt- auch auf die Gefahr hin zu provozieren: „Il faut d'abord réaffir-

---

136 *Seidl-Hohenveldern/Loibl*, Recht der Internationalen Organisationen, Rn 0117 i.V.m. Rn 0113.

137 *Bernhard*, Europäisches Gemeinschaftsrecht und das Recht internationaler Organisationen: Gemeinsamkeiten und Unterschiede - in: Hafner u.a. (Hrsg.), FS Seidl-Hohenveldern, S. 25 ff. (35).

138 *Schermers/Blokker*, International Institutional Law, § 28.

139 *Dies.*, a.a.O., § 210.

140 *Bindschedler*, International Organizations, General Aspects (Fn 45), S. 1295.

141 *Thun-Hohenstein/Cede*, Europarecht, S. 40.

142 *De Witte*, Retour à «Costa», La primauté du droit communautaire à la lumière du droit international (Fn 80), S. 450.

143 G/T/E-*Zuleeg*, Kommentar zum EU-/EG-Vertrag, Art. 1 EGV Rn 3.

144 *Pellet*, Les fondements juridiques internationaux du droit communautaire (Fn 6), S. 244.

145 *Louis*, L'ordre juridique communautaire, S. 159.

mer, quitte à choquer, que les Communautés sont, du point de vue juridique, des organisations internationales comme les autres"[146].

IV. Ergebnis

Die EG ist kein Staat. Ihre Integrationsoffenheit läßt eine Entwicklung hin zu einem europäischen Bundesstaat allerdings nicht ausgeschlossen erscheinen. Gegenwärtig verfügt die Gemeinschaft aber weder über ein Staatsvolk noch über eine eigene Staatsgewalt.

Eine *sui generis*-Lösung zur Qualifikation der Gemeinschaft kommt ebenfalls nicht in Betracht, da sie sich der vom Völkerrecht für Staatenzusammenschlüsse bereit gehaltenen Organisationsform der Internationalen Organisation zuordnen läßt. Allerdings handelt es sich bei der EG um eine besonders weit integrierte Internationale Organisation. Insofern hat sie diesen neuen Typus einer Internationalen Organisation maßgeblich geprägt und stellt gleichzeitig dessen bisher vollendetste Form dar. Diese Qualifizierung gewährleistet einerseits, daß die besondere Kumulation von einzelnen auch bei anderen Internationalen Organisationen vorhandenen Integrationsmerkmalen zum Ausdruck kommt, andererseits wird deutlich, daß diese Besonderheit sie nicht der völkerrechtlichen Kategorie der Internationalen Organisation insgesamt enthebt.

C. Rechtsnatur der Gemeinschaftsrechtsordnung

Mit der Feststellung, daß es sich bei der EG um eine Internationale Organisation einer besonderen Entwicklungsstufe handelt, ist -anders als bei einer Einstufung als Staat oder als Organisation *sui generis*- noch keine zwingende Aussage über die Rechtsnatur der Gemeinschaftsrechtsordnung[147] getroffen. Dieser Umstand liegt in dem besonderen Charakter der Rechtsordnung Internationaler Organisationen im allgemeinen und dem der EG im besonderen begründet.

I. Begriff der Rechtsordnung einer Internationalen Organisation

Der Begriff 'Rechtsordnung' läßt sich allgemein als die Gesamtheit der Rechtssätze einer Rechtsgemeinschaft definieren[148]. Staaten als Mitglieder der Völkerrechtsgemeinschaft schließen sich durch den gemeinsamen Gründungsakt zu einer kleineren, spezialisierten Rechtsgemeinschaft, genannt Internationale Organisation, zusammen. Ist diese Rechtsgemeinschaft ihrerseits in der Lage, durch ihre Organe eigenes Recht zu schaffen, so läßt sich die Gesamtheit dieser Rechtsnormen und der Gründungsvertrag, wovon sie sich ableiten, als Rechtsordnung der Internationalen Organisation bezeichnen. *Cahier* meint daher, die Existenz einer -so verstandenen- Rechtsordnung sei dem Begriff der Internationa-

---

[146] *Leben*, A propos de la nature juridique des Communautés européennes, Droits 13 (1991), S. 61 ff. (64).

[147] Die drei rechtlich selbständigen Gemeinschaften bilden nach h.M. eine einheitliche Rechtsordnung, vgl. EuGH Rs. 221/88, EGKS v. Acciaierie e ferriere Busseni SpA i.K., Slg. 1990-I, S. 495 ff. (523 Rz 13); Gutachten 1/91, *EWR I*, Slg. 1991-I, S. 6079 ff. (6102 Rz 21).

[148] *Köbler*, Juristisches Wörterbuch, Stichwort „Rechtsordnung" (S. 402); vgl. auch *Meng*, Recht der Internationalen Organisationen, S. 175 f., der den Begriff der Rechtsordnung als „Inbegriff von Normen, die ihre Geltung von einer gemeinsamen höchsten Norm ableiten, welche von einem bestimmten Erzeugerkreis aufgrund originärer Kompetenz erzeugt wurde", definiert.

len Organisation bereits inhärent[149]. Auf ein ähnliches Verständnis läßt die Äußerung „Whenever there is a law-maker there is a legal order"[150] schließen. Schließlich meint *Reuter*: „[...] les règles de l'organisation constituent un système propre à chaque organisation." Dabei ist die Bedeutung 'Regel der Organisation' der Legaldefinition in Art. 1 Abs. 34 der Konvention über die Vertretung von Staaten bei Internationalen Organisationen vom 14.3.1975[151] zu entnehmen. Dort heißt es:

> '[R]ules of the Organization' means, in particular, the constituent instruments, relevant decisions and the resolutions, and established practice of the Organization.

Mit diesem umfassenden Verständnis des Begriffs 'Rechtsordnung einer Internationalen Organisation' ist aber gleichzeitig klargestellt, daß damit weder ihre pauschale Zuordnung zur Völkerrechtsordnung noch ihre Abtrennung von dieser verbunden ist.
Auf der anderen Seite ist jedoch deutlich geworden, daß eine Internationale Organisation über eine eigene Rechtsordnung verfügt, die unabhängig von der der Mitgliedstaaten ist[152].

II. Gründungsverträge der Internationalen Organisation als deren Verfassung

Die Besonderheit des Rechts einer Internationalen Organisation besteht darin, daß ihr völkerrechtlicher Gründungsvertrag zugleich ihre Verfassung darstellt, die die Funktionsweise der Organe, deren Rechtsbeziehung zueinander und zu den Mitgliedstaaten regelt. Diese Doppelnatur[153] oder Janusköpfigkeit[154] ist heute anerkannt und auch der eigentlich nur von Staaten her bekannte Begriff der Verfassung im Recht der Internationalen Organisationen ist mittlerweile allgemein gebräuchlich[155].
Von daher ist es nicht ungewöhnlich, wenn etwa das BVerfG davon spricht, daß der „EWG-Vertrag gewissermaßen die Verfassung der Gemeinschaft dar[stellt]"[156] oder der EuGH in diesem Zusammenhang den Begriff „Verfassungsurkunde"[157] wählt.
Eine Präjudizierung der Rechtsnatur der Rechtsordnung der Internationalen Organisation ist damit aber wiederum nicht verbunden[158].

---

149 *Cahier*, L'ordre juridique interne des organisations internationales - in: Dupuy, Manuel sur les organisations internationales, S. 377 ff. (397); Im Ergebnis ähnlich *Reuter*, La Conférence de Vienne sur les traités des organisations internationales - in: Capotorti u.a. (Hrsg.), FS Pescatore, S. 545 ff. (564): „[...] les règles de l'organisation constituent un système propre de chaque organisation".

150 *Schermers/Blokker*, International Institutional Law, § 1140.

151 'Convention on the Representation of States in Their Relations with International Organizations of a Universal Character' (Text in: AJIL 69 (1975), S. 730 ff.; von Deutschland nicht unterzeichnet); Diese Definition wurde aufgenommen in Art. 2 Abs. 1 lit. j) WVRK II (abgedruckt in: ILM 25 (1986), S. 543 ff.; dt. Quelle: BGBl. 1990 II, S. 1414 ff.).

152 *Seidl-Hohenveldern/Loibl*, Recht der Internationalen Organisationen, Rn 1502; *Cahier*, L'ordre juridique interne des organisations internationales (Fn 149), S. 377.

153 *Bettati*, Création et personnalité juridique des organisations internationales (Fn 59), S. 37: „double nature".

154 Begriff von *Schermers/Blokker*, International Institutional Law, § 1142 a.E. und § 1148.

155 Vgl. *Bernhardt*, International Organizations, Internal Law and Rules, EPIL Vol. II, S. 1314 ff. (1314); s.a. schon Art. 3 lit. b) des ILC-Entwurfs zum Recht der Verträge (YBILC 1956 II, S. 104 ff): „The term 'international organization' means a collectivity of states established by a treaty with a *constitution* and common organs" (eigene Hervorhebung).

156 BVerfGE 22, 293 ff. (296).

157 EuGH Rs. 294/83, „Les Verts" v. Parlament, Slg. 1986, S. 1339 ff. (1365 Rn 23); Gutachten 1/91, Slg. 1991-I, S. 6079 ff. (6102 Rn 21).

158 *Bindschedler*, Rechtsfragen der europäischen Einigung, S. 21.

Die Besonderheiten der Gründungsverträge Internationaler Organisationen hatten bereits in der Rspr. des IGH Niederschlag gefunden. So hat der Internationale Gerichtshof etwa in Abweichung zur Rspr. bei gewöhnlichen völkerrechtlichen Verträgen[159] die sog. *implied powers doctrine* anerkannt, wonach diejenigen Kompetenzen, die zur Erfüllung der im Gründungsvertrag enthaltenen Aufgaben der Internationalen Organisation notwendig sind, von diesem implizit eingeschlossen sind[160].

Die Wahl des Begriffs 'Verfassung' rechtfertigt sich v.a. durch die im Gründungsvertrag den Organen eingeräumte Möglichkeit, sekundäres (d.h. abgeleitetes) internes Recht zu schaffen, das sich an dem ranghöheren Primärrecht messen lassen muß. Diese Ermächtigungs- und Maßstabsfunktion ist auch ein wesentliches Merkmal staatlicher Verfassungen[161].
Die Verwendung des Terminus „*internes* Recht" ist dabei uneinheitlich. Unstreitig ist, daß dieser Begriff jedenfalls das gesamte primäre und sekundäre Recht der Internationalen Organisation, das das Verhältnis der Organe der internationalen Organisation untereinander und zu den Bediensteten regelt, umfaßt. Inhaltsgleich, aber eindeutiger, ist insofern der von *Heintschel von Heinegg* verwendete Begriff des „organadressierten Binnenrechts Internationaler Organisationen"[162]. Die Rechtsbeziehungen der Internationalen Organisation zu den Mitgliedstaaten wären demnach nicht unter diesen Begriff zu subsumieren. Sie wären dem *externen* Recht der Internationalen Organisation zuzuordnen. *Seidl-Hohenveldern/Loibl* schließlich verwenden den Begriff des internen Rechts im umfassenden Sinne für alle denkbaren Rechtsbeziehungen innerhalb der Organisation und zu ihren Mitgliedstaaten. Sie schlagen diesbezüglich den Terminus „internes Staatengemeinschaftsrecht" vor[163]. Dem folgt auch *Cahier*[164]. Die Differenzierung zwischen internem und externem Recht ist vor allem insofern von Bedeutung, als umstritten ist, ob es sich bei dem organadressierten Binnenrecht der internationalen Organisation um Völkerrecht oder um eine vom Völkerrecht losgelöste, autonome Rechtsordnung *sui generis* handelt[165].

---

159 Im *Lotus*-Fall (Frankreich v. Türkei) hielt der StIGH fest, daß ein (gewöhnlicher) völkerrechtlicher Vertrag restriktiv auszulegen sei: „Restriction upon the independence of States cannot therefore be presumed" (PCIJ Ser. A No. 10 (1927), S. 4 ff. (18).

160 IGH, *Bernadotte*-Gutachten ('Reparation for injuries suffered in the service of the United Nations'), ICJ-Rep. 1949, S. 175 ff. (182); bestätigt durch 'Effect of Awards of Compensation made by the UN Administrative Tribunal', Advisory Opinion, ICJ Rep. 1954, S. 46 ff. (56 f.) und 'Certain expenses of the UN', Advisory Opinion, ICJ Rep. 1962, S. 150 ff. (167 f.).

161 Vgl. Isensee/Kirchhof-*Isensee*, Handbuch des Staatsrechts, Bd. I, § 13 Rn 136 ff.; S.a. *Pernice*, Europäisches und nationales Verfassungsrecht, VVDStRL 60 (2001): „Die europäischen Verträge erfüllen die wesentlichen Funktionen, die einer Verfassung zukommen: Sie konstituieren, legitimieren, organisieren und begrenzen öffentliche Gewalt im Verhältnis der Organe zueinander und auch unmittelbar gegenüber dem einzelnen".

162 Ipsen-*Heintschel von Heinegg*, Völkerrecht, § 18 Rn 19.

163 *Seidl-Hohenveldern/Loibl*, Recht der Internationalen Organisationen, Rn 1505.

164 *Cahier*, L'ordre juridique interne des organisations internationales (Fn 149), S. 397: „L'ordre juridique interne des organisations contient deux types de normes: les unes relatives au fonctionnement interne de l'organisation et les autres destinées à déterminer le comportement des Etats membres en vue de la réalisation de ses buts."; so auch *Bernhardt*, International Organizations, Internal Law and Rules (Fn 155), S. 1315.

165 Den autonomen Charakter des internen Rechts bejahen *Schermers/Blokker*, International Institutional Law, § 1196, *Cahier*, L'ordre juridique interne des organisations internationales (Fn 149), S. 387. Für eine Zuordnung zum Völkerrecht: *Verdross/Simma*, Universelles Völkerrecht, § 517, *Seidl-Hohenveldern/Loibl*, Recht der Internationalen Organisationen, Rn 1504, allerdings unter der im Text im folgenden dargestellten

Für das externe Recht einer Internationalen Organisation stellt sich diese Frage hingegen nicht, da hier stillschweigend vorausgesetzt wird, daß es sich um Völkerrecht handelt. Die Diskussion um die Rechtsnatur der EG-Rechtsordnung ist also in Teilen keine speziell europarechtliche, sondern ist allgemein vom Recht der Internationalen Organisationen her bekannt. Neu -und dies ist der entscheidende Punkt- ist allerdings, daß sich der Streit auf die Gesamtheit des Europarechts, also auf das, was *Seidl-Hohenveldern/Loibl* als „internes Staatengemeinschaftsrecht“ bezeichnen, erstreckt.
Diese Tatsache ergibt sich fast zwangsläufig aus dem besonderen Integrationscharakter der Gemeinschaft. Im Gegensatz zu anderen Internationalen Organisationen, die ihre Ziele in den vertraglich festgelegten Bereichen durch eine „institutionalisierte Kooperation“ zu erreichen suchen, basiert die EG-Rechtsordnung auf dem Gedanken der „konstitutionalisierten Integration“[166]. Der (europa)*rechtliche* Begriff der Integration[167] bezeichnet die Verschmelzung bzw. Angleichung und Harmonisierung der verschiedenen mitgliedstaatlichen Ordungen hin auf ein (europaweit) einheitlich wirkendes Rechtssystem[168]. Integration in diesem Sinne erfolgt vor allem durch die Schaffung neuer europäischer Normen, erst in zweiter Linie durch die innerstaatliche Anerkennung von Normen anderer Mitgliedstaaten. Das Gemeinschaftsrecht muß deshalb notwendigerweise zum größten Teil aus "staatenadressiertem Außenrecht" bestehen. Vor *diesem* Hintergrund ist die Frage nach der Autonomie der Rechtsordnung der internationalen Organisation EG doch eine speziell europarechtliche.

III. Versuche der Autonomisierung der Gemeinschaftsrechtsordnung

Mit dem Begriff 'Autonomisierung der Gemeinschaftsrechtsordnung' bzw. des Gemeinschaftsrechts ist zweierlei gemeint: Zum einen soll das primäre und das sekundäre Gemeinschaftsrecht in seinem Geltungsgrund unabhängig von dem nationalen Recht der Mitgliedstaaten sein[169]. Zum anderen soll die Gemeinschaftsrechtsordnung auch unabhängig neben der Völkerrechtsordnung, d.h. außerhalb von ihr, stehen[170]. Daraus wird dann unmittelbar die *sui generis*-Natur der Gemeinschaftsrechtsordnung und des ihr angehörenden Rechts gefolgert[171].

1. Die Rspr. des EuGH: *Van Gend en Loos* und *Costa v. ENEL*

Die zur Begründung bzw. Rechtfertigung der Autonomie der Gemeinschaftsrechtsordnung

---

Prämisse; Ipsen-*Epping*, Völkerrecht, § 31 Rn 43; Graf Vitzthum-*Klein*, Völkerrecht, 4. Abschn. Rn 115; wohl auch *Bernhardt*, International Organizations, Internal Law and Rules, EPIL Vol. II, S. 1314 ff. (1316).

166 Begriffe nach *Constantinesco*, Das Recht der Europäischen Gemeinschaften, Bd. I, S. 344 ff.. Zur grundsätzlichen Unterscheidung zwischen koordinationsrechtlichen und integrationsrechtlichen Internationalen Organisationen s. *Dupuy*, Etat et organisation internationale in: Dupuy (Hrsg.), Manuel sur les organisations internationales, S. 13 ff. (16 ff.: „modèle coopératif“ versus „modèle subordinateur“ bzw. „intégration supranationale“); Ipsen-*Epping*, Völkerrecht, § 31 Rn 9; *Schermers/Blokker*, International Institutional Law, § 16 und § 27.

167 Zum wirtschaftlichen Integrationsbegriff siehe unten: Teil 3 A. (S. 287).

168 *Bleckmann*, Europarecht, Rn 33 u. 805.

169 Vgl. *Streinz*, Europarecht, Rn 110.

170 Am prägnantesten nach wie vor *Ipsen*, Europäisches Gemeinschaftsrecht, § 1 Rn 6 (S. 7): „Solange die Gemeinschaften sind -und *so* sind *wie* sie sind-, zählt das Gemeinschaftsrecht weder zum Völkerrecht noch zum Staatsrecht.“ (Hervorhebungen im Original).

171 Vgl. *Schweitzer/Hummer*, Europarecht, Rn 75.

angeführten strukturellen Besonderheiten des Gemeinschaftsrechts werden allgemein auf zwei der wohl bedeutendsten und bekanntesten Entscheidungen des EuGH zurückgeführt: Die Urteile in den Rechtssachen 26/62, *Van Gend en Loos*[172], und 6/64, *Costa v. ENEL*[173]. *Lecourt*, ehemaliger Präsident des Gerichtshofs der Europäischen Gemeinschaften, brachte diese allgemeine Einschätzung der beiden Urteile mit folgender Frage auf den Punkt: „Quel eut été le droit des communautés sans les arrêts de 1963 et 1964?"[174]. Die Frage ist ebenso rhetorisch wie hypothetisch, so daß hier keine Antwort gesucht werden soll. Der Autor selbst bleibt eine solche i.ü. ebenfalls schuldig.
Stattdessen sei auch hier noch einmal die entscheidende Passage aus dem *Van Gend en Loos* -Urteil zitiert:

> „Aus alledem ist zu schließen, daß die Gemeinschaft eine neue Rechtsordnung des Völkerrechts darstellt, zu deren Gunsten die Staaten, wenn auch in begrenztem Rahmen, ihre Souveränitätsrechte eingeschränkt haben, eine Rechtsordnung, deren Rechtssubjekte nicht nur die Mitgliedstaaten, sondern auch die Einzelnen sind. Das von der Gesetzgebung der Mitgliedstaaten unabhängige Gemeinschaftsrecht soll daher den Einzelnen, ebenso wie es ihnen Pflichten auferlegt, auch Rechte verleihen. Solche Rechte entstehen nicht nur, wenn der Vertrag dies ausdrücklich bestimmt, sondern auch auf Grund von eindeutigen Verpflichtungen, die der Vertrag den Einzelnen wie auch den Mitgliedstaaten und den Organen der Gemeinschaft auferlegt."[175]

Aus diesen Worten des EuGH wird der Gemeinschaftsrechtsgrundsatz der unmittelbaren Anwendbarkeit des primären Gemeinschaftsrechts gefolgert[176]. Danach sind nationale Gerichte und Behörden[177]verpflichtet, Vorschriften des EGV in einem konkret zu entscheidenden Fall zugunsten oder zu Lasten eines Individuums anzuwenden, wenn sie hinreichend klar, vollständig und unbedingt[178] abgefaßt sind. Die unmittelbare Anwendbarkeit einer Vorschrift ist also bereits im Vertrag angelegt. Die vom EuGH genannten

---

[172] EuGH Rs. 26/62, N.V. Algemene Transporten Expeditie Onderneming Van Gend & Loos v. Niederländische Finanzverwaltung, Slg. 1963, S. 1 ff.

[173] EuGH Rs. 6/64, Flaminio Costa v. E.N.E.L., Slg. 1964, S. 1251 ff.

[174] *Lecourt*, Quel eut été le droit des communautés sans les arrêts de 1963 et 1964 (1)? - in: L'Europe et le droit, FS Boulouis, S. 349 ff.

[175] EuGH Rs. 26/62, *Van Gend en Loos*, Slg. 1963, S. 1 ff. (25).

[176] Im terminologischen Bereich herrscht hier z.T. einige Verwirrung. So wird oftmals nicht oder nicht klar zwischen unmittelbarer *Anwendbarkeit* (engl.: direct *effect*; franz.: *effect* direct), unmittelbarer *Geltung* und unmittelbarer *Wirkung* (engl.: direct *applicability*; franz.: *applicabilité* directe) unterschieden. Dies mag nicht zuletzt daran liegen, daß der EuGH selbst keine einheitliche terminologische Linie verfolgt (vgl. Calliess/Ruffert-*Ruffert*, Kommentar des EU-/EGV, Art. 249 EGV Rn 18).
Die unmittelbare Anwendbarkeit bezieht sich auf die Heranziehbarkeit (engl.: *capacity to rely on*; franz.: *invocabilité*) einer bestimmten Norm für eine konkrete von nationalen Hoheitsträgern zu treffende Sachentscheidung („Individualwirksamkeit"). Unmittelbare Geltung hingegen meint, daß eine völkerrechtliche Norm -abstrakt, d.h. losgelöst vom konkreten Fall- ohne einen staatlichen Transformations- oder Adoptionsakt Eingang in die innerstaatliche Rechtsordnung findet (vgl. zum Ganzen *Emmert*, Europarecht, S. 152 ff.). Im EGV ist die unmittelbare Geltung (einzig) für die sekundärrechtlichen Verordnungen in Art. 249 Abs. 2 geregelt. Eine Verordnung wird zwar neben ihrer unmittelbaren Geltung regelmäßig unmittelbar anwendbar sein, zwingend ist dies jedoch nicht (Fall der 'hinkenden' VO, dazu *Constantinesco*, Das Recht der Europäischen Gemeinschaften, Bd. I, S. 562 f.). Eine unmittelbare Geltung primärrechtlicher Normen haben die Mitgliedstaaten nicht anerkannt. Sie bestehen aus verfassungsrechtlichen Gründen auf einem innerstaatlichen Transformations- oder Adoptionsakt. Unmittelbare Geltung und unmittelbare Wirkung werden (hier) als synonym betrachtet, wobei der Übersichtlichkeit halber nur ersterer Begriff verwendet werden soll.

[177] Die Ausdehnung auf nationale Behörden hat der EuGH erst später vorgenommen in: Rs. 103/88, Fratelli Constanzo SpA v. Stadt Mailand, Slg. 1989, S. 1839 ff. (1870 Rz 30).

[178] Dieses Erfordernis ist vom EuGH im *Lütticke I*-Urteil, Rs. 57/65, Firma Alfons Lütticke GmbH v. Hauptzollamt Saarlouis, Slg. 1966, S. 257 ff. (266), nachgeschoben worden.

Bedingungen für die unmittelbare Anwendbarkeit dienen letztlich der Gewährleistung der einheitlichen Anwendung des EG-Rechts in den Mitgliedstaaten. Denn ein Automatismus, wonach sämtliches primäres Gemeinschaftsrecht unmittelbar anwendbar wäre, würde zu einem zu großen Freiraum der nationalen Gerichte bei der Anwendung des Gemeinschaftsrechts führen.
Mit der Verpflichtung nationaler Hoheitsträger zur unmittelbaren Anwendung von Vorschriften des EGV ist aber noch keine Aussage über den Rang des EG-Rechts in den mitgliedstaatlichen Rechtsordnungen getroffen.

Eine Gelegenheit, zu diesem Punkt Stellung zu nehmen, bot sich dem EuGH in *Costa v. ENEL*. In dieser Entscheidung begründete er den innerstaatlichen Vorrang des Gemeinschaftsrechts vor innerstaatlichem Recht mit den Worten:

> „Aus alledem folgt, daß dem vom Vertrag geschaffenen, somit aus einer autonomen Rechtsquelle fließenden Recht wegen dieser seiner Eigenständigkeit keine wie auch immer gearteten innerstaatlichen Rechtsvorschriften vorgehen können, wenn ihm nicht sein Charakter als Gemeinschaftsrecht aberkannt und wenn nicht die Rechtsgrundlage der Gemeinschaft selbst in Frage gestellt werden soll.“[179]

Den eigentlich schon in dieser Passage enthaltenen absoluten Vorrang des Gemeinschaftsrechts, also den Vorrang jedweden Gemeinschaftsrechts auch vor Normen des nationalen Verfassungsrechts („keine wie auch immer gearteten innerstaatlichen Rechtsvorschriften“), erklärte der Gerichtshof dann ausdrücklich wenige Jahre später[180].

Die Bedeutung der beiden o. g. Urteile für die Gemeinschaftsrechtsordnung ist zurecht nicht unterschätzt worden.
Craig/de Búrca schreiben dazu: „Van Gend en Loos was a groundbreaking judgement“[181].

Louis bezeichnet die beiden Grundsätze der unmittelbaren Anwendbarkeit und des Vorrangs des Gemeinschaftsrechts als „ "piliers" de l'ordre juridique communautaire“[182].

Ähnlich *Fischer*, demzufolge gilt: „[...] these doctrines are now being regarded as the essential basis of the community legal order“[183], im folgenden wählt er die Bezeichnung „cornerstone“ der Gemeinschaftsrechtsordnung[184].

Pescatore, wie *Lecourt* seinerzeit Richter am Europäischen Gerichtshof, nennt den Vorrang des Gemeinschaftsrechts eine „exigence existentielle“[185] und fährt fort: „[S]'il [le droit communautaire] n'est pas capable de l'emporter en tous circonstances sur le droit national, il est inefficace et donc, pour autant, inexistant.“

Auch die Mitgliedstaaten haben mittlerweile diese Grundsätze akzeptiert. Dies kommt zum einen in der jeweiligen nationalen höchstrichterlichen bzw. obergerichtlichen Rspr.

---

[179] EuGH Rs. 6/64, Slg. 1964, S. 1251 ff. (1270).

[180] EuGH Rs. 11/70, Internationale Handelsgesellschaft mbH v. Einfuhr- und Vorratsstelle für Getreide- und Futtermittel, Slg. 1970, S. 1125 ff. (1135 Rz 3).

[181] *Craig/de Búrca*, EU-Law, S. 165.

[182] *Louis*, L'ordre juridique communautaire, S. 105.

[183] *Fischer*, Is the European Community an International Organization? (Fn 29), S. 194.

[184] *Ders.*, a.a.O., S. 196.

[185] *Pescatore*, L'ordre juridique des Communautés européennes, S. 227.

zum Ausdruck[186]. Zum anderen läßt sich argumentieren, daß die Mitgliedstaaten diese vom EuGH auf Grundlage des Art. 220 EGV entwickelten Grundsätze jetzt sogar in den Rang primären Gemeinschaftsrechts erhoben haben, indem sie in dem durch den Amsterdamer Vertrag angefügten 'Protokoll über die Anwendung der Grundsätze der Subsidiarität und der Verhältnismäßigkeit'[187] feststellen, daß dadurch „[...] die vom Gerichtshof aufgestellten Grundsätze für das Verhältnis zwischen einzelstaatlichem Recht und Gemeinschaftsrecht nicht berührt [werden]"[188].
Niemand zieht daher heute ernsthaft die Gültigkeit von Vorrang und unmittelbarer Anwendbarkeit des Gemeinschaftsrechts in Zweifel.

Anderes muß jedoch für die vom EuGH gleichzeitig proklamierte „Autonomie der Gemeinschaftsrechtsordnung" gelten.
Der Gerichtshof betrachtete offenbar die Loslösung der Gemeinschaftsrechtsordnung von ihrer völkerrechtlichen Grundlage als wesentliches Argument für die Begründung des Vorrangs des Gemeinschaftsrechts vor nationalem Recht, von dem an keiner Stelle in den Verträgen die Rede ist. Wie anders sollte es sonst zu erklären sein, daß der EuGH in *Van Gend en Loos* noch von einer „neuen Rechtsordnung *des Völkerrechts*[189]" gesprochen hat, in *Costa* aber plötzlich von einem „aus einer *autonomen Rechtsquelle* fließenden Recht"[190] die Rede ist? Interessanterweise hat der EuGH weder in *Costa* noch in darauffolgenden Urteilen -soweit ersichtlich- ausdrücklich gesagt, daß es sich bei der Gemeinschaftsrechtsordnung um eine außerhalb des Völkerrechts stehende Rechtsordnung handelt[191]. Er selbst verwendet lediglich den Begriff der 'autonomen Rechtsordnung'. Damit mag zwar impliziert sein, daß es sich um keine dem nationalen Recht und um keine dem Völkerrecht zugehörige Rechtsordnung handelt, ausdrücklich formuliert wird dies jedoch nicht.
Rechtsdogmatisch ist die vom Gerichtshof vorgenommene Schlußfolgerung, daß sich aus der Autonomie der Gemeinschaftsrechtsordnung der Vorrang des Gemeinschaftsrechts ergibt, allerdings kaum nachvollziehbar. Denn die Eigenständigkeit einer Rechtsordnung sagt noch nichts aus über ihr (Vorrang-)Verhältnis zu anderen Rechtsordnungen[192]. So ergibt sich etwa aus der Eigenständigkeit der nationalen Rechtsordnungen gerade, daß diese gleichberechtigt nebeneinander stehen.

---

186 Vgl. dazu nur die detaillierte Analyse von *de Berranger*, Constitutions nationales et Construction communautaire, S. 177 ff.

187 Gem. Art. 311 EGV sind die dem EGV angefügten Protokolle Bestandteil des Vertrages.

188 Protokoll (Nr. 30), Ziff. 2 HS 2 (ABl. 1997 Nr. C 340, S. 105 ff.).

189 Siehe Fn 175 (eigene Hervorhebung).

190 Siehe Fn 179 (eigene Hervorhebung).

191 Allenfalls stillschweigend kommt dies in Urteilen des EuGH zum Ausdruck. So etwa in EuGH verb. Rs. 90, 91/63, Kommission v. Luxemburg und Belgien, Slg. 1964, S. 1329 ff. (S. 1344): „[D]er Vertrag schafft nicht nur wechselseitige Verpflichtungen zwischen den verschiedenen Rechtssubjekten, für die er gilt, sondern er stellt auch eine *neue Rechtsordnung* auf, *nach der* sich die Befugnisse, Rechte und Pflichten der Rechtssubjekte sowie die zur Feststellung und Ahndung etwaiger Rechtsverletzungen erforderlichen Verfahren bestimmen. Soweit nicht *ausdrücklich* etwas anderes vorgesehen ist, ergibt sich daher aus der dem Vertrag zugrundeliegenden Gesamtauffassung, daß es den Mitgliedstaaten verboten ist, sich selbst Recht zu verschaffen" (eigene Hervorhebungen). Wäre die EG-Rechtsordnung nach Ansicht des EuGH noch Teil der Völkerrechtsordnung, dann kämen automatisch völkerrechtliche Regeln ergänzend neben dem EGV zur Anwendung und nicht nur „soweit *ausdrücklich* etwas anderes vorgesehen ist".

192 *Streinz*, Europarecht, Rn 189.

Indem der EuGH somit praktisch keine (überzeugende) Begründung für den behaupteten Ablösungsprozeß der EG-Rechtsordnung von ihrer völkerrechtlichen Grundlage gegeben hat, überließ er diese Aufgabe -möglicherweise bewußt- der Literatur.

2. Das Autonomiekonzept in der Literatur

Für die sog. "Autonomisten" in der Literatur haben sich die beiden Konzepte von unmittelbarer Anwendbarkeit und dem absoluten Vorrang des Gemeinschaftsrechts in struktureller Hinsicht zum Hauptargumentationsstrang für die Begründung der *sui generis*-Natur der Gemeinschaftsrechtsordnung entwickelt.
Beispielhaft sei in diesem Zusammenhang eine Formulierung *Oppermanns* angeführt:

> „Im unbedingten „*Vorrang des Gemeinschaftsrechts*" prägen sich Unabhängigkeit und Befolgungsanspruch der Gemeinschaftsgewalt [...] aus. Als autonome europäische Rechtsordnung unterscheidet sie sich *so* von den völkerrechtlichen Staatenverbindungen."[193]

Dieses Zitat liefert einen Beleg dafür, daß in die Debatte um die Autonomie der Gemeinschaftsrechtsordnung mittlerweile ein stark zirkuläres Element Einzug gehalten hat[194]. Der EuGH hat die Autonomie der Gemeinschaftsrechtsordnung gerade zur Grundlage für die Begründung des Vorrang des Gemeinschaftsrechts gemacht: „ [...] daß dem [...] autonomen [...] Recht *wegen* dieser seiner Eigenständigkeit keine wie auch immer gearteten innerstaatlichen Rechtsvorschriften vorgehen können." In dem o.g. Zitat wird diese Argumentation nun ins Gegenteil verkehrt. Plötzlich wird, nachdem der Vorrang (erfolgreich) in den Mitgliedstaaten eingeführt ist, behauptet, das Europarecht sei vor allem deshalb kein Völkerrecht mehr, weil dort der Vorrang (und die unmittelbare Anwendbarkeit) in dieser Form nicht zu finden sei, da dieses Konzept mit völkerrechtlichen Grundsätzen nicht vereinbar sei[195].

Um diese These auf ihre Richtigkeit hin zu überprüfen, bedarf es also parallel zu der in Abschnitt B vorgenommenen Untersuchung der institutionellen Besonderheiten nun einer Analyse, inwieweit die vorgenannten strukturellen Charakteristika des Gemeinschaftsrechts mit den Grundsätzen des Völkerrechts vereinbar sind. Kommt man dabei zu einem negativen Ergebnis, dann steht -jedenfalls nach dem hier verfolgten Ansatz- der Anerkennung einer *sui-generis*-Natur des Gemeinschaftsrechts und damit seiner Autonomie im Verhältnis zum Völkerrecht nichts im Wege. Ein positives Ergebnis hingegen würde -vorbehaltlich eines möglicherweise denkbaren alternativen Begründungsmodells- bedeuten, daß das Gemeinschaftsrecht (nach wie vor) Teil der Völkerrechtsordnung ist.

IV. Analyse der strukturellen Besonderheiten des EG-Rechts im Licht der entsprechenden Grundsätze des Völkerrechts und des innerstaatlichen Rechts

1. Unmittelbare Anwendbarkeit völkerrechtlicher Normen im innerstaatlichen Recht

> „[...] [I]t cannot be disputed that the very object of an international agreement according to the intention of the contracting parties may be the adoption by the parties of some definite rules creating individual rights and obligations enforcable by the national courts."

---

193 *Oppermann*, Europarecht, Rn 896 (eigene Hervorhebung).

194 Vgl. *de Witte*, Direct Effect, Supremacy, and the Nature of the Legal Order - in: Craig/de Búrca (Hrsg.), The Evolution of EU Law, S. 177 ff. (208).

195 Vgl. z.B. G/T/E-*Schmidt*, Kommentar zum EU-/EG-Vertrag, Art. 189 EGV Rn 1.

Mit diesen Worten hat der StIGH in seinem Gutachten 'Jurisdiction of the Courts of Danzig'[196] 1928 anerkannt, daß völkerrechtliche Verträge nicht nur Staaten berechtigen und verpflichten können, sondern auch Individuen[197].
Heute bezeichnet man Verträge bzw. Bestimmungen in Verträgen, die diese Eigenschaft aufweisen, als *self-executing*. Durch sie sollen die Vertragsparteien also nicht lediglich verpflichtet werden, weitere nationale Umsetzungsakte zu erlassen, aus denen sich dann für Individuen konkrete Rechte und/oder Pflichten ableiten lassen, sondern letztere sollen sich unmittelbar aus dem Vertrag selber ergeben[198]. Der *self-executing*-Charakter eines völkerrechtlichen Vertrages macht also nicht etwa den staatlichen Transformationsakt oder die verfassungsrechtliche Adoptionsklausel verzichtbar. Insofern ist es nicht von Bedeutung, ob ein Staat der monistischen oder dualistischen Auffassung vom Verhältnis zwischen Völkerrecht und innerstaatlichem Recht folgt[199].
Damit eine völkervertragliche Vorschrift unmittelbare Anwendbarkeit im innerstaatlichen Recht genießt, muß diese Wirkung zunächst dem Willen der Vertragsparteien entsprechen[200].
Von diesem Erfordernis scheint sich auch der EuGH in *Van Gend en Loos* nicht gelöst zu haben, wenn er sagt, daß dem E(W)G-Vertrag nach dem Geist, der Systematik und dem Wortlaut unmittelbare Anwendbarkeit zukomme[201].
Auch die vom EuGH genannten Voraussetzungen für die unmittelbare Anwendbarkeit (hinreichende Klarheit, rechtliche Vollständigkeit und Unbedingtheit) wurden so oder in ähnlicher Weise schon zuvor von Literatur und Rspr. verlangt[202].
Worin besteht nun also der grundlegend neue Ansatz des EuGH, wenn das Konzept als solches im Völkerrecht schon hinlänglich bekannt war?
Die Besonderheit liegt darin, daß der EuGH selbst in letzter Konsequenz und Verantwortlichkeit darüber entscheidet, welche Bestandteile des EGV im Einzelfall unmittelbare Anwendbarkeit genießen. Nach klassischem Völkerrecht bleibt die Entscheidung über die Wirkung des völkerrechtlichen Vertrages den (Gerichten der) Vertragstaaten überlassen[203]. Mit diesem Grundsatz hat die Rechtsordnung der EG gebrochen, indem sie dem EuGH durch Art. 220 EGV das Entscheidungsmonopol über die richtige Anwendung und Auslegung des Gemeinschaftsrechts verleiht.
Der prozessuale Schlüssel des EuGH zu den Rechtsordnungen der Mitgliedstaaten, der ihm auch in *Van Gend en Loos* die Tür zu der niederländischen Tarifkommissie öffnete, war Art. 177 (Art. 234 n.F.) EGV. Wenn der EuGH stets hervorhebt, mittels des Vorabentscheidungsverfahrens nicht über Fragen des nationalen Rechts befinden zu

---

196 PCIJ Ser. B No. 15 (1928), S. 1 ff. (18/19).

197 Diese Erkenntnis wird zumeist auf das Urteil des US Supreme Courts im Fall 'Foster and Elam v. Neilson' [2 Peters (US) 253 (1829)] zurückgeführt, in dem Chief Justice Marshall ausführte: „[A treaty] is to be regarded in courts of justice as equivalent to an act of the Legislature, whenever it operates of itself, without the aid of any legislative provision" (zitiert nach *Harris*, Cases and Materials on International Law, S. 96).

198 *Brownlie*, Principles of Public International Law, S. 50 f.; Dahm/Delbrück/Wolfrum-*Delbrück*, Völkerrecht Bd. I/1, S. 102.

199 *Verdross/Simma*, Universelles Völkerrecht, § 848.

200 Vgl. StIGH, a.a.O. (Fn 196): „according to the intention of the contracting parties".

201 EuGH Rs. 26/62, *Van Gend en Loos*, Slg. 1963, S. 1 ff. (24).

202 *Waelbroeck*, Traités internationaux et juridictions internes dans les pays du Marché commun, S. 166 ff., mit Überblick zur damaligen Rspr. und Lit.

203 *Verdross/Simma*, Universelles Völkerrecht, § 866.

können[204], so mag dies rechtlich zutreffend sein, doch *de facto* kommt der Anpassungszwang, dem sich Mitgliedstaaten vermittels ihrer nationalen Gerichte infolge einer Vorabentscheidung des EuGH ausgesetzt sehen, einer Entscheidung über nationales Recht gleich.
Angesichts dessen, daß *Van Gend en Loos* erst das zweite Vorabentscheidungsverfahren nach Art. 177 (Art. 234 n.F.) EGV war[205], verwundert es kaum, daß die niederländische und die belgische Regierung in dem Verfahren intervenierten und die Zuständigkeit des EuGH bestritten: Ein Vorabentscheidungsverfahren über Fragen der Anwendung des Vertrages sei vom Wortlaut des Art. 177 (Art. 234 n.F.) EGV nicht gedeckt und im übrigen beurteile sich die unmittelbare Anwendbarkeit des E(W)G-Vertrages allein nach nationalem Verfassungsrecht[206]. In letzterem Argument spiegelt sich die herkömmliche völkerrechtliche und staatsrechtliche Auffassung im Hinblick auf die Anwendung völkerrechtlicher Verträge wider.

Zum gemeinschaftsrechtlichen Konzept der unmittelbaren Anwendbarkeit kann folglich zusammenfassend festgehalten werden:
Inhaltlich bietet es nichts Neues. Allein der Umstand, daß der Grundsatz der unmittelbaren Anwendbarkeit im Gemeinschaftsrecht mittlerweile mehr die Regel als die Ausnahme ist, anders also als im klassischen Völkerrecht, macht diesen noch nicht zu einem spezifisch gemeinschaftsrechtlichen, der eine Ablösung vom Völkerrecht rechtfertigen würde.
Im Völkerrecht ohne Beispiel war hingegen die prozessuale Besonderheit des Vorabentscheidungsverfahrens. Das eigentlich Bemerkenswerte des *Van Gend en Loos*-Urteils ist letztlich, daß es sich um das erste eindrückliche Beispiel des besonderen Wirkmechanismus' dieses Verfahrens handelte. Die von der niederländischen und belgischen Regierung vorgebrachten Argumente belegen dies.

2. Vorrang völkerrechtlicher Normen vor innerstaatlichem Recht

Der Vorrang des Völkerrechts vor innerstaatlichem Recht ist ein bekannter und verhältnismäßig alter Grundsatz des Völkerrechts, so daß er schon fast als klassisch bezeichnet werden kann.
Neben anderen Beispielen aus der Rspr.[207] läßt sich dies anhand des Gutachtens des StIGH zu den 'Greco-Bulgarian Communities' aus dem Jahre 1930 belegen. Der Gerichtshof hat darin den Vorrang völkervertragsrechtlicher Normen vor einfachem Gesetzesrecht folgendermaßen beschrieben:

---

204 Ständ. Rspr. seit: EuGH Rs. 75/63, Unger v. Bedrijfsvereniging voor Detailhandel en Ambachten, Slg. 1964, 379 ff. (398); aus jüngerer Zeit: EuGH Rs. C-309/96, Annibaldi v. Suidaco del Commune di Guidonia, Slg. 1997 -I, S. 7493 ff. (7510 Rz 13).

205 Das erste Urteil nach Art. 177 EWGV war EuGH Rs. 13/61, Kledingverkoopbedrijf de Geus en Uitdenbogerd v. Robert Bosch GmbH u.a., Slg. 1962, S. 97 ff.; Der Gerichtshof hob darin die „Vereinheitlichung der Rechtsprechung" als Zweck des Art. 177 hervor (a.a.O., S. 111).

206 Slg. 1963, S. 1 ff. (12 f.).

207 The SS "Wimbledon", PCIJ Ser. A No. 1 (1923), S. 1 ff. (30); Free Zones of Upper Savoy and the District of Gex (second phase), PCIJ Ser. A No. 24 (1930), S. 1 ff. (12); Free Zones of Upper Savoy and the District of Gex (Judgement), PCIJ Ser. A/B No. 46 (1932), S. 1 ff. (167); deutlich auch der IGH im Gutachten 'Applicability of the obligation to Arbitrate under Section 21 of the United Nations Headquarters Agreement of 26 June 1947', ICJ Rep. 1988, S. 12 ff. (34 § 57).

„[...] it is a generally accepted principle of international law that in the relations between Powers who are contracting Parties to a treaty, the provisions of municipal law cannot prevail over those of the treaties“[208].

Eine ähnliche Formulierung findet sich im Gutachten zum 'Treatment of Polish Nationals in Danzig' von 1932 bzgl. des Vorrangs internationaler Verträge vor nationalem Verfassungsrecht:

„[...] [A] state cannot adduce as against another State its own constitution without a view to evading obligations incumbent upon it under international law or treaties in force.“[209]

Dieser Vorrang gilt nicht nur im Verhältnis von Staaten zueinander, sondern auch im Verhältnis Staat - Individuum. So kann ein Mitgliedstaat der EMRK einen Bürger, den er in einem durch die Konvention garantierten Recht verletzt hat, nicht etwa auf nationales Recht verweisen, das ein solches Verhalten legitimiert.
Als kodifiziertes Völkergewohnheitsrecht ist die grundlegende völkerrechtliche Regel des Vorrangs des Völkerrechts vor nationalem Recht schließlich auch in den Wiener Vertragsrechtskonventionen enthalten. In Art. 27 Abs. 1 WVRK I (Art. 27 Abs. 1 u. 2 WVRK II) heißt es:

„Eine Vertragspartei kann sich nicht auf ihr innerstaatliches Recht berufen, um die Nichterfüllung eines Vertrages zu rechtfertigen.“

Ist die völkerrechtliche Lage mithin eindeutig und läuft sie insofern parallel zu der europarechtlichen Vorranglehre, so fragt sich wiederum, worin nun der revolutionäre Charakter des *Costa*-Urteils liegt.
Um diesen Gehalt des Urteil ausschöpfen zu können, sind an dieser Stelle einige grundlegende Ausführungen zum Verhältnis von Völkerrecht und innerstaatlichem Recht veranlaßt.

a) Bedeutung der monistischen oder dualistischen Praxis für die Vorrangfrage

Das Völkerrecht stellt es grundsätzlich in das Ermessen eines Staates, auf welche Weise er seinen völkerrechtlichen Verpflichtungen innerstaatlich nachkommt. Eine Ausnahme von diesem Grundsatz stellen lediglich konkrete völkerrechtliche Verhaltenspflichten, wie z.B. eine Verhandlungspflicht, dar[210]. Vom Standpunkt des Völkerrechts aus stehen die mit der monistischen Auffassung vom Verhältnis zwischen Völkerrecht und nationalem Recht in Verbindung stehende Adoptionstheorie und die Transformationslehre, die mit dem Dualismus verbunden ist, gleichberechtigt nebeneinander[211]. Entscheidend ist allein, *daß* der Inhalt der völkerrechtlichen Verpflichtung wirksam zur Anwendung gebracht wird, auf welche Weise dies innerstaatlich auch immer geschehen mag.

---

208 PCIJ Ser. B No. 17 (1930), S. 1 ff. (32).

209 StIGH, PCIJ Ser. A/B No. 44 (1932), S. 1 ff. (24).

210 Zur grundlegenden Unterscheidung zwischen völkerrechtlichen Verhaltenspflichten (engl.: obligation of *conduct;* franz.: obligation de *comportement*) und einem völkerrechtlich geschuldeten Ergebnis (engl.: obligation of *result*; franz.: obligation de *résultat*) vgl. *R. Ago* (Special Rapporteur), 6. Bericht zur Staatenverantwortlichkeit, Art. 20, 21 - Kommentar (abgedruckt in: YILC 1977 II/1, S. 3 ff.).

211 Zu Monismus und Dualismus als Theorien zum Verhältnis von Völkerrecht und Landesrecht sowie zu den Methoden des innerstaatlichen Vollzuges von Völkerrecht vgl. *Schweitzer*, Staatsrecht III, Rn 25-38 u. Rn 418-435; Graf Vitzthum-*Kunig*, Völkerrecht, 2. Abschn. Rn 28-36 u. Rn 37-40.

Ob also dem allgemein anerkannten *völkerrechtlichen* Vorrang völkerrechtlicher Normen auch ein *innerstaatlicher* Vorrang dieser Normen entspricht oder nicht, ist solange unerheblich, wie ein Staat seinen völkerrechtlichen Verpflichtungen nachkommt.
Die Gefahr, daß ein Staat innerstaatlich seinen völkerrechtlichen Verpflichtungen gerade nicht nachkommt, ist allerdings eine mehr als nur theoretische:
Die ganz überwiegende Mehrheit der Staaten folgt bezüglich des -hier allein interessierenden- Völkervertragsrechts der dualistisch inspirierten Transformationslehre, wonach das Völkerrecht von seinem eigenständigen Rechtskreis in den davon getrennten nationalen Rechtskreis durch einfaches Gesetz „hereingeholt" (transformiert) werden muß, um innerstaatlich Wirksamkeit erlangen zu können. Innerstaatlich erlangt die völkervertragsrechtliche Verpflichtung dadurch allerdings auch nur den Status dieses (Transformations-) Gesetzes. Erläßt nun der nationale Gesetzgeber willentlich oder unbewußt später ein dem Transformationsgesetz inhaltlich widersprechendes Gesetz, so ist der nationale Richter entsprechend der *lex posterior*-Regel[212] verpflichtet, nur das zeitlich spätere Gesetz anzuwenden. Wozu das Gericht also aufgrund nationalen Rechts verpflichtet ist, das verstößt auf völkerrechtlicher Ebene gegen eine dort von seinem Staat eingegangene Verpflichtung.
In monistischen Staaten kann es zwar nicht zu einem Konflikt zwischen völkervertragsrechtlichen und innerstaatlichen Normen infolge des *lex posterior*-Grundsatzes kommen, da das Völkerrecht hier als solches, also als Völkerrecht, und nicht in Form eines nationalen Gesetztes zur Anwendung kommt. Dennoch gewährleistet auch dieses System dem Völkerrecht noch nicht automatisch den innerstaatlichen Vorrang vor widersprechendem nationalen Recht, wie etwa das Beispiel der USA belegt[213] und wie am Beispiel Frankreichs noch zu zeigen sein wird.
In den Niederlanden und Luxemburg war allerdings schon in den 50er Jahren auch der innerstaatliche Vorrang völkerrechtlicher Normen anerkannt[214].
Ein Beispiel aus der Staatenpraxis für den von innerstaatlichem Recht angeordneten Vorrang völkerrechtlicher Verpflichtungen vor nationalem *Verfassungs*recht gibt es nicht.

b) Die Vorrangfrage als Problem der völkerrechtlichen Haftung

Sollte es tatsächlich dazu kommen, daß ein nationales Gericht durch eine auf nationales Recht gestützte Entscheidung gegen Verpflichtungen des Staates aus einem völkerrechtlichen Vertrag verstößt, so löst dies nach klassischen Grundsätzen des Völkerrechts die völkerrechtliche Verantwortlichkeit des Staates aus. Daran vermag auch der Umstand nichts zu ändern, daß der eigentliche Völkerrechtsverstoß auf seiten des nationalen Gesetzgebers liegt, und das Gericht -selbst wenn es diesen drohenden Völkerrechtsverstoß erkannt hat und ihn vermeiden wollte- nicht anders entscheiden konnte. Denn vom

---

212 Die *lex posterior (derogat legi priori)*-Regel ist ein in allen Rechtsordnungen geltendes grundlegendes Prinzip der Rechtslogik. Im Völkerrecht gehört es zu den allgemeinen Rechtsgrundsätzen, die auch zu den Rechtserkenntisquellen des StIGH zählen (vgl. Art. 38 Abs. 1 lit. c) IGH-Statut); vgl. *Verdross/Simma*, Universelles Völkerrecht, § 861.

213 Siehe dazu *Keller*, Rechtsvergleichende Aspekte zur Monismus-Dualismus-Diskussion, SZIER 9 (1999), S. 225 ff. (233 ff.).

214 Vgl. *Waelbroeck*, Traités internationaux et juridictions internes dans les pays du Marché commun, S. 246 ff. u. 253 ff.

Standpunkt des internationalen Rechts stellen auch nationale völkerrechtswidrige Gesetze lediglich Tatsachen[215] dar, die den Tatbestand eines völkerrechtlichen Delikts erfüllen.

Die Rechtsfolgen dieser klassischen völkerrechtlichen Verantwortlichkeit sprach der EuGH noch in einem Urteil zum EGKS-Vertrag aus dem Jahre 1960 an:

> „Wenn der Gerichtshof in seinem Urteil feststellt, daß ein Akt der Gesetzgebungs- oder Verwaltungsorgane eines Mitgliedstaates dem Gemeinschaftsrecht zuwider läuft, so ist dieser Staat nach Art. 86 EGKSV verpflichtet, sowohl diesen Akt rückgängig zu machen als auch die möglicherweise durch ihn verursachten rechtswidrigen Folgen zu beheben. Diese Verpflichtung ergibt sich aus dem Vertrag und dem Protokoll, die in den Mitgliedstaaten auf Grund der Ratifizierung Gesetzeskraft besitzen und dem innerstaatlichen Recht vorgehen."[216]

Dieses Urteil ist aus zwei Gründen bemerkenswert, wenngleich wenig beachtet. Zum einen bringt der EuGH -im Gegensatz zum späteren *Costa*-Urteil- zum Ausdruck, daß auch er selbst den Geltungsgrund der Gemeinschaftsverträge in den Rechtsordnungen der Mitgliedstaaten, d.h. in den jeweiligen Ratifikationsgesetzen, erblickt. Von einer autonomen Rechtsquelle ist also auch hier -ebensowenig wie in *Van Gend en Loos*- noch keine Rede. Zum anderen vermag dieses Urteil in besonders anschaulicher Weise eine weitere, und zwar die eigentliche Innovation von *Costa v. ENEL* eindrücklich zu illustrieren. Im oben zitierten *Humblet*-Urteil geht der EuGH noch davon aus, daß ein im Widerspruch zu seinen europarechtlichen Verpflichtungen handelnder Mitgliedstaat zur Beendigung dieses Zustandes und zur Wiedergutmachung des evtl. daraus entstandenen Schadens verpflichtet ist[217].
Zur Wiedergutmachung kann auch nach klassischem Völkerrecht die vom EuGH geforderte Rückgängigmachung des völkerrechtswidrigen Aktes gehören, wie beispielweise das internationale Schiedsgericht in der *Martini-Affaire* zwischen Italien und Venezuela ausdrücklich sagte:

> „The obligation must be annulled under the heading of reparation. In pronouncing their annulment the Arbitral Tribunal emphasizes that [...] the consequences of the illegal act must be effaced."[218]

Möglicherweise von Äußerungen des Gerichtshofs wie in *Humblet* bestärkt, machte die italienische Regierung in *Costa v. ENEL* geltend, daß ein Vertragsverstoß allein über das

---

[215] „From the standpoint of international law and of the court which is its organ, municipal laws are merely facts which express the will and constitute the activities of States, in the same manner as do legal decisions or administrative decisions" (StIGH im Fall 'German interests in Upper Selesia' (Merits), PCIJ Ser. A No. 7 (1926), S. 1 ff. (19) - eigene Hervorhebung); ähnlich auch Art. 6 der ILC-'Draft Articles on State responsibility': „The conduct of an organ of the State shall be considered as an act of that state under international law, whether that organ belongs to the constituent, legislative, executive, judicial or other power, whether its functions are of an international or an internal character and whether it holds a superior or a subordinate position in the organization of the State" (abgedruckt in: YBILC 1973 II, S. 161 ff. (193) -mit Kommentar; Gesamtentwurf in: YBILC 1996 II/2, S. 58 ff.).

[216] EuGH Rs. 6/60, Humblet v. Belgischer Staat, Slg. 1960, S. 1161 ff. (1185).

[217] Bereits der StIGH sah die Wiedergutmachung infolge des Bruchs einer völkerrechtlichen Verpflichtung als Grundsatz des Völkerrechts an: „It is a principle of international law and even a general conception of law that any breach of an engagement involves an obligation to make reparation. (*Chorzów-Factory*-Fall, PCIJ Ser. A No. 17 (1928), S. 1 ff. (47))

[218] Schiedsspruch vom 3.5.1930 abgedruckt in: Annual Digest of Public International Law Cases 1929-30, Case No. 93, S. 153 ff (158/59).; vgl. auch Urteil des StIGH im *Chorzów-Factory*-Fall, a.a.O. (Fn 217): „Reparation must as far as possible wipe out all the consequences of the illegal act or re-establish the situation which would in all probability have existed if that act had not been committed".

Vertragsverletzungsverfahren nach Art. 169, 170 (Art. 226, 227 neu) EGV mit seinen Rechtsfolgen verfolgt werden könne[219].

c) Bedeutung des Vorabentscheidungsverfahrens für die Vorrangfrage

Der EuGH wies diese von der italienischen Regierung vorgebrachte Ansicht indes als fehlgehend zurück und führte das Vorabentscheidungsverfahren nach Art. 177 (Art. 234 n.F.) EGV mit dem bekannten Ergebnis durch. Entscheidende Bedeutung kam in der Tat dem prozessualen Umstand zu, daß das Urteil nicht im Rahmen des Vertragsverletzungsverfahrens erging.
Wyatt hat die Wirkung des Vorabentscheidungsverfahrens folgendermaßen beschrieben:

> „[...] what the Article 177 procedure does allow is for "the clock to be stopped", and for questions which would traditionally been framed *ex post* in terms of responsibility, to be framed of terms of the duty of Member States [...].“[220]

Internationale Gerichte werden also immer erst dann zur Entscheidung über die Völkerrechtmäßigkeit des Handelns eines Staates berufen, wenn der vermeintliche Verstoß bereits begangen wurde. Warum es noch nie zu einer "Vorab-Verurteilung" gekommen ist, liegt in der prozessualen völkerrechtlichen *local remedies rule* begründet[221]. Verstößt ein Staat mit seiner Behandlung von natürlichen oder juristischen Personen eines anderen Staates gegen eine diesem gegenüber bestehende völkerrechtliche Verpflichtung, kann der Heimatstaat grundsätzlich erst dann ein internationales Tribunal mit der Angelegenheit befassen, wenn die betroffene Person mit allen innerstaatlich zur Verfügung stehenden Rechtsmitteln gegen die Verletzungshandlung vorangegangen ist[222]. Dem betreffenden Staat soll auf diese Weise die Möglichkeit gegeben werden, den drohenden Völkerrechtsverstoß mittels letztinstanzlichen Urteils doch noch zu verhindern. Hier kommt die bereits erwähnte völkerrechtliche Betrachtungsweise des Staates als Einheit ungeachtet getrennter Gewalten und Körperschaften zum Tragen.
Stellt man sich nun die Frage, wie ein internationales Gericht entschiede, wenn "die Uhr" tatsächlich zwischen der Verabschiedung eines im Widerspruch zu völkerrechtlichen Verpflichtungen stehenden Gesetzes und der Entscheidung des nationalen Richters in der deswegen rechthängigen Streitsache "gestoppt würde", so könnte dessen Entscheidung beispielsweise folgendermaßen aussehen:

> „[C]e fait même empêcherait absolument l'Etat de promulger valablement des dispositions constitutionnelles, contraires auxdits traités ou règles: l'existence de ces derniers comporte par elle-même une restriction correspondante de la souveraineté de l'Etat.“

Dieser von einem gemischten französisch-mexikanischen Tribunal[223] unter dem Vorsitz von *M. Verzijl* stammende Satz aus dem Jahre 1928 unterscheidet sich kaum von einem des EuGH aus der *Simmenthal II*-Entscheidung:

> „[...] der Vorrang des Gemeinschaftsrechts [hat] zur Folge [...], daß ein wirksames Zustandekommen neuer staatlicher Gesetzgebungsakte insoweit verhindert wird, als diese mit Gemeinschaftsnormen unvereinbar wären.“[224]

---

219 Slg. 1964, S. 1251 ff. (1262).

220 *Wyatt*, New Legal Order, or Old?, ELR 7 (1982), S. 147 ff. (153).

221 Vgl. nur *Brownlie*, Principles of Public International Law, S. 494 ff.

222 Vgl. Art. 22 [Exhaustion of local remedies] des ILC-Entwurfs zur Staatenverantwortlichkeit (Text in: YBILC 1996 II/2, S. 58 ff.).

223 *Georges Pinson*-Fall, Entscheidung vom 17.10.1928; abgedruckt in: RGDIP 39 (1932), S. 391 ff. (433).

Wie gravierend der Unterschied in der Bedeutung dieser beiden Aussagen aber tatsächlich ist, wird im Kontext mit darauffolgenden Passagen aus den beiden Urteilen deutlich.
Das französich-mexikanische Tribunal führt weiter aus:

> „En effet la dernière [une juridiction nationale], émanation de la souveraineté de l'Etat, peut se trouver obligée par son droit national de faire application de la Constitution, sans examiner la conformité au droit international et quand bien même elle devrait en reconnaître la non-conformité audit droit.“[225]

Der EuGH hingegen sagt:

> „Aus alledem folgt, daß jeder im Rahmen seiner Zuständigkeit aufgerufene staatliche Richter verpflichtet ist, das Gemeinschaftsrecht uneingeschränkt anzuwenden [...], indem er jede möglicherweise entgegenstehende Bestimmung des nationalen Rechts, gleichgültig ob sie früher oder später als die Gemeinschaftsnorm ergangen ist, unangewendet läßt.“[226]

Damit ist deutlich geworden, worin die eigentliche Bedeutung des gemeinschaftsrechtlichen Vorabentscheidungsverfahrens liegt: Der 177er-Mechanismus ermöglichte es dem EuGH, den klassischen völkerrechtlichen Grundsatz, wonach ein internationales Gericht nur über den *völkerrechtlichen* Vorrang völker(vertrags)rechtlicher Normen vor innerstaatlichem Recht jeden Ranges entscheiden kann, zu durchbrechen und sich auch zum *innerstaatlichen* Vorrang gemeinschaftsrechtlicher Vorschriften zu äußern. Das Erfordernis der abstrakten Formulierung der Vorlagefrage[227] und die dementsprechend abstrakte Antwort lösen Auslegungsurteile nach Art. 177 (Art. 234 n.F.) EGV vom konkreten Sachverhalt und geben ihnen zumindest de facto *erga omnes*-Wirkung[228]. Erst die Anerkennung der Verbindlichkeit der Vorabentscheidungen für die nationalen Gerichte durch die Mitgliedstaaten verleiht dem Verfahren nach Art. 234 EGV allerdings die Schärfe, die die „Durchstoßung der Trennwand zwischen internationalem und nationalem Recht“[229] ermöglicht.
In praktischer Konsequenz laufen die Vorabentscheidungen des EuGH auf eine Annullierung der betreffenden, dem Gemeinschaftsrecht widersprechenden Normen der Mitgliedstaaten hinaus.
Selbst wenn man also -wie es die International Law Commission in ihrem Entwurf zur Staatenverantwortlichkeit als durchaus denkbar erachtet[230]- ein internationales Gericht statt mit der *ex post*-Frage der Staatenverantwortlichkeit wegen eines Völkerrechtsverstoßes infolge der Anwendung eines völkerrechtswidrigen nationalen Gesetzes zu befassen, *ex ante* darüber entscheiden ließe, ob das anzuwendende Gesetz völkerrechts-

---

224 EuGH Rs. 106/77, Staatliche Finanzverwaltung v. S.p.A. Simmenthal, Slg. 1978, S. 629 ff. (644 Rz 18).

225 A.a.O. (Fn 223).

226 A.a.O. (Fn 224), S. 645 Rz 24.

227 Siehe *Schweitzer/Hummmer*, Europarecht, Rn 522.

228 Hier ist angesichts des Schweigens des Vertrages zu der Frage der Urteilswirkung im Verfahren nach Art. 234 EGV noch einiges unklar. Der EuGH scheint von einer allgemeinen Bindungswirkung seiner Urteile im Rahmen von Art. 234 EGV auszugehen (vgl. verb. Rs. 66, 127 u. 128/79, Amministrazione delle Finanze dello Stato v. Salumi, Slg. 1980, S. 1237 ff. (1260 Rz 9); S.p.A. International Chemical Corporation v. Amministrazione delle Finanze dello State, Slg. 1981, S. 1191 ff. (1215 Rz 12); siehe zum Ganzen G/T/E-*Krück*, Kommentar zum EU-/EG-Vertrag, Art. 177 EGV Rn 89 ff.

229 *Bernhardt*, Europäisches Gemeinschaftsrecht und das Recht internationaler Organisationen: Gemeinsamkeiten und Unterschiede (Fn 137), S. 27; ebenso *Schermers/Blokker*, International Institutional Law, § 1144: „Community law has pierced the national legal orders of the member states [...]“.

230 *Ago* (Special Rapporteur), Kommentierung zu Art. 22 (Ziff. 4); abgedruckt in: YBILC 1977 II/2, S. 30 ff.

gemäß ist, bliebe das alte Dilemma der Diskrepanz zwischen völkerrechtlicher und innerstaatlicher Verbindlichkeit bestehen. Denn ein solches Vorabentscheidungsverfahren hätte lediglich Gutachtencharakter und folglich mit dem gemeinschaftsrechtlichen Vorabentscheidungsverfahren nicht mehr als den Namen gemeinsam.

d) Zusammenfassung

Die Bedeutung der *Costa*-Urteils ist untrennbar mit den Besonderheiten des Vorabentscheidungsverfahrens verbunden. Ohne den prozessualen Hebel des Art. 177 (Art. 234 n.F.) EGV hätte es nicht zum vielleicht bekanntesten Urteil des EuGH überhaupt kommen können. Auf dem klassisch völkerrechtlichen Weg über das Vertragsverletzungsverfahren nach Art. 169, 170 (Art. 226, 227 n.F.) EGV wäre Italien im Stile des kaum bekannten *Humblet*-Urteils zur Beendigung des Vertragsverstoßes und zur Beseitigung evtl. Folgen verurteilt worden: Das italienische Gesetz zu Verstaatlichung der nationalen Stromindustrie hätte aufgehoben werden müssen. Ein Schaden war dem Kläger, dem Rechtsanwalt *Flaminio Costa*, nicht entstanden (er hatte sich lediglich geweigert, eine Stromrechnung in Höhe von 1.925 Lire -umgerechnet damals ca. 12,30 DM- zu zahlen), und das Urteil des EuGH hätte nur *inter partes*-Wirkung gehabt.
Stattdessen leitet sich nun aus dem *Costa*-Urteil in Verbindung mit dem Vorabentscheidungsverfahren folgende echte Besonderheit des Gemeinschaftsrechts im Vergleich zu herkömmlichen Grundsätzen des Völkerrechts und des innerstaatlichen Rechts ab:

> „[...] it is probably the first time in history that a court established by an international treaty has asserted its power to determine with effect not only in the «international» (or Community) legal order but also in national law, the hierarchical value of the very norm to which it owes its existence."[231]

Damit ist zugleich die anschließend zu beantwortende Frage aufgezeigt: Ist der von einem internationalen Gericht angeordnete absolute Vorrang von Vorschriften, die ihre Grundlage im Völkerrecht haben, noch mit dem Wesen des Völkerrechts vereinbar oder sprengt eine solche Konzeption, die ohne historisches Beispiel ist, den völkerrechtlichen Rahmen? Bejaht man letzteres, dann muß davon ausgegangen werden, daß eine Rechtsordnung, die auf diesem existenziellen Grundsatz („exigence existentielle"[232]) aufbaut, nicht mehr dem Völkerrecht zugehörig sein kann, dieser also ein *sui generis*-Charakter zuzusprechen ist.

V. Vereinbarkeit der echten strukturellen Besonderheiten der Gemeinschaftsrechtsordnung mit dem Wesen des Völkerrechts

Fundament, Legitimationsgrundlage und mithin wesensbestimmendes Merkmal[233] des klassischen Völkerrechts ist das Prinzip der staatlichen Souveränität oder -in den vergleichsweise jungen Worten der UN-Charta (Art. 2 Abs. 1)- das Prinzip der souveränen Gleichheit aller Staaten.

> „The sovereignty and equality of states represent the basic constitutional doctrine of the law of nations, which governs a community consisting primarily of states having a uniform legal personality",

[231] *Stein*, Toward supremacy of treaty - Constitution by judicial fiat in the European Economic Community, RivDirInt 1965, S. 3 ff. (24).
[232] *Pescatore*, L'ordre juridique des Communautés européennes, S. 227.
[233] Graf Vitzthum-*Graf Vitzthum*, Völkerrecht, 1. Abschn. Rn 45.

schreibt *Brownlie*[234].

Die Souveränität des Staates im Völkerrecht wird allgemein als die uneingeschränkte Hoheitsgewalt des Staates gegen innen und die Selbständigkeit und rechtliche Unabhängigkeit gegen außen beschrieben (innere und äußere Souveränität)[235]. Dabei bezeichnet die uneingeschränkte Hoheitsgewalt gegen innen die Verfassungsautonomie, d.h. das Recht eines jeden Staates, eine Ordnung auf seinem Territorium ohne Einmischung von außen zu organisieren.

1. Völkerrechtliche Wirkung der staatlichen Souveränität

Vom Verbot der Nichteinmischung in die inneren Angelegenheiten eines Staates erfaßt sind sämtliche Organe und Untergliederungen anderer Staaten. So sehen sich staatliche Gerichte etwa daran gehindert, mit einem Urteilsspruch in die Rechtsordnung eines anderen Staates einzudringen[236]. Gleiches gilt grundsätzlich auch für die Organe Internationaler Organisationen oder sonstige Organe, die von zwischenstaatlichem Recht beherrscht werden. Auch einem internationalen Tribunal ist es danach beispielsweise verwehrt, eine Anordnung über den Status völkerrechtlicher Normen im innerstaatlichen Recht zu treffen.

Der Grund für diesen Respekt nationalem Recht gegenüber ist in beiden Fällen vergleichbar. Das internationale Gericht, das sich in einem Urteil zum innerstaatlichen Recht einer Streitpartei äußert, ohne dazu ausdrücklich ermächtigt zu sein, würde sich seiner Existenzgrundlage berauben: den Unterwerfungserklärungen der Staaten unter seine Gerichtsbarkeit. Kein Staat wäre angesichts eines solche Präzedenzfalles mehr bereit, dieses Gericht mit einer Streitsache zu befassen, geschweige denn, sich seiner Zuständigkeit im voraus und generell zu unterwerfen. Der Staat, der die Souveränität eines anderen Staates durch einen Spruch eines seiner Gerichte verletzt, begeht ein völkerrechtliches Delikt und hat Wiedergutmachung zu leisten und/oder hat eine Repressalie des betroffenen Staates zu gewärtigen.

Ob sich das traditionelle Souveränitätskonzept noch auf die gegenwärtige völkerrechtliche Theorie und Wirklichkeit stützen kann, oder ob innere wie äußere Souveränität nicht bedeutsame Einschränkungen und Relativierungen erfahren haben, gilt es im folgenden zu klären.

2. Relativität und Wandel des Souveränitätskonzepts im Völkerrecht

Schon früh war klar, daß es eine absolute, im eigentlichen Sinne uneingeschränkte Souveränität im Völkerrecht nicht geben kann. *De Martens* etwa merkte 1883 in diesem Zusammenhang an:

> „Par la force des choses il [l'Etat] sera obligé alors de faire des concessions de tenir compte des intérêts légitimes et de droits des autres peuples et de renoncer à l'exécution pure de sa volonté. Absolue

[234] *Brownlie*, Principles of Public International Law, S. 287.

[235] Vgl. nur *Verdross/Simma*, Universelles Völkerrecht, § 35; Ipsen-*Epping*, Völkerrecht, § 5 Rn 6; *Kempen*, Einige Bemerkungen zum völkerrechtlichen Begriff der Souveränität - in: Dörr u.a. (Hrsg.), FS Schiedermair, S. 783 ff. (793 ff.); Der schon als klassisch zu bezeichnende Ausspruch *Max Hubers* als internationaler Schiedsrichter im 'Island of Palmas'-Fall (Niederlande v. USA), RIAA II (1925), S. 828 ff. (838) lautete: „Sovereignty in relation between States signifies independence".

[236] Vgl. *Steinberger*, Sovereignty, EPIL Vol. IV, S. 500 ff. (512).

au point de vue du droit de l'Etat le principe de la souveraineté a des bornes dans les relations internationales."[237]

Heute wird diese Unterordnung des Staates unter das Völkerrecht auch als Völkerrechtsunmittelbarkeit bezeichnet[238]. Die Souveränität des Staates nach außen ist daher per se nur eine relative. Je mehr völkerrechtliche Bindungen für einen Staat entstehen, desto weitere Einschränkungen erfährt seine Souveränität[239].

Im Jahre 1925 schrieb *Politis* unter dem Eindruck der großen Friedenskonferenzen nach dem Ersten Weltkrieg und in Anbetracht der großen Zahl internationaler Flußregime, der Kommunikations- und Transitfreiheit, zunehmender weltwirtschaftlicher Abhängigkeiten, der Ausdehnung der Staatenverantwortlichkeit, des völkerrechtlichen Minderheitenschutzes, der Ächtung des Krieges als Mittel zur Lösung internationaler Streitfälle:

> „De nombreux indices, dans le mouvement des faits et des idées, montrent que le droit international arrive à un véritable tournant de son histoire[240].
> L'obstacle offert par la notion de souveraineté n'est nullement insurmontable. Le dogme de la souveraineté est périmé. Il ne répond à rien réel.[241] [...] *elle est dès à présent virtuellement abolie* [...] la nature de la souveraineté a fait l'objet d'un nouvel examen critique aboutissant la plupart du temps à sa condamnation."[242]

Der von *Politis* zu dieser Zeit beschworenen Abschaffung der staatlichen Souveränität entsprach die rechtliche Realität noch nicht trotz der von ihm angeführten wissenschaftlichen Auseinandersetzungen mit dieser Frage, die -so *Politis*- größtenteils zu einer Verurteilung dieses Konzepts geführt habe[243]. Der machtlose Völkerbund, die aggressive Kolonialpolitik europäischer Mächte, die (zunächst) folgenlose Mißachtung des Völkerrechts durch die Expansionspolitik des Deutschen Reiches auf dem europäischen Kontinent nach 1933 sind nur einige Beispiele dafür, daß der so bezeichnete „Wendepunkt des Völkerrechts" -so er denn stattgefunden haben sollte- nicht zu einer Begrenzung der politischen und rechtlichen Macht des Staates als Ausdruck seiner vollen Souveränität geführt hat. Gleichwohl spiegelt sich in der zur damaligen Zeit aktuellen Debatte um eine Neudefinition staatlicher Souveränität wider, daß das Völkerrecht durchaus der dynamischen Entwicklung und Reaktion auf internationale, politische und wirtschaftliche Schlüsselereignisse fähig zu sein scheint.

---

[237] *De Martens*, Traité de Droit International, Tomé I, S. 378.

[238] *Steinberger*, Sovereignty (Fn 236), S. 512: „immediateness of a State's relationship to public international law"; *Verdross/Simma*, Universelles Völkerrecht, § 33 f.

[239] Der StIGH sagte dazu im SS "Wimbledon"-Fall, PCIJ Ser. A No. 1 (1923), S. 1 ff. (25): „No doubt any convention creating an obligation of this kind [i.e. an obligation by which a State undertakes to perform or refrain from performing a particular act] places a restriction upon the exercise of the sovereign rights of the state [...]."

[240] *Politis*, Le Problème des Limitations de la Souveraineté, RdC 6 (1925 I), S. 5 ff. (5).

[241] A.a.O., S. 111.

[242] A.a.O., S. 10 (Fußnote ausgelassen) - eigene Hervorhebung.

[243] *Kelsen* etwa forderte seinerzeit in der Tat: „Es wäre höchste Zeit, daß dieser Begriff [Souveränität], nachdem er durch Jahrhunderte eine mehr als fragwürdige Rolle in der Geschichte der Rechtswissenschaft gespielt hat, aus dem Wörterbuch des Völkerrechts endgültig verschwinde" (in: Strupp (Hrsg.), Wörterbuch des Völkerrechts, Bd. 2, 1. Auflage 1925, S. 554 ff. (559)), um dann aber in der zweiten, 1962 erschienen Auflage des Wörterbuchs den Begriff 'Souveränität' erneut zu kommentieren (vgl. Strupp/Schlochauer (Hrsg.), 3. Band, S. 278 ff.) - allerdings unter Verzicht auf den zuvor zitierten Satz.

75 Jahre nach *Politis*, also im Jahre 2000, schrieb *Reisman* in einem Beitrag zur völkerrechtlichen Souveränität:

> „[The] process of "updating" or "contemporization" or *actualization* as French scholars call it, is not unknown to international law. [...] When this is not done, legal arguments and judgements will be marked by anachronism."[244]

Einen solchen Prozeß der „actualization" hat der völkerrechtliche Kernbegriff der Souveränität und somit das Völkerrecht selbst während der zweiten Hälfte des 20. Jahrhunderts auf unterschiedlichen Ebenen tatsächlich durchlaufen.

a) Die Existenz der UNO als „verkörperter Gegensatz zu Nichteinmischung" und die Praxis des UN-Sicherheitsrates

Eine politische, militärische und wirtschaftliche Zäsur bildete der 2. Weltkrieg. Dessen Ende markiert in der Tat einen Wendepunkt des Völkerrechts. Internationale Organisationen, allen voran die UNO, traten als neue Völkerrechtssubjekte neben die Staaten. Der UN-Sicherheitsrat kann nach Kapitel VII der Charta verbindliche Entscheidungen mit Mehrheit fällen, also auch gegen den Willen von Nicht-ständigen-Mitgliedern, ja er kann dies sogar gegenüber Staaten tun, die ihm gar nicht angehören. Unter dem Gesichtspunkt der Souveränität des betroffenen Staates und des in der Charta selbst (!) enthaltenen Grundsatzes der souveränen Gleichheit der Staaten (vgl. Art. 2 Abs. 1) weist dies wahrhaft „revolutionäre Züge"[245] auf. Das bloße Dasein der UNO sei der verkörperte Gegensatz zu Nichteinmischung, so *Tomuschat*[246].

Aber nicht nur das bloße Dasein der UNO, sondern auch die Praxis des UN-Sicherheitsrates spiegelt nach Ende des Kalten Krieges und dem damit verbundenen "Auftauen" des erstarrten Entscheidungsmechanismus' innerhalb des Sicherheitsrates eine bedeutsame Entwicklung im Völkerrecht wider: Die Souveränität des Staates tritt zunehmend hinter der Souveränität des internationalen Rechts zurück.

Einige Beispiele sollen dies(e These) belegen:

Von 1991 an hat der UN-Sicherheitsrat zahlreiche Vorgänge in verschiedenen Teilen der Welt als „threat to international peace and security" nach Art. 39 der UN-Charta eingestuft, die nach herkömmlichen Kategorien fast ausschließlich innerstaatlichen Charakter hatten, jedenfalls aber keine unmittelbare Gefährdung des Weltfriedens darstellten. Zu nennen sind hier etwa die (zumindest im Jahre 1991/92 noch internen) Auseinandersetzungen in Jugoslawien[247], die Bürgerkriege in Liberia (1992)[248], Angola[249] und Albanien (1997)[250] oder die humanitäre Situation in Somalia (1992)[251], Ruanda (1994)[252] und Bu-

---

[244] *Reisman*, Sovereignty and human rights in contemporary international law - in: Fox/Roth (Hrsg.), Democratic Governance and International Law, S. 239 ff. (250); Dem Beitrag stellt der Autor die Definition des Begriffs „anachronism" aus 'Webster's Third International Dictionary' voran.

[245] *Tomuschat*, Die internationale Gemeinschaft, AVR 33 (1995), S. 1 ff. (17).

[246] *Ders.*, a.a.O.

[247] Vgl. v.a. SC Res. 713 (1991), Ziff. 4 (YBUN 45 (1991), S. 215).

[248] V.a. SC Res. 788 (1992), 5. Erwägungsgrund (YBUN 46 (1992), S. 192 f.).

[249] V.a. SC Res. 864 (1993), B 4. Erwägungsgrund (YBUN 47 (1993), S. 256 f.); SC Res. 1127 (1997), B 1. Erwägungsgrund (YBUN 51 (1997), S. 106 f.).

[250] SC Res. 1101 (1997), 9. Erwägungsgrund (YBUN 51 (1997), S. 350 f.); SC Res. 1114 (1997), 12. Erwägungsgrund (YBUN 51 (1997), S. 352).

[251] V.a. SC Res. 794 (1992), 3. Erwägungsgrund (YBUN 46 (1992), S. 209 f.).

rundi (1996)[253]. In vielen dieser Fälle wurden auf Grundlage von Art. 41 UN-Charta Waffenembargos verhängt. Im Falle von Somalia wurde sogar ein militärisches Eingreifen autorisiert.
Einen vorläufigen Höhepunkt erreichten die Aktivitäten des Sicherheitsrates durch die Kosovo-Resolution 1244 (1999)[254], wodurch er sich wiederum in einen nach herkömmlichen Kategorien rein innerstaatlichen Konflikt zwischen der Bundesrepublik Jugoslawien und der autonomen Provinz Kosovo einmischte. Indem der Sicherheitsrat Mitgliedstaaten und Internationale Organisationen ermächtigt, alle erforderlichen Mittel einzusetzen, um die Sicherheit im Kosovo wiederherzustellen, autorisiert er de facto die Besetzung eines souveränen Staates[255]. Im Fall des Kosovo fiel also letztlich eine Abwägung der internationalen Staatengemeinschaft zwischen der Sicherung der essentiellen Bedürfnisse der Angehörigen einer verfolgten ethnischen Gruppe und der Inkaufnahme einer massiven Verletzung der staatlichen Souveränität Jugoslawiens zugunsten des Schutzes der Menschenrechte aus.

Ebenfalls bemerkenswert ist die Res. 1373 (2001) des Sicherheitsrates vom 28.9.2001[256], mit der er auf die terroristischen Angriffe in den Vereinigten Staaten vom 11.9.2001 reagierte. Mit der Feststellung, daß diese Akte des internationalen Terrorismus eine Bedrohung des internationalen Friedens und der Sicherheit darstellten, eröffnet er sich das weite Spektrum der Maßnahmen nach Art. 40, 41 der Charta. Er verpflichtete daraufhin alle Staaten unmittelbar, *innerstaatlich* alle Maßnahmen zur effektiven Bekämpfung des internationalen Terrorismus zu treffen und bekräftigte seine Entschlossenheit, „to take all necessary steps in order to ensure the full implementation of this resolution". An konkreten Verpflichtungen der Mitgliedstaaten werden insbesondere genannt: die Ahndung terroristischer Ausführungs- und Unterstützungshandlungen als „serious criminal offences" (Ziff. 2. lit. e), Maßnahmen zur Kappung der Finanzquellen des Terrorismus (Ziff. 1. lit. a) bis d)) sowie ausländerrechtliche, paßrechtliche und grenzpolizeiliche Maßnahmen zur Verhinderung der Einreise und des Aufenthalts von Mitgliedern terroristischer Gruppen (Ziff. 2. lit. g)). All diese Bereiche gehören klassischerweise zur inneren Souveränität eines Staates.

Die jüngste Praxis des Sicherheitsrates nähert das Bild einer "Weltregierung" (im Zeitalter der Post-Souveränität) ein Stück weiter der Realität an.

b) Innerstaatliche Verbindlichkeit völkerrechtlicher Normen als Ausdruck der Souveränität des internationalen Rechts

Dem völkerrechtlichen Dogma der Nichteinmischung in innerstaatliche Angelegenheiten zufolge -für die Vereinten Nationen in Art. 2 Abs. 7 der Charta festgeschrieben und

---

252 SC Res. 918 (1994), 18. Erwägungsgrund (YBUN 48 (1994), S. 285 ff.); SC Res. 929 (1994), 10. Erwägungsgrund (YBUN 48 (1994), S. 290 f.).

253 SC Res. 1072 (1996), 3. Erwägungsgrund (allerdings einschränkend: „[...] threat that this poses to the peace and security of the Great Lakes region as a whole") (YBUN 50 (1996), S. 84 ff.)

254 Res. vom 10. April 1999 (YBUN 53 (1999), S. 353 ff.).

255 *Paulus*, Die Internationale Gemeinschaft im Völkerrecht, S. 261, mit Beschreibung und eingehender rechtlicher Würdigung der Ereignisse.

256 Text abgedruckt in: ILM 40 (2001), S. 1278 ff.

allgemein im 3. Grundsatz des Anhangs zur sog. 'Friendly Relations Declaration'[257] enthalten- müßte sich dem Völkerrecht eigentlich eine Einflußnahme ohne oder gegen den Willlen eines Staates auf die Ausgestaltung seiner Verfassung und deren Anwendung verbieten. Der Bereich, in dem das innerstaatliche Recht keinen Einschränkungen, also auch keinen Verpflichtungen durch das Völkerrecht unterliegt, die sog. „domaine réservé", wird allerdings nicht durch das nationale Recht selbst festgelegt, sondern hängt -umgekehrt- von der Entwicklung des Völkerrechts ab[258].

Insbesondere die Entwicklung des Völkerrechts im Bereich des internationalen Schutzes der Menschenrechte liefert ein eindrückliches Beispiel für das Verschwinden eines klassischen Bereichs der „domaine résevé".

Das 'Institut de Droit International' stellte 1989 in einer Resolution fest:

> „Un Etat agissant en violation de l'obligation à l'article premier [respect des droits de l'homme] ne peut se soustraire à sa responsabilité internationale en prétendant que ce domaine relève essentiellement de sa compétence nationale."[259]

Die UN-Weltkonferenz für Menschenrechte, die 1993 in Wien stattfand und an der 171 Staaten teilnahmen, erklärte, daß die Förderung und der Schutz jeder Art von Menschenrechten ein legitimes Anliegen der Weltgemeinschaft sei[260]. Heute wird nicht mehr ernsthaft in Zweifel gezogen, daß der innerstaatliche Schutz der Menschenrechte eine *völkerrechtliche* Angelegenheit ist[261]. *Simma* spricht insofern von einer „intrusion into the former essence of domestic jurisdiction" und sagt, daß es geradezu die „raison d'être" völkerrechtlicher Verträge zum Schutze der Menschenrechte sei, das nationale Recht zu durchdringen und staatliches Handeln in Übereinstimmung mit den international vereinbarten Menschenrechtsstandards zu bringen[262].

---

257 GA Res. 2625 (XXV) vom 24.10.1970 mit Annex: 'Declaration on Principles of International Law concerning Friendly Relations and co-operation among States in Accordance with the Charter of the United Nations' (abgedruckt in: YBUN 24 (1970), S. 788 ff.); Der 3. Grundsatz, Abs. 4 dort lautet: „Every State has an inalienable right to choose its political, economic, social and cultural systems, without interference in any form by another State".

258 Vgl. Art. 1 der Resolution des 'Institut de Droit International' vom 29.4.1954 („La détermination du domaine réservé et ses effets"): „Le domaine réservé est celui des activités étatiques où la compétence de l'Etat n'est pas liée par le droit international. L'étendue de ce domaine dépend du droit international et varie suivant son développement." (AIDI Vol. 45-II (1954), S. 292 f.); i.d.S. auch schon der StIGH in seinem Gutachten 'Nationality Decrees issued in Tunis and Marocco', PCIJ Ser. B No. 4 (1923), S. 1 ff. (24); *Politis*, Le Problème des Limitations de la Souveraineté (Fn 240), S. 43.

259 Art. 2 der Resolution vom 13.9.1989 („La protection des droits de l'homme et le principe de non-intervention dans les affaires intérieures des Etats", AIDI Vol. 63-II (1990), S. 338 ff.).

260 'Vienna Declaration and Programme of Action' vom 13.10.1993 Kap. I Ziff. 4: „[...] the promotion and protection of all human rights is a legitimate concern of the international community" (Text in: ILM 32 (1993), S. 1661 ff. (1663)).

261 Vgl. *Klein*, Menschenrechte - Stille Revolution des Völkerrechts, S. 23; *Crottier*, Die Anwendung von völkerrechtlichen Normen im innerstaatlichen Bereich als Ausprägung der Konstitutionalisierung des Völkerrechts, SZIER 9 (1999), S. 403 ff. (416); *Higgins* Problems and Process, S. 96; *Tomuschat*, General Course on Public International Law, RdC 281 (1999 VI), S. 1 ff. (64); *Frowein*, Konstitutionalisierung des Völkerrechts, BerDGV 37 (1999), S. 427 ff. (436 f.); *Reismann*, Sovereignty and human rights in contemporary international law (Fn 244), S. 243: „[N]o serious scholar still supports the contention that internal human rights are "essentially within the domestic jurisdiction of any State" and hence insulated from international law".

262 *Simma*, International Human Rights and General International Law: A Comparative Analysis - in: Academy of European Law (Hrsg.), Collected Courses 1993, Vol. IV, Book 2, S. 153 ff. (204).

Der UN-Sicherheitsrat sieht mittlerweile in ständiger Praxis, wie oben dargestellt, gravierende humanitäre Notlagen innerhalb eines Staatsgebiets und die Gefahr massiver Menschenrechtsverletzungen als Bedrohung des internationalen Friedens und der Sicherheit an und autorisiert Maßnahmen nach Kap. VII der UN-Charta. Indem er danach mit Verbindlichkeit -jedenfalls den Mitgliedstaaten gegenüber- handelt, wird er im Einzelfall -diesen gegenüber- unmittelbar "rechtssetzend" tätig[263].

Seit den 90er Jahren wird über eine Erweitung des völkerrechtlichen Pflichtenkataloges von Staaten gegenüber ihren Bürgern diskutiert. Die Rede ist dabei von modernen Staatenwerten wie Demokratie und verantwortungsvoller Führung der Staatsgeschäfte (*good governance*)[264]. Zumindest die Einhaltung demokratischer Grundstandards wird als unabdingbare Voraussetzung für jede umfassende Menschrechtsverwirklichung gesehen[265]. Daß zumeist diejenigen Staaten, denen die Beachtung dieser Werte abverlangt wird, deren völkerrechtliche Existenz leugnen, hat die Weltgemeinschaft gleichwohl nicht daran gehindert, zur Wiederherstellung der Demokratie in Haiti nach dem Militärputsch und zur Wiedereinsetzung des demokratisch legitimierten Präsidenten Aristide eine multinationale Eingreiftruppe durch eine Sicherheitsratsresolution zu mandatieren[266]. Gehindert hat es die Weltgemeinschaft auch nicht, die ECOWAS-Staaten zu autorisieren, das Treibstoff- und Waffenembargo gegen Sierra-Leone gewaltsam durchzusetzen, um die Militärjunta zur Rückgabe der Macht an die demokratische Regierung zu zwingen[267] oder das Eingreifen nigerianischer ECOWAS-Truppen in Liberia mit demselben Ziel gutzuheißen[268].
Auf einer Ebene unterhalb des militärischen Eingreifens sind die zahlreichen Wahlbeobachtungsmissionen der UN zur Überwachung der Einhaltung demokratischer Grundsätze bei nationalen Wahlen anzusiedeln[269]. *Franck*, einer der Urheber der wissenschaftlichen Debatte über einen im Völkerrecht wurzelnden Anspruch auf eine demokratische Regierungsform[270], schreibt dazu: „[T]hese activities on the part of the international system in such inherently domestic affairs of States would have been unthinkable a decade ago“[271].

All dies macht eines deutlich: Die ehedem „unerstürmbare Bastion“[272] der (inneren) Souveränität ist deutlich geschleift worden. Sie ist löcherig und durchlässig geworden für (westliche) völkerrechtliche Werte wie die Achtung der Menschenrechte, Demokratie und *good governance*, die nicht selten von der westlichen Welt im Paket mit Abkommen über

---

263 *Kelsen*, The Law of the United Nations, S. 295: „New law for the concrete case“.

264 Vgl. *Tomuschat*, General Course on Public International Law (Fn 261), S. 63 ff.

265 „Democracy, development and respect for human rights and fundamental freedoms are interdependent and mutually reinforcing“ (Kap. I, Ziff. 8 der Wiener Deklaration der UN-Menschenrechtskonferenz 1993 (ILM 32 (1993), S. 1661 ff.). Auf eine aussagekräftige Definition des Begriffs 'Demokratie' konnte man sich indes nicht verständigen.

266 SC Res. 940 (1994), Ziff. 4 (YBUN 48 (1994), S. 426 f.; RGDIP 98 (1994), S. 861 ff. (auf französisch)).

267 SC Res. 1132 (1997), Ziff. 8 (YBUN 51 (1997), S. 135 f.).

268 SC Res. 1162 (1998), Ziff. 1 (YBUN 52 (1998), S. 168 f.).

269 Ausführlich dazu *Fox*, The right to political participation in international law - in: Fox/Roth (Hrsg.), Democratic Governance and International Law, S. 48 ff. (70 ff.); s.a. *Schindler*, Völkerrecht und Demokratie - in: Hafner u.a. (Hrsg.), FS Seidl-Hohenveldern, S. 611 ff. (622 ff.).

270 Grundlegend *Franck*, The Emerging Right to Democratic Governance, AJIL 86 (1992), S. 46 ff.

271 *Franck*, Legitimacy and democratic entitlement - in: Fox/Roth (Hrsg.), Democratic Governance and International Law, S. 25 ff. (31).

272 Die Formulierung stammt von *Crottier*, Die Anwendbarkeit von völkerrechtlichen Normen im innerstaatlichen Bereich als Ausprägung der Konstitutionalisierung des Völkerrechts (Fn 261), S. 433.

Entwicklung und Zusammenarbeit in die Rechtsordnungen der Empfängerstaaten exportiert wurden und werden[273]. Wenn es auch im Einzelfall oftmals Schwierigkeiten bereitet, den genauen völkerrechtlichen Status und Inhalt dieser Werte zu ermitteln, so ist unverkennbar, daß ihr Vordringen einhergeht mit einem Qualitätswandel der staatlichen Souveränität.

c) Aufweichung der staatlichen Souveränität durch die Festlegung von *erga omnes*-Pflichten und *ius cogens* Normen

Eine weitere Aufweichung erfährt die Souveränität dort, wo das Völkerrecht Interessen der Staatengemeinschaft als ganzer festlegt und den Staaten korrespondierende Verpflichtungen auferlegt (sog. *erga omnes*-Pflichten[274])[275].
Die alliierten Siegermächte des 2. Weltkrieges haben mit diesem Anspruch das Nürnberger Kriegsverbrechertribunal errichtet, von dem „crimes against peace", „war crimes" und „crimes against humanity"[276] abgeurteilt werden sollten. Die bis zu diesem Zeitpunkt geltende souveränitätsbedingte Regel, daß das Völkerrecht einzelne Staaten lediglich verpflichten kann, Angehörige des eigenen Staates nach nationalem Recht, das in Umsetzung völkerrechtlicher Verpflichtungen erlassen wurde, abzuurteilen[277], wurde damit aufgegeben. Seit der Errichtung der internationalen Strafgerichte für Jugoslawien[278] und Ruanda[279] und der Schaffung des Ständigen Internationalen Strafgerichtshofs in Den Haag[280] unterliegt es keinem Zweifel mehr, daß Individuen in bestimmten Fällen unabhängig von der Strafbarkeit nach dem internen Recht des Heimat- und/oder Tatortstaates unmittelbar auf völkerrechtlicher Grundlage bestraft werden können[281].

---

273 Zu letzterem Aspekt ausführlich unten: Teil 2 C. III. 3. (S. 253 ff.).

274 In seinem Urteil 'Case concerning the *Barcelona Traction, Light and Power Company Limited*, second phase' (Belgien v. Spanien), ICJ Rep. 1970, S. 3 ff. (32 § 34), gab der IGH zu erkennen, daß er zu diesen *erga omnes*-Pflichten das Aggressionsverbot, das Verbot des Völkermordes sowie die Prinzipien und Regeln betreffend die grundlegenden Menschenrechte einschließlich des Schutzes vor Sklaverei und Rassendiskriminierung zählt.

275 Vgl. *Dicke*, Erscheinungsformen und Wirkungen von Globalisierung in Struktur und Recht des internationalen Systems auf universaler und regionaler Ebene, BerDGV 39 (1999), S. 13 ff. (32).

276 Vgl. Art. 6 des Statuts des internationalen Militärgerichtshofs, errichtet durch das Londoner Abkommen der Alliierten vom 8.8.1945; beides abgedruckt (engl.) in: AJIL 1945 Suppl., S. 257-264.

277 Vgl. z.B. die Generalakte der Brüssler Antisklaverei-Konferenz vom 2.7.1890 (MartNRG (2ᵉ sér.) 16 (1891), S. 3 ff.; dt. Quelle: RGBl. 1892, S. 605 ff.), die in Art. 67 von den Staaten den Erlaß von Strafvorschriften verlangte. So auch Art. 9 Abs. 1 des Internationalen Abkommens zur Bekämpfung der Falschmünzerei vom 20.4.1929 (LNOJ 10 (1929), S. 886 ff.; dt. Quelle: RGBl. 1933 II, S. 914 ff.) oder Art. 6 des Übereinkommens betreffend die Sklaverei vom 25.9.1926 (LNTS 60, S. 253 ff.; dt. Quelle: RGBl. 1929 II, S. 64 ff.).

278 Errichtet durch SC Res. 827, Ziff. 2 (YBUN 47 (1993), S. 440); das Statut des Internationalen Tribunals wurde vom Generalsekretär im Auftrag des Sicherheitsrates (vgl. SC Res. 808, Ziff. 2 (a.a.O., S. 438 f.)) ausgearbeitet (Text in: ILM 32 (1993), S. 1170 ff.).

279 Errichtet durch SC Res. 955, Ziff. 1 (YBUN 48 (1994), S. 299 ff.); Statut des Internationalen Tribunals als Annex.

280 'Rome Statue of the International Criminal Court' vom 17.7.1998 (Text in: ILM 37 (1998), S. 1002 ff.; dt. Quelle: BGBl. 2000 II, S. 1394 ff.), in Kraft seit dem 1.7.2002. Der Gerichtshof nahm am 11.3.2003 mit der Vereidigung der 18 Richter seine Arbeit in Den Haag auf.

281 Das 'Römer Statut des Internationalen Strafgerichtshofs' stellt in seinem Art. 25 Abs. 4 ausdrücklich klar, daß es sich nur auf die individuelle Verantwortlichkeit bezieht und die Staatenverantwortlichkeit unberührt läßt.

Eng verwandt mit dem Konzept der *erga omnes*-Verpflichtungen ist das des *ius cogens*[282] [283]. Diese Rechtsfigur hat in Art. 53 S. 2 WVRK I (Art. 53 S. 2 WVRK II) ihren Niederschlag gefunden. Dort heißt es:

> „[E]ine zwingende Norm des allgemeinen Völkerrechts [ist] eine Norm, die von der internationalen Staatengemeinschaft in ihrer Gesamtheit anerkannt wird als eine Norm, von der nicht abgewichen werden darf und die nur durch eine spätere Norm das allgemeinen Völkerrechts derselben Rechtsnatur geändert werden kann."

Ein Staat ist also selbst dann durch Normen des *ius cogens* gebunden, wenn er deren Geltung für sich ausdrücklich verneint. Das Konsensprinzip als Ausdruck der Souveränität des Staates und der souveränen Gleichheit der Staaten findet also auch hier eine bedeutsame Einschränkung.
Tomuschat schreibt dazu:

> „The recognition of a distinct category of *ius cogens* provides the most tangible proof of the existence of an international community grounded on axiomatic premises other than State sovereignty."[284]

Einschränkend ist allerdings hinzuzufügen, daß die Entstehung einer neuen zwingenden Norm des Völkerrechts nach wie vor von der Übereinstimmung aller Staaten abhängig ist.

d) Paradigmenwechsel bei der Staatenimmunität als Beispiel für einen gewandelten Souveränitätsbegriff

Einen ähnlichen, vielleicht noch bemerkenswerteren Abwägungsprozeß als der UN-Sicherheitsrat in der Kosovo-Krise hat das britische House of Lords im *Pinochet*-Fall[285] hinter sich gebracht. Hier waren -vereinfacht ausgedrückt- Staatengrundrechte[286] gegen Menschenrechte abzuwägen. Gegen *Augusto Pinochet Ugarte*, Chiles ehemaligen Diktator, lag ein internationaler Haftbefehl Spaniens wegen mutmaßlicher Folterungen und anderer Menschenrechtsverletzungen an spanischen Staatsangehörigen während seiner Amtszeit vor.
Die Souveränität Chiles, die ihren Ausdruck u.a. in der Immunität hoheitlich handelnder Staatsorgane vor Strafverfolgung im Ausland wegen in dieser Funktion begangener Taten findet, stand nach klassischem Völkerrecht einer strafrechtlichen Verfolgung *Pinochets*

---

282 Zum -nicht ganz unproblematischen- Verhältnis zwischen *ius cogens*- und *erga omnes*-Verpflichtungen vgl. den ILC-Tätigkeitsbericht von 1998: „[A]lthough all *ius cogens* norms were by definition *erga omnes*, not all *erga omnes* norms were necessarily imperative or of fundamental importance to the international community" (YBILC 1998 II/2, S. 60 ff. (69)); s.a. *Künzli*, Zwischen Rigidität und Flexibilität: Der Verpflichtungsgrad internationaler Menschenrechte, S. 74 f.

283 Ausführlich zu den wesentlichen Fragen im Zusammenhang mit dem Konzept des *ius cogens* (Entstehung, Quellen, Inhalt) vgl. *Paulus*, Die Internationale Gemeinschaft im Völkerrecht, S. 330-363.

284 *Tomuschat*, Obligations Arising for States without or against Their Will, RdC 241 (1993 IV), S. 195 ff. (307).

285 Einen guten Überblick über die Ereignisse und die insgesamt vier Entscheidungen englischer Gerichte in der Angelegenheit *Pinochet* bietet *Gornig*, Immunität von Staatsoberhäuptern - in: Ipsen/Schmidt-Jortzig (Hrsg.), FS Rauschning, S. 457 ff. (476-479). Vorliegend ist allein die abschließende Entscheidung des House of Lords vom 24.3.1999, R v. Bow Street Metropolitan Stipendiary Magistrate and others, *ex parte Pinochet Ugarte* (No. 3), AllER 2 [1999], S. 97 ff. = ILM 38 (1999), S. 581 ff., von Interesse. S.a. *Tangermann*, Die völkerrechtliche Immunität von Staatsoberhäuptern, S. 69 ff. (mit Chronologie des *Pinochet*-Falls aus Sicht des Völker- und chilenischen Rechts im Anhang, S. 240 ff.).

286 Begriff nach *Verdross/Simma*, Universelles Völkerrecht, § 451 f.: „Grundrechte der Staaten".

entgegen[287]. Das Strafverfolgungshindernis besteht unabhängig davon, ob die betreffende Person die Stellung als Staatsoberhaupt noch innehat oder dies -wie im Falle *Pinochets*- nicht mehr der Fall ist, denn das amtliche, also hoheitliche Handeln des Staatsoberhauptes wird nicht ihm als Person, sondern nur dem Staat, den er repräsentiert, zugerechnet[288]. Der hoheitliche Charakter des Staatshandelns wiederum ist unabhängig von der Amtszeit eines Repräsentanten des Staates.
Die Lord-Richter setzten sich jedoch im Ergebnis über die Immunität *Pinochets* hinweg, da -so der das Mehrheitsvotum abgebende *Lord Browne-Wilkinson*- andernfalls eine wirksame Durchsetzung der Anti-Folter-Konvention vom 10.12.1984[289] nicht möglich wäre. Denn das internationale Verbrechen der Folterung kann gem. Art. 1 Abs. 1 der Konvention nur durch ein staatlich autorisiertes Handeln begangen werden, für das im Ausland stets der Immunitätsgrundsatz greifen würde. Dadurch würde die Erreichung des Zwecks der Konvention vereitelt[290].
Lord Milliet, der in seiner „dissenting opinion" für einen generellen Vorrang individueller Werte vor Staatenwerten plädierte, sagte:

> „[W]e have come a long way in what I earlier described as the classical theory of international law - a long way in a relatively short time. But [...] international law has not become a crystalclear code at any time, but is a living and expanding branch of the law."[291]

Auf dem von *Lord Milliet* beschrieben langen, aber in raschem Tempo zurückgelegten Weg vom klassischen völkerrechtlichen Immunitätsverständnis hin zu einem neuen, stark relativierenden Verständnis haben sich im Anschluß an das *Pinochet*-Urteil eine Reihe anderer nationaler Gerichte begeben[292]. Unabhängig vom Ausgang dieser Verfahren rechtfertigt es allein die Tatsache der Verfahrenseinleitung gegen amtierende oder ehemalige Staatsoberhäupter, von einem „Pinochet-Effekt"[293] zu sprechen. Dessen völkerrechtliche Dimension erschließt sich, wenn man bedenkt, daß neues Völkergewohnheitsrecht auch innerhalb kürzester Zeit entstehen kann[294]. Der Pinochet Fall ist damit jedenfalls ein

---

287 Vgl. nur Dahm/Delbrück/Wolfrum-*Wolfrum*, Völkerrecht I/1, S. 254; Die Immunität von Staats- und Regierungschefs von der Gerichtsbarkeit eines anderen Staates ist bisher "nur" eine völkergewohnheitsrechtliche Regel. Art. 31 Abs. 1 des Wiener Übereinkommens über diplomatische Beziehungen vom 18.4.1961 gilt ausdrücklich nur für Missionschefs und Mitglieder des diplomatischen Personals (vgl. Art. lit. e) WDK). Eine Konvention über gerichtliche Immunität von Staaten und deren Eigentum liegt bisher nur als Entwurf der ILC vor (s. YBILC 1991-II/2, S. 1 ff. mit entspr. Regelung für Staatsoberhäupter in Art. 3 Abs. 2 (S. 21)). Das Europäische Übereinkommen über Staatenimmunität vom 16.5.1972 (ILM 11 (1972), S. 470 ff.; dt. Quelle: BGBl. 1990 II, S. 35 ff.) wiederum trifft keine (ausdrückliche) Regelung bzgl. Staatsoberhäuptern.

288 *Gornig*, Immunität von Staatsoberhäuptern (Fn 285), S. 484.

289 Abgedruckt in: ILM 23 (1984), S. 1027 ff.; dt. Quelle: BGBl. 1990 II, S. 246 ff.

290 *Pinochet No. 3*, AllER 2 [1999], S. 97 ff. (114 Rz j - 115Rz a) = ILM 38 (1999), S. 581 ff. (594/595).

291 A.a.O., S. 189 Rz j - 190 Rz a = ILM 38 (1999), S. 581 ff. (652).

292 *Ruffert*, Pinochet follow up: the end of sovereign immunity?, NILR 68 (2001), S. 171 ff. (173-176), nennt allein vier amtierende oder ehemalige Staatsoberhäupter (*Muammar el-Gadaffi* -Libyen, *Hissène Habré* -Senegal, *Desi Bouterse* -Surinam und *Robert Mugabe* -Simbabwe), gegen die Verfahren wegen Handlungen in hoheitlicher Funktion angestrengt wurden.

293 *Ders.*, a.a.O., S. 173.

294 Der IGH stellte in den *North Sea Continental Shelf*-Fällen (Bundesrepublik Deutschland v. Dänemark, Bundesrepublik Deutschland v. Niederlande), ICJ Rep. 1969, 3 ff. (43) fest, daß Völkergewohnheitsrecht dann in kürzester Zeit entstehen kann, wenn sich eine intensive und einheitliche Übung feststellen läßt; so auch schon *Quadri*, Cours général de droit international public, RdC 113 (1964 III), S. 237 ff. (325). Davon zu unterscheiden ist das teilweise in der Literatur vertretene -umstrittene- Konzept des *hot cooked law* bzw.

weiteres Beispiel für den raschen Wandel und die Wandelbarkeit des völkerrechtlichen Souveränitätskonzepts.

e) Zusammenfassung

Anhand des beschriebenen Bedeutungswandels eines der Kernbegriffe des Völkerrechts, der staatlichen Souveränität, wird deutlich, daß es sich beim Völkerrecht insgesamt um eine flexible und der dynamischen Entwicklung fähige Rechtsordnung handelt.
Mag diese Eigenschaft des Völkerrechts überdeutlich auch erst gegen Ende des vergangenen Jahrhunderts zu Tage getreten sein, so waren markante Entwicklungssprünge auch schon vorher zu verzeichnen. In seiner Eigenart als Recht zwischen Staaten liegt es begründet, daß die Entwicklung des Völkerrechts in großem Maße von unterschiedlichen weltpolitischen Konstellationen abhängig ist.
Die Flexibilität und Dynamik war dem Völkerrecht jedoch schon immer inhärent. Daß ein Großteil der oben geschilderten Entwicklungsschritte nur auf der Grundlage eines weitreichenden Konsenses in der Staatengemeinschaft möglich waren und auch in Zukunft sein werden, lassen beide Merkmale noch bedeutsamer erscheinen.

3. Ergebnis

Die Rechtsordnung der EG, deren herausragendes Merkmal der absolute innerstaatliche Vorrang des EG-Rechts ist, stellt einen nicht unerheblichen Eingriff in die Souveränität der Mitgliedstaaten dar, der zur Zeit ihrer Gründung ohne Beispiel war. Ein solcher von den Mitgliedstaaten freiwillig geduldeter Eingriff ist jedoch mit dem flexiblen Wesen des Völkerrechts im allgemeinen und dem wandelbaren völkerrechtlichen Souveränitätsbegriff im besonderen vereinbar. Der völkerrechtliche Rahmen wird durch diese gemeinschaftsrechtliche Besonderheit allein nicht gesprengt.
Der Ansatz der Literatur, die Autonomisierung des Gemeinschaftsrechts von seiner völkerrechtlichen Grundlage vor allem mit dessen innerstaatlichem Vorrang vor nationalem Recht zu begründen, erweist sich demzufolge als ebenso zweifelhaft wie die Argumentation des EuGH, wonach sich der Vorrang aus der (behaupteten) Autonomie der Gemeinschaftsrechtsordnung ergeben soll.

Als letzter denkbarer Weg, die Autonomie des Gemeinschaftsrechts im Verhältnis zur Völkerrechtsordnung zu begründen, kommt schließlich noch die Annahme einer (Teil-) Souveränität der EG in Betracht.

VI. Mögliche (Teil-)Souveränität der EG als Begründungsmodell für die Autonomie ihrer Rechtsordnung?

Manche "Autonomisten" nehmen eine (teilweise) Souveränität der EG an[295].
Sollte es gelingen, diese Souveränität tatsächlich nachzuweisen, dann erscheint eine Autonomie der Rechtsordnung der EG gegenüber der des Völkerrechts als durchaus möglich. Begründen ließe sich dies durch einen Vergleich mit der Souveränität von Staaten. Das

---

des *hothouse custom*, wonach das Element der Staatenpraxis für die Entstehung von neuem Völkergewohnheitsrecht weitgehend für entbehrlich gehalten wird (vgl. *Verdross/Simma*, Universelles Völkerrecht, § 566).

[295] So z.B. *Everling*, Zur Stellung der Mitgliedstaaten der EU als "Herren der Verträge" - in: Bayerlin u.a. (Hrsg.), FS Bernhardt, S. 1161 ff. (1164); *Simon*, Les fondements de l'autonomie du droit communautaire (Fn 6), S. 230.

Völkerrecht gesteht -wie gesehen- den Staaten aufgrund ihrer Souveränität die Autonomie ihrer innerstaatlichen Rechtsordnung zu, d.h. es ordnet grundsätzlich weder an, auf welche Art und Weise Staaten ihre Rechtsordnung auszugestalten haben noch trifft es eine Aussage darüber, wie Staaten ihren völkerrechtlichen Verpflichtungen innerstaatlich nachzukommen haben. Wäre die EG also souverän, so könnte sie wie Staaten die Unabhängigkeit ihrer Rechtsordnung vom Völkerrecht beanspruchen[296].

Eine originäre Souveränität erkennt das Völkerrecht nur Staaten zu. Mit der Geburt eines Staates ist ihm gleichsam die völkerrechtliche Souveränität mit in die Wiege gelegt. Sie leitet sich somit von niemandem ab, sondern kommt dem Staat kraft seiner staatlichen Existenz zu. Im Gegensatz dazu leitet eine Internationale Organisation ihre Existenz allein vom übereinstimmenden Willen der Mitgliedstaaten ab. Eine mögliche Souveränität der Internationalen Organisation muß sich daher ebenfalls auf den Willen der Mitgliedstaaten zurückführen lassen. Von daher ist bei der EG auch nur an eine von den Mitgliedstaaten abgeleitete Souveränität zu denken. Diese Souveränität wäre dann zwar eine eigene, aber keine originäre.
In dem Maße, wie man der EG aber eigene, aus der Souveränität fließende Rechte zugestehen will, müssen die Mitgliedstaaten auf diese verzichtet haben.
Ob ein (teilweiser) Souveränitätsverzicht überhaupt möglich ist und wenn ja, ob die Mitgliedstaaten dann einen solchen Verzicht tatsächlich geübt haben, ist fraglich.

1. Teilbarkeit der staatlichen Souveränität als Vorfrage

Zum Teil wird vertreten, die Souveränität sei unteilbar[297]. Begründet wird dies damit, daß die Souveränität untrennbar mit der Staatsqualität verbunden sei. Ebensowenig wie die Staatsqualität teilbar sei -es gebe nur Staat oder Nicht-Staat- sei auch die Souveränität nicht teilbar. Falle die Souveränität als eine der drei Voraussetzungen für die Existenz des Staates weg, ende diese Existenz folgerichtig.
Diese Auffassung findet in der Völkerrechtspraxis allerdings keine Entsprechung.

Das Beispiel Deutschlands vor und nach dem 2. Weltkrieg ist hier besonders aufschlußreich. Daß vor 1945 das Deutsche Reich und nach 1945 die Bundesrepublik Deutschland - wohl identische[298]- Staatsqualität besaß bzw. besitzt, kann nicht ernsthaft bezweifelt werden. Daß die Bundesrepublik bis 1990 nicht ihre volle Souveränität besaß, ebensowenig. Dies kommt unmißverständlich in Art. 7 Abs. 2 des sog. Zwei-plus-Vier-Vertrages[299] zwischen den Siegermächten des 2. Weltkriegs und den beiden deutschen Staaten zum Ausdruck, wonach Deutschland „demgemäß", also allein aufgrund der Beendigung des Vier-Mächte-Status, seine „volle und uneingeschränkte Souveränität" wiedererlangt hat. Nach Vorstellung der Vertragsparteien sind Souveränität und staatliche Existenz folglich nicht das gleiche[300].

---

296 *Marschik*, Subsysteme im Völkerrecht, S. 212 f.

297 *Quadri*, Cours général de droit international public (Fn 294), S. 313: „L'idée de souveraineté partagée n'a pas de sens"; *Marschik*, Subsysteme im Völkerrecht, S. 215; jüngst auch *Schmitz*, Integration in der Supranationalen Union, S. 190 f.

298 Vgl. zu den einzelnen diesbezüglich vertretenen Auffassungen *Schweitzer*, Staatsrecht III, Rn 628, unter Verweis auf die Vorauflage.

299 Vertrag über die abschließende Regelung in bezug auf Deutschland vom 12. Sept. 1990 (BGBl. 1990 II, S. 1318 ff.).

300 *Kempen*, Einige Bemerkungen zum völkerrechtlichen Begriff der Souveränität - in: Dörr u.a. (Hrsg.), FS Schiedermair, S. 783 ff. (785).

Die völkerrechtliche Praxis und Lehre hält diesbezüglich weitere Beispiele bereit. So werden unter dem Begriff des *failed state* Fälle diskutiert, in denen infolge eines z. T. langanhaltenden Bürgerkrieges die effektive Staatsgewalt über einen längeren Zeitraum praktisch weggefallen ist, ohne daß es zu einem Untergang der staatlichen Existenz gekommen ist bzw. ein solcher angenommen worden wäre[301].

Dem könnte entgegengehalten werden, daß der erzwungene Souveränitätsverzicht nicht mit dem freiwilligen -um einen solchen würde es sich ja im Falle der EG-Mitgliedstaaten handeln- vergleichbar ist. Dieses Argument vermag jedoch nicht zu überzeugen. Einigkeit besteht darüber, daß es (auch) Ausdruck staatlicher Souveränität ist, sich ihrer vollständig zu begeben, z.B. zum Zwecke der Eingliederung in einen bestehenden oder der Gründung eines neuen Staates. Es ist somit kaum zu erklären, wieso ein gänzlicher Verzicht auf die Souveränität zulässig sein soll, ein teilweiser aber nicht.

Es bleibt allerdings die Frage, wie diese Auffassung der teilbaren Souveränität mit dem Konzept *Jellineks* von der Staatsexistenz zu vereinbaren ist, da trotz entsprechender Tendenzen in jüngerer Zeit[302] nicht feststeht, daß die internationale Staatengemeinschaft die Verbindung von staatlicher Existenz und effektiver Herrschaftsgewalt (= volle Souveränität) im Zusammenhang mit der Entstehung neuer Staaten endgültig aufgegeben hat. Die Antwort gibt die oben beschriebene Staatenpraxis selbst vor: Bei der Feststellung der Existenz eines Staates ist weiterhin auf das Vorhandensein aller drei Staatlichkeits-Merkmale abzustellen. Geht es dagegen um die Beendigung dieser Existenz, kann zumindest nicht ohne weiteres auf das Fehlen der Souveränität abgestellt werden. Jedenfalls schließt eine vorübergehende Souveränitätseinbuße das Fortbestehen der staatlichen Existenz nicht aus, wie etwa das Beispiel Deutschlands gezeigt hat.

Damit ist festzuhalten, daß nach der hier vertretenen Auffassung grundsätzlich ein (teilweiser) Souveränitätsverzicht möglich und die Souveränität als solche als teilbar angesehen wird[303].

Die Frage ist nun, ob die Mitgliedstaaten tatsächlich auf Teile ihrer Souveränität zugunsten der EG verzichtet haben, die dann insoweit deren Inhaberin geworden wäre.

2. Tatsächlicher Souveränitätsverlust der Mitgliedstaaten gegenüber der EG

a) Ansicht des EuGH

Nach Ansicht des EuGH haben die Mitgliedstaaten zweifellos auf Teile ihrer Souveränität zugunsten der EG verzichtet. In *Costa v ENEL* sagte er, daß die Mitgliedstaaten „eine *endgültige* Beschränkung ihrer Hoheitsrechte in bestimmten Bereichen“ bewirkt hätten[304]. Dabei kommt die (vermeintliche) Endgültigkeit der Beschränkung praktisch einem teilweisen Souveränitätsverlust der Mitgliedstaaten gleich.

---

301 Ipsen-*Epping*, Völkerrecht, § 5 Rn 9, nennen als Beispiele die Geschehnisse in Albanien, Bosnien, Liberia, Ruanda und Somalia; s.a. *Tomuschat*, General Course on Public International Law (Fn 261), S. 110.

302 Vgl. dazu unten: Teil 2 C. IV. 3. e) (S. 280 ff.).

303 Im Erg. ebenso Dreier-*Pernice*, Grundgesetz-Kommentar, Art. 23 Rn 21; *ders.*, Europäisches und nationales Verfassungsrecht, VVDStRL 60 (2001), S. 149 ff. (175); *Busse*, Die völkerrechtliche Einordnung der Europäischen Union, S. 91; *Kempen*, Einige Bemerkungen zum völkerrechtlichen Begriff der Souveränität (Fn 300), S. 796.

304 EuGH Rs. 6/64, Slg. 1964, S. 1251 ff. (1271) - eigene Hervorhebung.

b) Aussagen in den Verfassungen der Mitgliedstaaten und deren Interpretation durch Lehre und Rspr.

Die Verfassungen der meisten Mitgliedstaaten sprechen lediglich von einer Übertragung von Hoheitsrechten auf die EG/EU[305] - ohne daß in den entsprechenden Bestimmungen

---

[305] *Belgien*, Art. 34 'Constitution': „L'exercice de pouvoirs déterminés peut être attribué [...] à des institutions de droit international public[...]."
Dänemark, Art. 20 (1) 'Grundlov': „Beføjelser [...] kan ved lov i nærmere bestemt omfang overlades til mellemfolkelige myndigheder, der [...]." (Befugnisse ... können durch Gesetz in näher bestimmtem Umfang solchen zwischenstaatlichen Einrichtungen übertragen werden, die...).
Deutschland, Art. 24 Abs. 1 Grundgesetz: „Der Bund kann durch Gesetz Hoheitsrechte auf zwischenstaatliche Einrichtungen übertragen."
Finnland, Finnlands Mitgliedschaft in der EU wird allein durch ein Inkorporationsgesetz (n° 1540 / 1994) autorisiert, das im Wege des -damals in § 33 Abs. 1 'Suomen Hallitusmuoto' (Finnische Verfassung von 1919) i.V.m. § 69 Abs. 1 S. 2 'Valtiopäiväjärjestys' (Reichstagsordnung) geregelten- außerordentlichen Gesetzgebungsverfahrens mit zwei-Drittel-Mehrheit verabschiedet wurde. Mittels dieser sog. Ausnahmegesetze wird ein Verstoß gegen die Verfassung geheilt. Auch die neue Finnische Verfassung von 1999 (Suomen Perustuslaki) sieht keine allgemeine Kompetenzübertragungsklausel vor, kennt aber weiterhin das Konzept des Ausnahmegesetzes (vgl. § 95 Abs. 2 S. 2). Ein spezieller 'Europaartikel' (§ 96) regelt nur Beteiligungsfragen.
Frankreich, Art. 88-2 'Constitution': „[...] la France consent aux transferts de compétences nécessaires à l'établissement de l'Union économique et monétaire européenne."
Großbritannien verfügt nur z.T. über geschriebene Verfassungsbestimmungen. Auch diese sind allerdings nicht in einem einzigen Dokument vereinigt. Der Beitritt zur EG erfolgte aufgrund des 'European Communities Act' vom 13.7.1972. Dort heißt es in Art. 2 (1): „ All such [...] obligations and restrictions [...] created or arising by or under the Treaties [...] shall be recognized and available in law, and be enforced [...]."
Griechenland Art. 28 (2) 'Syntagma': „[...] μπορεί να αναγνωρισθούν, με συνθήκη ή συμφωνία, σε όργανα διεθνών οργανισμών αρμοδιότητες που προβλέπονται από το Σύνταγμα."(...ist durch Verträge oder Abkommen die Zuerkennung von verfassungsgemäßen Zuständigkeiten an Organe internationaler Organisationen zulässig.)
Irland muß(te) aufgrund seiner Verfassungslage für jeden wesentlichen Schritt der europäischen Integration seiner Verfassung eine entsprechende Vorschrift anfügen, die diesen autorisiert (vgl. Art. 29 § 4. 3 bis 5 'Bunreacht').
Luxemburg, Art. 49bis 'Constitution': „L'exercice d'attributions [...] peut être temporairement dévolu par traité à des institutions de droit international."
Niederlande, Art. 92 'Grondwet': „[...] kunnen bij of krachtens verdrag aan volkenrechtelijke organisaties bevoegdheden tot wetgeving, bestuur en rechtspraak worden opgedragen." (...können völkerrechtlichen Organisationen Gesetzgebungs-, Verwaltungs- und Rechtsprechungsbefugnisse übertragen werden...).
Österreich, Art. 9 Abs. 2 Bundesverfassungsgesetz: „Durch Gesetz oder durch einen gemäß Art. 50 Abs. 1 zu genehmigenden Staatsvertrag können einzelne Hoheitsrechte des Bundes auf zwischenstaatliche Einrichtungen [...] übertragen [...] werden." Um den Abschluß des Staatsvertrag über den Beitritt Österreichs zur EU zu ermöglichen, bedurfte es wegen Art. 44 Abs. 3 der Verfassung (in den Beitrittsfolgen sah man eine dort geregelte „Gesamtänderung der Bundesverfassung") der Ermächtigung durch ein eigenes Bundesverfassungsgesetz, dem wiederum die österreichische Bevölkerung per Volksabstimmung zustimmen mußte.
Portugal, Art. 7 (6) 'Constituição': „Portugal pode [...] convencionar o exercício em comun dos poderes necessários à construção da união europeia." (Portugal ist ermächtigt, ... Vereinbarungen über die gemeinschaftliche Ausübung der zur Bildung der Europäischen Union erforderlichen Befugnisse zu treffen).
Schweden, Kap. 10 § 5 'Regeringsformen': „Riksdagen kan överlåta beslutanderätt till Europeiska gemenskaperna [...]." (Der Reichstag kann Beschlußrechte auf die Europäischen Gemeinschaften übertragen ...).
Spanien, Art. 93 S. 1 'Constitución': „[...] tratados por los que se atribuya a una organización o institución internacional el ejercicio de competencias derivadas de la Constitución." (Verträge [...], durch die einer internationalen Organisation oder Institution die Ausübung von aus der Verfassung abgeleiteten Kompetenzen übertragen wird.)
Die einschlägigen Verfassungsbestimmungen sind in authentischer Fassung auf den Internet-Seiten der Regierung oder des Parlaments des betreffenden Mitgliedstaates abrufbar; hilfreich ist auch die elektronische

von Endgültigkeit die Rede ist[306]. Allein die italienische Verfassung von 1946 spricht in Art. 11 weiterhin nur von „limitazioni di sovranita"[307]. Ob neben dem semantischen Unterschied zwischen „Einschränkung" und „Übertragung" auch ein rechtlicher Unterschied besteht, wird selbst innerhalb der einzelnen Verfassungsräume unterschiedlich gesehen.

aa) Unterscheidung von Beschränkung und Übertragung von Souveränitätsrechten

In Deutschland sieht die h.M. den wesentlichen Unterschied zwischen der von Art. 24 Abs. 2 GG autorisierten Einschränkung und der von Abs. 1 zugelassenen Übertragung von Hoheitsrechten, auf dessen Grundlage damals auch die Gründungsverträge der Europäischen Gemeinschaften ratifiziert wurden, darin, daß nur Abs. 1 die Durchgriffswirkung von Entscheidungen zwischenstaatlicher Organe ermöglichen soll[308]. Insofern, so *Pernice,* sei die Beschränkung ein Minus gegenüber der Übertragung von Hoheitsrechten[309].

Vor dem Hintergrund der französischen Verfassung bezeichnet *Blumann* die Souveränitätsbegrenzung (limitations der souveraineté) als „renonciation abdicative", womit er den Verzicht auf die Ausübung eines Hoheitsrechts oder einer hoheitlichen Befugnis meint. Die Souveränitätsübertragung (transfert de souveraineté) sieht er als „renonciation translative", womit er die Abtretung dieser Befugnis oder dieses Rechts zum Ausdruck gebracht werden soll[310].

Aus europarechtlicher Sicht schrieb *Reuter* 1953: „[...] à la différence des simples limitations, qui laissent subsister les cloisonnements nationaux, les transferts instituent une compétence commune qui résulte de la fusion partielle des compétences nationales[311].

Ressource *International Constitutional Law* (<www.oefre.unibe.ch/law/icl/index.html>). Die deutsche Übersetzung entstammt jeweils *Kimmel,* Verfassungen der EU-Mitgliedstaaten.

306 Eine Ausnahme bildet allein die luxemburgischen Verfassung, die in Art. 49bis von „vorübergehender („temporairement") Übertragung" der Ausübung von hoheitlichen Befugnissen spricht. Diese mißverständliche Formulierung ist im Sinne eines Verbotes einer *endgültigen* Aufgabe (der Ausübung) nationaler Hoheitsrechte zu verstehen (vgl. *Berranger,* Constitutions nationales et Construction communautaire, S. 95 f.).

307 Zwar spricht auch die griechische Verfassung von 1975 in Art. 28 Abs. 3 von der Möglichkeit der Einschränkung der nationalen Souveränität („περιορισμούς ως προς την άσκηση της εθνικής κυριαρχίας"), doch sieht Abs. 2 ausdrücklich die „Zuerkennung von verfassungsgemäßen Zuständigkeiten an Organe internationaler Organisationen" vor (s. Fn 305). Als Grundlagen für den Beitritt zur EG kommen mithin sowohl Art. 28 Abs. 2 als auch Art. 28 Abs. 3 in Betracht. Der einzige Unterschied zwischen beiden Absätzen besteht letztlich darin, daß dem Gesetz nach Abs. 2 drei Fünftel der Abgeordneten zustimmen müssen, wohingegen bei Abs. 3 eine einfache Mehrheit ausreichend ist. Die griechische Regierung war 1979 zwar der Ansicht, daß Art. 28 Abs. 2 die Rechtsgrundlage für den Beitritt zu den EGen war, aus politischen Gründen stimmte sie jedoch dem Mehrheitserfordernis von 3/5 zu. Ansonsten ist der Streit um die richtige Rechtsgrundlage für den Beitritt zu Internationalen Organisationen rein akademischer Natur, da die Verfassung eine Kompetenzübertragung in jedem Fall autorisiert.
Auch die Französische Verfassung von 1958 sieht in Abs. 15 der weitergeltenden Präambel der Verfassung von 1946 vor: „Sous réserve de réciprocité, la France consent aux limitations de souveraineté nécessaires à l'organisation et à la défence de la paix". Auf dieser Grundlage erfolgte der Beitritt zu den Europäischen Gemeinschaften. Heute ist Art. 88-2 (s. Fn 305) bezüglich des Gemeinschaftsrechts *lex specialis.*

308 BK-*Tomuschat,* Art. 24 (Zweitbearb.), Rn 8; Dreier-*Pernice,* Grundgesetz-Kommentar, Art. 24 Rn 20, 60.

309 A.a.O. Rn 60.

310 *Blumann,* L'article 54 de la Constitution et le contrôle de la constitutionnalité des traités en France, RGDIP 82 (1978), 537 ff. (590).

311 *Reuter,* La Communauté Européenne du Charbon et de l'Acier, S. 139.

Diese Formulierung taucht ähnlich auch im neuen Art. 88-1 der französischen Verfassung[312] und im Maastricht-Urteil des BVerfG[313] auf.
Letztlich führt die Unterscheidung zwischen Souveränitätsbegrenzung und -übertragung bzw. Übertragung der aus der Souveränität fließenden Rechte hier nicht weiter. Denn weder der eine noch der andere Begriff gibt Aufschluß darüber, ob er einen echten Souveränitätsverzicht im Sinne eines endgültigen Verlustes eines Teils der Souveränität bezeichnet.
Zum Teil wird der Nutzen der Unterscheidung zwischen Souveränitätseinschränkung und Souveränitätsverzicht sogar gänzlich in Frage gestellt[314].

bb) Sicht mitgliedstaatlicher Verfassungsgerichte

Nach Ansicht des deutschen, des französischen und des spanischen Verfassungsgerichts jedenfalls kommt ein endgültiger (teilweiser) Souveränitätsverlust der Mitgliedstaaten zugunsten der EG/EU nicht in Betracht.
Das BVerfG stellte im *Maastricht*-Urteil vom 12.10.1993 fest:

> „Die Wahrnehmung von Hoheitsgewalt durch einen Staatenverbund wie die Europäische Union gründet sich auf Ermächtigungen souverän bleibender Staaten."[315]

Der französische 'Conseil constitutionnel' äußerte sich in seinem *Maasticht I*-Urteil folgendermaßen:

> „[...] le respect de la souveraineté nationale ne fait pas obstacle à ce que [...] des engagements internationaux en vue de participer à la création ou au développement d'une organisation internationale permanente, dotée de la personnalité juridique et invertie de pouvoirs de décision par l'effet de *transferts de compétences* consentis par les Etats membres."
>
> [...] toutefois qu'au cas où des engagements internationaux souscrits à ce fin contiennent une clause contraire à la Constitution ou portent atteinte aux *conditions essentielles d'exercice de la souveraineté nationale*, l'autorisation de les ratifier appelle une révision constitutionnelle."[316]

Diese Passagen der Erwägungsgründe („considérants") 13 und 14 des Urteils machen deutlich, daß nur Souveränitätsrechte („compétences") auf die EG/EU übertragen werden und nicht die Souveränität selbst. Zudem prüfte das Verfassungsgericht lediglich, ob im Vertrag eine von der Verfassung nicht gedeckte Übertragung der *Ausübung* dieser Souveränitätsrechte („exercice de la souveraineté") eine Verfassungsänderung erforderlich

---

312 Art. 88-1 wurde als Teil des neuen Europa-Titels XV (Art. 88-1 bis 88-4) infolge des 1. Maastricht-Urteils des 'Conseil constitutionnel' vom 9.4.1992 in die Verfassung von 1958 eingefügt: „La République participe aux Communautés européennes et à l'Union européenne, constituées d'Etats qui ont choisi librement, en vertue des traités qui les ont instituées, d'*exercer en commun certaines de leurs compétences*" (eigene Hervorhebung).

313 BVerfGE 89, 155 ff. (188 f.): „Die Mitgliedstaaten haben die Europäische Union gegründet, um einen Teil ihrer Aufgaben gemeinsam wahrzunehmen und insoweit ihre Souveränität gemeinsam auszuüben."

314 *De Berranger*, Constitutions nationales et Construction Communautaire, S. 44: „[...] cette distinction limitation / transfert apparaît peu convaincante et assez inopérante. Elle n'a pas de sens: "il n'y a pas de limitation sans transfert, sinon de souveraineté du moins de compétences: généralement la limitation de souveraineté n'est que la conséquence d'un transfert de compétences." (Fn ausgelassen).

315 BVerfGE 89, 155 ff. (186).

316 Entscheidung No. 92-308 DC vom 9.4.1992 (abgedruckt in: RGDIP 96 (1992), S. 507 ff. (512), jeweils eigene Hervorhebung).

machte[317]. Ob ein Verzicht auf Teile der Souveränität als solcher aus verfassungsrechtlicher Sicht überhaupt möglich wäre, wird in der Entscheidung nicht angesprochen; eine negative Antwort erscheint aber nicht ausgeschlossen[318].

Am deutlichsten bringt das spanische Verfassungsgericht (Tribunal Constitucional) die Trennung zwischen der Abtretung der Ausübungsbefugnis von staatlichen Kompetenzen und deren Inhaberschaft zum Ausdruck:

> „Para que esa limitación se opere es indispensable, sin embargo, que exista efectivamente una cesión del ejercicio de competencias (*no de su titularidad*) a organizaciones o instituciones internacionales [...]“[319].

Damit wird der in Art. 93 der spanischen Verfassung enthaltene Gedanke reflektiert, daß nur die Ausübung von aus der Verfassung abgeleiteten Befugnissen auf internationale Organisationen übertragen werden kann („[...] atribuya a una organización internacional el ejercicio de competencias derivadas de la Constitución“), nicht aber die Befugnisse selber.

c) Verfügungscharakter der Übertragung von Hoheitsrechten als entscheidendes Kriterium

Die vom spanischen Verfassungsgericht angestellte Unterscheidung zwischen der Inhaberschaft der Souveränität und der Ausübung von aus der Souveränität fließenden Rechten erinnert an die aus dem deutschen Zivilrecht bekannte Differenzierung zwischen schuldrechtlichem und dinglichem Rechtsgeschäft. Aufgrund schuldrechtlichen Vertrages ist etwa der Mieter befugt, die tatsächliche Herrschaft über die Mietsache auszuüben. Die Rechtsinhaberschaft an der Sache (i.e. die Verfügungsbefugnis über sie) verbleibt jedoch weiterhin beim Eigentümer. Auf die staatliche Souveränität bezogen ist dieser Gedanke auch tatsächlich im deutschen Schrifttum formuliert worden. So bezeichnet *Tomuschat* etwa das definitive Ausscheiden eines Hoheitsrechts aus dem Kompetenzbereich des Staates als „Untergang mit quasi dinglicher Wirkung“[320]. Für *Kempen* ist der entscheidende

---

[317] Der 'Conseil constitutionnel' bejahte -erstmals bei einem völkerrechtlichen Vertrag überhaupt- die Verfassungswidrigkeit des EUV in drei Punkten: aktives und passives Kommunalwahlrecht (26. u. 27. Erwägungsgrund), Währungsunion (43. bis 45. Erwägungsgrund), Visapolitik (49. u. 50. Erwägungsgrund).

[318] Urteile des 'Conseil constitutionnel' sind regelmäßig stark interpretationsbedürftig, da sie -nicht nur im Vergleich zu denen des BVerfG- äußerst knapp, ja fast kursorisch abgefaßt sind. Das in Rede stehende *Maastricht I*-Urteil umfaßt zwar für Verhältnisse des CC geradezu "epische" 52 Erwägungsgründe (verteilt auf 16 Seiten im Format der amtlichen Entscheidungssammlung des BVerfG), von denen aber ca. 2/3 allein auf die Zitierung von Vertrags- und Verfassungsvorschriften entfallen.
Die Frage, ob die nationale Souveränität zum änderungsfesten Kern der französischen Verfassung zählt -dies ist bzgl. des republikanischen Regierungssystems ausdrücklich in Art. 89 Abs. 5 festgeschrieben-, hat der CC im 44. Erwägungsgrund seiner *Maastricht II*-Entscheidung (92-312 DC) vom 2.9.1992 (abgedruckt in: RGDIP 1993, S. 276 ff. (287)) ausdrücklich angesprochen, aber unter Hinweis auf seine begrenzte Prüfungskompetenz unbeantwortet gelassen. In seinem Urteil vom 31.12.1997 zum Amsterdamer Vertrag (97-394 DC, Rec., S. 344 ff.) prüfte das Gericht erneut, ob Bestimmungen des EGV (neuer Titel IV, Art. 61-69 n.F.) gegen die „conditions essentielles d'*exercice* de la souveraineté nationale“ verstießen (was im Ergebnis auch bejaht wurde). Offen bleibt aber auch in dieser Entscheidung, ob und wenn ja welche Grenzen die nationale Souveränität einer entsprechenden Verfassungsänderung (vorgenommen durch verfassungsänderndes Gesetz vom 25.1.1999 -J.O. 1999, S. 1343-) setzt.

[319] Urteil No. 1236/92, abgedruckt in: RevInstEur 19 (1992), S. 633 ff. (650) (Klammern im Original, eigene Hervorhebung); deutsche Übersetzung in: EuGRZ 1993, S. 285 ff. (288): „Damit diese Beschränkung eintritt, ist es jedoch unerläßlich, daß tatsächlich eine Abtretung der Ausübung von Kompetenzen (*nicht ihrer Inhaberschaft*) an internationale Organisationen stattfindet, [...]“.

[320] BK-*Tomuschat*, Art. 24 (Zweitbearb.), Rn 18.

Punkt für einen Souveränitätsverlust, „ob der Staat sich eines bestimmten Hoheitsrechts durch vertragliche Verfügung in der Weise entäußert, daß fortan nicht mehr er, sondern nunmehr der Vertragspartner als verfügungsberechtigter Inhaber erscheint"[321]. Hat sich ein solcher Wechsel in der Rechtsinhaberschaft bzw. ein solcher Untergang mit dinglicher Wirkung erst einmal vollzogen, so kann eine Rückgängigmachung bzw. ein Wiederauferstehen des Rechts im Staat nur durch einen identischen (Rück-)Verfügungsakt erfolgen. Eine einseitige Rückholung etwa durch Kündigung oder Rücktritt vom Vertrag ist nicht möglich.

Auf das vorliegende völkerrechtliche Problem übertragen, bedeutet dies, daß von einer Übertragung mit dinglicher Wirkung (nur) dann ausgegangen werden kann, wenn die Mitgliedstaaten allein nicht mehr in der Lage sind, ohne Mitwirkung von Gemeinschaftsorganen übertragene Souveränitätsrechte zurückzuholen.
Auf die Möglichkeit eines unilateralen Rückzugs aus der Gemeinschaft/Union, die nach h.M. aus völkerrechtlicher Sicht jedenfalls im Falle der *clausula rebus sic stantibus* (Art. 62 WVRK I) als *ultima ratio* für jeden Mitgliedstaat gegeben ist[322], kommt es vorliegend nicht an. Denn hier geht es lediglich um substanzielle Vertragsänderungen, die -vorbehaltlich ausdrücklicher abweichender Regelungen- in keinem Vertragsverhältnis einseitig von einer Partei vorgenommen werden können.

Mit Art. 48 EUV besteht nunmehr eine einzige für den EU-Vertrag sowie die EG-Verträge geltende Vertragsänderungsvorschrift[323], die im Rahmen des Gemeinschaftsrechts die Anwendung der allgemeinen völkerrechtlichen Regeln ausschließt[324]. Sie regelt die verfahrensrechtliche Beteiligung von Gemeinschaftsorganen an Vertragsänderungsvorhaben. Ha-

---

321 *Kempen*, Einige Bemerkungen zum völkerrechtlichen Begriff der Souveränität (Fn 300), S. 797.

322 Grabitz/Hilf-*Schweitzer*, Recht der EU, Art. 312 EGV Rn 5; *ders./Hummer*, Europarecht, Rn 1022; *Pechstein/König*, Die Europäische Union, Rn 460 ff.; *de Berranger*, Constitutions nationales et Construction communautaire, S. 23; *Schmitz*, Integration in der Supranationalen Union, S. 271 (mit ausführlicher Diskussion sämtlicher denkbarer Rechtsgrundlagen für einen Austritt auf S. 264 ff.); so wohl auch *Bernhardt*, Europäisches Gemeinschaftsrecht und das Recht internationaler Organisationen: Gemeinsamkeiten und Unterschiede (Fn 137), S. 31. A.A. *Ipsen*, Europäisches Gemeinschaftsrecht, § 4 Rn 21; *Schwarze*, Das allgemeine Völkerrecht in den innergemeinschaftlichen Rechtsbeziehungen, EuR 18 (1983), S. 1 ff. (16).
Eine -in ihrer Bedeutung freilich umstrittene- Passage des Maastricht-Urteils des BVerfG (E 89, S. 155 ff. (190)) läßt sich dahingehend interpretieren, daß das Gericht sogar einen einseitigen Austritt Deutschlands für möglich hält: „Deutschland ist einer der „Herren der Verträge", die ihre Gebundenheit an den auf unbegrenzte Zeit geschlossenen Unionsvertrag [...] letztlich durch einen gegenläufigen Akt auch wieder aufheben könnten. Geltung und Anwendung vom Europarecht in Deutschland hängen von dem Rechtanwendungsbefehl des Zustimmungsgesetzes ab." In diesem Sinne *Everling*, Zur Stellung der Mitgliedstaaten der Europäischen Union als "Herren der Verträge" (Fn 295), S. 1174 : „Die[se] Auslegung [...] müßte man als überzogen bezeichnen, wenn sie nicht der Berichterstatter des Gerichts vertreten hätte" (Fn ausgelassen); a.A. Grabitz/Hilf-*Vedder/Folz*, Kommentar zur EU, Art. N EUV Rn 49, die eine völkerrechtliche Interpretation dieser Passage vornehmen.
In Großbritannien stellte der High Court in dieser Frage fest: „In the last resort [...] it would presumably be open to the government to denounce the Union Treaty [...]" (R v. Secretary of State for Foreign and Commonwealth Affairs, *ex parte* Rees-Mogg, AllER 1 [1994], S. 457 ff. (470 Rz b)).

323 Dies ergibt sich aus Art. 47 EUV, wonach der Unionsvertrag zwar grundsätzlich die EG-Verträge unberührt läßt, als Ausnahmen aber seine Schlußbestimmungen (Art. 46-53) und die Änderungsvorschriften für die EG-Verträge in Art. 8-10 EUV nennt.

324 Der Rückgriff auf die WVRK I scheidet gem Art. 5 der Konvention aus: „Dieses Übereinkommen findet auf jeden Vertrag Anwendung, der die Gründungsurkunde einer internationalen Organisation bildet [...] unbeschadet aller einschlägigen Vorschriften der Organisation". Wie Art. 2 Abs. 1 lit. j) WVRK II klarstellt, umfaßt der Begriff 'Vorschriften der Organisation' insbesondere auch „die Gründungsurkunden [...] der Organisation". Art. 48 EUV ist eine solche einschlägige Vorschrift des Gründungsvertrages.

ben das Europaparlament und die Kommission ihre unverbindlichen Stellungnahmen dazu abgegeben, kann die vom Rat ggf. mit einfacher Mehrheit[325] einzuberufende Regierungskonferenz in der Sache frei entscheiden. Z.T. werden diesbezüglich gewisse substanzielle Grenzen („änderungsfester Kernbestand des Unionsrechts“[326]) diskutiert, die Frage der Kompetenzübertragung bleibt jedoch davon unberührt. Bei einer solchen Regierungskonferenz handelt es sich dann um eine gewöhnliche Vertragskonferenz, auf die allgemeine völkerrechtliche Regeln Anwendung finden. Die Mitgliedstaaten könnten in diesem Rahmen dann die Rückübertragung sämtlicher Kompetenzen auf die Mitgliedstaaten beschließen und die Gemeinschaft auf diese Weise z.B. in eine rein koordinationsrechtliche Internationale Organisation umwandeln. Sieht man von den formalen Beteiligungsvorschriften einmal ab, so kann man die Mitgliedstaaten auch nach Gemeinschaftsrecht als die „Herren der Verträge“ bezeichnen. Sollten sich die Mitgliedstaaten außerhalb des Verfahrens nach Art. 48 EUV auf eine Vertragsänderung durch *actus contrarius* einigen, so wäre darin eine konkludente Befreiung von der freiwillig auferlegten Selbstbindung durch das gemeinschaftsrechtliche Verfahren zu sehen[327]. Völkerrechtlich jedenfalls ist somit auch eine Vertragsänderung außerhalb des Verfahrens nach Art. 48 EUV möglich und wirksam[328]. Ob man einer Vertragsänderung auf diesem Wege die gemeinschaftsrechtliche Wirksamkeit abspricht, ist letztlich unerheblich[329], denn sollten sich die Mitgliedstaaten tatsächlich zu diesem Schritt entschließen, so stünde es ihnen auch frei, die alte Union aufzulösen, um gleichzeitig eine neue -lediglich um die beabsichtigten Vertragsänderungen geänderte- rechtlich identische Union zu gründen. In letzter Konsequenz unterliegen die der EG/EU übertragenen Souveränitätsrechte mithin der Dispositionsgewalt der Mitgliedstaaten. Allein dies ist vorliegend entscheidend.
Auch heute kann damit noch ein Satz *de Visschers* aus dem Jahre 1957 über die EGKS Geltung für das Gemeinschaftsrecht insgesamt beanspruchen:

> „[...] la Communauté comme telle ne possède aucun titre juridique pour faire échec à la volonté commune des Etats membres.“[330]

Schließlich liefert sogar das Gemeinschaftsrecht selbst einen wichtigen Hinweis darauf, daß von einer Übertragung von Souveränitätsrechten mit dinglicher Wirkung nicht ausgegangen werden kann. Art. 296 und 297 EGV erlauben es den Mitgliedstaaten -in eng umgrenzten Ausnahmesituationen- vom gesamten Gemeinschaftsrecht abzuweichen, d.h. Gemeinschaftsbefugnisse wieder selbst wahrzunehmen. Hätten die Mitgliedstaaten über diese Souveränitätsrechte endgültig verfügt, wäre eine Rückübertragung seitens der Gemeinschaft an die Mitgliedstaaten nötig, damit diese überhaupt von den in Art. 296, 297

---

325 Schwarze-*Herrnfeld*, EU-Kommentar, Art. 48 EUV Rn 5, unter Hinweis auf Art. 205 Abs. 1 EGV.

326 Vgl. dazu Grabitz/Hilf-*Vedder/Folz*, Recht der EU, Art. 48 Rn 17, die von den Strukturprinzipien der EU und denen der Mitgliedstaaten (Menschenrechte, Rechtsstaatlichkeit, Demokratie) ausgehen. S.a. EuGH Gutachten 1/91, *EWR I*, Slg. 1992-I, S. 6079 ff. (insbes. 6102 ff.).

327 *Everling*, Zur Stellung der Mitgliedstaaten der Europäischen Union als "Herren der Verträge" (Fn 295), S. 1108; *Bleckmann*, Europarecht, Rn 153; *Oppermann*, Europarecht, Rn 188.

328 G/T/E-*Meng*, Kommentar zum EU-/EG-Vertrag, Art. N Rn 30; *Pechstein/König*, Die Europäische Union, Rn 478; Schwarze-*Herrnfeld*, EU-Kommentar, Art. 48 EUV Rn 16; Grabitz/Hilf-*Vedder/Folz*, Recht der EU, Art. 48 EUV Rn 49.

329 *Bernhardt*, Europäisches Gemeinschaftsrecht und das Recht Internationaler Organisationen: Gemeinsamkeiten und Unterschiede (Fn 137), S. 31: „Allein die völkerrechtlichen Regeln entscheiden jedoch darüber, ob die Mitgliedstaaten der Europäischen Union weiterhin Herren der Verträge sind“.

330 *De Visscher*, La Communauté européenne du charbon et de l'acier et les Etats membres (Fn 42), S. 17 f.

vorgesehenen Befugnissen Gebrauch machen könnten. Eine solche Verfügung hat zweifellos nicht stattgefunden[331].

3. Ergebnis

Nach alledem kommt ein endgültiger Souveränitätsverzicht der Mitgliedstaaten zugunsten der EG nicht in Betracht. Die Mitgliedstaaten haben der EG lediglich gewisse Hoheitsrechte zur selbständigen Ausübung überlassen. Diese Ausübungsbefugnis kann durch eine Vertragsänderung wieder rückgängig gemacht werden. Eine solche Änderung unterläge i.ü. keiner materiellen Einschränkung dergestalt, daß ein bestimmtes Minimum an Kompetenzen bei der Gemeinschaft verbleiben müßte. Die grundsätzlich denkbare Begründung der Autonomie der Rechtsordnung einer Internationalen Organisation über die Annahme einer (abgeleiteten) Souveränität scheidet daher im Falle der EG aus.

Insgesamt ist damit festzustellen, daß es keine rechtlich überzeugende Begründung für die Autonomie des Gemeinschaftsrechts, also die Loslösung von seiner völkerrechtlichen Grundlage, gibt.

VII. Motive des EuGH für die Autonomisierung des Gemeinschaftsrechts und deren rechtliche Bewertung

Daß es für die Autonomie der Gemeinschaftsrechtsordnung von der des Völkerrechts keine rechtlich wirklich überzeugende Begründung gibt, dürfte dem EuGH im Jahre 1964 klar gewesen sein. Dies jedenfalls würde erklären, weshalb der Gerichtshof in *Costa v. ENEL* und darauffolgenden Urteilen keinen erkennbaren Aufwand getrieben hat, überzeugende rechtliche Argumente für die Richtigkeit der Autonomiethese zu liefern. Keinerlei Überzeugungspflicht unterworfen, überließ er diese Aufgabe der Literatur, die sich dieses Themas dann auch angenommen hat.

Die Argumentation des EuGH in *Costa v. ENEL* sei hier noch einmal kurz in Erinnerung gerufen: Der Gerichtshof beginnt mit der Aufzählung der institutionellen Besonderheiten der EG als integrationsrechtlicher Organisation, schließt daraus auf die Autonomie ihrer gesamten Rechtsordnung, also nicht nur des organadressierten Binnenrechts, und begründet mit dieser Autonomie schließlich den Vorrang des Gemeinschaftsrechts vor nationalem Recht.

Warum der EuGH ausgerechnet die kaum zu begründende Autonomie zum Ausgangspunkt seines Vorrangkonzepts gemacht hat, soll im folgenden einer abschließenden Untersuchung und Bewertung unterzogen werden[332].

Aufschlußreich in diesem Zusammenhang ist, wie bereits angesprochen, daß der EuGH zunächst selbst davon ausging, daß es sich bei dem Gemeinschaftsrecht um eine neue Rechtsordnung *des Völkerrechts* handele. Binnen 15 Monaten wurde dann aus der Rechtsordnung des Völkerrechts eine neue, arteigene Rechtsordnung. Was war geschehen?

---

[331] Vgl. Grabitz/Hilf-*Simma/Vedder*, Recht der EU, Art. 281 EGV Rn 37 a.E.

[332] Soweit ersichtlich hat diese rechtlich nicht bedeutungslose Motivforschung nur *de Witte* genauer betrieben in: Retour à «Costa», La primauté du droit communautaire à la lumière du droit international (Fn 80), S. 442 ff. und Direct Effect, Supremacy, and the Nature of the Legal Order (Fn 194), S. 199 f., 208 ff.. Die folgenden Ausführungen stützten sich daher im Kern auf diese beiden Quellen.

1. Noch einmal *Costa*

Seit dem 20. Februar 1964 war beim EuGH das Vorabentscheidungsverfahren in der Sache *Costa v. ENEL* rechtshängig, in dem der 'Giudice Conciliatore de Milan' die Frage zur Vorabentscheidung vorlegte, ob das italienische Gesetz No. 1643 vom 6. Dez. 1962 und die darauf beruhenden Präsidialdekrete mit Vorschriften des EWG-Vertrages vereinbar seien[333].

Die italienische Regierung machte die absolute Unzulässigkeit des Verfahrens nach Art. 177 (Art. 234 neu) EGV geltend, da der Mailänder Richter unter allen Umständen verpflichtet gewesen sei, das in Rede stehende italienische Verstaatlichungsgesetz und die darauf beruhenden Dekrete anzuwenden. Dabei konnte sie sich auf ein Urteil des italienischen Verfassungsgerichts vom 7. März 1964[334], das zwischen denselben Streitparteien (Flaminio Costa und ENEL) ergangen war, stützen. Das Gericht hatte darin erneut darauf hingewiesen, daß allein das italienische Recht innerstaatliche Rechtsquelle sei. Nur auf dem Wege über die nationalen Ausführungsvorschriften, mit denen Italien sicherstellen will, daß es seinen völkerrechtlichen Verpflichtungen aus dem EWG-Vertrag nachkommen kann, könnten Bestimmungen des Vertrages innerstaatliche Bedeutung erlangen. Vorrang gegenüber anderen nationalen Gesetzen könne diesen Gesetzen -auch über Art. 11 der Verfassung (Einschränkung von Hoheitsrechten zugunsten internationaler Organisationen)- nicht zukommen.

Damit war dem EuGH das mögliche Schicksal des Gemeinschaftsrechts im konkreten Fall und für zukünftige Fälle deutlich vor Augen geführt, denn von den sechs damaligen Mitgliedstaaten praktizierte neben Italien auch Deutschland den Dualismus. Im monistischen Frankreich und in Belgien war der innerstaatliche Vorrang des Völkerrechts ebenfalls alles andere als gesichert. Um dem Gemeinschaftsrecht auch in diesen vier Mitgliedstaaten zum Vorrang zu verhelfen, was bereits in den Niederlanden und Luxemburg der Fall war, hätte der EuGH auf die dortigen innerstaatlichen Rezeptionsmechanismen einwirken müssen. Dies verbot sich jedoch aufgrund der Verfassungsautonomie der Mitgliedstaaten[335].

Generalanwalt *Lagrange* spitzte den Fall, „daß ein Verfassungsgericht eines Mitgliedstaates [...] sich zu der Entscheidung veranlaßt sähe, daß dieses Ergebnis [i.e. den Vorrang einer Gemeinschaftsrechtsnorm] unter der Herrschaft der Verfassungsnormen nicht erreichbar sei", folgendermaßen zu: „[dann] würden für den beteiligten Staat nun zwei Möglichkeiten offenbleiben: entweder seine Verfassung zu ändern, um sie mit dem Vertrag in Einklang zu bringen, oder den Vertrag zu kündigen".

Die Mitgliedstaaten tatsächlich vor diese Alternative zu stellen, konnte für den EuGH nicht ernsthaft in Betracht kommen. Das hätten diejenigen Mitgliedstaaten als unverhohlene Aufforderung auffassen müssen, die Gemeinschaft zu verlassen, die zu einer solchen Anpassung ihrer Verfassung nicht bereit waren. Ein solcher Schritt hätte die Existenz der Gemeinschaft insgesamt in Frage gestellt.

---

[333] Der EuGH sah sich angesichts dieser 'falsch' formulierten Vorlagefrage -er hat nicht über die Vereinbarkeit von nationalem Recht mit Gemeinschaftsrecht zu befinden- veranlaßt, daraus die 'richtige' Fragestellung "herauszuschälen": Wie waren die in Rede stehenden Vorschriften des Vertrages auszulegen? (EuGH Rs. 6/64, *Costa v. ENEL*, Slg. 1964, S. 1251 ff. (1268), seither ständ. Rspr.).

[334] Corte Constituionale, Urteil n° 4/64; abgedruckt in: Foro Italiano 87 (1964), Sp. 466-478.

[335] Darauf wies auch Generalanwalt *Lagrange* in seinen Schlußanträgen hin: „Wir haben uns selbstverständlich nicht in die Auslegung der Verfassungen der Mitgliedstaaten einzumischen", *Costa v. ENEL*, Slg. 1964, S. 1251 ff. (1289).

Stattdessen verfiel der Gerichtshof auf einen Gedanken, den *de Witte* folgendermaßen nachzeichnet: Könnte man dem nationalen Richter klarmachen, daß sich das Gemeinschaftsrecht von seiner Rechtsnatur her vom Völkerrecht unterscheidet, wäre dieser vielleicht auch bereit, dem Gemeinschaftsrecht im Vergleich zum Völkerrecht eine Sonderbehandlung („réponse «sui generis»") zuteil werden zu lassen, ohne gegen die Rechtanwendungspflicht des innerstaatlichen Rechts verstoßen zu müssen, unter dem er verpflichtet ist[336]. Dieses Kalkül des EuGH schien aufzugehen.

2. Bundesverfassungsgericht und 'Corte Constitutionale'

Bereits 1967 übernahm das BVerfG den Begriff der „eigene[n] Rechtsordnung, deren Normen weder Völkerrecht noch nationales Recht der Mitgliedstaaten sind"[337], und erkannte den Vorrang des Gemeinschaftsrechts an.

In Italien dauerte es immerhin bis 1973 bis das dortige Verfassungsgericht in seinem *Frontini*-Urteil den Vorrang des Gemeinschaftsrechts und dessen Rechtsnatur *sui generis* zugestand[338].

Bemerkenswert ist allerdings, daß die 'Corte Constitutionale' den Vorrang nicht kausal mit der *sui generis*-Natur des Gemeinschaftsrechts verknüpft -diese erwähnt es quasi pflichtschuldig nur in Parenthese-, sondern mit „grundsätzlichen Forderungen an die Gleichheit" des Gemeinschaftsrechts in allen Mitgliedstaaten und an die „Rechtssicherheit". Das Gericht mag erkannt haben, daß die Autonomie einer Rechtsordnung nichts über deren Rangverhältnis zu einer anderen (nationalen) Rechtsordnung besagt, sondern daß allein die Effektivität und Uniformität des an die Mitgliedstaaten adressierten Rechts einer integrationsrechtlichen Internationalen Organisation das Erfordernis des innerstaatlichen Vorrangs zu begründen vermag[339].

Abgesehen von gewissen terminologischen Übereinstimmungen, hat das Autonomiekonzept des EuGH mit dem der Mitgliedstaaten allerdings nicht viel gemeinsam.

Nach Ansicht des EuGH entfaltet das Gemeinschaftsrecht in den Mitgliedstaaten autonome Geltung, d.h. es gilt in den innerstaatlichen Rechtsordnungen -unabhängig von einem mitgliedstaatlichen Rechtsanwendungsbefehl- unmittelbar und mit Vorrang.

Für die Mitgliedstaaten hingegen hat das Gemeinschaftsrecht seinen Geltungsgrund in den nationalen Verfassungen[340] oder, wie etwa in Deutschland und Italien, in den jeweiligen

---

336 *De Witte*, Retour à «Costa», La primauté du droit communautaire à la lumière du droit international (Fn 80), S. 444.

337 BVerfGE 22, 293 ff. (296); bestätigt durch BVerfGE 31, S. 145 ff. (173 f.) und BVerfGE 37, S. 271 ff. (277 f.)-*Solange I*.

338 'Corte Constitutionale', Urteil n° 183/73 vom 27.12.1973, Frontini c. Ministero delle finanze: „Esigenze fondamentali di eguaglianza e di certezza giuridica postulano che le norme comunitarie, -non qualificabili come fonte di diritto internazionale, né di diritto straniero, né di diritto interno dei singoli Stati-, debbano avere piena efficacia obbligatoria e diretta applicazione in tutti gli Stati membri [...]" (abgedruckt in: RivDirInt 57 (1974), S. 130 ff. (136); dt. Übers. in: EuGRZ 1974/75, S. 311 ff. (312)).

339 Ein solches Ergebnis läßt sich auch auf der Grundlage von Art. 31 Abs. 1 der WVRK I rechtfertigen, wonach ein völkerrechtlicher Vertrag auch „im Lichte seines Zieles und Zwecks" zu interpretieren ist. Dadurch ist der teleologische Ansatz des EuGH dem Grundsatz nach gedeckt.

340 Der französische 'Conseil d'Etat' etwa sieht in ständiger Rspr. (seit CE Ass., 19.6.1964, Société des petroles Shell-Berre, Rec., S. 344) den Geltungsgrund des Gemeinschaftsrechts in Art. 55 der Verfassung „[o]r on sait que cette solution n'est pas conforme à l'orthodoxie communautaire telle qu'exprimée par la jurisprudence de la Cour de Justice des Communautés européennes" (s. dazu *Abraham*, Les normes du droit communautaire et du droit international devant le juge administratif français - in: Société française pour le

Zustimmungsgesetzen[341] bzw. den 'ordini di esecuzione'[342]. Grundlage für Vorrang und unmittelbare Anwendbarkeit des Gemeinschaftsrechts ist also unmittelbar das nationale Recht und nur mittelbar das Gemeinschaftsrecht. Davon, daß sich das Autonomieverständnis des EuGH, also die Unabhängigkeit des Gemeinschaftsrechts vom Völkerrecht und (somit) auch von den nationalen Rechtsordnungen bei den Mitgliedstaaten der Sache nach durchgesetzt hat, kann folglich keine Rede sein[343]; in den Worten von *de Witte*:

> „For them [the national courts] (and indeed, for most constitutional law scholars throughout Europe) the idea that EC law can claim its primacy within the national legal orders on the basis of its own authority seems as implausible as Baron Munchhausen's claim that he had lifted himself from the quicksands by pulling on his bootstraps."[344]

Die erklärte *sui generis*-Natur des Gemeinschaftsrechts entpuppt sich nach alledem mithin als taktisches Konzept des EuGH, um die Anerkennung des Vorrangs des Gemeinschaftsrechts vor nationalem Recht in den mitgliedstaatlichen Rechtsordnungen zu erleichtern. Im Ergebnis war dieses Vorgehen von Erfolg gekrönt, der absolute Vorrang des Gemeinschaftsrechts ist im Grundsatz etabliert[345]. Welchen Anteil das Autonomiekonzept daran letztlich hatte, mag dahinstehen. Für die später beitretenden Staaten[346] gehörte der innerstaatliche Vorrang des Gemeinschaftsrechts jedenfalls bereits zum 'aquis communautaire'[347], so daß es der Autonomiethese zu diesem Zweck nicht mehr bedurfte.

3. Ergebnis

Die Verknüpfung von Autonomie und Vorrang durch den EuGH in einer Phase, in der die Entwicklung des Gemeinschaftsrechts und damit die der Gemeinschaft selbst an einem Scheideweg stand, war ein -möglicherweise nützliches- Konzept, um dem Vorrangan-

---

droit international (Hrsg.), Droit international et droit communautaire, perspectives actuelles, S. 283 ff. (286)).

341 BVerfGE 89, S. 155 ff. (190), s. Fn 322.

342 Besonders deutlich kommt das grundlegend andere Autonomieverständnis der 'Corte Constituzionale' in ihrem Urteil n° 170 vom 5.6.1984 (S.p.a. Granital c. Amministrazione delle finanze) zum Ausdruck. Das Verfassungsgericht führt dort zu seiner Konstruktion des Verhältnisses zwischen Europarecht und nationalem Recht aus: „[I] due sistemi sono configurati come autonomi e distinti, anchoré coordinati, secondo la ripartizione di competenza stabilita e garantita dal Trattato." [abgedruckt in: RivDirInt 67 (1984), S. 360 (369); dt. Übers. in: EuGRZ 1985, S. 98 ff. (99): Auszugehen ist davon, daß die beiden Rechtsordnungen voneinander verschieden und jeweils autonom, wenn auch nach der im Vertrag von Rom vorgesehenen Kompetenzverteilung „koordiniert" sind.]

343 *Streinz*, Europarecht, Rn 110, bezogen auf BVerfG und EuGH.

344 *De Witte*, Direct Effect, Supremacy, and the Nature of the Legal Order (Fn 194), S. 199.

345 Das BVerfG hat kürzlich seinen (im *Solange II* -Urteil (E 73, S. 339 ff. (372)) festgestellten und mit dem absoluten Vorrang des Gemeinschaftsrechts nicht zu vereinbarenden) grds. Prüfungsvorbehalt ggü. Normen des Gemeinschaftsrechts im Bananenstreit-Beschluß vom 7.6.2000 (BVerfGE 102, S. 147 ff. (164)) der Sache nach bestätigt, wenn auch relativiert und im konkreten Fall nicht ausgeübt. Zu den unterschiedlich weitgehenden Prüfungsvorbehalten von (Verfassungs-)Gerichten anderer Mitgliedstaaten vgl. die synoptische Untersuchung von *Mayer*, Kompetenzüberschreitung und Letztentscheidung, S. 140-257.

346 Zum 1.1.1973 traten Dänemark, Großbritannien und Irland der Gemeinschaft bei, zum 1.1.1981 Griechenland, zum 1.1.1984 Spanien und Portugal. Zum 1.1.1995 wurden Finnland, Österreich und Schweden Mitglieder der EU.

347 *Lord Bridge* sagte in 'R v. Secretary of State for Agriculture, Fisheries and Food, *ex parte Factortame*' (Factortame II), AC 1 [1990], S. 603 ff. (658): „[...] if the supremacy within the European Community of Community law over national law of member states was not always inherent in the EEC Treaty, it was certainly well established in the jurisprudence of the Court of Justice long before the United Kingdom joined the Community".

spruch des Gemeinschaftsrechs gegenüber nationalem Recht in den Rechtsordnungen der dualistischen Mitgliedstaaten zum Durchbruch zu verhelfen. Eine rechtliche Fundierung hat das Konzept nie erfahren.
Seit einiger Zeit ist der Vorrang des Gemeinschaftsrechts vor kollidierendem nationalem Recht in sämtlichen Mitgliedstaaten, jedenfalls vom Ergebnis her, etabliert.
Damit entfällt neben der ohnehin von Anfang an fehlenden rechtlichen Begründung des Autonomiekonzepts auch dessen praktische Rechtfertigung.

Der EuGH hat bereits einmal den wenig überzeugenden Schritt von der „neuen Rechtsordnung des Völkerrechts" hin zu einer „neuen Rechtsordnung" eigener Art getan. Warum sollte es auch nach bald 40 Jahren nicht möglich sein, sich von einer Fiktion zu verabschieden, den überzeugenden Schritt zurück zur rechtlichen Wirklichkeit zu tun und bei entsprechender Gelegenheit festzustellen, daß das Gemeinschaftsrecht Teil der Völkerrechtsordnung ist?
Der Effektivität des Gemeinschaftsrechts, dem einzig überzeugenden Argument für seinen innerstaatlichen Vorrang gegenüber nationalem Recht, würde durch einen solchen Schritt keinerlei Abbruch getan: Da die beiden Grundpfeiler der Gemeinschaftsrechtsordnung, die unmittelbare Anwendbarkeit und der Vorrang, -wie gesehen- unabhängig vom Autonomiekonzept sind, bleiben sie auch bei dessen Fortfall unverändert erhalten.
Auch würde nicht etwa plötzlich wieder allgemeines Völkerrecht in Gemeinschaftsangelegenheiten zwischen den Mitgliedstaaten zur Anwendung kommen (etwa Regeln der völkerrechtlichen Verantwortlichkeit oder Selbsthilfemaßnahmen)[348]. Für dessen Anwendung zwischen den Mitgliedstaaten bleibt insoweit kein Raum als das Gemeinschaftsrecht eine abschließende Regelung trifft. Nur bei Fehlen einer solchen können ergänzend völkerrechtliche Normen herangezogen werden[349]. Angesichts des perfektionierten Rechts(schutz)systems der Gemeinschaft dürfte dies jedoch praktisch kaum bedeutsam werden.

VIII. Ergebnis

Wie jede Internationale Organisation verfügt auch die EG über eine eigene Rechtsordnung. In dem Gründungsvertrag, ihrer Verfassung, haben die Mitgliedstaaten der EG in bestimmten Bereichen Teile ihrer Souveränitätsrechte zur eigenständigen Ausübung übertragen. In Umsetzung dieser Befugnisse richtet sich die EG mit der überwiegenden Zahl ihrer sekundären Rechtsakte unmittelbar und mit Verbindlichkeit an die Mitgliedstaaten. Diese Art von Außenwirkung ist Ausdruck des besonderen Integrationscharakters der EG als Internationaler Organisation.

Mit der Errichtung einer so strukturierten Internationalen Organisation haben die Mitgliedstaaten gleichzeitig (implizit) die Entscheidung getroffen, daß Wirkung und Rang der EG-

---

348 *Streinz*, Europarecht, Rn 114.

349 Insofern stellt die EG kein sog. *self-contained regime* des Völkerrechts dar, da in einem solchen abgeschlossenen Regelungssystem spezieller völkerrechtlicher Normen selbst im Fall einer Regelungslücke die Anwendung allgemeiner völkerrechtlicher Regeln -inbes. solcher der Staatenverantwortlichkeit- ausgeschlossen wäre (vgl. dazu *Marschik*, Subsysteme im Völkerrecht, S. 170 ff.; a.A. Calliess/Ruffert-*Ukrow*, Kommentar des EU/-EGV, Art. 281 EGV Rn 26, der ein *self contained regime* bejaht -wohl aber von einer anderen Definiton ausgehend); *Bleckmann*, Europarecht, Rn 637 weist zurecht darauf hin, daß eine ergänzende Heranziehung des Völkerrechts der Effektivität des Europarechts sogar zuträglich ist; im hier vertretenen Sinne auch *Seidl-Hohenveldern/Loibl*, Recht der Internationalen Organisationen Rn 1512 u. Graf Vitzthum-*Klein*, Völkerrecht, 4. Abschn. Rn 117; zurückhaltender G/T/E-*Tomuschat*, Kommentar zum EU-/EG-Vertrag, Art. 210 EGV Rn 45 f., der davon spricht, daß das Völkerrecht „grundsätzlich" in den innergemeinschaftlichen Rechtsbeziehungen keine Anwendung findet.

Rechtsakte in allen 6, mittlerweile 15 Mitgliedstaaten nicht vom innerstaatlichen Recht abhängen kann, wenn nicht der Zweck der Gemeinschaft vereitelt werden soll. Nichts anderes stellen die unmittelbare Anwendbarkeit und der innerstaatliche Vorrang des Gemeinschaftsrechts sicher. Beide Konzepte waren damit bereits in den Gründungsverträgen angelegt.

Die vom EuGH zur Durchsetzung des Vorrangs in den Mitgliedstaaten behauptete Autonomie des Gemeinschaftsrechts hat durch die nachfolgende Auseinandersetzung der Literatur mit dieser Frage eine erstaunliche Eigendynamik entwickelt. Sie kulminierte in der mittlerweile weit verbreiteten Annahme, die Autonomie des Gemeinschaftsrechts beruhe vor allem auf dessen innerstaatlichem Vorrang vor nationalem Recht, denn das Völkerrecht kenne keinen solchen innerstaatlichen Vorranganspruch, bzw. er sei ihm als streng souveränitätswahrendem Recht zwischen Staaten wesensfremd. Ersteres traf bis zur Gründung der EG zu. Letzteres war zu keinem Zeitpunkt richtig.
Beim Völkerrecht handelt es sich um eine flexible, der dynamischen Entwicklung fähige Rechtsordnung. Beispielhaft wird dies an der tiefgreifenden Wandlung offenbar, die die staatliche Souveränität, eines der Kernelemente des Völkerrechts, erfahren hat. Wenn heute das Völkerrecht selbst in Teilbereichen nationalem Recht mit innerstaatlichem Vorranganspruch gegenübertritt und diesem Anspruch auch zur Durchsetzung verholfen wird, macht dies deutlich, daß die entsprechende generelle Eigenschaft des Europarechts sehrwohl mit dem Wesen des Völkerrechts vereinbar war und ist.

Die Wirkung des Europäischen Gemeinschaftsrechts in den Rechtsordnungen der Mitgliedstaaten erfordert gleichwohl eine gewisse Abgrenzung vom übrigen Völkerrecht. Dies leistet der Begriff des internationalen Integrationsrechts. Die Unterscheidung zwischen Koordinationsrecht (klassisch strukturierter Internationaler Organisationen) und Integrationsrecht hat heute um so mehr ihre Berechtigung, als es mittlerweile einige Internationale Organisationen zur regionalen Wirtschaftsintegration gibt, denen die Mitgliedstaaten eine dem EGV vergleichbare Integrationsverfassung gegeben haben[350].

D. Rechtsnatur der Europäischen Union

Die von der EG her bekannte Debatte über die Rechtsnatur des von den Mitgliedstaaten geschaffenen Gebildes findet ihre Fortsetzung bei der 1992 durch den Vertrag von Maastricht[351] gegründeten Europäischen Union (EU). Anders als im Falle der EG hat die Diskussion hier ihre Grundlage aber im Gründungsvertrag selbst.

I. Die Struktur des EU-Vertrages: „verwirrend“

Die Europäischen Gemeinschaften (EG, EAG und bis vor kurzem auch die EGKS) bilden eine von drei Säulen, auf denen die Union ruht (vgl. Art. 1 Abs. 3 EUV). Die zweite und dritte Säule stellen die gemeinsame Außen -und Sicherheitspolitik (GASP)[352] und die

[350] Ausführlich dazu unten: Teil 3 B. (S. 290 ff.).

[351] Der Vertrag über die Europäische Union (ABl. 1992 Nr. C 191, S. 1 ff.) wurde von den damals 12 Mitgliedstaaten der EG auf der Regierungskonferenz in Maastricht vom 9.-11.12.1991 verabschiedet und 7.2. 1992 unterzeichnet. Er trat am 1.11.1993 in Kraft, nachdem Großbritannien als letzter Mitgliedstaat den Vertrag am 2.8.1993 ratifiziert hatte.

[352] Titel V (Art. 11-28) EUV.

polizeiliche und justizielle Zusammenarbeit in Strafsachen (PJZS) [353]dar. Wenn sich für die Beschreibung der Union das sog. Tempelmodell mit seinen drei Säulen in einem einheitlichen institutionellen Rahmen (Art. 3 Abs. 1 EUV) -letzterer versinnbildlicht durch das Tempeldach, die EU[354]- durchgesetzt hat[355], gibt dies bereits Aufschluß über ein Grundbedürfnis in der Debatte um die rechtliche Einordnung der EU: Veranschaulichung und Vereinfachung ist gefragt, um angesichts der einzelnen unterschiedlichen Elemente den Blick für das Ganze nicht zu verlieren.
Die durch den Amsterdamer Vertrag veranlaßte Neunumerierung des EUV und des EGV mag die Übersichtlichkeit und Handhabbarkeit des Vertrages verbessert haben, die weitgehend unverändert gebliebene Struktur des EUV gibt aber weiterhin Anlaß zur Verwirrung[356].

Ausdruck dieser vorherrschenden Verwirrung, zumindest aber einer gewissen Unsicherheit, sind auch die unzähligen z.T. konträren Charakterisierungsversuche der EU. Anhand folgender bei *Busse*[357] wiedergegebener Äußerungen läßt sich die gesamte Breite des Meinungsspektrums verdeutlichen. Die EU wird danach u.a. als 'organizational framework'[358], Staatenverbund[359], föderal strukturierte zwischenstaatliche Einrichtung *sui generis*[360], zwischenstaatliche Organisation mit Völkerrechtssubjektqualität[361], eigenständige völkerrechtliche Körperschaft[362], internationale Organisation sui generis[363], internationale Organisation mit supranationalen und intergouvernementalen Bestandteilen[364], Internatio-

[353] Titel VI (Art. 29-42) EUV.

[354] Genaugenommen gilt es zwischen zwei Ausprägungen des Begriffs 'Europäische Union' zu unterscheiden: zum einen der EU „als *Gesamtgebilde der drei Säulen unter gemeinsamem Dach*"; zum anderen der EU als der das „*gesamte Dach* der drei Säulen bildende[n] zwischenstaatliche[n] Zusammenarbeit im Europäischen Rat" (*Thun-Hohenstein/Cede*, Europarecht, S. 49 - Hervorhebungen im Original).

[355] Vgl. nur *Schweitzer*, Staatsrecht III, Rn 16; *ders./Hummer*, Europarecht, Rn 58; *Streinz*, Europarecht, Rn 69 (jeweils mit graphischer Darstellung); *Isaac*, Droit communautaire général, S. 12 ff.; auch das BVerfG spricht in E 89, 155 (159)-*Maastricht* vom „sog. 'Drei-Säulen-Konzept'".

[356] *Oppermann*, Europarecht, Rn 918, kritisiert auch in der Neufassung des EUV die „totale Unübersichtlichkeit"; *Schroeder*, Die Rechtsnatur der Europäischen Union und verwandte Probleme - in: Schweitzer/Hummer, Österreich und das Recht der Europäischen Union, S. 3 ff. (4), wählt den Begriff „verwirrend" im Zusammenhang mit dem EUV gleich zweimal; *Nicolaysen*, Der Unionsvertrag als Integrationsverfassung - in: Classen u.a. (Hrsg.), FS Oppermann, S. 187 ff. (189 u. 190): „schwer überschaubares, heterogen geformtes Gebilde", „die Texte sind voll von Inkonsequenzen, Widersprüchen und Unklarheiten"; *Wichard*, Wer ist Herr im europäischen Haus, EuR 34 (1999), 170 ff. (183): „Das Gesamtgebilde ist diffus"; *Gautron/Grard*, Le droit international dans la construction de l'Union européenne (Fn 127), S. 11 ff. (80): „confusion".

[357] *Busse*, Die völkerrechtliche Einordnung der Europäischen Union, S. 11.

[358] *U. Everling*, Reflections on the structure of the European Union, CMLRev. 29 (1992), S. 1053 ff. (1063) - zitiert nach *Busse*, a.a.O (Fn 357).

[359] BVerfGE 89, 155 ff. (184) -*Maastricht*.

[360] *M. Hilf*, Europäische Union: Gefahr oder Chance für den Föderalismus in Deutschland, Österreich und der Schweiz?, VVDStRL 53 (1993), S. 7 ff. - zitiert nach *Busse*, a.a.O. (Fn 357).

[361] *H.-J. Ihnen*, Grundzüge des Europarechts - eine Einführung, München 1995, S. 4 - zitiert nach *Busse*, a.a.O. (Fn 357).

[362] *O. Dörr*, Noch einmal: Die Europäische Union und die Europäischen Gemeinschaften, NJW 1995, S. 3162 ff. (3164) - zitiert nach *Busse*, a.a.O. (Fn 357).

[363] *Ress*, Ist die Europäische Union eine juristische Person?, EuR Beih. 2/1995, S. 27 ff. (34).

[364] *R. Geiger*, Grundgesetz und Völkerrecht - Die Bezüge des Staatsrechts zum Völkerrecht und Europarecht, 2. Aufl., München 1994 - zitiert nach *Busse*, a.a.O. (Fn 357).

naler Zusammenschluß ohne Völkerrechtssubjektivität[365], Organisationsform überstaatlicher Föderation[366], staatsähnliches Gebilde[367] oder gar als Überstaat[368] charakterisiert. Jüngst wurde dieser Liste noch die Bezeichnung „Supranationale Union“ [369] hinzugefügt. Letztlich dürfte aber auch hier gelten, was *Meng* 1979 in bezug auf die Europäischen Gemeinschaften sagte: „Die Bildung von Neologismen löst keine Rechtsfragen“[370]. Reduziert man also obige Aussagen auf ihren Kerngehalt und läßt schlagwortartige, oft nicht näher erläuterte Vereinfachungen ebenso außer Betracht wie kaum ernsthaft in Erwägung zu ziehende Konstruktionen -wie etwa die Annahme, die EU sei ein Staat-, dann läßt sich das Spektrum auf zwei wesentliche, erörterungswürdige Positionen reduzieren: Entweder man betrachtet die EU als Beispiel einer Internationalen Organisation (besonderen Typs) oder man klassifiziert sie als völkerrechtlichen Zusammenschluß *sui generis* bzw. -je nach Sichtweise- als völkerrechtlichen Zusammenschluß ohne Völkerrechtssubjektivität[371].

II. Die EU: auch sie eine Internationale Organisation ?

Zunächst ist die EU anhand der Kriterien für eine Internationale Organisation durchzumustern. Sollte sich dabei schon ein positiver Befund ergeben, erübrigt sich auch hier eine weitere Diskussion über den möglicherweise arteigenen Charakter der EU.
Neben einem völkerrechtlichen Gründungsakt, der mit dem Inkrafttreten des EU-Vertrages vollzogen worden ist, müßte die Union also über mindestens ein von den Mitgliedstaaten unabhängiges Organ verfügen, Trägerin völkerrechtlicher Rechte und Pflichten sein können und seitens dritter Völkerrechtssubjekte anerkannt worden sein[372].

1. Mindestens ein unabhängiges Organ

Als Organe der EU kommen der in Art. 4 EUV erwähnte Europäische Rat sowie die in Art. 5 EUV genannten Organe: Europäisches Parlament, Rat, Kommission, Gerichtshof und Rechnungshof in Betracht. Dabei kann eine Organeigenschaft, insbesondere die des Europäischen Rates, nicht, wie z.T. behauptet wird[373], von der Völkerrechtssubjektivität

---

365 So *Busse* selbst, a.a.O. (Fn 357), S. 304; ihm folgend *Pechstein/König*, Die Europäische Union, Rn 85.

366 *P. Badura*, Die Organisations- und Personalhoheit des Mitgliedstaates in der Europäischen Union in: Ole Due u.a. (Hrsg.), FS Everling, Band. 1, Baden Baden 1995, S. 33 ff. (46) - zitiert nach *Busse*, a.a.O. (Fn 357).

367 *D. Murswieck*, Maastricht und der Pouvoir Constituant - Zur Bedeutung der verfassungsgebenden Gewalt im Prozeß der europäischen Integration, Der Staat 32 (1993), S. 161 ff. (181) - zitiert nach *Busse*, a.a.O. (Fn 357).

368 *H. H. Rupp*, Maastricht - eine neue Verfassung?, ZRP 26 (1993), S. 211 ff. (213) - zitiert nach *Busse*, a.a.O. (Fn 357).

369 *Schmitz*, Integration in der Supranationalen Union, S. 164 ff.

370 *Meng*, Recht der Internationalen Organisationen, S. 52 (Fn ausgelassen).

371 Wollte man eine Kategorie 'völkerrechtlicher Zusammenschluß ohne Völkerrechtssubjektivität' bilden, dann wären darunter z.B. der Commonwealth, die ehem. KSZE, der Nordische Rat und das ehem. GATT '47 zu subsumieren; vgl. dazu *Schermers/Blokker*, International Institutional Law, § 33. Eine Kategorie 'Internationale Organisation ohne Völkerrechtssubjektivität' ist „terminologisch mißverständlich, dogmatisch unergiebig und somit abzulehnen“ (*Pechstein/König*, Die Europäische Union, Rn 63).

372 Vgl. zu den Voraussetzungen oben: B. III. 1. (S. 42 ff.).

373 *Wichard*, Wer ist Herr im europäischen Haus? (Fn 356), S. 178; Grabitz/Hilf-*Hilf/Pache*, EU-Vertrag, Art. E EUV Rn 7: „[...] denn Organe werden Rechtspersönlichkeiten zugeordnet, die sie durch ihr Handeln berechtigen und verpflichten“.

der Europäischen Union abhängen. Genau umgekehrt ist richtigerweise zu argumentieren: Eine Organqualität ist Voraussetzung für die Völkerrechtssubjektivität, denn nur durch Organe bzw. mindestens ein Organ kann die Organisation (völker)rechtserheblich handeln. Ob die Mitgliedstaaten einem Organ die Fähigkeit zu wirksamem Handeln gegenüber dritten Völkerrechtsubjekten auch tatsächlich durch den Gründungsvertrag verliehen haben, ist eine andere Frage, die mit der Organeigenschaft als solcher nicht unmittelbar etwas zu tun hat. So verfügt beispielsweise der 'Commonwealth' (ehemals 'British Commonwealth of Nations') mit der zweijährig tagenden Konferenz der Staats- und Regierungschefs und dem 1965 geschaffenen ständigen Sekretariat über zwei Hauptorgane, ohne daß eines dieser Organe zur völkerrechtlichen Vertretung der Organisation ermächtigt wäre. Gleiches galt für die KSZE, die ab 1990 bis zu ihrer Umwandlung in eine Internationale Organisation (OSZE) 1995 über eigene Organe verfügte[374], ebenso wie für das GATT'47[375]. Allen drei Organisationen ist gemeinsam, daß ihnen aus diesem Grunde der Status als Internationale Organisation fehlt bzw. fehlte.
Das Vorhandensein von eigenen Organen ist daher notwendige, allerdings nicht hinreichende Bedingung für die Völkerrechtsfähigkeit einer Organisation.

a) Organqualität des Europäischen Rates

Im Gegensatz zu den in Art. 5 EUV erwähnten Organen findet sich allein über den Europäischen Rat[376] im EU-Vertrag, in Art. 4, eine Regelung über dessen Zusammensetzung und seine allgemeine Aufgabe. Dies läßt seine Eigenschaft als originäres Organ der EU wahrscheinlich erscheinen. Als Organ einer Internationalen Organisation müßte der Europäische Rat aber zu einer eigenen Willensbildung, die sich unabhängig vom Willen einzelner Mitgliedstaaten vollzieht, in der Lage sein. Zweifel an dieser Fähigkeit könnten sich daraus ergeben, daß der Europäische Rat seinen Wurzeln als Regierungskonferenz noch zu nahe ist, es sich bei ihm also lediglich um ein „Vertretungsorgan der Mitgliedstaaten"[377] handeln könnte. Eine gewisse Zwitterstellung[378] zwischen Vertretern der Mitgliedstaaten und Mitgliedern eines Organs Europäischer Rat läßt sich nicht leugnen. In dieser Situation kommt es aber dann auf den Willen der Handelnden an, in welcher Funktion sie beschließen[379]. Dieser Wille geht eindeutig dahin, nicht als Regierungskonferenz zu entscheiden, sondern als Organ der EU. Die Zugehörigkeit des Kommissionspräsidenten zum Europäischen Rat[380] bringt ebenfalls zum Ausdruck, daß der Europäische Rat nicht identisch ist mit einer Regierungskonferenz der Mitgliedstaaten. Schließlich ist auch der Aufgabenkreis einer solchen Regierungskonferenz, selbst als sie durch die Einheitliche Euro-

---

374 Ipsen-*Gloria*, Völkerrecht, § 44 Rn 33 ff.

375 Ipsen-*Epping*, Völkerrecht, § 34 Rn 8.

376 Die seit 1960 regelmäßig zusammenkommenden Staats- und Regierungschefs der EG tagten auf der Pariser Gipfelkonferenz von 1974 das erste Mal unter der Bezeichnung 'Europäischer Rat'. Seine förmliche Institutionalisierung erfuhr der Europäische Rat durch Art. 2 der Einheitlichen Europäischen Akte (EEA) vom 28.2.1986 (ABl. 1987 Nr. L 169, S. 1 ff.). Diese Vorschrift wurde durch ex-Art. E (Art. 4) des EU-Vertrages, in dem der Europäische Rat von nun an seine Regelung erfährt, gegenstandslos (vgl. auch *Schweitzer/Hummer*, Europarecht, Rn 186 ff.).

377 So Grabitz/Hilf-*Hilf/Pache*, Kommentar zur EU, Art. D EUV Rn 40.

378 *Seidl-Hohenveldern/Loibl*, Recht der Internationalen Organisationen, Rn 1112.

379 *Meng*, Recht der Internationalen Organisationen, S. 48.

380 Ausführlich zur Stellung des Kommissionspräsidenten s. *Pechstein/König*, Die Europäische Union, Rn 167 ff.

päische Akte förmlich institutionalisiert wurde, nicht vertraglich festgelegt[381], wohingegen dem Europäischen Rat auch über den allgemeinen Auftrag aus Art. 4 UAbs. 1 EUV konkrete Aufgaben und Entscheidungsbefugnisse durch den EUV[382] und den EGV[383] verliehen werden. Ob in diesen Bereichen den Vorgaben des Europäischen Rates Verbindlichkeit gegenüber den Mitgliedstaaten zukommt,[384] ist zu trennen von der Frage, ob der Europäische Rat das Kriterium der Unabhängigkeit (Autonomie) von den Mitgliedstaaten hinsichtlich seiner Willensbildung erfüllt. Denn nur letzteres ist Voraussetzung für die Eigenschaft als Organ einer Internationalen Organisation. Die Fähigkeit, unmittelbar verbindliche Entscheidungen den Mitgliedstaaten gegenüber treffen zu können, ist vielmehr bereits ein Merkmal einer supranationalen Organisation[385].

b) Unabhängigkeit des Europäischen Rates

Auch das Kriterium der Unabhängigkeit mindestens eines Organs der Organisation vom Willen der Mitgliedstaaten dient der Abgrenzung bloßer internationaler Vertragskonferenzen von Internationalen Organisationen[386]. Dabei ist das Merkmal 'Autonomie des Willensbildungsprozesses' nicht im Sinne einer völligen Unabhängigkeit der Mitglieder von den Regierungen der Mitgliedstaaten zu verstehen, sondern es soll lediglich gewährleisten, daß einzelne Regierungen der Organisation nicht ihren -"positiven"- Willen aufzwingen können[387]. Eine so verstandene Dominanz eines oder mehrerer Staaten im Europäischen Rat ist nicht gegeben. Allerdings ist es nicht fernliegend, die Wirkungen des in diesem Gremium geltenden Einstimmigkeitsprinzips[388] unter diesem Gesichtspunkt zu erörtern -freilich unter umgekehrten Vorzeichen. So ermöglicht dieses Erfordernis einzelnen Mitgliedstaaten, dem Organ insofern seinen Willen aufzuzwingen, als es Entscheidungen durch ein ablehnendes Votum verhindern kann. Gleichwohl führt diese einseitige "negative" Beeinflussungsmöglichkeit aber nicht dazu, daß sich ein einzelner Mitgliedstaat das Organ, dem er angehört, für seine alleinigen Zwecke nutzbar machen kann[389]. Eine solche Blockadehaltung soll nach dem einstimmig geäußerten Willen der Mitgliedstaaten so weit wie möglich verhindert werden (vgl. Erklärung Nr. 27 der Schlußakte zum EUV für

---

381 *Nicolaysen*, Der Unionsvertrag als Integrationsverfassung (Fn 356), S. 196.

382 Vgl. Art. 13 Abs. 1 u. 2: Bestimmung der Grundsätze und allgemeinen Leitlinien der GASP; Art. 17 Abs. 1 u. 3 UAbs. 2: Festlegung einer gemeinsamen Verteidigungspolitik und Bestimmung ihrer Leitlinien; Art. 23 Abs. 2 UAbs. 1 S. 3, Art. 40 Abs. 2 UAbs. 2: Möglichkeit der Delegation der Entscheidungsbefugnis vom Rat an den Europäischen Rat.

383 Vgl. Art. 99 Abs. 2 UAbs. 2: Schlußfolgerungen zu den Grundzügen der Wirtschaftspolitik der Mitgliedstaaten und der Gemeinschaft; Art. 128 Abs. 1 Schlußfolgerungen des Europäischen Rates zur Beschäftigungslage in der Gemeinschaft.

384 Durch die Verbindlichkeit der Vorgaben des Europäischen Rates in den genannten Bereichen ggü. den übrigen Organen (vgl. Calliess/Ruffert-*Wichard*, Kommentar des EU-/EGV, Art. 4 EUV Rn 11) entsteht jedenfalls mittelbare Bindungswirkung für die Mitgliedstaaten. Politisch gebunden sind die Mitgliedstaaten allemal.

385 Vgl. oben: Fn 50 u. begleitenden Text.

386 *Schermers/Blokker*, International Institutional Law, § 44.

387 *Dies.*, a.a.O.: „[The] organ should [...] not be dependent on any particular state. An organization fully dependent on one national government will not be an international organization."; s.a. *Ress*, Ist die Europäische Union eine juristische Person? (Fn 363), S. 39.

388 Ein Beschlußfassungsverfahren ist nicht vorgesehen. Das Einstimmigkeitsprinzip ergibt sich jedoch aus der Gleichberechtigung aller Mitglieder; vgl. Calliess/Ruffert-*Wichard*, Kommentar des EU-/EGV, Art. 4 EUV Rn 8.

389 *Busse*, Die völkerrechtliche Einordnung der Europäischen Union, S. 144.

Abstimmungen im Rahmen der GASP[390]). Insgesamt steht also das Einstimmigkeitserfordernis der Unabhängigkeit eines Organs, hier des Europäischen Rates, nicht entgegen. Die Art der Entscheidungsfindung ist vielmehr -wie auch die unmittelbare Verbindlichkeit von Rechtsakten- eines der Kriterien für die Abgrenzung zwischen dem souveränitätsschützenden, kooperationsrechtlichen Charakter einer Internationalen Organisation und einem souveränitätseinschränkenden, integrationsrechtlichen Charakter. Über die Organeigenschaft oder die Qualifikation als Internationale Organisation besagt der Entscheidungsmodus nichts.

Im Ergebnis ist damit festzuhalten, daß der Europäische Rat den Voraussetzungen eines unabhängigen Organs einer Internationalen Organisation genügt[391]. Er ist mithin eigenständiges Organ der EU.

c) Rechtsstellung der in Art. 5 EUV genannten übrigen Organe

Was die in Art. 5 EUV genannten Organe angeht, so ist umstritten, ob es sich dabei ausschließlich um Organe der EG handelt, die dann der EU im Wege der Organleihe zur Wahrnehmung der ihnen durch den EUV in den Bereichen der GASP oder der PJZS verliehen Aufgaben zur Verfügung gestellt werden[392], oder ob die Organe von vornherein eine Doppelfunktion erfüllen[393]. In diesem Falle würden sie dann, je nachdem ob sie in der vergemeinschafteten Säule, also unter den Gemeinschaftsverträgen, oder in den intergouvernementalen Säulen der GASP oder PJZS tätig werden, als EG- oder als EU-Organe handeln. Die Frage, ob die EU noch über weitere Organe verfügt oder ob ihr zumindest das Handeln fremder Organe zugerechnet werden kann, ist vorliegend nicht ohne Bedeutung. Zwar wurde eine Mindestvoraussetzung für das Bestehen einer Internationalen Organisation, das Verfügen über ein eigenes, zur unabhängigen Willensbildung fähiges Organ, bejaht, doch müßte dieses dann auch durch den Vertrag mit Kompetenzen ausgestattet sein, aufgrund derer es die Organisation völkerrechtlich berechtigen und verpflichten kann. Sollte man eine solche Kompetenz der Union in Art. 24 und 38 EUV erblicken wollen -was noch zu diskutieren sein wird-, übt diese dem Wortlaut der Vorschriften zufolge jedenfalls nicht der Europäische Rat aus.

Allein der Rat, ggf. unterstützt durch die Kommission, wird durch Art. 24, 38 EUV berechtigt. Folglich müßte zumindest auch der Rat als (auch) EU-Organ einzustufen sein

---

390 Text in: ABl. 1992 Nr. C 191, S. 104.

391 Ebenso *Trüe*, Rechtspersönlichkeit der Europäischen Union nach den Vertragsänderungen von Amsterdam: Wer handelt in GASP und PJZ?, ZEuS 4 (2000), S. 127 ff. (143); *Schroeder*, Die Rechtsnatur der Europäischen Union und verwandte Probleme (Fn 356), S. 11; *Nicolaysen*, Der Unionsvertrag als Integrationsverfassung (Fn 356), S. 196; *Busse*, Die Rechtsnatur der Europäischen Union, S. 279; *Oppermann*, Europarecht Rn 299; *Wichard*, Wer ist Herr im europäischen Haus? (Fn 356), S. 178; *Seidl-Hohenveldern/Loibl*, Recht der Internationalen Organisationen, Rn 0119d; a.A. *Pechstein/König*, Die Europäische Union, Rn 174 a.E.: „Fehlen jeder Organqualität des Europäischen Rates im Rahmen der GASP und der PJSZ oder gar für die ganze Europäische Union".

392 So z.B. *Dörr*, Zur Rechtsnatur der Europäischen Union, EuR 30 (1995), S. 334 ff. (337); Grabitz/Hilf-*Hilf/Pache*, Kommentar zur EU, Art. E EUV Rn 7.

393 So die jetzt wohl h.M., z.B. *Schroeder*, Die Rechtsnatur der Europäischen Union und verwandte Probleme (Fn 391), S. 11 f.; *Trüe*, Verleihung von Rechtspersönlichkeit an die Europäische Union, Vorträge, Reden und Berichte aus dem Europa-Institut der Universität des Saarlandes Nr. 357, S. 19; *dies.*, Rechtspersönlichkeit der Europäischen Union nach den Vertragsänderungen von Amsterdam: Wer handelt in der GASP und PJZ? (Fn 391), S. 144 f.; *Wichard*, Wer ist Herr im europäischen Haus? (Fn 356), S. 179 f.; *Nicolaysen*, Der Unionsvertrag als Integrationsverfassung (Fn 356), S. 197; *Busse*, Die völkerrechtliche Einordnung der Europäischen Union, S. 163 f.

oder es müßte der EU das Handeln des Rates im Wege der Organleihe zuzurechnen sein, damit sie überhaupt in der Lage wäre, völkerrechtliche Beziehungen zu anderen Staaten oder Internationalen Organisationen aufzunehmen[394]. Beide Auffassungen über die EU-Organqualität der in Art. 5 EUV genannten, aber in den Gemeinschaftsverträgen geregelten Organe kämen in diesem Falle zu dem gleichen Ergebnis: Die EU wird durch das eigene/geliehene Organ berechtigt und verpflichtet.
Bedeutung erlangt der Theorienstreit allein dann, wenn man der EU die Völkerrechtssubjektivität absprechen sollte. Denn dann würde der im Wege der Organleihe nach Art. 24, 38 EUV tätig werdende Rat nicht für die Union handeln (können), sondern allein für die Mitgliedstaaten. Insofern ergibt die Rechtsfigur der Organleihe nur dann einen Sinn, wenn man eine (Völker-)Rechtspersönlichkeit der EU ablehnt[395].
Diese ist im folgenden zu erörtern.

2. Rechtspersönlichkeit der EU

Für die EU fehlt eine Art. 281 EGV[396] vergleichbare Vorschrift, die ihr -wie der EG-Rechtspersönlichkeit verleihen würde. Rechtspersönlichkeit meint dabei Völkerrechtspersönlichkeit (im Verhältnis zu den Mitgliedstaaten), wie sich aus der Zusammenschau mit Art. 282 EGV ergibt, der die Rechts- und Geschäftsfähigkeit der Gemeinschaft im innerstaatlichen Bereich der Mitgliedstaaten regelt[397]. Im Außenverhältnis, also im Verhältnis der Internationalen Organisation zu Drittstaaten, kommt eine Verleihung von Völkerrechtssubjektivität durch den Gründungsvertrag nicht in Betracht, da die Anerkennung der Völkerrechtspersönlichkeit durch einen Staat allein von dessen ausdrücklicher oder impliziter Bekundung eines dahingehenden Willens abhängt[398]. Aus diesem Grund kann das Schweigen des EU-Vertrages zur Völkerrechtspersönlichkeit der Union nicht als Beleg für deren Fehlen betrachtet werden. Der mehrfach unternommene, letztlich aber gescheiterte Versuch, im Zuge der Revision des EUV durch den Amsterdamer Vertrag die Rechtspersönlichkeit der EU im Vertrag zu verankern[399], gibt zwar Aufschluß über

---

394 Der Rat der EGen hat sich durch Beschluß vom 8.11.1993 (ABl. 1993 Nr. L 281, S. 18) in 'Rat der Europäischen Union' umbenannt, ohne daß dem allerdings eine über die terminologische Bedeutung hinausgehende rechtliche Relevanz zukäme. Grabitz/Hilf-*Hilf/Pache*, Kommentar zur EU, Art. E EUV Rn 10 hielten die eigenmächtige Umbenennung sogar für gemeinschaftsrechtswidrig. Seit der Aufhebung des Fusionsvertrages vom 8.4.1965 und der dort in Kap. 1 enthaltenen Bezeichnung „Rat der Europäischen Gemeinschaften" durch Art. 9 Abs. 1 Amsterdamer Vertrag ist die Umbenennung rechtlich jedenfalls nicht mehr zu beanstanden.

395 *Wichard*, Wer ist Herr im europäischen Haus? (Fn 356), S. 180.

396 Vgl. entsprechend Art. 6 Abs. 1 EGKS-Vertrag und Art. 184 EAG-Vertrag.

397 Vgl. Schwarze-*Krück*, EU-Kommentar, Art. 281 EGV Rn 1 u. 2.

398 Zur Begründung s. bereits oben: B. III. 1. (S. 42 f.).

399 Unter der irischen Ratspräsidentschaft im 2. Halbjahr 1996 wurde ein Bericht für den im Dezember 1996 in Dublin zusammenkommenden Europäischen Rat erstellt mit dem Titel: „Anpassung der Europäischen Union zum Nutzten ihrer Bürger und Vorbereitung der Europäischen Union auf die Zukunft - Dublin II" (Document CONF/2500/96 vom 5. Dez. 1996). Darin heißt es u.a. in einem Kapitel zur GASP -überschrieben mit 'Rechtspersönlichkeit der Union'- (S. 92):

(1) Die Europäische Union besitzt Rechtspersönlichkeit. [...]

(3) Die Union genießt im Rahmen der internationalen Beziehungen die Rechts- und Geschäftsfähigkeit, die zur Wahrnehmung ihrer Aufgaben und zur Verwirklichung ihrer Ziele erforderlich ist. Zu diesem Zweck wird sie vom Vorsitz des Rates vertreten.

(4) Beabsichtigt der Rat im Namen der Union ein Abkommen zu schließen, so ermächtigt er einstimmig

gewisse politische Vorbehalte auf seiten einiger Mitgliedstaaten[400]. Doch können die im Rahmen der vorbereitenden Arbeiten produzierten Dokumente lediglich ergänzend bei einer evtl. erforderlichen Vertragsauslegung Berücksichtigung finden[401].

a) Vertragsschlußkompetenz der EU

Voraussetzung für den Erwerb von abgeleiteter Völkerrechtspersönlichkeit ist, daß es der Union möglich ist, durch (eigene oder geliehene fremde) Organe völkerrechtserheblich handeln zu können, also Trägerin völkerrechtlicher Rechte und Pflichten sein zu können[402]. In der Folge der Ausübung dieser Kompetenzen kann es dann zur konstitutiven -zumeist impliziten- Anerkennung der Völkerrechtspersönlichkeit durch Staaten kommen. Gegenüber den Mitgliedstaaten besitzt die Union durch die Zuerkennung von Befugnissen zu rechtsverbindlichem Handeln (siehe v.a. Art. 34 Abs. 2 lit. c) EUV) Völkerrechtssubjektivität.

Fraglich ist jedoch, ob der EUV ausdrücklich eine völkerrechtliche Vertragsschlußkompetenz für die Union gegenüber Drittstaaten festschreibt. Sollte dies nicht der Fall sein, so

---

den Vorsitz, gegebenenfalls mit Unterstützung der Kommission, die erforderlichen Verhandlungen zu eröffnen. [...]

(9) Durch nach Maßgabe dieses Artikels geschlossene Abkommen sind für die Organe der Union und die Mitgliedstaaten verbindlich.

Unter der sich am 1. Jan. 1997 anschließenden niederländischen Ratspräsidentschaft wurde dann am 20. März 1997 ein Addendum zu Dublin II vorgelegt (Document CONF/2500/96 Add., abgedruckt in: Generalsekretariat des Rates der Europäischen Union (Hrsg.), Regierungskonferenz zur Revision der Verträge, Niederländischer Vorsitz, Textsammlung), das als wesentliche Neuerung im Bereich GASP einen alten Vorschlag der Niederländer von 1991 wieder aufgriff. So heißt es in dem Entwurf für einen revidierten Art. A des EUV (a.a.O., S. 66):

(1) Die Union tritt an Stelle der Europäischen Gemeinschaft, der Europäischen Gemeinschaft für Kohle und Stahl und der Europäischen Atomgemeinschaft und ist deren Nachfolgerin.

In einer Bemerkung am Ende des Artikelvorschlags wird festgestellt, daß bei diesem Entwurf davon ausgegangen werde, daß die Säulenstruktur aufrechterhalten werde.

Und selbst in dem Entwurf des Vertrages von Amsterdam vom 12. Juni 1997 (abgedruckt in o.a. Textsammlung, S. 79-239) ist in dem mit 'Rechtspersönlichkeit der Union' überschriebenen Kap. 14 der oben zitierte Artikelentwurf des Dublin II-Dokuments in folgender reduzierter Version enthalten (S. 203):

(1) Die Union besitzt Rechtspersönlichkeit.
(2) Die Union besitzt die Rechts- und Geschäftsfähigkeit, die zur Wahrnehmung ihrer Aufgaben und zur Verwirklichung ihrer Ziele erforderlich ist.

400 Mit *Vigne*, L'absence de personnalité juridique de l'Union européenne in: Hafner u.a. (Hrsg.), FS Seidl-Hohenveldern, S. 757 ff. (763 f.), kann man die Vermutung anstellen, das Dublin II-Projekt und der Vorschlag der niederländischen Regierung (s. vorherige Fn) sei aufgrund des 'AETR-Traumas' einiger Mitgliedstaaten gescheitert. Im AETR-Urteil des EuGH (Rs. 22/70, Slg. 1971, S. 263 ff.) unterlag der Rat mit einer Klage gegen die Kommission, die seiner Ansicht nach eine Kompetenz für den Abschluß eines völkerrechtlichen Abkommens für sich beanspruchte, die ihr dem Vertrage nach nicht zustand. Das Urteil hat zu einer deutlichen Ausweitung der Außenkompetenzen der Kommission geführt.
Auch hat es unter einigen Mitgliedstaaten (insbesondere Frankreich und Großbritannien) die Befürchtung gegeben, die Anerkennung einer eigenen Rechtspersönlichkeit der EU hätte eine Zuständigkeit des EuGH auch in den Bereichen GASP und PJZS zur Folge gehabt (vgl. *Gautron/Grard*, Le droit international dans la construction de l'Union européenne (Fn 127), S. 85), worin diese Länder die Gefahr einer Einschränkung ihrer bzw. der gemeinsamen außenpolitischen Handlungsfähigkeit sahen.

401 Vgl. Art. 32 WVRK.

402 Vgl. die Definition von Völkerrechtsubjektivität im allgemeinen bei *Brownlie*, Principles of International Law, S. 57.

kann sich eine solche Kompetenz immer noch kraft *implied powers* ergeben[403], wonach eine Organisation alle Rechte genießt, die sie zur Erfüllung ihrer Aufgaben benötigt[404].

b) Ausdrückliche Vertragsschlußkompetenzen der EU aus Art. 24, 38 EUV ?

Als ausdrückliche Kompetenzvorschriften für den Abschluß völkerrechtlicher Verträge kommen, wie bereits angedeutet, Art. 24 und 38 EUV in Betracht. Unzweifelhaft geht aus diesen Vorschriften eine Abschlußkompetenz des Rates für völkerrechtliche Verträge hervor. Offen bleibt jedoch, für wen der Rat handelt, für die einzelnen Mitgliedstaaten oder für die Union. Für jede Alternative lassen sich Argumente ins Feld führen[405]. Für ein Handeln des Rates als Vertreter der Mitgliedstaaten spricht zum einen der fehlende Bezug im EUV auf die Rechtspersönlichkeit der Union, zum anderen die Erklärung der Mitgliedstaaten zur Schlußakte zu Art. 24 und 38 des Vertrages über die Europäische Union[406], wonach „[d]ie Bestimmungen der Art. 24 und 38 [...] keine Übertragung von Zuständigkeiten von den Mitgliedstaaten auf die Europäische Union [bedeuten]".
Versteht man diese Erklärung so, daß die originär bei den Mitgliedstaaten vorhandene Vertragsabschlußkompetenz nicht auf die Union übertragen werden kann/soll, scheint eine eigene Unionskompetenz auszuscheiden. Der Rat müßte dann wohl zwangsläufig im Namen der Mitgliedstaaten handeln[407]. Allerdings würde man damit indirekt unterstellen, daß eine Internationale Organisation ihre Vertragsschlußkompetenz ausschließlich durch ausdrücklichen Verleihungsakt durch die Mitgliedstaaten von diesen ableitet. Dies ist jedoch unzutreffend, wie an der allgemein anerkannten Rechtsfigur der *implied powers*[408] deutlich wird. Die Mitgliedstaaten grenzen den Umfang der sich implizit aus dem Vertrag für die Organisation ergebenden Kompetenzen allein mittelbar durch den für sie geschaffenen vertraglichen Rahmen ein. Vor diesem Hintergrund kann der Erklärung der Mitgliedstaaten zu Art. 24 und 38 EUV auch die Bedeutung beigemessen werden, daß jedenfalls eine Übertragung *zusätzlicher* Kompetenzen, die über die im Vertrag -mög-

---

[403] *Pechstein/König*, Die Europäische Union, Rn 77.

[404] Vgl. *Seidl-Hohenveldern/Loibl*, Recht der Internationalen Organisationen, Rn 0313 u. 1603 ff.
Die Rechtslage nach der (noch nicht in Kraft getretenen) WVRK II (s. Fn 59) ist diesbezüglich wenig aufschlußreich. Im 11. Erwägungsgrund des Vorspruchs der Konvention heißt es: „[I]m Hinblick darauf, daß internationale Organisationen die für die Wahrnehmung ihrer Aufgaben und die Verwirklichung ihrer Ziele notwendige Fähigkeit *besitzen*, Verträge zu schließen; [...]" (eigene Hervorhebung). Hier entsteht der Eindruck, eine Internationale Organisation verfüge *eo ipso* über die Kompetenz zum Abschluß völkerrechtlicher Verträge. Art. 6 der Konvention bestätigt einen solchen Befund jedoch nicht: „Die Fähigkeit einer internationalen Organisation, Verträge zu schließen, bestimmt sich nach den Vorschriften dieser Organisation". Angesichts der umfassenden Definition von 'Vorschriften der Organisation' in Art. 2 Abs. 1 lit. j) WVRK II (vgl. Fn 324), dürfte Art. 6 der Anwendung der *implied powers*-Lehre aber wohl nicht prinzipiell entgegenstehen. Das entscheidende Argument, das gegen eine originäre Vertragsschlußkompetenz einer Internationalen Organisation spricht, wird man aber in Art. 84 Abs. 2 WVRK II sehen müssen. Danach muß „die Beitrittsurkunde einer internationalen Organisation [...] die Erklärung [enthalten], daß die Organisation die Fähigkeit besitzt, Verträge zu schließen".

[405] Die wesentlichen Argumente finden sich bei *Hafner*, The Amsterdam Treaty and the Treaty-Making power of the European Union - in: Hafner u.a. (Hrsg.), FS Seidl-Hohenveldern, S. 257 ff. (270-272).

[406] Text in: ABl. 1997 Nr. C 340, S. 131.

[407] So *Pechstein/König*, Die Europäische Union, Rn 83.

[408] Eine völkervertragliche Fixierung hat die *implied powers*-Lehre in Art. 157 Abs. 2 des UN SeeRÜbk. von 1982 (Fundstelle Fn 91) erfahren. Die Bestimmung besagt: „Die Aufgaben und Befugnisse der Behörde sind diejenigen, die ihr durch dieses Übereinkommen ausdrücklich übertragen sind. Sie hat die mit dem Übereinkommen in Einklang stehenden Nebenbefugnisse, die mit der Wahrnehmung dieser Befugnisse und Aufgaben in bezug auf Tätigkeiten im Gebiet zusammenhängen und dafür erforderlich sind".

licherweise- implizit enthaltenen hinausgeht, ausgeschlossen werden soll. Der Erklärung käme damit eher klarstellende Bedeutung zu, zumal die GASP-Kompetenzen der EU nicht ausschließliche sind. Den Mitgliedstaaten verbleibt jedenfalls gegenüber dritten Staaten weiterhin volle Vertragsschlußkompetenz[409].

Zuletzt wird noch die Formulierung in Art. 24 Abs. 5 EUV als Beleg dafür herangezogen, daß der Rat als Organ der Mitgliedstaaten handeln müsse, da gemäß dieser Vorschrift einzelne Mitgliedstaaten ihre Gebundenheit an ein Abkommen im Vorfeld ausschließen können[410]. Eine solche Schlußfolgerung ist jedoch nicht zwingend. Vom Wortlaut gedeckt ist, daß ein Mitgliedstaat auch noch nach Abschluß der Übereinkunft erklären kann, aus verfassungsrechtlichen Gründen nicht an sie gebunden zu sein. Diese Interpretation wiederum ließe sich damit begründen, daß Art. 24 EUV zwischen der völkerrechtlichen Bindung der EU und der der Mitgliedstaaten differenziert[411]. Die von Art. 300 Abs. 7 EGV angeordnete generelle gemeinschaftsrechtliche (nicht völkerrechtliche!) Bindungswirkung völkerrechtlicher Abkommen der EG für die Mitgliedstaaten würde dann bei Abkommen im Rahmen der EU quasi durch ein Einzelfall-Verfahren ersetzt, wonach ein Mitgliedstaat grundsätzlich an das Abkommen der EU intern gebunden ist, es sei denn, er erklärt verfassungsrechtliche Vorbehalte.
Ein demnach mögliches Auseinanderfallen der völkerrechtlichen Bindung der EU und der völkerrechtlichen Bindung der (einzelner) Mitgliedstaaten durch von der Union abgeschlossene Abkommen, entspricht der Rechtslage nach dem gegenwärtigen Stand des Rechts der Internationalen Organisationen[412]. Durch Art. 24, 38 EUV können dritten Staaten oder Internationalen Organisationen ebensowenig neue, zusätzliche Vertragspartner in Gestalt der EU-Mitgliedstaaten aufgedrängt werden, wie dies auch nicht durch Art. 300 Abs. 7 EGV möglich ist.

Der *pacta tertiis*-Grundsatz liefert auch das Argument, warum die durch den Vertrag von Nizza in Art. 24 (Abs. 2-4) EUV eingeführte Regelung, wonach der Beschluß zum Abschluß des Abkommens nach Art. 24 Abs. 1 in bestimmten Fällen auch mit qualifizierter Mehrheit möglich ist, nur so verstanden werden kann, daß der Beschluß allein die

---

409 *Hafner*, a.a.O. (Fn 405).

410 *Gautron/Grard*, Le droit international dans la construction de l'Union européenne, (Fn 127), S. 42; *Streinz*, Europarecht, Rn 121a; Calliess/Ruffert-*Cremer*, Kommentar des EU-/EGV, Art. 24 Rn 8 ff.; Schwarze-*Krück*, EU-Kommentar, Art. 11-28 EUV Rn 21: „Diese -unklare- Regelung spricht ebenfalls gegen eine völkerrechtliche Bindung der Union und für eine ausschließliche Bindung der Mitgliedstaaten".

411 So auch *Trüe*, Rechtspersönlichkeit der Europäischen Union nach den Vertragsänderungen von Amsterdam: Wer handelt in GASP und PJZ? (Fn 391), S. 164.

412 In dem Schlußentwurf der ILC für die Wiener Konferenz über das Recht der Verträge zwischen Staaten und Internationalen Organisationen oder zwischen Internationalen Organisationen (abgedruckt in: YBILC 1982 II/2, S. 9 ff.) findet sich mit *Art. 36bis* eine Vorschrift, die überschrieben ist mit: *Obligations and rights arising for States members of an international organization from a treaty to which it is a party.* Darin wird festgelegt, unter welchen Voraussetzungen völkerrechtliche Verträge, die die Internationale Organisation mit Drittstaaten abschließt, auch für ihre Mitgliedstaaten Verbindlichkeit erlangen. Auf der Wiener Vertragsrechtskonferenz 1986 fand dieser Artikel jedoch keine Mehrheit. Da es sich insoweit um eine progressive Kodifikation gehandelt hätte, kann nicht davon ausgegangen werden, daß eine solche Bindung der Mitgliedstaaten völkergewohnheitsrechtlich existiert(e). Zur wenig geklärten Rechtslage vgl. *Scobbie*, International Organizations and International Relations - in: Dupuy (Hrsg.), Manuel sur les organisations internationales, S. 831 ff. (877 ff.). Eine Bindung der Mitgliedstaaten an einen von ihrer Organisation geschlossenen völkerrechtlichen Vertrag scheinen *Schermers/Blokker*, International Institutional Law, § 1787, (allein) mit dem Argument bejahen zu wollen, daß eine Nicht-Bindung ein „unacceptable degree of uncertainty" für die Vertragspartner bedeute.

EU als solche völkerrechtlich bindet: Denn wollte man dem Beschluß unmittelbare Wirkung auch für und gegen die überstimmten Mitgliedstaaten beimessen, würde dies dem Verbot des Vertrages zu Lasten Dritter zuwiderlaufen.

Im übrigen wird jetzt in Art. 24 Abs. 6 EUV ausdrücklich festgestellt -wenn auch nur mit deklaratorischer Wirkung-, daß die nach Maßgabe des Art. 24 beschlossenen Abkommen die Organe der EU (unmittelbar) binden. Insofern hat eine Orientierung am Wortlaut des Art. 300 Abs. 7 EGV stattgefunden.

Schließlich wird in Art. 11 Abs. 2 EUV ebenfalls eine deutliche Trennung zwischen der Union und den Mitgliedstaaten vorgenommen, indem man die alte Fassung des EUV (Art. J.1), worin von „Gemeinsamer Außen- und Sicherheitspolitik der Union und ihrer Mitgliedstaaten" die Rede war, durch die Formulierung ersetzt hat: „Die Mitgliedstaaten unterstützten die Außen- und Sicherheitspolitik *der Union* [...]"[413]. Darüber hinaus hat die GASP durch die Einsetzung eines Hohen Vertreters (Art. 18 Abs. 3 EUV) auch personell eine Abkoppelung von den außenpolitischen Aktivitäten der Mitgliedstaaten erfahren. Insgesamt erscheint es daher überzeugender, die EU selbst als Vertragspartner anzusehen als die Mitgliedstaaten in dieser Rolle zu sehen[414]. Angesicht des -nach wie vor- nicht eindeutigen Textbefundes sagt etwa *Hafner*:

> „So difficult to explain these texts are so heterogeneous their origin might be, the predominant conclusion can only be that these agreements under Art. 24 [EUT] are concluded by the Union through the Council."[415]

Lassen mithin Art. 24 und 38 EUV auf eine Vertragsschlußkompetenz der EU im Bereich der GASP und PJZS schließen, so bedeutet dies zweierlei: Zum einen erweist sich die Unterscheidung, ob der Rat bei Abschluß entsprechender internationaler Abkommen als -auch- eigenes Organ der EU handelt oder als von der EG "geliehenes" Organ, als überflüssig, da im einen wie im anderen Fall sein Handeln der Union zugerechnet wird.
Zum zweiten folgt aus der -auf die Säulen 2 und 3 beschränkten- Außenkompetenz, daß der Union als Dachverband insoweit beschränkte Völkerrechtssubjektivität zukommt.

Angesichts dieses Ergebnisses und der von einigen Mitgliedstaaten an den Tag gelegten Vorbehalte, es im Vertrag mit einer gesonderten Vorschrift über die Rechtspersönlichkeit der EU anzuerkennen, kann man mit *Tizziano* zusammenfassend sagen:

> „La personnalité de l'Union existe, mais il ne faut pas le dire".[416]

---

413 Eigene Hervorhebung.

414 So im Erg. auch *Tomuschat*, General Course on Public International Law, RdC 281 (1999 VI), S. 1 ff. (130); *Thun-Hohenstein/Cede*, Europarecht, S. 246; Calliess/Ruffert-*Wichard*, Kommentar des EU-/EGV, Art. 1 EGV Rn 13; *ders.*, Wer ist Herr im europäischen Haus? (Fn 356), S. 174); *Nicolaysen*, Der Unionsvertrag als Integrationsverfassung (Fn 356), S. 199; *Trüe*, Rechtspersönlichkeit der Europäischen Union nach den Vertragsänderungen von Amsterdam: Wer handelt in GASP und PJZ? (Fn 391), S. 164; wohl ein wenig zu undifferenziert *de Nerviens*, Le Traité d'Amsterdam - Les relations extérieures, RTDE 33 (1997), S. 801 ff. (806), wenn er sagt: „L'accord est conclu par l'Union et rien dans le texte ne permet de penser qu'elle agisse au nom de ses membres". S.a. *Rideau*, Droit institutionnel de l'Union et des Communautés européennes, S. 209: „L'Union et les États membres seront liés par les accords conclus", wenig aufschlußreich allerdings auf S. 246. A.A. *Schweitzer/Hummer*, Europarecht, Nachtrag 1999, S. 17; Schwarze-*Krück*, EU-Kommentar, Art. 11-28 Rn 21; *Streinz*, Europarecht, Rn 121a.

415 *Hafner*, The Amsterdam Treaty and the Treaty-Making Power of the European Union (Fn 405), S. 272.

416 *A. Tizziano*, Une personnalité internationale de l'Union européenne, RMUE 4 (1998), S. 11, zitiert nach *Gautron/Grard*, Le droit international dans la construction de l'Union européenne (Fn 127), S. 87.

Beispielhaft kommt das Ringen einiger Mitgliedstaaten um eine rechtlich möglichst unverfängliche Formulierung nicht nur in Art. 24 EUV zum Ausdruck, sondern auch an exponierterer Stelle des Vertrages. In Art. 2 Spstr. 2 wird als eines der Ziele der Union „die Behauptung ihrer Identität auf internationaler Ebene" genannt. Handelt es sich bei dem Wort 'Identität' auch bewußt um keinen Rechtsbegriff, so ist gleichwohl offensichtlich, daß völkerrechtliche Handlungsfähigkeit wesentliche Voraussetzung für die Erarbeitung einer solchen internationalen Identität ist.

c) Zwischenergebnis

Als Zwischenergebnis ist damit festzuhalten, daß die EU alle drei geforderten Mindestvoraussetzungen für das Bestehen einer Internationalen Organisation erfüllt: Sie wurde auf völkervertraglicher Grundlage gegründet, verfügt über ein von den Mitgliedstaaten unabhängiges Organ und ist in der Lage, in begrenztem Umfang Trägerin völkerrechtlicher Rechte und Pflichten zu sein. Vorbehaltlich ihrer völkerrechtlichen Anerkennung handelt es sich somit bei der EU vom Grundtypus her um eine Internationale Organisation[417].

3. Völkerrechtliche Anerkennung der EU als Internationale Organisation

Ihre völkerrechtliche Anerkennung durch die Mitgliedstaaten hat die Union bereits dadurch erfahren, daß die Mitgliedstaaten ihr Befugnisse zum rechtsverbindlichen Handeln ihnen gegenüber verliehen haben.

Was die Anerkennung von seiten dritter Staaten anbetrifft, so ist schon ein kurzer Streifzug durch den Teil des *Gesamtberichts der Kommission über die Tätigkeit der Europäischen Union 1999,* welcher der Rolle der Union in der Welt gewidmet ist, aufschlußreich. Danach scheint jedenfalls die zur Außenvertretung der EG berufene Kommission[418] keine Zweifel an der Anerkennung der EU als Akteurin im völkerrechtlichen Verkehr zu haben[419].

Dem Gesamtbericht nach war z.B. die „Europäische Union" auf der 54. UN-Vollversammlung durch die amtierende Ratspräsidentin *Halonen* vertreten[420]. Dem Bericht zufolge setzte das Streitbeilegungsorgan der WTO 1998 23 Panels ein, davon neun auf Antrag der „Europäischen Union"[421]. Ziff. 707 des Berichts zufolge wurde auf dem Gipfeltreffen zwischen den Vereinigten Staaten und der „Europäischen Union" die Aushandlung von Abkommen über die gegenseitige Anerkennung in bezug auf Architekten, Ingenieure und

---

417 Dieses Ergebnis wird von der herrschenden Ansicht in der Literatur (noch) nicht geteilt (vgl. die Nachweise bei *Pechstein/König*, Die Europäische Union, Rn 85 Fn 42).

418 Siehe insbes. Art. 300 Abs. 1, 302 EGV.

419 *De Nerviens*, Le Traité d'Amsterdam - Les relations extérieures (Fn 414), S. 805, weist darauf hin, daß die Kommission bei den Verhandlungen über die Revision des EUV nicht nur für die ausdrückliche Zuerkennung von Rechtspersönlichkeit an die Union eintrat, sondern auch aus Gründen eines einheitlichen Erscheinungsbildes nach außen für eine Fusion der Gemeinschaften mit dieser plädierte.

420 *Kommission*, Gesamtbericht 1999, Ziff. 658; zu beachten ist, daß nicht der EU, sondern der EG durch die GA Res. 3208 (XXIX) vom 11.10.1974 (YBUN 28 (1974), S. 303) Beobachterstatus bei der UNO eingeräumt wurde.

421 *Dies.*, a.a.O., Ziff. 679; zu beachten ist, daß nur die EG „original member" der am 15.4.1994 gegründeten WTO ist (vgl. Art. XI Abs. 1 Übk. zur Errichtung der Welthandelsorganisation; Text in: BGBl. 1994 II, S. 1625 ff.; int. Quelle: ILM 33 (1994) S. 1144 ff.).

Versicherungen vereinbart[422]. Der weitere Ausbau der Beziehungen zwischen der „Europäischen Union“ und der Russischen Föderation auf der Grundlage des gemeinsamen Partnerschafts- und Kooperationsabkommens sollte gefördert werden[423]. Und schließlich haben sich dem Bericht zufolge die Beziehungen zu Belarus nach der Rückkehr der fünf Botschafter aus der „Europäischen Union“ nach Minsk normalisiert[424].

Angesichts der Diktion in all diesen Fällen muß es für einen objektiven Beobachter außer Frage stehen, daß die EU jeweils als Völkerrechtssubjekt im internatonalen Rechtsverkehr aufgetreten ist. Die rechtliche Wirklichkeit war, wie angemerkt, eine andere: Es war jeweils die Gemeinschaft, die (durch ihre Organe) völkerrechtserheblich gehandelt hat. Man könnte diese Diskrepanz zwischen (rechtlichem) Anschein und Wirklichkeit als bloßen Beleg für die „weit verbreitete terminologische Verwirrung“[425] und als reines “EU-Internum” betrachten, wenn nicht auf Seiten der Vertragspartner bereits eine korrespondierende Rechtsauffassung Platz gegriffen hätte.

Der ukrainische Außenminister beispielsweise äußerte die Vermutung, einige Mitgliedstaaten der Union wollten die Unterzeichnung des Partnerschafts- und Kooperationsabkommens zwischen der „EU“ und der Ukraine hinausschieben, bis die Ukraine dem Atomwaffensperrvertrag beigetreten sei[426].

Die diplomatischen Vertretungen dritter Staaten bezeichnen sich selbst als „Missionen bei der EU“[427], wohingegen die Akkreditierung weiterhin bei den Europäischen Gemeinschaften erfolgt[428].

Der UN-Sicherheitsrat hielt in seiner Kosovo-Resolution (1244) vom 10. Juni -nicht zuletzt auch vor dem Hintergrund des jahrelangen Engagements der EU auf dem Balkan[429]-fest:

---

422 Zum Abschluß des Abkommens ist es bis dato nicht gekommen. Im Warensektor wurde allerdings ein entsprechendes ‘Abkommen zwischen der Europäischen Gemeinschaft [!] und den Vereinigten Staaten von Amerika über gegenseitige Anerkennung’ geschlossen (ABl. 1999 Nr. L 31, S. 3 ff.).

423 *Kommission*, a.a.O., Ziff. 797; so auch schon im Gesamtbericht 1994, S.7: „ Die Europäische Union bemüht sich auch durch neue Abkommen über Partnerschaft und Zusammenarbeit, den Weg zur Entwicklung umfassender und nutzbringender Beziehungen mit den unabhängigen Staaten der ehemaligen Sowjetunion zu ebnen“. Zu beachten ist, daß im Partnerschaftsabkommen selbst (ABl. 1997 Nr. L 327, S. 3 ff.) allein die Europäischen Gemeinschaften als Vertragspartner genannt werden.

424 *Dies.*, a.a.O., Ziff. 805; zu beachten ist, daß offiziell nur die EG-Kommission Delegationen in Drittstaaten (und bei Internationalen Organisationen) unterhält.

425 *Pechstein/König*, Die Europäische Union, Rn 5.

426 Agence Europe, Nr. 6226 vom 7.5.1994 - zitiert nach *Busse*, Die völkerrechtliche Einordnung der Europäischen Union, S. 40 Fn 164.

427 Vgl. *Dewost*, Direktor des juristischen Dienstes der Kommission, der im Rahmen eines Kolloquiums über „Die Organe der Europäischen Union im Spannungsfeld zwischen Gemeinschaft und Zusammenarbeit“ 1994 schildert, wie es dazu kam, daß die bei der EG akkreditierten Staaten gleichsam über Nacht ihre diplomatischen Vertretungen bei der *EG* in ‘Missionen bei der *EU*‘ umbenannten; Diskussionsbeitrag, EuR Beih. 2/1995, S. 97.

428 Im Jahre 1999 waren 166 diplomatische Vertretungen bei den EGen akkreditiert (*Kommission*, Gesamtbericht 1999, Ziff. 886).

429 Zu nennen ist hier etwa die Vereinbarung über die internationale Verwaltung von Mostar vom 5.7.1994, die von der sog. Troika für die EU unterzeichnet wurde oder das Daytoner Friedensabkommen vom 14.12. 1995, das im Namen der EU mitunterzeichnet wurde (vgl. dazu *Dörr*, Zur Rechtsnatur der Europäischen Union, EuR 30 (1995), S. 334 ff. (343); der schon damals in bezug auf die EU von einem „partiellen Völkerrechtssubjekt *in statu nascendi*“ sprach).

„[The Security Council w]elcomes the work in hand in the European Union and *other* international organizations to develop a comprehensive approach to the economic development and stabilization of the region affected by the Kosovo crisis [...]".[430]

Der Sicherheitsrat betrachtet die EU folglich als eine von mehreren Internationalen Organisation, wenn auch als eine sehr bedeutsame.

Insgesamt wird anhand dieser Praxis deutlich, daß dritte Völkerrechtssubjekte nicht nur keine terminologische Unterscheidung (mehr) zwischen EU und EG treffen -was, wie gesehen, sogar auch innerhalb der EU gilt-, sondern auch -und dies ist völkerrechtlich bedeutsam- daß sie keinesfalls hinter der EU die Mitgliedstaaten als eigentliches völkerrechtliches Bezugsobjekt sehen. Sie betrachten vielmehr die EU selbst als vollwertiges, eigenständiges Völkerrechtssubjekt.

Damit sieht bzw. sah man sich der etwas ungewöhnlichen Situation gegenüber, daß eine Organisation als Völkerrechtssubjekt anerkannt worden ist, die nach dem Willen (eines Teils) ihrer Mitglieder gar keines sein sollte. Dieser Fall ist im Völkerrecht gleichwohl nicht unbekannt, wie zuvor bereits die Beispiele der Benelux-Union und der OSZE gezeigt haben[431]. Entscheidend dürfte sein, daß die Mitgliedstaaten eines völkerrechtlichen Zusammenschlusses ein Gebilde geschaffen haben, dem sie gewisse Ziele, Aufgaben und Kompetenzen verliehen haben. Entlassen sie es in die völkerrechtliche Wirklichkeit, können sie sich nicht gleichzeitig darauf berufen, daß es von dritten Staaten gleichsam als rechtliches Nullum ignoriert wird. Ein solches Verhalten wäre rechtswidersprüchlich und ist entsprechend dem auch im Völkerrecht geltenden Prinzip von Treu und Glauben (vgl. Art. 38 Abs. 1 lit. c) IGH-Statut) nicht zulässig. Einen Gedanken, der in eine ähnliche Richtung geht, formulierte *Dewost*, Direktor des juristischen Dienstes der Kommission 1994:

„Zur Zeit gibt es keine Rechtspersönlichkeit der europäischen Union. Aber auch hier wird, glaube ich, die Notwendigkeit von außen bewirken, daß wir progressiv eine Rechtspersönlichkeit haben werden. Der Grund liegt darin, daß die Europäische Union von außen -mehr als innerhalb der Gemeinschaft- als etwas sehr wichtiges gesehen wird."[432]

Thun-Hohenstein/Cede sprechen ebenfalls von der Möglichkeit einer „schleichenden" Erlangung von Rechtspersönlichkeit, unabhängig von einer Vertragsrevision durch die Mitgliedstaaten[433].

Vigne sah sich nach der Verabschiedung des Amsterdamer Vertrages zu der (rhetorischen) Frage veranlaßt: „Doit-on s'offusquer, comme dans Andersen, que l'Union soit "nue"?[434], Tatsächlich befindet sich die Union in einer weitaus komfortableren Situation als der Kaiser in dem bekannten Andersen-Märchen: Sie wähnt sich nur "nackt", in Wahrheit ist sie es nicht.

---

430 SC Res. 1244 (1999), Ziff. 17 (YBUN 53 (1999), S. 353 ff.); vgl. auch schon SC Res. 908 (1994), 14. Erwägungsgrund (YBUN 48 (1994), S. 492 f.); SC Res. 913 (1994) Ziff. 9 (a.a.O., S. 534 f.); SC Res. 1050 (1996), Ziff. 5 (YBUN 50 (1996), S. 62 f.).

431 *Schroeder*, Die Rechtsnatur der Europäischen Union und verwandte Probleme (Fn 356), S. 19.

432 *Dewost*, Diskussionsbeitrag (Fn 427), S. 85.

433 *Thun-Hohenstein/Cede*, Europarecht, S. 50 f.; Die Autoren sehen diesen Zeitpunkt -im Gegensatz zu der hier vertretenen Ansicht- allerdings als noch nicht gekommen an, messen Art. 24 und 38 EUV aber in dieser Hinsicht eine Impulsgeberfunktion zu.

434 *Vigne*, L'absence de personnalité juridique de l'Union européenne (Fn 400), S. 769.

Denn spätestens seitdem die Europäische Union ausdrücklich Vertragspartei internationaler Abkommen ist, die von ihr im Rahmen der GASP auf Grundlage von Art. 24 EUV geschlossen worden sind[435], und sie auf diese -klassische- Weise konkludente Anerkennung seitens der Vertragspartner erfahren hat, kann an ihrer partikulären Völkerrechtssubjektivität kein ernsthafter Zweifel mehr bestehen.

Abschließend bleibt nun noch zu klären, wie sich die EU in den Gesamtzusammenhang der Verträge einordnen läßt.

4. Einordnung der EU in den Gesamtzusammenhang der Verträge

Bisher wurde dargestellt, daß die EU im Bereich der GASP und der PJZS alle Voraussetzungen für das Bestehen einer Internationalen Organisation erfüllt. Fraglich ist jedoch, wie sich diese Einordnung in das Gesamtgefüge der Verträge einpassen läßt, in dem auch die zwei selbständigen Europäischen Gemeinschaften Berücksichtigung finden müssen. Das Gesamtbild ist nicht nur verwirrend, sondern erweckt z.T. auch den Eindruck der Widersprüchlichkeit. Einerseits spricht der EUV davon, daß die Gemeinschaften die Grundlage der Union sind (Art. 1 Abs. 3 S. 1), ordnet für die Union einen einheitlichen institutionellen Rahmen an (Art. 3 Abs. 1), sieht einheitliche Organe vor (Art. 5), läßt Beitritte neuer Mitgliedstaaten nur zur Union insgesamt zu (Art. 49), schreibt ein einheitliches Änderungsverfahren für alle Verträge vor (Art. 48) -was alles für ein Aufgehen der Gemeinschaften in der Union sprechen würde. Andererseits läßt der EUV die Gemeinschaftsverträge als solche und die in ihnen enthaltenen Kompetenzen (grundsätzlich) unberührt (Art. 47, 29), bleiben die Kompetenzen der EU im Rahmen des EGV sehr begrenzt (vgl. Art. 99 Abs. 2, 128 Abs. 1 EGV) und bleibt die Rechtspersönlichkeit der zwei EGen erhalten, was für eine Unabhängigkeit der Gemeinschaften von der EU spricht.
Dieser scheinbare Widerspruch läßt sich jedoch mit einem mittlerweile häufiger in der Literatur anzutreffenden Modell zufriedenstellend erklären, mit dem der gestuften Internationalen Organisation[436].

a) Ordnungsmodell der gestuften Internationalen Organisation

Gestufte Internationale Organisationen sind Organisationen, zu denen außer ihren Mitgliedstaaten andere Organisationseinheiten als rechtlich selbständige Untergliederungen gehören[437]. Vorbild für diese Rechtsfigur ist die UNO, der neben den Mitgliedstaaten auch zahlreiche rechtlich selbständige und mit Völkerrechtspersönlichkeit ausgestattete Unter-

---

[435] Vgl. 'Abkommen zwischen der Europäischen Union und der Bundesrepublik Jugoslawien über die Tätigkeit der Überwachungsmission der Europäischen Union (EUMM) in der Bundesrepublik Jugoslawien' vom 25.4.2001 (ABl. 2001 Nr. L 152, S. 2 ff.); 'Abkommen zwischen der Europäischen Union und der ehemaligen jugoslawischen Republik Mazedonien über die Tätigkeit der Überwachungsmission der Europäischen Union (EUMM) in der ehemaligen jugoslawischen Republik Mazedonien' vom 31.8.2001 (ABl. 2001 Nr. L 241, S. 2 ff.); 'Abkommen zwischen der Europäischen Union und Bosnien und Herzegowina über die Tätigkeit der Polizeimission der Europäischen Union (EUPM) in Bosnien und Herzegowina' - ohne Datum (ABl. 2002 Nr. L 293, S. 2 ff.; Ratsbeschluß vom 30.9.2002, a.a.O., S. 1).

[436] *Dörr*, Zur Rechtsnatur der Europäischen Union (Fn 429), S. 347; *Schroeder*, Die Rechtsnatur der Europäischen Union und verwandte Probleme (Fn 356), S. 6 f.; *Trüe*, Verleihung von Rechtspersönlichkeit an die Europäische Union (Fn 393), S. 59 f.; *Wichard*, Wer ist Herr im europäischen Haus? (Fn 393), S. 177; *Schermers/Blokker*, International Institutional Law, § 1698, bezeichnen die EU als „integrated union of international organizations“, wobei sie auch die Union selbst als Internationale Organisation ansehen (vgl. § 210).

[437] *Trüe*, Verleihung von Rechtspersönlichkeit an die Europäische Union (Fn 393), S. 59.

organisationen angehören. Das institutionelle Beziehungsgeflecht zwischen Mutterorganisation und Sonderorganisationen -oft als UNO-"Familie" umschrieben- bedeutet, daß der Mitgliederkreis beider in der Regel der gleiche ist, aber nicht notwendigerweise sein muß[438]. Insgesamt hat sich das System der rechtlich selbständigen Unterorganisationen international durchgesetzt, was sicherlich auch der flexiblen Struktur des Rechts der Internationalen Organisationen zu verdanken ist. So verfügen z.B. die OAS (Organization of American States)[439] und die Liga Arabischer Staaten[440] über einen "Saum" rechtlich selbständiger Unterorganisationen[441]. Auch der zu Sowjetzeiten bestehende COMECON (*Co*uncil for *M*utual *Econ*omic Assistance) hatte kleinere, spezialisierte Organisationen um sich herum gruppiert[442]. Im Rahmen der EG haben die Europäische Investitionsbank (Art. 266 EGV) und die Europäische Zentralbank (Art. 107 EGV) den Status einer rechtlich selbständigen Unterorganisation.

b) Anwendung des Modells auf die Europäische Union

Auf die Union übertragen, bedeutet dies, daß ihr neben den Mitgliedstaaten auch die zwei Gemeinschaften als rechtlich selbständige Unterorganisationen angehören. Die Dachorganisation EU ist dabei nur in den Bereichen GASP und PJZS völkerrechtlich handlungsfähig, woraus sich ihre insoweit beschränkte Völkerrechtssubjektivität ergibt[443]. Das Modell der gestuften Internationalen Organisation erklärt und rechtfertigt diesen Umstand gerade mit der z.T. sehr weitgehenden Spezialisierung der selbständigen Unterorganisationen.
Gleichwohl verbieten die bestehenden Verflechtungen zwischen der Union in den Bereichen GASP und PJZS und der EG (v.a. Art. 268, 301 EGV sowie Art. 28 Abs. 1, 41 Abs. 1 EUV) sowie das Bedürfnis nach Kohärenz zwischen Dachverband und den spezialisierten Gemeinschaften einen selektiven Beitritt neuer Mitglieder.
Durch die gemeinsamen Bestimmungen des EUV wird sichergestellt, daß Dachverband und Unterorganisationen an einheitlichen Zielen und Grundsätzen ausgerichtet sind (v.a. Art. 2 u. 6 EUV). Insofern ist es gerechtfertigt, von einer einheitlichen Rechtsordnung der EU als gestufter Internationaler Organisation zu sprechen. Im Gegensatz zur selbständigen Unterorganisation EG ist hier aber unumstritten, daß die Gesamtheit der Europäischen Union und deren Rechtsordnung nicht vom Völkerrecht losgelöst ist.

III. Ergebnis

Die Europäische Union ist von ihren Mitgliedern nicht ausdrücklich mit Rechtspersönlichkeit ausgestattet worden. Auch wenn jüngeren Internationalen Organisationen häufig

---

438 *Seidl-Hohenveldern/Loibl*, Recht der Internationalen Organisationen, Rn 0813 (mit Aufstellung der gegenwärtig 18 Sonderorganisationen).

439 Die OAS wurde am 30.4.1948 in Bogotà gegründet und hat gegenwärtig 34 Mitglieder.

440 Der am 22.3.1945 in Kairo gegründeten Liga gehören derzeit 21 Mitgliedstaaten u. Palästina an.

441 Vgl. The Europa World Year Book 43 (2002), Vol. I, Organization of American States, S. 279 ff. (282 f.); a.a.O., League of Arab States, S. 248 ff. (248 f.).

442 *Schermers/Blokker*, International Institutional Law, § 1701; Vgl. auch The Europa World Year Book 32 (1991), Vol. I, Council for Mutual Economic Assistance, S. 125 ff. (126).

443 *Thun-Hohenstein/Cede*, Europrecht, S. 49: „[D]ie der EU für Angelegenheiten der Zweiten und Dritten Säule eingeräumte *Vertragsschlußbefugnis* (Art. 24, 38 EUV) verleiht der Union insoweit eine -entsprechend beschränkte- Völkerrechtspersönlichkeit" (Hervorhebung im Original).

Rechtspersönlichkeit durch den Gründungsvertrag verliehen wird[444], kommt dem Fehlen einer solchen ausdrücklichen Verleihung im EUV rechtlich keine entscheidende Bedeutung zu. Denn die Völkerrechtsfähigkeit ergibt sich auch und vor allem aus implizit oder ausdrücklich im Vertrag enthaltenen Außenkompetenzen. Solche enthalten Art. 24 und 38 EUV. Die Völkerrechtsfähigkeit der EU ist zudem von dritten Völkerrechtssubjekten anerkannt worden, wobei hier das interessante Phänomen zu beobachten ist, daß die internationale Anerkennung der -ausdrücklichen- Verleihung von Vertragsschlußkompetenzen mit dritten Staaten durch den Amsterdamer Vertrag vorausgegangen ist.

Im Ergebnis erfüllt die EU alle Voraussetzungen für das Bestehen einer Internationalen Organisation. Die besondere institutionelle Struktur erfordert jedoch auch hier, wie im Falle der EG, eine genauere Spezifizierung, um sie aus dem Kreis herkömmlicher Internationaler Organisationen herauszuheben. Das 'System der Europäischen Union' läßt sich mit dem Ordnungsmodell der gestuften Internationalen Organisation erfassen. Mitglieder der EU sind neben den Mitgliedstaaten -abgestuft- die zwei rechtlich selbständigen Europäischen Gemeinschaften. Ergänzt wird das ganze durch die intergouvernemental geprägten Bereiche der Zusammenarbeit, GASP und PZJS, in denen die Union über eigene Außenkompetenzen verfügt. Daraus leitet sich ihre beschränkte Völkerrechtsfähigkeit ab.

---

444 Siehe z.B. Art. 176 UN-SeeRÜbk. (Fundstelle s. Fn 91) für die Rechtspersönlichkeit der Internationalen Meersbodenbehörde oder Art. VIII Abs. 1 des WTO-Abkommens (BGBl. 1994 II, S. 1625 ff.; int. Quelle: ILM 33 (1994), S. 1144 ff.) für die Rechtspersönlichkeit der Welthandelsorganisation.

Teil 2: Die Bedeutung des Europarechts für die Entwicklung des Völkerrechts als Folge der Außenbeziehungen der EG/EU und der Mitgliedstaaten

Die EG nimmt praktisch von Beginn ihres Bestehens an am bilateralen völkerrechtlichen Verkehr teil. Seit den 70er Jahren ist sie in stetig zunehmendem Maße auch in multilaterale Verträge eingebunden.
Aufgrund ihrer Eigenschaft als integrationsrechtliche Internationale Organisation übt die Gemeinschaft in einigen Bereichen, etwa der Handelspolitik, auch im Verhältnis zu dritten Völkerrechtssubjekten die Kompetenzen der Mitgliedstaaten an deren Stelle aus. In anderen Bereichen agieren Gemeinschaft und Mitgliedstaaten auf internationaler Ebene nebeneinander.

Neben die im Innenverhältnis durch den EG-Vertrag zwischen Gemeinschaft und Mitgliedstaaten geschaffenen Bindungen können so im Außenverhältnis völkerrechtliche Verpflichtungen der Gemeinschaft gegenüber dritten Völkerrechtssubjekten treten. In diesem Zusammenhang stellen sich dann einige Fragen, auf die in Abschnitt A eingegangen wird: In welchem Umfang werden die Mitgliedstaaten durch das völkerrechtserhebliche Handeln der Gemeinschaft intern und gegenüber dritten Völkerrechtssubjekten gebunden? Bestehen Unterschiede zwischen Normen völkervertrags- und völkergewohnheitsrechtlichen Ursprungs? Inwieweit zeitigen entsprechende gemeinschaftsrechtliche Regelungen Rückwirkungen auf die generelle Haltung nationaler Rechtsordnungen völkerrechtlichen Normen gegenüber?
In Abschnitt B wird erörtert, ob für die EG völkerrechtliche Verpflichtungen aus dem Umstand erwachsen können, daß Mitgliedstaaten entsprechenden vertraglichen Bindungen gegenüber dritten Völkerrechtssubjekten unterliegen. Sollten sich tatsächlich entsprechende Bindungswirkungen auch für die EG feststellen lassen, dann könnte dies für die Vertragspartner bedeuten, daß sie mit der Gemeinschaft einen zusätzlichen Verpflichteten neben den Mitgliedstaaten erhalten; eine -auch aus völkerrechtlicher Sicht- nicht unvorteilhafte Position für die vertraglich Berechtigten.
Weiterhin wird untersucht (Abschnitt C), inwiefern die Teilnahme von EG und Mitgliedstaaten am völkerrechtlichen Verkehr zur Herausbildung neuer völkerrechtlicher Normen von genereller Bedeutung geführt hat. Dabei ist zu differenzieren zwischen Normen, die Beteiligungs- und Verfahrensfragen regeln, und Normen materiell-rechtlichen Charakters. Im ersteren Falle geht es um den Einfluß auf das internationale Recht der Verträge und auf das interne Recht anderer Internationaler Organisationen. Der zweite Fall betrifft den Einfluß, den die EG und ihre Mitgliedstaaten auf die Entwicklung des internationalen Menschenrechtsschutzes und des internationalen Rechts der Anerkennung von Staaten genommen haben.

A. Gemeinschaftsrecht und der Status völkerrechtlicher Normen in den Rechtsordnungen der Mitgliedstaaten

Im Vordergrund steht hier der Nachweis, daß das Gemeinschaftsrecht mit seinen spezifischen Mechanismen auch solchen völkerrechtlichen Normen zu größerer Wirksamkeit zu verhelfen vermag, die ihren Ursprung nicht im Gemeinschaftsrecht haben.

I. Wirkung internationaler Abkommen der EG für die Mitgliedstaaten

Im folgenden soll die Wirkung internationaler Abkommen der EG für die und in den Mitgliedstaaten untersucht werden im Vergleich zu der gegenwärtigen Rechtslage nach allgemeinem Völkerrecht bei klassischen Internationalen Organisationen und deren Mitgliedern.

Als Vorfrage ist zu klären, unter welchen Voraussetzungen die EG überhaupt berechtigt ist, völkerrechtliche Verträge im eigenen Namen zu schließen. Denn im Gegensatz zu (Mitglied-) Staaten verfügt sie über keine diesbezügliche ursprüngliche Allzuständigkeit.

1. Zuständigkeit der EG zum Abschluß völkerrechtlicher Verträge als Vorfrage

Aus Art. 300 EGV ergibt sich, daß die EG zum Abschluß völkerrechtlicher Verträge mit dritten Völkerrechtssubjekten in der Lage ist. Wie aber Abs. 1 S.1 der Bestimmung bereits deutlich macht („Soweit dieser Vertrag den Abschluß von Abkommen zwischen der Gemeinschaft und einem oder mehreren anderen Staaten oder internationalen Organisationen vorsieht, ..."), setzt Art. 300 EGV als Verfahrensvorschrift die Vertragsschlußkompetenz lediglich voraus. Materiell-rechtliche Regelungen über die Außenkompetenz der EG sind daher in unmittelbarer Umgebung der einzelnen vom Vertrag umfaßten Sachmaterien zu suchen.

a) Ausdrückliche Außenkompetenzen der EG

Der EWG-Vertrag sah ursprünglich lediglich eine Kompetenz der Gemeinschaft zum Abschluß völkerrechtlicher Verträge im Bereich Handel (Art. 133, Art. 113 a.F.) und zur Assoziierung dritter Staaten oder Internationaler Organisationen (Art. 310, Art. 238 a.F.) vor. Diese Kompetenzen waren und sind ausschließliche[1], d.h. in diesen Regelungsbereichen des Vertrages verfügen die Mitgliedstaaten über keine eigene Vertragsschlußkompetenz mehr. Dies gilt nicht für die weiteren, später im Vertrag ausdrücklich festgeschriebenen Außenzuständigkeiten der Gemeinschaft[2], wie sich einigen dieser Vorschriften unmittelbar entnehmen läßt[3]. Insgesamt war und ist die Zahl der Außenkompetenzvorschriften im Vergleich zur Gesamtheit aller Bereiche, in denen die EG eine Regelungsbefugnis besitzt, aber recht begrenzt. Aus Sicht der Mitgliedstaaten sollte es mit dieser eingeschränkten Außenzuständigkeit der EG sein Bewenden haben[4]. Auch aus völkerrechtlicher Sicht reichten bereits die ursprünglichen ausdrücklich im Vertrag vorgesehenen Kompetenzen zur Begründung der Völkerrechtsfähigkeit der EG aus.

Die Kommission muß diese Beschränkung jedoch als unbefriedigend empfunden haben, führte sie doch dazu, daß dem mächtigen Auftreten der Gemeinschaft den Mitgliedstaaten

---

[1] G/T/E-*Tomuschat*, Kommentar zum EU-/EG-Vertrag, Art. 228 Rn 4.

[2] Währungs- und Devisenbereich: Art. 111 Abs. 3 EGV; Forschung und Technologie: Art. 170 EGV; Umwelt: Art. 174 Abs. 4 EGV; Entwicklungszusammenarbeit: Art. 181 EGV; Wirtschaftssanktionen: Art. 301 EGV; Abkommen mit anderen Internationalen Organisationen: Art. 302-304 EGV.

[3] Art. 111 Abs. 5, 174 Abs. 4 UAbs. 2, 181 Abs. 2 EGV.

[4] Im einige Jahre zuvor geschlossenen EGKS-Vertrag wurde in Art. 6 Abs. 2 zwar noch eine allgemeine Vertragsschlußkompetenz der Gemeinschaft normiert, doch relativiert die Herausnahme der Handelspolitik aus der Außenzuständigkeit der EGKS durch Art. 71 Abs. 1 EGKSV und der von vornherein weitaus begrenztere Regelungsbereich des Vertrages die Bedeutung dieser Befugnis. Im ebenfalls sehr speziellen EAG-Vertrag wird -wie im E(W)G-Vertrag- sowohl im Innen- wie im Außenbereich dem Grundsatz der begrenzten Einzelermächtigung gefolgt.

gegenüber -es sei nur an den absoluten innerstaatlichen Vorrang des Gemeinschaftsrechts erinnert- eine "Zwergenexistenz" der EG auf internationaler Ebene gegenüberstand.

b) Implizite Außenkompetenzen der EG

Im Rahmen einer Nichtigkeitsklage der Kommission gegen einen Beschluß des Rates, mit dem dieser den Mitgliedstaaten bei den Verhandlungen zum Abschluß des 'Europäischen Übereinkommens über die Arbeit der Fahrzeugbesatzungen im internationalen Straßenverkehr' eine gemeinsame Haltung aufgab, bot sich dem EuGH im Jahre 1971 die Gelegenheit, Grundsätzliches zur Außenkompetenz-Verteilung zwischen EG und Mitgliedstaaten zu sagen. In dem in der Rechtssache 22/70 (Kommission v. Rat) ergangenen Urteil[5] entwickelte der EuGH gewissermaßen eine striktere europarechtliche Version der *implied powers*-Lehre, die die Bezeichnung „AETR-Doktrin"[6] fand. Danach sollen die Zuständigkeiten der Gemeinschaft nach außen parallel zu denen nach innen verlaufen[7] (*in foro interno, in foro externo*[8]). Das soll nicht nur für den Bereich der (internen) ausschließlichen Zuständigkeit der Gemeinschaft gelten, sondern auch für den -weitaus größten-Bereich der konkurrierenden Kompetenzen. Im Ergebnis bedeutet dies, daß die Mitgliedstaaten (auch) nach außen nicht mehr in einer Weise tätig werden können, die die Gemeinschaftsrechtssetzung „beeinträchtigen" würde[9], wenn die EG im Innern von ihrer konkurrierenden Kompetenz Gebrauch gemacht hat. Der Grund für diese vom EuGH verordnete "Sperrwirkung" liegt allerdings weniger in der beabsichtigten Stärkung der Handlungsfähigkeit der EG auf internationaler Ebene als vielmehr in der Erhaltung der innergemeinschaftlichen Handlungsfähigkeit[10]. In rechtlicher Hinsicht berührt die völkerrechtliche Bindung eines EU-Mitgliedstaates gegenüber einem dritten Völkerrechtssubjekt die innergemeinschaftlichen Rechtsbeziehungen zwar nicht, aber die mit dieser Bindung möglicherweise einhergehenden faktischen Einschränkungen des Handlungsspielraums des betroffenen Mitgliedstaates wären durchaus in der Lage, die Fortentwicklung des Gemeinschaftsrechts in den entsprechenden Vertragsbereichen zu behindern.

Die AETR-Doktrin hat der EuGH -nach einer zwischenzeitlichen Verschärfung zugunsten der EG[11]- im Grundsatz beibehalten. In jüngerer Zeit ist jedoch eine deutlich restriktivere Auslegung der Außenkompetenzen der Gemeinschaft zu konstatieren. So stellte der EuGH im Gutachten zum WTO-Übereinkommen fest, daß die betätigte konkurrierende Innen-

---

[5] EuGH Rs. 22/70, Kommission v. Rat, Slg. 1971, S. 263 ff.

[6] Vgl. nur *Schweitzer/Hummer*, Europarecht, Rn 653; die Bezeichnung *AETR* rührt von der authentischen Bezeichnung des in Rede stehenden Europäischen Übereinkommens über die Arbeit der Fahrzeugbesatzungen im internationalen Straßenverkehr her: *A*ccord *E*uropéen sur les *T*ransports par *R*oute.

[7] EuGH, a.a.O., S. 275 Tz 15/19.

[8] G/T/E-*Tomuschat*, Kommentar zum EU-/EG-Vertrag, Art. 228 Rn 3.

[9] EuGH Rs. 22/70, Kommission v. Rat (*AETR*), Slg. 1971, S. 263 ff. (275).

[10] *Beier*, Die geschlossene völkerrechtliche Vertretung der Gemeinschaft am Beispiel der 3. Vertragsstaatenkonferenz der Klimarahmenkonvention in Kyoto, EuZW (1999), S. 11 ff. (15); *O'Keeffe*, Exclusive, Concurrent and Shared Competence - in: Dashwood/Hillion (Hrsg.), The General Law of E.C. External Relations, S. 179 ff. (182): „In that sense this judge-made principle is no more than an application of the principle of loyalty enshrined in Art. 10 EC (ex Article 5)".

[11] In den verb. Rs. 3, 4 und 6/76, Cornelis Kramer u.a., Slg. 1976, S. 1279 ff. (1311/12 Tz 30/33) und im Gutachten 1/76 (Stillegungsfonds für die Binnenschiffahrt), Slg. 1977, S. 741 ff. (755 Rz 3), ging der EuGH zwischenzeitlich sogar davon aus, daß die externe Zuständigkeit der EG nicht von dem aktuell erfolgten Erlaß interner Bestimmungen abhänge, sondern sich bereits aus der (konkurrierenden) Zuständigkeit zum Erlaß von Gemeinschaftsrecht an sich ergebe.

kompetenz nur in dem Umfang zu einer ausschließlichen (impliziten) Außenkompetenz der EG führt, wie der in Rede stehende Bereich im Innern tatsächlich („weitgehend"[12]) ausnormiert worden ist[13]. Ist die Gemeinschaftsgesetzgebung hier noch lückenhaft und verbleibt den Mitgliedstaaten daher noch eine (Rest-) Zuständigkeit, so gilt dies in gleicher Weise auch für den Außenbereich. Auf der Grundlage einer solchen internen Teilregelung kann die EG dann keine ausschließliche Außenkompetenz in dem Sachbereich (mehr) beanspruchen. Die Mitgliedstaaten sind im Gegenzug weiterhin verpflichtet, bei eigenem Tätigwerden keine dem EG-Recht widersprechenden („beeinträchtigende") Abkommen zu schließen.

Wann eine solche Beeinträchtigung der Gemeinschaftsrechtssetzung tatsächlich gegeben ist, kann sinnvollerweise nur unter Würdigung aller Umstände des konkreten Einzelfalls im Rahmen eines Vertragsverletzungsverfahrens geklärt werden.

Die konkrete Entscheidung im WTO-Gutachten ging dahin, daß der EuGH die Zuständigkeit für den Abschluß GATS und des TRIPS im Rahmen des WTO-Übereinkommens als zwischen den Mitgliedstaaten und der Gemeinschaft geteilt ansah[14].

c) Zwischen EG und Mitgliedstaaten geteilte Zuständigkeit zum Abschluß völkerrechtlicher Verträge

Neben ausschließlichen expliziten Außenkompetenzen besitzt die EG -wie gesehen- konkurrierende ausdrückliche und implizite Außenzuständigkeiten, wobei letztere zu ausschließlichen Kompetenzen erstarken können. Ist es der Gemeinschaft in allen diesen Fällen möglich -wenn auch unter unterschiedlichen Voraussetzungen-, allein Vertragspartnerin dritter Völkerrechtssubjekte zu werden, gibt es neben dem GATS und TRIPS weitere Bereiche, in denen es der EG wegen fehlender alleiniger Zuständigkeit in einem Regelungsbereich des geplanten Abkommens an dieser Fähigkeit mangelt[15]. Ebensowenig können die Mitgliedstaaten allein handeln.

In solchen Fällen muß das Abkommen in seiner Gesamtheit sowohl von den Mitgliedstaaten als auch von der Gemeinschaft unterzeichnet und ratifiziert werden. Man spricht insofern von einem „gemischten Abkommen"[16 17].

---

[12] So die Formulierung des EuGH im Gutachten 1/91, ILO-Übereinkommen Nr. 170, Slg. 1993-I, S. 1064 ff. (1080 Rz 25).

[13] Gutachten 1/94, WTO-Beitritt, Slg. 1994-I, S. 5267 ff. (5413 f. Rz 85, 5416 Rz 95); s.a. Gutachten 2/00, Protokoll von Cartagena über die biologische Sicherheit, Slg. 2001-I, S. 9717 ff. (9765 Rn 45).

[14] EuGH Gutachten 1/94, Slg. 1994-I, S. 5267 ff. (5417 Rz 98, 5419 Rz 105).

[15] Vgl. EuGH verb. Rs. C-181/91 u. 248/91, Parlament v. Rat und Kommission, Slg. 1993-I, S. 3685 ff. (3718 Rz 16, 3719 Rz 25): Humanitäre Hilfe; EuGH Rs. C-316/91, Parlament v. Rat, Slg. 1994-I, S. 625 ff. (661 Rz 26): Entwicklungshilfe; EuGH Gutachten 2/92, Beitritt zum 3. revidierten Beschluß des Rates der OECD über die Inländerbehandlung, Slg. 1995-I, S. 521 ff. (560 Rz 35); EuGH Rs. C-268/94, Portugal v. Rat, Slg. 1996-I, S. 6177 ff. (6219 Rz 36): Entwicklungszusammenarbeit; EuGH Gutachten 2/00, Protokoll von Cartagena über die biologische Sicherheit (Fn 13), S. 9765 Rz 47: Umweltschutz.

[16] Vgl. EuGH, Rs. 12/86, *Demirel*, Slg. 1987, S. 3719 ff. (3747 Rz 8): „gemischtes Abkommen"; im Gutachten 2/91, ILO-Übereinkommen Nr. 170, Slg. 1993-I, S. 1061 ff. (1083 Rz 36) stellt der EuGH fest, daß ein Abkommen dann als gemischtes Abkommen abzuschließen ist, „wenn sein Gegenstand teils in die Zuständigkeit der Mitgliedstaaten, teil in diejenige der Gemeinschaft fällt". Der Abschluß eines gemischten Abkommens ist jetzt auch ausdrücklich in Art. 133 Abs. 6 UAbs. 2 EGV (i.d.F. des Vertrags von Nizza, s. Teil 1 Fn 12) vorgesehen: „Ein Abkommen kann vom Rat nicht geschlossen werden, wenn es Bestimmungen enthält, die die interne Zuständigkeit der Gemeinschaft überschreiten würden, [...]. Zur Aushandlung solcher Abkommen ist daher außer einem Beschluß der Gemeinschaft gemäß den einschlägigen Bestimmungen des

2. Bindung der Mitgliedstaaten an Gemeinschaftsabkommen

a) Die Vorschrift des Art. 300 Abs. 7 EGV und die „mißdeutbare" Rspr. des EuGH

Nach dem *pacta sunt servanda*-Grundsatz ist ein Völkerrechtssubjekt, das als Vertragspartei an einem Abkommen beteiligt ist, an dessen Bestimmungen gebunden[18].
Insofern ist die Feststellung in Art. 300 Abs. 7 Alt. 1 EGV, daß die Organe der Gemeinschaft an die völkerrechtlichen Abkommen der Gemeinschaft gebunden sind, aus völkerrechtlicher Sicht lediglich eine deklaratorische Wiederholung der ohnehin bestehenden Bindung aller Organe eines Staates oder einer Internationalen Organisation an die von ihm/ihr geschlossenen Abkommen.

In gleicher Weise grundlegend ist die völkerrechtliche Norm, wonach ein Vertrag keine Wirkung zu Lasten Dritter und grundsätzlich auch nicht zugunsten Dritter entfalten kann: *pacta tertiis nec nocent nec prosunt*[19].
Vor diesem Hintergrund erklärt es sich, daß Art. 300 Abs. 7 Alt. 2 EGV, der die Verbindlichkeit von Gemeinschaftsabkommen für die Mitgliedstaaten anordnet, als gemeinschaftsinterne Bestimmung allein zwischen der Internationalen Organisation und ihren Mitgliedstaaten sowie zwischen den Mitgliedstaaten untereinander Geltung beanspruchen kann. Für dritte Völkerrechtssubjekte stellt sie eine reine *res inter alios acta* dar[20]. Gleichwohl spricht der EuGH im Hinblick auf Art. 300 Abs. 7 EGV von „eine[r] Pflicht, die nicht nur dem betroffenen Drittland, sondern auch und vor allem der Gemeinschaft gegenüber besteht"[21]. Daran anschließend geht etwa *Rideau* von einer völkerrechtlichen Bindung der Mitgliedstaaten durch Gemeinschaftsabkommen aus, die sogar „eventuell" von Vertragspartnern der EG im Klagewege durchgesetzt werden könnten[22]. Andere bezeichnen die Formulierung des EuGH in *Kupferberg I* als „mißdeutbar" und (nur) im Hinblick auf den „gemeinschaftsrechtlichen Charakter" der EG-Abkommen verständlich[23]. Die völkerrechtliche Lage ist in der Tat nicht so eindeutig, wie die oben zitierten völkerrechtlichen Grundsätze glauben machen. Diese sind zwar in ihrer Existenz und Gültigkeit unbestritten, indem sie Eingang in die beiden Wiener Vertragsrechtskonventionen gefunden haben,

---

Artikels 300 auch die einvernehmliche Zustimmung der Mitgliedstaaten erforderlich. Die so ausgehandelten Abkommen werden gemeinsam von der Gemeinschaft und den Mitgliedstaaten geschlossen".

17 Ausführlich zu den gemeinschaftsrechtlichen Aspekten im Zusammenhang mit gemischten Abkommen: *Rosas*, The European Union and Mixed Agreements - in: Dashwood/Hillion (Hrsg.), The General Law of E.C. External Relations, S. 200 ff.; *MacLeod/Hendry/Hyett*, The External Relations of the European Union, S. 142 ff.; s.a. die Aufsatzsammlung *Bourgeois u.a. (Hrsg.)*, La Communauté européenne et les accords mixed; zur völkerrechtlichen Seite von gemischten Abkommen siehe unten: C. I. 2. (S. 212 ff.).

18 Vgl. Art. 26 WVRK I u. Art. 26 WVRK II.

19 Vgl. Art. 34 WVRK I u. Art. 34 WVRK II; s. dazu *Brownlie*, Principles of Public International Law, S. 628.

20 Vgl. nur Graf Vitzthum-*Graf Vitzthum*, Völkerrecht, 1. Abschn. Rn 120.

21 EuGH Rs. 104/81, Hauptzollamt Mainz v. C.A. Kupferberg & Cie. KG a. A. (*Kupferberg I*), Slg. 1982, S. 3641 ff. (3662 Rz 13).

22 *Rideau*, Les accords internationaux dans la jurisprudence de la Cour de justice des Communautés européennes, RGDIP 94 (1990), S. 289 ff. (410): „[O]n peut donc admettre que l'article 228 § 2 [Art. 300 Abs. 7 n.F.], en énonçant que les accords conclus par la Communauté lient les Etats membres, crée des droits au profit des tiers cocontractants de la Communauté que ceux-ci pourraient éventuellement invoquer". Eine solche (wörtliche) Interpretation der Formulierung im *Kupferberg I*-Urteils scheinen auch *Lenaerts/De Smijter*, Some reflections on the status of international agreements in the Community legal order - in: Rodrígues Iglesias u.a. (Hrsg.), FS Schockweiler, S. 347 ff. (355), zu bejahen.

23 Grabitz/Hilf-*Vedder*, Kommentar zur EU, Art. 228 EGV Rn 54; ebenso G/T/E-*Tomuschat*, Kommentar zum EU-/EG-Vertrag, Art. 228 Rn 56 Fn 85: „mißverständlich".

doch gerade eine Betrachtung der WVRK II muß zu einer differenzierteren Sichtweise führen.

b) Völkerrechtliche Bindung der Mitgliedstaaten an die von der Internationalen Organisation geschlossenen Abkommen

Im Hinblick auf die Vertragsschlußkompetenz Internationaler Organisationen sind die in der Wiener Konvention über das Recht der Verträge zwischen Staaten und Internationalen Organisationen oder zwischen Internationalen Organisationen vom 21. März 1986[24] enthaltenen Bestimmungen widersprüchlich, zumindest aber nicht eindeutig[25]. Bezüglich der Wirkung völkerrechtlicher Verträge der Organisation für die Mitgliedstaaten fehlt dagegen eine ausdrückliche Regelung in der Konvention. Der Hinweis in Art. 74 Abs. 3 (Teil VI: Verschiedene Bestimmungen), daß mit der völkerrechtlichen Verbindlichkeit eines Abkommens für die Internationale Organisation die Frage nach Rechten und Pflichten für die Mitgliedstaaten aus diesen Abkommen noch nicht beantwortet ist, macht aber deutlich, daß die Konferenzteilnehmer diese wichtige Frage zumindest nicht übersehen haben. Ob sich mit dieser Vorschrift aber die völkerrechtliche Bindung der EU-Mitgliedstaaten an die Gemeinschaftsabkommen begründen läßt -Art. 300 Abs. 7 EGV wäre dann als gem. Art. 74 Abs. 3 WVRK II von der Konvention „unberührte" Regelung zu sehen[26]-, erschließt sich aus dem Kontext, in dem Art. 74 Abs. 3 WVRK II zu sehen ist. Diese Vorschrift steht gleichsam anstelle eines Artikelentwurfs der ILC, den *Reuter* als Special Rapporteur im begleitenden Kommentar als „the one that has aroused most comment, controversy and difficulty, both in and outside the Commission" bezeichnete[27]. Dieser Art. 36*bis*, der auf der Wiener Vertragsrechtskonferenz vom 18. Feb. bis 20. März 1986 zur Debatte stand, war überschrieben mit: *Obligations and rights arising for States members of an international organization from a treaty to which it is a party*:

> „Obligations and rights arise for States members of an international organization from the provisions of a treaty to which that organization is a party when the parties to the treaty intend those provisions to be the means of establishing such obligations and according such rights *and* have defined their conditions and effects in the treaty or have otherwise agreed thereon, *and* if:
>
> *(a)* the State members of the organization, by virtue of the constituent instrument of that organization or otherwise, have *unanimously* agreed to be bound by the said provisions of the treaty; and
>
> *(b)* the assent of the States members of the organization to be bound by the relevant provisions of the treaty has been duly brought to the knowledge of the negotiating States and negotiating organizations."[28]

---

[24] Text in: ILM 25 (1986) S. 543 ff.; dt. Quelle: BGBl. 1990 II, S. 1414 ff.
Obwohl das Übereinkommen auch Internationalen Organisationen zum Beitritt offensteht (Art. 84), ist dessen Inkrafttreten allein abhängig von der Hinterlegung der 35. Ratifikationsurkunde durch einen Staat (Art. 85 Abs. 1). Von den gegenwärtig 39 Unterzeichnerstaaten hatten 34 es am 31.8.2002 ratifiziert. 8 Internationale Organisationen hatten zu diesem Zeitpunkt ihren Beitritt gem. Art. 85 Abs. 3 förmlich bestätigt.
Die WVRK II entspricht in weiten Teilen der WVRK I von 1969 (was laut *Gaia*, A 'New' Convention on Treaties between States and International Organizations or between International Organizations: A Critical Commentary, BYIL 58 (1987), S. 253 ff. (254) geradezu eine Bedingung für den Erfolg der Konferenz von 1986 war). Die WVRK I wiederum kodifizierte in weiten Teilen geltendes Völkergewohnheitsrecht (*Gaja*, a.a.O., S. 269; Graf Vitzthum-*Graf Vitzthum*, Völkerrecht, 1. Abschn. Rn 114).

[25] Siehe oben: Teil 1 Fn 404.

[26] So die Begründung von *Rideau*, a.a.O. (Fn 22).

[27] Report of the International Law Commission on the work of its thirty-fourth session, YILC 1982 II/2, S. 9 ff. (43).

[28] A.a.O. (eigene Hervorhebungen).

Dieser recht unspektakuläre Entwurf stand am Ende einer wahren Odyssee, die dieser Artikel während der Entwurfsphase durchlebte[29]. Er stellt insofern nur den kleinsten gemeinsamen Nenner dar, auf den die ILC ihren Entwurf auf Druck der Staaten reduzieren mußte[30]. Auf der Vertragsrechtskonferenz erwies er sich allerdings als immer noch zu groß. Wenn man sich die (damals) gegenüberstehenden Interessen(gruppen) vor Augen führt, ist die gescheiterte Annahme des Entwurfs auch in der Rückschau gut nachzuvollziehen. Divergierende Auffassungen gab es nicht nur unter den 97 auf der Konferenz vertretenen Staaten und unter den 19 teilnehmenden Internationalen Organisationen, sondern auch zwischen beiden Lagern. So wollten die Ostblockstaaten -unter Federführung der UdSSR- den Einfluß Internationaler Organisationen, den diese über das Vertragsrecht auf Staaten nehmen konnten, so gering wie möglich halten[31]; außerdem befürchteten Entwicklungsländer durch eine Bindung an die Verträge einer Internationalen Organisation, der sie angehörten, mittelbar einer Fremdbestimmung durch westliche Staaten unterworfen zu werden[32]. Die EG, die den Entwurf begrüßte, sah sich der nahezu geschlossenen Front der klassisch strukturierten Internationalen Organisationen gegenüber, die zu dem Entwurf Art. 36*bis* reservierte bis ablehnende Stellungnahmen abgaben, da sie sich in ihm nicht wiederfanden[33]. Die Internationalen Organisationen sahen ihre Unabhängigkeit am besten

---

29 Insgesamt 6 immer wieder abgewandelte Entwürfe gab es zu Art. 36*bis*. Der erste, durchaus bemerkenswerte Entwurf war überschieben mit: *effects of a treaty to which an international organization is party with respect to States members of that organization* und lautete:

„1. A treaty concluded by an international organization gives rise directly for States members of an international organization to rights and obligations in respect of other parties to that treaty if the constituent instrument of that organization expressly gives such effects to the treaty.

2. When, on account of the subject-matter of a treaty concluded by an international organization and the assignment of areas of competence involved in that subject matter between the organization and its member states, it appears that such was indeed the intention of the parties to that treaty, the treaty gives rise for a member State to

(i) rights, which the member State is presumed to accept, in the absence of any indication of intention to the contrary;

(ii) obligations when the member State accepts them, even implicitly."

[abgedruckt in: YBILC 1977 II/1, S. 119 ff. (128)]

Einen Überblick über die verschiedenen Entwürfe und die Gründe ihres Scheiterns gibt *Brölmann*, The 1986 Vienna Convention on the Law of Treaties: The History of Draft Article 36*bis* - in: Klabbers/Lefeber (Hrsg.), FS Bert Vierdag, S. 121 ff. (127-134).

30 *Bettati*, Création et personnalité juridique des organisations internationales - in: Dupuy (Hrsg.), Manuel sur les organisations internationales, S. 33 ff. (54), spricht insgesamt von einem „texte de compromis".

31 Die völkerrechtliche Schule der UdSSR sah Internationale Organisationen lediglich als reine Erfüllungsgehilfen von Staaten an, denen Vertragsschlußkompetenz allenfalls in engen Grenzen zuzuerkennen war. Bei der Schlußabstimmung über die Konvention enthielten sich die Ostblockstaaten dann auch geschlossen; vgl. *Manin*, La Convention de Vienne sur le Droit des Traités entre Etats et organisations internationales ou entre organisations internationales, AFDI 32 (1986), S. 454 ff. (455, 457 ff., 472); Diese Auffassung lag auch letztlich der Verweigerung der völkerrechtlichen Anerkennung der EWG als Völkerrechtssubjekt durch die UdSSR zugrunde (vgl. dazu *Groux/Manin*, Die Europäischen Gemeinschaften in der Völkerrechtsordnung, S. 20 f. u. 72 f.).

32 *Reuter*, La Conférence de Vienne sur les traités des organisations internationales et la sécurité des engagements conventionnels - in: Capotorti u.a. (Hrsg.), FS Pescatore, S. 545 ff. (560), machte aber auch auf seiten einiger EG-Mitgliedstaaten gewisse Vorbehalte aus.

33 Bzgl. vorhergehender Entwürfe sagte die ILO z.B.: „[T]he ILO does not, at present, have experience which could throw any light on the needs which might call for provisions of the kind envisaged in possible article 36*bis*"; die FAO immerhin erkannte an, daß „at least indirectly" Rechte und Pflichten für die Mitgliedstaaten aus Verträgen der Internationalen Organisation entstehen können; die EWG hingegen teilte mit: „The Community fully endorses the principles underlying draft article 36*bis* (Stellungnahmen abgedruckt in:

dadurch gewährleistet, daß die Bindung der Mitgliedstaaten sich allein nach den 'Vorschriften der Organisation' richten sollte[34]. Für die Mitgliedstaaten kam es vor allem darauf an, nur bei Einstimmigkeit auf ihrer Seite an die Verträge der Organisation gebunden zu sein. Laut *Manin*, der an der Konferenz als Berater der EWG teilnahm, waren die Debatten um Art. 36*bis* lang und oftmals konfus[35], was angesichts der verworrenen Interessenlage kaum verwundern mag.

Hintergrund für die Einfügung eines Art. 36*bis* in Abschnitt 4 (Treaties and third States or third organizations, Art. 34-38) des abschließenden ILC-Entwurfs, war die Auffassung, daß die Mitgliedstaaten einer Internationalen Organisation nicht einfach dem in diesem Abschnitt geregelten Regime für Drittstaaten unterworfen werden sollten. Denn danach hätte der in Art. 34 des Entwurfs (und der Konvention) enthaltene Grundsatz *pacta tertiis nec nocent nec prosunt* auch auf sie Anwendung gefunden.
In der Tat ist es befremdlich, die Mitgliedstaaten einer Internationalen Organisation, die diese ins Leben gerufen, sie durch den Gründungsvertrag maßgeblich geprägt haben und sie in der Führung ihrer Geschäft z.T. erheblich beeinflussen, hinsichtlich der Außenbeziehungen der Organisation als völlig unbeteiligte Dritte zu betrachten. Wurde diese Auffassung noch von der Mehrzahl der Konferenzteilnehmer geteilt, so war doch kein Konsens darüber zu erzielen, in welcher Form diese Erkenntnis Niederschlag in der Konvention finden sollte. Einigkeit fehlte vor allem in der Frage, unter welchen Voraussetzungen Rechte und Pflichten unmittelbar zwischen den Mitgliedstaaten der Internationalen Organisation und den Vertragspartnern der Organisation entstehen sollten.
Wichtig ist in diesem Zusammenhang die klare Abgrenzung des Rechtsverhältnisses der Mitgliedstaaten zu ihrer Organisation einerseits -dies wird von Art. 36*bis* in keiner Weise geregelt und unterliegt allein den Vorschriften der Organisation- und zu den Vertragspartnern der Organisation andererseits -nur diesen Aspekt regelt Art. 36*bis*[36].

Vor diesem Hintergrund ist nun auch die oben gestellte Frage zu beantworten, ob Art. 74 Abs. 3 WVRK II gleichsam als stillschweigende "Ersatzvorschrift" für den letztlich gescheiterten Art. 36*bis* eine Internationale Organisation ermächtigt, die völkerrechtliche Verbindlichkeit von Abkommen für die Mitgliedstaaten nun in einer Vorschrift ihres Gründungsvertrages anzuordnen.
Art. 74 Abs. 3 WVRK II lautet:

> „Dieses Übereinkommen läßt Fragen unberührt, die sich hinsichtlich der Schaffung von Pflichten und Rechten für Staaten, die Mitglieder einer internationalen Organisation sind, auf Grund eines Vertrags, dem die Organisation als Vertragspartei angehört, ergeben können".

Die Formulierung läßt offen, welcher Art die „Fragen" sind, die sich im Zusammenhang mit einem völkerrechtlichen Vertrag ergeben können. Zum einen können Fragen der völkerrechtlichen Bindung der Mitgliedstaaten ggü. den Vertragspartnern der Internationa-

---

YBILC 1981 II/2 Annex II B, S. 181 ff. (196 ff.); Bzgl. des abschließenden Artikelentwurfs sagte die UNESCO etwa: „[It] will give rise to more problems than it will solve in the future" (abgedruckt in: UN Doc. A/ CONF. 129/5 (177)); die EWG wiederum begrüßte es, einer Internationalen Organisation völkerrechtlich die Möglichkeit zu geben, ihre Mitgliedstaaten durch den Abschluß eines Vertrages zu binden (a.a.O., S. 178).

34 Vgl. Änderungsvorschläge der ILO, des IMF und der UNO, UN Doc. A/Conf.129/C.1/L.56 und L.65.

35 *Manin*, La Convention de Vienne sur le droit des traités entre états et organisations internationales ou entre organisations internationales, AFDI 32 (1987), S. 454 ff. (470): „[...] débats longs et souvent confus tant en Commission plénière qu'en groupe de négotiation [...]."

36 *Brölmann*, The Vienna Convention on the Law of Treaties: The history of draft article 36*bis* (Fn 29), S. 135, konstatiert die häufige Nichtbeachtung dieser Abgrenzung.

len Organisation gemeint sein, zum anderen aber auch lediglich Fragen, die die Bindung der Mitglieder ggü. der Organisation betreffen. Jedenfalls kann in der Vorschrift selbst keine Durchbrechung des Grundsatzes gesehen werden, daß aus völkerrechtlicher Sicht die Mitgliedstaaten einer Organisation Dritte im Verhältnis zu den Vertragspartnern der Organisation sind. Ebensowenig kann in Art. 74 Abs. 3 eine Ermächtigung gesehen werden, die Frage der völkerrechtlichen Bindung der Mitgliedstaaten an die von ihrer Organisation geschlossenen internationalen Abkommen im Gründungsvertrag zu regeln.
Die Konsequenz daraus ist, daß eine solche Bindungswirkung nur durch völkerrechtlich wirksame Vereinbarung zwischen den Vertragsparteien und den Mitgliedstaaten erzeugt werden kann.

c) Zwischenergebnis

Nach geltendem Völker(vertrags)recht ist es nicht möglich, Art. 300 Abs. 7 EGV so zu interpretieren, daß er die unmittelbare Erzeugung von Pflichten und/oder Rechten zwischen den Mitgliedstaaten der EU und den Vertragspartnern der EG anordnet. Der EG-Vertrag stellt im Verhältnis zwischen den Mitgliedstaaten und dritten Völkerrechtssubjekten weiterhin nur eine *res inter alios acta* dar. Die Äußerung des EuGH in *Kupferberg I*, daß eine (völkerrechtliche) Pflicht auch dem betroffenen Drittland gegenüber bestehen soll[37], ist daher trotz z.T. gegenteiliger Interpretation ausschließlich vor gemeinschaftsrechtlichem Hintergrund zu sehen.
Auch nach Gemeinschaftsrecht ist es mithin nicht möglich, daß die Mitgliedstaaten aus EG-Abkommen mit dritten Völkerrechtssubjekten diesen gegenüber völkerrechtlich unmittelbar berechtigt oder verpflichtet werden.

3. Innerstaatliche Wirkung völkerrechtlicher Verträge der EG

a) Verhältnis von Gemeinschaftsrechts und Völkervertragsrecht: monistisch oder dualistisch?

In seiner *Costa v. ENEL*-Entscheidung stellte der EuGH fest, daß im Unterschied zu gewöhnlichen internationalen Verträgen „der EWG-Vertrag eine eigene Rechtsordnung geschaffen hat, die bei seinem Inkrafttreten in die Rechtsordnungen der Mitgliedstaaten aufgenommen worden ist“[38]. In dieser Formulierung kommt ein deutlich monistisches Verständnis des Verhältnisses von Gemeinschaftsrecht und nationalem Recht zum Ausdruck.

Fraglich ist, ob gleiches für das Verhältnis von Völkervertragsrecht, an das die Gemeinschaft gebunden ist, und nationalem Recht gilt.

Art. 300 Abs. 7 EGV, der die gemeinschaftsrechtliche Bindungswirkung von völkerrechtlichen Abkommen der EG auch für die Mitgliedstaaten ausdrücklich anordnet, gibt keine unmittelbare Auskunft über die Wirkung und den Status von Gemeinschaftsabkommen in den innerstaatlichen Rechtsordnungen. Mittelbar könnte sich eine solche Aussage aber ergeben, wenn in Art. 300 Abs. 7 eine dualistisch inspirierte Transformationsvorschrift zu sehen wäre, wodurch das Abkommen der EG in innergemeinschaftliches Recht umgewandelt würde und folglich als solches in den Mitgliedstaaten zur Anwendung käme. In diesem Fall nähmen die Bestimmungen des Abkommens in vollem Umfang an den vom

---

[37] Siehe Fn 21.
[38] EuGH Rs. 6/64 Costa v. ENEL, Slg. 1964, S. 1251 ff. (1269).

EuGH entwickelten Grundsätzen über das Verhältnis von Gemeinschaftsrecht und nationalem Recht teil, der unmittelbaren Anwendbarkeit und dem Vorrang.
Für eine solche Funktion des Art. 300 Abs. 7 als Transformationsvorschrift spricht die Formulierung, daß (nur) „die nach Maßgabe dieses Artikels geschlossenen Abkommen", innergemeinschaftliche Bindungswirkung erzeugen[39]. Damit wird die innergemeinschaftliche Anwendung v.a. von dem Ratsbeschluß nach Art. 300 Abs. 2 UAbs. 1 abhängig gemacht. Auch die Betrachtung der Vorschrift als Generaltransformator -vergleichbar Art. 25 Abs. 1 GG- erscheint denkbar[40]. Andererseits schließt die Fassung des Art. 300 Abs. 7 auch den Charakter einer Adoptionsvorschrift nicht aus, wie sie etwa in der monistischen Verfassung Frankreichs mit Art. 55[41] besteht. Im deutschen Schrifttum wird die Vorschrift schließlich noch mit der zwischen der Transformations- und Adoptionstheorie vermittelnden sog. Vollzugslehre in Verbindung gebracht[42]. Danach wird zwar nicht auf einen staatlichen Vollzugsakt zur Einführung der Völkerrechtsnorm in das innerstaatliche Recht verzichtet, doch kommt diesem -im Gegensatz zu einem echten Transformationsgesetz- keine materielle Bedeutung zu. D.h. die völkerrechtliche Norm wird nicht in eine innerstaatliche umgewandelt, sondern kommt als völkerrechtliche im nationalen Recht zur Anwendung[43].

Maßgeblich ist jedoch letztlich die Bedeutung, die der EuGH der Vorschrift des Art. 300 Abs. 7 zumißt. In seinem grundlegenden *Haegmann II* -Urteil von 1974 sagte der EuGH, daß „ein vom Rat gemäß den Artikeln 228 und 238 des EWG-Vertrags geschlossenes Abkommen für die Gemeinschaft die Handlung eines Gemeinschaftsorgans" darstelle und ein „integrierender Bestandteil der Gemeinschaftsrechtsordnung" sei [44]. An anderer Stelle spricht der Gerichtshof von „gemeinschaftsrechtlichem Charakter" eines Abkommens und von dessen „völkerrechtlichem Ursprung"[45]. Diese Äußerungen vermitteln den Eindruck, die Bestimmungen eines Gemeinschaftsabkommens würden selbst zu Gemeinschaftsrecht (transformiert).
Daß die Bestimmungen eines Abkommens aber bereits mit deren völkerrechtlichem Inkrafttreten integrierender (gemeint sein dürfte 'integraler'[46]) Bestandteil der Gemeinschaftsrechtsordnung werden sollen, zeugt dagegen von einem ausgesprochen monistischen Verständnis des Art. 300 Abs. 7 EGV.
Angesichts dieses dogmatisch nicht eindeutigen Befundes der Rspr. des EuGH erscheint an dieser Stelle die Schlußfolgerung verfrüht, daß das *„rein* monistische Verständnis des

---

[39] G/T/E-*Tomuschat*, Kommentar zum EU-/EG-Vertrag, Art. 228 EGV Rn 59.

[40] Vgl. Calliess/Ruffert-*Schmalenbach*, Kommentar des EU-/EGV, Art. 300 EGV Rn 56; dieser Auffassung scheint *Bleckmann*, Europarecht, Rn 665, zuzuneigen.

[41] In diesem Sinne wohl *Timmermans*, The EU and Public International Law, EFARev 4 (1999), S. 181 ff. (189); Zum Wortlaut von Art. 55 der französischen Verfassung siehe unten: A. II. 2. a) (S. 133).

[42] G/T/E-*Tomuschat*, Kommentar zum EU-/EG-Vertrag, Art. 228 EGV Rn 59; Grabitz/Hilf-*Vedder*, Kommentar zur EU, Art. 228 EGV Rn 46.

[43] *Schweitzer*, Staatsrecht III, Rn 423.

[44] EuGH Rs. 181/73, R. & V. Haegman v. Belgischen Staat (*Haegman II*), Slg. 1974, S. 449 ff. (460 Tz 2/6); seitdem wiederholt der EuGH die Formel vom „integrierenden Bestandteil" in ständ. Rspr., z.B. Rs. 104/81, Hauptzollamt Mainz v C.A. Kupferberg & Cie. KG a. A. (*Kupferberg I*), Slg. 1982, S. 3641 ff. (3662 Rz 13); Rs. 12/86, Meryem Demirel v. Stadt Schwäbisch Gmünd (*Demirel*), Slg. 1987, S. 3719 ff. (3747 Rz 7); Gutachten 1/91, *EWR I*, Slg. 1991-I, S. 6079 ff. (6105 Rz 37).

[45] EuGH Rs. 104/81 Hauptzollamt Mainz v. C. A. Kupferberg & Cie. KG a. A. (*Kupferberg I*), Slg. 1982, S. 3641 ff. (3662 f. Rz 14 u. 17).

[46] Vgl. Grabitz/Hilf-*Simma/Vedder*, Recht der EU, Art. 281 Rn 35.

EuGH vom Verhältnis zwischen Völkerrecht und Gemeinschaftsrecht außer Frage" stehe[47].

Das -unklare- abstrakte Verständnis des EuGH vom Verhältnis zwischen Gemeinschafts- und Völkerrecht erlaubt daher keinen Rückschluß auf die konkrete Anwendbarkeit der Gemeinschaftsrechtsgrundsätze der unmittelbaren Anwendbarkeit und des Vorrangs auf (ursprüngliche) EG-Abkommen, die in die Gemeinschaftsrechtsordnung aufgenommen worden sind. Aufschluß über diese Fragen kann daher nur eine am Einzelfall orientierte Analyse der diesbezüglichen Rspr. des EuGH geben.

b) Unmittelbare Anwendbarkeit von Gemeinschaftsabkommen im nationalen Recht

Das Völkerrecht überläßt es den nationalen Rechtsordnungen, die geeigneten rechtlichen Maßnahmen zu bestimmen, die zur Erfüllung der völkerrechtlichen Pflichten aus einem Abkommen erforderlich sind[48]. Gleiches muß auch für das Gemeinschaftsrecht als eigenständigem Zweig der Völkerrechtsordnung gelten[49].

Indem Art. 300 Abs. 7 EGV die Verbindlichkeit von Gemeinschaftsabkommen auch für die Mitgliedstaaten anordnet, unterliegen diese bei der Anwendung solcher Abkommen einer gemeinschaftsrechtlichen Verpflichtung. Dabei dürfte sich diese Verpflichtung der Gemeinschaft gegenüber bereits aus dem in Art. 10 EGV enthaltenen Grundsatz der Gemeinschaftreue herleiten lassen. Mit der gemeinschaftsrechtlichen Verpflichtung erklärt sich jedenfalls, daß Status und Wirkung von Bestimmungen dieser Abkommen ebenfalls einheitlich durch das Gemeinschaftsrecht festgelegt werden und dies nicht den mitgliedstaatlichen Gerichten überlassen werden kann[50].

Zur Prüfung der Frage, ob eine Vorschrift des Gemeinschaftsrechts unmittelbare Anwendbarkeit genießt, also ob sich ein Individuum vor nationalen Gerichten unmittelbar auf diese Bestimmung berufen kann, hat der EuGH in *Van Gend en Loos* und in folgenden Urteilen die Formel entwickelt, daß dies dann der Fall ist, wenn sie klar und unbedingt ist und keiner im Ermessen stehenden Ausführungshandlung bedarf[51].

Die Entscheidung über die unmittelbare Anwendbarkeit einer Vorschrift sei „vom Geist dieser Vorschrift[...], von ihrer Systematik und von ihrem Wortlaut" abhängig zu machen[52].

Letzteres Kriterium hat der Gerichtshof fast in identischer Weise in der verb. Rs. *International Fruit Company*[53] aufgegriffen, in der es um die unmittelbare Anwendbarkeit des Allgemeinen Zoll- und Handelsabkommens von 1947 ging[54]. Dort wurde bei der Prüfung,

---

[47] So Calliess/Ruffert-*Schmalenbach*, Kommentar des EU-/EGV, Art. 300 EGV Rn 57 (eigene Hervorhebung); zur Gegenansicht s. *Bleckmann*, Europarecht, Rn 654.

[48] *Verdross/Simma*, Universelles Völkerrecht, § 848.

[49] Im Erg. auch EuGH Rs. 104/81, *Kupferberg I*, Slg. 1982, S. 3641 ff. (3663/64 Rz 18).

[50] EuGH Rs. 104/81, *Kupferberg I*, Slg. 1982, S. 3641 ff. (3662 Rz 13 u. 14).

[51] EuGH Rs. 26/62, *Van Gend en Loos*, Slg. 1963, S. 1 ff. (25/26); aus der folgenden ständ. Rspr. vgl. z.B. EuGH Rs. 44/84 Derrick Guy Edmund Hurd v. Kenneth Jones (Her Majesty's Inspector of Taxes), Slg. 1986, S. 29 ff. (83 Rz 47).

[52] EuGH Rs. 26/62, *Van Gend en Loos*, Slg. 1963, S. 1 ff. (12).

[53] EuGH verb. Rs. 21-24/71, International Fruit Company NV und andere v. Produktschap voor Groenten en Fruit, Slg. 1972, S. 1219 ff. (1228 Tz 19/20).

[54] Diese Entscheidung des EuGH zum GATT'47 ist im Kontext von völkerrechtlichen Abkommen der EG nur bedingt als Beispiel tauglich, da das *G*eneral *A*greement on *T*ariffs and *T*rade nur von den Mitgliedstaaten ratifiziert wurde. Für die EG hat das Abkommen nie nach den Vorschriften des Art. 228 EWGV (Art.

ob der in Rede stehende Art. XI des GATT'47 „ein Recht der Gemeinschaftsangehörigen begründen [kann], sich vor Gericht auf sie zu berufen", auf „Sinn, Aufbau und Wortlaut dieses Abkommens" abgestellt[55]. Im konkreten Fall verneinte der EuGH die unmittelbare Anwendbarkeit angesichts der „großen Geschmeidigkeit" einzelner GATT-Bestimmungen, die sich insbesondere in der disponiblen Natur dieser Vorschriften und dem konsensualen Charakter des Streitbeilegungsmechanismus' manifestiere[56]. Sinn und Aufbau des GATT veranlaßten den EuGH hier folglich, einzelnen Bestimmungen die generelle Eignung der unmittelbaren Anwendbarkeit abzusprechen. Etwas anderes gilt nur dort, wo die Gemeinschaft quasi Bestimmungen des GATT in ihren Willen aufgenommen hat, also dann, wenn sie im Rahmen des GATT übernommene Verpflichtungen durch Gemeinschaftsrechtsakte erfüllen wollte[57] oder wenn die Gemeinschaftshandlung ausdrücklich auf spezielle Bestimmungen des Abkommens verweist[58]. Insofern kann von einer nur mittelbaren Anwendbarkeit der GATT-Vorschriften gesprochen werden.

Schließt die Rechtsnatur und Systematik eines (echten) Gemeinschaftsabkommens die unmittelbare Anwendbarkeit aber nicht generell aus, so ist in einem zweiten Schritt die entscheidungserhebliche Einzelbestimmung daraufhin zu untersuchen, ob sie „unbedingt und hinreichend klar gefaßt ist, um unmittelbare Wirkung zu entfalten"[59].
Diese "Zwei-Schritt-Prüfung"[60] hat der EuGH in seinem *Demirel*-Urteil folgendermaßen zusammengefaßt:

> „Eine Bestimmung eines von der Gemeinschaft mit Drittländern geschlossenen Abkommens ist als unmittelbar anwendbar anzusehen, wenn sie unter Berücksichtigung ihres Wortlautes und im Hinblick auf [1.] den Sinn und Zweck des Abkommens [2.] eine klare und eindeutige Verpflichtung enthält, deren Erfüllung oder deren Wirkungen nicht vom Erlaß eines weiteren Aktes abhängen".[61]

Bisher hat der EuGH lediglich das GATT'47, das WTO-Übereinkommen[62] sowie zwei der in diesem Rahmen geschlossenen Übereinkommen (TRIPS[63], GATT'94[64]) am Test der ersten Stufe (Gesamtcharakter des Vertragswerks) scheitern lassen[65].

---

300 EGV n.F.) gemeinschaftsrechtliche Verbindlichkeit erlangt. Es konnte demnach auch nicht „integrierender Bestandteil der Gemeinschaftsrechtsordnung" werden. Diese Differenzierung unterbleibt in Darstellungen zu Art. 300 EGV zumeist; grundlegend zum Ganzen: *Schroeder/Selmayr*, Die EG, das GATT und die Vollzugslehre, JZ 1998, S. 344 ff. (insbes. 347). Zur Frage des völkerrechtlichen Status' der Gemeinschaft im GATT'47 s. unten: B. II. 2. (S. 188 ff.).

55 EuGH, a.a.O. (Fn 53); EuGH Rs. C-280/93, Deutschland v. Rat (*Bananenmarktordnung*), Slg. 1994-I, S. 4973 ff. (5072 Rz 105).

56 EuGH verb. Rs. 21-24/71, *International Fruit Company*, Slg. 1972, S. 1219 ff. (1228 Tz 21).

57 EuGH Rs. 69/89 Nakajima Co. Ltd. v. Rat, Slg. 1991-I, S. 2069 ff. (2178 Rz 31 f.); mit der in Rede stehenden VO 2423/88 (EWG) (ABl. 1988 Nr. L 209, S. 1 ff.) wollte die EG ihre Verpflichtungen unter Art. VI GATT'47, dem sog. Antidumping-Kodex, erfüllen.

58 EuGH Rs. 70/87, Vereinigung der Ölmühlenindustrie der EWG (Fediol) v. Kommission (*Fediol III*), Slg. 1989, S. 1781 ff. (1830 f. Rz 19); in der in Rede stehenden VO 2641/84 EWG (ABl. 1984 Nr. L 252, S. 1 ff.), dem sog. Neuen handelspolitischen Instrument, wird ebenfalls auf Bestimmungen des GATT'47 verwiesen.

59 EuGH Rs. 104/81, *Kupferberg I*, Slg. 1982, S. 3641 ff. (3665 Rz 23).

60 Vgl. dazu *Berrisch/Kamann*, WTO-Recht im Gemeinschaftsrecht - (k)eine Kehrtwende des EuGH, EWS 11 (2000), S. 89 ff. (90).

61 EuGH Rs. 12/86, Demirel v. Stadt Schwäbisch Gemünd, Slg. 1987, S. 3747 ff. (3752 Rz 14); seither ständ. Rspr. - z.B.: EuGH Rs. C-262/96, Sema Sürül v. Bundesanstalt für Arbeit, Slg. 1999-I, S. 2685 ff. (2763 Rz 60); EuGH Rs. C-37/98, The Queen v. Secretary of State for the Home Department, ex parte Abdulnasir Savas, Slg. 2000-I, S. 2927 ff. (2960 Rz 39).

62 EuGH Rs. C-149/96, Portugal v. Rat, Slg. 1999-I, S. 8395 ff. (8439 Rz 47 ff.).

Bei allen anderen Abkommen der EG hat der EuGH Einwände gegen deren generelle Eignung zur unmittelbaren Anwendbarkeit zurückgewiesen[66] und ist in die Prüfung der jeweils entscheidungserheblichen Vorschrift anhand der allgemeinen Kriterien zur unmittelbaren Anwendbarkeit eingetreten. Dabei scheint der EuGH dann keinen strengeren Maßstab an die Bejahung der Klarheit, Eindeutigkeit und rechtlichen Vollständigkeit der in Rede stehenden Norm anzulegen, als er dies bei echten Gemeinschaftsrechtsnormen tut[67].
Als der EuGH 1990 das erste Mal die Gelegenheit hatte, sich zur unmittelbaren Anwendbarkeit von Festlegungen in einem Assoziationsratsbeschluß zu äußern, bejahte er diese unter denselben Voraussetzungen wie sie für das Abkommen selbst gelten[68]. Mithin ist also auch hier der *Demirel*-Test durchzuführen[69]

Festzustellen ist heute also eine recht weitgehende Annäherung der Rspr. des EuGH zur unmittelbaren Anwendbarkeit von Bestimmungen aus Gemeinschaftsabkommen in den Rechtsordnungen der Mitgliedstaaten an diejenige zur unmittelbaren Anwendbarkeit von Normen gemeinschaftsrechtlichen Ursprungs. Gleichwohl ist deutlich geworden, daß der Gerichtshof den von echtem Gemeinschaftsrecht abweichenden Ursprung einer Vorschrift eines Gemeinschaftsabkommens stets im Blick hat.
Nehmen also Bestimmungen von Gemeinschaftsabkommen als integrierender Bestandteil der Gemeinschaftsrechtsordnung an dem gemeinschaftsrechtlichen Konzept der unmittelbaren Anwendbarkeit in den innerstaatlichen Rechtsordnungen teil, so stellt sich im Rahmen dieser Untersuchung die Frage, worin die völkerrechtliche Bedeutung dieses Umstandes liegt. Schließlich ist die unmittelbare Anwendbarkeit völkerrechtlicher

---

63 EuGH verb. Rs. C-300 u. 392/98, Parfums Christian Dior SA und Assco Gerüste GmbH, Slg. 2000-I, S. 11307 ff. (11360 Rz 42 ff.).

64 EuGH Rs. C-307/99, OGH Fruchthandelsgesellschaft v. Hauptzollamt Hamburg (Beschluß vom 2.5. 2001), Slg. 2001-I, S. 3159 ff. (3170 Rz 24).

65 Im Gegensatz zum GATT'47 handelt es sich bei den drei zuletzt genannten Übereinkommen um echte Gemeinschaftsabkommen (!).

66 Als Merkmale eines Vertragswerks, die diesem nicht die generelle Eignung zur unmittelbaren Anwendbarkeit nehmen können, seien hier z.B. genannt: die -bei objektiver Betrachtung anzunehmende- Disparität zwischen den beiderseitigen Verpflichtungen [EuGH Rs. 87/75, Conceria Daniele Bresciani v. Italienische Finanzverwaltung, Slg. 1976, S. 129 ff. (141 Tz 22/23)], Mängel hinsichtlich der Gegenseitigkeit bei der Vertragsdurchführung [EuGH Rs. 104/81, *Kupferberg I*, Slg. 1982, S. 3641 ff. (3664/65 Rz 18)], die Einschaltung anderer Instanzen als Gerichte -also politischer Organe- in die Vertragsdurchführung und Streitbeilegung („besonderer institutioneller Rahmen" [EuGH Rs. 70/87, *Fediol III*, Slg. 1989, S. 1781 ff. (1831 Rz 21)], das Vorhandensein von Schutzklauseln [EuGH Rs. C-192/89, S. Z. Sevince v. Staatssecretaris van Justitie, Slg. 1990-I, S. 3497 ff. (3504 Rz 25)], das Fehlen einer Beitrittsfinalität [EuGH Rs. C-18/90, Office nationale de l'emploi (Onem) v. Kziber, Slg. 1991-I, S. 221 ff. (226 Rz 21)].

67 Im Ergebnis hat der EuGH etwa in *Demirel* (a.a.O. (Fn 61), S. 3753 Rz 23) die unmittelbare Anwendbarkeit von Art. 12 des Assoziationsabkommens mit der Türkei, worin die Verwirklichung der Arbeitnehmerfreizügigkeit als Ziel genannt wird, i.V.m. Art. 36 des Protokolls von 1970 abgelehnt, da die Bestimmungen „im wesentlichen Programmcharakter haben und keine hinreichend genauen, nicht an Bedingungen geknüpfte Vorschriften sind, die die Freizügigkeit der Arbeitnehmer unmittelbar regeln könnten."; Ebenso in *Savas* (a.a.O. (Fn 61), S. 2960 f. Rz 40 ff.).

68 EuGH Rs. C-192/89, S. Z. Sevince v. Staatssecretaris van Justitie, Slg. 1990-I, S. 3497 ff. (3501 Rz 14). Zuvor hatte der Gerichtshof bereits entschieden, daß die Beschlüsse eines Assoziationsrates aufgrund ihres unmittelbaren Zusammenhangs mit dem Abkommen, zu dessen Durchführung sie ergehen, ebenso wie das Abkommen selbst von ihrem Inkrafttreten an integrierender Bestandteil der Gemeinschaftsrechtsordnung werden [Rs. 30/88, Griechenland v. Kommission, Slg. 1989, S. 3711 ff. (3737 Rn 13)].

69 EuGH, a.a.O., Rz 15.

Normen, die nicht Gemeinschaftsrechtsabkommen entstammen, in staatlichen Rechtsordnungen ebenfalls anerkannt.

Wie in Teil 1 dargestellt wurde, liegt die innergemeinschaftliche Bedeutung des Konzepts in der Sicherung der gemeinschaftsweiten einheitlichen Rechtsanwendung. Diese Vereinheitlichungsfunktion bei der Rechtsanwendung kommt auch bei der Anwendung von Gemeinschaftsabkommen durch die Mitgliedstaaten zum Tragen. Hätten (nur) die Mitgliedstaaten gemeinsam das entsprechende Abkommen ratifiziert, so wäre die Frage, ob sich ein Individuum unmittelbar auf eine Bestimmung dieses Abkommens berufen kann, im Zweifel in allen 15 Mitgliedstaaten unterschiedlich zu beantworten, nämlich entsprechend dem jeweiligen nationalen Konzept der unmittelbaren Anwendbarkeit.
Bedenkt man aber, daß die unmittelbare Anwendbarkeit völkerrechtlicher Normen im nationalen Recht immer noch die Ausnahme darstellt, im Gemeinschaftsrecht hingegen -auch für Gemeinschaftsabkommen (!)- die Regel ist[70], dann wird deutlich, daß völkervertragliche Normen, die durch den gemeinschaftsrechtlichen "Filter" gegangen sind, dadurch, zumindest potentiell, eine deutliche Steigerung ihrer Wirkung erfahren.

c) Vorrang von Gemeinschaftsabkommen vor nationalem Recht

Nach Art. 300 Abs. 6 S. 1 EGV kann der Rat, die Kommission oder ein Mitgliedstaat ein Gutachten des Gerichtshofs über die Vereinbarkeit eines geplanten Abkommens mit dem EGV einholen. Daraus ergibt sich, daß ein Abkommen dem Vertrag im Range nachgeht[71]. Ein vom EuGH für vertragswidrig befundenes Abkommen kann daher nur nach den Vorschriften über das Vertragsänderungsverfahren in Kraft treten (Abs. 6 S. 2).
Weniger eindeutig ist die Lage beim Verhältnis von Gemeinschaftsabkommen zum sekundären Gemeinschaftsrecht. Z.T. wird angenommen, aus der Anordnung des Art. 300 Abs. 7 EGV („Die [...] Abkommen sind für die Organe der Gemeinschaft [...] verbindlich.") ergäbe sich zwingend, daß die Organe keine den Abkommen widersprechenden Rechtsakte erlassen dürften[72]. Der EuGH jedenfalls geht in ständ. Rspr. seit *International Fruit Company* von der Vorrangigkeit von Bestimmungen völkerrechtlicher Abkommen gegenüber Sekundärrechtsakten aus[73]. Hervorzuheben ist allerdings, daß der Gerichtshof die unmittellbare Anwendbarkeit eines völkerrechtlichen Abkommens zur Voraussetzung dafür macht, daß an seinem Maßstab ein EG-Sekundärrechtsakt auf seine Völkerrecht-

---

70 GA *Darmon* sagte in seinen Schlußanträgen in EuGH Rs. 192/89, *Sevince*, Slg. 1990-I, S. 3461 ff. (3476 Nr. 11): „Die Zugehörigkeit einer Vorschrift zur Gemeinschaftsrechtsordnung schließt ihre grundsätzliche „Unfähigkeit", unmittelbar anwendbare Bestimmungen zu enthalten, gerade aus".

71 Allgemeine Meinung, s. nur Grabitz/Hilf-*Vedder*, Recht der EU, Art. 228 EGV Rn 53; *Groux/Manin*, Die Europäischen Gemeinschaften in der Völkerrechtsordnung, S. 122; *Bleckmann*, Europarecht, Rn 661 f.

72 *Oppermann*, Europarecht, Rn 1719: „notwendige Konsequenz", Schwarze-*Becker*, EU-Kommentar, Art. 281 EGV Rn 30; *Epiney*, Zur Stellung des Völkerrechts in der EU, EuZW 10 (1999), S. 5 ff. (7); *Schweitzer/Hummer*, Europarecht, Rn 688; a.A. *Bleckmann*, Europarecht, Rn 667; G/T/E-*Tomuschat*, Kommentar zum EU-/EG-Vertrag, Art. 228 EGV Rn 74, für die sich aus dem Wortlaut des Art. 300 Abs. 7 EGV eine Aussage über das Verhältnis zu sekundärem Gemeinschaftsrecht nicht so ohne weiteres ergibt.

73 EuGH verb. Rs. 21-24/71, *International Fruit Company*, Slg. 1972, S. 1219 ff. (1229 Tz 7/9): „[D]ie Unvereinbarkeit einer Gemeinschaftshandlung mit einer Bestimmung des Völkerrechts [kann] die Gültigkeit dieser Handlung [...] dann beeinträchtigen, wenn die Gemeinschaft an diese Bestimmung gebunden ist [...]"; EuHG Rs. 9/73, Carl Schlüter v. Hauptzollamt Lörrach, Slg. 1973, S. 1135 ff. (1156/57 Rz 27); EuGH Rs. 181/73, *Haegmann II*, Slg. 1974, S. 449 ff. (462 Tz 28/30); implizit EuGH Rs. C-280/93, Deutschland v. Rat (*Bananenmarktordnung*), Slg. 1994-I, S. 5039 ff. (5072 Rz 105); EuGH verb. Rs. C-300 u. 392/98, Parfums Christian Dior u. Assco Gerüste, Slg. 2000-I, S. 11307 ff. (11360 Rz 43).

mäßigkeit, d.h. seine Wirksamkeit hin überprüft werden kann. Diese Rspr., die für völkerrechtliche Abkommen der EG insgesamt gilt[74] und nicht nur für das GATT'47 oder das WTO-Übereinkommen, denen diese Eigenschaft fehlt, steht in deutlichem Widerspruch zu der unmittelbaren Geltung der völkerrechtlichen Normen im innergemeinschaftlichen Bereich. Ist eine völkerrechtliche Norm „integrierender Bestandteil der Gemeinschaftsrechtsordnung" geworden und steht fest, daß sekundäres Gemeinschaftsrecht objektiv im Widerspruch zu diesem höherrangigen Recht steht, dann ist kaum nachvollziehbar, weshalb die Gültigkeit der angegriffenen Norm sowohl im Vorabentscheidungsverfahren als auch bei der Nichtigkeitsklage nach Art. 230 EGV von der unmittelbaren Anwendbarkeit der höherrangigen Norm abhängen soll[75].
Jedenfalls weicht der EuGH hier in wesentlicher Weise von seiner Rspr. betreffend das Verhältnis von Gemeinschaftsrecht und nationalem Recht ab. Denn diesbezüglich urteilte er, daß „die unmittelbar geltenden Rechtsakte der Gemeinschaftsorgane in ihrem Verhältnis zum internen Recht der Mitgliedstaaten [...] zur Folge [haben], daß allein durch ihr Inkrafttreten jede entgegenstehende Bestimmung des geltenden staatlichen Rechts ohne weiteres [i.e. *ohne weitere Voraussetzungen*] unanwendbar wird"[76].

Insgesamt ist damit deutlich geworden, daß völkerrechtliche Abkommen der EG zwar am gemeinschaftsrechtlichen Vorrangkonzept und der unmittelbaren Anwendbarkeit teilnehmen, daß dies jedoch nicht unter den identischen Voraussetzungen wie beim "echten" Gemeinschaftsrecht geschieht[77]. Gemeinschaftsabkommen sind daher *de jure* nicht zu Gemeinschaftsrecht geworden[78]. Als *Völkerr*echt werden sie in die Gemeinschaftsrechtsordnung integriert und kommen dort als solches zur Anwendung[79]. Insofern läßt sich das

---

[74] Vgl. EuGH Rs. 87/75, Conceria Daniele Bresciani v. Italienische Finanzverwaltung, Slg. 1976, S. 129 ff. (140 Tz 16): Jaunde Abkommen; EuG Rs. T-155/94, Opel Austria GmbH v. Rat, Slg. 1997-II, S. 39 ff. (71 Rz 95): EWR-Abkommen; EuGH Rs. C-162/96, A. Racke GmbH & Co. v. Hauptzollamt Mainz, Slg. 1998-I, S. 3655 ff. (3701 Rz 29 f.): Kooperationsabkommen mit Jugoslawien; aus der Lit. vgl. *Hahn/Schuster*, Le droit des Etats membres de se prévaloir en justice d'un accord liant la Communauté, RGDIP 99 (1995), S. 367 ff. (370 u. 372); *Epiney*, Zur Stellung des Völkerrechts in der EU (Fn 72), S. 11; *Rideau*, Les accords internationaux dans la jurisprudence de la Cour de justice des Communautés européennes (Fn 22), S. 404; a.A. wohl *Schroeder/Selmayr*, Die EG, das GATT und die Vollzugslehre, JZ 1998, S. 344 ff. (346), die das Kriterium der unmittelbaren Anwendbarkeit eines Gemeinschaftsabkommens als Voraussetzung für die Überprüfung von EG-Sekundärrecht an dessen Maßstab auf GATT/WTO-Abkommen beschränkt sehen.

[75] *Epiney*, Zur Stellung des Völkerrechts in der EU (Fn 72), S. 11; So weist die Autorin zurecht darauf hin, daß es sich beim Vorabentscheidungsverfahren und der Nichtigkeitsklage nach Art. 230 EGV (für die privilegiert Klagebefugten) um objektive Verfahren handelt, weshalb es auch nur auf die objektive Völkerrechtswidrigkeit ankommen könne und nicht auf das Bestehen individueller Rechtspositionen; G/T/E-*Tomuschat*, Kommentar zum EU-/EG-Vertrag, Art. 228 Rn 91; *Hahn/Schuster*, Le droit des Etats membres de se prévaloir en justice d'un accord liant la Communauté (Fn 74), S. 372 (jedenfalls bzgl. Nichtigkeitsklagen nach Art. 230 Abs. 2 EGV).
Die Widersprüchlichkeit dieser Rspr. wird auch daran deutlich, daß im Vertragsverletzungsverfahren nach Art. 226 EGV die unmittelbare Anwendbarkeit *kein* Kriterium für die Überprüfbarkeit einer nationalen Maßnahme am Maßstab des die Gemeinschaft bindenden Völkerrechts ist (s. EuGH Rs. C-61/94, Kommission v. Deutschland, Slg. 1996-I, S. 3989 ff. (4015 Rz 28 ff.)).

[76] EuGH Rs. 106/77, *Simmenthal II*, Slg. 1978, S. 629 ff. (644 Tz 17/18).

[77] Vgl. *Cheyne*, Haegman, Demirel and their Progeny - in: Dashwood/Hillion (Hrsg.), The General Law of E.C. External Relations, S. 20 ff. (26).

[78] Schwarze-*Krück*, EU-Kommentar, Art. 281 EGV Rn 25.

[79] *Epiney*, Zur Stellung des Völkerrechts in der EU (Fn 72), S. 6.

Verständnis des EuGH vom Verhältnis des Gemeinschaftsrechts zum Völker(vertrags)-recht rückblickend in der Tat als monistisch bezeichnen[80].

Für die Bestimmungen von Gemeinschaftsabkommen bedeutet die grundsätzliche Teilnahme am innergemeinschaftlichen Vorrangkonzept eine außergewöhnliche Statusverbesserung im Vergleich zu solchen Normen, die einem von den Mitgliedstaaten (allein) geschlossenen Abkommen entspringen.

4. Ergebnis

Mangels eines gemeinschaftsrechtlichen Transformationsaktes werden völkerrechtliche Abkommen nicht zu Gemeinschaftsrecht, sondern kommen als Völkerrecht in der Gemeinschaftsrechtsordnung zur Anwendung. Da die Bestimmungen von Gemeinschaftsabkommen gem. Art. 300 Abs. 7 EGV auch für die Mitgliedstaaten verbindlich sind und nach der Rspr. des EuGH einen „integrierenden Bestandteil der Gemeinschaftsrechtsordnung" bilden, finden die gemeinschaftsrechtlichen Konzepte der unmittelbaren Anwendbarkeit in den mitgliedstaatlichen Rechtsordnungen und des Vorrangs gegenüber kollidierendem nationalen Recht im Grundsatz auf sie ebenfalls Anwendung. Rang und Wirkung der Bestimmungen von Gemeinschaftsabkommen in den nationalen Rechtsordnungen entsprechen daher im wesentlichen denen von "echten" Gemeinschaftsrechtsnormen.
Obwohl die Mitgliedstaaten in der Beachtung dieser Grundsätze lediglich eine Verpflichtung der Gemeinschaft gegenüber erfüllen, deren Einhaltung von den Vertragspartnern der EG völkerrechtlich weder eingefordert noch durchgesetzt werden kann, führen sie faktisch zu einer erheblichen Stärkung der Durchsetzungskraft dieser völkerrechtlichen Normen. Die Wirksamkeit völkerrechtlicher Abkommen ist -wie die des Gemeinschaftsrechts auch- in besonderem Maße von der Mitwirkung der Mitgliedstaaten abhängig. Das äußerst effiziente Rechtsschutzsystem der EG stellt diese Mitwirkung im Ergebnis sicher. So überprüft der EuGH im Rahmen seiner Zuständigkeit in ständ. Rspr. nationales Recht auf seine Vereinbarkeit mit Bestimmungen von Gemeinschaftsabkommen hin[81]; im Falle der Unvereinbarkeit ist es aufzuheben.

Die Bedeutung des Gemeinschaftsrechts für die Entwicklung des Völkerrechts liegt hier also darin, daß den völkerrechtlichen Vorschriften aus Abkommen der EG im nationalen Recht jedes Mitgliedstaates eine Effektivität zuteil wird (absoluter innerstaatlicher Vorrang und grundsätzliche Vermutung für die unmittelbare Anwendbarkeit ihrer Bestim-

---

80 Vgl. *Keller*, Rechtsvergleichende Aspekte zur Monismus-Dualismus-Diskussion, SZIER 9 (1999), S. 225 ff. (241); *Lenaerts/De Smijter*, Some reflections on the status of international agreements in the Community legal order (Fn 22), S. 350, sprechen bildlich von einem „monistischen Himmel mit einigen dualistischen Wolken".

81 Siehe z.B. EuGH Rs. 181/73, *Haegmann II*, Slg. 1974, S. 449 ff. (Überprüfung der Vereinbarkeit einer belgischen Importabgabe auf griechischen Wein mit dem Assoziationsabkommen mit Griechenland); EuGH Rs. 179/78, Procureur de la République v. Michelangelo Rivoira et al., Slg. 1979, S. 1147 ff. (Überprüfung französischer Importbeschränkungen für spanische Trauben anhand des mit Spanien geschlossenen Handelsabkommens); EuGH Rs. 823/79, Giovanni Carciati, Slg. 1980, S. 2773 ff. (Prüfung einer italienischen Importmaßnahme für Kraftfahrzeuge am Maßstab des New Yorker Abkommens über den Import von Motorfahrzeugen); EuGH verb. Rs. 194 u. 241/85, Kommission v. Griechenland, Slg. 1988, S. 1037 ff. (Überprüfung eines griechischen Einfuhrverbots für Bananen aus AKP-Staaten am Maßstab des Lomé II-Abkommens); EuGH Rs. C-61/94, Kommission v. Deutschland, Slg. 1996-I, S. 3989 ff. (Prüfung der Vereinbarkeit einer dt. Einfuhrbewilligung für Milchprodukte mit Bestimmungen der Internationalen Übereinkunft über Milcherzeugnisse).

mungen), wie sie Völkervertragsrecht sonst in keiner mitgliedstaatlichen Rechtsordnung eingeräumt wird.

II. Der Einfluß des Gemeinschaftsrechts auf den innerstaatlichen Status völkerrechtlicher Abkommen der Mitgliedstaaten mit anderen Staaten

Im vorhergehenden Abschnitt wurde diskutiert, welche unmittelbaren Auswirkungen das Gemeinschaftsrecht auf den Status völkerrechtlicher Abkommen der EG in den Rechtsordnungen der Mitgliedstaaten hat.
Hier nun geht es um eine Auswirkung des Gemeinschaftsrechts, die nicht auf den ersten Blick erkennbar ist. Es soll untersucht werden, inwiefern das gemeinschaftsrechtliche Vorrangkonzept mitgliedstaatliche Rechtsordnungen dergestalt beeinflußt hat, daß diese auch völkervertraglichen Normen gemeinschaftsrechtsfremden Ursprungs Vorrang einräumen vor späterem, kollidierendem innerstaatlichem Recht.

Es geht mithin um die Frage, ob vom Gemeinschaftsrecht eine gewisse Reflexwirkung („Katalysator-Effekt") für das nationale Recht und seine Haltung gegenüber dem Völkervertragsrecht ausgeht bzw. ausging.

1. Bestimmung des Kreises der für die Untersuchung relevanten EU-Mitgliedstaaten

Zunächst bedarf es der Bestimmung derjenigen der gegenwärtig 15 EU-Mitgliedstaaten, in deren Rechtsordnung der innerstaatliche Vorrang völkervertraglicher Normen vor nationalem Recht anerkannt ist. Rückschlüsse auf die Antwort, die das nationale Recht auf die Vorrangfrage gibt, lassen sich vor allem aus der Art und Weise ziehen, in der Normen des Völkervertragsrechts in den jeweiligen Rechtsordnungen zur Anwendung gebracht werden. Geschieht dies -der dualistisch motivierten Transformationslehre folgend- durch Umsetzung in ein nationales Gesetz, dann stehen sie sonstigen Gesetzen regelmäßig im Rang gleich. Dies bedeutet gleichzeitig, daß die so transformierte völkervertragliche Norm dem allgemein geltenden *lex posterior*-Grundsatz unterliegt, wonach im Kollisionsfall das spätere Gesetz dem früheren vorgeht.

Kommen Bestimmungen völkerrechtlicher Abkommen hingegen im nationalen Recht als solche, d.h. als Völkerrecht zur Anwendung, dann scheidet zwar eine Anwendung des *lex posterior*-Grundsatzes aus, doch bedeutet dies noch nicht automatisch, daß damit der innerstaatliche Vorrang gesichert wäre. Denn die monistische Ausgestaltung einer Rechtsordnung besagt noch nichts darüber, welcher Norm im Kollisionsfall Vorrang eingeräumt wird. Wird der völkerrechtlichen Norm der Vorzug gegeben, spricht man von einem Monismus mit Primat des Völkerrechts. Der umgekehrte Fall, also der Vorrang des nationalen Rechts bei Kollision, wird als Monismus mit Staatsrechtsprimat bezeichnet[82].

a) Aussonderung der dualistischen Mitgliedstaaten

Im Hinblick auf die Eingliederung des Völkervertragsrechts in das nationale Recht lassen

[82] Siehe *Schweitzer*, Staatsrecht III, Rn 27-30; *Verdross/Simma*, Universelles Völkerrecht, § 72 f.; Graf Vitzthum-*Kunig*, Völkerrecht, 2. Abschn. Rn 32.

sich von den 15 EU-Mitgliedstaaten nur Österreich und Irland als *explizit* dualistisch einstufen.
In Österreich sieht Art. 50 Abs. 2 des Bundesverfassungsgesetzes vor, daß ein (politischer) „Staatsvertrag durch Erlassung von Gesetzen zu erfüllen ist". Die irische Verfassung bestimmt in Art. 29 Abs. 6, daß „[n]o international agreement shall be part of the domestic law save as may be determined by the Oirechtas[83]". Die Anordnung („as may be determined") des Oirechtas kann grundsätzlich nur in Gesetzesform erfolgen[84]. In beiden Rechtsordnungen kommen die völkervertraglichen Verpflichtungen also in Gestalt eines Transformationsgesetzes zur Anwendung. Vorrang vor einem später in Widerspruch dazu erlassenen Gesetz kommt ihm nicht zu.
In einer Reihe anderer dualistischer Mitgliedstaaten geht aus den jeweiligen Verfassungsbestimmungen nicht eindeutig hervor, welche Qualität dem innerstaatlichen Inkorporationsakt zukommt. Besonders deutlich wird dies am Beispiel Deutschlands. Art. 59 Abs. 2 GG sieht vor, daß „Verträge, welche die politischen Beziehungen des Bundes regeln [...] der Zustimmung oder Mitwirkung der jeweils für die Bundesgesetzgebung zuständigen Körperschaften in Form eines Bundesgesetztes [bedürfen]". Dem Zustimmungsgesetz des Bundestages kommt nach h.M. eine Doppelfunktion zu: Zum einen wird der Bundespräsident, in dessen Zuständigkeit der Abschluß völkerrechtlicher Verträge grundsätzlich fällt (Art. 59 Abs. 1 S. 2 GG), dadurch im konkreten Einzelfall zur Unterzeichnung für die Bundesrepublik Deutschland ermächtigt, zum anderen wird dadurch der Vertrag in das innerstaatliche Recht inkorporiert[85]. Es stellt sich zunächst die Frage, ob die Bestimmungen des völkerrechtlichen Vertrages *durch* das Zustimmungsgesetz nur für innerstaatlich geltendes Völkerrecht erklärt werden oder ob sie *als* Zustimmungsgesetz, also als Gesetz des Deutschen Bundestages, zur Anwendung kommen. Zu klären ist mithin, ob Art. 59 Abs. 1 S. 2 GG i.S.d. Vollzugslehre oder i.S.d. der Transformationstheorie zu verstehen ist. Zunächst ging das BVerfG von letzterer Alternative aus[86]. Später und seitdem in ständ. Rspr. spricht das Gericht von dem Zustimmungsgesetz nur noch als „speziellem Anwendungsbefehl"[87]. Dadurch könnte der Eindruck entstehen, das Völkerrecht komme nun als solches in der deutschen Rechtsordnung zur Anwendung - ein Ergebnis, daß sich mit der Vollzugslehre erklären ließe[88]. Ob diese Interpretation tatsächlich zutrifft, ist allerdings nur insoweit von Bedeutung als mit der Antwort auch gleichzeitig die Rangfrage entschieden wäre. Dem ist aber nicht so. Denn selbst wenn man der Vollzugslehre folgen wollte, wäre dadurch nicht etwa der Vorrang des Völkerrechts in der deutschen Rechtsordnung präjudiziert[89]. Steht ein nach der Inkorporation des Vertrages erlassenes Gesetz im Widerspruch zu Bestimmungen des Vertrages und kann die Kollision nicht im Wege der ver-

---

83 'Oirechtas' ist die Bezeichnung für das nationale Parlament, das gem. Art. 15 Abs. 1 UAbs. 2 der Verfassung aus dem Präsidenten der Irischen Republik und den zwei Häusern, dem Repräsentantenhaus (Dàil Éireann) und dem Senat (Seanad Éireann), besteht.

84 *Symmons*, Ireland - in: Eisemann (Hrsg.), L'intégration du droit international et communautaire dans l'ordre juridique national, S. 317 ff. (331).

85 Vgl. Dreier-*Pernice*, Grundgesetz-Kommentar, Art. 59 Rn 212; Graf Vitzthum-*Kunig*, Völkerrecht, 2. Abschn. Rn 82, 110; *Schweitzer*, Staatsrecht III, Rn 445.

86 BVerfGE 1, S. 372 ff. (389); BVerfGE 1, S. 396 ff. (411); BVerfGE 6, S. 290 ff. (294); BVerfGE 29, S. 348 ff. (360).

87 BVerfGE 46, S. 342 ff. (363); BVerfGE 90, S. 286 ff. (364).

88 Vgl. *Schweitzer*, Staatsrecht III, Rn 449.

89 *Ders.*, a.a.O.

tragskonformen Auslegung aufgelöst werden, so hat in Deutschland das spätere Gesetz weiterhin Vorrang[90]. Die *lex posterior*-Regel greift somit.

Im Ergebnis gilt das gleiche für die Rechtsordnungen von Italien[91], Großbritannien[92], Dänemark[93], Schweden[94] und Finnland[95].

---

[90] *Frowein/Oellers-Frahm*, Allemagne - in: Eisemann (Hrsg.), L'intégration du droit international et communautaire dans l'ordre juridique national, S. 69 ff. (84); vgl. auch Dreier-*Pernice*, Grundgesetz-Kommentar, Art. 59 Rn 48.

[91] Die italienische Verfassung von 1946 enthält keine Bestimmung über die Eingliederung völkervertraglicher Normen in die italienische Rechtsordnung. Art. 10, der nur völkergewohnheitsrechtliche Regeln betrifft, ist nicht über seinen Wortlaut hinaus auf Völkervertragsrecht anwendbar [Corte Constituzionale, Urteil n° 32 vom 12.5.1960, RivDirInt 43 (1960), S. 519 ff. (522)]. Bestimmungen eines völkerrechtlichen Vertrages werden nicht -wie etwa in Deutschland- Wort für Wort in nationales Recht umgesetzt, sondern es ergeht grds. nur eine *ordine di esecuzione* (Ausführungsanordnung, die auch eine Rechtsverordnung sein kann), womit sichergestellt werden soll, daß Italien seine in dem Vertrag übernommenen völkerrechtlichen Verpflichtungen erfüllt. Dies hat sogar zu der Aussage geführt, daß Bestimmungen eines Vertrages streng-genommen nie Bestandteil des nationalen Rechts werden (*Treves/Frigessi di Rattalama*, Italie - in: Eisemann (Hrsg.), L'intégration du droit international et communautaire dans l'ordre juridique national, S. 365 ff. (384: „On pourra dire que le traité ne devient jamais partie du droit interne [...]"). Der innerstaatliche Rang von umgesetzten völkerrechtlichen Verpflichtungen richtet sich grds. nach dem Umsetzungsakt [Corte Constituzionale, Urteil n° 188 vom 22.12.1980, RivDirInt 64 (1981), S. 662 ff. (671)] (vgl. zum Ganzen *Gaja*, Italy - in: Jacobs/Roberts (Hrsg.), The effect ot treaties in domestic law, S. 87 ff. (insbes. S. 87 f. u. 99 f.).

[92] Im britischen *common law* ist für Geltung und Status völkerrechtlicher Verträge im innerstaatlichen Recht mangels einer ausdrücklichen Anordnung durch ein Parlamentsgesetz allein die Rspr. maßgeblich. In 'Maclaine Watson v. Department of Trade and Industry and related appeals, Maclaine Watson & Co. Ltd. v. International Tin Council', AllER 3 [1989], S. 523 ff. (544/45), House of Lords, sagte *Lord Oliver*: „Quite simply, a treaty is not part of English law unless and until it has been incorporated into the law by legislation". Können völkervertragliche Verpflichtung mithin nur in Form eines (enabling) 'Act of Parliament' im nationalen Recht zur Anwendung kommen, entspricht ihr Status dem dieses Inkorporationsaktes. Einem späteren, (eindeutig) im Widerspruch zu völkerrechtlichen Verpflichtungen stehenden Gesetz ist Vorrang zu geben. In den Worten von *Lord Ackner* in Brind and others v. Secretary of State for the Home Department, AllER 1 [1991], S. 720 ff. (733 Rz g): „[I]f Parliament has legislated and the words of the statute are clear, the statute must be applied even if it is in breach of international law" (unter Hinweis auf *Lord Diplock* in Salomon v. Commissioners of Customs and Excise, AllER 3 [1966], S. 871 ff. (875 Rz G): „If the terms of the legislation are clear and unambiguous they must be given effect to whether or not they carry out Her Majesty's treaty obligations.").

[93] § 19 des dänischen 'Grundlov' vom 5.6.1953 enthält Regelungen über die internationalen Angelegenheiten des Königreichs. Nach S.1 handelt der König (*i.e.* die Regierung) in zwischenstaatlichen Angelegenheiten im Namen des dänischen Königreichs. Die *Zustimmung* des 'Folketing' *zur Eingehung* einer völkerrechtlichen Verpflichtung ist u.a. dann erforderlich, wenn zu deren *Erfüllung* die *Mitwirkung* des Folketing notwendig ist (§ 19 S. 2: „Uden Folketingets *samtykke* kan han dog ikke [...] *indgå* nogen forpligtelse, til hvis *opfyldelse* Folketingets *medvirken* er nødvendig [...]"- eigene Hervorhebungen). Daraus ergibt sich, daß die Regierung keinen völkerrechtlichen Vertrag schließen darf, der zur Umsetzung der daraus resultierenden Verpflichtungen im innerstaatlichen Recht eines Parlamentsgesetzes bedarf, solange der Folketing dem Abschluß nicht ausdrücklich zugestimmt hat. Der Status inkorporierter Vertragsbestimmungen richtet sich grds. nach dem des Inkorporationsgesetzes. Grds. kommt somit die *lex posterior*-Regel zur Anwendung. Eine Ausnahme gilt bzgl. Vorschriften der inkorporierten EMRK, aber wohl nur dort (zu letzterem Aspekt siehe *Harhoff*, Denmark - in: Eisemann (Hrsg.), L'intégration du droit international et communautaire dans l'ordre juridique national, S. 151 ff. (159 u. 163 f.).

[94] Auch Schweden steht in der dualistischen Tradition und regelt in seiner Verfassung aus dem Jahre 1975 (Regeringsformen) die innerstaatliche Handhabung internationaler Angelegenheiten in ähnlicher Weise wie Dänemark. Hier fehlt ebenfalls eine ausdrückliche Vorschrift über die Notwendigkeit der Eingliederung völkervertraglicher Normen in die schwedische Rechtsordnung. § 2 Abs. 1 des 10. Kap. 'Regeringsformen' (Förhållandet till andra stater - Beziehungen zu anderen Staaten) lautet: „Regeringen får ej ingå för riket bindande internationell överenskommelse utan att riksdagen har godkänt denna, om överenskommelsen förutsätter att lag ändras eller upphäves eller *att ny lag stiftas* eller om den i övrigt gäller ämne i vilket

b) Mitgliedstaaten mit monistischer Rechtsordnung als Gegenstand der Untersuchung

Die übrigen Mitgliedstaaten der EU, also Frankreich, die Benelux-Staaten, Spanien, Portugal und Griechenland folgen dem Monismus. In keinem dieser Staaten wird dabei dem Staatsrecht im Fall einer Kollision mit völkervertraglichen Normen Vorrang einräumt.
Der Kreis der für die vorliegende Untersuchung in Betracht kommenden Mitgliedstaaten ist damit abgesteckt: Er umfaßt alle sieben vorgenannten monistischen EU-Staaten. Die Rechtsordnungen dieser Staaten sind also jeweils daraufhin zu untersuchen, inwiefern ihre monistische Ausrichtung (mit Primat des Völkerrechts) im Hinblick auf völkervertragliche Normen in ursächlichem Zusammenhang mit der Etablierung des Vorrangs des Gemeinschaftsrechts steht.
Im folgenden werden die einzelnen Mitgliedstaaten entsprechend der Reihenfolge ihres Beitritts zur EG/EU behandelt.

2. Frankreich

a) Aussage der Verfassung vom 4.10.1958 zum Vorrang des Völkervertragsrechts

Art. 55 der französischen Verfassung vom 4.10.1958 lautet:

---

riksdagen skall besluta." (Die Regierung darf ohne Genehmigung des Reichstages keine für das Reich verbindlichen, internationalen Übereinkünfte treffen, wenn die Übereinkünfte die Änderung oder Aufhebung von Gesetzten oder den *Erlaß von neuen Gesetzen voraussetzen* oder im übrigen einen Gegenstand betreffen, über den der Reichstag zu beschließen hat.- Übers. nach *Kimmel*, Verfassungen der EU-Mitgliedstaaten, S. 505, jeweils eigene Hervorhebung). Die hier hervorgehobene Passage läßt angesichts des Wortes 'neue' keine Schlußfolgerung im Hinblick auf das generelle Erfordernis eines innerstaatlichen Umsetzungsaktes zu, da auch -die in Italien üblichen- Ausführungsvorschriften gemeint sein können. Deutlicher ist insofern § 5 Abs. 3 des 10. Kap.: „Föreskrivs i lag att en internationell överenskommelse skall gälla *som svensk rätt*, [...]" (Ist gesetzlich vorgeschrieben, daß eine internationale Übereinkunft *als schwedisches Recht* zu gelten hat, ...- jeweils eigene Hervorhebung). Die Geltung völkervertraglicher Bestimmungen in Schweden kann auf zweierlei Weise erreicht werden: sowohl durch ein Transformationsgesetz als auch durch ein Inkorporationsgesetz, das einfach die Geltung des Vertrages als Schwedisches Recht anordnet (vgl. *Ruin*, Suède - in: Rideau (Hrsg.), Les Etats membres de l'Union européenne, S. 439 ff. (456)). Ein Vorrang kommt jedoch im einen wie im anderen Fall den Bestimmungen völkerrechtlichen Ursprungs nicht zu (vgl. *Bogdan*, Application of Public International Law by Swedish Courts, NordJIL 63 (1994), S. 3 ff. (9)).

[95] Die verfassungsrechtlichen Vorschriften in Finnland im Zusammenhang mit internationalen Verträgen gleichen wiederum denen der zwei vorgenannten skandinavischen Staaten. Allerdings sind die Regelungen in diesem Fall ausführlicher und klarer, was nicht zuletzt darauf zurückzuführen sein dürfte, daß das neue Finnische Grundgesetz (Suomen Perustuslaki) erst aus dem Jahre 1999 stammt (in Kraft seit dem 1.3.2000). § 94 S. 1 des Grundgesetzes schreibt die Zustimmung des Reichstags zum Abschluß völkerrechtlicher Verträge -die Zuständigkeit dazu liegt gem. § 93 S. 1 beim Präsidenten der Republik in Zusammenarbeit mit der Staatsregierung- vor, wenn sie Bestimmungen enthalten, die in den Bereich der Legislative fallen, die von erheblicher Bedeutung oder aus einem anderen Grund zustimmungsbedürftig sind. § 95 S. 1 u. 2 lauten: „Valtiosopimuksen ja muun kansainvälisen velvoitten lainsäädännön alaan kuuluvat määräykset saatetaan voimaan lailla. Muilta osin kansainväliset velvoitteet saatetaan voimaan tasavallan presidentin antamalla asetuksella." (Die Bestimmungen in einem Vertrag und in anderen internationalen Verpflichtungen, die in den Bereich der Legislative fallen, treten durch die Verabschiedung eines Gesetztes in Kraft. Die übrigen internationalen Verpflichtungen treten durch eine durch den Präsidenten der Republik erlassene Verordnung in Kraft. - Übers. nach *Kimmel*, Die Verfassungen der EU-Mitgliedstaaten, S. 132). Die dualistische Konzeption der finnischen Rechtsordnung ist offensichtlich und bedeutet, daß Normen völkervertraglichen Ursprungs kein Vorrang vor einfachen Gesetzen eingeräumt wird (vgl. *Scheinin/Ojanen*, Finlande - in: Rideau (Hrsg.), Les Etats membres de l'Union européenne, S. 185 ff. (186)).

„Les traités ou accords régulièrement ratifiés ou approuvés ont, dès leur publication, une autorité supérieure à celle des lois, sous réserve, pour chaque accord ou traité, de son application par l'autre partie."

Diese Bestimmung erfüllt zum einen die Funktion einer generellen Adoptionsvorschrift für die völkerrechtlich verbindlich gewordenen Abkommen der Französischen Republik[96], zum anderen ordnet sie an, daß die ordnungsgemäß ratifizierten oder genehmigten Abkommen (vgl. Art. 53 Verfassung[97]) den einfachen Gesetzen im Rang vorgehen.
Einer Ursächlichkeit zwischen dem vom Gemeinschaftsrecht postulierten Vorrang und dieser verfassungsrechtlichen Vorranganordnung steht nicht entgegen, daß zu diesem Zeitpunkt (1958) die Leitentscheidung des EuGH in *Costa v. ENEL* (1964) noch nicht ergangen war, denn es gab bereits im Vorfeld der Ratifikation des EGKS-Vertrages in einigen Staaten z.T. heftige Debatten über die Vorrangfrage im Kollisionsfall[98].
Das Bestehen eines entsprechenden Kausalzusammenhangs scheint indes schon aus einem anderen Grund auszuscheiden: Bereits die Verfassung der IV. Republik vom 27. 10.1946 enthielt mit Art. 28 eine Bestimmung, die fast wortgleich ist mit der oben zitierten des Art. 55 der geltenden Verfassung. Art. 55 wurde lediglich um den Vorbehalt der Gegenseitigkeit („sous réserve...de son application par l'autre partie") ergänzt.
In diesem Zusammenhang gilt es allerdings, folgendes zu bedenken: Zwischen Wortlaut und Anwendung einer Rechtsnorm -insbesondere einer Verfassungsbestimmung- kann oftmals eine erhebliche Diskrepanz bestehen. Auf den konkreten Fall bezogen, bedeutet dies, daß ein materiellrechtlich angeordneter Vorrang des Völkervertragsrechts noch nichts darüber besagt, ob ihm auch prozessual zur Durchsetzung verholfen wird bzw. werden kann. So fehlte dem unter der Verfassung von 1946 zur Rechtsanwendung berufenen französischen Richter die Kompetenz, einem im Widerspruch zu völkervertraglichen Verpflichtungen stehenden späteren Gesetz die Anwendung zu versagen. Ebensowenig existierte ein Verfassungsgericht, dem ein vermeintlich völkervertragswidriges Gesetz zur Prüfung hätte vorgelegt werden können. Sofern eine vertragskonforme Auslegung nicht möglich war, setzte sich folglich das jüngere Gesetz -als Ausdruck des Willens des parlamentarischen Souveräns- gegenüber dem älteren Vertrag stets durch[99]. Im Ergebnis bestand damit kein Unterschied zur Rechtspraxis in dualistischen Staaten.

Mit der Verfassung der gegenwärtigen V. Republik wurde ein Verfassungsgericht bzw. -rat, der 'Conseil constitutionnel' (CC), eingerichtet (vgl. Art. 56-63 Verfassung). Nach Art. 61 besteht nun die Möglichkeit, daß dieser Gesetze vor ihrer Verkündung auf ihre Verfassungsmäßigkeit hin überprüft (*contrôle à priori*). Für sog. verfassungsausführende Gesetze (*lois organiques*) ist diese Vorabkontrolle zwingend (Art. 61 Abs. 1), bei einfachen Gesetzen findet sie nur auf Antrag[100] statt (Art. 61 Abs. 2). Dem 'Conseil con-

---

96 *Decaux/Eisemann/Goesel-Le Bihan/Stern*, France - in: Eisemann (Hrsg.), L'intégration du droit international et communautaire dans l'ordre juridique national, S. 241 ff. (257).

97 Art. 53 lautet: „Les traités [...] ne peuvent être ratifiés ou approuvés qu'en vertue d'une loi. Ils ne prennent effet qu'après avoir été ratifiés ou approuvés [...]".

98 Vgl. *de Visscher*, La Communauté européenne du charbon et de l'acier et les Etat membres - in: Actes officiels du Congrès d'études sur la C.E.C.A., Bd. 2, S. 7 ff. (49); s.a. die Äußerung von *Lord Bridge* in 'R v. Secretary of State for Agriculture, Fisheries and food, *ex parte Factortame*' (Factortame II) AC 1 [1990], S. 603 ff. (658), der zu erkennen gibt, daß seiner Ansicht nach der Vorrang den Verträgen schon immer inhärent war (s. Teil 1 Fn 347).

99 *Gundel*, Die Einordnung des Gemeinschaftsrechts in die französische Rechtsordnung, S. 51 f.

100 Antragsberechtigt sind der Präsident der Republik, der Premierminister, der Präsident der Nationalversammlung, der des Senats und 60 Abgeordnete oder 60 Senatoren.

stitutionnel' ist es also den Buchstaben der Verfassung nach durchaus möglich, ein Gesetz auf einen eventuellen Verstoß gegen den verfassungsrechtlich angeordneten Vorrang völkerrechtlicher Verträge hin zu untersuchen. Einem für verfassungswidrig befundenen Gesetz ist gem. Art. 62 Abs. 1 die Anwendung versagt.
Aber auch diese Innovation in verfassungsprozessualer Hinsicht hat nicht dazu geführt, daß der Vorrang völkerrechtlicher Verträge von diesem Zeitpunkt an durch den 'Conseil constitutionnel' sichergestellt wurde. Die zur Anwendung einer innerstaatlichen Vorschrift berufenen Fachgerichte konnten sich von nun an (zusätzlich) auf die exklusive Prüfungskompetenz des CC berufen und so die implizite Überprüfung der Verfassungsmäßigkeit eines Gesetzes (auch) aus diesem Grunde als kompetenzwidrig ablehnen[101]. Eine Art. 100 GG entsprechende Vorschrift, also ein Vorlageverfahren zwischen Fachgericht und Verfassungsgericht zur Prüfung der Verfassungsmäßigkeit einer im rechtshängigen Verfahren entscheidungserheblichen Norm, existiert in der französischen Rechtsordnung nicht. So entsprach 20 Jahre nach Inkrafttreten der Verfassung von 1958 die Rechtslage im Hinblick auf den Vorrang völkervertraglichen Normen vor nationalem Recht *de facto* immer noch derjenigen unter der alten Verfassung von 1946.

Eine neue Haltung der Fachgerichte gegenüber dem Vorrang völkervertraglicher Bestimmungen vor nationalen Gesetzen hat sich im wesentlichen in drei Schritten vollzogen: Zunächst erging am 15.1.1975 die wegweisende Entscheidung des CC in dem Streit um das französische Schwangerschaftsabbruchgesetz. Diese bereitete gleichsam die kompetenzrechtliche Grundlage für eine Prüfungszuständigkeit der Fachgerichte im Hinblick auf evtl. vertragswidrige Gesetze. Sodann zwangen Verfahren mit gemeinschaftsrechtlichem Hintergrund die Fachgerichte, von ihrer "Kompetenz" im konkreten Einzelfall Gebrauch zu machen. Und schließlich -in einem abschließenden Schritt- hatten diese Fälle Präzedenzwirkung in Verfahren ohne europarechtlichen Bezug. Diese einzelnen Schritte sind im folgenden näher zu betrachten.

b) Die Leitentscheidung des 'Conseil constitutionnel' vom 15.1.1975[102]

Dem 'Conseil constitutionnel' wurde am 20.12.1974 das französische Gesetz zum Schwangerschaftsabbruch im Rahmen des Art. 61 Abs. 2 der Verfassung, also zur Vorab-Überprüfung seiner Verfassungsmäßigkeit, von 81 Abgeordneten der Nationalversammlung vorgelegt. Von den Antragstellern wurde u.a. ein Verstoß gegen die von Frankreich ratifizierte EMRK geltend gemacht. Dem CC wäre es -wie oben erwähnt- möglich gewesen, das Gesetz auf die Vereinbarkeit mit dem von der Verfassung in Art. 55 angeordneten innerstaatlichen Vorrang völkerrechtlicher Verträge hin zu untersuchen. Gleichwohl lehnte er eine dahingehende Überprüfung ab. Als Begründung dafür führte er an, der von Art. 55 angeordnete Vorrang des Vertrages vor dem Gesetz sei „relative et contingente", wirke also nur im Anwendungsbereich des Vertrages (zwischen den Parteien) und sei zudem von der Erfüllung des Gegenseitigkeitserfordernisses in Art. 55 abhängig, wohingegen die Entscheidung über die Verfassungsmäßigkeit nach Art. 61 „absolu et

---

[101] *Gundel*, Die Einordnung des Gemeinschaftsrechts in die französische Rechtsordnung, S. 60, mit zahlreichen Nachweisen aus der Rspr.. Er führt als weitere Gründe für die Weigerung der Fachgerichte zur Durchsetzung des Vorrangs völkerrechtlicher Verträge Argumente aus der (vorkonstitutionellen) Verfassungstradition Frankreichs an, namentlich die *séparation des pouvoirs* und die *souveraineté de la loi* (S. 296 ff.).

[102] CC, Décision n° 74-54 vom 15.1.1974, Interruption volontaire de grossesse, GazPal 1976 (1er sem.), S. 25.

définitif" sei[103]. *Pellet* nennt diese Konstruktion des CC in seiner Urteilsanmerkung ein „alibi élégant forgé par la Haute instance pour décliner sa compétence [...] se gardant ainsi de l'accusation d'être un juge qui gouverne"[104]. In der Tat wäre der Entscheidung wohl im nachhinein deutlich weniger Aufmerksamkeit zuteil geworden, wenn der 'Conseil constitutionnel' seine Prüfungskompetenz bejaht hätte. Es wäre dann von Zeit zu Zeit zur Feststellung der Verfassungswidrigkeit von Gesetzen gekommen, die im Widerspruch zu einer völkervertraglichen Verpflichtung stehen. Angesichts der sehr begrenzten Anrufungsmöglichkeit des CC wäre dies ohnehin wohl eher selten der Fall gewesen. So aber warf die Verneinung der Zuständigkeit im Rahmen des Art. 61 der Verfassung[105] unweigerlich die Frage auf, wer denn, wenn nicht das Verfassungsgericht, die Einhaltung von Art. 55 der Verfassung gewährleisten solle. *Pellet* skizzierte folgende mögliche Zuständigkeitsteilung:

> „[...] les juridictions des ordres judiciare et administratif pourraient être saisies par voie d'exception de l'inapplicabilité d'une loi contraire à la Constitution ou à un traité, tandis que le Conseil constitutionnel resterait compétent pour se prononcer par voie d'action dans les conditions limitativement énumérées par la Constitution."[106]

Er fügt aber gleich im Anschluß daran hinzu: „Pendant longtemps, cette perspective risque de n'être qu'un espoir".

Was diese Befürchtung angeht, so sollte er nur teilweise Recht behalten.

Als vollkommen zutreffend hat sich jedoch im nachhinein seine zusammenfassende Bewertung des Urteils des 'Conseil constitutionnel' vom 15.1.1976 erwiesen, wonach dieses jedenfalls mittelbar dazu beitragen könne, die oben erwogene Kompetenzverteilung zwischen dem Verfassungsgericht, den ordentlichen Gerichten und den Verwaltungsgerichten Wirklichkeit werden zu lassen[107]. Denn die Fachgerichte mußten die Zurückhaltung des 'Conseil constitutionnel' gleichzeitig als unausgesprochene Aufforderung an sie selbst begreifen, die "offene Flanke" der Verfassung zu schließen[108].

c) Neue fachgerichtliche Rspr. im Hinblick auf den innerstaatlichen Vorrang des Gemeinschaftsrechts

Bereits wenige Monate nach der Entscheidung des 'Conseil constitutionnel' zum Schwangerschaftsabbruchgesetz kam das oberste Zivilgericht Frankreichs, die 'Cour de cassation' (Cass.), der darin stillschweigend enthaltenen Aufforderung zur Wahrnehmung einer eigenen Prüfungszuständigkeit nach.

---

103 A.a.O., 4. Erwägungsgrund.

104 GazPal 1976 (1er sem.), S. 25 ff. (27).

105 Diese Passage findet sich im 7. *considérant* (Erwägungsgrund) des Urteils: „[...] il n'appartient pas au Conseil constitutionnel, lorsqu'il est saisie en application de l'art. 61 de la Constitution, d'examiner la conformité d'une loi aux stipulations d'un traité ou d'un accord international;".

106 GazPal 1976 (1er sem.), S. 25 ff. (28).

107 Diese aus damaliger Sicht *mögliche* Funktion der Entscheidung läßt die in der Sache deutliche Kritik *Pellets* an dem Urteil ein wenig milder ausfallen: „Dans cette optique, on peut la [la décision] juger moins sévèrement qu'on y serait conduit par la seule analyse de son contenu." (a.a.O.).

108 *Gundel*, Die Einordnung des Gemeinschaftsrechts in die französische Rechtsordnung, S. 315 i.V.m. 324 ff.

In der Rechtssache 'Adminstration des douanes c. Société «Café Jaques Vabre»'[109] sah sich das Kassationsgericht mit der Frage nach dem Verhältnis einer gemeinschaftsrechtlichen Vorschrift -Art. 95 EWGV mit seinem Verbot höherer Abgaben auf Waren aus anderen Mitgliedstaaten- zu einer Vorschrift des nationalen Rechts -Art. 265 Code douane- konfrontiert. Dabei stand das zeitlich nachfolgende französische Gesetz in offenem Widerspruch zu der Regelung des Gemeinschaftsrechts. In seinen Schlußanträgen nahm der 'Procureur général' *Touffait* unmittelbar Bezug auf das Urteil des 'Conseil constitutionnel' und ließ keinen Zweifel daran, daß er das Gericht (dadurch) zur Durchsetzung der Vorrangklausel des Art. 55 der Verfassung berufen sah[110]. Indem das Gericht das angefochtene Urteil der 'Cour d'appel' aufrechterhielt, in dem dem Steuergesetz wegen seines Widerspruchs zum EGV bereits die Anwendung versagt wurde, schloß es sich der Sache nach der Auffassung des Generalanwalts an, ohne daß man den Urteilsgründen allerdings eine von der gemeinschaftsrechtlichen Konstellationen des Falles unabhängige Bedeutung zumessen konnte[111].

Ungleich schwieriger gestaltete sich die Durchsetzung des innerstaatlichen Vorrangs gemeinschaftsrechtlicher Normen vor den Verwaltungsgerichten. Hier erwies sich die Prognose von *Pellet*, daß dies für lange Zeit ein Wunsch bleiben würde, als zutreffend. Bereits vor der wegweisenden Entscheidung des 'Conseil constitutionnel' hatte das oberste Verwaltungsgericht der Republik, der 'Conseil d'Etat' (CE), in der Entscheidung 'Syndicat général des fabricants de semoules de France' den Vorrang des Gemeinschaftsrechts schlichtweg ignoriert[112].

---

109 Cass. ch. mixte, 24.5.1975, Administration des douanes c. Société «Café Jaques Vabre», GazPal 1975 (2e sem.), S. 470 ff. m. Schlußanträgen des Generalanwalts *Touffait*.

110 Der Generalanwalt schlußfolgerte aus dem Urteil des CC vom 15.1.1974: „*On peut donc conclure de cette prise de position du Conseil constitutionnel qu'il doit l'être par les juridictions auxquelles ce problème* [assurer le respect du principe de la supérieurité des traités par rapport aux lois] *est posé* et il leur appartient, sous peine de déni de justice, d'y répondre." (GazPal 1975 (2e sem.), S. 470 ff. (474) - Hervorhebung im Original).

111 Das Gericht sagte: „Mais attendu que le traité [instituant la CEE], qui, en vertu de l'art. [55] de la Constitution a une autorité supérieure à celle des lois, institue un ordre juridique propre intégré à celui des Etats membres; qu'en raison de cette spécifité, l'ordre juridique qu'il a créé est directement applicable aux ressortissants de ces Etats et s'impose à leurs juridictions; que dès lors, *c'est à bon droit, et sans excéder ses pouvoirs, que la Cour d'appel a décidé que l'art. 95 du traité devait être appliqué en l'espèce, à l'exclusion de l'art. 265 C. douanes, bien que ce dernier texte fût postérieur* ; [...]", GazPal 1975 (2e sem.), S. 470 ff. (477) - eigene Hervorhebung.

112 CE Sect., 1.3.1968, Syndicat général de fabricants de semoules de France, RTDE 4 (1968), S. 388 ff.; Hätte dem Urteil kein gemeinschaftsrechtlicher, sondern ein herkömmlich völkerrechtlicher Bezug zugrundegelegen, wäre ihm wohl kaum gesteigerte Aufmerksamkeit zuteil geworden. Aber gerade weil sich das Gericht völlig unbeeindruckt von dem wenige Jahre zuvor vom EuGH entwickelten gemeinschaftsrechtlichen Vorrangkonzept zeigte, mußte die Entscheidung als Affront gegen den EuGH und als Infragestellung der Effektivität des Gemeinschaftsrechts verstanden werden. Die -knapp 40 Zeilen (!) umfassenden- Urteilsgründe enthalten weder eine Begründung für die Ignorierung des vom *Gemeinschaftsrecht* angeordneten Vorrangs der in Rede stehenden VO 19/62 EWG noch für die Weigerung der Durchsetzung des von Art. 55 der *Verfassung* angeordneten Vorrangs völkervertraglicher Verpflichtungen. Die einzige implizite (!) Äußerung des 'Conseil d'Etat' zu dieser Frage besteht in folgender Feststellung: „[...] les dispositions précitées de l'ordonnance du 19 septembre 1962 font obstacle à ce que ce prélèvement soit opéré [comme il est prévu par règlement n° 19 de la Communauté économique européenne du 4 avril 1962] [...]." (a.a.O., S. 396). Die kollidierende ältere 'ordonnance' stand danach also der von einer jüngeren EWG-VO angeordneten Erhebung einer Agrarabschöpfung entgegen. Allein die -ungleich ausführlicheren- Schlußanträge der 'Commissaire du Gouvernement', Mme *Quetiaux*, lassen Rückschlüsse auf die Beweggründe des 'Conseil d'Etat' zu. Sie führte aus: „Selon l'article 55 de la Constitution, tout traité régulièrement ratifié a, dès sa publication, une

Es dauerte bis 1989, bis der 'Conseil d'Etat' schließlich in seiner *Nicolo*-Entscheidung[113] den Vorrang des Gemeinschaftsrechts vor nationalem Recht späteren Datums anerkannte. Er tat dies jedoch nicht ausdrücklich, sondern gab lediglich zu erkennen, daß er das Gemeinschaftsrecht als Prüfungsmaßstab für zeitlich nachfolgende französische Gesetze betrachte. Die entscheidende Passage ist so unscheinbar wie diejenige, mit der das Gericht in der *Semoules*-Entscheidung den Vorrang des Gemeischaftsrechts verneinte. Sie lautet:

> „[...] les règles ci-dessus rappelées, définies par la loi du 7 juillet 1977, ne sont pas *incompatibles* avec les stipulations claires de l'article 227-1 précité du Traité de Rome; [...]."[114]

Auch dieses Urteil muß wiederum vor dem Hintergrund der ausführlichen Schlußanträge des 'Commissaire du gouvernement' gelesen werden[115]. So hatte Regierungskommissar *Frydman* den 'Conseil d'Etat' aufgefordert, seine Rspr. von 1968 zu ändern. Argumentativ ging er dabei im wesentlichen folgendermaßen vor: Zunächst stellte er klar, daß die neue Rolle, die er dem Gericht antrug, nicht bedeute, daß das Gericht nun z.T. für die Prüfung der Verfassungsmäßigkeit von Gesetzen zuständig sein solle -dies sei in der Tat dem CC vorbehalten-, sondern sie bestehe lediglich darin, jüngere Gesetze im konkreten Einzelfall daraufhin zu untersuchen, ob sie mit einer gem. Art. 55 der Verfassung höherrangigen Bestimmung eines völkerrechtlichen Vertrages kollidierten und ihnen bejahendenfalls die Anwendung zu versagen[116]. Dann führte er dem CE vor Augen, daß die Rechtsschutzlücke (*«vide juridictionnel»*) nur dann geschlossen werden könne, wenn er seine neue Rolle annehme[117]. Zudem sei der CE wesentlich besser geeignet, die Einhaltung des Art. 55 zu überwachen als der 'Conseil constitutionnel'[118]. Der CC habe das oberste Verwaltungsgericht i.ü. geradezu gedrängt („avec une certaine insistance"), seine Rspr. zu überdenken[119]; auch gebe es mittlerweile keinen Mitgliedstaat der EWG mehr, in dem ein Gericht

---

autorité supérieure à celle des lois [...]. Mais le juge administratif [...] ne peut ni censurer ni méconnaître une loi. Cette considération l'a toujours conduit à refuser d'examiner les moyens tirés de l'inconstitutionnalité d'une loi (6 nov. 1936 *Arrighi*, Leb. p. 966) [...]. Mais la Constitution a précisément traité du contrôle de la constitutionnalité des lois pour en retenir une conception limitée et le confier au Conseil constitutionnel; [...]" (a.a.O., S. 394).

113 CE Ass., 20.10.1989, *Nicolo*, RTDE 25 (1989), S. 771 ff.

114 A.a.O., S. 787.

115 Es darf natürlich keinesfalls übersehen werden, daß die Schlußanträge des 'Commissaire du gouvernement' nicht (notwendigerweise) die Ansicht des Gerichts widerspiegeln, selbst wenn dieses in seinem Urteil nicht ausdrücklich von ihnen abweicht. Sie stellen lediglich -wie die Anträge der nach französischem Vorbild eingesetzten Generalanwälte beim EuGH- ein qualifiziertes Rechtsgutachten dar. Ob und wenn ja in welchem Maße sich die zur Entscheidung berufenen Richter an den Schlußanträgen orientieren, geht häufig nur implizit aus dem knapp abgefaßten Urteilen („rédaction elliptique"-*Abraham*, s.u.) hervor. Zur Einordnung der Schlußanträge der Regierungsanwälte vgl. *Abraham*, Les normes du droit communautaire et du droit international devant le juge administratif français - in: Société française pour le droit international (Hrsg.), Droit international et droit communautaire, perspectives actuelles, S. 283 ff. (284); *Abraham* war selbst lange Jahre 'Commisaire du gouvernement' beim 'Conseil d'Etat'.

116 A.a.O., S. 776.

117 A.a.O., S. 778: „Votre jurisprudence conduit en effet, en pratique, à priver purement et simplement de toute sanction efficace la violation de l'article 55. [...] Et l'on voit immédiatement à quels effets pervers conduirait, en pratique, l'absence de tout contrôle exercé sur la loi".

118 A.a.O., S. 779.

119 A.a.O., S. 781. Hier führt *Frydman* zwei Entscheidungen an, bei denen man (fast) von einer ausdrücklichen Aufforderung des CC an den CE sprechen kann, seine Rspr. im Hinblick auf Art. 55 der Verf. zu ändern. Dabei handelt es sich um die Entscheidungen des CC vom 3.9.1986, n° 86-216 DC, Loi relative aux conditions d'entrée et de séjour des étrangers, Rec., S. 135 und vom 21.10.1988, n° 88-1082/1187 DC, Election du député de la 5e circonscription du Val-d'Oise, Rec. S. 183.

Normen des Gemeinschaftsrechts keinen Vorrang vor nationalem Recht einräume. Gleichwohl weist er eine Herleitung des Vorranganspruchs gemeinschaftsrechtlicher Normen unmittelbar aus dem Gemeinschaftsrecht -wie dies der EuGH in seiner Rspr. tut- zurück[120]. *Frydman* schließt mit der Aufforderung an das Gericht: „Nous nous proposerons donc de fonder votre décision sur l'article 55 de la Constitution *et d'en étendre la portée à l'ensemble des conventions internationales*"[121].

Ob der Conseil d'Etat seine Entscheidung tatsächlich (nur) auf Art. 55 gründet, wird nicht deutlich. Einzig in den *visa*[122] des Urteils wird diese Vorschrift erwähnt.

Jedenfalls sollte das Gericht den zweiten Teil der Aufforderung, nicht nur den Vorrang gemeinschaftsrechtlicher Normen gegenüber späteren kollidierenden nationalen Gesetzen durchzusetzen, sondern dies bezüglich aller Normen völkervertraglichen Ursprungs zu tun, nicht ignorieren.

Die *Nicolo*-Entscheidung des Conseil d'Etat wurde zu Recht als eine „révolution" bezeichnet und fast einhellig als überfällig begrüßt[123].

d) Übertragung der Vorrang-Rspr. auf völkervertragliche Normen gemeinschaftsfremden Ursprungs

Nachdem die 'Cour de cassation' in der *Jaques Vabre*-Entscheidung den innerstaatlichen Vorrang völkervertraglicher Normen gemeinschaftsrechtlichen Ursprungs vor jüngeren Gesetzen durchgesetzt hatte, übertrug sie diese Rspr. problemlos auf einen Fall ohne gemeinschaftsrechtlichen Hintergrund. Im Urteil 'Bloch c. Société anonyme Filtex'[124] erkannte das Kassationsgericht 1977 an, daß sich der Kläger nicht auf gerichtsstandsbegründende Normen des nationalen Rechts aus dem Jahre 1901 berufen konnte, da diese im Widerspruch zu Vorschriften der 'Convention franco-suisse sur la compétence judiciaire' aus dem Jahre 1869 standen, deren Anwendungsbereich im konkreten Fall eröffnet war. Dies entspricht seither der ständigen Rspr. der 'Cour de cassation'[125].

Auch der 'Conseil d'Etat' wandte kurze Zeit nach seiner *Nicolo*-Entscheidung den dort anerkannten innerstaatlichen Vorrang vor Gemeinschaftsrecht auch auf herkömmliche völkerrechtliche Verträge an. In zwei Entscheidungen vom 21.12.1990[126] prüfte der CE Vorschriften des nationalen Rechts, die auf zwei Gesetzen zum Schwangerschaftsabbruch beruhten[127], auf ihre Vereinbarkeit mit Vorschriften der EMRK und des Internationalen Paktes für bürgerliche und politische Rechte hin. Er kam zu dem Ergebnis, daß „les

---

120 A.a.O., S. 785: „Nous ne croyons pas que vous puissiez suivre la Cour [de justice des Communautés européennes] dans cette jurisprudence prétrienne qui, à la vérité, nous apparaît pour le moins critiquable."

121 A.a.O., S. 786 - eigene Hervorhebung.

122 Den Urteilsgründen geschlossen vorangestellt sind die entscheidungsrelevanten Normen. Sie werden mit „Vu ..." -also „mit Blick auf ..."- eingeleitet. Der im vorliegenden Fall bedeutsame *visa* lautet: „Vu la Constitution, notamment son article 55; [...]".

123 Vgl. *Berranger*, Constitutions nationales et Construction communautaire, S. 226., der 22 (!) wissenschaftliche Kommentierungen des Urteils nachweist (a.a.O., S. 225 Fn 232).

124 Cass. Ass. plén. 14.10.1977, Bloch c. Société anonyme Filtex, RecDSir (Jur.) 1978, S. 417 ff.

125 Vgl. *Berranger*, Constitutions nationales et Construction communautaire, S. 232 Fn 257.

126 CE Ass. 21.12.1990 (2 arrêts), Confédération nationale des associations familiales catholiques et autres; Association pour l'objection de conscience à toute participation à l'avortement et Association des médecins pour le respect de la vie, RecDSir 1991 (Jur.), S. 283 f. (in Auszügen).

127 Es ging um Art. L. 162-1 bis L. 162-14 des 'Code de la santé publique', wodurch die Abgabe des Medikaments zum Schwangerschaftsabbruch 'Mifégyne 200 mg' geregelt wurde.

dispositions issues des lois [...] prises dans son ensemble, ne sont pas incompatibles avec les stipulations précités de la Convention [...] et du Pacte [...]"[128].
Mittlerweile prüft der CE in ständ. Rspr. nationale Gesetzte unter Verfassungsrang (auch) am Maßstab (herkömmlicher) internationaler Abkommen, die von Frankreich ratifiziert worden sind[129].

e) Zusammenfassung

In Frankreich blieb lange Jahre die Vorschrift des Art. 55 der Verfassung, wonach völkerrechtliche Verträge höhere Rechtskraft besitzen als Gesetze (sofern die Voraussetzung der Gegenseitigkeit gewahrt ist[130]), eine „lettre morte", eine Vorschrift also, der die Rechtswirklichkeit nicht entsprach.

Keine Probleme bereitete den Richtern der ordentlichen und der Verwaltungsgerichtsbarkeit von jeher der Fall, daß die Vorschrift eines völkerrechtlichen Vertrages mit einem vor dessen Inkrafttreten erlassenen Gesetz in Widerspruch gerät. In der Ratifikation oder der Genehmigung des Vertrages wird die zeitlich letzte Willensäußerung des Gesetzgebers gesehen, die damit die vorhergehende obsolet macht.

Befand sich jedoch ein später erlassenes Gesetz in unauflösbarem Widerspruch zur Bestimmung eines völkerrechtlichen Abkommens, weigerten sich die französischen Gerichte, diesem Gesetz die Anwendung zu versagen. In den Augen der Richter verbot es sich aus Gründen der Gewaltenteilung, den Gesetzesanwendungsbefehl des parlamentarischen Souveräns in Frage zu stellen. Insofern unterschied sich der Status völkerrechtlicher Abkommen in der monistischen französischen Rechtsordnung mit ausdrücklicher Vorranganordnung zugunsten des Völkervertragsrechts lange Zeit nicht von dem, den Abkommen in rein dualistischen Staaten genießen.

Das europäische Gemeinschaftsrecht hat maßgeblich dazu beigetragen, daß diese richterliche Selbstbeschränkung aufgegeben wurde. Erst die gemeinschaftsrechtliche Vorrangrechtsprechung des EuGH und der damit verbundene Anpassungsdruck auf die mitgliedstaatlichen Gerichte führte in Frankreich dazu, daß die Fachgerichte den Vorrang auch innerstaatlich durchzusetzen begannen. Daß dabei die Gerichte dem EuGH nie in der spezifisch gemeinschaftsrechtlichen Begründung des Vorrangs gefolgt sind, sondern dessen Grundlage stets -ausdrücklich oder stillschweigend- in Art. 55 der Verfassung gesehen haben, machte die Ausstrahlungswirkung auf die völkervertraglichen Normen gemeinschaftsfremden Ursprungs erst möglich.

---

[128] A.a.O. (Fn 126), S. 284.

[129] Vgl. etwa CE Ass. 30.10.1998, Sarran, Levacher et autres, Rec. 368 ff., 12. u. 18. Erwägungsgrund; im Erg. wurde eine Überprüfung allerdings abgelehnt.

[130] Die „réciprocité" bezieht sich nicht -wie dem Wortlaut des Art. 55 der Verf. auch zu entnehmen ist- auf die Gegenseitigkeit der völkerrechtlichen Verpflichtung (so aber Abs. 15 der Präambel der Verfassung von 1946 im Hinblick auf Souveränitätseinschränkungen, s. Teil 1 Fn 307), sondern nur auf die Zuerkennung des Vorrangs vor nationalen Gesetzen in der französischen Rechtsordnung. Ebensowenig wird durch die fehlende Gegenseitigkeit des Anwendungsvorrangs beim Vertragspartner der Erlaß von Gesetzen zur Ausführung der völkerrechtlichen Verpflichtungen gehindert (vgl. *Gundel*, Die Einordnung des Gemeinschaftsrechts in die französische Rechtsordnung, S. 287 f.; anders offenbar Regierungskommissar *Frydman*, der in seinen Schlußanträgen im *Nicolo*-Urteil davon auszugehen scheint, daß nicht nur der Vorrang, sondern sogar die Anwendbarkeit des Vertrages als solche unter dem Vorbehalt der Gegenseitigkeit steht, RTDE 25 (1989), S. 771 ff. (782/83)).

3. Belgien

a) Aussage der Verfassung vom 17.2.1994 zum Vorrang des Völkervertragsrechts und die frühe Rspr.

Die belgische Verfassung enthält bis heute keine ausdrückliche Vorschrift über die Eingliederung völkerrechtlicher Verträge in das nationale Recht und deren Status dort.

Art. 167 § 2 der Verfassung vom 17. 2. 1994 lautet:

> „Der König schließt die Verträge ab, mit Ausnahme derjenigen, die sich auf die in § 3 erwähnten Angelegenheiten beziehen. Diese Verträge werden erst wirksam, nachdem sie die Zustimmung der Kammern erhalten haben."[131]

Gegenüber dem ursprünglichen Wortlaut dieser Bestimmung, der von der Verabschiedung der ersten Verfassung (1831) bis zu ihrer großen Revision im Jahre 1993 unverändert geblieben war[132], ist einiges an Klarheit gewonnen. Heute bedürfen alle völkerrechtlichen Verträge zu ihrer Wirksamkeit der Zustimmung des gesetzgebenden Organs, in dessen Zuständigkeit der Regelungsgegenstand des Vertrages fällt. In Angelegenheiten der Föderation sind dies beide Kammern des Parlaments (Art. 167 § 2), in Angelegenheiten der Regionen und der Gemeinschaften[133] sind es die Gemeinschafts- und Regionalräte (Art. 167 § 3).

Nach nahezu einhelliger Meinung der belgischen Literatur ist mit der -insofern unveränderten- Formulierung „Verträge werden erst wirksam" nur deren innerstaatliche Wirkung, nicht aber eine Voraussetzung für deren völkerrechtliche Verbindlichkeit gemeint[134]. Der parlamentarischen Zustimmung, die in der Praxis in Form eines Gesetzes erfolgt, kommt somit die Funktion eines innerstaatlichen Anwendungsbefehls für die Bestimmungen des Vertrages zu[135].

Bezüglich des Vorrangs völkerrechtlicher Verträge vor nachfolgenden und zu ihnen im Widerspruch stehenden Gesetzen war und ist man angesichts des Schweigens der Verfassung auf Äußerungen der Rechtsprechung und der Literatur angewiesen.
Die erste bedeutende Stellungnahme der 'Cour de Cassation' ist in einem Urteil vom 26. 11.1925 enthalten[136]. Der Kassationshof hatte darin über den Fall eines Deutschen zu ent-

131 Gem. Art. 189 der belgischen Verfassung ist ihr Text sowohl auf französisch als auch auf deutsch und niederländisch authentisch.

132 Die damals in Art. 68 § 1 S. 1 und § 2 enthaltene Version lautete: „Le Roi [...] fait les traités de paix, d'alliance et de commerce. Les traités de commerce et ceux qui pourrait grever l'Etat ou lier individuellement les Belges n'ont d'effet qu'après avoir reçu l'assentiment des Chambres".

133 Nach der Verfassung umfaßt Belgien drei Gemeinschaften: die Deutschsprachige Gemeinschaft, die Flämische Gemeinschaft und die Französische Gemeinschaft (Art. 2) sowie drei Regionen: die Wallonische Region, die Flämische Region und die Brüsseler Region (Art. 3). Die Gemeinschaften und die Regionen besitzen eigene Befugnisse, die von Gemeinschafts- und Regionalräten und Gemeinschafts -und Regionalregierungen wahrgenommen werden.

134 *Waelbroeck*, Taités internationaux et juridictions internes dans les pays du Marché commun, S. 107; *Verhoeven*, Belgique - in: Eisemann (Hrsg.), L'intégration du droit international et communautaire dans l'ordre juridique national, S. 115 ff. (124); Diese Ansicht machte sich i.ü. auch die belgische Regierung zu eigen in einem Memorandum betreffend das Verfahren beim Abschluß völkerrechtlicher Verträge, das sie dem Generalsekretär der Vereinten Nationen am 6.3.1951 übersandte (abgedruckt in: United Nations Legislative Series, Laws and Practices concerning the Conclusion of Treaties, S. 4 ff. (16)).

135 *Maresceau*, Belgium - in: Jacobs/Roberts (Hrsg.), The effect of treaties in domestic law, S. 1 ff., unter Verweis auf ein Urteil der 'Cour des Cassation' vom 25.11.1955, Pas.b. 1956 I, S. 292.

136 Cass., 26.11.1925, Schieble c. Procureur général, Pas.b. 1926 I, S. 76 f.

scheiden, der nach dem ersten Weltkrieg im Saargebiet lebte. Er war aufgrund eines belgischen Gesetzes aus dem Jahre 1921, das sich auf Art. 297 lit. b) Abs. 1 u. 2 des Versailler Vertrages[137] stützte, als deutscher Reichsangehöriger in Belgien enteignet worden. Der Kläger machte nun geltend, daß das belgische Gesetz im Widerspruch zu (anderen) Bestimmungen des Versailler Vertrages stünde[138] und die Enteignung somit rechtswidrig gewesen sei.
Ohne sich zur Sache zu äußern, stellte das Gericht fest:

> „Attendu qu'il appartient au législateur belge, lorsqu'il édicte des dispositions en exécution d'une convention internationale, d'apprécier la conformité des règles qu'il adopte avec les obligations liant la Belgique par traité; que les tribunaux n'ont pas le pouvoir de refuser d'appliquer une loi pour le motif qu'elle ne serait pas conforme, prétendûment, à ces obligations; [...]."[139]

In diesen Worten kommt die gleiche, durch ein orthodoxes Verständnis vom Grundsatz der Gewaltenteilung geprägte richterliche Enthaltsamkeit zum Ausdruck, wie sie über lange Zeit auch in Frankreich festzustellen war. Allerdings sind die Fälle insofern nur bedingt vergleichbar, als in Frankreich immerhin eine ausdrückliche Vorranganordnung für völkerrechtliche Verträge in der französischen Verfassung existierte, was in Belgien nicht der Fall war.

Anläßlich der Mitgliedschaft Belgiens in der EGKS wurde 1953 ein Sonderausschuß der Abgeordnetenkammer mit dem Vorschlag befaßt, im Rahmen einer Verfassungsänderung es den Gerichten zu gestatten, Gesetzen die Anwendung zu versagen, die im Widerspruch zu völkervertraglichen Verpflichtungen stehen. Der Ausschuß nahm jedoch diesbezüglich eine ablehnende Haltung ein, da anderenfalls der Rechtsprechung der Einbruch in die Domäne des Gesetzgebers und der Exekutive gestattet würde[140]. Eine zur gleichen Zeit eingesetzte außerparlamentarische Expertenkommission kam in ihrem Gutachten zur selben Frage freilich zu einem entgegengesetzten Ergebnis. Sie plädierte für die Einfügung einer solchen Verfassungsvorschrift[141]. Im Ergebnis unterblieb die Verfassungsänderung.

---

137 In Abs. 1 behielten sich die alliierten und assoziierten Mächte u.a. vor, alle den deutschen Reichsangehörigen gehörenden Güter innerhalb ihrer Gebiete und den ihnen durch den Vertrag abgetretenen zurückzubehalten oder zu liquidieren. Gem. Abs. 2 der Vorschrift sollte die Liquidation nach den Gesetzen des beteiligten alliierten oder assoziierten Staates erfolgen.

138 Der Kläger stützte sich zum einen auf Art. 297 lit. b) Abs. 3 des Versailler Vertrages (im folgenden VV) vom 28.6.1919, worin es heißt:

> „Deutsche Reichsangehörige, die auf Grund des gegenwärtigen Vertrages von Rechts wegen die Staatsangehörigkeit einer alliierten oder assoziierten Macht erwerben, gelten nicht als deutsche Reichsangehörige im Sinne dieses Absatzes [gemeint ist lit. b)]." (MartNRG (3e sér.) 11 (1923), S. 323 ff.; dt. Quelle: RGBl. 1919, S. 687 ff.)

Zum anderen führte der Kläger Art. 49 des Vertrages an, wonach nach Ablauf einer Frist von fünfzehn Jahren nach Inkrafttreten des Vertrages (13.1.1935) die Bevölkerung des unter treuhänderischer Regierung des Völkerbundes stehenden Saargebietes zu einer Äußerung darüber berufen wird, unter welche Souveränität sie zu treten wünscht. Gem. Anlage 27 zu Art. 50 des VV sollte die Staatsangehörigkeit (bis dahin) unberührt bleiben.
Das belgische Gesetz vom 17.11.1921 stellte nun in Art. 2 Abs. 4 die Bewohner des Saargebietes mit solchen deutschen Reichsangehörigen gleich, die nicht unter Art. 297 lit. b) Abs. 3 VV fielen.

139 Cass. 26.11.1925, Schieble c. Procureur général, Pas.b. 1926 I, S. 76 f. (77).

140 Doc.parl., Chambre, 1952-1953, n° 693, S. 54: „[...] s'immiscer dans les attributions des pouvoirs législatif et exécutif".

141 Die Kommission bestand aus vier Professoren für Öffentliches Recht: *W. Ganshof van der Meersch*, *P. de Visscher*, *G. Dor* und *A. Mast*. Ihr Gutachten ist abgedruckt a.a.O., n° 696.

Die Mitgliedschaft in den drei Europäischen Gemeinschaften vermochte die Rspr. (daher) zunächst in der Vorrangfrage nicht zu beeinflussen.
1963 wies der 'Procureur général' *Hayoit de Termicourt* in einer „vielbeachteten"[142] Adresse an das Kassationsgericht auf die mögliche tiefgreifenden Krise hin, die entstehen könnte, wenn sich belgische Gerichte weigern sollten, gemeinschaftsrechtlichen Normen, die mit nachfolgenden des nationalen Rechts kollidieren, die Anwendung zu versagen[143]. Aber auch er stellte am Ende wiederum fest, daß es Aufgabe des parlamentarischen Gesetzgebers und nicht der Richterschaft sei, eine solche drohende Krise durch eine Verfassungsänderung abzuwenden. Solange dies nicht geschehen sei, müßten die Gerichte auch weiterhin strikt dem Rechtsanwendungsbefehl des nationalen Rechts nachkommen[144].

Ein Urteil des Kassationshofs[145] aus dem Jahre 1964 läßt eine vorsichtige Bereitschaft erkennen, in Zukunft möglicherweise Gesetze an solchen völkervertraglichen Normen zu messen, die unmittelbar im innerstaatlichen Recht anwendbar sind[146]. Denn in dem Urteil lehnte das Gericht eine solche Prüfung nur unter Hinweis auf die fehlende unmittelbare Anwendbarkeit der in Rede stehenden Normen ab.

Im April 1967 leitete die Regierung beiden Kammern des Parlaments den Entwurf eines Art. 107*bis* zu, der in Titel III, Kapitel 3 der Verfassung (Du Pouvoir Judiciaire) eingefügt werden sollte. Dieser lautete:

> „Les Cours et tribunaux n'appliqueront les lois et arrêtés qu'autant sont conformes aux règles du droit international et notamment aux traités en vigueur régulièrement publiés."[147]

Am 20.7.1970 wurde die Einfügung eines Art. 25*bis* in die Verfassung beschlossen, der die Übertragung von Hoheitsgewalt auf Internationale Organisationen autorisierte[148]. Das Projekt Art. 107*bis* ging jedoch mit der Auflösung der beiden Kammern im Herbst 1971[149] unter.

b) Die Wende in der Rspr. des Kassationshofes

Am 27.5.1971 erging das wegweisende Urteil der 'Cour de cassation' in der Rechtssache 'Etat blege c. S.A. Fromagerie franco-suisse «Le Ski»'[150]. Der Kassationshof hatte darin über die von der belgischen Regierung eingelegte Revision gegen ein Urteil der 'Cour d'appel' in Brüssel zu entscheiden. In der Sache ging es um folgendes: Mit Urteil vom 13.11.1964[151] hatte der EuGH im Rahmen eines Vertragsverletzungsverfahrens nach Art.

---

142 *Waelbroeck*, Traités internationaux et juridictions internes dans les pays du Marché commun, S. 273: „mercuriale très remarquée".

143 Le conflit "Traité - loi interne", JdT 1963, S. 481 ff. (485).

144 A.a.O., S. 486.

145 Cass., 13.4.1964, Pas.b., 1964 I, S. 851 ff.

146 In diesem Sinne *Berranger*, Constitutions nationales et Construction communautaire, S. 209.

147 Moniteur belge vom 17.4.1965.

148 Art. 25*bis* ist in der neuen Verfassung vom 17.2.1994 zu Art. 34 geworden, blieb inhaltlich aber unverändert: „L'exercice de pouvoirs déterminés peut être attribué par un traité ou par une loi à des institutions de droit international public".

149 Vgl. AdG 41 (1971), S. 16564 f.

150 Cass. 27.5.1971, Pas.b. 1971 I, S. 886 ff. = RTDE 7 (1971), S. 494 ff., Schlußanträge des 'Procureur général', *Ganshof van der Meersch*, auf S. 423 ff.

151 EuGH verb. Rs. 90, 91/63, Kommission v. Belgien u. Luxemburg, Slg. 1964, S. 1329 ff.

169 EWG-Vertrag[152] befunden, daß der belgische Staat gegen seine aus Art. 12 des Vertrages (Verbot von Binnenzöllen)[153] folgenden Verpflichtungen verstoßen hatte, indem er aufgrund von Bestimmungen des nationalen Rechts einen Sonderzoll auf den Import von Milchprodukten aus dem Ausland erhob. Eine Differenzierung nach Einfuhren aus EWG-Staaten und solchen aus Drittstaaten war nicht erfolgt.

Bereits am 29.10.1964 schaffte Belgien den Importzoll auf Milchprodukte mit Ministerialerlaß (arrêté ministériel), ergänzt durch königlichen Erlaß (arrêté royal) vom 23.10.1964, ab. Mit Gesetz vom 21.3.1968 wurde allerdings angeordnet, daß die in der Vergangenheit erzielten Zolleinnahmen endgültig beim Staat verbleiben und einmal geleistete Zahlungen keinerlei Anfechtung unterliegen sollten. Die Käserei 'Le Ski', die in der Zeit von 1958 bis 1964 ca. 60.000 Francs als „droits spéciaux" auf ihre Importe vornehmlich aus EWG-Mitgliedstaaten entrichtet hatte, klagte gleichwohl auf Rückerstattung der gemeinschaftsrechtswidrig eingeforderten Zahlungen.

Das Appellationsgericht in Brüssel gab der Klage statt und stellte fest, daß die Anwendung des Gesetzes vom 19.3.1968 -das nur aus einem einzigen Artikel mit o.g. Inhalt bestand- insoweit auszusetzen war, als dieses Gesetz im Widerspruch zu Art. 12 des EWG-Vertrages stand[154].

Im Revisionsverfahren vor dem Kassationshof ging Generalstaatsanwalt *Ganshof van der Meersch* in seinen 34 Seiten umfassenden Schlußanträgen u.a. auf die Bedeutung der parlamentarischen Zustimmung zu völkerrechtlichen Verträgen gem. Art. 68 Abs. 2 der Verfassung (a.F.) ein[155]. Er stellte klar, daß die belgische Regierung mit zwei ihrer Revisionsgründe von vornherein fehlging[156], beleuchtete die Rolle der Rechtsprechung im belgischen Verfassungssystem[157] und analysierte den völkerrechtlichen und innerstaatlichen Vorrang internationaler Abkommen im allgemeinen[158] und die noch junge Vorrangrechtsprechung des EuGH im besondern[159]. Schließlich kam er zu dem Ergebnis, daß der Revisionsantrag der belgischen Regierung abzuweisen sei[160].

---

152 Art. 226 EGV n.F.

153 Art. 25 EGV n.F.

154 Cour d'appel, 4.3.1970, S.A. Fromagerie franco-suisse «Le Ski» c. Etat belge, RTDE 6 (1970), S. 369 ff. (372): „Attendu que [...] [l]es effets [de la loi de 19 mars 1968], sont arrêtés dans la mesure où elle est en conflit avec une disposition directement applicable du droit international conventionnel;".

155 „Sans doute, les chambres donnent-elles leur *assentiment* aux traités [...]. Mais [...] c'est le traité lui-même qui est le siège des normes juridiques et non point l'acte d'assentiment." (RTDE 7 (1971), S. 423 ff. (430)).

156 „Des reproches que le demandeur fait ici à l'arrêt, la Cour n'en retiendra aucun: la Cour d'appel n'a ni annulé une loi ni contrôlé la constitutionnalité d'une loi, griefs que l'on est surpris, je le répète, de voir faire à l'arrêt; tous deux sont fondés sur une interprétation inexacte de l'arrêt." (a.a.O., S. 433).

157 „[L]e système constitutionnel [...] de la Belgique [...] n'est point un texte complet et se situe à mi-chemin des systèmes de constitution écrite et non écrite. [...] [L]es «blancs» que laisse subsister le texte [...] permet de combler, l'évolution de notre droit constitutionnel et son expression par la jurisprudence." (a.a.O., S. 437)

158 „[*T*]*out* traité international ne prime pas la loi interne; ainsi assurément le traité qui n'imposerait aux parties contractantes que de légiférer suivant des principes déterminés dans le traité ne créerait, même pas dans cette mesure, de conflit. Mais par contre, *tout règle de droit international directement applicable dans l'ordre interne doit prévaloir sur la norme de droit interne.*" (a.a.O., S. 438 - erste Hervorhebung im Original, i.ü. eigene).

159 „[L]e droit communautaire est un droit spécifique et autonome qui s'impose aux juridictions des Etats membres et ne permet pas de lui opposer un droit interne quel qu'il soit." (a.a.O., S. 442).

160 „La défenderesse a effectivement payé les droits spéciaux. Ceux-ci, qui ont été établis et perçus après l'entrée en vigueur du Traité, n'étaient pas dus [...]. *Conclusion*: Rejet." (a.a.O., S. 456).

Das Gericht schloß sich diesen Ausführungen in weiten Teilen an. In der entscheidenden Frage, der Kollision des späteren Gesetzes mit dem früheren Vertrag führte es aus:

> „Attendu que, lorsque le conflit existe entre une norme de droit interne et une norme de droit international qui a des effets directs dans l'ordre juridique interne, la règle établie par le traité doit prévaloir; que la prééminence de celle-ci résulte de la nature même du droit international conventionnel;
> Attendue qu'il en est *a fortiori* ainsi lorsque le conflit existe, comme en l'espèce, entre une norme de droit interne et une norme de droit communautaire;"[161]

Obwohl der eigentliche Entscheidungsgegenstand keine Äußerung zum Vorrang herkömmlicher völkervertraglicher Normen vor solchen des nationalen Rechts verlangte, stellte das Gericht diesen -unter der Voraussetzung der unmittelbaren Anwendbarkeit der jeweiligen Vertragsbestimmung- fest, um dies dann mit einem *argumentum a maiore ad minus* auch auf die konkrete gemeinschaftsrechtliche Konstellation zu übertragen. Das Urteil trägt der monistischen Ausrichtung der belgischen Rechtsordnung deutlich Rechnung, wenn es darauf hinweist, daß das Völkerrecht als solches in der nationalen Rechtsordnung zur Anwendung kommt und es damit auch den ihm innewohnenden Vorrang ins innerstaatliche Recht hereintragen kann, wo es kollidierenden Gesetzen gegenübertritt[162].
In der praktischen Konsequenz bedeutet dies für den zur Rechtsanwendung berufenen Richter, daß er Normen des nationalen Rechts (im Rang unter der Verfassung) die Anwendung versagen muß, wenn sie im Widerspruch zu Verpflichtungen aus dem völkerrechtlichen Vertrag stehen, auf die sich das Individuum vor Gericht berufen kann[163]. Damit wies (auch) der Kassationshof das Vorbringen der belgischen Regierung zurück.
Den grundlegenden Aussagen in *Le Ski* folgt das Gericht seither in ständ. Rspr.[164].

c) Zusammenfassung

Ähnlich wie in Frankreich gilt es auch für Belgien festzustellen, daß der Einfluß des Gemeinschaftsrechts und vor allem die Rspr. des EuGH die Bereitschaft der obersten belgischen Gerichte maßgeblich beeinflußt hat, auch klassische völkerrechtliche Verträge in die eigene Vorrangrechtsprechung miteinzubeziehen[165]. Das Gemeinschaftsrecht hat also auch hier einen entscheidenden Beitrag dazu geleistet, daß dem völkerrechtlichen Vorrang auch die -für die Effektivität völkerrechtlicher Verträge ausschlaggebende- innerstaatliche Vorranganordnung entspricht.

4. Niederlande

a) Aussage der Verfassung vom 17.2.1983 zum Vorrang des Völkervertragsrechts

Die Inkorporation völkervertraglicher Normen erfolgt in den Niederlanden entsprechend

---

[161] Cass., 27.5.1971, Etat belge c. Fromagerie franco-suisse «Le Ski», RTDE 7 (1971), S. 494 ff. (500).

[162] Cass., a.a.O., S. 500: „Que le conflit qui existe entre une norme de droit établie par un traité international et une norme établie par une loi postérieure, n'est pas un conflit entre deux lois;".

[163] „Attendu qu'il résulte des considérations qui précèdent que le juge avait le devoir d'écarter l'application des dispositions de droit interne qui sont contraires à cette disposition du Traité" (a.a.O.).

[164] Z.B. Cass. 14.1.1976, S.A. Indiamex c. Fonds Social pour les ouvriers diamantaires, Pas.b. 1976 I, S. 538; Cass 26.9.1978, Lootens, Pas.b. 1979 I, S. 126; Cass. 26.3.1980, Armement vestland et crts. c. Soc. dr. am. The New Hampshire et crts., Pas.b. 1980 I, S. 915; auch der 'Conseil d'Etat' hat sich dieser Vorrang-Rspr. angeschlossen: CE 5.3.1975, Reyners c. Etat belge, ministre da la justice, JdT 1975, S. 316 f., nach Vorabentscheidung des EuGH (Rs. 2/74, *Reyners*, Slg. 1974, S. 631 ff.).

[165] *Maresceau*, Belgium - in: Jacobs/Roberts (Hrsg.), The effect of treaties in domestic law, S. 1 ff. (15).

der monistischen Ausrichtung der Rechtsordnung automatisch mit Abschluß des Vertrages und dessen Veröffentlichung (vgl. Art. 93 Grondwet[166]). Allerdings gilt dies dem Wortlaut des Art. 93 zufolge nur für unmittelbar anwendbare Normen völkerrechtlicher Abkommen[167]. Völkerrechtliche Abkommen, die keine unmittelbare Anwendbarkeit genießen, bedürfen demzufolge entsprechender Ausführungmaßnahmen seitens des Gesetzgebers oder der Regierung.

Die automatische Inkorporation ist insofern unproblematisch, da ohne die grundsätzlich erforderliche vorherige Zustimmung der Generalstaaten der Vertrag nicht "völkerrechtlich" ratifiziert werden kann (vgl. Art. 91 Abs. 1 S. 1 Grondwet)[168].

Im Gegensatz etwa zur belgischen Verfassung enthält das 'Grondwet' von 1983 in Art. 94 eine ausdrückliche Vorranganordnung für völkervertragliche Normen:

> „Binnen het Koninkrijk geldende wettelijke voorschriften vinden geen toepassing, indien deze toepassing niet verenigbaar is met een ieder verbindende bepalingen van verdragen en van besluiten van volkenrechtelijke organisaties."[169]

Auffällig ist, daß auch der Vorrang unter der -einzigen- Bedingung der unmittelbaren Anwendbarkeit („een ieder verbindende bapalingen") steht. Die niederländische Verfassung mißt dieser Voraussetzung mithin große Bedeutung zu. Dies war nicht immer so. Denn als der Vorrang erstmals in der neuen Verfassung von 1953 festgeschrieben wurde, damals in Art. 65, war er an keinerlei Bedingungen geknüpft. Erst anläßlich einer Überarbeitung der Verfassung drei Jahre später wurde das Erfordernis dann in Art. 66 eingefügt.

Die Formulierung in Art. 94 (ex Art. 66, ex Art. 65) 'Grondwet': „vinden geen toepassing" (finden keine Anwendung) ist vor allem für die Gerichte von großer Eindeutigkeit. So konnte es erst gar nicht zu einer selbstverordneten richterlichen Enthaltsamkeit kommen, wie dies in Frankreich und Belgien zu beobachten war. Zu einer echten Diskrepanz zwischen der verfassungsrechtlichen Anordnung des Vorrangs und seiner praktischen Durchsetzung ist es in den Niederlanden (daher) nie gekommen.

Nicht zu verkennen ist allerdings, daß die richterliche Kontrolle über die Vereinbarkeit von Gesetzen mit Bestimmungen völkerrechtlicher Verträge durch die o.g. Verfassungs-

---

166 Art. 93 der Verfassung vom 17.2.1983 lautet: „Bepalingen van verdragen en van besluiten van volkenrechtelijke organisaties, die naar haar inhoud een ieder kunnen verbinden, hebben verbindende kracht nadat zij zijn bekendgemaakt" (Bestimmungen von Verträgen und Beschlüssen völkerrechtlicher Organisationen, die ihrem Inhalt nach allgemeinverbindlich sein können, haben Verbindlichkeit nach ihrer Veröffentlichung - Übers. nach *Kimmel*, Verfassungen der EU-Mitgliedstaaten, S. 306).

167 Die Formulierung in Art. 93 Grondwet „die [...] een ieder kunnen verbinden" meint nichts anderes als unmittelbare Anwendbarkeit; vgl. *Waelbroeck*, Traités internationaux et juridictions internes dans les pays du Marché commun, S. 249.

168 Zu den gem. Art. 91 Abs. 1 S. 2 'Grondwet' gesetzlich bestimmten Ausnahmen von dem vorherigen Zustimmungserfordernis vgl. *Brölmann/Vierdag*, Netherlands - in: Eisemann (Hrsg.), L'intégration du droit international et communautaire dans l'ordre juridique national, S. 433 ff. (438); *Schermers*, Netherlands - in: Jacobs/Roberts (Hrsg.), The effect of treaties in domestic law, S. 109 ff. (112) weist allerdings auch darauf hin, daß die automatische Inkorporation manchmal zur „Belastung" für die niederländischen Verhandlungsführer werden kann, denn „negotiators from other countries may lightheartedly accept all sorts of treaty obligations which are not subsequently incorporated into their domestic legal systems and therefore become dead letters, whilst a Dutch negotiator always has to take into account that treaty obligations may be invoked in court."

169 Innerhalb des Königreichs geltende gesetzliche Vorschriften werden nicht angewandt, wenn die Anwendung mit allgemeinverbindlichen Bestimmungen von Verträgen und Beschlüssen völkerrechtlicher Organisationen nicht vereinbar ist (Übers. nach *Kimmel*, Verfassungen der EU-Mitgliedstaaten, S. 306).

änderung eine „amputation“[170] erfahren hat und so die innerstaatliche Vorrangstellung geschwächt wird. Denn die Bedingung der unmittelbaren Anwendbarkeit macht es dem Richter unmöglich, förmliche Gesetze im allgemeinen und Gesetze, die zur Ausführung nicht unmittelbar anwendbarer Vertragsbestimmungen ergangen sind im besonderen, am Maßstab eines nicht unmittelbar anwendbaren Vertrages zu messen[171]. Abgesehen von dieser Einschränkung und einer anfänglichen Zurückhaltung der Rspr. haben die Gerichte spätestens seit Ende der 70er Jahre ihr Mandat aus Art. 94 (ex Art. 66) der Verfassung angenommen[172].
Es stellt sich nun die Frage, inwiefern das Europarecht bzw. die Anfang der 50er Jahre beginnende europäische Einigung für die Einfügung einer Vorrangvorschrift in die niederländische Verfassung ursächlich gewesen ist.

b) Rechtslage vor Änderung der Verfassung 1953

In der Fassung des 'Grondwet' bis zum 22.5.1953 gab es keine Vorschrift, die den Vorrang völkerrechtlicher Verträge festgeschrieben hätte. Dies mußte jedoch nicht zwangsläufig für die Gerichte bedeuten, daß sie nicht der Bestimmung eines für die Niederlande verbindlichen völkerrechtlichen Vertrages Vorrang vor einem späteren nationalen Gesetz hätten einräumen können, denn es existierte ebensowenig eine Vorschrift, die den Richtern dies untersagt hätte. Diese Ausgangslage mag dazu geführt haben, daß die Gerichte es weitestgehend vermieden haben, zur Vorrangfrage ausdrücklich Stellung zu beziehen. Zwar läßt sich der einen oder anderen *obiter* getätigten Urteilsbegründung eine gewisse Tendenz für oder gegen den Vorrang entnehmen[173], zu einer bindenden Stellungnahme im Tenor oder den tragenden Urteilsgründen ist es jedoch nie gekommen.

Auch im Schrifttum wurde die Vorrangfrage kontrovers diskutiert[174].

---

170 *Waelbroeck*, Traités internationaux et juridictions internes dans les pays du Marché commun, S. 249.

171 *Brölmann/Vierdag*, Netherlands (Fn 168), S. 448.

172 *Schermers*, Netherlands (Fn 168), S. 114 unter Verweis auf die Rspr. des 'Hooge Raad' (Oberstes Gericht der ordentlichen Gerichtsbarkeit): 4.5.1984, Berber Sinnema v. Sieger Lijckle van der Zwaag, N.J. 1985 n° 510 = NYIL 17 (1986), S. 247 ff. (auf Englisch in Auszügen) und des 'Raad van State' (in seiner Funktion als oberstes Verwaltungsgericht): 14.12.1978, Philip Agee v. Staatssecretaris van Justitie, NYIL 10 (1979), S. 454 ff. (auf Englisch in Auszügen).

173 In einem Urteil vom 3.3.1919 sagte der 'Hooge Raad', daß davon auszugehen sei, daß der niederländische Gesetzgeber nicht willkürlich und einseitig von dem abweichen will, was er mit einer fremden Macht im Wege eines ratifizierten Vertrages vereinbart hat (N.J. 1919, S. 371 ff. (374)); das Kantongericht Arnheim entschied am 9.5.1934 (N.J. 1934, S. 678 ff. (680)), daß zwischen der Revidierten Mannheimer Rheinschiffahrtsakte (1868) und dem nationalen Frachtverteilungsgesetz für die Binnenschiffahrt vom 5.3.1933 kein Widerspruch besteht, wenn auch der Vertrag Vorrang haben mag vor einem nationalen Gesetz („al moge een tractaat hoogere macht hebben dan een nationale wet“); der Kassationshof (Bejzondere Raad von Cassatie) schließlich urteilte 1949, daß ein Übereinkommen, welches seiner Rechtsnatur nach die Souveränität der Vertragsparteien einschränkt, solange einen höheren Rang als ein nationales Gesetz innehat, wie das Königreich völkerrechtlich daran gebunden ist („dat aan todanige overeenkomst naar haar aard, als beperkende de souvereiniteit der verdragsluitende partijen, een hogere rechswaarde toekomt dan aan de wet en derhalve, zolang het konikrijk door dezen internationalen rechtsband gebonden blijft“ - Urteil vom 12.1. 1949, N.J. 1949 n° 87, S. 144 ff. (149)).

174 Vgl. *de Witte*, Pays-Bas - in: Les Etats membres de l'Union européenne, S. 367 ff. (369) v.a. unter Hinweis auf die kontroverse Debatte auf dem Niederländischen Juristentag von 1937. Die Mehrheit der Teilnehmer versammelte sich damals hinter Prof. *Verzijl*, der mit Verve für einen Monismus mit Primat des Völkerrechts eintrat; *Erades/Gould*, The relations between international law in the Netherlands and in the United States, S. 412 f., machen für die Zeit vor 1953 ein Verhältnis von 16:9 unter den Staats- und Völkerrechtlern für den Vorrang des Völkerrechts aus.

c) Ursächlichkeit des Europarechts für die Verfassungsänderung vom 22.5.1953

Nicht weniger kontrovers verliefen auch die Debatten im Parlament, die im Rahmen der Änderung der verfassungsrechtlichen Vorschriften über den Abschluß völkerrechtlicher Verträge um den späteren Art. 65 Grondwet geführt wurden.
Gegenstand der Meinungsverschiedenheiten war dabei weniger die Zuerkennung des Vorrangs als solche als vielmehr die Frage, wem die Prüfungskompetenz bzgl. der Vereinbarkeit von Gesetzen mit Verträgen zukommen sollte: dem Parlament und der Regierung allein oder auch den Gerichten[175]. Die Staatskommission für Verfassungsänderung[176] hatte einstimmig die Aufnahme einer Vorrangvorschrift in ihren Entwurf beschlossen[177], auch die Koordinierungskommission zwischen Parlament und Regierung auf dem Gebiet der auswärtigen Angelegenheiten[178] sprach sich mit deutlicher Mehrheit (20:4) für eine solche Regelung aus[179]. Allein der von der Regierung ins Parlament eingebrachte Änderungsentwurf enthielt keine dahingehende Vorschrift, da es -so die Begründung für das Fehlen- für eine Verankerung des Vorrangs in der Verfassung noch zu früh sei und die weitere Entwicklung der Rechtsauffassungen abgewartet werden sollte[180]. Ein Abänderungsantrag in der 'Tweede Kamer der Staten-Generaal', eingebracht vom Abgeordneten *Serrarens*, hatte aber letztlich mit knapper Mehrheit Erfolg, sodaß es dann doch zur Aufnahme der Vorrangvorschrift kam[181].

Bei der reinen Vorrangdiskussion spielten -soweit erkennbar- Argumente im Zusammenhang mit der Mitgliedschaft in der kurz zuvor gegründeten Europäischen Gemeinschaft für Kohle und Stahl keine entscheidende Rolle[182]. Anders war dies jedoch bei der wesentlich

---

175 *Zimmermann*, Die Neuregelung der auswärtigen Gewalt in der Verfassung der Niederlande, ZaöRV 15 (1953/54), S. 164 ff. (196).

176 'Staatscommissie tot herziening van de Grondwet'.

177 Die vorgeschlagene Vorschrift (Art. 60d) lautete: „In case of conflict with legislation operative within the Kingdom, provisions of international agreements shall prevail." (Übers. zitiert nach *Erades/Gould*, a.a.O. (Fn 174)).

178 'Commissie nopens de smenweking tussen Regering en Staaten-Generaal inzake het buitenlandse beleid' (sog. Eysinga Commissie - benannt nach dem Vorsitzenden, Prof. Jonkheer WJM *van Eysinga*).

179 Vorgeschlagen wurde hier (Art. 60 Abs. 9): „Promulgation of treaties shall be regulated by statute. Treaties thus promulgated are binding on everyone, even if deviating from legislation" (Übers. zitiert nach *Erades/Gould*, a.a.O., S. 414).

180 *Zimmermann*, die Neuregelung der auswärtigen Angelegenheiten in der Verfassung der Niederlande, a.a.O. (Fn 175), S. 197.

181 Art. 65 'Grondwet' (1953) lautete: „Binnen het Koninkrijk geldende wettelijke voorschriften vinden geen toepassing, wanneer deze niet vereinigbaar zou zijn met overeenkomsten, die hetzij vóór, hetzij na de totstandkoming der voorschriften zijn bekend gemaakt overeenkomstig artikel 66" (Innerhalb des Königreichs geltende Vorschriften finden keine Anwendung, sofern sie mit Verträgen nicht vereinbar sind, die -sei es vor, sei es nach dem Zustandekommen der Vorschriften- gem. Art. 66 bekanntgemacht worden sind - eigene Übers.).

182 *Schermers*, Netherlands (Fn 168), S. 112, bietet als Begründung für die Festschreibung des Vorrangs folgendes an: „The strong support of international law which the Netherlands have always given can be explained from the fact that we are a law-abiding people, but there may also be reasons of self interest. The Netherlands is a trading country with enormous interests abroad. We have no military means to protect these interests. The only possibility of reasonable protection is in the general application of the rules of law. It is of course difficult to require the strict application of law by other countries if one does not do so oneself."; *Berranger*, Constitutions nationales et Construction communautaire, S. 195, schreibt allerdings: „[...] les révisions constitutionnelles de 1953 et 1956 consacraient, *dans l'optique de la construction européenne*, une opinion exprimé par la grande majorité de la doctrine [...] selon laquelle la primauté du droit internationale devait être reconnue sans réserves, même sur la loi postérieure [...]" (eigene Hervorhebung).

heftiger umstrittenen Frage, ob die Gerichte im Einzelfall zur Prüfung eines Gesetzes auf seine Vereinbarkeit mit einem Vertrag und zur Anwendungsaussetzung befugt sein sollten. Ein wesentlicher Argumentationsstrang wurde entlang Art. 41 des EGKS-Vertrages entwickelt, wonach der EuGH über die Gültigkeit von Beschlüssen der Kommission und des Rates im Wege des Vorabentscheidungsverfahrens befindet, wenn vor einem staatlichen Gericht deren Gültigkeit in Frage gestellt wird. Diese Bestimmung setze voraus -so das Argument-, daß ein nationales Gericht in der Lage sein müsse, die verbindliche Vorabentscheidung des Europäischen Gerichtshofs im nationalen Recht berücksichtigen und umsetzen zu können[183]. Das System der Vorabentscheidung sei auf die Prüfungszuständigkeit des nationalen Richters ausgelegt und nicht auf die der Regierung oder des nationalen Gesetzgebers. Durch diese Argumentation scheint hindurch, daß man sich der praktischen Implikationen der Mitgliedschaft in der Europäischen Gemeinschaft auch und vor allem für die nationale Rechtsprechung bereits im wesentlichen bewußt war. Das Hauptargument der Gegner des richterlichen Prüfungsrechts, daß dies mit Art. 124 Abs. 2 der Verfassung unvereinbar sei, wonach die Gesetze unantastbar sind[184], vermochte immerhin 40 Abgeordnete zu überzeugen. 46 Abgeordnete stimmten letztlich für die Einfügung von Art. 65 in die Verfassung. Inwiefern nun diese Mehrheit von 6 Stimmen durch die Überzeugungskraft der dem europäischen Gemeinschaftsrecht entliehenen Argumente gewonnen werden konnte, kann nicht nachgewiesen werden. Umgekehrt ist allerdings auch nicht auszuschließen, daß die Regierung mit ihrer Blockadehaltung Erfolg gehabt hätte, wenn die Befürworter des Vorrangs und des Prüfungsrechts nicht Gründe hätten ins Feld führen können, die der im Vergleich zu sonstigen völkerrechtlichen Regimen schon damals ungewöhnlich effektiven Gemeinschaftsrechtsordnung entstammten.

d) Zusammenfassung

Anders als in Frankreich und Belgien, wo die Bedeutung des Gemeinschaftsrechts mit seinem Vorranganspruch für die Anerkennung und Durchsetzung des innerstaatlichen Vorrangs herkömmlicher völkerrechtlichen Verträge ganz offensichtlich ist, läßt sich im Falle der Niederlande kein so eindeutiges Ergebnis formulieren. Die Neuregelung der bis dato lückenhaften Bestimmungen der niederländischen Verfassung wurde 1953 maßgeblich durch die Mitgliedschaft in der EGKS, aber auch in anderen nach dem Krieg entstandenen Internationalen Organisationen veranlaßt. Dies spiegelt sich unmittelbar in der Einfügung einer Vorschrift über die Übertragung von Hoheitsrechten auf völkerrechtliche Organisationen (damals Art. 67, jetzt Art. 92 Grondwet) wider. Ein solcher unmittelbarer Zusammenhang kann zwischen der EG-Mitgliedschaft und der verfassungsrechtlichen Festschreibung des innerstaatlichen Vorrangs völkerrechtlicher Verträge nicht hergestellt werden. Was jedoch die Frage der Durchsetzung des Vorrangs angeht -beides wurde in den Gesetzentwürfen zumeist zusammen behandelt-, war die Debatte deutlich gemeinschaftsrechtlich gefärbt. Das noch junge Gemeinschaftsrecht lieferte mit seiner Verzahnung von Europäischem Gerichtshof und nationalen Gerichten über Art. 41 EGKS

183 Vgl. *Zimmermann*, a.a.O. (Fn 175), S. 199 f., der die Debatte in ihrem wesentlichen Verlauf nachzeichnet.

184 Art. 124 Abs. 2 lautete: „De wetten zijn onschendbar“ (nach der erneuten Verfassungsanpassung vom 23.8. 1956 fand sich die Vorschrift in Art. 131 Abs. 2 wieder); Art. 60 Abs. 3 nahm auch völkerrechtliche Verträge vom Prüfungsrecht des Richters aus. Heute faßt Art. 120 'Grondwet' diese beiden Regelungen zusammen: „De rechter treed niet in de beoordeling van de grondwettigheid van wetten en verdragen“ (Der Richter beurteilt nicht die Verfassungsmäßigkeit von Gesetzen und Verträgen - Übers. nach *Kimmel*, Verfassungen der EU-Mitgliedstaaten, S. 309).

wahrscheinlich ein entscheidendes Argument für die Verankerung der Befugnis der Rechtsprechung zur Prüfung der Vereinbarkeit von Gesetzen mit Bestimmungen eines (unmittelbar anwendbaren) völkerrechtlichen Vertrages in der niederländischen Rechtsordnung. Eindeutig ist jedoch eine Rückwirkung in umgekehrter Richtung: Die verfassungsrechtliche Anerkennung des Vorrangs in den Niederlanden hat die Rechtsprechung des EuGH zur unmittelbaren Anwendbarkeit und zum Vorrang zweifelsohne beeinflußt[185].

5. Luxemburg

a) Aussage der Verfassung zum Vorrang des Völkervertragsrechts

> „Le Grand-Duc fait les traités. Les traités n'auront d'effet avant d'avoir été approuvés par la loi et publiés dans les formes prévues pour la publication des lois."

Die Regelung völkerrechtlicher Angelegenheiten erfolgt in der luxemburgischen Verfassung durch zwei Artikel, von denen der eine, Art. 37 (Abs. 1), die vorgenannte Bestimmung enthält[186].

Aus ihr geht hervor, daß völkerrechtliche Verträge automatisch Teil der luxemburgischen Rechtsordnung werden, wenn sie die Zustimmung des Parlaments in Form eines Gesetzes erhalten haben und amtlich veröffentlicht worden sind. Diese Regelung entspricht der in der belgischen Verfassung enthaltenen. Anders als man dem Wortlaut der Vorschrift („effet") nach vermuten könnte, betrifft das Zustimmungserfordernis nicht erst die innerstaatliche Anwendung des Abkommens, sondern sie ist bereits erforderlich, damit die im Namen des Großherzogs handelnde Regierung die völkerrechtliche Verbindlichkeit des Abkommens überhaupt herbeiführen kann[187]. Dem Gesetz kommt daher -je nach Ausgestaltung des völkerrechtlichen Vertrages- die Bedeutung eines Ermächtigungs- oder Ratifikationsgesetzes zu[188].

Das Zustimmungsgesetz erfüllt daher nicht die Funktion eines Umsetzungsaktes für die völkervertraglichen Bestimmungen. Das betreffende Abkommen gelangt im innerstaatlichen Recht vielmehr mit seinem völkerrechtlichen Inkrafttreten als Völkerrecht zur Anwendung, sofern die beiden in Art. 37 Abs. 1 der Verfassung genannten Bedingungen erfüllt sind[189].

---

185 *De Witte*, Pays-Bas - in: Rideau (Hrsg.), Les Etats membres de l'Union européenne, S. 367 ff. (369).

186 Die gegenwärtige Fassung des Art. 37 (Abs. 1) geht auf die Verfassungsreform vom 9.10.1956 zurück. Die ursprüngliche Fassung des Art. 37 der Verfassung vom 17.10.1868 lautete: „Le Roi Grand-Duc [...] fait les traités. [...] Les traités de commerce et ceux qui pourraient grever l'Etat ou lier individuellement des Luxembourgeois, et en général tous ceux portant sur une matière qui ne peut être réglée que par une loi, n'ont d'effets qu'après avoir reçu l'assentiment de la Chambre [...]". Zu bemerken ist eine fast wörtliche Übereinstimmung mit Art. 68 der Belgischen Verfassung von 1831 (s. Fn 132).

187 *Waelbroeck*, Traités internationaux et juridictions internes dans les pays du Marché commun, S. 117, unter Verweis auf das Memorandum der luxemburgischen Regierung über das Verfahren beim Abschluß völkerrechtlicher Verträge vom 20.2.1952 (abgedruckt in: United Nations Legislative Series, Laws and Practices concerning the Conclusion of Treaties, S. 76 ff. (80 f.)).

188 Gemeint ist, ob der völkerrechtliche Vertrag im einphasigen oder mehrphasigen Verfahren geschlossen wurde, ob er also unmittelbar mit der Unterzeichnung wirksam wird oder ob er zum Inkrafttreten zusätzlich noch der innerstaatlichen Zustimmung oder Genehmigung durch das Parlament bedarf.

189 Vgl. Memorandum der luxemburgischen Regierung (a.a.O. Fn 187), S. 81: „[...] la loi approbative n'a pas non plus pour effet de transformer le traité en loi interne. Celui-ci garde son caractère à la fois contractuel et international".

Damit stellt sich die Frage, ob der Vorranganspruch, den das Völkerrecht selbst in sich trägt, in Luxemburg auch mit dem innerstaatlichen Vorrang einhergeht. Die Verfassung schweigt diesbezüglich.

b) Die Rspr. zum Vorrang völkerrechtlicher Abkommen

Mit Beginn der 50er Jahre finden sich in Urteilen luxemburgischen Obergerichte Aussagen, die den Eindruck erwecken, der innerstaatliche Vorrang völkervertraglicher Normen vor Bestimmungen des nationalen Rechts entspreche bereits gefestigter Rechtsprechung. Dieser Eindruck wird dadurch hervorgerufen, daß etwa ein Satz wie der folgende ohne jegliche Begründung in ein Urteil eingestellt wird:

> „[E]n cas de conflit entre les dispositions d'un traité international et celles d'une loi interne postérieure, la loi international doit prévaloir sur la loi nationale;"[190]

Auch vom 'Conseil d'Etat' als oberstem Verwaltungsgericht ist ein Urteil bekannt, in dem er pauschal den Anwendungsvorrang internationaler Verträge vor kollidierendem nationalen Recht feststellt[191]. Auffällig ist, daß in diesen Urteilen von „loi international" oder „convention internationale ayant force de loi dans notre pays" die Rede ist. Beide Formulierungen lassen eine gewisse (terminologische) Unsicherheit im innerstaatlichen Umgang mit völkerrechtlichen Abkommen erkennen. Im ersteren Fall scheint im Hintergrund die Vorstellung von einem internationalen Gesetzgeber zu stehen. Ein quasi-gesetzgeberisches Handeln mag man in dem übereinstimmenden Willen der Vertragsparteien sehen, völkerrechtliche Rechte und Pflichten zu begründen. Gleichwohl ist das souveräne gesetzgeberische Handeln nicht mit dem gleichberechtigten Aushandeln eines Vertrages vergleichbar. Auch die Bedeutung der zweiten Formulierung von der „Gesetzeskraft völkerrechtlicher Abkommen im nationalen Recht" ist zumindest mißverständlich. Einerseits kann gemeint sein, daß Bestimmungen solcher Abkommen *wie* Gesetze im innerstaatlichen Recht Anwendung finden, andererseits ist auch die Interpretation möglich, daß Konventionen *als* Gesetze (besonderen Ranges) zur Anwendung kommen. Vor dem Hintergrund der monistischen Ausrichtung der luxemburgischen Rechtsordnung erscheint letztere Deutung wahrscheinlicher. Angesichts solcher Unsicherheiten verwundert es kaum, wenn *Pescatore* 1954 zu diesen Urteilen anmerkte, daß sie mit Zurückhaltung zu betrachten seien. Insbesondere die allgemein gehaltenen, aber apodiktischen Aussagen zum Vorrang völkerrechtlicher Abkommen ließen Zweifel daran aufkommen, ob sie auch morgen noch Gültigkeit hätten oder nur aus dem Augenblick heraus geboren wurden[192].

Ein echter Begründungsversuch für den innerstaatlichen Vorrang internationaler Abkommen wurde von der 'Cour supérieure de Justice' erstmalig in der Strafsache 'Ministère

---

[190] Cour supérieure de justice (cass. crim.), 8.6.1950, Huberty c. Ministère public, Pas.lux., vol. XV (1950-53), S. 41 f. (42); die Formulierung ist wortgleich in einem Urteil des Gerichtshofs (als Appellationsgericht) vom 21.7.1951 enthalten: Ministère public c. Brasseur, Pas.lux., a.a.O., S. 233 ff. (236).

[191] Conseil d'Etat, 28.7.1951, Dieudonné c. Adminstration des Contributions, Pas.lux., vol. XV, S. 263 ff. (267 f.): „En cas de conflit entre les dispositions d'une convention internationale ayant force de loi dans notre pays et celles du droit interne, les premières priment et mettent en échec l'application des dispositions dérogatoires internes même postérieures;".

[192] *Pescatore*, Urteilsanmerkung zu: Cour supérieure de Justice (cass. crim.), 14.7.1954, Ministère public et Chambre des Métiers c. Pagani, JdT 69 (1954), S. 695 ff. (697): „Cependant, cette jurisprudence admettait encore certaines hésitations. Les juridictions avaient procédé, en effet, par voie d'affirmations générales et apodictiques, sans essayer d'assigner un fondement à leur solution. En conséquence on pouvait se demander si ces décisions n'étaient pas plutôt une œuvre occasionnelle sans lendemain".

public et Chambre des Métiers c. Pagani' unternommen. Der Hintergrund des Urteil war folgender: Der italienische Staatsangehörige *Pagani* betrieb mit behördlicher Genehmigung im belgischen Bastogne eine Marmorschleiferei und ein Fliesengeschäft. Auch im nahegelegenen Luxemburg führte er des öfteren Arbeiten aus. Dort wurde er 1952 strafrechtlich verfolgt und erstinstanzlich wegen Verstoßes gegen einen strafbewehrten großherzoglichen Erlaß vom 14.8.1934 verurteilt, wonach es Gewerbetreibenden untersagt war, ohne vorherige Genehmigung der Regierung ihre Tätigkeit in Luxemburg aufzunehmen. Obwohl *Pagani* lediglich eine belgische Genehmigung besaß, wurde er im Berufungsverfahren freigesprochen, denn das Gericht sah in dem luxemburgischen Genehmigungserfordernis einen Verstoß gegen Art. 3 der Konvention über die Belgisch-luxemburgische Wirtschaftsunion vom 25.7.1921[193], wonach u.a. Genehmigungen für Gewerbetreibende aus Belgien in Luxemburg anerkannt werden und umgekehrt[194]. Die Revision der Regierung gegen dieses Urteil wurde vom Gerichtshof schließlich abgelehnt. Zum Vorrang völkerrechtlicher Abkommen, der im zweitinstanzlichen Urteil wiederum nur in einem Nebensatz unterstellt wurde, führte das Gericht in seinem Urteil vom 14.7.1954 aus:

> „Attendu que s'il est vraie qu'en principe l'effet des lois successives dépend de la date de leur mise en vigueur, les dispositions contraires aux lois antérieures abrogeant celles-ci, il ne saurait pourtant en être ainsi *lorsque les deux lois sont d'une inégale valeur, c'est-à-dire lorsque l'une des lois est un traité international* incorporé dans la législation interne par une loi approbative; qu'en effet pareil traité est une loi d'une essence supérieure ayant une origine plus haute que la volonté d'un organe interne; qu'en conséquence, *en cas de conflit entre les dispositions d'un traité international et celle d'une loi nationale postérieure, la loi internationale doit prévaloir sur la loi nationale* [...];"[195]

Die konstruktive Herleitung des Vorrangs, die in den o.g. Urteilen von 1950/51 bereits durchschien, kommt hier deutlich zum Ausdruck. Der oberste Gerichtshof geht offensichtlich davon aus, daß internationale Abkommen durch das (nach Art. 37 Abs. 1 der Verfassung erforderliche) Zustimmungsgesetz selbst in die nationale Rechtsordnung eingegliedert werden. Durch diesen Eingliederungsakt erhalten sie aber nicht den Rang eines gewöhnlichen Gesetzes, sondern den eines „höherrangigen internationalen Gesetzes", das sich im Konfliktfall mit einem „nationalen Gesetz" diesem gegenüber durchsetzen kann. So anfechtbar diese Konstruktion auch sein mag[196], mit diesem Urteil kann der innerstaatliche Vorrang völkerrechtlicher Abkommen in der luxemburgischen Rechtsordnung endgültig als gefestigte Rechtsprechung und mithin als gesichert angesehen werden[197]. Die Mitglieder der Abgeordnetenkammer hielten es 1956 allerdings noch für angebracht, die weitere Entwicklung in der Rspr. abzuwarten („jurisprudence hésitante et pas assez solidé-

193 Text in: LNTS 9, S. 223 ff.

194 Cour supérieure de Justice (appel correctionnel), 7.3.1953, Pagani c. Ministére public et Chambre des Métiers, JdT 69 (1954), S. 694 f.: „Attendu que, si *en vertue du principe que la loi internationale prime la loi nationale*, [...], il reste la question de savoir si Pagani, sujet italien établi en Belgique, est susceptible d'invoquer en sa faveur la Convention d'Union économique"; [diese Frage wurde bejaht] (a.a.O., S. 695 - eigene Hervorhebung).

195 Cour supérieure de Justice (cass. crim.), 14.7.1954, *Pagani*, JdT 69 (1954), S. 695 f. (696) - eigene Hervorhebungen.

196 *Pescatore* wirft dem Gericht vor, daß es irre, wenn es in dem Zustimmungsgesetz den Geltungsgrund des völkerrechtlichen Vertrags in der innerstaatlichen Rechtsordnung sieht, denn „elle [la loi approbative] *conditionne* l'entrée en vigueur, mais elle ne la *détermine* pas; il est donc inexacte de dire que «le traité est incorporé dans la législation interne par une loi approbative»" (a.a.O., S. 697 - Hervorhebungen im Original).

197 Vgl. *Berranger*, Constitutions nationales et Construction communautaire, S. 255, unter Hinweis auf die ständ. Rspr. der 'Cour sup. de Justice' und des 'Conseil d'Etat' (letzterer z.B. 7.12.1978, Stanicke c. Ministre de la Justice, Pas.lux., vol. XXIV (1978-80), S. 186).

ment assise") und verweigerten so einem Regierungsvorschlag im Zusammenhang mit der Verfassungsänderung in jenem Jahr die Zustimmung, wonach der Vorrang ausdrücklich in der Verfassung festgeschrieben werden sollte[198]. Heute hätte eine solche Vorschrift lediglich klarstellende Bedeutung, weshalb ihre Einfügung auch nicht mehr ernsthaft erwogen wird.

Abschließend ist zu klären, ob und wenn ja inwiefern die Mitgliedschaft Luxemburgs in der Europäischen Gemeinschaft die Anerkennung des innerstaatlichen Vorrangs völkerrechtlicher Abkommen vor kollidierendem nationalen Recht beeinflußt hat.

c) Ursächlichkeit der Mitgliedschaft in der Europäischen Gemeinschaft für die Anerkennung des Vorrangs durch die Rechtsprechung

Der Vergleich der wesentlichen gemeinschaftsrechtlichen Daten mit dem Zeitpunkt des Erlasses des *Pagani*-Urteils läßt einen Zusammenhang zwischen der Mitgliedschaft in der Europäischen Gemeinschaft für Kohle und Stahl und der (definitiven) Etablierung des Vorrangs des Völkerrechts vor nationalem Recht durch dieses Urteil als durchaus möglich erscheinen. Der EGKS-Vertrag wurde am 18.4.1951 auf seiten Luxemburgs durch den von der Großherzogin bevollmächtigten Außenminister unterzeichnet. Am 13.5.1952 wurde das Zustimmungsgesetz zum EGKS-Vertrag in der luxemburgischen Abgeordnetenkammer mit 47 gegen 4 Stimmen verabschiedet, bevor der Vertrag dann am 14.10.1952 in Kraft trat.
Tatsächlich hatten alle drei oben genannten Urteile[199] der ordentlichen Gerichtsbarkeit einen "gemeinschaftsrechtlichen" Hintergrund. In jeder Entscheidung ging es um die Konkurrenz von Normen des nationalen Rechts mit solchen aus dem Vertrag über die Wirtschaftsunion zwischen Belgien und Luxemburg von 1921. Aus heutiger Sicht nachgerade klassisch gemeinschaftsrechtlich nehmen sich die zugrunde liegenden Sachverhalte aus. Im ersten Fall hatte ein Kaufmann Eier aus Belgien nach Luxemburg eingeführt, ohne eine Kennzeichnung der Herkunft vorzunehmen, wie luxemburgisches Recht es verlangte. Im zweiten Fall war ein belgischer Handlungsreisender in Luxemburg seiner Tätigkeit nachgegangen, ohne im Besitz einer dazu nach innerstaatlichem Recht erforderlichen Genehmigung der dortigen Regierung zu sein. Im letzen Fall ging es schließlich um den in Belgien ansässigen Handwerker *Pagani*, der trotz Fehlens der nach luxemburgischem Recht vorgeschriebenen Genehmigung im Nachbarland Werkleistungen erbracht hatte.
In all diesen Fällen kollidierten Erfordernisse des nationalen Rechts tatsächlich oder vermeintlich mit Bestimmungen zum Abbau gegenseitiger Handels- und Freizügigkeitshemmnisse aus der belgisch-luxemburgischen Konvention.
Wegen Fehlens eines Gerichtshofs der Belgisch-luxemburgischen Wirtschaftsunion oblag es den luxemburgischen Obergerichten, dafür Sorge zu tragen, daß die in Rede stehenden Bestimmungen des Unionsrechts nicht das sonst übliche Schicksal völkerrechtlicher Bestimmungen im innerstaatlichen Recht erlitten, nämlich von später erlassenen Normen des nationalen Rechts verdrängt zu werden. So kommt es nicht von ungefähr, daß die Vorrangrechtsprechung anhand von Fällen mit "gemeinschaftsrechtlichem" Hintergrund entschieden wurden. Denn die Belgisch-luxemburgische Wirtschaftsunion stellte im

198 Der Entwurf lautete: „Les règles du droit international font partie de l'ordre juridique national. Elles prévalent sur les lois et toutes les autres dispositions nationales" (abgedruckt in: Chambre des Députés, Session 1955-56, Doc. n° 516, Projet, art. 42 et 45).
199 Gemeint sind neben dem *Pagani*-Urteil die in Fn 190, 191 genannten Urteile.

kleinen und unter Berücksichtigung der Zeit der Gründung Anfang der 20er Jahre eine "bilaterale EWG" dar[200].

Im Rahmen der hier zu unternehmenden Untersuchung, inwiefern gerade das *Europäische* Gemeinschaftsrecht für die Vorrangrechtsprechung im Hinblick auf sonstiges Völkervertragsrecht ursächlich geworden ist, muß gleichwohl festgestellt werden, daß die mit der gerade gegründeten EGKS geschaffene besondere internationale Rechtsordnung im Bereich Kohle und Stahl die luxemburgische Rechtsprechung zum Vorrang völkerrechtlicher Verträge nicht (mehr) meßbar beeinflussen konnte.
Allgemein kann aber gesagt werden, daß wohl nur im Rahmen der zu Beginn der 50er Jahre schon seit fast 30 Jahren bestehenden ungewöhnlich engen wirtschaftlichen Union zweier souveränen Staaten ein nationales Gericht binnen weniger Jahre -ohne die Einflußnahme eines überstaatlichen Gerichts- eine gefestigte Vorrangrechtsprechung für völkerrechtliche Abkommen gegenüber nationalem Recht entwickeln konnte. Insofern hat sich das "Unionsrecht" in positiver Weise auf den Status, den völkerrechtliche Abkommen insgesamt in der luxemburgischen Rechtsordnung genießen, förderlich ausgewirkt.

d) Zusammenfassung

In Luxemburg kann der Vorrang völkerrechtlicher Abkommen vor damit in Widerspruch stehenden späteren Vorschriften des nationalen Rechts seit 1954 als gesichert gelten. Er wurde in ersten Urteilen Anfang der 50er Jahre nur *obiter* festgestellt, bevor er in der *Pagani*-Entscheidung der 'Cour supérieure de Justice' von 1954 auch in den tragenden Urteilsgründen begründet wurde. Keines dieser Urteile hatte einen Bezug zum europäischen Gemeinschaftsrecht oder erlaubt den Rückschluß, daß die Anerkennung des Vorrangs bereits im Bewußtsein möglicher Implikationen der Mitgliedschaft in der Europäischen Gemeinschaft für Kohle und Stahl für das nationale Recht erfolgte. Insofern kann eine Rück- bzw. Vorwirkung des Gemeinschaftsrechts auf den Status herkömmlicher völkerrechtlicher Verträge in der luxemburgischen Rechtsordnung festgestellt werden.

6. Griechenland

Im Gegensatz zu den bisher betrachteten Mitgliedstaaten ist Griechenland kein Gründungsmitglied der Europäischen Gemeinschaften, sondern diesen erst zum 1.1.1981 beigetreten. Zu diesem Zeitpunkt gehörte der vom EuGH formulierte Vorrang des Gemeinschaftsrechts bereits zum gemeinschaftlichen Besitzstand (*acquis communautaire*)[201], den ein Beitrittsstaat in seiner Gesamtheit übernehmen und dessen Einhaltung er sicherzustellen in der Lage sein muß.

---

[200] Vgl. *Pescatore*, Belgium-Luxembourg Economic Union, EPIL Vol. I, S. 367 ff. (370).

[201] Der Begriff des gemeinschaftlichen Besitzstandes ist in Art. 2 Abs. 1 Spstr. 5 des EUV enthalten, ohne dort allerdings definiert zu werden. Die Kommission legte in einem Papier aus dem Jahre 1992 dar, worin dieser Besitzstand besteht: „Inhalt, Grundsätze und politische Ziele der Verträge einschließlich des Vertrages von Maastricht; das Folgerecht und *die Rechtsprechung des Gerichtshofs*; die Erklärungen und Entschließungen der Gemeinschaft; die internationalen Abkommen und Abkommen zwischen Mitgliedstaaten, die die Tätigkeit der Union betreffen" (Die Erweiterung Europas: eine neue Herausforderung, Bull.EG, Beil. 3/92, Ziff. 11 - eigene Hervorhebung).

a) Aussage der Verfassung vom 9.6.1975 zum Vorrang des Völkervertragsrechts

Die Griechische Verfassung vom 9.6.1975 enthält in Art. 28 Abs. 1 folgende Regelung:

> „[...] [O]ι διεθνείς συμβάσεις, από την επικύρωσή τους με νόμο και τη θέση τους σε ισχύ σύμφωνα με τους όρους καθεμιάς, αποτελούν αναπόσπαστο μέρος του εσωτερικού ελληνικού δικαίου και υπερισχύουν από κάθε άλλη αντίθετη διάταξη νόμου.“[202]

Der Vorrang völkerrechtlicher Abkommen, denen das griechische Parlament in Form eines Gesetzes zugestimmt hat und die ordnungsgemäß in Kraft gesetzt worden sind, ist damit in Griechenland verfassungsrechtlich verankert und wird von den Gerichten auch durchgesetzt[203]. Eine vergleichbare Vorschrift ist im bisherigen Verlauf der Untersuchung nur in Art. 94 der Verfassung der Niederlande gefunden worden.
Anders als dort finden internationale Abkommen nicht bereits mit ihrem völkerrechtlichen Inkrafttreten automatisch Eingang in die griechische Rechtsordnung, sondern bedürfen dazu der ausdrücklichen Anordnung durch ein (Ratifikations-)Gesetz.
Art. 36 Abs. 2 der Verfassung, der in Abschnitt II mit den Regelungen über den Präsidenten der Republik enthalten ist, bestätigt diesen Befund[204]. Dem Ratifikationsgesetz kommt also -ähnlich wie in Deutschland- eine doppelte Bedeutung zu. Zum einen autorisiert es den für den Abschluß völkerrechtlicher Verträge zuständigen Präsidenten der Republik -vertreten durch die Regierung- die völkerrechtliche Verbindlichkeit des Abkommens, die Ratifikation, herbeizuführen, zum anderen dient es der Inkorporation des Vertrages in das nationale Recht[205]. Das Ratifikationsgesetz gibt dabei entsprechend einem Transformationsgesetz den Inhalt des völkerrechtlichen Vertrages ausführlich wieder. Diese klassisch dualistische Vorgehensweise steht in auffälligem Widerspruch zu der eindeutig monistisch motivierten Anerkennung des Primats des Völkerrechts durch Art. 28 Abs. 1. Danach müßten völkerrechtliche Abkommen im innerstaatlichen Recht eigentlich als solche, d.h. als Völkerrecht zur Anwendung gelangen. Dieser Konflikt ließe sich normalerweise mit der zwischen Monismus und Dualismus vermittelnden Vollzugslehre lösen[206]. Damit unvereinbar ist jedoch, daß der Vorrang in der griechischen Rechtsordnung offenbar (nur) dadurch erreicht wird, daß man dem Ratifikationsgesetz selbst einen ggü. einfachen Gesetzen höheren Rang einräumt[207]. Damit wird das Ratifikationsgesetz, bei dem es sich auch um ein Transformationsgesetz handelt, dem Anwendungsbereich der *lex posterior*-Regel enthoben. Der Hintergrund für diese dogmatisch wenig überzeugende Konstruktion wird bei einem Blick auf die verfassungsrechtliche Lage vor 1975 erhellt.

---

202 [D]ie internationalen Verträge nach ihrer gesetzlichen Ratifizierung und ihrer in ihnen geregelten Inkraftsetzung sind Bestandteil des inneren griechischen Rechts und gehen jeder entgegenstehenden Gesetzesbestimmung vor (Übers. nach *Kimmel*, Verfassungen der EU-Mitgliedstaaten, S. 174).

203 Vgl. *Roucounas*, Grèce - in: Eisemann (Hrsg.), L'intégration du droit international et communautaire dans l'ordre juridique national, S. 287 ff. (303).

204 Art. 36 Abs. 2 lautet: Verträge über Handel und Steuern, wirtschaftliche Zusammenarbeit und die Teilnahme an internationalen Organisationen oder Vereinigungen sowie Verträge mit Zugeständnissen, die nach anderen Bestimmungen der Verfassung ohne Gesetz nicht verfügt werden können oder die die Griechen persönlich belasten, bedürfen zu ihrer Gültigkeit eines formellen Ratifikationsgesetzes (Übers. nach *Kimmel*, Verfassungen der EU-Mitgliedstaaten, S. 177).

205 *Roucounas*, Grèce (Fn 203), S. 297.

206 S.o. Fn 42 f. und begleitenden Text.

207 *Rancounas*, a.a.O.

b) Rechtslage nach der Verfassung von 1952

Das Verhältnis zwischen Landesrecht und Völkerrecht war in der griechischen Nachkriegsverfassung vom 1.1.1952 dualistisch geregelt[208].
Die einzige Vorschrift im Zusammenhang mit völkerrechtlichen Verträgen war in Art. 32 der Verfassung enthalten:

> „Le Roi conclut des traités [...]. Toutefois les traités de commerce et ceux qui contiennent des concessions ne pouvant être, selon d'autres dispositions de la Constitution, accordées qu'en vertu d'une loi ou qui impliquent des charges individuelles pour les citoyens ne sont pas valables sans l'assentiment de la Chambre."[209]

Auffällig ist hier zunächst die weitgehende inhaltliche Übereinstimmung mit der Nachfolgeregelung in Art. 36 der Verfassung von 1975[210]. Die „Zustimmung des Parlaments", von der in Art. 32 der griechischen Verfassung von 1952 die Rede ist, erging in Form eines Gesetzes und erfüllte dieselbe Funktion wie das bereits oben erörterte Ratifikationsgesetz: Ermächtigung des Königs und Inkorporation in die innerstaatliche Rechtsordnung.
Bestimmungen eines in nationales Recht umgesetzten Abkommens wurden von griechischen Gerichten wie einfache Gesetze behandelt, so daß die Anwendung des *lex posterior*-Grundsatzes keinerlei Zweifeln unterlag[211].

Vor diesem Hintergrund wird die Ursache für die oben geschilderte und zumindest in dogmatischer Hinsicht verworrene Lage unter der gegenwärtigen griechischen Verfassung deutlich. Anläßlich der Verfassungsreform von 1975 wollte man das Verhältnis des nationalen Rechts zum Völkerrecht, das *Evrigénis* als „considérablement en retard par rapport aux tendences modernes" bezeichnete[212], neu regeln. Man beließ es allerdings bei der Einfügung der Vorrangklausel in Art. 28 Abs. 1. Die alte dualistische Inkorporationspraxis wurde nicht entsprechend monistisch ausgestaltet.
Gewisse Ungereimtheiten dürfen jedoch nicht darüber hinwegtäuschen, daß den zur Rechtsanwendung berufenen Gerichten die Durchsetzung des Vorrangs völkerrechtlicher Normen gegenüber solchen des nationalen Rechts keine Schwierigkeiten bereitet und sie regelmäßig in der Urteilsbegründung lediglich auf Art. 28 der Verfassung verweisen[213].
Die hier entscheidende Frage lautet nun wiederum, welchen mittelbaren oder unmittelbaren Einfluß das Gemeinschaftsrecht auf die Verfassungsreform von 1975 hatte.

---

208 *Evrigénis*, Les conflits de la loi nationale avec les traités internationaux en droit hellénique, RHellDI 18 (1965), S. 353 ff. (354).

209 Franz. Übersetzung nach *Evrigénis*, a.a.O.

210 Ebenfalls augenfällig ist, daß hier bereits der zweite Fall fast wörtlicher Übereinstimmung mit Art. 68 der belgischen Verfassung aus dem Jahre 1831 zu verzeichnen ist (vgl. zuvor bereits Art. 37 der luxemburgischen Verfassung von 1868, Fn 186).

211 Siehe z.B. Staatsrat (Symvoulio Epikrateias) No. 1829/1953, RHellDI 6 (1953), S. 390 ff. (390): „Le législateur ayant ainsi clairement exprimé son intention en faveur d'une application universelle de la loi à l'égard de tous [...] il s'ensuit que le décet-loi précité prévaut contre toutes ces dispositions générales ou particulières, de même que contre les traités antérieures invoqués."; 'Areiu Pagu' (höchstes Gericht der ordentlichen Gerichtsbarkeit) No. 630/1965: „[...] les conventions internationales, sanctionnées par voie législative et transformée ainsi en droit interne, peuvent être modifiées ou abrogées par une loi postérieure soit expressément soit tacitement, zitiert bei: *Evrigénis*, Les conflits de la loi nationale avec les traités internationaux en droit hellénique, RHellDI 18 (1965), S. 353 ff. (355 Fn 8).

212 A.a.O., S. 357.

213 *Roucounas*, Grèce - in: Eisemann (Hrsg.), L'intégration du droit international et communautaire dans l'ordre juridique national, S. 287 ff. (301).

c) Ursächlichkeit des Gemeinschaftsrechts für die Vorranganordnung in der griechischen Verfassung von 1975

Griechenland war das erste Land, mit dem die EG auf der Grundlage von ex Art. 238 (Art. 310 n.F.) EWG-Vertrag im Jahre 1961 ein Assoziierungsabkommen schloß[214]. Dem Land wurde darin eine klare Beitrittsperspektive aufgezeigt[215]. Infolge des Militärputsches vom 21.4.1967 wurde das Abkommen allerdings von der EG faktisch ausgesetzt[216].

Als am 21.7.1974 mit der Bildung einer Regierung der nationalen Einheit unter *Konstantin Karamanlis* die siebenjährige Militärherrschaft in Griechenland endete, wurde zunächst die alte Verfassung von 1952 wieder in Kraft gesetzt. Am 17. November desselben Jahres fanden Parlamentswahlen statt, aus denen die Neue Demokratie Partei unter *Karamanlis* mit der absoluten Mehrheit der Stimmen (54,5%) hervorging und die ihr 220 der 300 Sitze im Abgeordnetenhaus eintrugen. Am 7.6.1975 wurde die in der Zwischenzeit zum größten Teil neu ausgearbeitete Verfassung vom fünften verfassungsändernden Parlament mit 208 von 300 Stimmen verabschiedet und trat vier Tage später in Kraft[217].

Am darauffolgenden Tag, dem 12.6.1975, beantragte die Regierung den Beitritt zur Europäischen Gemeinschaft[218]. Förmliche Beitrittsverhandlungen wurden Ende Juli 1976 aufgenommen und konnten im April 1979 abgeschlossen werden[219]. Am 28.5.1979 wurde die Beitrittsakte in Athen unterzeichnet[220]. Das griechische Ratifikationsgesetz passierte am 27.7.1979 mit 191 von 300 Stimmen das Parlament[221].
Mit Inkrafttreten des Beitrittsvertrages am 1.1.1981 wurde die griechische Republik zehnter Mitgliedstaat der Europäischen Gemeinschaften.

In der unmittelbaren Aufeinanderfolge von Verfassungsreform und Beitrittsgesuch deutet sich bereits an, was sich bei einer Lektüre des Verfassungstextes bestätigt: Die neue Verfassung wurde nicht nur im Hinblick auf die Bestimmungen über das internationale Recht, sondern nahezu im ganzen unter dem Eindruck des bevorstehenden Beitritts zur EWG ausgearbeitet. In den Worten von *Roucounas*:

> „Sans aucun doute, la Constitution de la Grèce, qui date de 1975, se raille à la tradition de la démocratie parlementaire qui caractérise la forme du pouvoir politique chez tous les Etat membres [de la Communauté]. Cette Constitution a été mise en vigueur littéralement à la veille de la demande d'ad-

---

[214] Abkommen zur Gründung einer Assoziation zwischen der Europäischen Wirtschaftsgemeinschaft und Griechenland vom 9.7.1961, ABl. 1963, S. 294 ff.

[215] In Art. 72 des Abkommens heißt es: „Sobald das Funktionieren des Assoziierungsabkommens es in Aussicht zu nehmen gestattet, daß Griechenland die Verpflichtungen aus dem Vertrag zur Gründung der Europäischen Wirtschaftsgemeinschaft vollständig übernimmt, werden die Vertragsparteien die Möglichkeit eines Beitritts Griechenlands zur Gemeinschaft prüfen."; vgl. auch den 4. Erwägungsgrund des Vorspruchs.

[216] So erklärte das Europäische Parlament in einer Entschließung vom Mai 1967 etwa, „daß das derzeitige Fehlen frei gewählter Institutionen in Griechenland das Funktionieren des Gemischten Ausschusses EWG/Griechenland, einer für die korrekte Anwendung des Vertrages von Athen unerläßlichen Einrichtung, völlig unmöglich macht" (Bull.EWG 7-1967, S. 90); vgl. auch das Kommuniqué der Kommission vom 16.4.1970 (Bull.EG 6-1970, Ziff. 58).

[217] Fakten nach *Catsiapis*, La Constitution de la Grèce du 9 juin 1975, Annex I, Les différentes étapes du rétablissement de la démocratie, RDP 91 (1975), S. 1577 ff. (1599).

[218] *Kommission*, IX Gesamtbericht (1975), Ziff. 459.

[219] Bull.EG 4-1979, Ziff. 2.2.1.

[220] Beitrittsdokumente in: ABl. 1979 Nr. L 291, S. 1 ff.

[221] Gesetz 945/1979, Journal Officiel, 27.7.1979, Série A n° 170.

hésion de la Grèce à la Communauté et *le législateur constituant avait clairement en vue la prochaine participation de la Grèce au Marché Commun.*"[222]

Mit Art. 28 der Verfassung wurde in der Tat eine umfassende Integrationsvorschrift geschaffen, die schon fast des Eindruck des Übereifers erweckt. Entgegen der bisher dualistischen Praxis wird in Abs. 1 dem Völkervertragsrecht *und* dem Völkergewohnheitsrecht Vorrang vor innerstaatlichem Recht eingeräumt. Eine solche Kumulation existierte in keiner Verfassung eines der damaligen EG-Mitgliedstaaten, ausgenommen die französische Verfassung von 1958, an der man sich im übrigen stark orientierte. Mit Art. 28 Abs. 2 S.1[223] und Abs. 3[224] wurden gleich zwei Verfassungsgrundlagen für die Mitgliedschaft in Internationalen Organisationen, die zur Ausübung von Souveränitätsrechten ermächtigt sind, geschaffen. Auch wenn sich im Schrifttum eine Debatte entspann, auf welcher Vorschrift der EG-Beitritt beruht, hatte der Verfassungsgeber ganz offensichtlich Art. 28 Abs. 2 die Funktion des "Integrationshebels" beigemessen[225]. Die Regierung machte sich dann zwar im Vorfeld der Abstimmung über das Ratifikationsgesetz zum Beitrittsvertrag die gegenteilige Ansicht zu eigen, akzeptierte aber aus Gründen der politischen Rücksichtnahme das von Abs. 2 S. 2 vorgesehene höhere Mehrheitserfordernis von 3/5 der Gesamtzahl der Abgeordneten (im Gegensatz zu der nach Abs. 3 nur erforderlichen absoluten Mehrheit von 151 Stimmen)[226]. Wie gesehen, wurde die 3/5-Mehrelt (180 von 300) bei der Abstimmung über das Ratifikationsgesetz sogar noch um elf Stimmen übertroffen.

d) Zusammenfassung

In Griechenland ist der Vorrang des Völkervertrags- und -gewohnheitsrechts in Art. 28 Abs. 1 der Verfassung von 1975 festgeschrieben. Die Ursache dafür liegt in zwei wesentlichen Faktoren begründet: Zum einen wollte man damit den während der Zeit der Militärdiktatur geschlossenen Staat nach außen hin öffnen. Die neue Völkerrechtsoffenheit der griechischen Rechtsordnung ist ein deutliches Zeichen dafür. Zum anderen wollte man

---

222 *Roucounas*, Pour le dialogue entre le droit communautaire et le droit grec, RHellDI 33 (1980), S. 11 ff. (13) -Hervorhebung im Original; ähnlich auch *Fatouros*, International Law in the New Greek Constitution, AJIL 70 (1976), S. 492 ff. (505 f.).

223 „Για να εξυπηρετηθεί σπουδαίο εθνικό συμφέρον και να προαχθεί η συνεργασία με άλλα κράτη, μπορεί να αναγνωρισθούν, με συνθήκη ή συμφωνία, σε όργανα διεθνών οργανισμών αρμοδιότητες που προβλέπονται από το Σύνταγμα" (Um wichtigen nationalen Interessen zu dienen und um die Zusammenarbeit mit anderen Staaten zu fördern, ist durch Verträge oder Abkommen die Zuerkennung von verfassungsgemäßen Zuständigkeiten an Organe internationaler Organisationen zulässig - Übers. nach *Kimmel*, Verfassungen der EU-Mitgliedstaaten, S. 174).

224 „Η Ελλάδα προβαίνει ελεύθερα, με νόμο που ψηφίζεται από την απόλυτη πλειοψηφία του όλου αριθμού των βουλευτών, σε περιορισμούς ως προς την άσκηση της εθνικής κυριαρχίας της, εφόσον αυτό υπαγορεύεται από σπουδαίο εθνικό συμφέρον, δεν θίγει τα δικαιώματα του ανθρώπου και τις βάσεις του δημοκρατικού πολιτεύματος και γίνεται με βάση τις αρχές της ισότητας και με τον όρο της αμοιβαιότητας" (Griechenland stimmt freiwillig durch ein Gesetz, das der absoluten Mehrheit der Gesamtzahl der Abgeordneten bedarf, einer Einschränkung der Ausübung seiner nationalen Souveränität zu, wenn dies ein wichtiges nationales Interesse erfordert, die Menschenrechte und die Grundlagen der demokratischen Staatsordnung nicht berührt werden und wenn es in Gleichberechtigung und Gegenseitigkeit erfolgt -Übers. nach *Kimmel*, a.a.O.).

225 *Roucounas*, Grèce (Fn 222), S. 14 f., wonach der Verfassungsausschuß bei der Schaffung von Abs. 3 Fälle wie die Einrichtung von NATO-Militärstützpunkten auf griechischem Territorium im Blick hatte (a.a.O., S. 17).

226 Vgl. *Dagtoglou*, Die Süderweiterung der Europäischen Gemeinschaften - insbesondere der Beitritt Griechenlands, EuR 15 (1980), S. 1 ff. (21).

den griechischen Staat in bestmöglicher Weise auf den in Angriff genommen Beitritt zu den Europäischen Gemeinschaften vorbereiten und in diesem Zusammenhang unter Beweis stellen, daß man die grundlegenden innerstaatlichen Voraussetzungen für die Übernahme des gemeinschaftlichen Besitzstandes bereits geschaffen hatte[227]. Das Gemeinschaftsrecht mit seinem damals schon etablierten Vorranganspruch hat also einen bedeutenden Anteil daran gehabt, daß der Vorrang des Völker(vertrags)rechts insgesamt in der griechischen Verfassung verankert wurde. Man kann insofern durchaus von einer Art "Vorwirkung" des Gemeinschaftsrechts sprechen.

6. Spanien

a) Aussage der Verfassung vom 29.12.1978 zum Vorrang des Völkervertragsrechts

Die spanische Verfassung widmet den Vorschriften über internationale Verträge ein eigenes Kapitel im Rahmen des III. Titels über die 'Cortes Generales', dem spanischen Parlament[228]. Danach bedarf die Erteilung der Zustimmung das Staates zur Bindung an alle bedeutsamen Verträge oder Abkommen der vorherigen Ermächtigung durch die 'Cortes Generales' (Art. 94 Abs. 1[229]).

Formal obliegt es dem spanischen König gemäß der Verfassung und den Gesetzen, die Zustimmung des Staates zur Übernahme internationaler Verpflichtungen durch Verträge zu bekunden (Art. 63 Abs. 2 der Verfassung[230]). Es entspricht jedoch der Verfassungspraxis, daß nicht nur völkerrechtlich, sondern auch innerstaatlich die eigenhändige Unterzeichnung durch den König nicht in jedem Fall erforderlich ist[231].

Mit dem gültigen Abschluß und nach Veröffentlichung im *Boletín Oficial del Estado* 'O' werden internationale Verträge gem. Art. 96 Abs. 1 S. 1 der Verfassung automatisch Teil der spanischen Rechtsordnung[232]. Auch wenn man den innerstaatlichen Anwendungsbefehl in dem Zustimmungsgesetz selbst und nicht in Art. 96 sehen will, so kommen die Bestimmungen in jedem Fall entsprechend der monistisch inspirierten Adoptionstheorie

---

227 In der Praxis erwies es sich nicht als Problem, daß man auf eine ausdrückliche Vorranganordnung für das sekundäre Gemeinschaftsrecht bzw. für die Beschlüsse souveränitätseinschränkender Internationaler Organisationen verzichtet hatte (vgl. *Stephanou/Passas*, Grèce - in: Rideau (Hrsg.), Les Etats membres de l'Union européenne, S. 239 ff. (261)).

228 Die 'Cortes Generales' sind ein Zwei-Kammer-Parlament, bestehend aus dem Kongreß der Abgeordneten (Congreso de los Diputados) und dem Senat (Senado), vgl. Art. 66 Abs. 1 der 'Constitución'.

229 „La prestación del consentimiento del Estado para obligarse por medio de tratados o convenios requerirá la previa autorización de las Cortes Generales, en los siguientes casos: [...]." (Es folgt ein Aufzählung aller Fälle, die alle wesentlichen Bereiche erfaßt).

230 „Al Rey corresponde manifestar el consentimiento del Estado para obligarse internacionalmente por medio de tratados, de conformidad con la Constitución y las leyes" (Dem König obliegt es, gemäß der Verfassung und den Gesetzen die Zustimmung des Staates zur Übernahme internationaler Verpflichtungen durch Verträge zu bekunden -Übers. nach *Kimmel*, Verfassungen der EU-Mitgliedstaaten, S. 531).

231 *Bermejo García/Bou Franch/Valdés Díaz/Paja Burgoa*, Spain - in: Eisemann (Hrsg.), L'intégration du droit international et communautaire dans l'ordre juridique national, S. 183 ff. (184), unter Hinweis auf ein diese Praxis bestätigendes Urteil des 'Tribunal Constitucional' vom 11.4.1991.

232 Art. 96 Abs. 1 S. 1 lautet: „Los tratados internacionales válidamente celebrados, una vez publicados oficialmente en España, formarán parte del ordenamiento interno." Siehe auch Art. 1 Abs. 5 des 'Código Civil', der schon 1973/74 folgende Fassung erhielt: „Las normas jurídicas contenidas en los tratados internacionales no serán de aplicación directa en España en tanto no hayan pasado a formar parte del ordenamiento interno mediante su publicación íntegra en el *Boletín Oficial del Estado*" (Rechtsnormen völkerrechtlicher Verträge haben so lange keine unmittelbare Geltung in Spanien, bis sie durch ihre Veröffentlichung im Amtsblatt des Staates Teil der innerstaatlichen Rechtsordnung werden - eigene Übers.).

im innerstaatlichen Recht als Völkerrecht zur Anwendung. Eine Transformation findet nicht statt.

In Art. 96 Abs. 1 S. 2 heißt es dann weiter:

> „Sus disposiciones sólo podrán ser derogadas, modificadas o suspendidas en la forma prevista en los propios tratados o de acuerdo con las normas generales del Derecho internacional.“[233]

Können Vertragsbestimmungen nur völkerrechtlich aufgehoben, abgeändert oder suspendiert werden, so folgt daraus, daß dies nicht durch entgegenstehende spätere Bestimmungen des nationalen Rechts erfolgen kann. Diese ungewöhnliche Vorschrift spricht aus völkerrechtlicher Sicht eine bloße Selbstverständlichkeit aus, innerstaatlich kommt ihr in praktischer Konsequenz die Bedeutung einer Vorrangvorschrift für völkervertragliche Bestimmungen zu[234]. Auch die spanischen Gerichte haben den Vorrang völkerrechtlicher Verträge vor nationalem Recht immer wieder bestätigt[235].

b) Verfassungsrechtliche Lage vor Inkrafttreten der gegenwärtigen Verfassung

Die Verfassung der 2. Republik vom 9.12.1931 war von einer für die damalige Zeit ungewöhnlichen Achtung vor dem Völkerrecht geprägt, was u.a. darin zum Ausdruck kam, daß die allgemeinen Regeln des Völkergewohnheitsrechts gem. Art. 7 in das innerstaatliche Recht aufgenommen wurden[236] und dort Verfassungsrang genossen[237].

Bzgl. des Völkervertragsrechts sah Art. 65 Abs. 1 eine ähnliche Regelung vor, wie sie nun in Art. 96 Abs. 1 S. 1 der Verfassung von 1978 enthalten ist. Zur Rangfrage läßt sich Art. 65 Abs. 3 folgendes entnehmen:

> „No podrá dictarse ley alguna en contradicción con dichos Convenios, si no hubieran sido previamente denunciados conforme al procedimiento en ellos establecido.“[238]

---

[233] Ihre Bestimmungen können nur in der von den Verträgen selbst vorgesehenen Form oder gemäß den allgemeinen Regeln des Völkerrechts aufgehoben, abgeändert oder suspendiert werden (Übers. nach *Kimmel*, Verfassungen der EU-Mitgliedstaaten, S. 539).

[234] *Bermejo García/Bou Franch/Valdés Días/Paja Burgoa*, Spain - in: Eisemann (Hrsg.), L'intégration du droit international et communautaire dans l'ordre juridique national, S. 183 ff. (215).

[235] Tribunal Supremo, Urteil vom 30.9.1982 (Aranzadi 1982 n° 4917); Urteil vom 31.10.1983 (Aranzadi 1983 n° 5295); in einem Urteil vom 22.5.1989 (Aranzadi 1989 n° 3877) etwa stellte das Gericht fest: „[...] porque al garantizar la Constitución Española el principio de legalidad y de jerarquía normativa (art. 9.3), ha de primar el citado Convenio“ (...da die spanische Verfassung das Prinzip der Gesetzmäßigkeit und der Normenhierarchie festschreibt (Art. 9 Abs. 3), hat die in Rede stehende Konvention Vorrang - eigene Übers.); s.a. 'Tribunal Constitucional' Urteil vom 30.1.1985, BJC 1985, S. 230).

[236] Art. 7 lautete: „El Estado español acatará las normas universales del Derecho internacional, incorporándolas a su derecho positivo“ (Der Spanische Staat achtet die allgemeinen Normen des Völkerrechts, die in sein positives Recht aufgenommen worden sind -eigene Übersetzung).

[237] So jedenfalls *Krumscheid*, Die Anwendung von Völkerrecht im spanischen Staat nach der Verfassung der zweiten Republik von 1931 und im gegenwärtigen Staat, S. 86 ff. (insbes. 94). Der Autor weist u.a. auf die Stellungnahme eines Abgeordneten in den 'Cortes Constituyentes' von 1931 (dem verfassungsgebenden Parlament) hin, der in der kurzen Debatte über Art. 7 sagte, daß diese Vorschrift den Vorstellungen der Wiener Schule entsprächen, in der *Verdross* das verträte, was nunmehr im Begriff sei, Verfassungsinhalt zu werden (a.a.O., S. 89).

[238] Es kann kein Gesetz erlassen werden, das im Widerspruch zu den genannten Abkommen steht, wenn sie nicht zuvor in Übereinstimmung mit dem in ihnen festgelegten Verfahren gekündigt worden sind (eigene Übers.).

Dieses Verbot, im Widerspruch zu völkervertraglichen Bestimmungen stehende Normen zu erlassen, ist zwar deutlicher formuliert als in Art. 96 Abs. 1 S. 2 der gegenwärtig geltenden Verfassung, geht in der Sache aber nicht weiter.

Verfassungsgeschichtlich ist also die Völkerrechtsfreundlichkeit der Verfassung von 1978 nicht ohne Vorbild, ungeachtet dessen, daß die 'Constitución de la República española' von 1931 nur bis zur Revolution 1936, also gerade einmal fünf Jahre, in Kraft war. Mit Beginn der Diktatur unter General *Franco* wurde die Verfassung außer Kraft gesetzt und im Laufe der Zeit bis zu seinem Tod am 20.11.1975 durch mehr als 20 einzelne Verfassungsgesetze "ersetzt"[239]. Mit der Abschottung bzw. Isolierung des politischen Systems ging einher, daß sich die vormals völkerrechtsoffene spanische Rechtsordnung Normen des Völkerrechts gegenüber stärker verschloß[240].

c) Bedeutung des EG-Beitritts für die Anerkennung des Vorrangs

Spanien stellte bereits 1962 den Antrag auf Assoziierung mit der EG[241]. Zum Abschluß eines solchen Abkommens kam es jedoch wegen der faschistischen Ausrichtung des bis 1975 regierenden *Franco*-Regimes nie. Knapp zwei Jahre nach dem Tod des Diktators und gut einen Monat nach den Parlamentswahlen, die die UCD von *Adolfo Suárez* deutlich vor der PSOE von *Felipe Gonzáles* gewann[242], stellte die neue Regierung *Suárez* am 17.7.1977 den Antrag auf Aufnahme in die EG[243].

Mitte Dezember desselben Jahres stellte die Verfassungskommission des Abgeordnetenhauses einen von ihr erarbeiteten Vorentwurf einer neuen Verfassung der Öffentlichkeit vor. Im Laufe des folgenden Jahres wurde dieser zu einem Verfassungsentwurf verdichtet, der in den parlamentarischen Gremien diskutiert wurde. In ihm war eine Vorschrift enthalten, wonach völkerrechtlichen Verträgen eine „jerarquia superior a la de las leyes" eingeräumt wurde[244]. Diese ausdrückliche Vorranganordnung ging über die in Art. 65 Abs. 3 der Verfassung von 1931 enthaltene Regelung hinaus, fand aber letztlich keine Mehrheit. Ausschlaggebend für die Ablehnung dürfte einerseits gewesen sein, daß man keine gesonderte Rangstufe für völkerrechtliche Abkommen zwischen der höherrangigen Verfassung und den nachrangigen Gesetzen schaffen wollte. Andererseits empfand man eine solche Regelung als zu weitgehende Einschränkung der gesetzgeberischen Freiheit[245]. Der in

---

239 Darunter u.a. die Charta der Arbeit (Fuero del Trabajo) vom 9.3.1938, das Gesetz über die Bildung der Cortes (Ley Constitutiva de las Cortes) vom 17.7.1942, die Charta der Spanier (Fuero de los Españoles) vom 17.7.1945; die Grundsätze der Nationalen Bewegung (Principios del Movimiento Nacional) vom 17.5.1958 und das Staatsorganisationsgesetz (Ley Orgánica del Estado) vom 10.1.1967.

240 Vgl. *Krumscheid,* Die Anwendung von Völkerrecht im spanischen Staat nach der Verfassung der zweiten Republik von 1931 und im gegenwärtigen Staat, S. 160 (bzgl. des allgemeinen Völkerrechts).

241 Bull.EWG 3-1962, S. 43.

242 Zwischen dem Tod *Francos* und den Parlamentswahlen am 17.6.1977 war *Suárez* bereits übergangsweise Premierminister. Er war dazu vom Staatsoberhaupt König *Juan Carlos* ernannt worden, der selbst noch zu Lebzeiten *Francos* durch das Gesetz über die Nachfolge in der Staatsführung (Ley de Sucesión en la Jefatura del Estado) vom 26.7.1947, geändert am 10.11.1967, zu dessen Nachfolger im Amt des Staatsoberhauptes bestimmt worden war (vgl. zum Ganzen: *Duval,* L'évolution politique et constitutionnelle de l'Espagne depuis la mort du Général Franco, RDP 94 (1978), S. 361 ff.).

243 Bull.EG 7/8-1977, Ziff. 1.1.1.

244 *Hilf,* Les relations du droit international public et du droit interne dans la nouvelle Constitution de l'Espagne du 17 décembre 1978 - in: Bothe/Vinuesa (Hrsg.), International Law and Municipal Law, S. 179 ff. (186).

245 *Ders.,* a.a.O., unter Hinweis auf Sitzungsberichte der 'Comisión de Constitución' vom 6.9.1978 (in Fn 29).

Angriff genommene Beitritt zur EG spielte bei diesen Erwägungen offenbar keine Rolle. Obwohl die Hintergründe für die Verfassungsreform und die wesentlichen Daten in Spanien und Griechenland vergleichbar waren (Ende einer Diktatur, Antrag auf Beitritt zur EG, Ausarbeitung einer neuen Verfassung), scheint die Beitrittsperspektive Spaniens nur in Art. 93 S. 1 ihren Niederschlag in der Verfassung gefunden zu haben. Er schaffte die Grundlage für die Übertragung der Ausübungsbefugnis von Hoheitsrechten auf Internationale Organisationen. Zu einer so weitgehenden Öffnung dem Völkerrecht gegenüber, wie sie durch Art. 28 der griechischen Verfassung vollzogen wurde, kam es in Spanien nicht. Dabei hätte dieser Schritt in Spanien angesichts seiner tief verwurzelten monistischen Tradition weitaus näher gelegen als im Fall des seinerzeit dualistischen Griechenlands. Stattdessen einigte man sich wohl im Wege eines Minimalkonsenses auf die Fassung der Vorschrift, die sich jetzt in Art. 96 Abs. 1 S. 2 der Verfassung findet und die *Hilf* als „une disposition laissant le lecteur un peu perplexe“ bezeichnet[246].

d) Zusammenfassung

Heute besteht Einigkeit darüber, daß aus der etwas merkwürdig anmutenden Vorschrift des Art. 96 Abs. 1 S. 2 der spanischen Verfassung von 1978 jedenfalls mittelbar hervorgeht, daß völkervertraglichen Normen, die im innerstaatlichen Recht Geltung erlangen, Vorrang vor kollidierenden Recht unter Verfassungsrang zukommt. Auch die Aussicht der Mitgliedschaft in der EG, die zur Zeit der Ausarbeitung der Verfassung bereits recht klar vor Augen stand, konnte das verfassungsgebende Parlament nicht zu einem eindeutig(er)en Bekenntnis zum Vorrang bewegen.

8. Portugal

a) Aussage der Verfassung vom 2.4.1976 zum Vorrang des Völkervertragsrechts

Portugal hat die bei weitem umfangreichste Verfassung aller EU-Mitgliedstaaten. Gleichwohl findet sich in den 299 Artikeln seiner Verfassung vom 2.4.1976[247] lediglich folgende Regelung über die innerstaatliche Wirkung völkerrechtlicher Verträge in der portugiesischen Rechtsordnung:

> „As normas constantes de convenções internacionais regularmente ratificadas ou aprovadas vigoram na ordem interna após a sua publicação oficial e enquanto vincularem internacionalmente o Estado Português“ (Art. 8 Abs. 2).[248]

Diese Vorschrift erfüllt die gleiche Funktion wie Art. 96 Abs. 1 S. 1 der spanischen Verfassung: Sie macht die innerstaatliche Geltung völkerrechtlicher Abkommen von der innerstaatlich ordnungsgemäßen Beteiligung der zuständigen Organe am Vertragsabschlußverfahren und der Veröffentlichung im Amtsblatt, dem *Diário da República*, abhängig. Die Zustimmung des Parlaments, der 'Asembleia da República', zu völkerrechtlichen Verträgen (Art. 161 lit. i) ergeht gem. Art. 166 Abs. 5 in Form eines Beschlusses

---

246 *Hilf*, a.a.O., S. 186.

247 Die Verfassungsänderung vom 20.9.1997 hat zu einer teilweisen Umnumerierung der Artikel geführt.

248 Die Regelungen der ordnungsgemäß ratifizierten oder gebilligten internationalen Vereinbarungen gelten innerhalb Portugals nach ihrer amtlichen Veröffentlichung und solange sie den Staat Portugal international binden (Übers. nach *Kimmel*, Verfassungen der EU-Mitgliedstaaten, S. 403).

(resolução)[249], der zusammen mit dem Vertrag veröffentlicht wird. Bestimmungen völkerrechtlicher Abkommen werden dadurch nicht in innerstaatliches Recht transformiert, sondern gelangen -in Übereinstimmung mit der Adoptionstheorie- als Völkerrecht zur Anwendung[250]. Die automatische Aufnahme dieser Abkommen in die Rechtsordnung hätte eigentlich die Anfügung einer Vorrangvorschrift nur konsequent erscheinen lassen. Dies ist aber nicht geschehen. Somit oblag es der Lehre und der Rechtsprechung, zur Rangfrage Stellung zu nehmen. Das Schrifttum ist in dieser Frage zwischen Befürwortern und Gegnern des Vorrangs gespalten[251].

b) Feststellung des Vorrangs durch die Rechtsprechung

Nachdem der Oberste Gerichtshof bereits im Jahre 1977 den Vorrang völkerrechtlicher Verträge bejahte[252], hatte sich das 1982 geschaffene Verfassungsgericht 1985 in einer ganzen Serie von Entscheidungen mit dieser Frage zu befassen[253]. Das Gericht war jeweils im Wege einer konkreten Normenkontrolle nach Art. 280 Abs. 1 der Verfassung angerufen worden, um über die Verfassungswidrigkeit einer gesetzesvertretenden Verordnung (Decreto-Lei 262/83), die normenhierarchisch auf gleicher Stufe mit einem Gesetz steht, zu befinden. Unstreitig war, daß dieses Gesetz im Widerspruch zu einer Bestimmung der Portugal völkerrechtlich bindenden Konvention über ein einheitliches Wechselrecht vom 7.6.1930[254] stand. Ob daraus aber auch die Ungültigkeit der Norm resultierte, wurde von den zuvor mit der Sache befaßten Untergerichten unterschiedlich beurteilt.
Zu klären war mithin, ob der Verfassung der Vorrang völkervertraglicher Normen vor nationalen Gesetzen zu entnehmen ist. In diesem Falle wäre dann (mittelbar) auch die Verfassungswidrigkeit des Gesetzes zu bejahen gewesen. Die erste Kammer des Verfassungsgerichts bejahte den Vorrang unter Heranziehung von Art. 8 Abs. 2 der Verfassung. Aus der dort angeordneten Verknüpfung von innerstaatlicher und völkerrechtlicher Verbindlichkeit („gelten unmittelbar innerhalb Portugals, solange sie den Staat Portugal international binden") folge, daß durch ein einfaches Gesetz auch die innerstaatliche Wirkung völkerrechtlicher Bestimmungen nicht beeinträchtigt werden könne. In der Verfassung werde somit implizit völkerrechtlichen Normen Vorrang vor Gesetzen eingeräumt[255]. So anfechtbar diese Begründung im einzelnen sein mag und trotz der Verneinung der Zu-

---

[249] Der Abschluß von internationalen Abkommen und Verträgen, für den die Regierung die Zuständigkeit besitzt (Art. 197 Abs. 1 lit. b) u. c)), erfolgt in Form von Verordnungen (decretos) (Art. 197 Abs. 2 der Verfassung).

[250] *Ramos*, Portugal - in: Eisemann (Hrsg.), L'intégration du droit international et communautaire dans l'ordre juridique national, S. 461 ff. (473).

[251] *Polakiewicz*, Völkervertragsrecht und Landesrecht in Portugal - Der Streit um Art. 4 des Decreto-Lei 262/83, ZaöRV 47 (1987), S. 265 ff. (267 m. Nachweisen aus der Lit. in Fn 18 u. 19).

[252] Supremo Tribunal de Justiça, 11.1.1977, BMJ n° 263, S. 195 ff. (200).

[253] Tribunal Constitucional, acórdão (Urteil) n° 24/85, DR 2.ª, 1985, S. 4698 ff.; n° 67/85, a.a.O., S. 5495 ff.; n° 119/85, a.a.O., S. 8617; n° 121/85, a.a.O., S. 8649 ff.

[254] Convention providing a Uniform Law for Bills of Exchange and Promissory Notes, LNTS 143, S. 257 ff.

[255] Tribunal Constitucional, Urteil n° 67/85, DR 2.ª, 1985, S. 5495 ff. (5500): „Consequemente, e por força de norme implícita contida no n.° 2 do art. 8.° da Constituição, o direito internacional pactício é situado em plano normativo superior ao da lei ordinária".

ständigkeit durch die 2. Kammer des Verfassungsgerichts, die die Vorrangfrage ausdrücklich offenließ[256], kann die Vorrangrechtsprechung heute als gesichert gelten[257].

c) Ursächlichkeit des Gemeinschaftsrechts für die Feststellung des Vorrangs

Wie Griechenland und Spanien konnte sich auch Portugal erst Mitte der 70er Jahre von der Diktatur befreien, die 1926 mit einem Militärputsch begann und fast 50 Jahre währte. Nach dem Sturz des Regimes durch die Flucht von Staatpräsident *Tomáz* und seinem Ministerpräsidenten *Caetano* ins Exil am 25.4.1974 dauerte es weitere fünf Jahre, bis von einem wirklichen Ende der friedlichen Revolution gesprochen werden konnte[258]. In dieser politischen Umbruchphase wurde am 2.4.1976 eine neue Verfassung verabschiedet. Am 28.3.1977 stellt Portugal seinen Antrag auf Mitgliedschaft in der Europäischen Gemeinschaft[259]. Dieser politische und zeitliche Hintergrund der Ausarbeitung der Verfassung mag erklären, warum sie in keinerlei Weise von einem Gedanken an das europäische Integrationsrecht beeinflußt war[260].
Am 17.10.1978, anderthalb Jahre nachdem die Regierung den Beitritt beantragt hatte, wurden Verhandlungen mit der EG aufgenommen. Erst in deren Folge kam es 1982 zu einer gemeinschaftsrechtlich motivierten Verfassungsänderung, wodurch sämtliche beitrittshindernde Vorschriften getilgt wurden. Auch wurde mit Art. 8 Abs. 3 eine Vorschrift geschaffen, die die automatische Geltung von sekundärem EG-Recht sicherstellen sollte, ohne dies gleichzeitig auch auf das Sekundärrecht anderer Internationaler Organisationen, in denen Portugal Mitglied ist, auszudehnen.
Auch in den o.g. Urteilen zum Vorrang des Völkervertragsrechts spielte der kurz bevorstehende Beitritt Portugals zur EG zum 1.1.1986 und die damit verbundene Übernahme des gesamten gemeinschaftlichen Besitzstandes einschließlich der Vorrangrechtsprechung keine Rolle.

d) Zusammenfassung

Portugal und Spanien verbindet eine ähnliche politische Entwicklung in den 70er und 80er Jahren des vergangenen Jahrhunderts sowie außenpolitisch der gleichzeitige Beitritt zur EG. Darüber hinaus weisen beide Staaten auch im Hinblick auf ihre verfassungsrechtliche Ausrichtung dem Völkervertragsrecht gegenüber deutliche Gemeinsamkeiten auf. Der Vorrang völkervertraglicher Normen vor Gesetzen ist in beiden Verfassungen nicht ausdrücklich vorgesehen, gleichwohl werden jeweils Verfassungsbestimmungen so interpre-

---

256 Die 2. Kammer des 'Tribunal Constitucional' verneinte mehrmals ihre Zuständigkeit, da die geltend gemachte Unvereinbarkeit von einfachem Gesetzesrecht mit Völkervertragsrecht nicht als Fall der Verfassungswidrigkeit anzusehen sei -allein für deren Feststellung besitzt das Verfassungsgericht eine Zuständigkeit-, sondern lediglich die Rechtmäßigkeit bzw. Rechtswidrigkeit des Gesetzes in Frage stehe (vgl. *Polakiewicz*, Völkervertragsrecht und Landesrecht in Portugal - Der Streit um Art. 4 des Decreto-Lei 262/83 (Fn 251), S. 270).

257 *Ramos*, Portugal - in: Eisemann (Hrsg.), L'insertation du droit international et communautaire dans l'ordre juridique national, S. 461 ff. (477).

258 Vgl. die aufschlußreiche Schilderung und Bewertung der Ereignisse während der (Nach-)Revolutionsjahre in Portugal von *Georgel*, La crise politique de 1978 au Portugal, RDP 95 (1979), S. 425 ff.

259 Bull.EG 3-1977, Ziff. 1.1.1.

260 Vgl. *Miranda*, Portugal - in: Rideau (Hrsg.), Les Etats membres de l'Union européenne, S. 391 ff. (391 f.).

tiert, daß er in ihnen enthalten ist. Diese Interpretation steht in beiden Fällen in keinem ursächlichen Zusammenhang mit dem gemeinschaftsrechtlichen Vorranganspruch.

9. Ergebnis

Der Vorrang des Völkervertragsrechts vor innerstaatlichem Recht ist heute in sieben der fünfzehn EU-Mitgliedstaaten anerkannt. In drei dieser Staaten, in Frankreich, den Niederlanden und Griechenland, wird der Vorrang ausdrücklich von der Verfassung angeordnet. In Spanien und Portugal werden Verfassungsbestimmungen von der Rspr. so interpretiert, daß aus ihnen die Höherrangigkeit völkervertraglicher Normen gegenüber einfachem Gesetzesrecht zumindest implizit hervorgeht. In Belgien und Luxemburg leitet die Rspr. den Vorrang nicht aus einer konkreten Verfassungsvorschrift her, sondern begründet ihn mit eher allgemeinen Erwägungen zum Verhältnis von Völkerrecht und Landesrecht.

Bei der Antwort auf die Frage, inwiefern das Gemeinschaftsrecht in diesen sieben Mitgliedstaaten der EU die Anerkennung des Vorrangs völkervertraglicher Normen außergemeinschaftsrechtlichen Ursprungs vor innerstaatlichem Recht unter Verfassungsrang befördert hat, lassen sich zunächst zwei klar definierte Gruppen bilden.

In Frankreich, Belgien und Griechenland ist eindeutig ein solcher Kausalzusammenhang nachzuweisen:

In Frankreich ist zwar nicht die verfassungsrechtliche Vorranganordnung selbst auf den Einfluß des Gemeinschaftsrechts zurückzuführen, aber bei der Durchsetzung des Vorrangs durch die Gerichte kam dem Gemeinschaftsrecht eine entscheidende "Katalysator"-Funktion zu.

In Belgien führte der gemeinschaftsrechtliche Anpassungsdruck dazu, daß der Kassationshof in seiner Leitentscheidung erst gar keine Trennung zwischen Völkervertragsrecht gemeinschaftsrechtlichen Ursprungs und gemeinschaftsfremden Ursprungs vornahm, sondern gleich insgesamt den Vorrang anerkannte.

In Griechenland zeitigte das Gemeinschaftsrecht schon vor dem eigentlichen Beitritt zur EG "Vorwirkungen" in der Weise, daß das Land die neu ausgearbeitete Verfassung vor allem im Hinblick auf die angestrebte EG-Mitgliedschaft streng völkerrechtsfreundlich ausrichtete. Dazu gehörte auch die ausdrückliche Festschreibung des Vorrangs des Völkervertragsrechts.

Die zweite Gruppe bilden die Staaten, in denen eine entsprechende Funktion des Gemeinschaftsrechts nicht festgestellt werden kann. Dazu gehören Luxemburg, Spanien und Portugal.

In Luxemburg wurde der Vorrang Anfang der 50er Jahre allerdings anhand von Fällen im Zusammenhang mit der Belgisch-luxemburgischen Wirtschaftsunion entwickelt. Diese kann in gewisser Hinsicht als Vorstufe des Rechts der Europäischen Gemeinschaften gesehen werden.

In Spanien entsprach es einer langen Tradition, das Völkerrecht auch innerstaatlich den Gesetzen überzuordnen. Als bei der Ausarbeitung der neuen Verfassung nach der Diktatur daran im Kern angeknüpft wurde, erübrigten sich Erwägungen wie sie in Griechenland vor dem Beitritt zur EG angestellt wurden.

In Portugal spielten in den entscheidenden Urteilen des Verfassungsgerichts Mitte der 80er Jahre trotz unmittelbarer Nähe zum Beitrittsdatum Gesichtspunkte des Vorrangs des Gemeinschaftsrechts erkennbar keine Rolle.

In diesen Fällen konnte also -umgekehrt- das Gemeinschaftsrecht davon profitieren, daß der Vorrang völkervertraglicher Normen bereits etabliert war, als es mit seinem eigenen Vorranganspruch in den nationalen Rechtsordnungen Verbindlichkeit beanspruchte. So war ein Widerstand, wie er etwa vom französischen 'Conseil d'Etat' bis Ende der 80er Jahre geübt wurde, bei den Gerichten dieser Mitgliedstaaten nicht zu erwarten und blieb auch in der Folge aus.

Einen Sonderfall bilden die Niederlande. Sie stehen im Ergebnis zwischen beiden oben gebildeten Gruppen. Zum Zeitpunkt der Festschreibung des Vorrangs in der niederländischen Verfassung existierte allein die EGKS, und von einem *Costa v. ENEL*-Urteil war man noch weit entfernt. Zudem war der Vorrang bereits von einer Mehrheit im Schrifttum anerkannt, und eine dahingehende Tendenz in der Rspr. zeichnete sich ab. Andererseits ist es wahrscheinlich, daß der Entwurf der Verfassungsvorschrift, wonach den Gerichten auch die Befugnis zugesprochen werden sollte, die Vereinbarkeit von Gesetzen mit völkerrechtlichen Verträgen zu prüfen, nur deshalb im Parlament eine knappe Mehrheit erhielt, weil man so verhindern wollte, daß Vorabentscheidungen des EuGH von nationalen Gerichten nicht umgesetzt werden konnten. Das genaue Ausmaß des Einflusses des Gemeinschaftsrechts kann hier also nicht exakt bestimmt werden.

III. Bindung der Mitgliedstaaten in Fragen des Völkergewohnheitsrechts durch die EG ?

Weder der EGV noch der EUV nimmt auf Normen des Völkergewohnheitsrechts Bezug. Eine Vorschrift, wie sie mit Art. 300 Abs. 7 für das Völkervertragsrecht besteht, fehlt für das Völkergewohnheitsrecht. Die Geltung des Völkergewohnheitsrechts in der Gemeinschaft ist jedoch aus folgendem Grund von Interesse für die vorliegende Untersuchung: Ist eine solche Geltung für die Gemeinschaft zu bejahen, so stellt sich die Frage, ob damit auch eine Bindung der Mitgliedstaaten einhergeht. Sollte das Völkergewohnheitsrecht Bestandteil der Gemeinschaftsrechtsordnung sein, dann müßte ihm konsequenterweise auch Vorrang gegenüber dem nationalen Recht zukommen. Dies wiederum wäre aus zwei Gründen bedeutsam. Zum einen könnten Normen des Völkergewohnheitsrechts dann einheitlich in den Rechtsordnungen aller Mitgliedstaaten Vorrang genießen, unabhängig davon, ob dieser (ohnehin) nach nationalem Recht besteht. Zum anderen könnten auf diese Weise völkergewohnheitsrechtliche Normen in den Mitgliedstaaten (gemeinschaftsrechtliche) Verbindlichkeit erlangen, die innerstaatlich den Vorrang solcher Normen zwar generell anerkannt haben, für die die im Einzelfall in Rede stehende Norm völkerrechtlich aber gerade nicht bindend geworden ist.

1. Völkerrechtliche Bindung der Gemeinschaft an Normen des Völkergewohnheitsrechts

a) Entstehung der Bindung an eine Norm des Völkergewohnheitsrechts

Mit der zunehmenden Kodifizierung von Normen des Völkergewohnheitsrechts mag deren Bedeutung in der Rechtspraxis geringer werden. In wesentlichen Bereichen des Völkerrechts ist man gleichwohl noch ausschließlich auf Normen des Gewohnheitsrechts angewiesen, etwa bei der Staatenverantwortlichkeit. Das Bestreben, internationales Gewohnheitsrecht in Verträge zu überführen, liegt darin begründet, daß der gewohnheitsrechtliche Status einer Norm des Völkerrechts oftmals als zu unsicher und daher als unbefriedigend empfunden wird[261]. Das Völkergewohnheitsrecht steht zwar gleichberechtigt neben dem Vertragsrecht als Rechtserkenntnisquelle des IGH (vgl. Art. 38 Abs. 1 lit. b) IGH-Statut), doch bereitet der Nachweis einer Norm des Völkergewohnheitsrecht dem zur Rechtsanwendung Berufenen ungleich mehr Probleme als ein Blick in ein einschlägiges Vertragswerk.

In Art. 38 Abs. 1 lit. b) wird das Völkergewohnheitsrecht als „Ausdruck einer allgemeinen, als Recht anerkannten Übung"[262] "definiert"[263]. Damit sind die beiden konstitutiven Elemente genannt, derer es bedarf, damit von einer Norm des Völkergewohnheitsrechts gesprochen werden kann: eine allgemeine Übung (*usus*) und die Überzeugung, daß diese Übung 'Recht' sein soll (*opinio iuris*)[264]. Wie „allgemein", einheitlich und dauerhaft die Übung sein muß und ob dieses Element nicht vielleicht sogar ganz entbehrlich ist, ist im einzelnen umstritten, soll hier aber nicht weiter verfolgt werden[265].

Wichtiger ist vorliegendend die Frage, durch wen und auf welche Weise im Fall der Europäischen Gemeinschaft das von einer Rechtsüberzeugung getragene Handeln erfolgen kann, mit anderen Worten, wer wodurch für die Gemeinschaft völkergewohnheitsrechtliche Bindungen erzeugen kann. Wie bereits am Beispiel des Völkervertragsrechts gesehen, nimmt die EG als (abgeleitetes) Völkerrechtssubjekt durch ihre Organe am Völkerrechtsverkehr teil. Unterhalb des Abschlusses förmlicher Abkommen gibt es aber zahlreiche Äußerungen, in denen ein völkerrechtserheblicher Erklärungswert enthalten ist bzw. sein kann. Dazu gehören u.a. die diplomatische Korrespondenz der Kommission und ihrer Missionen, amtliche Erklärungen, Stellungnahmen und Veröffentlichungen eines Organs der EG/EU, eines offiziellen Beraters bzw. beratenden Gremiums, also etwa ein Kommuniqué des Rates zur Bewertung der Lage in Afghanistan, die Gutachten der *Badinter*-Kommission zu Fragen der Auflösung des ehemaligen Jugoslawien, aber auch und vor allem Urteile des Europäischen Gerichtshofs[266].

Ob eine der vorgenannten potentiell tauglichen Quellen im konkreten Einzelfall tatsächlich als Grundlage für die Entstehung einer neuen völkergewohnheitsrechtlichen Norm oder

---

261 *Simma*, International Human Rights and General International Law: A Comparative Analysis, Academy of European Law (Hrsg.), Collected Courses 1993, Vol. IV, Book 2, S. 153 ff. (216), spricht gar davon, daß „Customary international law finds itself in the midst of a profound identity crisis" und führt aus: „[I]nternational law theory has become most strongly infected with the 'weaknesses' of our age: gone are all the old certainties; in their place we find an anarchy of loose opinions, a distinct flight from the hard into the soft, from deeds into words".

262 In authentischer Fassung lautet Art. 38 Abs. 1 lit. b): „[...] international custom, as evidence of a general practice accepted as law;" (Text in: YBUN 1 (1946-47), S. 843 ff.).

263 *Tomuschat*, General Course on Public International Law, RdC 281 (1999 VI), S. 1 ff. (324), spricht angesichts der Tatsache, daß nicht das internationale Gewohnheitsrecht Ausdruck einer bestimmten Übung ist, sondern -umgekehrt- die Übung die tatsächliche Voraussetzung für das Bestehen einer Norm, davon, daß Art. 38 Abs. 1 lit. b) „amazingly deficient" formuliert sei.

264 Siehe nur IGH 'Case Concerning Military and Paramilitary Activities in and against Nicaragua (Nicaragua v. USA), ICJ Rep. 1986, S. 14 ff. (97 f.): „[I]n the field of customary international law the shared view of the parties as to the content of what they regard as the rule is not enough: the Court must satisfy itself that the existence of the rule in the *opinio iuris* is confirmed by practice".

265 Vgl. dazu Graf Vitzthum-*Graf Vitzthum*, Völkerrecht, 1. Abschn. Rn 132; *Verdross/Simma*, Universelles Völkerrecht, § 551; Ipsen-*Heintschel von Heinegg*, Völkerrecht, § 16 Rn 3 ff.

266 Vgl. *Lowe*, Can the European Community Bind the Member States on Questions of Customary International Law? - in: Kokenniemi (Hrsg.), International Law Aspects of the European Union, S. 149 ff. (157-161).

die Bindung der Gemeinschaft an eine schon existente Norm herangezogen werden kann, ist natürlich immer auch von den Umständen ihrer Entstehung abhängig[267].
Was auf die Begründung völkergewohnheitsrechtlicher Bindungen zutrifft, muß sinngemäß auch gelten, wenn es darum geht, entsprechend der *persistent objector-rule* die Bindung der Gemeinschaft an eine spezielle Norm des nicht-zwingenden Gewohnheitsrechts zu verhindern[268].

Unabhängig von der Bindung oder Nicht-Bindung der Gemeinschaft an eine konkrete völkergewohnheitsrechtliche Regel im Einzelfall bestehen aus Sicht des Völkerrechts keinerlei Zweifel daran, daß die Gemeinschaft als Völkerrechtssubjekt in ihren Außenbeziehungen dem allgemeinen Völkerrecht unterworfen ist, soweit dies nicht staatliche Adressaten oder Strukturen voraussetzt[269].

b) Anerkennung der Bindung an gewohnheitsrechtliche Normen des Völkerrechts durch den EuGH

In der Rs. *Poulsen und Diva Navigation* stellte der EuGH fest, daß „die Befugnisse der Gemeinschaft unter Beachtung des Völkerrechts auszuüben [sind]“[270]. Im folgenden zog er dann zur Entscheidung der ihm im Wege des Art. 177 (Art. 234 n.F.) EGV vorgelegten Fischerei-Streitigkeit seerechtliche Konventionen heran, „da sie das geltende Völkergewohnheitsrecht kodifizieren“[271]. Auf dieser Grundlage kam der EuGH zu dem Ergebnis, daß ein außerhalb der Gemeinschaft registriertes Schiff nicht dem Gemeinschaftsrecht unterliegt, wenn es die Territorialgewässer oder die ausschließliche Wirtschaftszone eines Mitgliedstaates durchfährt.
Angesichts des eindeutig gemeinschaftsexternen Sachverhalts erschöpft sich die Bedeutung dieses Urteils darin, daß der EuGH festgestellt hat, daß die Gemeinschaft völkerrechtlich auch an Normen des Völkergewohnheitsrechts gebunden ist. Dies geht zwar über vorherige allgemeine Stellungnahmen des EuGH zur Verbindlichkeit "des Völkerrechts" hinaus, stellt aber für ein (abgeleitetes) Völkerrechtssubjekt wie die EG an sich eine Selbstverständlichkeit dar[272]. Die hier bedeutsame Frage, ob und wenn ja wie sich diese völkerrechtliche Bindung auf der Ebene des Gemeinschaftsrechts auswirkt, ist damit noch nicht beantwortet.

Das Gericht erster Instanz nahm wenige Jahre später in einer ähnlichen Weise Stellung zur Geltung des Völkergewohnheitsrechts für die EG. Das EuG hatte 1997 über eine Nichtigkeitsklage von Opel Austria gegen den Rat der Europäischen Union zu entschei-

---

[267] Vgl. *Brownlie*, Principles of Public International Law, S. 5: „Obviously the value of these sources varies and much depends on the circumstances“.

[268] Die *persistent objector-rule* besagt, daß ein Staat (Völkerrechtssubjekt) durch anhaltenden Widerspruch (*persistent objection*) gegen eine gewohnheitsrechtliche Norm zwar nicht deren Entstehung verhindern kann, aber ihre Verbindlichkeit für ihn (vgl. *Verdross/Simma*, Universelles Völkerrecht, § 558, mit Analyse des in diesem Zusammenhang wesentlichen IGH-Urteils im *Fisheries Case* (Großbritannien v. Norwegen), ICJ Rep. 1951, S. 116 ff. (131); insgesamt kritisch und mit anderer Bewertung des Urteils *Tomuschat*, General Course on Public International Law (Fn 263), S. 328 ff.

[269] G/T/E-*Petersmann*, Kommentar zum EU-/EG-Vertrag, Art. 234 EGV Rn 24; G/T/E-*Tomuschat*, a.a.O., Art. 219 Rn 40; *Schermers/Blokker*, International Institutional Law, § 1339.

[270] EuGH Rs. C-286/90, Anklagemyndigheden v. Peter Michael Poulsen und Diva Navigation Corp., Slg. 1992-I, S. 6019 ff. (6052 Rz 9); so in ständ. Rspr. schon zum Völkervertragsrecht: EuGH verb. Rs. 21-24/72, *International Fruit Company*, Slg. 1972, S. 1219 ff. (1227 Tz 5/6).

[271] EuGH Rs. C-286/90, *Poulsen und Diva Navigation*, a.a.O., S. 6053 Rz 10.

[272] Vgl. *Oppermann*, Europarecht, Rn 595.

den[273]. Dieser hatte am 23.12.1993 eine Verordnung erlassen, mit der Zollzugeständnisse unter dem Freihandelsabkommen mit Österreich aus dem Jahre 1972 zurückgenommen wurden, weil Österreich dem Werk eine Investitionsbeihilfe gewährt hatte, die nach Auffassung der Kommission mit dem besagten Abkommen nicht in Einklang stand.
Zehn Tage vor Erlaß der streitigen VO hatten Rat und Kommission das Abkommen über den Europäischen Wirtschaftsraum, dem auch Österreich angehören sollte, ratifiziert. In seiner Klagebegründung führte Opel nun u.a. an, daß die VO mit Vorschriften des am 1.1.1994 in Kraft getretenen EWR-Abkommens unvereinbar sei und daß ihr Erlaß gegen die völkerrechtliche Verpflichtung der EG verstoße, Ziel und Zweck eines Vertrages vor dessen Inkrafttreten nicht zu vereiteln.
Zu diesem Klagegrund führte das Gericht aus:

> „Insoweit ist zunächst festzustellen, daß der Grundsatz von Treu und Glauben eine Norm des Völkerrechts ist, deren Bestehen vom Ständigen Internationalen Gerichtshof anerkannt worden ist (Urteil vom 25. Mai 1926, Deutsche Interessen im polnischen Oberschlesien, StIGH, Serie A, Nr. 7, S. 30 und 39), und daß er folglich für die Gemeinschaft verbindlich ist."[274]

Diese Passage des Urteils wäre dann bemerkenswert, wenn das Gericht mit der Wendung „für die Gemeinschaft verbindlich" nicht (nur) die völkerrechtliche Verbindlichkeit des Grundsatzes gemeint hätte, sondern (auch) dessen innergemeinschaftliche Geltung. In diesem Fall hätte sich das Gericht klar für ein monistisches Verhältnis von Gemeinschaftsrecht und Völkergewohnheitsrecht ausgesprochen, was der Rspr. des EuGH bzgl. des Verhältnisses zum Völkervertragsrecht entsprochen hätte[275]. Die weiteren Ausführungen des Gerichts rechtfertigen eine solche Annahme allerdings nicht. Das EuG stellt darin das völkerrechtliche Gebot von Treu und Glauben, das aus dem auch die Gemeinschaft bindenden Grundsatz des Vertrauensschutzes folge, und das vom EuGH entwickelte gemeinschaftsrechtliche Konzept des Vertrauensschutzes lediglich beziehungslos nebeneinander[276]. Die Annahme, daß der EuGH mit seiner Rspr. gewissermaßen den völkergewohnheitsrechtlichen Vertrauensschutz in das Gemeinschaftsrecht transformiert hätte, kann nicht ernsthaft in Betracht gezogen werden.
In der Sache beschränkt sich das Gericht erster Instanz anschließend lediglich auf die Prüfung, ob die vom EuGH entwickelten gemeinschaftsrechtlichen Grundsätze des Vertrauensschutzes und der Rechtssicherheit von den Gemeinschaftsorganen eingehalten wurden. Im Ergebnis wird dies verneint.
Letztlich kann diese rein gemeinschaftsrechtlich motivierte Argumentation somit keinen Aufschluß über die innergemeinschaftliche Verbindlichkeit von Normen des Völkergewohnheitsrechts geben.

Im Jahre 1998 hat sich der Gerichtshof dann schließlich auch zum Status des Völkergewohnheitsrechts in der Gemeinschaftsrechtsordnung geäußert.

---

[273] EuG Rs. T-155/94, Opel Austria GmbH v. Rat der Europäischen Union, Slg. 1997-II, S. 39 ff.
[274] EuG, a.a.O., S. 70 Rz 90.
[275] Siehe oben: A. I. 3. c) (S. 126 ff.).
[276] EuG, a.a.O., S. 71 Rz 93, unter Verweis auf EuGH Rs. 112/77, Töpfer v. Kommission, Slg. 1978, S. 1019 ff. (1032 Rz 19) bzgl. des gemeinschaftsrechtlichen Vertrauensschutzes.

c) Geltung völkergewohnheitsrechtlicher Normen in der Gemeinschaftsrechtsordnung

In der Rs. *Racke*[277] wurde der EuGH mit einer Vorlagefrage des Bundesfinanzhofes befaßt. Diesem hatte sich im Revisionsverfahren die Frage nach der Vereinbarkeit einer EG-Verordnung mit Normen des Völkerrechts gestellt, nachdem die Klägerin, die A. Racke GmbH & Co. KG, geltend gemacht hatte, daß es völkerrechtlich keine Rechtfertigung für die Suspendierung des Handelsabkommens mit der Bundesrepublik Jugoslawien im Zusammenhang mit den kriegerischen Auseinandersetzungen auf dem Balkan gegeben habe. Die VO vom 11.11.1991[278], durch die auch der im Abkommen eingeräumte Zollpräferenzsatz auf Importe aus Jugoslawien aufgehoben wurde, sei daher unwirksam.

Die Kommission bestritt die Befugnis des Gerichtshofs, eine EG-VO am Maßstab des Völkerrechts zu messen, da das Völkergewohnheitsrecht mangels einer ausdrücklichen Klausel im EGV nicht Teil des Gemeinschaftsrechts sei; allein letzteres komme als Prüfungsmaßstab in Betracht. Aus demselben Grunde verneinte die Kommission die Möglichkeit, daß sich ein Individuum innergemeinschaftlich auf die Einhaltung von Normen berufen könne, die die Gemeinschaft allein völkerrechtlich in ihrer Eigenschaft als Völkerrechtssubjekt binden.

Beide Einwände wies der Gerichtshof zurück. Zum einen sagte er, daß er in seiner Zuständigkeit nach Art. 177 (234 n.F.) EGV bei der Entscheidung über die Gültigkeit von Handlungen der Gemeinschaftsorgane hinsichtlich möglicher Ungültigkeitsgründe nicht eingeschränkt sei[279]. Zum anderen stellte er zunächst unter Zitierung des *Poulsen*-Urteils fest, daß die Gemeinschaft ihre Befugnisse unter Beachtung des Völkerrechts auszuüben habe, um daraus die eigentlich bedeutsame Schlußfolgerung zu ziehen: „Folglich binden die Regeln des Völkergewohnheitsrechts [...] die Gemeinschaftsorgane und sind Bestandteil der Rechtsordnung der Gemeinschaft“[280]. Wenn der EuGH auf das in der *Haegmann*-Formel zur Wirkung von Gemeinschaftsabkommen verwendete Adjektiv „integrierender“ (Bestandteil der Gemeinschaftsrechtsordnung) verzichtet, soll damit ein qualitativer Unterschied zwischen der Inkorporation von völkerrechtlichen Normen beider Kategorien sicherlich nicht zum Ausdruck gebracht werden[281]. Eine nähere Begründung für die automatische Aufnahme (auch) völkergewohnheitsrechtlicher Normen in die Gemeinschaftsrechtsordnung blieb allerdings aus. Der Gerichtshof dürfte aber wohl die mitgliedstaatlichen Rechtsordnungen, in denen die innerstaatliche Geltung des Völkergewohnheitsrechts sämtlich anerkannt ist, als Rechtserkenntnisquelle herangezogen haben[282].

Im konkreten Fall vermochten die Richter einen die Gültigkeit der VO beeinträchtigenden Verstoß gegen völker(gewohnheits)rechtliche Normen freilich nicht zu erkennen.

Zum innergemeinschaftlichen Vorrang von Normen des Völkergewohnheitsrechts äußerte sich der Gerichtshof nicht.

---

277 EuGH Rs. C-162/96, A. Racke GmbH & Co. v. Hauptzollamt Mainz, Slg. 1998-I, S. 3655 ff.

278 VO 3300/91 (EWG), ABl. 1991 Nr. L 315, S. 1 f.

279 EuGH, a.a.O., S. 3700 Rz 26.

280 EuGH, a.a.O., S. 3704 Rz 46.

281 Vgl. *Epiney*, Zur Stellung des Völkerrechts in der EU, EuZW 10 (1999), S. 5 ff. (6).

282 *Hoffmeister*, Die Bindung der Europäischen Gemeinschaft an das Völkergewohnheitsrecht der Verträge, EWS 9 (1998), S. 365 ff. (367).

d) Vorrang völkergewohnheitsrechtlicher Normen vor Gemeinschaftsrecht

Eines ausdrücklichen Eingehens auf das normenhierarchische Verhältnis zwischen völkergewohnheitsrechtlichen und gemeinschaftsrechtlichen Bestimmungen bedurfte es in der *Racke*-Entscheidung nicht. Denn indem der EuGH die Gültigkeit der VO Nr. 3300/91 EWG am Maßstab des Völkergewohnheitsrechts prüfte, setzte er voraus, daß dieses dem sekundären Gemeinschaftsrecht übergeordnet ist. Auch insofern ist keine Differenzierung zwischen Völkervertrags- und gewohnheitsrecht erforderlich. Die Gleichbehandlung beider Kategorien von Völkerrechtsnormen wird auch daran deutlich, daß der EuGH eine Überprüfung des Gemeinschaftshandelns am Maßstab des Völkergewohnheitsrechts davon abhängig macht, daß die Norm, deren völkerrechtswidrige Anwendungsaussetzung die Klägerin rügt, ihr „unmittelbar Ansprüche verschaffen kann"[283].
Ob der EuGH das Verhältnis des Völkergewohnheitsrechts zum primären Gemeinschaftsrecht möglicherweise anders sieht, als dies für das Völkervertragsrecht gilt[284], bleibt abzuwarten[285]. Daß er einen generellen Vorrang vor den Verträgen annimmt, erscheint jedoch unwahrscheinlich, da nicht zu erkennen ist, worin die Höherrangigkeit völkergewohnheitsrechtlicher Normen gegenüber solchen des Vertragsrechts ihre Grundlage finden soll. Art. 38 Abs. 1 lit. a) und b) des IGH-Statuts erwähnt beide Rechtserkenntisquellen gleichberechtigt nebeneinander. Zudem ist in den EU-Mitgliedstaaten keine Verfassungspraxis nachweisbar, wonach völkergewohnheitsrechtlichen Normen Überverfassungsrang eingeräumt wird[286].
Bei einem theoretisch möglichen Widerspruch des Primärrechts zu zwingenden Normen des Völker(gewohnheits)rechts (*ius cogens*) dürfte der EuGH allerdings eine Anwendung der gemeinschaftsrechtlichen Vorschrift kaum bejahen[287].

2. Gemeinschaftsrechtliche Verbindlichkeit völkergewohnheitsrechtlicher Normen für die Mitgliedstaaten

Indem der EuGH das Völkergewohnheitsrecht zum Bestandteil der Gemeinschaftsrechtsordnung erklärt hat, entfaltet es auch ggü. den Mitgliedstaaten gemeinschaftsrechtliche Verbindlichkeit[288]. Dies ergibt sich zum einen aus einer (analogen) Heranziehung von Art.

---

283 EuGH Rs. C-162/96, *Racke*, Slg. 1998-I, S. 3655 ff. (3701 Rz 29 f.).

284 Siehe oben: Fn 71 u. begleitenden Text.

285 Für einen Vorrang des primärem Gemeinschaftsrechts vor (kollidierendem) Gewohnheitsrecht auch *Bleckmann*, Europarecht, Rn 661; G/T/E-*Tomuschat*, Kommentar zum EU-/EG-Vertrag, Art. 210 Rn 43; s.a. *Lenaerts/De Smijter*, Some reflections on the status of international agreements in the Community legal order (Fn 22), S. 350: „The mere fact that there is no competent court to control [...] excludes in practice the supremacy of international law over primary Community law".

286 *Hoffmeister*, Die Bindung der Europäischen Gemeinschaft an das Völkergewohnheitsrecht der Verträge (Fn 282), S. 367 f.

287 Vgl. G/T/E-*Tomuschat*, a.a.O. (Fn 285); vgl. auch *E. Lauterpacht* als Richter *ad hoc* in seinem Sondervotum im IGH-Urteil 'Case Concerning Application of the Convention on the Prevention and Punishment of the crime of Genocide' (Bosnien-Herzegowina v. Bundesrepublik Jugoslawien), ICJ Rep. 1993, S. 325 ff. (441 § 103), worin er sogar den formal keiner Rechtmäßgkeitsprüfung durch den IGH unterliegenden Resolutionen des UN-Sicherheitsrates die Gültigkeit abspricht, wenn sie gegen Normen des *ius cogens* verstoßen sollten: „[W]hen the operation of paragraph 6 of Security Council Resolution 713 (1991) [arms embargo] began to make Members of the United Nations accessories to genocide it ceased to be binding and valid [...] and the Members of the United Nations became free to disregard it".

288 *Epiney*, Zur Stellung des Völkerrechts in der EU (Fn 72), S. 6: „Deren [alle Regeln des Völkerrechts] tatsächliche Beachtung aber wird durch ihre unmittelbare Maßgeblichkeit im innergemeinschaftlichen Be-

300 Abs. 7 EGV, der die Verbindlichkeit von Gemeinschaftsabkommen für die Mitgliedstaaten anordnet, zum anderen gebietet dies der in Art. 10 EGV enthaltene Grundsatz der „Gemeinschaftstreue". Mit der grundlegenden Loyalitätspflicht der Mitgliedstaaten der Gemeinschaft gegenüber wäre es unvereinbar, wenn das völkerrechtserhebliche Handeln der Gemeinschaft nach außen dadurch konterkariert würde, daß die 15 Mitgliedstaaten ohne Rücksicht auf die Bindungen der Gemeinschaft an bestimmte Normen des allgemeinen Völkerrechts sich dazu in Widerspruch setzen könnten. Dies könnte z.B. dadurch geschehen, daß die Mitgliedstaaten (sekundäres) Gemeinschaftsrecht vollziehen, obwohl sich ein Individuum darauf beruft, daß dies in Widerspruch zu einer (unmittelbar anwendbaren und) die Gemeinschaft bindenden Norm des Völkergewohnheitsrechts steht. Als Rechtfertigung für dieses mit der *Racke*-Rspr. des EuGH nicht zu vereinbarende Verhalten könnten die Mitgliedstaaten entweder anführen, daß sie völkerrechtlich nicht an diese Norm gebunden seien oder -wenn eine solche Bindung besteht- daß ihre Rechtsordnung gewohnheitsrechtlichen Normen generell keinen innerstaatlichen Vorrang einräume und so nationales (Vollzug-)Recht in jedem Fall zur Anwendung kommen müsse.

Wenn es nach *Bleckmann* ginge, würden die Mitgliedstaaten mit dieser Argumentation wohl durchdringen. Er begründet seine Ansicht damit, daß das allgemeine Völkerrecht durch die Aufnahme in den innergemeinschaftlichen Rechtsraum nicht zu EG-Recht im Sinne der nationalen Vorschriften über die Übertragung von Hoheitsgewalt an supranationale Organisationen werde und somit keine innerstaatliche Verbindlichkeit erlangen könne. Zu einer solchen könne es nur dann kommen, wenn die Bindung der Gemeinschaft auf einem primär- oder sekundärrechtlichen Akt beruhe[289].

Diese Ansicht vermag nicht zu überzeugen. Sie übersieht zum einen, daß die völkerrechtliche Bindung der Gemeinschaft auf einem von einer Rechtsüberzeugung getragenen Handeln der Gemeinschaft nach außen beruht, grundsätzlich also als dem Willen der Mitgliedstaaten entsprechend zu gelten hat[290]. Hier zusätzlich gemeinschaftsintern auf einen transformatorischen Rechtsakt zu bestehen, ist eine zu formale Sichtweise, die zudem kaum praktikabel sein dürfte. Zum Schutz der Mitgliedstaaten vor einer ausgreifenden gemeinschaftsrechtlichen Bindung in Fragen des Völkergewohnheitsrechts dient das Erfordernis der Einhaltung der innergemeinschaftlichen Außenkompetenzverteilung entsprechend den vom EuGH entwickelten Grundsätzen zum Vertragsrecht[291]. Handelt ein Gemeinschaftsorgan *ultra vires*, so ändert dies zwar zunächst nichts daran, daß eine völkerrechtliche Bindung der Gemeinschaft an die Norm des Gewohnheitsrechts eintritt. Für die Mitgliedstaaten hingegen steht dem jedoch keine Bindung durch das Gemeinschaftsrecht gegenüber. Nach außen hin kann dies für die Gemeinschaft freilich die völkerrechtliche Verantwortlichkeit zur Folge haben, da sie auch für die Einhaltung ihrer völkerrechtlichen Pflichten einzustehen hat, wenn das Gemeinschaftsrecht von den Mitgliedstaaten vollzogen wird. Nach der hier vertretenen Auffassung wäre dies allerdings eher die Ausnahme. Folgte man indes *Bleckmann*, dann würde sich das Risiko einer

reich am effizientesten sichergestellt. Die Tatsache, daß der Vertrag keine ausdrückliche Bestimmung über die Maßgeblichkeit des allgemeinen Völkerrechts enthält, vermag an dieser Beurteilung nichts zu ändern, [...]".

289 *Bleckmann*, Europarecht, Rn 675.

290 In anderem Zusammenhang sagte etwa *Tomuschat*, Liability for Mixed Agreements - in: O'Keeffe/Schermers (Hrsg.), Mixed Agreements, S. 125 ff. (129): „In fact from a political standpoint the Community appears more or less as a common agency of its Member States".

291 Siehe oben: A. I. 1. b) (S. 115 f.).

völkerrechtlichen Verantwortlichkeit der Gemeinschaft erhöhen, denn für die oben angeführten denkbaren Argumente der Mitgliedstaaten bieten die einzelnen nationalen Rechtsordnungen hinreichend Nahrung. Zwar ist in jedem Mitgliedstaat die innerstaatliche Geltung der Normen des allgemeinen Völkerrechts entweder ausdrücklich in der Verfassung festgeschrieben[292] oder von der Rspr. anerkannt[293], doch nur der deutschen, der italienischen und der griechischen Verfassung ist der innerstaatliche Vorrang eindeutig zu entnehmen[294]. In den anderen Mitgliedstaaten ist eine Höherrangigkeit des Völkergewohnheitsrechts nicht anerkannt oder der Status dieser Normen zumindest unsicher. Auch ist es nicht nur von theoretischer Bedeutung, daß die Gemeinschaft und die Mitgliedstaaten als eigenständige Völkerrechtssubjekte an unterschiedliche (nicht zwingende) Regeln des allgemeinen Völkerrechts gebunden sind[295].

Als Zwischenergebnis ist damit festzuhalten: Aus der gemeinschaftsrechtlichen Bindung der Mitgliedstaaten an die für die Gemeinschaft verbindlichen Normen des Völkergewohnheitsrechts folgt deren innerstaatliche Anwendbarkeit, wenn die Mitgliedstaaten Gemeinschaftsrecht vollziehen.

Abschließend zu klären bleibt noch, ob neben der gemeinschaftsrechtlichen Bindung der Mitgliedstaaten durch die EG auch eine völkerrechtliche Bindung in Fragen des Völkergewohnheitsrechts eintritt.

---

292 *Deutschland:* Art. 25 S. 1 Grundgesetz: „Die allgemeinen Regeln des Völkerrechtes sind Bestandteil des Bundesrechtes."
Frankreich: Abs. 14 der Präambel der 'Constitution' von 1946, die über den Vorspruch der Verfassung von 1958 weitergilt: „La République française, fidèle à ses traditions, se conforme aux règles du droit public international."
Griechenland: Art. 28 Abs. 1 S. 1 'Syntagma': „Οι γενικά παραδεγμένοι κανόνες του διεθνούς δικαίου [...] αποτελούν αναπόσπαστο μέρος του εσωτερικού ελληνικού δικαίου και υπερισχύουν από κάθε άλλη αντίθετη διάταξη νόμου." (Die allgemein anerkannten Regeln des Völkerrechts [...] sind Bestandteil des inneren griechischen Rechtes und gehen jeder entgegenstehenden Gesetzesbestimmung vor.)
Italien: Art. 10 Abs. 1 'Constituzione': „L'ordinamento giuridico italiano si conforma alle norme del diritto internazionale generalmente riconosciute."
Österreich: Art. 9 Abs. 1 Bundesverfassung: „Die allgemein anerkannten Regeln des Völkerrechtes gelten als Bestandteil des Bundesrechtes."
Portugal: Art. 8 Abs. 1 'Constituição': „As normas e os princípios de direito internacional geral ou comun fazem parte integrante do direito português."

293 Vgl. die jeweiligen Untersuchungen in Eisemann (Hrsg.), L'intégration du droit international et communautaire dans l'ordre juridique national: *Verhoeven*, Belgique, S. 115 ff. (143 ff.); *Harhoff*, Denmark, S. 151 ff. (173 ff.); *Fox/Gardner/Wickremasinghe*, United Kingdom, S. 495 ff. (517 f.); *Symmons*, Ireland, S. 317 ff. (350 ff.); *Bermejo García/Bon Franch/Valdés Díaz/Paja Burgoa*, Spain, S. 183 ff. (230 ff.); *Biever/Edon/Weitzel*, Luxembourg, S. 407 ff. (427 ff.); *Brölmann/Vierdag*, Netherlands, S. 433 ff. (455 f.); zu Schweden s. *Bogdan*, Application of Public International Law by Swedish Courts, NordJIL 63 (1994), S. 3 ff. (6 u. 12).

294 Art. 25 S. 2 GG lautet: „Sie [die allgemeinen Regeln des Völkerrechts] gehen den Gesetzen vor und erzeugen Rechte und Pflichten unmittelbar für die Bewohner des Bundesgebietes."; zu Italien und Griechenland s. Fn 292.

295 *Lowe*, Can the European Community Bind the Member States on Questions of Customary International Law? (Fn 266), S. 150 f., verdeutlicht dies am Beispiel der von der Kommission angewandten, aber etwa von Großbritannien und Finnland abgelehnten gewohnheitsrechtlichen "*effects*"-*doctrine* (vgl. dazu *Higgins*, Problems and Process of International Law, S. 74 ff.); Der EuGH hat jedoch in beiden Fällen (Rs. 48/69, Imperial Chemical Industries Ltd. v. Kommission, Slg. 1972, S. 619 ff.; verb. Rs. 89 u.a./85, A. Ahlström Osakeyhtiö u.a. v. Kommission, Slg. 1988, S. 5193 ff.) eine Stellungnahme zu der Theorie vermieden und eine Lösung auf anderer Grundlage gefunden.

3. Völkerrechtliche Bindung der Mitgliedstaaten durch die Gemeinschaft

Eine völkerrechtliche Bindung der EU-Mitgliedstaaten an die für die Gemeinschaft verbindlichen Normen des allgemeinen Völkerrechts schiede von vornherein aus, wenn man an dieser Stelle an das anknüpfen könnte, was im Zusammenhang mit der völkerrechtlichen Bindung der Mitgliedstaaten an Abkommen der Gemeinschaft gesagt wurde. Dort ist die völkerrechtliche Bindung der Mitgliedstaaten abgelehnt worden, weil es sich bei der Erstreckung der Bindungswirkung auf die Mitgliedstaaten gem. Art. 300 Abs. 6 EGV zum einen um eine reine *res inter alios acta* handelt, die also das Verhältnis zu dritten Völkerrechtssubjekten unberührt läßt. Zum anderen hat der Artikelentwurf 36*bis* WVRK II, der eine völkerrechtliche Grundlage für eine solche Bindung hätte liefern können, letztlich keine Aufnahme in die Vertragsrechtskonvention gefunden[296].
Die bedeutsamen Unterschiede zwischen Vertrags- und Gewohnheitsrecht bei der Entstehung, dem Erlöschen und der Handhabung insgesamt lassen eine pauschale Übertragung dieser Rechtslage auf das allgemeine Völkerrecht aber nicht zu.
Die Rechts- und Interessenlage bedarf in diesem Falle also einer gesonderten Betrachtung.

Da im EGV, wie gesehen, keine Bestimmung über die Bindung der Mitgliedstaaten an das die Gemeinschaft bindende Völkergewohnheitsrecht enthalten ist, erübrigt sich hier die Frage, ob eine solche Anordnung auch völkerrechtliche Wirkungen für und gegen die Mitgliedstaaten erzeugen könnte.

Bei der Überlegung, ob möglicherweise dem Völkergewohnheitsrecht selbst eine entsprechende Regelung entnommen werden kann, ist zunächst der Blick auf die Interessenlage der beteiligten Völkerrechtssubjekte zu richten.
Auf seiten der EU-Mitgliedstaaten tritt diese besonders deutlich im Falle des *ultra vires*-Handelns der Gemeinschaft zutage. Gemeinschaftsintern werden die Mitgliedstaaten durch völkergewohnheitsrechtlich erhebliches, aber kompetenzwidriges Handeln der Gemeinschaft nicht gebunden. Wollte man aber die automatische Bindung der Mitgliedstaaten im Grundsatz anerkennen, dann müßte man ihnen gleichzeitig analog Art. 27 WVRK verbieten, dritten Völkerrechtssubjekten gegenüber, die sich auf diese Bindung berufen, die interne Gemeinschaftsrechtswidrigkeit entgegenzuhalten. Die Mitgliedstaaten müßten folglich entweder gegen ihren Willen und evtl. sogar unter Verstoß gegen andere selbständig eingegangene völkerrechtliche Bindungen die Verpflichtung, die die Gemeinschaft für sie erzeugt hat, erfüllen oder sie müßten die völkerrechtliche Verantwortlichkeit -wegen der völkerrechtswidrigen Verweigerung der Erfüllung der Verpflichtung- in Kauf nehmen.
Die Gefahr, daß es zu derartigen völkerrechtlichen Verwicklungen kommen kann, ist beim Völkergewohnheitsrecht ungleich größer als im formalisierten Vertragsabschlußverfahren, das sich über einen längeren Zeitraum erstreckt und an dem die Mitgliedstaaten in jedem Fall über den Rat beteiligt sind.
Eine völkerrechtliche Bindung der Mitgliedstaaten durch die Gemeinschaft in Fragen des allgemeinen Völkerrechts liegt somit weder im Interesse der Mitgliedstaaten noch kann es im wohlverstandenen Interesse der Gemeinschaft liegen.

Unabhängig davon ist aber zu beurteilen, ob nicht auf seiten dritter Völkerrechtssubjekte möglicherweise ein gegenteiliges schutzwürdiges Interesse vorhanden ist. Voraussetzung dafür wäre in jedem Fall, daß sie auf eine solche Bindung vertrauen dürften. Als Grundlage, bzw. als Anhaltspunkt für ein solches Vertrauen könnte hier Art. 7 Abs. 2 des

---

[296] Siehe oben: A. I. 2. b) (S. 118 ff.).

ILC-Entwurfs zur Staatenverantwortlichkeit herangezogen werden. Darin wird definiert, was als Handlung eines Staates zu gelten hat[297]:

> „The conduct of an organ of an entity [...] which is empowered by the internal law of that state to exercise elements of the governmental authority, shall [...] be considered as an act of the State under international law, provided that organ was acting in that capacity in the case in question."[298]

Unter den Wortlaut dieser Vorschrift läßt sich die Situation der Mitgliedstaaten, die der EG Hoheitsrechte zur selbständigen Ausübung übertragen haben, durchaus subsumieren. Auch wenn es sich hier "nur" um ein ILC-Dokument handelt und (noch) nicht um geltendes Recht, kann man ihm gleichwohl entnehmen, daß es dem Völkerrecht nicht gänzlich fremd zu sein scheint, Handlungen einer integrationsrechtlichen Internationalen Organisation den Mitgliedstaaten zuzurechnen. Gleichzeitig darf aber auch der rechtliche Kontext nicht aus den Augen verloren werden, in dem die Zurechnungsnorm des Art. 7 steht. Bei dem Entwurf zur Staatenverantwortlichkeit geht es um die Voraussetzungen und die Rechtsfolgen der staatlichen Verantwortlichkeit für die Verletzung einer bestehenden völkerrechtlichen Pflicht. Im vorliegenden Falle geht es aber um die Bedingungen, unter denen eine völkergewohnheitsrechtliche Bindung erst entstehen kann. Daher muß dem Befund aus Art. 7 zumindest ein Korrektiv aus dem Bereich der Entstehung (primärer) völkerrechtlicher Verpflichtungen zur Seite gestellt werden. Zu denken ist dabei an die entsprechenden Regelungen im Völkervertragsrecht. Die internationale Staatengemeinschaft hat sich aber hier nicht einmal auf eine abgeschwächte Fassung des Art. 36*bis* in der WVRK II einigen können, wonach die Bindung der Mitgliedstaaten an die Verträge der Internationalen Organisation, der sie angehören, von ihrer ausdrücklichen Zustimmung und der der Vertragspartner abhängig gewesen wäre. Beim Völkergewohnheitsrecht entfällt diese vorherige Zustimmungsmöglichkeit weitgehend, da oftmals erst im nachhinein die (völkergewohnheits)rechtliche Relevanz einer mündlichen oder schriftlichen Äußerung eines Organs der Internationalen Organisation offenbar wird, wenn nämlich ein anderes Völkerrechtssubjekt den Nachweis für das Bestehen einer bestimmten gewohnheitsrechtlichen Norm bzw. die Bindung an sie zu erbringen versucht. Im übrigen würde es für ein drittes Völkerrechtssubjekt, das von den Mitgliedstaaten die Einhaltung einer völkergewohnheitsrechtlichen Verpflichtung der Internationalen Organisation einfordert, konsequenterweise bedeuten, daß ihm gegenüber die Mitgliedstaaten ebensolches verlangen können. Letztlich dürfte also das Interesse auf seiten dieses Völkerrechtssubjekts ein ähnliches sein wie bei den Mitgliedstaaten.

Vor dem Hintergrund dieser insgesamt recht eindeutigen Interessenlage(n) und einer wohl eher geringen Bedeutung dieser Frage in der Völkerrechtspraxis dürfte es sich erklären, daß eine völkergewohnheitsrechtliche Regel nicht existiert, wonach auch die Mitgliedstaaten an das ihre Internationale Organisation bindende allgemeine Völkerrecht automatisch gebunden sind[299].

---

[297] *Lowe*, Can the European Community Bind the Member States on Questions of Customary International Law? (Fn 266), S. 163.

[298] YBILC 1974 II/2, S. 277 ff. (277).

[299] A.A. *Lowe*, Can the European Community Bind the Member States on Questions of Customary International Law? (Fn 266), S. 163 f., der sich -soweit ersichtlich- bisher als einziger mit der *völkerrechtlichen* Bindung der Mitgliedstaaten auseinandergesetzt hat.

4. Ergebnis

Die Bedeutung des Gemeinschaftsrechts für das allgemeine Völkerrechts liegt in seinem Einfluß auf die Haltung der mitgliedstaatlichen Rechtsordnungen gegenüber Normen des Völkergewohnheitsrechts. Die Wirkungsweise des Gemeinschaftsrechts läßt sich dabei folgendermaßen veranschaulichen: Vor den Gerichten der meisten Mitgliedstaaten bleibt ein Individuum mit dem Vorbringen erfolglos, eine auf seinen Fall angewendete Norm des nationalen Rechts verstoße gegen eine den Mitgliedstaat bindende Vorschrift des Völkergewohnheitsrechts. Der Grund dafür liegt darin, daß dort der Vorrang des allgemeinen Völkerrechts vor entgegenstehendem nationalen Recht nicht anerkannt ist.
Wird hingegen mit der angewendeten Norm des nationalen Rechts Gemeinschaftsrecht vollzogen, so kann sich dasselbe Individuum vor demselben Gericht bei identischem Sachverhalt sehr wohl mit Erfolg darauf berufen, daß diese Norm in Widerspruch zu einer -mit der des Mitgliedstaates vollkommen inhaltsgleichen- völkergewohnheitsrechtlichen Verpflichtung der EG steht. Denn das die Gemeinschaft bindende Völkergewohnheitsrecht gehört nach der Rspr. des EuGH zum „Bestandteil der Gemeinschaftsrechtsordnung" und erlangt dadurch gleichzeitig für die Mitgliedstaaten (gemeinschaftsrechtliche) Verbindlichkeit.
Eine Umwandlung der völkerrechtlichen Norm in sekundäres Gemeinschaftsrecht findet allerdings ebensowenig statt wie bei Bestimmungen aus völkerrechtlichen Abkommen der Gemeinschaft. Eine völkerrechtliche Bindung der Mitgliedstaaten dritten Völkerrechtssubjekten gegenüber tritt -wie auch beim Völkervertragsrecht- vermittels des Gemeinschaftsrechts nicht ein.

B. Bindung der EG an völkerrechtliche Verträge der Mitgliedstaaten

In einer Untersuchung aus dem Jahre 1969, kurz vor Ablauf der Übergangszeit nach Art. 8 EWG-Vertrag, ermittelte die EG-Kommission allein 128 Freundschafts-, Handels- und Meeresabkommen sowie 196 Handelsabkommen im engeren Sinne, die zwischen den EG-Mitgliedstaaten und Drittstaaten in Kraft waren[300]. Hinzu kamen zahlreiche weitere Verträge über wirtschaftliche, industrielle oder technische Kooperation. In manchen dieser Fälle mag die Möglichkeit bestanden haben, geltende Verträge der Mitgliedstaaten auslaufen zu lassen und durch die EG neu zu verhandeln und abzuschließen. In den Fällen, in denen dieser Weg aber nicht gangbar war und ist, fragt sich, ob -und wenn ja unter welchen Voraussetzungen- eine Bindung der Gemeinschaft an solche Alt-Verträge der Mitgliedstaaten existiert.

I. Rechtslage nach allgemeinen Vorschriften des Völker- und Gemeinschaftsrechts

1. Völkerrechtliche Regeln über die Bindung der Internationalen Organisation an völkerrechtliche Abkommen ihrer Mitgliedstaaten

Die Frage der Bindung der Internationalen Organisation an die völkerrechtlichen Verträge ihrer Mitgliedstaaten stellt sich praktisch nur dann, wenn der Regelungsgegenstand des Abkommens nach dessen völkerrechtlichem Inkrafttreten aus dem Kompetenzbereich des

---

300 SEK (69) 1175 endg. vom 28.3.1969.

Mitgliedstaates in den der Internationalen Organisation übergegangen ist[301]. Ein solcher Wechsel kann zunächst aus dem Beitritt zu der Internationalen Organisation resultieren. Denkbar ist aber auch, daß erst eine spätere Erweiterung des Zuständigkeitsbereiches der Organisation durch eine Änderung des Gründungsvertrages bzw. durch dessen veränderte Auslegung zu einem Zuständigkeitswechsel führt. Nach dem Beitritt oder der Vertragsänderung beeinflußt die interne Außenkompetenzverteilung zwischen der Organisation und ihren Mitgliedstaaten die -nach außen hin rechtlich unbeschränkte- Vertragsschlußkompetenz der Mitgliedstaaten gegenüber dritten Völkerrechtssubjekten faktisch so stark, daß die Frage der Bindung der Organisation an die nach diesem Zeitpunkt von den Mitgliedstaaten kompetenzwidrig abgeschlossenen Verträge praktisch kaum von Relevanz ist. Völkerrechtlich müßte dieser Fall aber nach den gleichen Regeln über die Bindung einer Internationalen Organisation an die von den Mitgliedstaaten geschlossenen Verträge gehandhabt werden wie die an ursprünglich kompetenzgemäß geschlossene Verträge. Denn das Völkerrecht interessiert sich grds. nicht für die interne Kompetenzverteilung innerhalb von Staaten und Internationalen Organisationen[302].
Gleiches muß für die Kompetenzverteilung zwischen Internationalen Organisationen und ihren Mitgliedstaaten gelten[303].

Allgemeine Bestimmungen, die die Bindung einer Internationalen Organisation an die von ihren Mitgliedstaaten abgeschlossenen internationalen Verträge regeln oder gar festschreiben, sucht man im Völkerrecht allerdings vergebens.
Beim Blick auf die verwandte Problematik der Staatensukzession in Verträge könnte man indes versucht sein, der diesbezüglichen Konvention aus dem Jahre 1978[304] die Voraussetzungen für die Rechtsnachfolge der Internationalen Organisation in die Verträge ihrer Mitgliedstaaten zu entnehmen. Schließlich ist auch die Wiener Konvention über das Recht der Verträge zwischen Staaten und Internationalen Organisationen oder zwischen Internationalen Organisationen von 1986 in weiten Teilen inhaltsgleich mit der Konvention über das Recht der Verträge zwischen Staaten von 1963. Dieser Vergleich erweist sich jedoch schon deshalb als untauglich, weil es im Fall der Vertragsrechtskonvention um die formellen Voraussetzungen für die Erzeugung einer völkerrechtlichen Bindung geht, im vorliegenden Fall jedoch um die Übernahme konkreter materiell-rechtlicher Verpflichtungen aus einem bereits bestehenden Vertrag. Zudem ist die Wiener Konvention über die Staatennachfolge in Verträge auf den spezifischen Fall der *Ersetzung eines Staates* durch einen anderen in der Verantwortung für die internationalen Beziehungen eines Gebietes zugeschnitten[305]. Ein Wechsel der territorialen Souveränität oder der Gebietshoheit wird zwar nicht vorausgesetzt, aber bei analoger Anwendung der Konvention auf Internationale Organisationen müßten diese einen Mitgliedstaat im Hinblick auf die Verantwortung für

---

301 Zeitlich so abzugrenzende Verträge der Mitgliedstaaten werden im folgenden als 'Alt-Verträge' bezeichnet.

302 Vgl. Art. 27 u. 46 WVRK I (für Staaten), Art. 27 Abs. 2, 46 Abs. 2 WVRK II (für Internationale Organisationen).

303 Vgl. *Bernhardt*, Die Europäische Gemeinschaft als neuer Rechtsträger im Geflecht der traditionellen zwischenstaatlichen Rechtsbeziehungen, EuR 18 (1983), S. 199 ff. (206 f.).

304 'Vienna Convention on Succession of States in respect of Treaties' vom 23.8.1978; in Kraft seit dem 6.11.1996 (Text in: ILM 17 (1978), S. 1488 ff.); Der Beitritt steht gem. Art. 48 des Übereinkommens nur Staaten offen.

305 Gem. Art. 1 findet die Konvention Anwendung „as to the effects of a succession of State in respect of treaties between states". Art. 2 Abs. 1 lit. b) definiert 'succession of States' als „replacement of one State by another in the responsibility for the international relations of territory".

die internationalen Beziehungen eines (Staats-)Gebietes vollständig ersetzen können. Sie müßten demzufolge in vollem Umfang in der Lage sein, in die bestehenden Vertragspflichten eines (Mitglied-)Staates einzurücken. Mangels eigener Souveränität und wegen der nur beschränkten Völkerrechtsfähigkeit ist eine Internationale Organisation jedoch nicht in der Lage, dies sicherzustellen. Dem zentralen Anliegen der Konvention, nämlich der Schaffung von Rechtssicherheit im Hinblick auf die Identität des Vertragspartners und den Umfang der vertraglichen Rechte und Pflichten, könnte damit von seiten der Internationalen Organisation nicht Genüge getan werden. Insgesamt sind die Voraussetzungen einer Analogie somit nicht gegeben[306].

Aber selbst wenn man eine analoge Anwendung des Wiener Übereinkommens auf die Nachfolge Internationaler Organisationen in Verträge ihrer Mitgliedstaaten bejahen wollte, so würde dies nicht ohne weiteres bedeuten, daß die Internationale Organisation in die Verträge ihrer Mitgliedstaaten, deren Abschluß jetzt in ihren Kompetenzbereich fällt, automatisch eingerückt wäre[307].
Führt eine Analogie also nicht weiter und haben sich im allgemeinen Völkerrecht noch keine speziellen Regeln über die Bindung einer Internationalen Organisation an die Alt-Verträge ihrer Mitgliedstaaten herausgebildet[308], müssen die Umstände jedes Einzelfalls untersucht werden, ob sie die Annahme einer solchen völkerrechtlichen Verpflichtung und/oder Berechtigung der Organisation rechtfertigen. Entscheidend ist dabei, ob ein dahingehender Konsens zwischen den Parteien nachgewiesen werden kann.

Wird zwischen den Beteiligten eine solche Übereinstimmung über den Eintritt der Internationalen Organisation neben den oder an Stelle der Mitgliedstaaten erzielt, dann wird sie sich regelmäßig in einem förmlichen Beitritt zu dem betreffenden Abkommen manifestieren. Letztlich handelt es sich dabei dann um einen herkömmlichen völkerrechtlichen Vertrag der Internationalen Organisation mit einem dritten Völkerrechtssubjekt.
Aber auch unterhalb eines förmlichen Vertragsbeitritts ist eine gegenseitige völkerrechtlich bindende Übereinkunft denkbar. Entsprechend dem im Völkerrecht geltenden Grundsatz der Formfreiheit kann auch formlos durch ausdrückliche oder stillschweigende

306 Vgl. auch G/T/E-*Petersmann*, Kommentar zum EU-/EG-Vertrag, Art. 234 Rn 18, z.T. unter Verweis auf Vorauflage: G/T/E-*ders.*, Kommentar zum EWG-Vertrag, Art. 234 Rn 13.

307 Die Konvention sieht im Hinblick auf die Rechtsnachfolge in Verträge nämlich unterschiedliche Regeln vor, je nachdem, ob es sich bei dem Nachfolgestaat um einen „newly independent State", also einen aus einem Entkolonialisierungsprozeß hervorgegangenen Staat, handelt oder um einen Neu-/Bundesstaat, der aus "herkömmlichen" Altstaaten entstanden ist. Bzgl. der „newly independent States" sieht Art. 16 der Konvention vor, daß diese frei über den Eintritt in einen *multilateralen* Vertrag an Stelle des Vorgängerstaates entscheiden können (sog. *clean slate*-Prinzip). Die Entscheidung für die Nachfolge ist gem. Art. 17 Abs. 1 zu notifizieren und (nur) dann von der Zustimmung sämtlicher Vertragspartner abhängig, wenn die Teilnahme „under the terms of the treaty or by reason of the limited number of negotiating States and the object and purpose of the treaty [...] must be considered as requiring the consent of all the parties" (Art. 17 Abs. 3). Die Fortgeltung eines *bilateralen* Vertrages ist hingegen wegen dessen meist sehr individueller Ausprägung stets von der ausdrücklichen oder konkludenten Zustimmung sowohl des Neu-Staates als auch des Vertragspartners abhängig (Art. 24). Bei sonstigen Fällen der Staatennachfolge, also v.a. bei Separation oder Fusion, gelten die Verträge für die auf dem Gebiet des ehemaligen Staates entstandenen Neustaaten oder für den auf dem Gebiet der Altstaaten entstandenen Neustaat (in den alten Staatsgrenzen) grds. automatisch weiter (Art. 31 Abs. 1 u. 34 Abs. 1 - sog. *Kontinuitätsgrundsatz*). Die Geltungserstreckung auf hinzugewonnenes Staatsgebiet bedarf bei multilateralen Verträgen der einseitigen Erklärung, bei bilateralen Verträgen der übereinstimmenden Vereinbarung (Art. 31 Abs. 2). Bei einer analogen Anwendung der Konvention auf die Fortgeltung der Alt-Verträge der Mitgliedstaaten für die Internationale Organisation wäre die Anwendung der Vorschriften über die Fusion von Staaten, also Art. 31, sicherlich am sachgerechtesten gewesen.

308 G/T/E-*Petersmann*, Kommentar zum EU-/EG-Vertrag, Art. 234 EGV Rn 18.

Vertragspraxis eine völkerrechtliche Bindung der Internationalen Organisation an die Verträge ihrer Mitgliedstaaten erfolgen[309].

Kommt es zu keiner gegenseitigen völkerrechtlich bindenden Übereinkunft zwischen den Beteiligten, besteht immer noch die Möglichkeit, daß sich die Organisation unabhängig vom Willen der Vertragspartner einseitig völkerrechtlich an multilaterale Verträge bindet, an denen die Mitgliedstaaten beteiligt sind[310].

Denkbar ist schließlich auch, daß die Organisation sich nur intern gegenüber den Mitgliedstaaten zur Einhaltung bestimmter völkerrechtlicher Abkommen der Mitgliedstaaten mit dritten Völkerrechtssubjekten verpflichtet.

2. Ausgangslage bzgl. der Bindung der EG an die Alt-Verträge ihrer Mitgliedstaaten nach Gemeinschaftsrecht

Jede Regelung, die das Gemeinschaftsrecht bzgl. der Bindung der EG an die Verträge ihrer Mitgliedstaaten enthält, kann wegen des in Art. 34 WVRK kodifizierten völkergewohnheitsrechtlichen Grundsatzes, daß ein Vertrag für einen Dritten ohne dessen Zustimmung weder Pflichten noch Rechte begründen kann (*pacta tertiis*-Regel), nur gemeinschaftsinterne Rechtswirkungen entfalten.

Ob und wenn ja welche Rechtswirkungen von Altverträgen der Mitgliedstaaten für die Gemeinschaft ausgehen, ist in den einzelnen Gründungsverträgen nicht einheitlich geregelt. Nach Art. 71 Abs. 2 EGKS wurde das völkerrechtliche Tätigwerden der Gemeinschaft auf dem Gebiet der Handelspolitik im Bereich Kohle und Stahl durch die internationalen Bindungen der Mitgliedstaaten in diesem Bereich begrenzt. Art. 106 EAGV sieht vor, daß mit Zustimmung der Vertragspartner der Mitgliedstaaten die Gemeinschaft „soweit wie möglich die Rechte und Pflichten aus den Abkommen übernimmt."

Art. 307 EGV sieht weder eine gemeinschaftsrechtliche Beratungs- und Erfüllungspflicht noch völkerrechtliche Verhandlungen der Gemeinschaft mit dem Ziel der Übernahme der Verträge der Mitgliedstaaten vor. In Art. 307 Abs. 1 EGV wird zunächst der *pacta tertiis*-Grundsatz gemeinschaftsrechtlich bestätigt[311]. In Abs. 2 wird den Mitgliedstaaten im Falle der Unvereinbarkeit von Vertragspflichten gegenüber dritten Völkerrechtssubjekten mit Bestimmungen des EGV eine Verpflichtung auferlegt, „alle geeigneten Mittel" anzuwenden, „um die festgestellte Unvereinbarkeit zu beheben"[312]. In Abs. 3 schließlich wird -in verklausulierter Sprache[313]- festgestellt, daß Drittstaaten über Altverträge der Mitgliedstaaten grundsätzlich keine Integrationsvorteile aus dem EGV zuteil werden dürfen.

Eine allgemeine Regel für die gemeinschaftsrechtliche Bindung der EG an die Altverträge der Mitgliedstaaten läßt sich also auch dem EGV nicht entnehmen. Damit erübrigt sich die

---

309 *Bernhardt*, Die Europäische Gemeinschaft als neuer Rechtsträger im Geflecht der traditionellen zwischenstaatlichen Rechtsbeziehungen (Fn 303), S. 205.

310 Zu einseitigen Rechtsgeschäften im Völkerrecht vgl. *Verdross/Simma*, Universelles Völkerrecht, § 662 f.

311 Der EuGH hat in Rs. 10/61, Kommission v. Italien, Slg. 1962, S. 1 ff. (22 f.), ausdrücklich die Ansicht der Kommission bestätigt, wonach sich Art. 234 EGV, was die dort erwähnten "Rechte" anbelangt, lediglich auf die Wahrung der „Rechte dritter Länder" bezieht und daher die Mitgliedstaaten nicht autorisiert, sich gegeneinander und gegenüber dem Gemeinschaftsrecht auf solche Abkommen zu berufen.

312 Durch eine Entscheidung des Rates vom 22.7.1974 (ABl. 1974 Nr. L 208, S. 23 f.) wurde versucht, solche Unvereinbarkeiten im Bereich der wirtschaftlichen und industriellen Zusammenarbeit zu verhindern, indem einem Mitgliedstaat im Vorfeld des Abschlusses eines entsprechenden Vertrages eine Anzeige- und Beratungsverpflichtung gegenüber der Gemeinschaft auferlegt wird.

313 Calliess/Ruffert-*Schmalenbach*, Kommentar zum EUV/EGV, Art. 307 Rn 16.

Überlegung, ob eine solche gemeinschaftsrechtliche Regelung als generelle, einseitige völkerrechtliche Bindungserklärung hätte betrachtet werden können.

Festzuhalten ist folglich, daß über Art und Umfang einer möglichen Bindung der Gemeinschaft an völkerrechtliche Verträge der Mitgliedstaaten nur anhand des konkreten Einzelfalles entschieden werden kann.

II. Einzelfälle möglicher Bindung der EG an völkerrechtliche Verträge der Mitgliedstaaten

Exemplarisch soll eine mögliche Bindung der EG an völkerrechtliche Abkommen der Mitgliedstaaten bzw. an einzelne darin enthaltene Verpflichtungen am Fall der Europäischen Menschenrechtskonvention (EMRK), des GATT'47 und anhand von Resolutionen des UN-Sicherheitsrates erörtert werden.
Neben der Frage, um welche Art der Bindung es sich im jeweiligen Fall handelt -lediglich eine gemeinschaftsrechtliche oder auch eine völkerrechtliche?-, soll das Hauptaugenmerk wiederum darauf gerichtet werden, welche konkrete Bedeutung für die Entwicklung des Völkerrechts diesen Fällen dabei zukommt.

1. Bindung der Gemeinschaft an Alt-Verträge der Mitgliedstaaten durch einseitige Verpflichtungserklärung? -das Beispiel der EMRK

a) Vorfrage: Bindung der Gemeinschaftsgewalt und der Mitgliedstaaten an Grundrechte

Zwischen dem Schweigen des Vertrages zur Gründung der Europäischen Wirtschaftsgemeinschaft vom 25.3.1957 und dem Bekenntnis des EU-Vertrages zur Achtung der Grundrechte, „wie sie in der am 4. November 1950 in Rom unterzeichneten Europäischen Konvention zum Schutze der Menschenrechte und Grundfreiheiten gewährleistet sind" (Art. 6 Abs. 2 EUV), liegen 35 Jahre und zahlreiche Urteile des Gerichtshofs der Europäischen Gemeinschaften. Beidem, sowohl dem Zeitverlauf als auch der Rspr. des EuGH ist es zu verdanken, daß sich heute in etlichen amtlichen Dokumenten Erklärungen zum Grundrechtsschutz in der EG/EU finden[314]. Zunächst ignorierte der EuGH schlicht das Vorbringen einer Streitpartei, daß ein Gemeinschaftsrechtsakt gegen Grundrechte verstoße, da das Gemeinschaftsrecht solche nicht kenne. So sagte der Gerichtshof etwa im Urteil *Nold KG u.a.* aus dem Jahre 1960:

> „Der Gerichtshof kann daher bei der Prüfung der Rechtmäßigkeit einer Entscheidung der Hohen Behörde weder zur Auslegung noch zur Anwendung von Art. 14 des deutschen Grundgesetzes [Schutz des Eigentums] schreiten. Andererseits enthält das Recht der Gemeinschaft, wie es im EGKS-

---

[314] Ungeachtet ihres rechtlichen Status -als „soft law" oder als verbindliche Rechtsakte- seien hier in chronologischer Reihenfolge nur die wichtigsten Dokumente genannt: Gemeinsame Grundrechtserklärung des Europäischen Parlaments, des Rates und der Kommission vom 5.4.1977 (ABl. 1977 Nr. C 103, S. 1 ff.), „Erklärung zur Demokratie" der Staats- und Regierungschefs vom 7./8.4.1978 (Bull.EG 3-1978, S. 5 f.), 3. Erwägungsgrund zur Präambel der Einheitlichen Europäischen Akte vom 22.2.1986 (ABl. 1987 Nr. L 169, S. 12 ff.), „Erklärung der Grundrechte und Grundfreiheiten" durch das Europäische Parlament vom 12.4. 1989 (ABl. 1989 Nr. C 120, S. 51 ff.), Grundrechte-Charta der Europäischen Union vom 7.12.2000 (ABl. 2000 Nr. C 364, S. 1 ff.); vgl. auch die Auflistung der Menschenrechts-Quellen in: EuGH, Gutachten 2/94, Beitritt der EG zur Europäischen Menschenrechts-Konvention, Slg. 1996-I, S. 1759 ff. (1768 f.).

Vertrag niedergelegt ist, weder einen geschriebenen noch einen ungeschriebenen allgemeinen Rechtsgrundsatz des Inhalts, daß ein erworbener Besitzstand nicht angetastet werden darf."[315]

Interessanter- aber wohl auch symptomatischerweise stammt eine der ersten pointierten Stellungnahmen *für* einen Grundrechtsschutz in der Gemeinschaft ebenfalls aus einer Rechtssache *Nold*[316]. Diesmal wies der EuGH die Klage derselben Kohlen- und Baustoffhandlung KG aus Darmstadt im Ergebnis zwar ebenfalls ab, aber nur aus dem Grunde, weil er keine Verletzung des geltend gemachten Grundrechts festzustellen vermochte und nicht etwa deshalb, weil die Gemeinschaft per se nicht an Grundrecht gebunden ist. Die entscheidende Passage in dem Urteil lautet:

„Der Gerichtshof hat bereits mehrfach entschieden, daß die Grundrechte zu den allgemeinen Rechtsgrundlagen gehören, die er zu wahren hat, und daß er bei der Gewährleitung dieser Rechte von den gemeinsamen Verfassungsüberlieferungen der Mitgliedstaaten auszugehen hat. Hiernach kann er keine Maßnahmen als rechtens anerkennen, die unvereinbar sind mit den von den Verfassungen dieser Mitgliedstaaten anerkannten und geschützten Grundrechten.
Auch die internationalen Verträge über den Schutz der Menschenrechte, an deren Abschluß die Mitgliedstaaten beteiligt waren oder denen sie beigetreten sind, können Hinweise geben, die im Rahmen des Gemeinschaftsrechts zu berücksichtigen sind."[317]

Diese erstaunliche Kehrtwende in der Rspr. des EuGH ist nunmehr nur noch von rechtshistorischer Bedeutung. In den Folgejahren hat der EuGH anhand einzelner Fälle einen Grundrechtskatalog entwickelt, mit dem ein Schutzniveau erreicht wird, das nach Ansicht des BVerfG „dem vom Grundgesetz als unabdingbar gebotenen Grundrechtsschutz im wesentlichen gleichzuachten ist"[318]. Die Etappen, die der EuGH auf diesem Weg -oft angetrieben von den nationalen Gerichten, insbesondere dem BVerfG- zurückgelegt hat, sind hier nicht nachzuzeichnen[319]. Bedeutsam ist in diesem Rahmen allein, inwieweit sich der EuGH in seiner Rspr. konkret an den durch die EMRK geschützten Rechten orientiert hat.

b) Bezugnahme auf Vorschriften der EMRK durch den EuGH

Nachdem Frankreich als letzter der damals neun Mitgliedstaaten der EG am 3.5.1974 die EMRK ratifiziert hatte, konnte der EuGH entsprechend seiner Ankündigung im *Nold*-Urteil vom 14. Mai desselben Jahres auf die EMRK als einen internationalen Vertrag über den Schutz der Menschenrechte, der die (= sämtliche) Mitgliedstaaten bindet, ausdrücklich Bezug nehmen.
Dies geschah erstmals 1975, als es um die Rechtmäßigkeit von Einschränkungen der Arbeitnehmerfreizügigkeit aus Gründen der öffentlichen Ordnung und Sicherheit gem. Art. 48 Abs. 3 EWGV (Art. 39 Abs. 3 EGV n.F.) ging. Der Gerichtshof stellte fest, daß die Zulässigkeit von Ausnahmevorschriften sich an „den Artikeln 8, 9, 10 und 11 der am 4. November 1950 unterzeichneten und von allen Mitgliedstaaten ratifizierten Konvention zum Schutze der Menschenrechte und Grundfreiheiten" orientieren könne, wonach die dort gewährleisteten Grundrechte nur solchen Einschränkungen unterworfen werden dürfen, die gesetzlich vorgesehen sind und die in einer demokratischen Gesellschaft not-

---

315 EuGH verb. Rs. 36-38/59 u. 60/59, I. Nold u.a. v. Hohe Behörde, Slg. 1960, S. 885 ff. (921); in ähnlicher Weise bereits in Rs. 1/58, Friedrich Storck & Co. v. Hohe Behörde, Slg. 1958-59, S. 43 ff. (64).

316 EuGH Rs. 4/73, J. Nold Kohlen- und Baustoffhandlung v. Kommission, Slg. 1974, S. 491 ff.

317 EuGH, a.a.O., S. 507 Rz 13.

318 BVerfGE 73, S. 339 ff. (387).

319 Siehe hierzu die Darstellung bei *Schweitzer/Hummer*, Europarecht, Rn 786-806.

wendig sind, um die jeweils genannten übergeordneten Werte eines staatlichen Gemeinwesens zu schützen[320].

In den Entscheidungen *Hauer*[321] und *Hoechst*[322] finden sich ähnliche Bezugnahmen.

Den vorgenannten Entscheidungen ist gemeinsam, daß sich ihnen nicht entnehmen läßt, ob der EuGH die EMRK lediglich als „besonders bedeutsame" Erkenntnisquelle für die in der Gemeinschaft zu gewährleistenden Grund- und Menschenrechte ansieht oder ob er auch eine *de facto*-Verbindlichkeit für die EG annimmt.

Deutlicher in letztgenannte Richtung gehen Aussagen im *ERT*-Urteil vom 18.6.1991[323]. Dort heißt es, der Gerichtshof habe die Wahrung der Grundrechte zu sichern, „die sich insbesondere aus der Europäischen Menschenrechtskonvention ergeben" und daß „in der Gemeinschaft keine Maßnahmen als rechtens anerkannt werden können, die mit der Beachtung der [...] anerkannten und gewährleisteten Menschenrechte unvereinbar sind"[324].

Mag man diese Formulierungen noch als zu allgemein betrachten, um daraus eine richtiggehende Anwendung der EMRK durch den EuGH abzuleiten, so lassen andere Urteile aus jüngerer Zeit kaum einen Zweifel an einer solchen Vorgehensweise.

Der EuGH stützt darin seine Entscheidungen z.T. ausschließlich auf einzelne Vorschriften der EMRK und die Interpretation, die ihnen der Europäische Gerichtshof für Menschenrechte in Straßburg gegeben hat. So verwies der EuGH etwa drauf, daß in einem Strafverfahren der in Art. 7 EMRK enthaltene Grundsatz der gesetzlichen Bestimmtheit von strafbaren Handlungen und Strafe einzuhalten sei[325]. In *Vereinigte Familiapress* stellte er fest, daß eine mitgliedstaatliche Maßnahme gegen Art. 10 EMRK (Pressefreiheit) verstoßen kann und sie in diesem Fall gemeinschaftsrechtswidrig wäre[326].

Die Existenz des Gleichbehandlungsrechts für Homosexuelle im Gemeinschaftsrecht lehnte der Gerichtshof unter Hinweis darauf ab, daß der EuGMR und die Europäische Menschenrechtskommission Art. 8 und 12 der EMRK einen solchen Grundsatz auch nicht entnähmen[327]. In einer anderen Entscheidung berief er sich bei der Definition des Begriffs „transsexuell" ausschließlich auf die Rspr. des EuGMR[328].

Gegen die Aussagekraft dieser Serie von Entscheidungen könnte man einwenden, daß damit noch nicht dargetan ist, daß auch die Tätigkeit von Gemeinschaftsorganen selbst im konkreten Fall am Maßstab der EMRK gemessen wird, denn die zitierten Urteile sind stets im Kontext des Vorabentscheidungsverfahrens, also der Überprüfung einer nationalen Maßnahme vor gemeinschaftsrechtlichem Hintergrund, ergangen.

---

320 EuGH Rs. 36/75, Rolando Ruitili v. Minister des Innern, Slg. 1975, S. 1219 ff. (1232 Tz 32).

321 EuGH Rs. 44/79, Liselotte Hauer v. Land Rheinland-Pfalz, Slg. 1979, S. 3727 ff. (3744 Rn 15).

322 EuGH verb. Rs. 46/87 u. 227/88, Hoechst AG v. Kommission, Slg. 1989, S. 2859 ff. (2923 Rz 13).

323 EuGH Rs. C-260/89, Elliniki Radiophonia Tileorassi (*ERT*) v. Dimotiki Etairia Pliroforisis, Slg. 1991-I, S. 2925 ff.

324 EuGH, a.a.O., S. 2963 f. Rz 42 u. 41; in diesem Sinne auch kurz darauf in Rs. C-353/89, Kommission v. Niederlande, Slg. 1991-I, S. 4069 ff. (4097 Rz 30): „[die] durch Art. 10 der Konvention zum Schutze der Menschenrechte und Grundfreiheiten garantierte [...] Meinungsfreiheit, die zu den von der Gemeinschaftsrechtsordnung geschützten Grundrechten gehört."

325 EuGH verb. Rs. C-74/95 u. C-125/95, Strafverfahren gegen X, Slg. 1996-I, S. 6609 ff. (6637 Rz 25).

326 EuGH Rs. C-368/95, Vereinigte Familiapress Zeitungsverlags- und Vertriebs GmbH v. Heinrich Bauer Verlag, Slg. 1997-I, S. 3689 ff. (3717 Rz 25), unter ausdrücklicher Bezugnahme auf das Urteil des EuGMR vom 24.11.1993, Informationsverein Lentia u.a. v. Austria, Ser. A n° 276 (in Rz 26).

327 EuGH Rs. C-249/96, Lisa Jaqueline Grant v. South West Trains Ltd., Slg. 1998-I, S. 621 ff. (647 f. Rz 33 f.).

328 EuGH Rs. C-13/94, P v. S und Cornwall County Council, Slg. 1996-I, S. 2143 ff. (2164 Rz 16).

Aber auch diese "Lücke" hat der EuGH geschlossen. In der Entscheidung *Baustahlgewerbe GmbH* prüfte der Gerichtshof eine Maßnahme der Kommission ausschließlich am Maßstab des Art. 6 EMRK (Recht auf ein faires Verfahren), selbst wenn er hinzufügte, daß dieser in Gestalt eines allgemeinen Gemeinschaftsrechtsgrundsatzes zur Anwendung gelangt[329].

Nach alledem kann es kaum verwundern, wenn der Richter am EuGH, *Puissochet*, bereits 1996 sagte, daß „tout se passe comme si la CEDH [Convention européenne des droits de l'homme] était l'une des sources formelles du droit communautaire" und dem 1999 hinzufügte: „La Cour de Justice des communautés applique directement la Convention européenne des droits de l'homme"[330]. Ähnlich äußerte sich Generalanwalt *Jacobs* -in nichtamtlicher Funktion-:

> „As a result of the development of the case-law, now confirmed by the Single European Act and the Treaty on European Union, the Community can be said to be subject *in effect* to, if not bound formally by, the European Convention on Human Rights. [...]
> [I]t can be considered that the Convention has the same effect as if the community was formally bound, and it seems legitimate to speak of the Court applying the Convention"[331]

Unter dem Gesichtspunkt der Gewährleistung eines dem Standard der EMRK im Mindestmaß entsprechenden Grundrechtsschutzes ist es kaum von Bedeutung, daß Art. 6 Abs. 2 EUV die Konvention nach herrschender Meinung nicht förmlich in die Gemeinschaftsrechtsordnung inkorporiert -im Sinne einer einseitigen völkerrechtlichen Bindung-, sondern sie "nur" zur Quelle von Gemeinschaftsgrundrechten erhebt, deren Einhaltung der EuGH gewährleisten soll (vgl. Art. 46 lit. d[332] EUV i.V.m. Art. 220 EGV)[333].
Eine völkerrechtliche Bindung der Gemeinschaft etwa im Wege der Rechtsnachfolge in den von sämtlichen Mitgliedstaaten ratifizierten Vertrag kann schon deshalb nicht

---

329 EuGH Rs. 185/95, Baustahlgewerbe GmbH v. Kommission, Slg. 1998-I ,S. 8417 ff. (8496 Rz 20, 21); vgl. aber auch EuGH Rs. Hoechst AG v. Kommission, Slg. 1989, S. 2859 ff. (2924 Rz 18) u. Rs. 85/87, Dow Benelux BV v. Kommission, Slg. 1989, S. 3137 ff. (3157 Rz 29), worin der EuGH bereits zu erkennen gibt, daß er wohl von einer Bindung der Kommission an Art. 8 EMRK (Recht auf Achtung der Wohnung) ausgeht, was im Ergebnis jedoch offen bleibt, da Art. 8 EMRK sich nicht auf Geschäftsräume ausdehnen lasse und i.ü. festzustellen sei, daß hierzu keine Rechtsprechung des Europäischen Gerichtshofs für Menschenrechte vorliege.

330 Zitate nach *Sudre*, L'apport du droit international et européen à la protection communautaire des droits fondamentaux - in: Société française pour le droit international public (Hrsg.), Droit international et droit communautaire, perspectives actuelles, S. 169 ff. (186) -Fußnoten ausgelassen.

331 *Jacobs*, European Community Law and the European Convention on Human Rights - in: Curtin/Heukels (Hrsg.), Institutional Dynamics of European Integration (FS Schermers), Vol. II, S. 561 ff. (563); Dies entspricht auch der Position, die GA *Jacobs* in seinen Schlußanträgen in der Rs. C-168/91, Christos Konstantinidis, Slg. 1993-I, S. 1191 ff. (1207 Nr. 34) einnahm: Es sei zu prüfen, „ob die Behandlung von Herrn Konstantinidis [...] gegen die Europäische Menschenrechtskonvention verstößt [...], deren Einhaltung der Gerichtshof im Bereich des Gemeinschaftsrechts sicherzustellen hat".

332 Art. 46 lit. d) wurde erst durch Art. 1 Ziff. 1 des Amsterdamer Vertrages vom 2.10.1997 eingefügt. Damit wurde bestätigt, daß es sich bei dem Fehlen einer entsprechenden Zuständigkeitsnorm für den Gerichtshof in ex Art. L EUV um ein Redaktionsversehen gehandelt hat.

333 Vgl. G/T/E-*Beutler*, Kommentar zum EU-/EG-Vertrag, Art. F EUV Rn 28; dies.-*Petersmann*, a.a.O., Art. 234 EGV Rn 13; Calliess/Ruffert-*Kingreen*, Kommentar zum EU-/EGV, Art. 6 EUV Rn 17; *Craig/de Búrca*, EU-Law, S. 334: „[...] the Community *effectively* declares itself bound by the rights contained in the Convention" - eigene Hervorhebung; *Streinz*, Europarecht, Rn 358; s.a. GA *Van Gerven*, Schlußanträge in Rs. C-404/92 P, X v. Kommission, Slg. 1994-I, S. 4737 ff. (4750 Nr. 12): „Bekanntlich ist die EMRK nicht unmittelbar, aber doch mittelbar Bestandteil des Gemeinschaftsrechts".

angenommen werden, weil auch ein förmlicher Beitritt weder mit EG-Recht[334] noch mit der EMRK vereinbar wäre[335] und somit ein dahingehender Wille der Beteiligten nicht angenommen werden kann[336]. Auch die Europäische Menschenrechtskommission und der EuGMR gehen i.ü. nicht von einer solchen Rechtsnachfolge aus, wenn sie in ständiger Entscheidungspraxis feststellen, daß sich die Mitgliedstaaten einer Internationalen Organisation im allgemeinen und die der EG/EU im besonderen durch Übertragung von Kompetenzen auf diese Organisation nicht ihren Verpflichtungen unter der EMRK entziehen können[337]. Anderenfalls hätten die EMRK-Organe unmittelbar die Verantwortlichkeit der EG für den Verstoß gegen die Konvention annehmen müssen. Eine solche lehnte der EuGHMR jedoch ausdrücklich ab[338]. Stattdessen läßt er die Bereitschaft erkennen, im Einzelfall zu prüfen, ob den Betroffenen gegen Gemeinschaftsrechtsakte ein Rechtsschutz zuteil wurde, der dem Standard unter der EMRK entspricht[339]. Insofern geht der Gerichtshof weiter als die -mittlerweile abgeschaffte- Kommission, die wiederholt Individualbeschwerden unter Hinweis darauf, „that the legal system of the European Communities not only secures fundamental human rights but also provides for control of their observance" pauschal als unzulässig verworfen hatte[340].
Die EU-Mitgliedstaaten trifft also dann die Verantwortlichkeit unter der Konvention, wenn der EuGH in den Augen des Gerichtshofs in Straßburg keinen adäquaten Grundrechtsschutz gewährleistet. Zu einer solchen Verurteilung ist es bis dato allerdings noch nicht gekommen.
Vor dem Hintergrund dieser Rspr. erschließt sich der tatsächliche Nutzen eines förmlichen Beitritts der EG zur EMRK nicht ohne weiteres.

---

334 In seinem auf Antrag des Rates gem. Art. 228 Abs. 6 (Art. 300 Abs. 6 n.F.) EGV erstatteten Gutachten über die Möglichkeit eines Beitritts der Gemeinschaft zur EMRK wies der EuGH auf die grundlegenden institutionellen Auswirkungen eines solchen Beitritts hin, die eine vorherige Änderung des EGV unumgänglich machten (Gutachten 2/94, Slg. 1996-I, S. 1757 ff. (1789 Rz 35).

335 Die auf die Mitgliedschaft von Staaten ausgelegte EMRK müßte zunächst formal für Internationale Organisationen geöffnet werden (vgl. Art. 59 Abs. 1 EMRK i.V.m. Art. 4 Satzung des Europarates) und müßte sodann auch in prozessualer Hinsicht Anpassungen erfahren (vgl. *Schweitzer*, Europäisches Recht und nationales Recht - dargestellt am Beispiel der deutschen und österreichischen Grundrechtsproblematik - in: Schwindt (Hrsg.), Aktuelle Fragen zum Europarecht, S. 128 ff. (139 ff.).

336 A.A. wohl Grabitz/Hilf-*Hilf*, Kommentar zur EU, Art. F EUV Rn 28: „Der Gedanke der Rechtsnachfolge der EG- und nunmehr der EU- in die völkerrechtlichen Bindungen der MSen an die EMRK liegt nahe [...]".

337 Entscheidung der Kommission vom 9.2.1990 über Antrag n° 13258/87, M & Co. v. Federal Republic of Germany, YBECHR 33 (1990), S. 46 ff. (52): „a transfer of powers [to the EC] does not necessarily exclude a State's responsibility under the Convention with regard to the exercise of the transferred powers"; EuGMR Urteil vom 18.2.1999, Waite and Kennedy v. Germany, ECHR Rep. 1999-I, S. 393 ff. (410 Rz 67).

338 Z.B. EuGMR Urteil vom 18.2.1999, Mathews v. United Kingdom, ECHR Rep. 1999-I, S. 251 ff. (265 Rz 32); der Gerichtshof stellte darin fest, daß „the acts of the EC as such cannot be challenged before the Court because the EC is not a Contracting Party. The Convention does not exclude the transfer of competences to international organizations provided that Convention rights continue to be secured. Member State's responsibility therefore continues even after such a transfer".

339 Vgl. EuGMR Urteil vom 15.11.1996, Cantoni v. France, ECHR Rep. 1996-V, S. 1614 ff. (1627 f. Rz 30 i.V.m. 28).

340 Kommission Entscheidung a.a.O. (Fn 337), S. 52 f.; Kommission Entscheidung vom 10.1.1994 über Antrag n° 21090, Heinz v. Contracting States also parties to the European Patent Convention, YBECHR 37 (1994), S. 38 ff. (39 f.).

c) Zwischenergebnis

Die EG ist der Europäischen Menschenrechtskonvention weder neben den Mitgliedstaaten beigetreten noch hat sie an Stelle der Mitgliedstaaten deren völkerrechtliche Verpflichtungen in den vergemeinschafteten Bereichen übernommen. Ebensowenig hat die Gemeinschaft eine völkerrechtliche Bindung an die Konvention durch einseitige Verpflichtungserklärung herbeigeführt. Die Grundrechte der EMRK werden vom EuGH gleichwohl gemeinschaftsrechtlich so geschützt, als ob eine solche Bindung bestünde.

Für die Frage der Bedeutung des Gemeinschaftsrechts für die Entwicklung des Völkerrechts ist auch ein Blick in die umgekehrte Richtung, also auf die Rückwirkungen der Entscheidungspraxis des EuGH auf die der EMRK-Organe, lohnend.

d) Exkurs: Einfluß des Europarechts auf die Entscheidungspraxis der Organe der EMRK

Bis zur Reform der Verfahrensstruktur der EMRK durch das 11. Zusatzprotokoll[341] waren die Menschenrechtskommission, der Ministerausschuß des Europarates und der Gerichtshof für Menschenrechte am Individualbeschwerdeverfahren beteiligt (vgl. Art. 25 ff., Art. 48 EMRK a.F.). In der Entscheidungspraxis der Kommission und des Gerichtshofes sind deutliche Rückwirkungen des Europäischen Gemeinschaftsrechts, insbesondere in Form von Urteilen des EuGH, erkennbar.

Im Jahre 1979 befand der EuGMR in seinem Urteil *Marckx*[342], daß eine erbrechtliche Vorschrift des belgischen 'Code Civil', wonach uneheliche Kinder gegenüber ehelichen benachteiligt wurden, gegen Art. 8 i.V.m. 14 der Menschenrechtskonvention verstößt. Die belgische Regierung verwies in dem Verfahren auf die enormen rechtlichen und finanziellen Auswirkungen, die es mit sich brächte, wenn der Gerichtshof erklären sollte, daß Belgien seit seinem Beitritt am 14.6.1955 mit dem in Rede stehenden Gesetz gegen die Konvention verstoße. Sämtliche abgeschlossenen erbrechtlichen Angelegenheiten, in denen es seitdem zu unzulässigen Diskriminierungen kam, müßten wiederaufgerollt werden. Die Regierung schlug daher dem Gerichtshof folgenden Ausweg aus diesem Dilemma vor: Das Gericht solle anerkennen, daß sich die ursprünglichen Anforderungen der Konvention verschärft hätten und solle einen -möglichst späten- Zeitpunkt bestimmen, ab dem diese Verschärfung und somit die Rechtswidrigkeit der belgischen Regelung eingetreten sei. Der Gerichtshof ging auf dieses Ansinnen -erwartungsgemäß- nicht ein. Vielmehr zitierte er zunächst den EuGH: „"the practical consequences of any judgement must be carefully taken into account" but "it would be impossible to go so far as to diminish the objectivity of the law and compromise its future application on the ground of the possible repercussions which might result, as regards the past from such a judicial decision" (8 April 1976, Defrenne v Sabena, Reports 1976, p. 480)“[343].
Das besagte *Defrenne II*-Urteil[344] des EuGH, aus dem der EuGMR zitiert, geht auf einen vergleichbaren Sachverhalt zurück. Die staatliche belgische Fluggesellschaft Sabena hatte

---

341 11. Zusatzprotokoll zur EMRK vom 11.5.1994, in Kraft seit dem 1.11.1998; der EuGMR ist seither einziges Judikativ-Organ (Art. 19 EMRK n.F.), zu dem Individuen nun auch unmittelbar Klage gegen einen Vertragsstaat erheben können.

342 EuGMR Urteil vom 13.6.1979, Merckx, Ser. A n° 31, S. 2 ff.

343 EuGMR, a.a.O., S. 26 (§ 58).

344 EuGH Rs. 43/75, Gabrielle Defrenne v. Société anonyme belge de navigation aérienne Sabena, Slg. 1976, S. 455 ff.

seit Inkrafttreten des EWG-Vertrages (1958) gegen den in Art. 119 EWG-Vertrag (Art. 141 EGV n.F.) enthaltenen Grundsatz des gleichen Entgelts für Mann und Frau verstoßen, indem sie das weibliche Kabinenpersonal finanziell deutlich schlechter stellte als die männlichen Kollegen. In dem Verfahren wurde von seiten intervenierender Regierungen der Mitgliedstaaten auf die wirtschaftlichen Folgen hingewiesen, die sich aus der Entscheidung des Gerichtshofes ergäben, den Bestimmungen des Art. 119 unmittelbare Anwendbarkeit zuzuerkennen. Eine solche Entscheidung würde in zahlreichen Wirtschaftszweigen Ansprüche auslösen, die rückwirkend auf den Tag des Eintritts dieser Wirkung geltend gemacht werden könnten. Diesem Einwand begegnete der EuGH zunächst mit den vom EuGMR zitierten o.g. Worten. Bei diesen grundsätzlichen Erwägungen beließen es die Luxemburger Richter jedoch nicht, sondern führten nach einer Analyse der konkreten Umstände des Falles ferner aus: „Bei dieser Sachlage ist festzustellen, daß angesichts der Unbekanntheit des Gesamtbetrages der in Betracht kommenden Entgelte zwingende Erwägungen der Rechtssicherheit, die sich aus der Gesamtheit der beteiligten privaten und öffentlichen Interessen ergeben, es grundsätzlich ausschließen, die Entgelte für in der Vergangenheit liegende Zeiträume noch in Frage stellen zu lassen“[345].
So instruiert, konnten die Richter in Straßburg in der Sache *Marckx* fortfahren: „Having regard to all these circumstances, the principle of legal certainty, which is necessarily inherent in the law of the Convention as in Community law, dispenses the Belgian state from re-opening legal acts or situations that antedate the delivery of the present judgement“[346].
Die gemeinschaftsrechtliche "Inspiration" des Europäischen Gerichtshofs für Menschenrechte ist ganz offensichtlich und wird von dem Gericht auch freimütig bekannt. Letztlich wird sogar das Urteil des EuGH als rechtliche Autorität angeführt, die aus Sicht der EuGMR-Richter eine eigene Argumentation offenbar entbehrlich erscheinen ließ.

In ähnlicher Weise gingen die Richter in dem Urteil *Funke v. France*[347] aus dem Jahre 1993 vor. Die Witwe des zwischenzeitlich verstorbenen Klägers machte geltend, daß ein Zwangsgeld und die Androhung von Zwangshaft durch die französischen Behörden gegen ihren Ehemann gegen Art. 6 der Konvention verstoßen habe. Die zuständigen französischen Steuerermittler wollten auf diese Weise erreichen, daß der in Frankreich lebende und der Steuerhinterziehung verdächtigte *Funke* Dokumente wie Sparbücher und Kontoauszüge vorlegte, um damit die gegen ihn erhobenen Vorwürfe beweisen zu können. Bei der umstrittenen Frage, ob Art. 6 EMRK tatsächlich ein Verbot der Selbstbezichtigung enthält, berief sich der EuGMR auf das *Orkem*-Urteil des EuGH:

> „[The] right of the state to inspect certain documents [...] did not mean that those concerned were obliged to incriminate themselves, a requirement that [...] had been condemned by the Court of Justice of the European Communities (Orkem, judgement of 18 October 1989, European Court Reports 1989-9, pp. 3343-3354).“[348]

Interessant ist diese Vorgehensweise des EuGMR auch deshalb, weil der EuGH im *Orkem*-Urteil seinerseits auf die Vorschrift Art. 6 EMRK einging, aber zu dem Ergebnis kam, daß „sich weder aus deren Wortlaut noch aus der Rechtsprechung des Europäischen Gerichtshofes für Menschenrechte [ergibt], daß damit ein Recht anerkannt wird, nicht

---

345 EuGH, a.a.O., S. 480 Tz 74/75.

346 EuGMR, a.a.O. (Fn 342).

347 EuGMR Urteil vom 25.2.1993, Funke v. France, Ser. A n° 256-A, S. 3 ff.

348 EuGMR, a.a.O., S. 21 (§ 21); vgl. EuGH Rs. 374/87, Orkem v. Kommission, Slg. 1989, S. 3283 ff. (3351 Rz 34/35) für die in Bezug genommenen Passagen.

gegen sich selbst als Zeuge aussagen zu müssen"[349]. Zu dem vom EuGMR zitierten Ergebnis kamen die Luxemburger Richter nur, indem sie einen „fundamentalen Grundsatz der Gemeinschaftsrechtsordnung" bemühten.
Der EuGMR bediente sich hier in ähnlicher Weise der Rspr. des EuGH wie dieser es mit den Grundrechten der EMRK tut, also gewissermaßen als Rechtserkenntnisquelle, jedenfalls aber als „Hinweis von besonderer Bedeutung" für die Rechtsfindung[350].

Zu erwähnen ist in diesem Zusammenhang auch die -unausgesprochene, gleichwohl aber offensichtliche- Anlehnung des EuGMR an die kurz zuvor ergangenen AIDS-Urteile des EuGH. In den Verfahren vor den Gerichtshöfen ging es um die Frage, ob die Zugänglichmachung der Daten eines positiv ausgefallenen Tests auf HI-Viren gegen Art. 8 EMRK verstößt. Nachdem der EuGH in einem Revisionsurteil, in dem er die Entscheidung des EuG aufhob, 1994 die Eröffnung des Schutzbereichs von Art. 8 bejaht hatte[351], schloß sich dem auch der Europäische Gerichtshof für Menschenrechte 1997 an[352].

Auch für gemeinschaftsrechtliche Quellen unterhalb des Status' eines verbindlichen Urteils des EuGH scheint der EuGMR empfänglich zu sein. So läßt sich in seinem Urteil *Burghartz v. Switzerland*[353] ein sorgfältiges Studium der Schlußanträge des GA *Jacobs* in der Rs. C-169/91 (Christos Konstantinidis)[354] nachweisen. In beiden Fällen ging es um das Recht, einen Namen in einer bestimmten Schreibweise zu führen. Und in beiden Fällen ähnelt sich die Begründung für die Bedeutung des Namens im Rahmen des in Art. 8 EMRK geschützten Rechts auf Achtung des Privat- und Familienlebens, auffallend[355]. Hier nahm der EuGMR in seinem Urteil allerdings keinen ausdrücklichen Bezug auf die Schlußanträge des GA *Jacobs*.

---

349 EuGH, a.a.O., S. 3350 Rz 30.

350 Im konkreten Fall ging der EuGMR dann bei der Interpretation des Art. 6 EMRK sogar noch über die Rspr. des EuGH hinaus, indem er der Bestimmung die Bedeutung eines umfassenden Auskunftsverweigerungsrechts beimaß. Im Ergebnis wurde -im Gegensatz zur Menschenrechtskommission- ein Verstoß gegen Art. 6 bejaht.

351 EuGH Rs. C-404/92 P, X v. Kommission, Slg. 1994-I, S. 4737 ff. (4790 Rz 17): „[D]as in Art. 8 EMRK verankerte Recht auf Achtung des Privatlebens [...] umfaßt insbesondere das Recht einer Person, ihren Gesundheitszustand geheimzuhalten".

352 EuGMR Urteil vom 25.2.1997, Z v. Finland, ECHR Rep. 1997-I, S. 323 ff. (347 § 95): [T]he protection of personal data, not least medical data, is of fundamental importance to a person's enjoyment of his or her right to respect for private and family life as guaranteed by Article 8 of the Convention".

353 EuGMR Urteil vom 22.2.1994, Ser. A n° 280-B, S. 19 ff.

354 EuGH Rs. C-168/91, Christos Konstantinidis, Slg. 1993-I, S. 1191 ff.

355 GA *Jacobs* führte aus (a.a.O., S. 1208 ff. Nr. 35, 40 u. 41): „Die Europäische Menschenrechtskonvention enthält keine Bestimmung, die das Recht des einzelnen auf seinen Namen und seine persönliche Identität ausdrücklich vorsieht. In dieser Hinsicht steht sie im markanten Gegensatz zur amerikanischen Menschenrechtskonvention [...] [und zum] Internationale[n] Pakt über bürgerliche und politische Rechte [...]. Das Recht einer Person auf ihren Namen ist im wahrsten Sinne des Wortes grundlegend. [...] Unser Name ist es, der jeden einzelnen von uns vom Rest der Menschheit unterscheidet. [...] Ich glaube, daß bei weiter Auslegung von Art. 8 der Konvention davon auszugehen ist, daß diese tatsächlich das Recht des einzelnen schützt, sich gegen ungerechtfertigte Eingriffe in seinen Namen zur Wehr zu setzen."
In der Urteilsbegründung des EuGMR ist zu lesen (a.a.O. (Fn 353), S. 28 (§ 24)): „Unlike some other Instruments such as the International Covenant on Civil and Political Rights [...] or the American Convention on Human Rights (Art. 18), Art. 8 of the Convention does not contain any explicit provisions on names. As means of personal identification and of linking to familiy, a person's name none the less concerns his or her private and family life. [...] Article 8 therefore applies".

Schließlich ist noch auf Fälle hinzuweisen, in denen sich die bis zum Inkrafttreten des 11. Zusatzprotokolls von 1998 für Individualbeschwerden eingangs zuständige Kommission (Art. 25 EMRK a.F.) in ihrem nach Art. 31 EMRK a.F. anzufertigenden Bericht ausdrücklich auf die Rspr. des EuGH oder sogar auf die Gleichbehandlungsrichtlinie 79/7 (EWG)[356] stützte, in denen dies aber nicht vom EuGMR aufgegriffen wurde[357].

Insgesamt ist damit deutlich geworden, daß die unter der EMRK zur Entscheidung über die Einhaltung der Konvention berufenen Organe -heute ist dies nur noch der Gerichtshof- die Rechtsprechung des EuGH in Menschenrechtsfragen nicht nur sehr sorgfältig verfolgen, sondern diese auch unmittelbar in die eigene Entscheidungspraxis mit einbeziehen. Zu bedenken ist zudem, daß hier nur die in den Entscheidungsgründen sichtbaren Bezugnahmen exemplarisch haben ausgewertet werden können. Der in anderen Urteilen möglicherweise im Verborgenen gebliebene Einfluß der Rspr. des EuGH auf die Entscheidungsfindung in Straßburg muß vorliegend als unbekannte Größe außer Betracht bleiben.
Der EuGH konnte in diese Funktion für den EuGMR sicherlich nicht zuletzt auch deshalb hineinwachsen, weil er in der Auslegung und Anwendung der EMRK-Grundrechte flexibler war und ist, indem er alternativ oder kumulativ auf mehrere Rechts(erkenntnis)quellen gleichzeitig zurückgreifen kann, während der Menschenrechtsgerichtshof sich vorsichtig der herkömmlichen Interpretationsmethoden (vgl. Art. 31 f. WVRK) bedienen muß, um seine Akzeptanz bei den Mitgliedstaaten nicht zu gefährden.

e) Ergebnis: Bedeutung des Gemeinschaftsrechts für den Grundrechtsschutz unter der EMRK

Der vordergründige Einfluß des Gemeinschaftsrechts auf den Grundrechtsschutz unter der EMRK besteht in der zuvor erörterten Beeinflussung der Entscheidungspraxis des Gerichtshofs für Menschenrechte und der Kommission durch die Rspr. des EuGH zur Auslegung von EMRK-Grundrechten.

Der Einfluß des Gemeinschaftsrechts wird aber noch auf einer weiteren, erst auf den zweiten Blick erkennbaren Ebene, manifest:
Infolge der "Einspeisung" der Europäischen Menschenrechtskonvention in die Gemeinschaftsrechtsordnung durch die Rspr. des EuGH und durch Art. 6 Abs. 2 EUV nehmen ihre Grundrechtsbestimmungen an den gemeinschaftsrechtlichen Konzepten des Vorrangs und der unmittelbaren Anwendbarkeit teil. Dadurch wird eine generelle Statussicherung für die Konvention unabhängig von den Aufnahmemechanismen für das Völkerrecht in den jeweiligen mitgliedstaatlichen Rechtsordnungen erreicht. Mit der völkerrechtlichen Verpflichtung des als Streitpartei betroffenen Mitgliedstaates zur Befolgung des Urteile des EuGMR gem. Art. 46 Abs.1 EMRK kann eine solche Effektivität nicht erzielt werden.
Bedeutsam wurde die innergemeinschaftliche Bindung der EG an die von der Konvention verbürgten Rechte in der Vergangenheit aber auch und vor allem für Mitgliedstaaten, die die Konvention zwar völkerrechtlich ratifiziert, aber nicht in innerstaatliches Recht umgesetzt hatten. Dazu gehörten Großbritannien und Dänemark, und dazu gehört (vorläufig noch) Irland. Für alle drei Staaten trat die Konvention zwar am 3.9.1953 in Kraft, sie

---

356 Richtlinie 79/7 (EWG) des Rates vom 19.12.1978 zur schrittweisen Verwirklichung des Grundsatzes der Gleichbehandlung von Männern und Frauen im Bereich der sozialen Sicherheit (ABl. 1979 Nr. L 6, S. 24 f.).

357 Fälle 'Neigel v. France' (Bericht der Kommission im Verfahren n° 18725/91 vom 17.10.1995, Urteil des EuGMR vom 17.3.1997, ECHR Rep. 1997-II, S. 416 ff. (418 § 35) u. 399 ff.) und 'Van Raalte v. The Netherlands' (Bericht der Kommission im Verfahren n° 20060/92 vom 17.10.1995, Urteil des EuGMR vom 21.2.1997, ECHR Rep. 1997-I, S. 192 ff. (196 § 45) u. 173 ff.).

wurde in Dänemark aber erst am 5.4.1992 und im Vereinigten Königreich erst am 19.11.1998 umgesetzt. In Irland befindet sich die 'European Convention on Human Rights Bill 2001' gar noch im parlamentarischen Gesetzgebungsverfahren[358]. Vor den jeweiligen Zeitpunkten der Inkorporation wurde aber durch das Gemeinschaftsrecht schon eine „incorporation 'by the back door'"[359] erreicht. Dies hat letztlich nicht unwesentlich dazu beigetragen, daß die Ungleichbehandlung im Hinblick auf die anwendbaren Grundrechtsgewährleistungen von rein nationalen Sachverhalten mit solchen, in denen Gemeinschaftsrecht Anwendung findet, durch die 'ordentliche' Inkorporation der EMRK abgestellt wurde. Daß die EMRK heute in diesen Mitgliedstaaten auch innerstaatliche Verbindlichkeit besitzt, hat sie also in entscheidendem Maße dem Einfluß des Gemeinschaftsrechts zu verdanken.

2. Bindung der Gemeinschaft an Alt-Verträge ihrer Mitgliedstaaten im Wege funktioneller Nachfolge? - das Beispiel des GATT'47

a) Das GATT'47 und die Bindung der EG-Mitgliedstaaten

Das Allgemeine Zoll- und Handelsabkommen (General Agreement on Tariffs and Trade, GATT) wurde am 30.10.1947 von 23 Staaten als multilateraler Vertrag in Genf unterzeichnet. In einem Protokoll vom selben Tag wurde sein provisorisches Inkrafttreten zum 1.1.1948 festgelegt[360]. Ursprünglich sollte das GATT lediglich den Teil IV („Grundlagen der Handelspolitik") der Satzung der zu errichtenden Internationalen Handelsorganisation (ITO) bilden[361]. Daß es erst fast 50 Jahre später zur Gründung der Welthandelsorganisation (WTO) kommen sollte, woraufhin das GATT'47 am 31.12.1995 außer Kraft trat, konnte damals niemand absehen und lag vornehmlich am Widerstand des US-Kongresses, der sich -anders als die amerikanische Regierung- gegen die Gründung der ITO aussprach[362].

Als "dauerhaftes Provisorium" erhielt das GATT'47 einen zusehends organisationsähnlichen Charakter, weshalb es überwiegend als Internationale Organisation eingestuft wurde[363].

Zum Zeitpunkt des Inkrafttretens des Vertrages über die Gründung der Europäischen Gemeinschaft für Kohle und Stahl am 23.7.1952 hatten alle Mitgliedstaaten das Protokoll über die vorläufige Anwendung des GATT ratifiziert[364].

Auch alle später in die EG/EU aufgenommenen Staaten waren bereits Mitglieder des GATT. Als letzter Staat erlangte Irland am 22.12.1967 den Mitgliedstatus.

---

[358] Zum aktuellen Stand vgl.: <www.gov.ie/bills28/bills/2001/2601/default.htm> (Stand: 31.12.2002).

[359] *Jacobs*, European Community Law and the European Convention on Human Right (Fn 331), S. 569.

[360] Text des GATT'47 und des 'Protocol of Provisional Application' in: UNTS 55, S. 194 ff. u. 308 ff.; Änderungen des GATT in: UNTS 62, S. 30, 40, 56, 80, 113; UNTS 138, S. 334; UNTS 278, S. 320; UNTS 572, S. 320.

[361] *Hummer/Weiss*, Vom GATT'47 zur WTO'94, S. XXXVII.

[362] Die Havanna-Charta über die Errichtung einer Internationalen Handelsorganisation wurde am 24.3.1948 von 34 Staaten unterzeichnet. Am 6.12.1950 teilte die Regierung *Truman* mit, die Havanna-Charta dem Kongress wegen des dort zu erwartenden Scheiterns nicht zur Ratifikation vorzulegen (vgl. *Berrisch*, Der völkerrechtliche Status der Europäischen Wirtschaftsgemeinschaft im GATT, S. 5 f.).

[363] Vgl. Ipsen-*Gloria*, Völkerrecht, § 44 Rn 34; Graf Vitzthum-*Dolzer*, Völkerrecht, 6. Abschn. Rn 63.

[364] Für Frankreich und die Benelux-Staaten trat das Protokoll zum 1.1.1948 in Kraft, für Italien am 30.5. 1950 und für die Bundesrepublik Deutschland am 1.10.1951 (vgl. *Jaenicke*, Allgemeines Zoll- und Handelsabkommen - in: Strupp/Schlochauer, Wörterbuch des Völkerrechts Bd. 1, S. 29 ff. (34)).

Die EG selbst war dem GATT -wie auch der EMRK- nie förmlich beigetreten. Ebensowenig haben die Mitgliedstaaten ihre Teilnahme am Allgemeinen Zoll- und Handelsabkommen aus dem Jahre 1947 "zugunsten der Gemeinschaft" vorzeitig beendet.

Der rechtlichen Bewertung der Teilnahme der Gemeinschaft am GATT'47 kommt zwar seit dessen Außerkrafttreten und der (Gründungs-)Mitgliedschaft der EG in der neuen WTO zum 1.1.1995 „kaum noch praktische Bedeutung"[365] zu, völkerrechtlich ist sie aber nach wie vor von Interesse, wenn es um die Bedeutung des Gemeinschaftsrechts für die Entwicklung des Völkerrechts geht.

b) Aussage des Gemeinschaftsrechts zur Bindung der EG an die Bestimmungen des GATT

Da sich Art. 234 EGV keine Aussage über die Verbindlichkeit des Allgemeinen Zoll- und Handelsabkommens für die Gemeinschaft entnehmen läßt, ist zur Klärung dieser Frage auf die Haltung der Gemeinschaftsorgane und der Mitgliedstaaten abzustellen.
Im Zuge der Gründung eines Gemeinsamen Marktes für Kohle und Stahl durch sechs der europäischen GATT-Mitglieder wurde für diese eine Befreiung von bestimmten Vorschriften des GATT erforderlich, da der Abbau aller Zölle und Handelsbeschränkungen bei Einführung eines gemeinsamen Außenzolltarifs und der Beibehaltung sonstiger Beschränkungen gegenüber Drittstaaten im Widerspruch zu diesen Bestimmungen -insbesondere zu dem in Art. I enthaltenen Meistbegünstigungsgrundsatz- standen. Zu diesem Zweck wurde von den Vertragsparteien des GATT eine Arbeitsgruppe eingesetzt, an der auch ein Vertreter der Hohen Behörde der EGKS teilnahm. Dieser erklärte, daß die Gemeinschaft im GATT nach den Vorschriften handeln werde, die Anwendung fänden, wenn sie eine reguläre Vertragspartei wäre[366]. In der mit der Prüfung des EWG- und EAG-Vertrages befaßten Arbeitsgruppe ergriff wenige Jahre später bereits ausschließlich ein Vertreter der Gemeinschaften das Wort[367].

Seit den Jahren 1968/70 wurden fast alle GATT-Rechte (ausgenommen Abstimmungsrechte[368]) und GATT-Pflichten (ausgenommen Beiträge zum GATT-Budget) der EG-Mitgliedstaaten von der Gemeinschaft im eigenen Namen wahrgenommen[369].

Der EuGH sagte in seinem Grundsatzurteil zum GATT in der Rs. *International Fruit Company*:

> „Soweit also die Gemeinschaft aufgrund des EWG-Vertrages früher von den Mitgliedstaaten im Anwendungsbereich des GATT ausgeübte Befugnisse übernommen hat, ist sie an die Bestimmungen dieses Übereinkommens gebunden."[370]

Damit steht außer Zweifel, daß der EuGH von einer Bindung der Gemeinschaft an das GATT'47 ausging. Diese Aussage wird oft mit dem Schlagwort der „funktionellen Rechts-

---

365 G/T/E-*Petersmann*, Kommentar zum EU-/EG-Vertrag, Art. 234 EGV Rn 20.

366 Vgl. *Berrisch*, Der völkerrechtliche Status der Europäischen Wirtschaftsgemeinschaft im GATT, S. 187, unter Verweis auf GATT BISD 1S/S. 18.

367 *Ders.*, a.a.O., unter Verweis auf GATT BISD 6S/S. 69 ff.

368 Hinzuweisen ist allerdings darauf, daß das theoretisch mögliche Auseinanderfallen von Willen der EG und Abstimmungsverhalten einzelner Mitgliedstaaten in der Praxis nicht vorkam.

369 G/T/E-*Petersmann*, Kommentar zum EWG-Vertrag, Art. 234 Rn 16.

370 EuGH verb. Rs. 21-24/72, *International Fruit Company*, Slg. 1972, S. 1219 ff. (1228 Tz 14/18).

nachfolge"[371] der Gemeinschaft in die Rechte und Pflichten der Mitgliedstaaten unter dem GATT bzw. der „gemeinschaftsrechtlichen Substitution"[372] der Mitgliedstaaten durch die EG zusammengefaßt. Diese Begriffe erweisen sich allerdings -zumindest für die vorliegende Untersuchung- als kaum hilfreich, da mit ihnen lediglich die Rechtsnachfolge mit innergemeinschaftlicher Wirkung beschrieben wird[373]. Ob auch völkerrechtlich von einer Rechtsnachfolge der EG in die Mitgliedschaft der EG-Staaten auszugehen ist, ist damit weder zum Positiven noch zum Negativen beantwortet. Eine dahingehende Einlassung des EuGH hätte zwar keine unmittelbare Bedeutung für die objektive völkerrechtliche Lage gehabt, da sich die Kompetenz des Gerichtshofs auf den innergemeinschaftlichen Bereich beschränkt, ihr käme aber gleichwohl eine gewisse Indizwirkung zu.
Im oben angesprochenen Urteil wird in der Tat ein über das Gemeinschaftsrecht hinausweisender Aspekt angesprochen:

> „Seit dem Inkrafttreten des EWG-Vertrages und insbesondere seit dem Wirksamwerden des Gemeinsamen Zolltarifs [zum 1.7.1968] ist die in den Beziehungen zwischen den Mitgliedstaaten und der Gemeinschaft eingetretene Zuständigkeitsverlagerung im GATT auf verschiedene Weise näher bestimmt und *von den übrigen Vertragsparteien anerkennt worden.*"[374]

Der EuGH spricht hier eine wesentliche Voraussetzung dafür an, daß die interne Zuständigkeitsverlagerung zwischen Mitgliedstaaten und Gemeinschaft Außenwirkung zeitigen kann: Sie bedarf der Akzeptanz auf seiten der GATT-Vertragspartner der Mitgliedstaaten. Damit allein läßt sich allerdings noch keine völkerrechtliche Rechtsnachfolge der EG in die GATT-Rechte und -Pflichten der Gemeinschaft begründen, denn dem tatsächlichen Verhalten, in dem die Akzeptanz zum Ausdruck kommt, muß zusätzlich noch ein völkerrechtserheblicher Erklärungswert zukommen[375]. Ob der Handhabung des GATT durch die Vertragsstaaten ein solcher rechtsgestaltender Wille entnommen werden kann, ist im folgenden zu untersuchen.
Die Kommission jedenfalls schien keinen Zweifel an der völkerrechtlichen Rechtsnachfolge durch die EG zu haben. Nachdem sie in *International Fruit* vortrug, „daß das GATT die Gemeinschaft ebenso wirksam bindet wie die von ihr gemäß Art. 228 des Vertrages geschlossenen Abkommen"[376], ging sie in der Rechtssache *Burgoa* sogar soweit, von einer „neue[n] Form des völkerrechtlichen Instituts der «Staatennachfolge»" zu sprechen, „die

---

371 *Schweitzer/Hummer*, Europarecht, Rn 636; *Streinz*, Europarecht, Rn 598: „faktische Funktionsnachfolge".

372 G/T/E-*Petersmann*, Kommentar zum EU-/EG-Vertrag, Art. 234 EGV Rn 19; ebenso in der Vorauflage, Kommentar zum EWG-Vertrag, Art. 234 Rn 14 f.

373 Vgl. *Bernhardt*, Die Europäische Gemeinschaft als neuer Rechtsträger im Geflecht der traditionellen zwischenstaatlichen Rechtsbeziehungen (Fn 303), S. 205.

374 EuGH verb. Rs. 21-24, *International Fruit Company*, Slg. 1972, S. 1219 ff. (1227 f. Tz 14/18, eigene Hervorhebung); in den verb. Rs. 267-269/81, Amministrazione delle finanze dello Stato v. Società Petrolifera Italiana S.p.A. (SPI) und S.p.A. Michelin Italiana (SAMI), Slg. 1983, S. 801 ff. (829 Rz 17) legte der EuGH den Eintritt der Gemeinschaft in die GATT-Verpflichtungen der Mitgliedstaaten sogar ausdrücklich auf den „1. Juli 1968 aufgrund des Inkrafttretens des Gemeinsamen Zolltarifs" fest. „Zu diesem Zeitpunkt hat die Gemeinschaft nämlich -noch vor Ablauf der Übergangszeit [am 31.12.1969] - ihre Aufgaben auf dem Gebiet der Anwendung des GATT in vollem Umfang übernommen".

375 *Berrisch*, Der völkerrechtliche Status der Europäischen Wirtschaftsgemeinschaft im GATT, S. 103 i.V. m. 212 ff.

376 EuGH, a.a.O. (Fn 374), S. 1225.

darin bestehe, daß die Gemeinschaft Rechtsnachfolgerin ihrer Mitgliedstaaten werde, indem sie deren Rechte und Pflichten aus früheren Übereinkommen übernehme“[377].
Den Stellungnahmen der Mitgliedstaaten in einem anderen Verfahren läßt sich nicht eindeutig entnehmen, ob sie neben der gemeinschaftsrechtlichen Substitution durch die EG im Bereich des GATT auch von einer völkerrechtlichen Rechtsnachfolge ausgingen[378].

c) Völkerrechtliche Bewertung des Verhaltens der GATT-Organe und der GATT-Vertragspartner

Ohne die ausdrückliche oder stillschweigende Zustimmung der übrigen GATT-Mitglieder und der GATT-Organe hätte die Europäische Gemeinschaft nicht seit den Jahren 1968/70 die materiell ausschlaggebenden Rechte eines Mitglieds in den Gremien des GATT wahrnehmen können.
Die EG war an praktisch allen Abkommen, die im Rahmen des GATT geschlossen wurden und die nicht *ratione materiae* oder *ratione temporis* außer Betracht bleiben müssen, wie eine Vertragspartei an den Verhandlungen und dem Abschluß beteiligt und übernahm dabei die Funktion ihrer Mitglieder fast vollständig[379].
An der Arbeit der GATT-Organe nahm -mit Ausnahme des Budgetausschusses- für die Gemeinschaft und die Mitgliedstaaten allein die Kommission aktiv teil[380].
Einen förmlichen Beschluß des GATT über den Status der EG im GATT hat es allerdings nie gegeben. Dies mag einen großen Teil der Literatur dazu bewogen haben, der Gemeinschaft keinen (völker)rechtlichen Status im GATT zuzubilligen. Dort spricht man formelhaft von einer „*de facto*-Mitgliedschaft“[381] oder „Quasi-Vollmitgliedschaft“[382] der Gemeinschaft, ohne näher auf die Besonderheiten der Teilnahme der EG im Vergleich zu den -zuletzt- 23 (übrigen) *de facto* Mitgliedstaaten des GATT[383] einzugehen, welche die Abmachungen des GATT faktisch einhielten, ohne aber an den Mechanismen des GATT selbst beteiligt gewesen zu sein.
Autoren, die sich eingehender mit dem völkerrechtlichen Status der EG im GATT auseinandergesetzt haben, kommen dagegen zu dem Ergebnis, daß sich die umfassende Einbeziehung der EG in die Willensbildung und Tätigkeit des GATT (nur) damit erklären läßt, daß ihr durch konkludente völkerrechtliche Vertragspraxis des GATT ein *rechtlicher* Sonderstatus eingeräumt wurde[384].

---

377 EuGH Rs. 812/79, Strafverfahren gegen Juan C. Burgoa, Slg. 1980, S. 2787 (2798) - in indirekter Rede wiedergegebene Sachverhaltsschilderung des Gerichts.

378 Vgl. Stellungnahmen der italienischen, dänischen, deutschen, niederländischen und britischen Regierung in der Rs. 266/81, Società Italiana per l'Oleodotto Transalpino (SOIT) v. Ministero delle finanze u.a., Slg. 1983, S. 731 ff. (740-42).

379 *Berrisch*, Der völkerrechtliche Status der Europäischen Wirtschaftsgemeinschaft im GATT, S. 166 ff. (insbes. 183).

380 *Ders.*, a.a.O., S. 193.

381 So z.B. Grabitz/Hilf-*Vedder*, Recht der EU, Art. 133 EGV Rn 184; *Bleckmann*, Europarecht, Rn 1462; *Thun-Hohenstein/Cede*, Europarecht, S. 232.

382 *Streinz*, Europarecht, Rn 598.

383 Vgl. *Hummer/Weiss*, Vom GATT'47 zur WTO'94, S. XL.

384 G/T/E-*Petersmann*, Kommentar zum EU-/EG-Vertrag, Art. 234 EGV Rn 15; ähnlich bereits in der Vorauflage, EWG-Vertrag, Art. 234 Rn 16; *Berrisch*, Der völkerrechtliche Status der Europäischen Wirtschaftsgemeinschaft im GATT, S. 232 f.; *Ott*, GATT und WTO im Gemeinschaftsrecht, S. 119; im Erg. auch G/T/E-*Tomuschat*, Kommentar zum EU-/EG-Vertrag, Art. 210 EGV Rn 52.

Im Völkerrecht ist seit langem anerkannt, daß schriftliche völkerrechtliche Verträge aufgrund der Formfreiheit und der Parteiautonomie formlos geändert, ergänzt, erweitert und sogar beendet werden können[385]. Das gleiche gilt auch für die Gründungsverträge einer Internationalen Organisation[386] und somit auch für das GATT, sofern man es als eine solche einstuft. Eine Vertragsänderung kann dabei durch späteres derogierendes Gewohnheitsrecht oder durch stillschweigende Übereinkunft der Vertragsparteien erfolgen[387]. *Berrisch* hat nachgewiesen, daß es im Rahmen des GATT nachträglich verschiedentlich zur Entstehung neuen Rechts infolge der Derogation von Vorschriften des GATT gekommen ist[388].

Der völkerrechtserhebliche Wille der GATT-Vertragsparteien und der GATT-Organe, der EG über ihre faktische Teilnahme hinaus -trotz fehlender Mitgliedschaft durch förmlichen Beitritt- einen besonderen Rechtsstatus einzuräumen, ist auch exemplarisch zutage getreten. *Petersmann,* seinerzeit Mitglied des GATT Legal Service, berichtet von einer GATT-Ratssitzung im Jahre 1988, in der dem Vertreter Frankreichs nur nach Zustimmung des Vertreters der EG-Kommission das Rederecht erteilt wurde und in der am Ende ein «Konsens» über die Einsetzung eines GATT-Streitbeilegungsgremiums festgestellt wurde, nachdem der Vertreter der EG-Kommission den Widerspruch Frankreichs gegen die Einsetzung als rechtlich «null und nichtig» bezeichnet hatte[389]. Hätte der GATT-Rat die Auffassung der EG-Kommission nicht geteilt, daß allein der Wille der EG in diesem Gremium maßgeblich ist, wäre es zur Feststellung eines Konsenses sicherlich nicht gekommen, da dies die Verletzung der Mitgliedschaftsrechte Frankreichs bedeutet hätte.
Die sich in dieser Vorgehensweise offenbarende Rechtsauffassung des GATT läßt die Schlußfolgerung zu, daß die innergemeinschaftliche Funktionsnachfolge der EG im Rahmen des GATT ihre völkerrechtliche Entsprechung gefunden hat. Die Europäische Gemeinschaft war mithin nicht nur *de facto,* sondern sogar *de jure* Mitglied besonderer Art des GATT. Dieses Ergebnis findet seine Bestätigung auch darin, daß -anders als im Falle der EMRK- auch ein förmlicher Beitritt der EG ohne Änderung der Vorschriften des GATT hätte erfolgen können[390].
Das Nebeneinander von EG als besonderem rechtlichen Mitglied und der EG-Staaten als regulären Mitgliedern läßt sich juristisch mit einer „völkerrechtlichen Doppelmitgliedschaft *sui generis*" fassen[391].

---

[385] Diese Grundsätze haben ihren Niederschlag auch in Art. 31 Abs. 3 lit. a) und b), Art. 39 und Art. 54 lit. b) WVRK I gefunden.

[386] Vgl. *Schermers/Blokker,* International Institutional Law, § 1155 u. 1311; *Seidl-Hohenveldern/Loibl,* Recht der Internationalen Organisationen, Rn 1538.

[387] *Brownlie,* Principles of Public International Law, S. 631; *Bernhardt,* Die Europäische Gemeinschaft als neuer Rechtsträger im Geflecht der traditionellen zwischenstaatlichen Rechtsbeziehungen (Fn 303), S. 205.

[388] *Berrisch,* Der völkerrechtliche Status der Europäischen Wirtschaftsgemeinschaft im GATT, S. 222 ff.

[389] G/T/E-*Petersmann,* Kommentar zum EWG-Vertrag, Art. 234 Rn 16, unter Verweis auf GATT Dokument C/M/222 vom 11.7.1988, S. 14.

[390] Die Beitrittsklausel in Art. XXXIII GATT'47 lautet: „A government not party to this Agreement or a government acting on behalf of a separate customs territory possessing full autonomy in the conduct of its external commercial relations and in the other matters provided for in this agreement, may accede to this Agreement on its own behalf or on behalf of that territory, on terms agreed between such government and the contracting parties." (Text in: UNTS 55, S. 194 ff.); Art. XXIV Abs. 2 definiert eine „Zollgebiet" als „any territory with respect to which separate tariffs or other regulations of commerce are maintained for a substancial part of the trade of such territory or with other territories." (Text in: UNTS 62, S. 56 ff.).

[391] G/T/E-*Petersmann,* Kommentar zum EU-/EG-Vertrag, Art. 234 EGV Rn 15; so auch *Ott,* GATT und WTO im Gemeinschaftsrecht, S. 112 ff. (insbes. 118 f.).

d) Bedeutung der GATT-Mitgliedschaft der EG für die Entwicklung neuer völkerrechtlicher Regeln für die Rechtsnachfolge Internationaler Organisationen in Alt-Verträge ihrer Mitgliedstaaten

Die *sui generis*-Lösung, mit der die *de jure*-Mitgliedschaft der Europäischen Gemeinschaften im GATT'47 begründet wurde, bedeutet, daß dieser Konstruktion kaum eine über den konkreten Fall hinausweisende völkerrechtliche Bedeutung zukommt. Es kann darin allenfalls ein Beispiel für die Flexibilität der Rechtsordnung einer Internationalen Organisation bzw. der Anwendung eines multilateralen Vertrages gesehen werden.
Trotzdem läßt sich die GATT-Mitgliedschaft der EG für ein über den konkreten Fall hinausweisendes Ergebnis fruchtbar machen.
Der EuGH hat in seinem "GATT-Urteil" *International Fruit Company* fünf Voraussetzungen herausgearbeitet, unter denen eine Rechtsnachfolge der EG in die GATT-Rechte und -Pflichten der Mitgliedstaaten angenommen werden kann[392]. Anhand dieser Voraussetzungen musterte Generalanwalt *Capotorti* in der Rs. *Burgoa* den Sachverhalt durch, um zu ermitteln, ob „dadurch, daß die Gemeinschaft die Befugnisse der Mitgliedstaaten auf dem Gebiet der Bewirtschaftung der Ressourcen in deren Fischereigebieten übernommen hat, die Rechte und Pflichten der Mitgliedstaaten aus dem Londoner [Fischerei-]Übereinkommen [vom 9.3.1962] auf die Gemeinschaft übergegangen sind“[393]. Im Ergebnis verneinte der Generalanwalt eine solche Bindung, da „keiner dieser Gesichtspunkte im vorliegenden Fall gegeben“ sei. In den Augen des Generalanwalts stellen somit die vom EuGH entwickelten fünf Voraussetzungen einen -bei allen Besonderheiten des Einzelfalls-grundsätzlich auch auf andere internationale Abkommen, bei denen eine völkerrechtliche Bindung der Gemeinschaft im Wege der Rechtsnachfolge in Frage steht, übertragbaren Beurteilungsmaßstab dar.
Da es sich angesichts der zunehmenden Übertragung exklusiver Zuständigkeiten auf Internationale Organisationen durch ihre Mitgliedstaaten nicht mehr nur um ein spezifisch gemeinschaftsrechtlich bedingtes Problem handelt, ist zu fragen, ob sich die vom EuGH entwickelten Kriterien nicht auch auf eine allgemeingültige völkerrechtliche Regel verdichten lassen. Dies wäre umso bedeutsamer, als sich im Völkerrecht -wie gesehen-bisher noch keine Regeln über die Rechtsnachfolge Internationaler Organisationen in die völkerrechtlichen Verträge ihrer Mitgliedstaaten herausgebildet haben.
Löst man die fünf genannten Voraussetzungen aus ihrem gemeinschaftsrechtlichen Kontext -nur in diesem entscheidet der EuGH-, dann lassen sich vier Kriterien für eine

---

392 EuGH verb. Rs. 21-24/72, *International Fruit Company*, Slg. 1972, S. 1219 ff. (1227 Tz 10/13); Aus Gründen der Übersichtlichkeit wird auf die Wiedergabe des Wortlautes der entscheidenden Urteilspassage verzichtet. Statt dessen wird auf die sprachlich aufbereiteten fünf Voraussetzungen bei G/T/E-*Petersmann*, Kommentar zum EU-/EG-Vertrag, Art. 234 EGV Rn 20 zurückgegriffen: (1) Alle Mitgliedstaaten sind Vertragsparteien des GATT. (2) Bei Gründung der EG haben sie ihren Willen zur weiteren Beachtung der GATT-Vorschriften sowohl im EG-Vertrag selbst (z.B. in Art. 131, 302, 307 n.F.) als auch durch entsprechende Erklärungen im GATT zum Ausdruck gebracht. (3) Die EG hat die mit der Zoll- und Handelspolitik verbundenen Aufgaben seit dem Ende der Übergangszeit in vollem Umfang übernommen. (4) Auch bei der schrittweisen Vergemeinschaftung der handelspolitischen Befugnisse haben die Mitgliedstaaten ihren Willen erkennen lassen, die EG an die GATT-Verpflichtungen zu binden. (5) Die in den Beziehungen zwischen den Mitgliedstaaten und der EG eingetretene Zuständigkeitsverlagerung wurde auch von den GATT-Vertragsparteien anerkannt, indem sie die EG als Teilnehmerin an den GATT-Verhandlungen, GATT-Streitbeilegungsverfahren und GATT-Abkommen akzeptierten.

393 Schlußanträge GA *Capotorti* in EuGH Rs. 812/79, Strafverfahren gegen Juan C. Burgoa, Slg. 1980, S. 2787 ff. (2815 f. Nr. 6).

völkerrechtliche Rechtsnachfolge einer Internationalen Organisation in die Rechte und Pflichten ihrer Mitgliedstaaten aufstellen:

1. Das in Rede stehende Abkommen muß sämtliche Mitgliedstaaten der Internationalen Organisation völkerrechtlich binden.
2. Die Kompetenz für den Regelungsgegenstand des Abkommens ist von den Mitgliedstaaten auf die Internationale Organisation übergegangen.
3. Der Wille der Mitgliedstaaten und der Internationalen Organisation, daß zukünftig nur sie Rechte und Pflichten aus dem Abkommen wahrnehmen soll, muß sich in einem eindeutig nach außen erkennbaren Handeln beider manifestieren.
4. Dieser Wille und damit die interne Zuständigkeitsverlagerung muß von den Vertragspartnern mit völkerrechtlicher Wirkung anerkannt werden.

Schwierigkeiten könnten bei der Anwendung dieses Prüfungsschemas beim letzten Punkt, dem Nachweis der Rechtsüberzeugung bzw. des (völker)rechtsgeschäftlichen Willens bei der Anerkennung durch die Vertragspartner, entstehen. Allerdings handelt es sich dabei um eine Schwierigkeit, mit der man sich beim Völkergewohnheitsrecht ebenso konfrontiert sieht[394] wie bei formlosen völkerrechtlichen Verträgen[395]. Wie am Beispiel des GATT'47 gesehen, kann dieser Nachweis im konkreten Fall aber durchaus gelingen.
Desungeachtet dürften mit der Verzahnung des Rechts der jeweiligen Internationalen Organisation mit den klassischen Grundsätzen des Völkerrechts (Konsensprinzip, Parteiautonomie, Formfreiheit), die mit dem Schema erreicht wird, alle wesentlichen Fälle im Zusammenhang mit der Nachfolge einer Internationalen Organisation in völkerrechtliche Verträge ihrer Mitgliedstaaten zu lösen sein. Der Begriff des Schemas impliziert allerdings -gleichsam begriffsnotwenig-, daß es in seiner Anwendung auf den konkreten Fall gegebenenfalls Anpassungen unterzogen werden muß.

Eines deutet sich anhand des Beispiels GATT bereits an dieser Stelle an: Das Europarecht kann nicht nur innergemeinschaftlich über seine speziellen Wirkmechanismen den Status sonstigen Völkerrechts fördern, sondern im Dialog mit Normen des Völkerrechts ist es auch in der Lage, bei der Entwicklung neuer völkerrechtlicher Regeln Impulse zu geben.

3. Bindung der EG an Resolutionen des Sicherheitsrates der Vereinten Nationen - ein Anwendungsfall der GATT-Kriterien über die Rechtsnachfolge in völkerrechtliche Verträge ?

Alle gegenwärtig 15 Mitgliedstaaten der EG/EU sind auch Mitglieder der Vereinten Nationen. Aus Art. 3, 4 der UN-Charta ergibt sich, daß nur Staaten eine Mitgliedschaft in der Weltorganisation offensteht.
Die Europäische Gemeinschaft oder die EU -als Internationale Organisationen- könnten demzufolge selbst bei einem entsprechenden Willen auf ihrer Seite nach der gegenwärtigen Rechtslage nicht förmliches Mitglied der Vereinten Nationen werden. In der UN-Generalversammlung besitzt die EG zwar den Status einer ständigen Beobachterin mit Rederecht[396], doch verleiht ihr dieser keine mitgliedsähnlichen Rechte und Pflichten[397].

---

[394] Siehe oben: A. III. 1. a) (S. 165 f.).

[395] Vgl. *Verdross/Simma*, Universelles Völkerrecht, § 683.

[396] GA Res. 3208 (XXIX) vom 11.10.1974 (Text in: YBUN 28 (1974), S. 303).

[397] Vgl. Simma-*Ginther*, Charta der Vereinten Nationen, Art. 4 Rn 50; s. allgemein auch *Schermers/ Blokker*, International Institutional Law, § 176 f.

Wie am Beispiel des GATT'47 gesehen, ist die förmliche Mitgliedschaft der Gemeinschaft in einer anderen Internationalen Organisation aber keine zwingende Voraussetzung für die Entstehung völkerrechtlicher Rechte und Pflichten innerhalb und gegenüber der Organisation.
Ob und wenn ja auf welcher Grundlage völkerrechtliche Bindungen der EG auch im Rahmen der Vereinten Nationen bestehen, soll vorliegend am Beispiel der für die Mitgliedstaaten verbindlichen Sanktionsbeschlüsse des UN-Sicherheitsrates erörtert werden. Dies ist bisher der einzige Fall, in dem die Frage der Bindung der Gemeinschaft an völkerrechtliche UN-Verpflichtungen der Mitgliedstaaten praktische Bedeutung erlangen kann. Die besondere rechtliche Problematik der völkerrechtlichen Verpflichtung der Gemeinschaft zur Durchführung von UN-Sanktionen liegt in folgender gemeinschaftsrechtlicher Konstellation begründet[398]: Die EG-Mitgliedstaaten sind zur Durchführung von Embargo-Maßnahmen verpflichtet, die der Sicherheitsrat unter Kapitel VII der Charta beschlossen hat. Die Kompetenz zu einem Tätigwerden auf dem Gebiet des Außenwirtschaftsrechts, die zentrale Voraussetzung für die Durchführung von Wirtschaftssanktionen, haben die Mitgliedstaaten allerdings an die Gemeinschaft verloren. Unterliegt die EG also einer völkerrechtlichen Durchführungsverpflichtung für Sanktionsbeschlüsse des UN-Sicherheitsrates?

a) Bindung Internationaler Organisationen an Resolutionen des Sicherheitsrates nach gegenwärtigem Stand des Völkerrechts

aa) Aussage der UN-Charta

Für die Mitgliedstaaten der Vereinten Nationen ergibt sich die Bindung an Beschlüsse des Sicherheitsrates aus Art. 25 und Art. 48 der UN-Charta, wobei Art. 48 lediglich für Maßnahmen im Rahmen des Kapitels VII der UN-Charta die bereits von Art. 25 angeordnete Verbindlichkeit bekräftigt[399]. Aus Art. 25, 48 Abs. 1 UN-Charta ergibt sich darüber hinaus eine Verpflichtung der Mitgliedstaaten zur Durchführung der Beschlüsse des Sicherheitsrates. Art. 48 Abs. 2 sieht in diesem Zusammenhang ausdrücklich vor, daß die UN-Mitglieder die Beschlüsse des Sicherheitsrates zur Aufrechterhaltung des Friedens und der internationalen Sicherheit auch dadurch durchzuführen haben, daß sie in sonstigen Internationalen Organisationen, denen sie angehören, in entsprechender Weise mitwirken. Die Verpflichtungen der Mitgliedstaaten unter der Charta, also auch die Verpflichtung zur Durchführung der vom Sicherheitsrat beschlossenen Sanktionsmaßnahmen, haben gem. Art. 103 UN-Charta absoluten Vorrang vor sonstigen völkervertraglichen Pflichten der Mitgliedstaaten[400]. Mitgliedstaaten können daher nicht unter Hinweis auf kollidierende Pflichten, die aus ihrer Mitgliedschaft in anderen Internationalen Organisationen resultieren, die Durchführung eines Sicherheitsratsbeschlusses verweigern.

Für Nicht-Mitgliedstaaten oder Internationale Organisationen läßt sich eine entsprechende Verpflichtung dem Wortlaut der Charta nicht entnehmen. Allein Art. 2 Ziff. 6 spricht davon, daß die UNO dafür Sorge trägt, daß Staaten, die nicht Mitglied der Vereinten

---

398 Vgl. *Schweitzer/Hummer*, Europarecht, Rn 680.

399 Simma-*Bryde*, Charta der Vereinten Nationen, Art. 48 Rn 1 u. 3.

400 IGH, 'Case Concerning Questions of Interpretation and Application of the 1971 Montreal Convention Arising from Aerial Incident at Lockerbie', Provisional Measures, (Libyen v. USA), ICJ Rep. 1992, S. 114 ff. (126 § 42).

Nationen sind, insoweit nach den in Ziff. 1-5 enthaltenen Grundsätzen handeln, als dies zur Wahrung des Weltfriedens und der internationalen Sicherheit erforderlich ist.
Eine vertragliche Verpflichtung von Nicht-Mitgliedstaaten oder gar von Internationalen Organisationen zur Einhaltung dieser Grundsätze läßt sich der Vorschrift nicht entnehmen[401]. Dies bestätigt auch ihr authentischer Wortlaut: „the Organization shall ensure [...]" bzw. „l'Organisation assure [...]". Erst recht muß dies für Charta-Bestimmungen wie Art. 25, 48, 103 gelten, in denen von (Verpflichtungen für) Nicht-Mitglieder(n) gar keine Rede ist[402].

Eine andere Frage ist es jedoch, ob sich eine Verbindlichkeit von Bestimmungen der Charta auch für Nicht-Mitgliedstaaten daraus herleiten läßt, daß man sie als eine die gesamte Weltgemeinschaft, also sämtliche Völkerrechtssubjekte bindende Verfassung ansieht.

bb) Interpretation der UN-Charta als „Verfassung der internationalen Staatengemeinschaft"

Neben der Festlegung von Normen grundlegender Bedeutung in Art. 2 der Charta verleiht vor allem der absolute Vorranganspruch nach Art. 103 der Satzung der Vereinten Nationen verfassungsähnlichen Charakter. Vor diesem Hintergrund ist die Ansicht entstanden, der Charta komme, unabhängig von einer förmlichen Verbindlichkeit, ein sämtliche Völkerrechtssubjekte bindender „materieller Verfassungscharakter" zu[403]. Angesprochen ist also nicht lediglich der aus dem Recht der Internationalen Organisationen bekannte Verfassungscharakter des Gründungsvertrages einer Organisation[404], sondern es geht um die Betrachtung der Charta als „Verfassung der Universellen Staatengemeinschaft"[405]. In der Völkerrechtspraxis findet eine solche Rechtsauffassung trotz bzw. wegen der mittlerweile weltumspannenden völkervertraglichen Geltung der UN-Charta[406] keine Entsprechung. So haben Staaten, die nicht Mitglieder der Vereinten Nationen waren, wiederholt betont, daß sie sich aus freier Entscheidung, d.h. ohne (Anerkennung einer) Rechtspflicht, an Maßnahmen des UN-Sicherheitsrates beteiligten[407]. Nur durch eine entsprechende Übung hätte aber der vertraglich-konsensuale Charakter der UN-Charta überwunden werden können. Anderenfalls wäre ein solches Ergebnis nur um den Preis der Verletzung der fundamentalen völkerrechtlichen *res inter alios acta*- und *pacta tertiis*-Grundsätze[408] zu erreichen,

---

401 Simma-*Graf Vitzthum*, Charta der Vereinten Nationen, Art. 2 Ziff. 6 Rn 18: „Die ganz überwiegende h.M. ging und geht davon aus, daß Art. 2 Ziff. 6 UN-Charta als vertragliche Rechtsnorm mit Geltungsanspruch nur zwischen den Vertragsparteien Nichtmitglieder der VN nicht binden kann".

402 Im Erg. auch IGH, 'Legal Consequences for States of the Continued Presence of South Africa in Namibia (South West Africa) notwithstanding Security Council Resolution 276 (1970)', Advisory Opinion, ICJ Rep. 1971, S. 16 ff. (56 § 126): „As to non-member States, although not bound by Articles 24 and 25 of the Charter [...]".

403 *Schreuer*, Die Bindung Internationaler Organisationen an völkerrechtliche Verträge ihrer Mitgliedstaaten - in: Ginther u.a. (Hrsg.), FS Zemanek, S. 223 ff. (237); ausführlich zur Konstitutionalisierungsthese *Paulus*, Die Internationale Staatengemeinschaft im Völkerrecht, S. 292 ff.

404 Siehe Teil 1 C. II. (S. 58).

405 Begriff nach *Verdross/Simma*, Universelles Völkerrecht, S. VII f.

406 Den Vereinten Nationen gehören derzeit 191 der 193 souveränen Staaten der Erde an. Zuletzt wurden die Schweiz (10.9.2002) und Ost-Timor (27.9.2002) aufgenommen (GA Res. 57/1 u. 57/3). Einzig Taiwan und der Vatikanstaat sind keine UN-Mitglieder.

407 Vgl. Graf Vitzthum-*Klein*, Völkerrecht, 4. Abschn. Rn 92.

408 Siehe oben: A. I. 2. (S. 117).

wofür ebenfalls keine überzeugende Rechtfertigung dargetan werden kann[409]. Zutreffend dürfte insofern nach wie vor die Klassifizierung der UN-Charta als „something more than a treaty yet less than a world constitution"[410] sein.
Im Ergebnis lehnt die herrschende Meinung daher zu Recht die generelle Verbindlichkeit der UN-Charta für Nicht-Mitgliedstaaten ab[411].
Da sich auch Art. 25, 48 Abs. 2 und 103 der Charta ihrem Wortlaut nach nicht einmal an Nicht-Mitgliedstaaten richten, kann ihnen erst recht keine Wirkung im Verhältnis zu anderen Internationalen Organisationen beigemessen werden, denen selbst theoretisch eine Mitgliedschaft in der UNO nicht offensteht.

cc) Auffassung des UN-Sicherheitsrates zur Bindung von Nicht-Mitgliedern durch seine Beschlüsse

In der Sanktionspraxis des UN-Sicherheitsrates findet sich -soweit ersichtlich- vor 1990 kein Fall, in dem eine Internationale Organisation unmittelbar zur Durchführung einer auf Grundlage von Kapitel VII UN-Charta beschlossenen Sanktionsmaßnahme aufgefordert wurde. Erstmals ist dies wohl der Fall in Resolution 770 (1990), in der der Sicherheitsrat bekräftigt (*affirms*), daß die Vereinten Nationen, die Sonderorganisationen und andere zum System der Vereinten Nationen gehörende Internationale Organisationen solche Maßnahmen zu ergreifen haben, die erforderlich sind, damit die durch die Resolution 661 angeordneten Sanktionen gegen den Irak anläßlich der Annexion Kuwaits greifen können[412].

In der Resolution 748 (1992) vom 31.3.1992 (Wirtschaftssanktionen gegen Libyen im Zusammenhang mit dem Lockerbie-Zwischenfall) machte der Sicherheitsrat zum ersten Mal auch alle Internationalen Organisationen zu Adressaten seiner Resolution:

> „[The Security Council] *calls upon* all States, including States not members of the United Nations, and all international organizations to act strictly in accordance with the provisions of the present resolution, notwithstanding the existence of any rights or obligations conferred or imposed by any international agreement or any contract entered into or any licence or permit granted prior to 15 April 1992."[413]

In dieser Passage liegt eine bemerkenswerte inhaltliche Spannung: Einerseits fordert der Sicherheitsrat alle Internationalen Organisationen lediglich auf („calls upon"[414]), andererseits

---

[409] Vgl. *Tomuschat*, Die internationale Gemeinschaft, AVR 33 (1995), S. 1 ff. (17): „unerklärlicher Bruch in der Rechtskonstruktion"; „[rüttelt an] einem Grundpfeiler der heutigen Staatenwelt".

[410] *MacDonald*, The Charter of the United Nations and the Development of Fundamental Principles of International Law - in: Cheng/Brown (Hrsg.), FS Schwarzenberger, S. 196 ff. (197); s.a. *Paulus*, Die Internationale Staatengemeinschaft im Völkerrecht, S. 318.

[411] Vgl. Simma-*Frowein*, Charta der Vereinten Nationen, Art. 41 Rn 16 ff.; *Tomuschat*, Obligations Arising for States without or against Their Will, RdC 241 (1993 IV), S. 195 ff. (252); Simma-*Graf Vitzthum*, Charta der Vereinten Nationen, Art. 2 Ziff. 6 Rn 18 ff.; Graf Vitzthum-*Klein*, Völkerrecht, 4. Abschn. Rn 92 u. 154.

[412] SC Res. 670 (1990) vom 25.9.1990, Ziff. 11: „*Affirming* that the United Nations, the specialized agencies and other international organizations in the United Nations system are required to take such measures as may be necessary to give effect to the terms of resolution 661 (1990) and the present resolution." (YBUN 44 (1990), S. 196 f.).

[413] SC Res. 748 (19992), Ziff. 7 (YBUN 46 (1992), S. 55 f.); s.a. die fast wortgleiche Formulierung in Ziff. 11 der SC Res. 757 (1992) vom 30.5.1992 betreffend Wirtschaftssanktionen gegen die Bundesrepublik Jugoslawien (a.a.O., S. 352 ff.).

[414] Semantisch deutlicher wird der Unterschied zwischen der formal unverbindlichen *Aufforderung* und der für die Mitgliedstaaten verbindlichen *Entscheidung* („decides") in der französischen Fassung der „*calls-*

seits fordert er eine strikte Einhaltung der Resolution („act strictly in accordance with"), sogar um den Preis, daß dadurch möglicherweise auch Nicht-Mitglieder eigene völkerrechtliche Verpflichtungen gegenüber dem Adressatenstaat der Sanktionen verletzen oder eigener Rechte verlustig gehen („notwithstanding the existence of any rights or obligations"). Letztere Formulierung könnte darauf hindeuten, daß der Sicherheitsrat für seine Resolutionen auch im Verhältnis zu Nicht-Mitgliedern von einer Verbindlichkeit ausgeht. Zudem scheint er auch einen Art. 103 UN-Charta entsprechenden Vorrang gegenüber sonstigen völkerrechtlichen Verpflichtungen der Nicht-Mitglieder anzunehmen.

1997 modifizierte der Sicherheitsrat die Formulierung in der an die Mitglieder wie an die Nicht-Mitglieder gerichteten "Aufforderungsklausel" (*calls upon*), die er mit „Acting under Chapter 7 of the Charter of the United Nations" einleitet, zum vorläufig letzten Mal:

> „[The Security Council] *calls upon* all States and all international and regional organizations to act strictly in accordance with the provisions of this resolution notwithstanding [...]."[415]

Zunächst sieht sich der Sicherheitsrat offenbar nicht mehr veranlaßt, die wenigen Staaten, die nicht UN-Mitglied sind, als gesonderte Gruppe zu erwähnen. Dies ist auch vor dem Hintergrund nur konsequent, daß er seit seiner Embargoresolution gegen Südafrika aus dem Jahr 1977 auch bei verbindlichen Entscheidungen unter Kap. VII der Charta eine Differenzierung zwischen Mitgliedstaaten und Nicht-Mitgliedstaaten aufgegeben hat[416], er also ein für alle Staaten verbindliches Handeln für sich in Anspruch nimmt. Aus seiner Sicht scheint die Trennlinie damit wohl nur noch zwischen Staaten und Internationalen Organisationen zu verlaufen. Was die letztgenannten nicht-staatlichen Völkerrechtssubjekte angeht, fällt in der zuvor zitierten Passage auf, daß nun auch „regional organizations" in den Kreis derer aufgenommen wurden, an die die Aufforderung zur strikten Einhaltung der Bestimmungen der Resolution gerichtet ist. Als Regionalorganisationen wird in der völkerrechtlichen Terminologie eine Gruppe von Internationalen Organisationen bezeichnet, die innerhalb ihrer Region ähnliche weitumfassende Ziele verfolgen wie die UNO im weltweiten Rahmen, also insbesondere die Aufrechterhaltung des Friedens und der Sicherheit[417].

---

upon-Klausel". Hier werden synonym verwendet: *demande* [z.B. in SC Res. 748 (1992), Ziff. 7], *appelle* [z.B. in SC Res. 757 (1992), Ziff. 11] und *invite* [z.B. in SC Res. 1160 (1998), Ziff. 10].

415 SC Res. 1127 (1997) vom 28.8.1997, Ziff. 10 (YBUN 51 (1997), S. 106 f.) betreffend die Wirtschaftssanktionen gegen Angola; seither ständ. Praxis, s. z.B. SC Res. 1132 (1997), Ziff. 11 betreffend Wirtschaftssanktionen gegen Sierra Leone (a.a.O., S. 135 f.); SC Res. 1160 (1998), Ziff. 10 (YBUN 52 (1998), S. 369 f.) betreffend Waffenembargo gegen die Bundesrepublik Jugoslawien; SC Res. 1298 (2000), Ziff. 9 (YBUN 54 (2000), S. 170 f.) betreffend Waffenembargo gegen Äthiopien und Eritrea; SC Res. 1333 (2000), Ziff. 17 (a.a.O., S. 273 ff.) betreffend Waffenembargo gegen die Taliban von Afghanistan; SC Res. 1343 (2001), Ziff. 12 (ILM 40 (2001), S. 1024 ff.).

416 SC Res. 418 (1977), Ziff. 5 vom 4.11.1977 (YBUN 20 (1977), S. 161 f.) betreffend Waffenembargo gegen Südafrika: „[The Security Council] *decides* that all states shall cease forthwith any provision to South Africa of arms and related *matériel* of all kinds [...]".

417 Vgl. *Seidl-Hohenveldern/Loibl*, Recht der Internationalen Organisationen, Rn 0801, die „z.B." die OAS, die Arabische Liga und die OAU nennen; Ipsen-*Epping*, Völkerrecht , § 34 Rn 1 ff., verwendet den Begriff der Regionalen Internationalen Organisation und nennt zusätzlich noch den Europarat, die GUS und die OSZE; Der Begriff der Regionalen Organisation dürfte im wesentlichen identisch sein mit dem in Art. 52 der UN-Charta verwendeten Begriff der Regionalen Einrichtung (regional agency), die Simma-*Hummer/Schweitzer*, Charta der Vereinten Nationen, Art. 52 Rn 58 i.V.m. 64, als „Staatenverbindung [mit oder ohne eigene Völkerrechtspersönlichkeit] bzw. Internationale Organisation, deren Hauptaufgabe die Erhaltung von Frieden und Sicherheit -unter Kontrolle und im Rahmen der VN- ist", definieren. Dem Begriff sollen allerdings nur die OAS, die OAU und die Arabische Liga unterfallen (a.a.O., Rn 65).

Eine echte Erweiterung des Adressatenkreises der Resolution dürfte mit der ausdrücklichen Erwähnung der regionalen Organisationen aber nicht verbunden sein, da alle hier tatsächlich in Betracht kommenden Organisationen ohnehin dem bereits zuvor verwendeten Begriff der Internationalen Organisation unterfallen.

Nach alledem kann wohl als gesichert angesehen werden, daß der Sicherheitsrat seinen unter Kapitel VII der Charta verabschiedeten Resolutionen, insbesondere der wichtigsten Gruppe der Embargobeschlüsse, Verbindlichkeit sowohl für Nicht-Mitgliedstaaten als auch für sonstige Internationale Organisationen beimißt.

dd) Rechtliche Bewertung

Wie oben festgestellt, läßt sich aus der Charta selbst ein solcher Verbindlichkeitsanspruch nicht begründen. Auch ist die Bindung als solche an für die Mitgliedstaaten verbindliche Resolutionen des Sicherheitsrates nicht gleichzeitig Inhalt einer entsprechenden völkergewohnheitsrechtlichen Regel[418], an die auch Internationale Organisationen als Völkerrechtssubjekte gebunden wären[419]. Anderes gilt nur dann, wenn man annimmt, daß der Sicherheitsrat im konkreten Fall eine Verpflichtung ausspricht, die sich (auch) aufgrund von *ius cogens*- oder *erga omnes*-Verpflichtungen aller Staaten ergibt. Dann wäre (auch) der -insoweit deklaratorische- Sicherheitsratsbeschluß für alle Mitgliedstaaten und Nicht-Mitgliedstaaten inhaltlich verbindlich[420]. Auf diesem Wege läßt sich auch außerhalb des Anwendungsbereichs von Art. 103 UN-Charta der Verstoß von Nicht-Mitgliedstaaten gegen völkervertragliche Verpflichtungen, die ihnen gegenüber dem Sanktionsadressaten obliegen, als völkerrechtlich zulässige, kollektive Repressalie rechtfertigen[421].
Eine Übertragung dieser Grundsätze auf Internationale Organisationen ist allerdings nicht ohne weiteres möglich, denn zur erfolgreichen Durchsetzung von -vom Sicherheitsrat verhängten- Sanktionen gegenüber einem Aggressor-Staat bedarf es regelmäßig nur der Mitwirkung von Staaten, nicht aber auch der von ihnen gebildeten Internationalen Organisationen[422]. Die Mitgliedstaaten selbst sind schließlich ungeachtet einer möglichen Übertragung der Kompetenz zur Verhängung von Wirtschaftssanktionen auf eine Internationale Organisation gem. Art. 103 UN-Charta zur Durchsetzung verpflichtet. Für die Nicht-Mitgliedstaaten ergibt sich diese Verpflichtung aus allgemeinem Völkerrecht.

Aber selbst wenn man entsprechend der Rechtslage bei Staaten eine Bindung Internationaler Organisationen an diejenigen Embargo-Resolutionen des Sicherheitsrates annehmen wollte, mit denen er auf die Verletzung des Gewaltverbots reagiert, so bliebe die weitaus

---

418 *Bohr*, Sanctions by the United Nations Security Council and the European Community, EJIL 4 (1993), S. 256 ff. (264).

419 Vgl. *Tomuschat*, General Course on Public International Law, RdC 281 (1999 VI), S. 1 ff. (134 ff.); für die EG s. Grabitz/Hilf-*Simma/Vedder*, Recht der EU, Art. 281 Rn 34, vgl. auch Art. 11 Abs. 1 Spstr. 3 EUV.

420 Simma-*Graf Vitzthum*, Charta der Vereinten Nationen, Art. 2 Ziff. 6 Rn 1 ff.; Graf Vitzthum-*Klein*, Völkerrecht, 4. Abschn. Rn 92; *Tomuschat*, Oligations Arising for States without or against Their Will, RdC 241 (1993 IV), S. 195 ff. (252); Simma-*Frowein*, Charta der Vereinten Nationen, Art. 41 Rn 18; vgl. Art. 40 Abs. 3 des abschließenden Entwurfs der ILC zur Staatenverantwortlichkeit (Text in: YBILC 1996 II/2, S. 57 ff.).

421 Vgl. *Verdross/Simma*, Universelles Völkerrecht, § 1343; Ipsen-*Fischer*, Völkerrecht, § 59 Rn 46; zur Repressalie durch "dritte" Staaten s.a. *Tomuschat*, General Course on Public International Law (Fn 419), S. 377.

422 *Schneider*, Wirtschaftssanktionen, S. 229; vgl. *Garçon*, Handelsembargen der Europäischen Union auf dem Gebiet des Warenverkehrs gegenüber Drittstaaten, S. 227 f.

größte Zahl der Fälle weiterhin ungelöst. Gemeint ist die Reaktion des Sicherheitsrates auf eine bloße Bedrohung des Weltfriedens und der internationalen Sicherheit i.S.v. Art. 39 UN-Charta, durch die die Schwelle zur tatsächlichen Verletzung dieser Völkerrechtswerte noch nicht überschritten ist. In einer solchen Situation ist nach allgemeinem Völkerrecht grundsätzlich „der erste Schuß abzuwarten", um völkerrechtmäßige Wirtschaftssanktionen verhängen zu können[423]. Allein die -für Nicht-Mitgliedstaaten und Internationale Organisationen formal nicht bindende- UN-Charta autorisiert in dieser Lage bereits "präventive" Maßnahmen.
Am Beispiel der Sanktionen gegen Libyen läßt sich diese Situation verdeutlichen: Mit der Embargo-Resolution gegen Libyen reagierte der Sicherheitsrat auf die Weigerung des Staates, eigene, des Terrorismus' verdächtigte Staatsangehörige auszuliefern. Selbst wenn Libyen nach Art. 7 der im konkreten Fall anwendbaren Montrealer Konvention[424] zur Auslieferung rechtlich verpflichtet gewesen wäre, hätte sich aus dem Verstoß gegen einfaches Völkervertragsrecht keine parallel zu Art. 25, 48, 103 UN-Charta bestehende völkergewohnheitsrechtliche Verpflichtung aller Staaten und aller Internationaler Organisationen zur Durchführung kollektiver wirtschaftlicher Zwangsmaßnahmen gegen Libyen begründen lassen.

Als Zwischenergebnis ist mithin festzuhalten, daß der Anspruch des Sicherheitsrates, für alle Nicht-Mitglieder mit Verbindlichkeit zu handeln, nur in Ausnahmefällen mit der objektiven Völkerrechtslage korrespondiert. Eine generelle und unmittelbare völkerrechtliche Bindung Internationaler Organisationen an Entscheidungen des Sicherheitsrates unter Kap. VII UN-Charta kommt damit nicht in Betracht[425].
Unabhängig von diesem Ergebnis steht es natürlich den Mitgliedstaaten und der Internationalen Organisation frei, einseitig eine entsprechende Verbindlichkeit anzuerkennen und/ oder diese lediglich im Verhältnis der Organisation zu den Mitgliedstaaten festzuschreiben.

b) Bindung der EG an Resolutionen des Sicherheitsrates nach Gemeinschaftsrecht

In den Gründungsverträgen ist keine Bestimmung enthalten, wonach die Gemeinschaft an die für die Mitgliedstaaten verbindlichen Sicherheitsratsbeschlüsse gebunden ist.
Eine ausdrückliche Stellungnahme des EuGH oder des EuG zu dieser Frage fehlt bisher ebenso[426].

---

[423] *Tomuschat*, Obligations arising for States without or against their Will (Fn 419), S. 253: „A state must wait until the first shot has been fired or otherwise concrete breaches have been observed".

[424] 'Convention for the Suppression of Unlawful Acts Against the Safety of Civil Aviation' vom 23.9.1971 (Text in: ILM 10 (1971), S. 1151 ff.; dt. Quelle: BGBl. 1977 II, S. 1229 ff.).

[425] Eine mittelbare bzw. indirekte Verpflichtung der Internationalen Organisation über ihre Mitgliedstaaten steht indes außer Frage (vgl. dazu Simma-*Hummer/Schweitzer*, Charta der Vereinten Nationen, Art. 52 Rn 58).

[426] In dem bisher einzigen Urteil des EuGH, in dem er sich zur Bindung der Gemeinschaft an Resolutionen des Sicherheitsrates hätte äußern können, in der Rs. 204/86, Griechenland v. Rat, Slg. 1988, S. 5323 ff., umging der Gerichtshof diesbezügliche Ausführungen, indem er feststellte, daß die betreffende Resolution „mit den Beziehungen zwischen der Gemeinschaft und der Türkei nicht das geringste zu tun [hat]" (a.a.O., S. 5362 Rz 28). In Rede stand die SC Res. 541 (1983) vom 18.11.1983, worin der Sicherheitsrat -nicht unter Kapitel VII handelnd- in Ziff. 7 alle Staaten aufforderte (*calls upon*), keinen anderen zypriotischen Staat anzuerkennen als die Republik Zypern. Ein Urteil des Gerichts Erster Instanz, EuG Rs. T-184/95, Dorsch Consult Ingenieurgesellschaft mbH v. Rat und Kommission, Slg. 1998-II, S. 667 ff., könnte allerdings so interpretiert werden, daß darin eine Bindung der Gemeinschaft an Sicherheitsratsresolutionen implizit ver-

An dieser Stelle kann nun aber möglicherweise auf die vom EuGH im "GATT-Urteil" entwickelten spezifischen Regeln über die Rechtsnachfolge der Gemeinschaft in völkerrechtliche Verträge der Mitgliedstaaten zurückgegriffen werden[427]. Diese Kriterien galten nicht nur für die konkrete GATT-Situation, sondern sind grundsätzlich auch auf vergleichbare Konstellationen übertragbar[428]. Fraglich ist allerdings, ob im vorliegenden Fall eine Vergleichbarkeit der Sachverhalte überhaupt gegeben ist.

Beim GATT ging es um die vollständige Rechtsnachfolge der Gemeinschaft in ein multilaterales Handelsabkommen der Mitgliedstaaten. Vorliegend kommt jedoch nur eine partielle Rechtsnachfolge in Vertragspflichten in Betracht, denn es steht allein die Bindung an einzelne Bestimmungen der UN-Charta (Art. 25, 48) in Rede, welche die Verbindlichkeit der Beschlüsse des Sicherheitsrates anordnen. Genaugenommen geht es sogar nur um einen Anwendungsbereich dieser Vorschrift, nämlich den Fall der Verhängung von Wirtschaftssanktionen. Denn auch außerhalb von diesem zweifellos bedeutsamsten Fall sind noch andere verbindliche Beschlüsse des Sicherheitsrates denkbar[429], für deren Umsetzung weiterhin die Mitgliedstaaten zuständig wären.
Die gleiche Situation ist jedoch auch vom Abschluß völkerrechtlicher Verträge her bekannt. Ist die Kompetenzverteilung zwischen der EG und den Mitgliedstaaten streitig oder unklar, so bedient man sich in diesem Bereich mit Erfolg des Systems des gemischten völkerrechtlichen Abkommens. Die analoge Anwendung des GATT-Tests stößt auch insofern auf keine Bedenken, als dem Willen der Vertragspartner ausreichend Rechnung getragen wird, indem als fünftes Kriterium die Anerkennung einer möglichen internen Gemeinschaftspraxis durch die betroffenen dritten Völkerrechtssubjekte verlangt wird.
Die analoge Anwendung der GATT-Kriterien zur Ermittlung, ob eine Rechtsnachfolge der Gemeinschaft in die Verpflichtungen der Mitgliedstaaten zur Durchführung von Sicherheitsratsresolutionen stattgefunden hat, ist somit zu bejahen[430]. Das Vorliegen der Voraussetzungen ist im folgenden zu prüfen.

aa) Völkerrechtliche Bindung aller Mitgliedstaaten an die Bestimmungen der UN-Charta

Sechs der gegenwärtig 15 Mitgliedstaaten der EU gehören zu den ursprünglichen Mitgliedern der Vereinten Nationen i.S.v. Art. 3 UN-Charta[431], die übrigen sind später auf der Grundlage von Art. 4 der Charta in die Organisation aufgenommen worden[432]. Für die erste Gruppe von Staaten bedurfte es der Unterzeichnung und Ratifikation der Charta (Art. 110 UN-Charta), die Angehörigen letzterer Gruppe mußten eine völkervertragliche Bin-

---

neint wird, wenn es heißt: „Insoweit sind nach Art. 25 der Charta der Vereinten Nationen *nur* die Staaten „als Mitglieder der Vereinten Nationen" verpflichtet, die Beschlüsse des Sicherheitsrates der Vereinten Nationen anzunehmen und durchzuführen." (a.a.O., S. 694 Rz 74 - eigene Hervorhebung).

427 Siehe Fn 392 u. begleitenden Text.

428 Vgl. *Schreuer*, Die Bindung Internationaler Organisationen an völkerrechtliche Verträge ihrer Mitgliedstaaten (Fn 403), S. 234 ff.; s.a. *Groux/Manin*, Die Europäischen Gemeinschaften in der Völkerrechtsordnung, S. 113 f.

429 Vgl. Simma-*Delbrück*, Charta der Vereinten Nationen, Art. 25 Rn 9.

430 Ebenso: *Bohr*, Sanctions by the United Nations Security Council and the European Union (Fn 418), S. 264; *Schneider*, Wirtschaftssanktionen, S. 233 ff.

431 Dabei handelt es sich um Frankreich, Belgien, die Niederlande, Luxemburg, Großbritannien und Griechenland.

432 Als letzter EG-Mitgliedstaat wurde die Bundesrepublik Deutschland am 18.9.1973 durch die GA Res. 3050 (XXVIII) (YBUN 27 (1973), S. 262) in die UNO aufgenommen.

dungserklärung abgeben, aufgrund welcher die Mitgliedstaaten die Verpflichtungen aus der Charta uneingeschränkt annehmen[433] und das förmliche Aufnahmenverfahren durchlaufen (Art. 4 Abs. 2 UN-Charta). Im einen wie im anderen Fall ist demzufolge eine völkerrechtliche Bindung der EU-Mitgliedstaaten an die Bestimmungen der Charta gegeben. Da dieser Zustand aber erst mit der UN-Mitgliedschaft Deutschlands 1973 erreicht wurde, kommt eine funktionelle Rechtsnachfolge der Gemeinschaft erst ab diesem Zeitpunkt in Betracht.

bb) Wille der Mitgliedstaaten, die Verpflichtungen aus der UN-Charta auch nach Gründung der EG weiterhin zu erfüllen

Bei der Gründung der EG haben die Mitgliedstaaten den Willen zur weiteren Beachtung der Verpflichtungen zur Durchführung von verbindlichen Sicherheitsratsresolutionen intern vor allem durch die Aufnahme von Vertragsbestimmungen wie Art. 302 und 307 EGV (Art. 229, 234 EWGV) zum Ausdruck gebracht. Nach außen hin ist dieser Wille durch die weitere Mitarbeit der Mitgliedstaaten in den entsprechenden Gremien der Vereinten Nationen und die weitere generelle Beachtung von Sicherheitsratsresolutionen zutage getreten.

cc) Übertragung der Kompetenz zur Verhängung von Wirtschaftssanktionen auf die EG

Bis zur Einfügung von Art. 301 (ex Art. 228a) EGV durch den Maastrichter Vertrag war heftig umstritten, ob sich dem EG-Vertrag überhaupt eine Kompetenz der Gemeinschaft zur Verhängung von Wirtschaftssanktionen entnehmen ließ. Innerhalb der h.M., die dies bejahte, war weiterhin umstritten, welche Bestimmung als richtige Rechtsgrundlage für die Sanktionskompetenz der Gemeinschaft heranzuziehen war[434]. Der Grund für diese Auseinandersetzung liegt vor allem in dem spezifischen Charakter von Wirtschaftssanktionen begründet. Bei ihnen handelt es sich um ein (außen)handelspolitsches Mittel zur Erreichung eines außenpolitischen Ziels. Ein anderes Völkerrechtssubjekt soll durch die teilweise oder vollständige Unterbrechung der wirtschaftlichen Beziehungen und den dadurch erzeugten Druck zur Einhaltung einer völkerrechtlichen Verpflichtung veranlaßt werden[435].
Die Kompetenz der EG für den Einsatz eines außenhandelspolitischen Mittels gegenüber dritten Völkerrechtssubjekten läßt sich seit dem Ende der Übergangszeit zum 31.12.1969 unproblematisch aus ex Art. 113 EGV (Art. 133 n.F. EGV) entnehmen, wonach „die gemeinsame Handelspolitik nach einheitlichen Grundsätzen gestaltet“ wird. Sehr umstritten war aber bis Anfang der 80er Jahre, ob die außenpolitische Zielsetzung der Maßnahme diese dem Anwendungsbereich des Art. 113 EGV a.F. enthob. Der Rat interpretierte den Begriff der Handelspolitik „final“ und kam so zu einer Verneinung von ex Art. 113 EGV als Kompetenzgrundlage. Die Kommission hingegen machte sich eine „instrumentale“

---

433 Vgl. Simma-*Ginther*, Charta der Vereinten Nationen, Art. 4 Rn 23 f.

434 Den (damaligen) Streitstand zeichnen nach: *Garçon*, Handelsembargen der Europäischen Union auf dem Gebiet des Warenverkehrs gegenüber Drittstaaten, S. 65 ff.; Grabitz/Hilf-*Vedder*, Recht der EU, Art. 133 Rn 42.

435 So die Definition von „Sanktion“ nach *Klein*, Sanktion - in: Strupp/Schlochauer, Handbuch des Völkerrechts, Bd. 3, S. 158 ff. (160); ebenso Grabitz/Hilf-*Vedder*, a.a.O., Rn 66; zur weit verbreiteten synonymen Verwendung der Begriffe „Sanktion“, „Embargo“ und „Boykott“ s. *Schneider*, Wirtschaftssanktionen, S. 27 Fn 2.

Sichtweise zu eigen und gelangte damit zu einem gegenteiligen Ergebnis[436]. Dieser schloß sich auch die h.M. in der Literatur an[437]. Der EuGH seinerseits legt(e) ex Art. 113 EGV in stänḋ. Rspr. extensiv aus, ohne sich jedoch ausdrücklich zu einer Sanktionskompetenz der Gemeinschaft auf dieser Grundlage geäußert zu haben[438].

Die bei alledem verbleibende Unsicherheit im Hinblick auf eine ausreichende Rechtsgrundlage für die Verhängung von Sanktionen durch die Gemeinschaft sowie das Bemühen um größere Kohärenz zwischen der neugeschaffenen Europäischen Union und den Mitgliedstaaten einerseits und zwischen dem außenwirtschaftlichen und dem außenpolitischen Auftreten von Gemeinschaft und Union andererseits veranlaßte die Mitgliedstaaten 1992 dazu, dem EGV eine umfassende Sanktionsvorschrift anzufügen[439]. Ex Art. 228a (Art. 301 n.F.) EGV erlaubt der Gemeinschaft seitdem unzweifelhaft die Aussetzung, Einschränkung oder vollständige Beendigung von Wirtschaftsbeziehungen jeglicher Art zu Drittstaaten auch außerhalb des durch Art. 113 a.F. abgesteckten Kompetenzbereichs und aus rein außenpolitischen Motiven[440]. Aus Sicht der Mitgliedstaaten ermöglicht die Verzahnung von (zwingend) vorgeschaltetem GASP-Beschluß zur Sanktionsverhängung mit der nachfolgenden Umsetzung durch die Gemeinschaft, daß sie sich des Instruments der Gemeinschaftsverordnung mit ihrem spezifischen Vorranganspruch bedienen kann, ohne Gefahr zu laufen, daß die EG-Organe als solche die Federführung in der nicht vergemeinschafteten Außenpolitik übernehmen[441]. Waffenembargos werden jedoch auch weiterhin allein von den Mitgliedstaaten -ggf. koordiniert im Rahmen des GASP[442]- durchgeführt (vgl. Art. 296 EGV Abs. 1 lit. b) EGV).

Eine Übertragung der Kompetenz zur Verhängung von Wirtschaftssanktionen von den Mitgliedstaaten auf die Gemeinschaft ist damit spätestens seit der Einfügung von Art. 301 EGV durch den Maastrichter Vertrag erfolgt.

---

436 Zur Darstellung der beiden konträren Positionen vgl. EuGH Gutachten 1/78, Internationales Naturkautschuk-Übereinkommen, Slg. 1979, S. 2871 ff. (2883 f. u. 2887): Der „finalistischen" Auffassung zufolge soll es allein darauf ankommen, ob die in Rede stehende Maßnahme ggü. einem Drittstaat darauf abzielt, das Handelsvolumen oder Handelsströme zu beeinflussen. Das Ziel einer Embargomaßnahme ist jedoch rein außenpolitischer Natur. Nach der „instrumentalistischen" Ansicht soll es beim Erlaß einer handelspolitischen Maßnahme auf Motive oder Zielsetzungen überhaupt nicht ankommen, sondern allein auf den Regelungsinhalt der Maßnahme.

437 Vgl. G/T/E-*Bourgeois*, Kommentar zum EU-/EG-Vertrag, Art. 113 EGV Rn 20; Grabitz/Hilf-*Vedder*, Recht der EU, Art. 133 Rn 44; Calliess/Ruffert-*Hahn*, Kommentar des EU-/EGV, Art. 133 Rn 46; Schwarze-*Huschke*, EU-Kommentar, vor Art. 131-134 EGV Rn 30.

438 Vgl. Gutachten 1/78, Internationales Naturkautschuk-Übereinkommen, Slg. 1979, S. 2871 ff. (2913 Rz 45); EuGH Rs. 45/86, Kommission v. Rat (Allgemeines Präferenz System), Slg. 1987, S. 1493 ff. (1520 f. Rz 19 f.); EuGH Rs. C-70/94, Werner, Slg. 1995-I, S. 3189 ff. (3223 Rz 9 f.): „Die Durchführung einer solchen gemeinsamen Handelspolitik verbietet eine einschränkende Auslegung dieses Begriffs [...]. Somit kann eine Maßnahme, die Verhinderung oder Beschränkung bestimmter Güter [...] bewirkt, dem Bereich der gemeinsamen Handelspolitik nicht mit der Begründung entzogen werden, daß mit ihr außen- und sicherheitspolitische Zwecke verfolgt würden".

439 Vgl. Grabitz/Hilf-*Schneider*, Kommentar zur EU, Art. 228a EGV Rn 1 ff.

440 Vgl. nur Schwarze-*Osteneck*, EU-Kommentar, Art. 301 EGV Rn 3; G/T/E-*Gilsdorf/Kuijper*, Kommentar zum EU-/EG-Vertrag, Art. 228a EGV Rn 3.

441 Calliess/Ruffert-*Cremer*, Kommentar des EU-/EGV, Art. 301 EGV Rn 2.

442 G/T/E-*Gilsdorf/Kuijper*, Kommentar zum EU-/EG-Vertrag, Art. 228a EGV Rn 9.

dd) Tatsächlicher Gebrauch der Sanktionskompetenz durch die EG und der Wille, an die Verpflichtungen der Mitgliedstaaten völkerrechtlich gebunden zu sein

In den ersten zwei Jahrzehnten nach der Gründung der EWG konnte es wegen der oben geschilderten Meinungsverschiedenheiten zwischen Rat und Kommission im Hinblick auf die Kompetenz der Gemeinschaft zur Verhängung von Wirtschaftssanktionen gegenüber dritten Staaten zu keinem koordinierten Vorgehen auf Gemeinschaftsebene kommen[443].
Eine Abkehr des Rates von seiner ablehnenden Haltung gegenüber einer Sanktionskompetenz der EG wurde zuerst 1980 offenbar, als die Gemeinschaft beschloß, das Agrarproduktembargo der USA gegen die UdSSR in Reaktion auf den Einmarsch der Sowjetunion in Afghanistan am 27.12.1979 mit einer eigenen Aussetzung des Exports solcher Erzeugnisse zu flankieren[444].
Als erste eigenständige und ausdrücklich auf Art. 113 EGV gestützte Sanktionsmaßnahme wurde am 15.3.1982 die VO 596/82 (EWG) verabschiedet, mit der Wareneinfuhren aus der UdSSR gekürzt wurden. Dies geschah vor dem Hintergrund der Verhängung des Kriegsrechts in Polen unter der Regierung *Jaruzelski* im Dezember 1981, wofür die EG -unausgesprochen- Moskau verantwortlich machte[445].
Kurz darauf, im April 1982, verhängte die EG erneut Wirtschaftssanktionen, diesmal gegen Argentinien, das durch die Besetzung der Falklandinseln einen Krieg mit Großbritannien um die von beiden Staaten beanspruchte Inselgruppe heraufbeschworen hatte[446].
1986 wurde die Aussetzung der Einfuhr von Goldmünzen aus Südafrika in die Gemeinschaft durch VO 3302/86 (EWG) vom 27.10.1986[447] angeordnet.

Diesen ersten Fällen der Verhängung von Wirtschaftssanktionen durch die Gemeinschaft sind zwei Aspekte gemeinsam: Dem Sanktionsbeschluß des Rates war jeweils eine Abstimmung der Mitgliedstaaten im Rahmen der EPZ vorausgegangen - eine Praxis, die beibehalten werden sollte und schließlich auch ihre Festschreibung in Art. 301 EGV fand. Außerdem fehlte in all diesen Fällen ein vorangegangener Embargobeschluß des UN-Sicherheitsrates. Die seinerzeitige Ost-West-Konfrontation ließ Maßnahmen auf Grundlage von Art. 39, 41 UN-Charta nicht zu.
Die Blockade des Sicherheitsrates wurde erstmals 1990 durch die Verhängung von Embargomaßnahmen gegenüber dem Irak und Kuwait überwunden. Der Sicherheitsrat reagierte damals auf die Annexion Kuweits durch den Irak bereits wenige Tage später mit einer umfassenden Embargoresolution auf Grundlage von Kapitel VII der UN-Charta[448]. Der

---

443 Die Embargomaßnahmen der UNO gegen den Apartheid-Staat Süd-Rhodesien unter *Ian Smith* (1965-1979) [vgl. SC Res. 232 (1966) und SC Res. 253 (1968)], das Embargo gegen Südafrika wegen der Ereignisse in Soweto (1977-1985) [vgl. SC Res. 418 (1977)] sowie die Wirtschaftssanktionen der USA gegen den Iran wegen der Teheraner-Geiselaffaire (1979) wurden nur von den EG-Mitgliedstaaten individuell umgesetzt. Es fanden lediglich Konsultationen der Mitgliedstaaten im Rahmen der Europäischen Politischen Zusammenarbeit (EPZ) statt (vgl. *Schneider*, Wirtschaftssanktionen, S. 60-64).

444 Kommuniqué des Minsterrates vom 15.1.1980 (Bull.EG 1-1980, Ziff. 1.1.5.); Die Maßahmen der Gemeinschaft bestanden in der Aussetzung des Erstattungsverfahrens für bestimmte landwirtschaftliche Produkte (vgl. VO 69/80 (EWG) vom 15.1.1980 (ABl. 1980 Nr. L 11, S. 8 f.); VO 107/80 (EWG), VO 108/80 (EWG) vom 18.1.1980 (ABl. 1980 Nr. 14, S. 24 f. u. 27 ff.) sowie in der Aussetzung des Nahrungsmittelprogramms für Afghanistan (Bull.EG 1-1980, Ziff. 1.1.9.).

445 *Garçon*, Handelsembargen der Europäischen Union auf dem Gebiet des Warenverkehrs gegenüber Drittstaaten, S. 51 f.

446 Vgl. VO 877/82 (EWG) vom 16.4.1982 (ABl. 1982 Nr. L 102, S. 1 f.).

447 ABl. 1986 Nr. L 305, S. 11.

448 SC Res. 661 (1990) vom 6.8.1990 (YBUN 44 (1990), S. 92).

EG-Ministerrat zog zwei Tage später, am 8. August, mit VO 2340/90 (EWG)[449] nach, wodurch jeglicher dem EWG-Vertrag unterfallender Handel mit dem Irak und Kuwait ausgesetzt wurde. Vorangegangen war auch dieser Verordnung wiederum eine Abstimmung der EG-Außenminister im Rahmen der EPZ. In der Begründungserwägung zur VO wird auf diesen Beschluß der Mitgliedstaaten Bezug genommen. Interessant ist, auf welche Weise darin auf die kurz zuvor verabschiedete Sicherheitsratsresolution 661 eingegangen wird:

> „Angesichts dessen *muß* der Irak und Kuwait betreffende Handelsverkehr *der Gemeinschaft* verhindert werden."[450]

Diese Formulierung erweckt den Eindruck, die Gemeinschaft selbst fühle sich angesichts der für die Mitgliedstaaten verbindlichen Resolutionen des Sicherheitsrates verpflichtet, den Handelsverkehr der Gemeinschaft mit dem Irak und Kuwait zu unterbinden[451].
Der anschließende Satz in der Begründungserwägung widerspricht einem solchen Befund jedoch:

> „Die Gemeinschaft und ihre Mitgliedstaaten sind übereingekommen, im Wege eines Gemeinschaftsrechtsakts eine *in der Gemeinschaft einheitliche* Durchführung der vom Sicherheitsrat der Vereinten Nationen beschlossenen Maßnahmen betreffend den Handelsverkehr mit dem Irak und Kuwait sicherzustellen."

Hieraus ist zu entnehmen, daß sich die Gemeinschaft und die Mitgliedstaaten lediglich intern darauf geeinigt haben, die Ausführung der Sicherheitsratsresolution auf Gemeinschaftsebene quasi im Namen der Mitgliedstaaten vorzunehmen, um die einheitliche Durchführung zu vereinfachen[452]. Man bediente sich lediglich des effizienten Apparates der EG, um den eigenen völkerrechtlichen Verpflichtungen unter Art. 25, 48 der UN-Charta besser und leichter nachkommen zu können. Die Annahme einer rechtlichen Verpflichtung der Gemeinschaft zu einem solchen Vorgehen liegt hier deshalb fern, weil es dann einer vorherigen Einigung im Rahmen der EPZ nicht bedurft hätte[453].
In gleicher Weise verfuhren EG und Mitgliedstaaten auch bei der Verhängung der Wirtschaftssanktionen gegen das ehemalige Jugoslawien (Serbien und Montenegro) 1992. In der Begründung zu der zentralen VO 1432/92 (EWG)[454], mit der die auf Grundlage von Kapitel VII UN-Charta erlassene Resolution des Sicherheitsrates zur Verhängung eines Handelsembargos[455] durchgeführt werden sollte, wird wortgleich die oben zitierte Wendung benutzt, nachdem zuvor ebenfalls auf den EPZ-Beschluß und die entsprechende Resolution Bezug genommen wurde.

---

449 ABl. 1990 Nr. L 213, S. 1 f.

450 VO 2340/90 (EWG), a.a.O. -eigene Hervorhebungen; ähnlich auch VO 945/92 (EWG) vom 14.4.1992 (ABl. 1992 Nr. L 101, S. 53 [zur Umsetzung von SC Res. 748 (1992]: „Unter diesen Umständen ist der Handel der Gemeinschaft mit Libyen, auf den sich die Resolution bezieht, auszusetzen"; VO 1432/92 (EWG) vom 1.6.1992 (ABl. 1992 Nr. L 151, S. 4 ff.) [zur Umsetzung von SC Res. 757 (1992)]: „Unter diesen Umständen müssen die Wirtschaftsbeziehungen mit den Republiken Serbien und Montenegro eingestellt werden".

451 Diese Interpretation bejaht *Schreuer*, Die Bindung internationaler Organisationen an völkerrechtliche Verträge ihrer Mitgliedstaaten (Fn 403), S. 236.

452 Vgl. *Garçon*, Handelsembargen der Europäischen Union auf dem Gebiet des Warenverkehrs gegenüber Drittstaaten, S. 61.

453 Vgl. G/T/E-*Tomuschat*, Kommentar zum EU-/EG-Vertrag, Art. 210 Rn 59 (zur GASP).

454 VO vom 1.6.1992 (ABl. 1992 Nr. L 151, S. 4 ff.).

455 SC Res. 757 vom 30.5.1992 (YBUN 46 (1992), S. 352 ff.).

Auch mit dem Inkrafttreten des EU-Vertrages und von Art. 228a EGV a.F. im Jahre 1993 hat sich die Position der Gemeinschaft zu ihrer völkerrechtlichen Bindung an Embargoresolutionen des UN-Sicherheitsrates offenkundig nicht geändert. Gestützt werden die gemeinschaftsrechtlichen Verordnungen zur Verhängung von Wirtschaftssanktionen seitdem auf Art. 60 und 301 (ex Art. 73g und 228a) EGV und auf Gemeinsame Standpunkte des Rates aufgrund von Art. 12 (ex Art. J.2) EUV[456].
In den jeweiligen Begründungserwägungen wird dann auf die entsprechenden vom Sicherheitsrat verhängten Sanktionsmaßnahmen verwiesen. An diese Wiedergabe schließt sich -seit wenigen Jahren- regelmäßig folgende, kaum variierte Formel an:

> „Diese Maßnahmen fallen in den Geltungsbereich des Vertrages und daher ist insbesondere zur Vermeidung von Wettbewerbsverzerrungen ein Rechtsakt der Gemeinschaft erforderlich, um die einschlägigen Beschlüsse des Sicherheitsrates umzusetzen, soweit sie das Gebiet der Gemeinschaft betreffen. Für die Zwecke dieser Verordnung gilt als Gebiet der Gemeinschaft die Gesamtheit der Hoheitsgebiete der Mitgliedstaaten, auf die der Vertrag nach Maßgabe von dessen Bestimmungen Anwendung findet.“[457]

An dieser Stelle treten die gemeinschaftsrechtlichen Beweggründe für das gesetzgeberische Tätigwerden der EG an Stelle der Mitgliedstaaten noch deutlicher zutage als in der oben zitierten Passage aus der VO von 1990 betreffend den Irak und Kuwait. Das Tätigwerden der Gemeinschaft rechtfertigt sich vornehmlich daraus, daß es Wettbewerbsverzerrungen zwischen den Mitgliedstaaten, die durch die individuelle Durchführung von Sanktionen entstehen können, zu vermeiden gilt. So gebieten vor allem -wenn nicht gar ausschließlich- die gemeinschaftsinternen Regeln über den Handel mit Drittstaaten ein Tätigwerden der EG im Verordnungswege. Es erscheint äußerst zweifelhaft, hier eine subjektiv empfundene völkerrechtliche Handlungsverpflichtung der Gemeinschaft anzunehmen. Aus der bloßen Bezugnahme auf die entsprechenden Sicherheitsratsresolutionen allein kann jedenfalls nicht auf eine solche geschlossen werden[458]. In ihr kann genauso gut der Zweck erblickt werden, die Sanktionsmaßnahmen auf eine völkerrechtliche Legitimationsgrundlage zu stellen und den Hintergrund für den konkreten Inhalt der VO zu erhellen[459].
Der grundsätzlich in Embargo-Resolutionen das Sicherheitsrates auftauchenden Aufforderung an „all relevant international and regional organizations to act strictly in accor-

---

[456] Vgl. z.B. VO 1263/94 (EG) vom 30.5.1994 über die Einstellung bestimmter Handels- und Finanzbeziehungen zu Haiti (ABl. 1994 Nr. L 139, S. 1 ff.) [zur Umsetzung von SC Res. 917 (1994)]; VO 2465/96 (EG) vom 17.12.1996 über die Unterbrechung der wirtschaftlichen und finanziellen Beziehungen zwischen der Europäischen Gemeinschaft und Irak (ABl. 1996 Nr. L 337, S. 1 ff.) [zur Umsetzung insbes. von SC Res. 986 (1995)]; VO 1705/98 (EG) vom 28.7.1998 betreffend die Aussetzung bestimmter wirtschaftlicher Beziehungen zu Angola (ABl. 1998 Nr. L 215, S. 1 ff.) [zur Umsetzung insbes. von SC Res. 1127 (1997)) und 1173 (1998)]; VO 1745/2000 (EG) vom 3.8.2000 betreffend die Einfuhr von Rohdiamanten aus Sierra Leone in die Gemeinschaft (ABl. 2000 Nr. L 200, S. 21 ff.) [zur Umsetzung von SC Res. 1306 (2000)].

[457] VO 467/2001 (EG) vom 6.3.2001 über das Verbot der Ausfuhr bestimmter Waren und Dienstleitungen nach Afghanistan, über die Ausweitung des Flugverbots und das Einfrieren von Geldern und anderen Finanzmitteln betreffend die Taliban von Afghanistan (ABl. 2001 Nr. L 67, S. 1 ff., Änderungen) [zur Umsetzung von SC Res. 1333 (2000)]; vgl. auch VO 1146/2001 vom 11.6.2001 über restriktive Maßnahmen gegen Liberia (ABl. 2001 Nr. L 156, S. 1 ff.) [zur Umsetzung von SC Res. 1343 (2001)] sowie die in Fn 456 genannten VOen.

[458] A.A. *Schneider*, Wirtschaftssanktionen, S. 234, der allein aus der ausdrücklichen Bezugnahme den völkerrechtlichen Bindungswillen der Gemeinschaft herleitet.

[459] Vgl. Schwarze-*Osteneck*, EU-Kommentar, Art. 301 Rn 4: „dem Sanktionsbeschluß des Sicherheitsrates kommt unmittelbare Legalisierungswirkung zu“.

dance with the provisions of this resolution" wird von der EG offenbar keine rechtliche Bedeutung beigemessen, denn sie ignoriert(e) diese stets. In den entsprechenden Verordnungen heißt es lediglich, daß der Sicherheitsrat alle Mitgliedstaaten (!) der Vereinten Nationen aufgefordert habe, strikt im Einklang mit der Resolution zu handeln.

Zum ersten Mal wurde in VO 1745/2000 (EG) ein möglicher Verstoß der Gemeinschaft gegen ein sie bindendes völkerrechtliches Abkommen (Lomé-Abkommen) damit gerechtfertigt, daß der Sicherheitsrat [in Ziff. 9 der Res. 1306 (2000)] auch die Internationalen und regionalen Organisationen aufgerufen hat, die Sanktionsmaßnahmen unbeschadet etwaiger entgegenstehender sonstiger Vertragspflichten durchzuführen[460]. Ob aus diesem bisher einzigen Fall allerdings auf ein gewandeltes Verständnis auf seiten der EG/EU von den Bindungswirkungen der Sicherheitsratsresolutionen unter Kapitel VII der UN-Charta, die ausdrücklich auch an Internationale Organisationen gerichtet sind, geschlossen werden kann, ist fraglich. Die weitere Entwicklung bleibt hier abzuwarten.

Festzuhalten ist mithin folgendes: Betrachtet man den tatsächlichen Gebrauch der Sanktionskompetenz der EG, so ist hier eine große Regelmäßigkeit und Genauigkeit bei der Umsetzung von durch den Sicherheitsrat verhängten Wirtschaftssanktionen zu konstatieren. Will man jedoch ergründen, ob dieses Verhalten der Überzeugung der handelnden Gemeinschaftsorgane entspringt, zu der Durchführung der UN-Maßnahmen völkerrechtlich verpflichtet zu sein, so ist das Bild wenig eindeutig, wenn nicht gar widersprüchlich. Zum gegenwärtigen Zeitpunkt gelingt der positive Nachweis eines rechtserheblichen Willens der Gemeinschaft, an die nach der UN-Charta verbindlichen Sanktionsbeschlüsse des Sicherheitsrates gebunden zu sein, jedoch nicht.

ee) Zwischenergebnis

Mangels eines nachweisbaren Willens der Gemeinschaft, eine völkerrechtliche Verpflichtung zur Durchführung von Sanktionsresolutionen auf der Grundlage von Kapitel VII der UN-Charta anzuerkennen, fehlt eine entscheidende Voraussetzung für die Annahme einer funktionellen Rechtsnachfolge der Gemeinschaft in diese Vertragspflichten der Mitgliedstaaten.

Auf die Prüfung des fünften und letzten Kriteriums für die Rechtsnachfolge der Gemeinschaft in die völkerrechtliche Verpflichtung der Mitgliedstaaten, die völkerrechtliche Anerkennung der Funktionsnachfolge durch die übrigen Mitgliedstaaten der Vereinten Nationen, kommt es daher vorliegend nicht mehr an. Aus der oben geschilderten Praxis des Sicherheitsrates, wonach seit 1997 regelmäßig auch Internationale Organisationen ausdrücklich in den Adressatenkreis der Durchführungsaufforderung miteinbezogen werden, sowie aus der langjährigen widerspruchslosen Hinnahme der Durchführung von UN-Sanktionen durch die EG dürfte allerdings auf eine Anerkennung der innergemeinschaftlichen Zuständigkeitsverlagerung zu schließen sein[461]. Unstreitig ist jedenfalls, daß die Gemein-

---

[460] 3. u. 4. Erwägungsgrund der VO 1745/2000 (EG) vom 3.8.2000 (ABl. 2000 Nr. L 200, S. 21 ff.): „Der Sicherheitsrat hat ferner die Mitgliedstaaten der Vereinten Nationen sowie die internationalen und regionalen Organisationen aufgerufen, diese Maßnahmen *unbeschadet der* Rechte und *Pflichten* anzuwenden [...]. Das AKP-EG Lomé-Abkommen und das [...] neue AKP-EG-Partnerschaftsabkommen, zu deren Vertragsparteien die Gemeinschaft und ihre Mitgliedstaaten und Sierra Leone gehören, stellen *daher* kein Hindernis für die Anwendung der genannten Maßnahmen des Sicherheitsrates dar" (jeweils eigene Hervorhebungen).

[461] *Bohr*, Sanctions by the United Nations Security Council and the European Community (Fn 418), S. 264; *Schneider*, Wirtschaftssanktionen, S. 235, der allerdings -anders als hier- eine GATT-Analogie insgesamt bejaht.

schaft völkerrechtlich zur Durchführung der vom Sicherheitsrat beschlossenen Wirtschaftssanktionen berechtigt ist[462].

c) Ergebnis

Die Europäische Gemeinschaft setzt in ständiger Praxis Embargoresolutionen des UN-Sicherheitsrates unter Kapitel VII der UN-Charta im Verordnungswege um, gestützt auf Art. 301 EGV und auf einen Gemeinsamen Standpunkt der Mitgliedstaaten im Rahmen der GASP. Die Mitgliedstaaten sind gem. Art. 25, 48 UN-Charta zur Durchführung der verbindlichen Beschlüsse des Sicherheitsrates verpflichtet. Eine solche automatische und unmittelbare Verpflichtung ergibt sich trotz wohl gegenteiliger Auffassung des Sicherheitsrates nach gegenwärtigem Stand des Völkerrechts für Internationale Organisationen und für Nicht-Mitgliedstaaten nicht. Im konkreten Fall der EG läßt sich auch gemeinschaftsrechtlich eine Rechtsnachfolge in die völkerrechtliche Verpflichtung der Mitgliedstaaten analog der vom EuGH zum GATT'47 entwickelten Grundsätze für eine solche Funktionsnachfolge nicht begründen[463], da es der Gemeinschaft an einem eindeutig nach außen erkennbaren Bindungswillen fehlt.
Die regelmäßige und weitgehend inhaltsgleiche Umsetzung der Sanktionsbeschlüsse des Sicherheitsrates durch die Gemeinschaft erfolgt vielmehr freiwillig, wenn auch durch das Gemeinschaftsrecht motiviert.
Der Unterscheidung zwischen *de facto-* und *de jure*-Bindung der Gemeinschaft an die Beschlüsse des Sicherheitsrates nach Art. 39, 41 der UN-Charta ist wegen dieser Durchführungspraxis bisher nur theoretische Bedeutung zugekommen. Allerdings hat der UN-Sicherheitsrat bisher auch noch gegen kein Völkerrechtssubjekt Zwangsmaßnahmen wegen der Nichtbefolgung eines Sanktionsbeschlusses verhängt.

Die Bedeutung des Gemeinschaftsrechts für die Entwicklung des Völkerrechts liegt in diesem Bereich auf praktischer Ebene: Die einheitliche Umsetzung von UN-Sanktionsbeschlüssen durch den zentralen EG-Gesetzgeber führt in ihrer Wirkung auf den Sanktionsadressaten zu einer deutlichen Effektivitätssteigerung der Boykottmaßnahmen im Vergleich zu einem einzelstaatlichen Vorgehen. Die einheitliche und unmittelbare Geltung der Sanktionsverordnung in den Mitgliedstaaten verhindert die bewußte Ausnutzung von ansonsten individuell verbleibenden Spielräumen bei der zeitlichen und inhaltlichen Umsetzung der Beschlüsse des UN-Sicherheitsrates. Wirtschaftlich gesehen ist zudem zu bedenken, daß auf diese Weise die Boykottkraft der zweitgrößten Wirtschaftsmacht der Erde[464] gebündelt wird, mit der nahezu jeder potentielle Sanktionsadressat empfindlich getroffen werden kann.

---

[462] Graf Vitzthum-*Klein*, Völkerrecht, 4. Abschn. Rn 92.

[463] Im Erg. ebenso *Groux/Manin*, Die Europäischen Gemeinschaften in der Völkerrechtsordnung, S. 135; G/T/E-*Petersmann*, Kommentar zum EU-/EG-Vertrag, Art. 234 Rn 25; *Garçon*, Handelsembargen der Europäischen Union auf dem Gebiet des Warenverkehrs gegenüber Drittstaaten, S. 230 u. 232; Calliess/Ruffert-*Cremer*, Kommentar des EU-/EGV, Art. 301 Rn 6; *Bohr*, Sanctions by the United Nations Security Council and the European Community (Fn 418), S. 265); Grabitz/Hilf-*Vedder*, Recht der EU, Art. 133 Rn 76. Eine Bindung der EG bejahen dagegen *Schneider*, Wirtschaftssanktionen, S. 235; *Schreuer*, Die Bindung Internationaler Organisationen an völkerrechtliche Verträge ihrer Mitgliedstaaten (Fn 403), S. 236 f.; G/T/E-*Tomuschat*, Kommentar zum EU-/EG-Vertrag, Art. 210 EGV Rn 58.

[464] Vgl. *World Bank*, World Development Indicators 2002, S. 18 ff. u. 36: USA 9.601 Mrd. US $; EU 8.458 Mrd. US $; Japan 4.519 Mrd. US $; China 1.062 Mrd. US $, Mercosur 914 Mrd. US $ (jeweils Bruttosozialprodukt im Jahre 2000).

III. Ergebnis

Das internationale Recht der Verträge hält weder ausdrücklich eine Regelung bereit, aus der sich die generelle Bindung einer Internationalen Organisation an Alt-Verträge ihrer Mitgliedstaaten ergibt noch lassen sich andere Bestimmungen im Analogiewege dahingehend fruchtbar machen. Auch das Gemeinschaftsrecht enthält im Hinblick auf die EG keine entsprechende Anordnung.
Gleichwohl können für eine Internationale Organisation im Einzelfall und unter bestimmten Voraussetzungen völkerrechtliche Bindungen an vertragliche Pflichten der Mitgliedstaaten gegenüber dritten Völkerrechtssubjekten entstehen. Rechtskonstruktiv kann ein solches Ergebnis durch eine einseitige völkerrechtliche Verpflichtungserklärung, eine Einbeziehung in den Vertrag durch formlose, konkludente Änderung desselben oder durch (funktionelle) Rechtsnachfolge in die Vertragspflichten erzielt werden. Lediglich für die zweite Variante der Bindungserstreckung, also die formlose, konkludente Vertragsänderung, hat die Praxis bis dato einen Anwendungsfall geliefert: die Teilnahme der E(W)G am GATT'47. Eine völkerrechtliche Bindung der Gemeinschaft an die Bestimmungen der EMRK oder an für die Mitgliedstaaten verbindliche Resolutionen des UN-Sicherheitsrates, die im Zusammenhang mit Varianten eins und drei diskutiert wurden, ist dagegen zum gegenwärtigen Zeitpunkt nicht zu bejahen.
Da die Gemeinschaft in diesen Fällen trotzdem in ständiger Praxis in Übereinstimmung mit den entsprechenden Verpflichtungen der Mitgliedstaaten handelt bzw. -was die Einhaltung der EMRK-Grundrechte anbelangt- zu handeln bemüht ist, kann jedoch von einer (zumindest aus völkerrechtlicher Sicht) freiwilligen *de facto*-Bindung der EG gesprochen werden.
In praktischer Konsequenz nehmen auf diese Weise die völkerrechtlich allein für die Mitgliedstaaten verbindlichen Bestimmungen ebenfalls an den speziellen Mechanismen des Gemeinschaftsrechts teil (Schutz der EMRK-Grundrechte durch den EuGH bzw. Umsetzung der Resolutionen durch Verordnungen, die unmittelbare Geltung, unmittelbare Anwendbarkeit sowie innerstaatlichen Vorrang in den nationalen Rechtsordnungen genießen), so als handelte es sich um Vertragspflichten aus echten Gemeinschaftsabkommen.

C. Der Einfluß der EG/des Gemeinschaftsrechts auf die Entstehung (neuer) völkerrechtlicher Normen

Die Europäische Gemeinschaft ist heute weltweit akzeptiert als Akteurin auf völkerrechtlicher Ebene. Dies gilt sowohl im Verhältnis zu dritten Staaten als auch zu anderen Internationalen Organisationen. Untersucht werden soll im folgenden, welche Auswirkungen die Teilnahme der Gemeinschaft -neben den Mitgliedstaaten oder an ihrer Stelle- am internationalen Rechtsverkehr auf die Herausbildung (neuer) völkerrechtlicher Normen in diesem Zusammenhang bisher gehabt hat. In den Abschnitten I und II geht es zunächst um völkerrechtliche Regeln, die grundlegende formale und prozedurale Fragen der Beteiligung Internationaler Organisationen am Völkerrechtsverkehr regeln.

In den Abschnitten III und IV ist dann darzustellen, inwiefern die Teilnahme der EG am Völkerrechtsverkehr zur Herausbildung (neuer) materiell-rechtlicher Normen des Völkerrechts beigetragen hat.
Zum einen soll der Beitrag der Gemeinschaft zum internationalen Menschenrechtsschutz und zur Entwicklung einer möglicherweise neuen völkerrechtlichen Verpflichtung der

Staaten zur Achtung demokratischer und rechtsstaatlicher Grundsätze sowie zur verantwortungsvollen Führung der Staatsgeschäfte ('good governance') untersucht werden. Zum anderen geht es um die Frage, inwiefern die im Rahmen der EG koordinierte Praxis der Mitgliedstaaten in bezug auf die Anerkennung neuer Staaten auf dem Balkan und dem Gebiet der ehemaligen UdSSR zu einer Neuausrichtung des völkergewohnheitsrechtlichen Instituts der Anerkennung von Staaten geführt hat.

I. Einfluß auf das internationale Recht der Verträge

Infolge ausdrücklicher Verleihung durch den EGV und infolge der Rechtsprechung des EuGH zur Außenkompetenz der Europäischen Gemeinschaft besitzt diese heute in etlichen Bereichen die ausschließliche oder konkurrierende Befugnis zum Abschluß völkerrechtlicher Verträge mit dritten Völkerrechtssubjekten[465]. Viele Bereiche fallen aber auch weiterhin in die Zuständigkeit der Mitgliedstaaten. Der Regelungsgegenstand eines völkerrechtlichen Abkommens, dessen Abschluß einzelne/alle Mitgliedstaaten oder die Gemeinschaft beabsichtigen, läßt sich allerdings häufig nicht an der innergemeinschaftlichen Kompetenzverteilung ausrichten. Fällt der Vertragsgegenstand teilweise in den Zuständigkeitsbereich der Gemeinschaft und teilweise in den der Mitgliedstaaten, so stehen theoretisch drei Reaktionsmöglichkeiten offen: 1. Man könnte seitens der Gemeinschaft und der Mitgliedstaaten auf den Abschluß des Vertrages insgesamt verzichten, 2. ein Teil könnte sich schlicht die ihm fehlenden Kompetenzen zum Abschluß des in Rede stehenden Vertrages anmaßen oder 3. Gemeinschaft und Mitgliedstaaten könnten den Vertrag gemeinsam unterzeichnen und jeweils die völkerrechtliche Wirksamkeit herbeiführen. Aus naheliegenden Gründen hat man sich innerhalb der Gemeinschaft für die dritte Variante entschieden. Damit war das Konzept des sog. gemischten völkerrechtlichen Vertrages geboren.

Im folgenden soll das Phänomen des gemischten Abkommens im Lichte des internationalen Rechts der Verträge untersucht werden. Es wird dabei einerseits darauf ankommen, Nutzen und Grenzen des klassischen Rechts der Verträge bei der Lösung der zentralen Fragen im Zusammenhang mit diesem Vertragstypus aufzuzeigen, andererseits ist zu untersuchen, in welcher Weise die Vertragsparteien verbleibende Lücken im Wege der Vertragsgestaltung zu schließen vermochten. Weist diese Vertragspraxis eine gewisse Kohärenz, Konstanz und internationale Akzeptanz auf, so lassen sich daraus Rückschlüsse auf den gegenwärtigen Stand des "Rechts der Gemischten Verträge" gewinnen. Spezifisch gemeinschaftsrechtliche Fragen im Zusammenhang mit gemischten Verträgen werden nur angesprochen, sofern dies dem zuvor skizzierten Untersuchungsziel förderlich ist[466].

1. Begriff des „gemischten Vertrages“

Schermers definiert den Begriff des gemischten völkerrechtlichen Vertrages („mixed agreement“) folgendermaßen:

> „A mixed agreement is any treaty to which an international organization, some or all of its Member states and one or more third States are parties and for the full execution of which neither the organi-

465 Siehe oben: A. I. 1. (S. 114 ff.).

466 Zu den gemeinschaftsrechtlichen Aspekten gemischter Abkommen vgl. Fn 16, 17.

zation nor its Member States have full competence."[467]

Diese -potentiell- jede Internationale Organisation und deren Mitgliedstaaten einschließende Begriffsbestimmung erweckt den Eindruck, als sei die Praxis des Abschlusses gemischter Verträge und der Terminus als solcher bereits fest verankert im Recht der Internationalen Organisationen und im internationalen Recht der Verträge. Tatsächlich dürfte es sich bei dieser Definition aber um eine der ersten handeln, die sich aus dem Kontext der Vertragspraxis der Europäischen Gemeinschaft löst, denn das Konzept des gemischten völkerrechtlichen Vertrages ist untrennbar mit dem völkerrechtlichen Tätigwerden der Europäischen Gemeinschaft verbunden. Schließlich war sie die erste Internationale Organisation, die über weitreichende Außenkompetenzen an Stelle ihrer Mitgliedstaaten verfügte[468].
Einzig von Föderalstaaten her, in denen die jeweiligen Untergliederungen eine eigenständige, aber begrenzte Befugnis zum Abschluß völkerrechtlicher Verträge genießen[469], hätte das Konzept des gemischten Vertrages vom Ansatz her bekannt sein können. Die Kompetenzverteilung zwischen Bund und einzelnen (Bundes-)Staaten hätte die gemischte Teilnahme an einem internationalen Abkommen erforderlich machen können. Der einzige historische Fall, der in diesem Zusammenhang genannt wird, ist der der damaligen UdSSR und (einiger) ihrer Teil-Republiken[470]. Von diesen gehörten Weißrußland und die Ukraine neben der Sowjetunion beispielsweise zu den Gründungsmitgliedern der Vereinten Nationen, waren Mitglieder einiger ihrer Sonderorganisationen und hatten neben ihr u.a. die Völkermordkonvention von 1948 und die Genfer Seerechtskonvention von 1958 ratifiziert[471]. Gleichwohl kann darin kein echtes Beispiel für den Abschluß eines gemischten völkerrechtlichen Vertrages erblickt werden, denn aus kompetenzrechtlichen Gründen war eine parallele Mitgliedschaft nicht erforderlich. Sie hatte ihren Grund vielmehr in rein machtpolitischen Erwägungen. Auf diese Weise etwa konnte die Sowjetunion als streng unitaristischer Staat ihr Stimmgewicht in der UN-Generalversammlung von eins (vgl. Art. 18 Abs. 1 UN-Charta) auf *de facto* drei erhöhen[472].
Insofern ist *Weilers* Aussage gerechtfertigt, wonach „[m]ixed agreements have virtually no parallels or precedents in international practice"[473].

Als erster gemischter Vertrag im Sinne der obigen Definition wurde am 9.7.1961 das Abkommen zur Gründung einer Assoziation zwischen der Europäischen Wirtschaftsgemein-

---

467 *Schermers*, A Typologie of Mixed Agreements - in: O'Keeffe/Schermers (Hrsg.), Mixed Agreements, S. 23 ff. (25 f.); ähnlich auch *ders./Blokker*, International Institutional Law, § 1756.

468 Vgl. *Tomuschat*, Liability for Mixed Agreements - in: O'Keeffe/Schermers (Hrsg.), Mixed Agreements, S. 125 ff. (125 f.).

469 Zu denken ist hier heute an Deutschland, die Schweiz, Kanada, Österreich (seit 1988) und Belgien (seit 1993). Belgien liefert derzeit wohl das markanteste Beispiel für den Abschluß gemischter völkerrechtlicher Verträge durch die Regionen/Gemeinschaften und die föderale Ebene mit dritten Völkerrechtssubjekten (vgl. dazu *Steenbergen*, Les accords mixed et le système fédéral belge - in: Bourgeois u.a. (Hrsg.), La Communauté européenne et les accords mixed, S. 77 ff.).

470 *Weiler*, The External Relations of Non-Unitary Actors: Mixity and the Federal Principle - in: O'Keeffe/ Schermers (Hrsg.), Mixed Agreements, S. 35 ff. (35 Fn 3).

471 Weitere Beispiele bei *Schermers/Blokker*, International Institutional Law, § 1845.

472 Vgl. *Schermers*, A Typology of Mixed Agreements (Fn 467), S. 29; In diesem Zusammenhang ist auch die parallele Mitgliedschaft einiger unabhängiger Gebiete neben den Mutterstaaten im Weltpostverein (WPU) von 1874 und in der Internationalen Fernmeldeunion (IUT) von 1865 zu nennen (vgl. *Vigne*, La Participation aux organisations internationales - in: Dupuy (Hrsg.), Manual sur les Organisations Internationales, S. 61 ff. (63).

473 *Weiler*, The External Legal Relations of Non-Unitary Actors: Mixity and the Federal Principle (Fn 470), S. 35.

schaft und Griechenland von den Vertretern der damals sechs EG-Mitgliedstaaten und dem Vertreter des Rates der Europäischen Wirtschaftsgemeinschaft einerseits sowie dem Repräsentanten des Hellenischen Königreichs andererseits unterzeichnet[474]. 40 Jahre später ist die Gesamtzahl der von der EG und den Mitgliedstaaten mit dritten Völkerrechtssubjekten geschlossenen gemischten Abkommen kaum noch überschaubar[475].

2. Zentrale völkerrechtliche Fragen im Zusammenhang mit gemischten Abkommen

Einige Fragen im Zusammenhang mit völkerrechtlichen Verträgen, an denen sowohl ein Staat als auch eine Internationale Organisation beteiligt sind, finden in der Wiener Vertragsrechtskonvention von 1986 eine Antwort. Vergeblich sucht man dort allerdings nach einer Regelung für den Fall, daß sich nicht ein Staat und eine Internationale Organisation als Vertragsparteien gegenüberstehen, sondern daß sie zusammen eine Vertragspartei bilden. Dieses Schweigen ist insofern verständlich, als gemischte Abkommen ihren Entstehungsgrund allein in der rein internen Kompetenzaufteilung zwischen der Internationalen Organisation und ihren Mitgliedstaaten haben[476]. Offen ist daher vor allem, wie sich diese „Projektion der internen Zuständigkeitsverteilung auf die internationale Vertragsebene" -die eigentliche Besonderheit gemischter Verträge[477]- auf die Rechtsstellung der Vertragsparteien auswirkt: Kann der Vertragspartner etwa Erfüllung der Vertragspflichten von jedem Mitglied der anderen Vertragspartei (Internationale Organisation und Mitgliedstaaten) ungeachtet der Kompetenzverteilung innerhalb der Gruppe verlangen? Genießt die Internationale Organisation auf der anderen Seite nur beschränkte Rechte oder kann sie unabhängig von den Mitgliedstaaten die Einhaltung jedweder Vertragspflicht von den Vertragsparteien verlangen? Fraglich ist weiterhin, wer aus der gemischten Vertragsgruppe für Vertragsverletzungen haftet.

Bei der Erörterung dieser Fragen ist zwischen zwei Arten von gemischten Verträgen zu differenzieren: zwischen vollständigen und unvollständigen gemischten Abkommen.
Aus der von *Schermers* gegebenen, eingangs zitierten Definition eines gemischten Abkommens geht hervor, daß neben der Internationalen Organisation einige oder alle Mitgliedstaaten auf der Seite des gemischten Vertragspartners beteiligt sein können. Es müs-

---

474 Text des Abkommens in: ABl. 1963, S. 294 ff.

475 Eine Übersicht über die bilateralen gemischten Abkommen (alphabetisch geordnet nach Vertragsparteien) findet sich unter: <www.europa.eu.int/index_de.htm> *link:* Institutionen, *link:* Rat, *link:* Abkommen, *link:* Parties list. Soweit ersichtlich, existiert für den multilateralen Bereich keine solche Zusammenstellung. *Timmermans*, The EU and Public International Law (Fn 41), S. 184 Fn 8, gibt die Zahl der bi- und multilateralen Abkommen, an denen die Gemeinschaften im Jahre 1998 beteiligt waren, mit 703 an. Eine Unterscheidung zwischen gemischten Abkommen und reinen Gemeinschaftsabkommen wird dabei allerdings nicht getroffen.

476 Externe Gründe (politischer Art) für die Akzeptanz des Abschlusses gemischter Verträge durch Drittstaaten nennt *Bourgeois*, Mixed Agreements: A New Approach? - in: Bourgeois u.a. (Hrsg.), La Communauté européenne et les accords mixed, S. 83 ff. (84): „Faced with the rather unusual phenomenon of the EC, which they [third countries] see as an international organization pretending to have been endowed with external relations powers, some of them took, at least in the early days, the position that they could enter into agreements with the EC only if its Member States somehow acted as guarantors.". Mit Blick auf die Mitgliedstaaten weist *Bourgeois* darauf hin, daß gemischte Abkommen für sie ein Mittel darstellen „to keep the EC in check", während sie es der Gemeinschaft im Gegenzug ermöglichen, in immer weiteren Bereichen völkerrechtliche Verträge zu schließen (a.a.O., S. 87 f.); s.a. *Kovar*, La Participation des Communautés européennes aux Conventions multilatérales, AFDI 21 (1975), S. 903 ff. (915).

477 *Tomuschat*, Liability for Mixed Agreements (Fn 468), S. 126: „[A] division of powers has taken place, the external projection of which is quite a novelty for international law".

sen demnach neben der Internationalen Organisation nicht zwingend sämtliche Mitgliedstaaten an dem Abkommen teilnehmen. Abkommen, an denen neben der Internationalen Organisation nicht alle Mitgliedstaaten beteiligt sind, werden dementsprechend als sog. unvollständige gemischte Verträge ('incomplete mixed agreements') bezeichnet[478].
Von vollständigen gemischten Abkommen spricht man folglich dann, wenn neben der Internationalen Organisation sämtliche Mitgliedstaaten als eine Vertragspartei an dem Abkommen beteiligt sind.

a) Unterscheidung von vollständigen und unvollständigen gemischten Abkommen

Regelmäßig läßt sich den zahlreichen gemischten Abkommen, die die EG und ihre Mitgliedstaaten mit dritten Staaten geschlossen haben, entnehmen, ob die Teilnahme aller Mitgliedstaaten auf seiten der Gemeinschaftsgruppe für das Inkrafttreten des Vertrages erforderlich ist oder nicht[479]. Insbesondere bei bilateralen Verträgen, also z.B. Handels-, Kooperations- und Assoziierungsabkommen mit einem dritten Staat, geht aus der Erwähnung der Parteien im Titel oder der Präambel des Abkommens i.V.m. der Ratifikationsklausel hervor, daß alle EG-Mitgliedstaaten das Abkommen ratifizieren müssen.
Eine solche Regelung ist beispielsweise in dem Partnerschaftsabkommen aus dem Jahre 2000 zwischen den Mitgliedern der Gruppe der Staaten in Afrika, im karibischen Raum und im Pazifischen Ozean (sog. AKP-Staaten) einerseits und der Europäischen Gemeinschaft und ihren Mitgliedstaaten andererseits enthalten[480]. Nachdem in der Präambel des Abkommens alle Unterzeichnerstaaten und die Europäische Gemeinschaft genannt werden, heißt es in der Ratifikationsklausel (Art. 93 Abs. 3), daß zum Inkrafttreten des Vertrages die Hinterlegung der Ratifikationsurkunden der Mitgliedstaaten und von mindestens zwei Dritteln der (77) AKP-Staaten sowie der Genehmigungsurkunde der Gemeinschaft erforderlich ist. Eine unvollständige Teilnahme der Mitgliedstaaten neben der Gemeinschaft ist mithin nicht möglich. Art. 99 des Abkommens erlaubt es dann auch nur der Gemeinschaft und den (= sämtlichen) Mitgliedstaaten gemeinsam, das Abkommen zu kündigen.

Echte multilaterale Verträge, also solche, die ein Netz von Vertragsbeziehungen zwischen einer Vielzahl von Vertragspartnern knüpfen, zumal solche von universeller Verbreitung, machen nur selten die geschlossene Teilnahme der Mitgliedstaaten zur Voraussetzung für einen Beitritt der Internationalen Organisation[481]. Ein solches Erfordernis kann sich aller-

---

478 Vgl. *Granvik*, Incomplete Mixed Environmental Agreements of the Community and the Principle of Bindingness - in: Koskenniemi (Hrsg.), International Law Aspects of the European Union, S. 225 ff. (255); *Schermers*, A Typologie of Mixed Agreements (Fn 467), S. 26; *ders.*, International Organizations as Members of other Organizations - in: Bernhardt u.a. (Hrsg.), FS Mosler, S. 823 ff. (827).

479 Vgl. *Stein*, Der gemischte Vertrag im Recht der Außenbeziehungen der Europäischen Wirtschaftsgemeinschaft, S. 37 f.

480 Abkommen von Cotonou vom 23.6.2000 (ABl. 2000 Nr. L 317, S. 3 ff.); In seinen Schlußanträgen in der Rs. C-316/91, Parlament v. Rat, Slg. 1994-I, S. 625 ff. sagt Generalanwalt *Jacobs* bezüglich des 3. Lomé-Abkommens von 1984: „Das Abkommen wurde als gemischte Übereinkunft (d.h. von der Gemeinschaft und ihren Mitgliedstaaten gemeinsam) geschlossen und hat im wesentlichen *bilateralen Charakter*. Dies wird in Art. 1 deutlich, wonach die Gemeinschaft und ihre Mitgliedstaaten einerseits und die AKP-Staaten andererseits das Abkommen schließen" (a.a.O., S. 646 Nr. 69) - eigene Hervorhebung. Zur Bilateralität trotz einer Vielzahl von Vertragsparteien vgl. auch *Stein*, Der gemischte Vertrag im Recht der Außenbeziehungen der Europäischen Wirtschaftsgemeinschaft, S. 194 ff.

481 So aber z.B. Art. 52 Abs. 3 des Zollübereinkommens über den internationalen Warentransport mit Carnets TIR (TIR-Übereinkommen) vom 14.11.1975 (ABl. 1978, Nr. L 252, S. 2 ff.) oder Art. VIII Abs. 1

dings auch implizit aus Vorschriften des Vertrages ergeben[482]. So kann das Abkommen etwa ausdrücklich Vorbehalte (i.S.v. Art. 2 Abs. 1 lit. d) WVRK II) für unzulässig erklären, weshalb es einer Internationalen Organisation verwehrt wäre, ihre Bindung an diejenigen Bestimmungen auszuschließen, deren Erfüllung mangels geschlossener Teilnahme ihrer Mitgliedstaaten nicht sichergestellt ist. Auch kann die inhaltliche Unteilbarkeit formal getrennter Vertragsteile es verbieten, daß die Internationale Organisation nur dem Teil des Abkommens beitritt, der in ihren Kompetenzbereich fällt, der andere, im Zuständigkeitsbereich der Mitgliedstaaten befindliche Teil aber wegen unvollständiger Teilnahme der Mitgliedstaaten nicht vollständig wirksam wird[483].

Schließlich ist es denkbar, daß neben der Internationalen Organisation zwar nur einige Mitgliedstaaten dem gemischten Abkommen beigetreten sind, die Erfüllung sämtlicher Vertragspflichten der gemischten Gruppe aber dennoch gewährleistet ist. Dies gilt vor allem für Abkommen mit einem speziellen geographischen Anwendungsbereich, aufgrund dessen eine Teilnahme sämtlicher Mitgliedstaaten praktisch gar nicht möglich ist. So wäre es beispielsweise Italien schon aus tatsächlichen Gründen nicht möglich, eventuelle Vertragspflichten unter der Nordseeschutzkonvention von 1983[484] zu erfüllen. Für einen Beitritt Deutschlands zur Barcelona-Konvention zum Schutze des Mittelmeeres[485] oder eine Mitgliedschaft Spaniens in der Alpen-Konvention[486] gilt das gleiche.
Wegen der logischen Begrenzung der Teilnehmerzahl handelt es sich rechtlich daher in diesen Fällen trotzdem um vollständige gemischte Abkommen.

Zusammengefaßt bedeutet dies, daß unvollständige gemischte Abkommen immer dann möglich und zulässig sind, wenn sich dem Vertrag weder unmittelbar noch mittelbar entnehmen läßt, daß die Teilnahme sämtlicher Mitgliedstaaten Bedingung für den Beitritt der Internationalen Organisation ist.
Praktisch kommt es zu unvollständigen gemischten Abkommen dann, wenn noch nicht oder wenn -etwa wegen (zulässiger) Kündigung- nicht mehr alle Mitgliedstaaten neben der Internationalen Organisation Vertragsparteien sind[487].

---

lit. a) des Protokolls vom 26.11.1976 zum Abkommen über die Einfuhr von Gegenständen erzieherischen, wissenschaftlichen oder kulturellen Charakters (ABl. 1979 Nr. L 134, S. 14 ff.).

482 *Allott*, Adherence To and Withdrawl From Mixed Agreements - in: O'Keeffe/Schermers (Hrsg.), Mixed Agreements, S. 97 ff. (100 ff.).

483 Vgl. *Gaja*, The European Community's Rights and Obligations under Mixed Agreements - in: O'Keeffe/ Schermers (Hrsg.), Mixed Agreements, S. 133 ff. (139); *Schermers*, International Organizations as Members of Other Organizations (Fn 478), S. 828, nennt zur Illustration das -fiktive- Beispiel eines Meeresabkommens, in dem etwa eine restriktive Regelung bei den Fischereizonen zugunsten der Entwicklungsländer mit einem großzügigen Recht auf friedliche Durchfahrt zugunsten der Industrieländer abgegolten wird. In diesem Fall kann es nicht zulässig sein, daß eine in Fischereiangelegenheiten ausschließlich zuständige Internationale Organisation dem Abkommen beitritt, einige ihrer Mitgliedstaaten, die das Recht auf friedliche Durchfahrt zu gewähren hätten, aber das Abkommen nicht ratifizieren.

484 Übereinkommen zur Zusammenarbeit bei der Bekämpfung der Verschmutzung der Nordsee durch Öl und andere Schadstoffe (Übereinkommen von Bonn) vom 13.9.1983 (ABl. 1984 Nr. L 188, S. 9 ff.), ratifiziert von der EG, Deutschland, Belgien, Dänemark, Frankreich, Großbritannien, Irland, den Niederlanden, Norwegen und Schweden.

485 Übereinkommen zum Schutz des Mittelmeeres vor Verschmutzung vom 16.2.1976 (ABl. 1977 Nr. L 240, S. 35 ff.), ratifiziert von der EG, Frankreich, Spanien, Italien und Griechenland.

486 Übereinkommen zum Schutz der Alpen vom 9.11.1991 (ABl. 1996 Nr. L 61, S. 32 ff.), ratifiziert von der EG, Deutschland, Frankreich, Italien, Slowenien, Liechtenstein, Österreich und der Schweiz.

487 *Allott*, Adherence To and Withdrawl From Mixed Agreements (Fn 482), S. 97: „progressive-" bzw. „regressive participation".

b) Rechte und Pflichten aus vollständigen gemischten Abkommen

Würde sich die Gemeinschaft oder eine andere Internationale Organisation die Kompetenzen der Mitgliedstaaten zum Abschluß eines bestimmten völkerrechtlichen Vertrages schlicht anmaßen und so das an sich gegebene Erfordernis des gemeinsamen Handelns mit den Mitgliedstaaten ignorieren, wäre die völkerrechtliche Lage im Hinblick auf Rechte und Pflichten, die der Organisation aus diesem Vertrag erwachsen, eindeutig: Das internationale Recht der Verträge hält für diese Fälle mit Art. 27 und 46 der Wiener Konvention von 1986 bzw. mit den inhaltsgleichen gewohnheitsrechtlichen Normen eine Regelung bereit, wonach ein Verstoß gegen die internen Vorschriften der Organisation grundsätzlich unbeachtlich ist und dem Vertragspartner nicht entgegengehalten werden kann (Art. 27 Abs. 2). Unberührt bleibt gem. Art. 27 Abs. 3 allerdings die Vorschrift des Art. 46, die es in Abs. 2 ausnahmsweise zuläßt, daß sich die Organisation dann auf die Ungültigkeit des abgeschlossenen Vertrages berufen kann, wenn die Zustimmung, durch den Vertrag gebunden zu sein, unter offenkundiger Verletzung einer internen Vorschrift von grundlegender Bedeutung erfolgte. Offenkundigkeit einer Verletzung ist dann gegeben, wenn sie für jeden Staat oder jede Internationale Organisation nach Treu und Glauben objektiv erkennbar war (Art. 46 Abs. 3 WVRK II) [488].
Bei einer Kompetenzüberschreitung scheint ein Eingreifen dieser Bestimmung praktisch ausgeschlossen. Denn angesichts der komplexen Rspr. des EuGH zur Außenkompetenz der Gemeinschaft und der ergänzenden Rechtssetzungsbefugnis auf Grundlage von Art. 308 EGV auch im Außenbereich gibt es selbst für objektive Beobachter kaum noch „offenkundige" Fälle der Kompetenzüberschreitung. Zudem schließt das Verfahren, in dem völkerrechtliche Verträge durch die Gemeinschaft völkerrechtlich wirksam abgeschlossen werden -also u.a. unter Zustimmung der Vertreter der Mitgliedstaaten im Rat (Art. 300 Abs. 2, 3 EGV)-, eine allgemein erkennbare Verletzung aus[489], ohne daß sich noch die Frage stellt, ob es sich bei den Kompetenzvorschriften um „Vorschriften von grundlegender Bedeutung" handelt[490].

Zu klären ist nun zunächst, wie sich die Rechtslage bei einem -intern wie extern ordnungsgemäß abgeschlossenen- gemischten Abkommen darstellt, wenn im Zusammenhang mit dessen Ausarbeitung oder Inkrafttreten dem Vertragspartner kein Aufschluß über Kompetenzfragen innerhalb der gemischten Gemeinschaftsgruppe gegeben wird.

---

488 Man hat sich in diesem Zusammenhang folglich zugunsten der Rechtssicherheit und des Schutzes des Vertragspartners gegen die strenge Anwendung der für Internationale Organisationen geltenden klassischen *ultra vires*-Regel entschieden (vgl. *Seidl-Hohenveldern/Loibl*, Recht der Internationalen Organisationen, Rn 1507 i.V.m. 1516); insofern dürfte es sich bei der Übertragung der für Staaten in Art. 27, 46 WVRK I normierten völkergewohnheitsrechtlichen Regeln auf das Vertragsrecht der Internationalen Organisationen um eine progressive Kodifikation handeln. Die völkergewohnheitsrechtliche Existenz einer Art. 27 Abs. 2, 3 und Art. 46 WVRK II entsprechenden Regel kann daher wohl nicht ohne weiteres unterstellt werden. *Gaja*, The European Community's Rights and Obligations under Mixed Agreements (Fn 483), S. 138, wendet diese Regeln dennoch „by analogy" an; ebenso *Allott*, Adherence and Withdrawl From Mixed Agreements (Fn 481), S. 106 ff.; ähnlich auch *Bourgeois*, Mixed Agreements: A New Approach? (Fn 476), S. 84.

489 *Gaja*, a.a.O., S. 138.

490 *Allott*, Adherence to and Withdrawl From Mixed Agreements (Fn 482), S. 107 f., bejaht dies („clearly") und hat -anders als hier vertreten- auch keine Zweifel, daß „[the v]iolation of such a rule of internal law no doubt gives ground for terminating, withdrawing from or suspending the operation of a treaty which otherwise seemed to be valid and in effect [...]".

aa) Vollständige gemischte Abkommen ohne Offenlegung der internen Kompetenzverteilung zwischen Organisation und Mitgliedstaaten

Im Fall des Abschlusses eines vollständigen gemischten Abkommens ohne Offenlegung der internen Kompetenzverteilung zwischen Organisation und Mitgliedstaaten kann man mit einer rein buchstabengetreuen (analogen) Anwendung der Grundsätze des Art. 46 Abs. 2, 3 WVRK II ohne weiteres zur Bejahung der Nichtigkeit des betreffenden Vertrages kommen. Die Mitglieder der gemischten Vertragsgruppe bringen durch ihre gemeinsame Ratifikation zum Ausdruck, daß keines von ihnen die Kompetenz besitzt, sich allein an sämtliche Bestimmungen des Vertrages zu binden; andernfalls wäre der Abschluß eines gemischten Abkommens überflüssig. Jeder Teil hat das Abkommen trotzdem ohne Vorbehalte und in seiner Gesamtheit ratifiziert. Ein offenkundiger Verstoß gegen wesentliche -wenn auch nicht spezifizierte- Vorschriften der Internationalen Organisation wäre somit gegeben[491].

Nun kann aber kaum angenommen werden, daß Völkerrechtssubjekte ein Abkommen in dem Bewußtsein seiner Nichtigkeit schließen. Eine Lösung dieser paradoxen Situation kann nur darin bestehen, daß die Vertragsparteien von ihrer Dispositionsfreiheit Gebrauch machen und stillschweigend vereinbaren, von der nicht zwingenden Regel des Art. 46 Abs. 2, 3 WVRK II abzuweichen. Die ganz herrschende Meinung geht offenbar so selbstverständlich von der Wirksamkeit eines solchen gemischten Vertrages aus, daß sie sich allein auf die Diskussion beschränkt, welche Verpflichtungen aus ihm für die Internationale Organisation und ihre Mitgliedstaaten erwachsen[492].

Aus der vorbehaltlosen Ratifikation des gemischten Abkommens durch die Mitgliedstaaten und die Internationale Organisation schließt die ganz überwiegende Meinung, daß der Vertragspartner wahlweise von dem einen oder dem anderen gleichermaßen die Erfüllung sämtlicher Vertragspflichten einfordern könne[493].
Durch den gemeinsamen Abschluß des Vertrages entsteht bei dem Drittstaat das Vertrauen, daß nicht nur die Internationale Organisation, sondern auch die Mitgliedstaaten die Durchführung des Abkommens sicherstellen wollen[494]. Im Gegenzug akzeptiert er, daß jeder aus der gemischten Vertragsgruppe von ihm die Erfüllung der seinerseits übernommenen Vertragspflichten verlangen kann[495]. Nur vereinzelt wird angenommen, daß die interne Kompetenzverteilung zwischen Organisation und Mitgliedstaaten auch auf der

---

491 So *Stein*, Der gemischte völkerrechtliche Vertrag im Recht der Außenbeziehungen der Europäischen Wirtschaftsgemeinschaft, S. 126; jetzt auch *Björklund*, Responsibility in the EC for Mixed Agreements - Should Non-Member Parties care?, NordJIL 70 (2001), S. 373 ff. (400).

492 Ausdrücklich allerdings *Streinz*, Europarecht, Rn 429: „Nichtigkeit wäre hier die falsche Konsequenz".

493 Vgl. *Schweitzer/Hummer*, Europarecht, Rn 670; G/T/E-*Tomuschat*, Kommentar zum EU-/EG-Vertrag, Art. 228 Rn 55; *ders.*, Liability for Mixed Agreements (Fn 468), S. 130; *Groux/Manin*, Die Europäischen Gemeinschaften in der Völkerrechtsordnung, S. 71 u. 133; *Granvik*, Incomplete Mixed Environmental Agreements of the Community and the Principle of Bindingness (Fn 478), S. 262; *Gaja*, The European Community's Rights and Obligations under Mixed Agreements (Fn 483), S. 137; Grabitz/Hilf-*Vedder*, Kommentar zur EU, Art. 228 Rn 19 u. 22; *Dauses*, Die Beteiligung der Europäischen Gemeinschaften an multilateralen Völkerrechtsübereinkommen, EuR 14 (1979), S. 138 ff. (149); wohl auch *Bernhardt*, Die Europäische Gemeinschaft als neuer Rechtsträger im Geflecht der zwischenstaatlichen Rechtsbeziehungen, EuR 18 (1983), S. 199 ff. (209); a.A. *Kovar*, La Participation des Communautés européennes aux conventions multilatérales, AFDI 21 (1975), S. 903 ff. (915 f.): „[L]a Communauté et ses Etats se trouvent engagés chacun dans les limites de ses propres compétences [...]".

494 *Bleckmann*, Europarecht, Rn 1403.

495 *Gaja*, The European Community's Rights and Obligations under Mixed Agreements (Fn 483), S. 137.

Ebene des völkerrechtlichen Abkommens zum Tragen kommt[496]. Es ist jedoch kaum zu begründen, weshalb es allein aufgrund der diffusen Kenntnis des Drittstaates von Kompetenzgrenzen innerhalb der gemischten Vertragsgruppe der Internationalen Organisation und den Mitgliedstaaten gestattet sein soll, jeweils unter Hinweis auf die eigene interne Unzuständigkeit und die Verpflichtung des jeweils anderen Teils die Erfüllung einer völkerrechtlich uneingeschränkt übernommenen Vertragspflicht verweigern zu können.

Die herrschende Ansicht, die eine vollständige Berechtigung und Verpflichtung jedes Mitglieds der gemischten Vertragsgruppe bejaht, führt zu keinen Schwierigkeiten, wenn es um die Geltendmachung von Vertragsrechten gegenüber dem Drittstaat geht. Hier entscheidet die interne Kompetenzverteilung darüber, ob die Internationale Organisation für die Geltendmachung eines Anspruchs zuständig ist oder ob die Zuständigkeit bei den Mitgliedstaaten liegt. Der Drittstaat hat infolge des *res inter alios acta*-Grundsatzes keinen Anspruch darauf, nur von dem nach den Vorschriften der Internationalen Organisation befugten Mitglied der gemischten Vertragsgruppe in Anspruch genommen zu werden[497].

In der Position der Vertragsverpflichteten sieht sich die gemischte Vertragsgruppe allerdings mit der Gefahr konfrontiert, daß der Drittstaat sich mit seinem Anspruch an das Mitglied der Gruppe wendet, dem für die Erfüllung gemäß der internen Kompetenzverteilung die Befugnis fehlt. Die Möglichkeit des Auseinanderfallens von organisationsinterner Befugnis und völkerrechtlicher Verpflichtung wird implizit auch von Generalanwalt *Jacobs* in seinen Schlußanträgen in der Rechtssache 'Parlament v. Rat' anerkannt, wenn er sagt:

> „Aus einer gemischten Übereinkunft sind die Gemeinschaft und die Mitgliedstaaten gemeinsam verpflichtet, sofern in der Übereinkunft nichts Gegenteiliges gesagt ist."[498]

Gleich zwei Aspekte sind in dieser Aussage von Bedeutung. In der englischen Originalfassung der Schlußanträge verwendet GA *Jacobs* den Begriff „jointly liable", der mit „gemeinsam verpflichtet" ins Deutsche übersetzt wurde. Tatsächlich wird der Begriff in der englischen Rechtssprache aber zumeist synonym mit „responsibility", also i.S.v. völkerrechtlicher „Verantwortlichkeit" verwendet[499]. In der Tat wäre es widersprüchlich, wenn man zwar eine gemeinsame Verpflichtung von Gemeinschaft und Mitgliedstaaten aus einem gemischten Vertrag annimmt, aber die aus einer Vertragsverletzung erwachsenden Sekundärpflichten erneut aufteilen wollte. Auch bei der völkerrechtlichen Verantwortlich-

---

496 So *Pitschas,* Die völkerrechtliche Verantwortlichkeit der Europäischen Gemeinschaft und ihrer Mitgliedstaaten, S. 240 f. - jedenfalls für Fälle, in denen die Vertragsschlußkompetenzen der EG und der Mitgliedstaaten jeweils nur bestimmte, voneinander geschiedene Bestandteile des gemischten Vertrages erfassen; im Erg. wohl auch *Schermers,* International Institutional Law, § 1758 u. *Björklund,* Responsibility in the EC for Mixed Agreements - Should Non-Member Parties care? (Fn 491), S. 401: „Joint liability could therefore be applied only when specifically provided for in an agreement [...]".

497 Vgl. Grabitz/Hilf-*Vedder,* Kommentar zur EU, Art. 228a EGV Rn 19.

498 EuGH Rs. C-316/91, Parlament v. Rat, Slg. 1994-I, S. 625 ff. (646 Nr. 69).

499 *Tomuschat,* Liability for Mixed Agreements (Fn 468), S. 126 f.; Als Beispiel für die synonyme Verwendung beider Begriffe sei folgende Passage bei *Schermers,* International Organizations as Members of other International Organizations, (Fn 483), S. 829 angeführt: „[I]t may be difficult to know whether the Community or a Member State is *liable for a* particular *violation of the treaty*" und später heißt es: „[...] there will always be marginal situations in which it is not clear whether the Community or the Member States should accept *responsibility*" (jeweils eigene Hervorhebungen); zum Begriff der „joint liability" vgl. auch *Björklund,* Responsibility in the EC for Mixed Agreements - Should Non-Member Parties Care? (Fn 491), S. 386 f.

keit ist daher der gemischte Vertragsteil als zur gesamten Hand haftbar anzusehen[500]. Ob und wenn ja in welcher Weise ein Innenausgleich zwischen Gemeinschaft und Mitgliedstaaten stattfindet, ist eine rein gemeinschaftsrechtliche Frage, die hier nicht von Interesse ist.

Die gemeinschaftliche Verpflichtung und Haftung steht allerdings unter dem Vorbehalt, daß „in der Übereinkunft nichts Gegenteiliges gesagt ist". Den Vertragsparteien steht es mithin frei, in dem gemischten Abkommen Vereinbarungen zu treffen, mit denen von der oben geschilderten Rechtslage abgewichen wird[501].

Die Gestaltung vollständiger gemischter Abkommen durch Gemeinschaft, Mitgliedstaaten und die Vertragspartner bietet dann auch entsprechendes Anschauungsmaterial dafür, auf welche Weise versucht wird, das Auseinanderfallen von gemeinschaftsrechtlicher Befugnis und völkerrechtlicher Verpflichtung zu verhindern. Man bedient sich dazu im wesentlichen zweier Arten von Klauseln: allgemeinen Bindungsverteilungsklauseln[502] und solchen, in denen eine Aufteilung der Bindungswirkung durch den Wortlaut der einzelnen Bestimmungen selbst erfolgt.

bb) Vollständige gemischte Abkommen mit allgemeiner Kompetenzverteilungsklausel

In dem ersten gemischten Abkommen von Gemeinschaft und Mitgliedstaaten mit einem Drittstaat, dem Assoziierungsabkommen mit Griechenland, ist im Vertragstext von „den Vertragsparteien" die Rede, die sich beispielsweise verpflichten, untereinander weder neue mengenmäßige Einfuhrbeschränkungen noch Maßnahmen gleicher Wirkung einzuführen (Art. 23) oder schrittweise und gleichmäßig die Niederlassung von Staatsangehörigen zu erleichtern (Art. 48). Die Vorschriften selbst lassen -wie alle anderen auch, in denen die Bezeichnung 'Vertragspartei' verwendet wird- offen, wem genau aus dem Gemeinschaftsblock die entsprechende Vertragspflicht obliegt. Stattdessen ist im Anhang II der Schlußakte zu dem Abkommen („Auslegende Erklärungen") folgende gemeinsame Erklärung enthalten:

> „Die Vertragsparteien kommen überein, das Assoziierungsabkommen so auszulegen, daß unter dem im Abkommen enthaltenen Wort „Vertragsparteien" einerseits die Gemeinschaft sowie die Mitgliedstaaten oder aber entweder die Mitgliedstaaten oder die Gemeinschaft allein und andererseits das Königreich Griechenland zu verstehen sind. Die jeweilige Bedeutung dieses Wortes ergibt sich aus den in Frage stehenden Bestimmungen des Abkommens sowie aus den entsprechenden Bestimmungen des Vertrages zur Gründung der Gemeinschaft [...]."[503]

Fraglich ist, ob durch die gemeinsame Auslegungserklärung anläßlich des Vertragsabschlusses die interne Kompetenzverteilung zwischen der Gemeinschaft und den Mitgliedstaaten, wie sie aus dem E(W)G-Vertrag hervorgeht, quasi in das Abkommen hineinzulesen ist. Im Ergebnis würde dies bedeuten, daß die Gemeinschaft und die Mitgliedstaaten

---

500 GA *Tesauro*, Schlußanträge in EuGH Rs. C-53/96, Hermès International v. FHT Marketing Choice BV, Slg. 1998-I, S. 3603 ff. (3614 f. Nr. 14): „[D]ie Mitgliedstaaten und die Gemeinschaft sind eine einzige Vertragspartei oder zumindest Vertragsparteien [...], die für etwaige Vertragsverletzungen in gleicher Weise verantwortlich sind"; s.a. *Groux/Manin*, Die Europäischen Gemeinschaften in der Völkerrechtsordnung, S. 150; *Gaja*, The European Community's Rights and Obligations under Mixed Agreements (Fn 483), S. 137.

501 Vgl. dazu auch GA *Tesauro*, a.a.O., S. 3614 Nr. 14.

502 Die Terminologie ist in diesem Bereich uneinheitlich; im wesentlichen werden in der Lit. folgende -grds. gleichbedeutende- Begriffe verwendet: Kompetenzklauseln ('competence clauses'), Kompetenzverteilungsklauseln, 'subordination clauses', Bindungsklauseln, Bindungsverteilungsklauseln, Trennungsklauseln.

503 ABl. 1963, S. 346.

Griechenland gegenüber völkerrechtlich nur in dem Umfang aus dem Vertrag verpflichtet waren, wie sie nach Gemeinschaftsrecht auch befugt waren, die Verpflichtungen einzugehen bzw. zu erfüllen. Diese Interpretation besticht auf den ersten Blick durch eine gewisse Eleganz: Durch die kurze Bezugnahme würden die umfangreichen Kompetenzregeln des EWGV auch zwischen den Vertragspartein für "anwendbar" erklärt; zudem würde bereits im voraus dem Umstand Rechnung getragen, daß es in der Zukunft zu Kompetenzverlagerungen innerhalb der Gemeinschaftsgruppe kommen kann.
Eine solche Deutung der Kompetenzverteilungsklausel, wie sie in der Tat von einigen vorgenommen wird[504], muß jedoch bei genauerer Betrachtung sowohl aus Sicht des von ihr betroffenen Drittstaates als auch aus Sicht der Gemeinschaft auf Bedenken stoßen. So wird zu Recht darauf hingewiesen, daß die pauschale Verweisung auf das Gemeinschaftsrecht den Drittstaat vor eine „kaum zu bewältigende und ihm nicht zumutbare Aufgabe" stellt[505]. Bevor dieser sich mit seinem Begehren entweder an die Mitgliedstaaten oder an die Gemeinschaft wendet, muß er eine selbst für Eingeweihte oftmals schwierige Kompetenzfrage richtig beantworten, soll sein Anspruch nicht bereits an der Wahl des falschen Anspruchsgegners scheitern. Sollte auch innerhalb der gemischten Vertragsgruppe Uneinigkeit über die Kompetenzverteilung herrschen und verweigern daher beide Teile die Erfüllung des Anspruchs, dann kann der richtige Anspruchsgegner nur im streitigen Verfahren entsprechend den Bestimmungen des Abkommen ermittelt werden. Bei den in diesen Fällen für zuständig erklärten internationalen Gerichten handelt es sich aus naheliegenden Gründen nicht um den EuGH. Dies wiederum birgt für die Gemeinschaft eine Gefahr, da nun ein gemeinschaftsfremdes Gericht über die Kompetenzverteilung zwischen EG und Mitgliedstaaten entscheiden müßte. Zwar dürfte es zu weit gehen, darin eine drohende „Zerstörung des Gemeinschaftssystems"[506] zu sehen, doch ist nicht von der Hand zu weisen, daß mehrere nicht gemeinschaftsrechtskonforme Einzelentscheidungen eines solchen Gerichts durchaus für weitere Verwirrung und Komplizierung bei der Kompetenzabgrenzung zwischen Gemeinschaft und Mitgliedstaaten führen können.
Die oben erwogene Interpretation der Kompetenzverteilungsklausel dürfte mithin kaum der Interessenlage beider Vertragsparteien entsprechen.

Stattdessen bietet sich folgende Auslegung der Klausel an: Durch sie akzeptiert der Vertragspartner ausdrücklich, daß nur demjenigen aus der Gemeinschaftsgruppe die Erfüllung der Vertragspflichten obliegt, der nach Gemeinschaftsrecht dazu befugt ist[507]. Anders als bei Fehlen einer Kompetenzklausel im Abkommen kann der Drittstaat also nicht mehr von jedem Mitglied der Gemeinschaftsgruppe die Erfüllung jeglicher Vertragspflicht verlangen, sondern sein Anspruch richtet sich allein darauf, *daß* erfüllt wird. Die

---

504 *Dauses,* Die Beteiligung der Europäischen Gemeinschaften an multilateralen Völkerrechtsübereinkommen, (Fn 493), S. 151 f.; *Tomuschat,* Liability for Mixed Agreements (Fn 468), S. 129; *Pitschas,* Die völkerrechtliche Verantwortlichkeit der Europäischen Gemeinschaft und ihrer Mitgliedstaaten, S. 244; Da letzterer Autor zu demselben Ergebnis allerdings auch bei gemischten Verträgen ohne Bindungsverteilungsklausel gelangt (s. Fn 496 u. begleitenden Text), mißt er allgemeinen Bindungsklauseln in diesem Zusammenhang offenbar keine rechtliche Bedeutung zu.

505 *Stein,* Der gemischte Vertrag im Recht der Außenbeziehungen der Europäischen Wirtschaftsgemeinschaft, S. 97; s.a. *Allott,* Adherence and Withdrawl From Mixed Agreements (Fn 481), S. 105; *Groux/Manin,* Die Europäischen Gemeinschaften in der Völkerrechtsordnung, S. 133, halten eine solche allgemeine Bindungsverteilungsklausel insgesamt für „gegenüber Dritten unwirksam".

506 So *Stein,* Der gemischte Vertrag im Recht der Außenbeziehungen der Europäischen Wirtschaftsgemeinschaft, S. 98.

507 *Streinz,* Europarecht, Rn 429; *Stein,* a.a.O.

Entscheidung darüber, wer letztlich erfüllt, gibt er aus der Hand und überläßt sie der Gemeinschaftsgruppe. Praktisch kann dies so aussehen, daß der Drittstaat seinen Anspruch in jedem Fall an den Rat der Europäischen Union richtet[508]. In diesem Rahmen kann zwischen Mitgliedstaaten und Gemeinschaft eine einvernehmliche Lösung in bezug auf den richtigen Erfüllungspartner gefunden werden[509]. Bei Meinungsverschiedenheiten von grundlegender Bedeutung kann eine Entscheidung des EuGH herbeigeführt werden, so daß auch hier die einheitliche Auslegung des Gemeinschaftsrechts gewährleistet wäre.

Die neuere Praxis bei gemischten bilateralen Assoziierungs- und Kooperationsabkommen gibt dieser Interpretation recht. Die "neue" Kompetenzklausel verzichtet nämlich auf die ausdrückliche Bezugnahme auf die Bestimmungen des EG-Vertrages. So heißt es beispielsweise im Europa-Mittelmeer-Abkommen mit Ägypten vom 25.6.2001[510] in Art. 88 nur noch allgemein:

> „'Vertragsparteien' sind für die Zwecke dieses Abkommens Ägypten einerseits und die Gemeinschaft und die Mitgliedstaaten oder die Gemeinschaft und die Mitgliedstaaten im Rahmen ihrer Befugnisse andererseits."[511]

Ohne Verweisung auf bestimmte gemeinschaftsrechtliche Dokumente, die dritten Staaten über die Kompetenzaufteilung zwischen der Gemeinschaft und den Mitgliedstaaten Auskunft geben können, scheidet es von vornherein aus, diese als in das Abkommen integriert anzusehen. In der Bezugnahme auf „ihre Befugnisse" eine pauschale Verweisung auf sämtliches Gemeinschaftsrecht zu sehen, kann nicht ernsthaft erwogen werden.
Da keine Gründe ersichtlich sind, daß mit der Veränderung des Wortlauts der Auslegungsklausel eine rechtliche Neuorientierung erfolgen sollte, etwa dergestalt, daß plötzlich der EGV nicht mehr "auf völkerrechtliche Ebene projiziert" werden soll, ist es heute im Rückblick möglich, die o.g. Interpretation der alten Klausel mit ihrer neuen Fassung zu belegen.

Ungeklärt ist allerdings noch, ob aus der allgemeinen Bindungsklausel auch ein Anspruch des Drittstaates hergeleitet werden kann, nur von dem entsprechend den Vorschriften der Internationalen Organisation zuständigen Teil in Anspruch genommen zu werden. Anders ausgedrückt, fragt es sich, ob nur derjenige aus der gemischten Vertragsgruppe völkerrechtlich zur Geltendmachung eines vertraglichen Anspruchs oder der völkerrechtlichen Verantwortlichkeit gegenüber dem Drittstaat berechtigt ist, der auch intern die Befugnis

---

508 So schon der Vorschlag von *Schermers*, International Organizations as Members of other International Organizations (Fn 483), S. 830 f.

509 Im Gutachten 1/94, WTO-Beitritt, Slg. 1994-I, S. 5267 ff. (5420 Rz 108), sagte der EuGH, daß in Fällen gemischter Zuständigkeiten eine Pflicht zu „enge[r] Zusammenarbeit zwischen den Mitgliedstaaten und den Gemeinschaftsorganen sowohl bei der Aushandlung als auch bei dem Abschluß eines Übereinkommens wie bei dessen Durchführung" bestehe, die sich „aus der Notwendigkeit einer geschlossenen völkerrechtlichen Vertretung der Gemeinschaft" ergebe. Ebenso in Gutachten 2/00, Protokoll von Cartagena über die biologische Sicherheit, Slg. 2001-I, S. 9717 ff. (9756 Rz 18).

510 ABl. 2001 Nr. C, S. 3 ff.

511 Diese Klausel findet sich auch in den übrigen gemischten Europa-Mittelmeer-Abkommen der zweiten Generation [z.B. mit Tunesien (Art. 92, ABl. 1998 Nr. L 97, S. 2 ff.), Israel (Art. 81, ABl. 2000, Nr. L 147, S. 3 ff.) oder Marokko (Art. 92, ABl. 2000 Nr. L 70, S. 2 ff.)]. Auch die Mehrzahl der sog. Europa-Abkommen mit den mittel- und osteuropäischen Staaten enthält diese allgemeine Klausel [siehe z.B. Abkommen der EG mit den baltischen Staaten: ABl. 1998 Nr. L 26, S. 3 ff. (Lettland-Art. 125), 51, S. 3 ff. (Litauen-Art. 126), 68, S. 3 ff. (Estland-Art. 124)]. Das gleiche gilt schließlich auch für die Partnerschafts- und Kooperationsabkommen mit den GUS-Staaten (siehe z.B. das Abkommen mit Kasachstan-Art. 90, ABl. 1999, Nr. L 196, S. 3 ff.).

dazu besitzt. Aus Sicht der Mitgliedstaaten dürfte dieser Frage praktisch keine Bedeutung zukommen, da sie aufgrund der internen Regeln ohnehin verpflichtet sind, nur kompetenzgemäß zu handeln. Aus der Sicht des Drittstaates kommt dieser Frage möglicherweise insofern Bedeutung zu, als Staaten (in Abwesenheit ausdrücklicher Streitbeilegungsregeln im Vertrag) die Durchsetzung primärer oder sekundärer Ansprüche ihm gegenüber oftmals leichter fallen dürfte als einer Internationalen Organisation[512].
Bei einer Analyse der -wohlverstandenen- Interessanlage der Vertragsbeteiligten läßt sich ein überzeugendes Argument für eine völkerrechtlich zwingende Festlegung des Anspruchsberechtigten innerhalb der gemischten Vertragsgruppe daraus freilich nicht gewinnen. Es spricht also nichts dagegen, daß der Drittstaat auch unter einer allgemeinen Bindungsklausel die Inanspruchnahme aus jeder Vertragspflicht alternativ durch die Internationale Organisation oder durch die Mitgliedstaaten akzeptieren muß.

Um Unsicherheiten über das jeweils aus einem (vollständigen) gemischten Vertrag berechtigte oder verpflichtete Subjekt von vornherein zu vermeiden, besteht die Möglichkeit, die Aufteilung der Bindungswirkung durch den Wortlaut der einzelnen Bestimmungen selbst vorzunehmen.

cc) Vollständige gemischte Abkommen mit Aufteilung der Bindungswirkung durch den Wortlaut der einzelnen Bestimmungen

In den jahrzehntealten Vertragsbeziehungen der Europäischen Gemeinschaft zu den Staaten Afrikas, in die seit 1975 auch die Staaten des karibischen und pazifischen Raumes einbezogen sind[513], wurde seit jeher auf eine allgemeine Kompetenzklausel im oben geschilderten Sinne verzichtet. Man nahm die Aufteilung der Bindungswirkung einzelner Bestimmungen auf die Mitglieder der Gemeinschaftsgruppe vielmehr durch den Wortlaut der Vorschriften selbst vor[514]. Auch im aktuellen AKP-EG-Kooperationsabkommens von Cotonou[515] läßt sich diese Vorgehensweise beobachten.
In Art. 13 des Abkommens, der sich ausweislich seiner Überschrift mit Fragen der Einwanderung beschäftigt, heißt es etwa in Abs. 2, 3 und 4:

> „Die *Vertragsparteien* sind sich in der Auffassung einig, dass Partnerschaft im Zusammenhang mit Einwanderung bedeutet, dass die sich legal in ihrem Hoheitsgebiet aufhaltenden Staatsangehörigen von Drittländern fair behandelt werden [...].
>
> Die *Mitgliedstaaten* gewähren den Arbeitnehmern aus den AKP-Staaten, die legal in ihrem Hoheitsgebiet beschäftigt sind, eine Behandlung, die hinsichtlich der Arbeits-, Entlohnungs- und Kündigungsbedingungen keine auf der Staatsangehörigkeit beruhende Diskriminierung gegenüber ihren eigenen Staatsangehörigen bewirkt.
>
> [...] Die *Gemeinschaft* unterstützt durch internationale und regionale Kooperationsprogramme die Ausbildung von AKP-Staatsangehörigen in ihrem Herkunftsland oder in einem anderen Mitgliedstaat der Europäischen Union."[516]

Es ist unerheblich, daß aus Art. 13 Abs. 2 des Abkommen nicht hervorgeht, wer genau auf seiten der Gemeinschaftsgruppe in diesem Fall mit 'Vertragspartei' gemeint ist, da es sich

512 Zu den Gründen siehe bereits oben: Teil 1 Fn 62.

513 Vgl. den Überblick bei *Schweitzer/Hummer*, Europarecht, Rn 706 ff.

514 Vgl. *Tomuschat*, Liability for Mixed Agreements (Fn 468), S. 128 (zum Lomé II-Abkommen).

515 'Partnerschaftsabkommen zwischen den Mitgliedern der Gruppe der Staaten in Afrika, im karibischen Raum und im Pazifischen Ozean einerseits und der Europäischen Gemeinschaft und ihren Mitgliedstaaten andererseits, unterzeichnet in Cotonou am 23.6.2000' (ABl. 2000 Nr. L 317, S. 3 ff.).

516 Jeweils eigene Hervorhebung.

bei diese Bestimmung lediglich um einen Programmsatz handelt, der den Vertragsparteien keine konkrete Verpflichtung aufgibt.
In Absatz 3 wird deutlich, daß das Ausländerrecht in den Kompetenzbereich der Mitgliedstaaten fällt und daß daher allein sie die Verpflichtung zu nicht-diskriminierender Behandlung von Staatsangehörigen aus AKP-Ländern übernehmen und für deren Erfüllung einstehen können.
Zur Ausbildungsförderung im Rahmen der Entwicklungszusammenarbeit besitzt die Gemeinschaft hingegen eine (konkurrierende) Außenkompetenz aufgrund von Art. 179, 181 EGV; sie kann daher auch in Art. 13 Abs. 4 UAbs. 3 eine dahingehende Verpflichtung gegenüber den AKP-Staaten übernehmen.
Werden dennoch einmal in einer Bestimmung, aus der sich konkrete Rechte oder Pflichten ergeben (können), allgemein „die Vertragsparteien" als Adressaten genannt, wird in einem gesonderten Absatz klargestellt: 'Vertragsparteien' sind für die Zwecke dieses Artikels die Gemeinschaft *und* die Mitgliedstaaten der Europäischen Union einerseits und die *einzelnen* AKP-Staaten andererseits"[517].
Mit dieser Vertragstechnik kann sowohl für die Gemeinschaft und die Mitgliedstaaten als auch für den bzw. die Vertragspartner ein deutlich größeres Maß an Klarheit darüber geschaffen werden, wer aus der Gemeinschaftsgruppe durch eine konkrete Bestimmung verpflichtet ist, als mit einer allgemeinen Kompetenzverteilungsklausel.

Eine allgemeine Bindungsklausel oder eine Aufteilung der Bindungswirkung durch den Wortlaut der Bestimmungen selbst ist allerdings nur im Rahmen vollständiger gemischter Abkommen sinnvoll bzw. praktikabel. Alle -im weitesten Sinne- bilateralen gemischten Verträge der Gemeinschaft und der Mitgliedstaaten unterfallen dieser Kategorie.
Bei (echten) multilateralen Verträgen, welche die geschlossene Teilnahme sämtlicher Mitgliedstaaten der Internationalen Organisation nicht zur Voraussetzung für den Beitritt der gemischten Vertragsgruppe machen, verlangt die Interessenlage der Vertragspartner indes nach einer anderen vertragsrechtlichen Lösung.

c) Rechte und Pflichten aus unvollständigen gemischten Abkommen

Fehlt es an der völkerrechtlichen Bindung auch nur eines Mitgliedstaates an das Abkommen, können die Vertragspartner nicht mehr darauf vertrauen, sich mit ihren primären und sekundären Ansprüchen entweder an die Internationale Organisation oder an die (= sämtliche) Mitgliedstaaten halten zu können[518]. Können sich die Vertragspartner aber nicht sicher sein, daß sämtliche Pflichten aus dem Abkommen von der gemischten Vertragsgruppe übernommen werden, verlagert sich ihr allgemeines auf Erfüllung gerichtetes Interesse dahin zu erfahren, welche konkreten Vertragspflichten wegen der unvollständigen Teilnahme der Mitgliedstaaten der Organisation ungedeckt sind. Die allgemeine Bindungsklausel vermag diesem Anliegen keine Rechnung zu tragen, da ihr die Bedeutung

---

[517] So in Art. 96 Abs. 1 und Art. 97 Abs. 4 des Abkommens (Konsultationsverfahren zwischen den Vertragsparteien) - eigene Hervorhebungen.

[518] Eine andere Frage ist es, ob der Mitgliedstaat durch den Teil des Abkommens, dessen Abschluß in die Kompetenz der Gemeinschaft fällt, *gemeinschaftsrechtlich* über Art. 300 Abs. 7 EGV gebunden ist. Man kann sogar diskutieren, ob die Loyalitätspflicht aus Art. 10 EGV dem/den betreffenden Mitgliedstaat(en) nicht sogar eine gemeinschaftsrechtliche Verpflichtung zur Ratifizierung auferlegt (s. dazu *Granvik*, Incomplete Mixed Environmental Agreements and the Principle of Bindingness (Fn 478), S. 266 ff.; s.a. *Björklund*, Responsibility in the EC for Mixed Agreements - Should Non-Member Parties care? (Fn 491), S. 396 ff.). Ein Drittstaat kann aus dem Gemeinschaftsrecht aber in keinem Fall völkerrechtliche Rechte diesen Mitgliedstaaten gegenüber herleiten.

zukommt, der gemischten Vertragsgruppe die Entscheidung zu überlassen, wer für eine (in jedem Fall bestehende) Vertragspflicht einsteht.
Bei einem Abkommen, das ein Netz von Vertragsbeziehungen zwischen einer Vielzahl von Vertragspartnern knüpft, ist es zudem praktisch unmöglich, in jeder einzelnen Bestimmung zu regeln, ob durch sie die teilnehmenden Mitgliedstaaten oder die Internationale Organisation oder gar beide gebunden sind[519]. Im Abgleich mit der Ratifikationsliste ließen sich so für die Vertragspartner exakt die Bindungslücken ermitteln. Aber selbst mit der Bereitschaft sämtlicher Teilnehmerstaaten einer Vertragskonferenz, diese Aufblähung des Vertragswerkes und die unangemessene Privilegierung einer Teilnehmergruppe einmalig in Kauf zu nehmen, wäre noch keine Lösung gefunden. Denn Kompetenzverschiebungen zwischen Mitgliedstaaten und Internationaler Organisation, wie sie etwa im europäischen Integrationsprozeß häufig vorkommen, würden eine permanente Anpassung des Abkommens erforderlich machen. Angesichts der damit verbundenen Schwierigkeiten mutet ein solches Ansinnen geradezu abenteuerlich an[520].

Es galt daher, einen vertragsrechtlichen Modus zu finden, der das Bedürfnis der Vertragspartner nach Rechtssicherheit befriedigt und so auch gewährleistet, daß eine interne Kompetenzverschiebung zwischen Mitgliedstaaten und der Internationalen Organisation in angemessener Zeit Berücksichtigung in den multilateralen Vertragsbeziehungen findet.

Die bisher umfassendste Lösung dieser Problemlage ist in dem UN-Seerechtsübereinkommen vom 10.12.1982[521] unternommen worden.
Gemäß Art. 305 Abs. 1 lit. f) UN-SeeRÜbk. liegt das Abkommen auch zur Unterzeichnung für Internationale Organisationen in Übereinstimmung mit Anlage IX des Übereinkommens auf. Dabei ist hervorzuheben, daß die darin enthaltenen Teilnahmebestimmungen damals allein die EWG zur Adressatin hatte und so auf sie maßgeschneidert wurde[522]. Nach Art. 2 und 3 der Anlage ist die Unterzeichnung und die Hinterlegung der Beitrittsurkunde erst möglich, wenn auch die Mehrheit ihrer Mitglieder das Abkommen unterzeichnet und ratifiziert hat. Ein Beitritt sämtlicher Mitgliedstaaten wird also nicht ausdrücklich gefordert[523]. Dem steht natürlich nicht entgegen, daß es sich eine Internationale Organisa-

---

519 Zu den drei "Ausnahmen" von dieser Regel vgl. *Stein*, Der gemischte Vertrag im Recht der Außenbeziehungen der Europäischen Wirtschaftsgemeinschaft, S. 42.

520 Dieses Problem ist bei einem -trotz einer Vielzahl von Vertragspartnern- bilateralen Abkommen zu bewältigen. Bei den (vollständigen gemischten) Lomé-Abkommen, dem Hauptanwendungsfall der Bindungsverteilung durch den Wortlaut der einzelnen Bestimmungen, war dies bis einschließlich zum 3. Abkommen von 1984 wegen der bis dahin jeweils auf 5 Jahre befristeten Laufzeit möglich. Das 4. Lomé-Abkommen hatte zwar eine Laufzeit von 10 Jahren, doch bestand nach 5 Jahre auf Antrag einer Vertragspartei die Möglichkeit eines sog. „mid-term-review" (Art. 366; ABl. 1991 Nr. L 229, S. 3 ff.). Für das aktuelle Contonou-Abkommen (Vertragsdauer 20 Jahre) ist nach einem Viertel seiner Laufzeit eine Vertragsanpassung möglich (Art. 95 Abs. 3).

521 United Nations Convention on the Law of the Sea (ILM 21 (1982), S. 1261 ff., dt. Quelle: BGBl. 1994 II, S. 1799 ff.); in Kraft seit dem 16.11.1994.

522 Siehe oben: Teil 1 Fn 128.

523 So konnte die Europäische Gemeinschaft die Urkunde über den förmlichen Beitritt zum Übereinkommen am 1.4.1998 hinterlegen (vgl. Ratsbeschluß vom 23.3.1998, ABl. 1998 Nr. L 179, S. 1 f.), obwohl zu diesem Zeitpunkt die Ratifikation durch 3 der 15 Mitgliedstaaten noch ausstand; Belgien erklärte seinen Beitritt am 13.11.1998, Luxemburg am 5.10.2000; einzig für Dänemark ist das SeeRÜbk. bis heute (Stand: 31.12.2002) nicht völkerrechtlich verbindlich.

tion intern zum Grundsatz macht, die Beitrittsurkunde erst zu hinterlegen, wenn alle Ratifikationsurkunden ihrer Mitgliedstaaten vorliegen[524].
Nach Art. 5 Abs. 1 der Anlage „muß" die von der Internationalen Organisation zu hinterlegende Beitrittsurkunde eine Erklärung enthalten, in der die durch das Übereinkommen geregelten Angelegenheiten im einzelnen (!) aufgeführt sind, für die der Organisation von ihren Mitgliedstaaten, die Vertragsstaaten sind, die Zuständigkeit übertragen worden ist.
Auch die Mitgliedstaaten der Internationalen Organisation, die Vertragsstaaten des SeeRÜbk sind, müssen eine eigene Erklärung darüber abgeben, für welche Regelungsgegenstände des Abkommens sie Befugnisse auf ihre Organisation übertragen haben (Art. 5 Abs. 2). Geht aus keiner dieser beiden Erklärungen hervor, daß eine diesbezügliche Zuständigkeit auf die Internationale Organisation übertragen wurde, „wird angenommen", daß sie bei den Mitgliedstaaten verblieben ist (Art. 5 Abs. 3).
In Art. 5 Abs. 4 ist Vorsorge für den Fall getroffen, daß es zu einer Änderung in der Zuständigkeitsverteilung kommt. Solche Änderungen sind -einschließlich neuer Übertragungen von Zuständigkeiten- dem Verwahrer des Übereinkommens durch die Internationale Organisation und die Mitgliedstaaten „umgehend" zu notifizieren.
Schließlich wird in Art. 5 Abs. 5 eine Auskunftspflicht der Internationalen Organisation und der Mitgliedstaaten über ihre Zuständigkeitsverteilung gegenüber jedem Vertragsstaat normiert.
Vor diesem Hintergrund kommt es in Art. 4 Abs. 3 der Anlage zu folgender Feststellung:

> „Eine solche Internationale Organisation übt in Angelegenheiten, für die ihre Mitgliedstaaten ihr Zuständigkeit übertragen haben, die Rechte und Pflichten aus, die sonst ihren Mitgliedstaaten, die Vertragsparteien sind, zukommen würden. Die Mitgliedstaaten dieser Internationalen Organisation üben keine Zuständigkeit aus, die sie übertragen haben."

Im SeeRÜbk wird folglich über eine detaillierte Erklärung genau die Rechtslage erzielt, die mit einer allgemeinen Bindungsklausel nicht eintreten kann: Der internen Kompetenzverteilung wird auf diese Weise mittelbar völkerrechtliche Geltung gegenüber den übrigen Vertragspartnern verliehen[525]. In praktischer Hinsicht bedeutet dies, daß sich die Vertragspartner mit ihrem Erfüllungsbegehren nur noch an den aus der von ihnen akzeptierten Kompetenzliste als zuständig hervorgehenden Vertragspartner wenden können[526]. Parallel zur völkerrechtlichen Bindungsverteilung entsprechend Art. 5 der Anlage IX läuft grundsätzlich auch die völkerrechtliche Verantwortlichkeit für die Nichterfüllung von Verpflichtungen unter dem Abkommen (vgl. Art. 6 Abs. 1 der Anlage). Allerdings kommt man den anspruchstellenden Vertragsstaaten insoweit entgegen, als sie die Internationale Organisation oder die Mitgliedstaaten um Auskunft darüber ersuchen können, wem für eine bestimmte Angelegenheit die Verantwortlichkeit zukommt. Die Nichterteilung der Auskunft innerhalb einer angemessenen Frist oder das Erteilen widersprüchlicher Auskünfte hat gem. Art. 6 Abs. 2 S. 3 die gesamtschuldnerische Haftung von Mitgliedstaaten und Organisation zur Folge. Den Vertragspartnern wird es auf diese Weise abgenommen, auf der

---

524 So z.B. die Festlegung in dem Ratsbeschluß vom 8.6.1998 betreffend die Ratifikation des Übereinkommens zur Durchführung der Bestimmungen des Seerechtsübereinkommens der Vereinten Nationen vom 10.12.1982 über die Erhaltung und Bewirtschaftung von gebietsübergreifenden Fischbeständen und weit wandernden Fischbeständen durch die Europäische Gemeinschaft (ABl. 1998 Nr. L 189, S. 14 f.).

525 Rechtskonstruktiv wird man die Erklärung als Dokument zur Vertragsauslegung i.S.v. Art. 31 Abs. 2 lit. b) WVRK I u. II betrachten müssen. Bei der Anwendung einer Vertragsbestimmung auf die EG oder einen ihrer Mitgliedstaaten kann der Begriff der 'Vertragspartei' auf diese Weise konkretisiert werden.

526 *Pitschas*, Die völkerrechtliche Verantwortlichkeit der Europäischen Union und ihrer Mitgliedstaaten, S. 247.

Grundlage der ihnen notifizierten Zuständigkeitsliste nach dem jeweiligen Verantwortlichen suchen zu müssen[527].

In seiner Ausführlichkeit insgesamt, aber besonders auch im Hinblick auf die Regelungen über die Teilnahme Internationaler Organisationen und Staaten, die einer solchen Organisation Zuständigkeiten für die durch das Abkommen geregelten Angelegenheiten übertragen haben, ist das UN-SeeRÜbk bis heute einzigartig.
Das der Regelung im Anhang IX des SeeRÜbk zugrundeliegende Konzept zur Schaffung eindeutiger, nach außen erkennbarer Zuständigkeitsgrenzen zwischen teilnehmenden Internationalen Organisationen und Mitgliedstaaten hat sich bei der Ausarbeitung großer multilateraler Verträge indes rasch durchgesetzt. Seit der Unterzeichnung des SeeRÜbk wird in praktisch jedem größeren multilateralen Abkommen, das die Teilnahme einer Internationalen Organisation zuläßt, von einer beitrittswilligen Organisation die Übermittlung einer Zuständigkeitsliste verlangt[528]. Wenn die EG einem solchen Abkommen beitreten wollte, mußte sie folglich eine entsprechende Kompetenzliste übermitteln[529]. Die Teilnahmeregelungen in diesen Abkommen sind allerdings deutlich weniger scharf formuliert als dies im Annex IX des SeeRÜbk der Fall ist[530]. Dies kann sicherlich auch als Beleg dafür gewertet werden, daß die Unsicherheiten und das gewisse Mißtrauen beim Umgang mit (integra-

---

527 *Groux/Manin*, Die Europäischen Gemeinschaften in der Völkerrechtsordnung, S. 150 Fn 1 - die allerdings meinen, die Regelung in Art. 6 beruhe auf „übertriebener Vorsicht".

528 Vgl. z.B. Art. 13 Abs. 2 S. 2, Art. 14 Abs. 2 des Wiener Übereinkommens zum Schutz der Ozonschicht vom 22.3.1985 (ABl. 1988 Nr. L 297, S. 10 ff.); Art. 27 Abs. 2 des Übereinkommens der Vereinten Nationen zur Bekämpfung des illegalen Handels mit Suchtstoffen und psychotropen Substanzen vom 20.12.1989 (ILM 28 (1989), S. 493 ff.); Art. 22 Abs. 3 des Rahmenabkommens der Vereinten Nationen über Klimaänderungen vom 9.5.1992 (ABl. 1994 Nr. L 33, S. 13 ff.); Art. 34 Abs. 3 des Übereinkommens über die biologische Vielfalt vom 5.6.1992 (ABl. 1993 Nr. L 309, S. 3 ff.); Art. 34 Abs. 3 des Übereinkommens der Vereinten Nationen zur Bekämpfung der Wüstenbildung in den von Dürre betroffenen Ländern, insbesondere in Afrika vom 17.6.1994 (ABl. 1998 Nr. L 83, S. 3 ff.); Art. 35 Abs. 3 des Übereinkommens der Vereinten Nationen über das Recht der nicht-schiffahrtlichen Nutzung internationaler Wasserläufe vom 21.5.1997 (ILM 36 (1997), S. 700 ff.); Art. 35 Abs. 3 des Übereinkommens der Vereinten Nationen gegen transnationale Kriminalität vom 12.12.2000 (ILM 40 (2001), S. 353 ff.); Art. 25 Abs. 3 des Stockholmer Übereinkommens über persistente organische Stoffe vom 22.5.2001 (ILM 40 (2001), S. 532 ff.).

529 Die von der EG übermittelten Kompetenzlisten sind jeweils am Ende der in Fn 528 genannten ABl.-Fundstellen abgedruckt. Die "Liste" besteht meist aus einem kurzen einleitenden Teil, in dem eher allgemein auf die Befugnisse der EG zum Erlaß von Maßnahmen in dem betreffenden Bereich eingegangen wird. Dem schließt sich oft eine umfangreiche Aufzählung des einschlägigen Sekundärrechts an. Aus der Bezeichnung des wesentlichen Regelungsgegenstandes der jeweiligen Rechtsakte gewinnt man einen ungefähren Überblick über den Umfang der Rechtsetzungsbefugnis der Gemeinschaft auf den relevanten Gebieten.

530 So heißt es beispielsweise in Art. 34 Abs. 2 des Abkommens über biologische Vielfalt:

> „Jede in Absatz 1 bezeichnete Organisation, die Vertragspartei dieses Übereinkommens [...] wird, ohne daß einer ihrer Mitgliedstaaten Vertragspartei ist, ist durch alle Verpflichtungen aus diesem Übereinkommen [...] gebunden. Sind ein oder mehrere Mitgliedstaaten einer solchen Organisation Vertragspartei des Übereinkommens [...], so entschieden die Organisation und ihre Mitgliedstaaten über ihre jeweiligen Verantwortlichkeiten hinsichtlich der Erfüllung ihrer Verpflichtungen aus dem Übereinkommen [...]. In diesen Fällen sind die Organisation und die Mitgliedstaaten nicht berechtigt, die Rechte aufgrund des Übereinkommens gleichzeitig auszuüben."

Prägnant ist auch die Regelung in Art. 3 des Abkommens, der Art. 5 des Anhangs IX des SeeRÜbk entspricht:

> „In ihren Ratifikations-, Annahme- oder Genehmigungsurkunden erklären die in Absatz 1 bezeichneten Organisationen den Umfang ihrer Zuständigkeiten in bezug auf die durch dieses Übereinkommen [...] erfaßten Angelegenheiten. Diese Organisationen teilen dem Verwahrer auch jede maßgebliche Änderung des Umfangs ihrer Zuständigkeiten mit."

tionsrechtlichen) Internationalen Organisationen einer gewissen Selbstverständlichkeit gewichen ist.

3. Ergebnis

Das Konzept des gemischten völkerrechtlichen Vertrages hat seinen Entstehungsgrund im Gemeinschaftsrecht. Nachdem sich die Praxis gemischter Abkommen von Beginn der 60er Jahre zunächst im bilateralen Verhältnis der Gemeinschaft und der Mitgliedstaaten zu dritten Staaten etablierte, setzte es sich bald auch in multipolaren Vertragsbeziehungen durch, um der Gemeinschaftsgruppe die Teilnahme an solchen Abkommen zu ermöglichen.
Aus der Vielzahl der gemischten Abkommen lassen sich sowohl im bilateralen als auch im multilateralen Bereich wiederkehrende und verallgemeinerbare Strukturen gemischter völkerrechtlicher Verträge herausarbeiten. So ist es heute durchaus gerechtfertigt, von einer gefestigten „drafting technique" in bezug auf gemischte Abkommen zu sprechen, mit der die vom internationalen Recht der Verträge offengelassene Frage der Bindungswirkung solcher Abkommen für die Internationale Organisation und ihre Mitgliedstaaten gelöst wird.

Bei bilateralen gemischten Verträgen, die stets die geschlossene Teilnahme sämtlicher Mitgliedstaaten der Internationalen Organisation voraussetzen -sofern nicht ausnahmsweise ein Fall des begrenzten geographischen Anwendungsbereichs gegeben ist-, geschieht dies entweder durch die Verwendung einer allgemeinen Kompetenzverteilungsklausel oder durch eine Bindungsverteilung durch den Wortlaut der materiellen Vertragsbestimmungen selbst.
Im ersteren Fall erreicht man dadurch, daß die völkerrechtliche Frage, welcher Teil aus der gemischten Vertragsgruppe durch eine konkrete Bestimmung des Abkommens verpflichtet wird, anhand der internen Kompetenzverteilung zwischen Internationaler Organisation und Mitgliedstaaten zu beantworten ist.
Im letzteren Falle ist in den einzelnen Bestimmungen des Abkommens selbst festgelegt, ob die Gemeinschaft oder die Mitgliedstaaten oder die Gemeinschaft und die Mitgliedstaaten aus ihr verpflichtet sind.
Die allgemeine Kompetenzverteilungsklausel wird mittlerweile auch in gemischten Abkommen mit anderen integrationsrechtlichen Internationalen Organisationen und deren Mitgliedstaaten verwendet[531], so daß durch die Zunahme der völkerrechtlichen Aktivitäten dieser Internationalen Organisationen mit einer weiteren Verbreitung dieses Systems zu rechnen ist.

Im multilateralen Bereich ist es dagegen schon heute gerechtfertigt, von einer allgemein verbreiteten Technik der Vertragsabfassung zu sprechen, wenn ein Abkommen auch für

---

[531] Art. 32 des (beiderseitig gemischten) Interregionalen Rahmenabkommens über die Zusammenarbeit zwischen der Europäischen Gemeinschaft und ihren Mitgliedstaaten einerseits und dem Mercado Común del Sur [Mercosur] und seinen Teilnehmerstaaten andererseits vom 23.4.1993 (ABl. 1996 Nr. L 69, S. 4 ff.); Der Mercosur hat bisher sämtliche Abkommen mit Beteiligung der Mitgliedstaaten, also als gemischte Abkommen, geschlossen (vgl. *Haller*, Mercosur, S. 399). In dem (nur auf seiten des Vertragspartners der Gemeinschaft gemischten) Rahmenabkommen über die Zusammenarbeit zwischen der Europäischen Wirtschaftsgemeinschaft und dem Abkommen von Cartagena und seinen Mitgliedstaaten vom 23.4.1993 (ABl. 1998 Nr. L 127, S. 11 f.) wird in den einzelnen Bestimmungen des Abkommens jeweils eine eigene allgemeine Kompetenzverteilungsklausel verwendet (in Art. 8 Abs. 2 des Abkommens heißt es beispielsweise: „Zu diesem Zweck unterstützten die Vertragsparteien im Rahmen ihrer jeweiligen Befugnisse Projekte und Aktionen, die folgendes fördern: [...].").

die Teilnahme einer Internationalen Organisation neben ihren Mitgliedstaaten offenstehen soll. Nimmt neben der Organisation tatsächlich mindestens einer ihrer Mitgliedstaaten an dem Abkommen teil -ansonsten würde es sich schon begrifflich um kein gemischtes Abkommen handeln-, wird von ihr die Übermittlung einer Zuständigkeitsliste verlangt, die zuverlässige Auskunft darüber geben soll, in welchen Angelegenheiten, die das Abkommen regelt, die Organisation befugt ist, völkerrechtliche Verpflichtungen einzugehen und welche Bereiche in die Zuständigkeit ihrer (teilnehmenden) Mitgliedstaaten fallen.
Ursprünglich beschränkte sich der Anwendungsbereich dieser Klausel *de facto* auf die Europäische Gemeinschaft. Heute ermöglicht die abstrakt formulierte Teilnahmeklausel auch anderen -zwischenzeitlich nach dem Vorbild der EG entstandenen- Internationalen Organisationen eine Teilnahme an solchen Abkommen.

II. Einfluß des Gemeinschaftsrechts auf das interne Recht anderer Internationaler Organisationen

Der Abschluß völkerrechtlicher Verträge zwischen einer Internationalen Organisation und einem oder mehreren Staaten oder zwischen Internationalen Organisationen ist nichts Ungewöhnliches, wie bereits die Existenz der WVKR II von 1986 deutlich macht. Auch die Anerkennung einer Internationalen Organisation und ihrer Mitgliedstaaten als gemischte Vertragspartei eines internationalen Abkommens gehört heute -zumindest was die EG anbetrifft- zum völkerrechtlichen Alltag. Anders verhält es sich noch bei der Mitgliedschaft einer Internationalen Organisation in anderen Internationalen Organisationen. Solche Mitgliedschaften sind nach wie vor eher selten. Dies liegt vor allem darin begründet, daß Internationale Organisationen traditionell nur auf die Mitgliedschaft von Staaten angelegt sind[532]. Hinzu kommt, daß sich die Tätigkeitsfelder der ganz überwiegenden Mehrzahl der koordinationsrechtlichen Internationalen Organisationen nicht in einer Weise überschneiden, die die förmliche Mitgliedschaft in der/den jeweils anderen zwecks Abstimmung ihrer Politiken erforderlich machen würde[533].
Aber selbst dort, wo eine neue Internationale Organisation gegründet wird und sich somit die Voraussetzungen und Bedingungen für eine Beteiligung anderer Internationaler Organisationen bereits bei der Ausarbeitung des Gründungsvertrages berücksichtigen lassen, bleiben im wesentlichen die gleichen Fragen zu lösen, die im Kern auch schon von gemischten Abkommen her bekannt sind: Was bedeutet eine parallele Mitgliedschaft von Internationaler Organisation und Mitgliedstaaten für die jeweiligen Teilnahmerechte? Können sie kumulativ oder nur alternativ ausgeübt werden? Wieviele Stimmen hat die Internationale Organisation?
Wo sich solche Fragen mangels (paralleler) Teilnahme von Staaten nicht stellen, ist die Gründung einer neuen Internationalen Organisation durch andere Internationale Organisationen mit weitaus weniger Problemen verbunden[534].

---

[532] Vgl. *Vigne*, La participation aux organisations internationales - in: Dupuy (Hrsg.), Manuel sur les organisations internationales, S. 60 ff. (60); *Seidl-Hohenveldern/Loibl*, Recht der Internationalen Organisationen, Rn 0109.

[533] Eines der wenigen Beispiele für die Vollmitgliedschaft einer (koordinationsrechtlichen) Internationalen Organisation in einer anderen (koordinationsrechtlichen) Organisation ist der Beitritt der Europäischen Investitionsbank zur Europäischen Bank für Wiederaufbau und Entwicklung (EBRD), deren Tätigkeitsfelder sich durchaus überschneiden (können).

[534] Ein Beispiel hierfür liefert die Gründung des 'Joint Vienna Institute', das 1994 vom Internationalen Währungsfonds (IMF), der Weltbank, der OECD, der EBRD und der internationalen Bank für Zahlungs-

Untersucht werden soll nun, inwieweit es der EG gelungen ist, durch ihre Mitgliedschaft in anderen Internationalen Organisationen deren Staatenzentriertheit aufzubrechen und sie auch für die Teilnahme anderer Internationaler Organisationen zu öffnen. Insbesondere ist zu klären, ob sich auch hier -ähnlich wie bei den gemischten Abkommen- allgemeine bzw. zu verallgemeinernde Regeln für die Teilnahme Internationaler Organisationen an anderen Internationalen Organisationen herausarbeiten lassen.

1. Die EG als Mitglied Internationaler Organisationen

Die Zahl der Internationalen Organisationen, in denen die Gemeinschaft gegenwärtig den Status eines Vollmitglieds[535] besitzt, fällt -je nach Zählweise und Definition einer Internationalen Organisation- unterschiedlich aus. So spricht beispielsweise *Sack* von „zwei" oder „über fünfzig"[536] während *Rideau* knapp dreißig Internationale Organisationen aufzählt[537]. *Schermers/Blokker* nennen 21 „most important organizations"[538].
In rechtlicher Hinsicht differenziert *Sack* zwischen Internationalen Organisationen im eigentlichen Sinne, d.h. solchen, die eine autonome Existenz mit einer echten mitgliedschaftlich geprägten Struktur aufweisen, und anderen, in denen ein internationaler Vertrag zugleich eine gewisse organschaftliche Struktur unter den Vertragsparteien schafft oder ihr zumindest sehr nahe kommt[539]. Zu Organisationen der ersten Gruppe, in denen eine Mitgliedschaft der Gemeinschaft besteht, zählt er lediglich die UN-Ernährungs- und Landwirtschaftsorganisation (FAO) und die Europäische Bank für Wiederaufbau und Entwicklung (EBRD) sowie -aktualisiert[540]- die Internationale Meeresbodenbehörde (ISBA) und die Koreanische Energieentwicklungsorganisation (KEDO), in der die EAG Mitglied ist.
Rideau dagegen grenzt Internationaler Organisationen im wesentlichen nach ihrem sektoralen Tätigkeitsbereich voneinander ab[541].
Schermers/Blokker differenzieren nach dem Kriterium der tatsächlichen (wirtschaftlichen) Bedeutung der Internationalen Organisation, wobei sie eine weite Definition des Begriffs der Internationalen Organisation zugrundelegen[542].

---

ausgleich (BIS) gegründet wurde (vgl. UN Doc. E/1994/115); 1999 trat auch die Welthandelsorganisation (WTO) dem Gründungsvertrag bei. Aufgabe des Gemeinsamen Instituts war und ist die Schulung von Beamten der mittel- und osteuropäischen Länder in Fragen im Zusammenhang mit dem Übergang zur Marktwirtschaft und Demokratie (vgl. *Schermers/Blokker*, International Institutional Law, § 81).

535 Zum Beobachterstatus der Gemeinschaft in Internationalen Organisationen vgl. *McLeod/Hendry/Hyett*, The External Relations of the European Communities, S. 195 ff.; Grabitz/Hilf-*Tietje*, Recht der EU, Art. 302 Rn 8 u. 10.

536 *Sack*, Die Europäische Gemeinschaft als Mitglied Internationaler Organisationen - in: Randelzhofer u.a. (Hrsg.), GS Grabitz, S. 631 ff. (640 f.).

537 *Rideau*, La participation de l'Union européenne aux organisations internationales - in: Société française pour le droit international (Hrsg.), Droit international et droit communautaire, perspectives actuelles, S. 303 ff. (351 ff.).

538 *Schermers/Blokker*, International Institutional Law, § 81.

539 *Sack*, a.a.O. (Fn 536); so auch die Differenzierung bei *Schweitzer/Hummer*, Europarecht, Rn 639 ff. u. 646 ff.

540 *Sack*, Die Europäische Union in den Internationalen Organisationen, ZEuS 4 (2001), S. 267 ff. (280 f.).

541 Mit *Rideau*, a.a.O. (Fn 537), kommt man -entsprechend aktualisiert- zu folgenden Mitgliedschaften der EG in Internationalen Organisationen: FAO, WTO, EBRD, Internationale Meeresbodenbehörde, 11 Internationale Organisationen für Grunderzeugnisse/Rohstoffe (Olivenöl, Zucker, Weizen, Kakao, Kaffee, Jute, Naturkautschuk, Tropenholz, Zinn, Kupfer, Nickel), 11 regionale Internationale Fischereiorganisationen, 4 Internationale Gewässerschutzkommissionen (Elbe, Donau, Rhein, Oder), UN-Büro für Humanitäre Angelegenheiten (UNDHA).

Für die Untersuchung der eingangs aufgeworfenen Frage erweist sich eine gemischt chronologisch-sektorale Vorgehensweise, die ausdrücklich nicht um numerische Vollständigkeit bemüht ist, als die geeignetste. Auf diese Weise läßt sich einerseits ein möglicher Entwicklungsprozeß in der Gestaltung einzelner Teilnahmebestimmungen nachvollziehen, andererseits lassen sich so bereichstypische Regelungsmuster besser darstellen.

a) Die Gemeinschaft als Mitglied Internationaler Organisationen unter Ausschluß ihrer Mitgliedstaaten

Jede Internationale Organisation wird durch eine völkerrechtliche Übereinkunft zwischen Völkerrechtssubjekten errichtet und mit Befugnissen ausgestattet.
Die Teilnahme der Europäischen Gemeinschaft an einem solchen völkerrechtlichen Vertrag wirft mithin zunächst die bereits bekannten gemeinschaftsrechtlichen Zuständigkeitsfragen auf. Nur wenn der Regelungsgegenstand des Abkommens und die Teilnahme in dem bzw. den Organ(en) der Internationalen Organisation vollständig von -ausschließlichen oder konkurrierenden- Kompetenzen der Gemeinschaft abgedeckt ist, kommt demnach ihre Teilnahme unter Ausschluß der Mitgliedstaaten in Betracht.

Für eine isolierte Teilnahme der Gemeinschaft gibt es daher nur wenige Beispiele. Diese stammen aus dem Bereich des Rohstoffhandels und der Fischerei.

Ihren ersten Beitritt zu einer Internationalen Organisation beschloß der Rat der Europäischen Gemeinschaft am 17.3.1970[543]. Neben bzw. nach ihren Mitgliedstaaten trat die EWG der Internationalen Getreide-Übereinkunft von 1967 (bestehend aus dem Internationalen Weizenhandels-Übereinkommen und dem Internationalen Nahrungsmittelhife-Übereinkommen) bei[544]. Damit wurde die Gemeinschaft auch Mitglied des Internationalen Weizenrates, der durch das Abkommen von 1949 errichteten Internationalen Organisation. Die völkerrechtlichen Voraussetzungen für einen Beitritt der Gemeinschaft wurden mit Hilfe der sechs Mitgliedstaaten auf der vom GATT organisierten Internationalen Weizenkonferenz in Rom geschaffen, an der die Gemeinschaft zwar teilnehmen durfte, aber über kein Stimmrecht verfügte[545]. In der Unterzeichnungs- und Beitrittsklausel (Art. 36 u. 38) werden die Europäische Wirtschaftsgemeinschaft und ihre Mitgliedstaaten jeweils ausdrücklich genannt. Über ein eigenes Stimmrecht im Internationalen Weizenrat verfügte die Gemeinschaft unter dem Abkommen von 1967 indes noch nicht. Erst unter dem Nachfolgeübereinkommen von 1971[546] erhielt die Gemeinschaft eigene Stimmen[547]. Möglich

---

542 *Schermers/Blokker*, a.a.O. (Fn 538).

543 ABl. 1970 Nr. L 66, S. 1.

544 Text des Abkommens in: ABl. 1970 Nr. L 66, S. 2 ff.

545 Dieser Modus (Teilnahme an den Beratungen, aber kein Stimmrecht) wurde auch in einem Gutachten des juristischen Dienstes der UNO empfohlen, das anläßlich der Streitigkeiten um Teilnahme und Stimmrecht der Gemeinschaft an/im Rahmen der UN-Zuckerkonferenz von 1968 -die UdSSR und die Ostblockstaaten hatten sich einer Teilnahme der EWG widersetzt- erstellt wurde: „The Conference could invite the Community to participate in the Conference without vote, and permit the representative of its Commission to act as spokesman for the Community on matters relating to sugar. [...] [T]his procedure could be employed in a commodity conference without infringing upon the United Nations requirements [...] while at the same time satisfying the Community's institutional arrangements." (Opinion prepared for the United Nations Sugar Conference, 1968 vom 24.5.1968, UNJYB 1968, S. 201 f. (202)). Diese Vorgehensweise (sog. „Rom-Formel") ist seitdem im Bereich der Rohstoffabkommen etabliert (vgl. Grabitz/Hilf-*Vedder*, Recht der EU, Art. 133 EGV Rn 194).

546 ABl. 1974 Nr. L 219, S. 25 ff.

547 Art. 12 Abs. 1-3 i.V.m. Anhang A u. B.

wurde dies durch die im Bereich von Rohstoffübereinkommen schon traditionelle Abweichung von dem sonst üblichen Stimmenverteilungsgrundsatz „one state one vote". Bei der Zahl der zuzuteilenden Stimmen orientiert man sich bis zu einem gewissen Grade an der Bedeutung, die das betreffende Mitglied als Getreideimporteur und/oder -exporteur auf dem Weltmarkt hat. Durch eine Grundstimmenzahl für kleinere Marktteilnehmer und eine Kappungsgrenze für Weltmarkt-"Riesen" wird für ein ungefähres Kräftegleichgewicht gesorgt[548]. Auf diese Weise wurde der Gemeinschaft eine eigene Stimmenzahl zuerkannt, die ungefähr der Summe der Stimmen der Mitgliedstaaten entsprach. Daraus ergab sich allerdings zwangsläufig, daß die damals sechs EG-Mitgliedstaaten im Gegenzug ihren individuellen Weltmarktanteil nicht parallel zur Gemeinschaft geltend machen konnten und somit über keine (eigenen) Stimmen im Weizenrat mehr verfügten. Für die Mitgliedstaaten bedeutete dies folglich ein Auseinanderfallen zwischen dem Status als Mitglied des Übereinkommens und dem als Mitglied der durch das Übereinkommen errichteten bzw. aufrechterhaltenen Internationalen Organisation[549].

Diesem Regelungsmuster folgten auch das Internationale Zuckerübereinkommen von 1968[550] und das Internationale Olivenölübereinkommen von 1963 in der Fassung der Protokolle von 1969 und 1973[551]. Insofern ist es nicht verwunderlich, daß die Gemeinschaft seit 1979 dem Olivenölübereinkommen[552], seit 1984 dem Zuckerübereinkommen[553] und seit 1995 dem Internationalen Getreidehandelsübereinkommen nur noch allein, d.h. ohne die Mitgliedstaaten, angehört. Eine Bestimmung über die Stimmberechtigung innerhalb der Gemeinschaftsgruppe war und ist in diesen Fällen daher entbehrlich.

Aus Sicht der Gemeinschaft und der Mitgliedstaaten deutlich weniger interessengerecht wirkt sich die konsequente Gleichstellung der EG mit anderen Teilnehmerstaaten in regionalen Internationalen Fischereiorganisationen aus, an denen die Gemeinschaft wegen ihrer ausschließlichen Zuständigkeit in Fischereiangelegenheiten seit 1979[554] unter Ausschluß der Mitgliedstaaten teilnehmen kann. Gegenwärtig hat sie in sechs Fällen von dieser

---

548 Vgl. dazu *Tomuschat*, Commodities, International Regulation of Production and Trade, EPIL Vol. I, S. 686 ff. (689).

549 Auch bei der Internationalen Weizenübereinkunft von 1971, die ebenfalls ausweislich ihrer Präambel „aus zwei getrennten rechtsförmlichen Urkunden bestehen soll, nämlich a) dem Weizenhandels-Übereinkommen von 1971 und b) dem Internationalen Nahrungsmittelhilfe-Übereinkommen von 1971", handelte es sich -anders als nach *Dauses*, Die Beteiligung der Europäischen Gemeinschaft an multilateralen Völkerrechtsübereinkommen (Fn 493), S. 158 Fn 38- nicht um ein „reines EG-Übereinkommen (ohne Beteiligung von EG-Mitgliedstaaten)". Die Bundesrepublik Deutschland etwa hinterlegte für beide Abkommen die Ratifikationsurkunde am 27.6.1973 (BGBl. 1973 II, S. 49 ff.; vgl. auch Bull.EG 6-1971, Ziff. 83). Erst an dem internationalen Getreidehandels-Übereinkommen von 1995 (ABl. 1996 Nr. L 21, S. 49 ff.) nimmt die EG unter Ausschluß der Mitgliedstaaten teil. Am Internationalen Nahrungsmittelhilfeübereinkommen von 1999 (ABl. 1999 Nr. L 222, S. 41 ff.) sind hingegen weiterhin Gemeinschaft und Mitgliedstaaten beteiligt (vgl. *United Nations*, Multilateral Treaties deposited with the Secretaty-General, Status as at 31 December 2000, Vol. II, S. 177 f. u. 179).

550 Art. 2 Abs. 26 i.V.m. Anhang B (UNTS 654, S. 3 ff.); die Gemeinschaft ist dem Abkommen von 1968 allerdings nicht beigetreten (vgl. *Kommission*, 2. Gesamtbericht (1968), Ziff. 558).

551 Art. 28 Abs. 1 i.V.m. Anhang C (ABl. 1978 Nr. L 169, S. 2 ff.).

552 ABl. 1979 Nr. L 327, S. 2 ff.; seit dem Internationalen Übereinkommen von 1986 (ABl. 1987 Nr. L 214, S. 2 ff.) verzichtet man im Internationalen Olivenölrat auf eine differenzierte Stimmenverteilung und entscheidet gem. Art. 11 Abs. 1 im Konsens.

553 ABl. 1985 Nr. L 22, S. 2 ff.

554 Vgl. EuGH Rs. 804/79, Kommission v. Vereinigtes Königreich, Slg. 1981, S. 1045 ff. (1073 Rz 20); EuGH Rs. 124/80, Strafverfahren gegen J van Dam & Zonen, Slg. 1981, S. 1447 ff. (1459 Rn 10).

Möglichkeit Gebrauch gemacht[555]. In jeder dieser Organisationen verfügt die Gemeinschaft -wie jeder andere Teilnehmerstaat auch- nur über eine Stimme[556], wobei jeweils mit Zwei-Drittel-Mehrheit entschieden wird. Die Ersetzung ihrer Mitgliedstaaten hat sich folglich in diesem Bereich negativ auf das Stimmengewicht des Gemeinschaftsblocks ausgewirkt. Als einer der wirtschaftlich und politisch weltweit bedeutendsten Partner in Fischereiangelegenheiten sieht sich die Gemeinschaft nun etwa in der ICCAT bei Abstimmungen -jedenfalls rechtlich- auf die Bedeutung z.B. von Barbados reduziert. Vor diesem Hintergrund erklärt sich wohl auch die Weigerung der Mitgliedstaaten, beim Beitritt der Gemeinschaft 1998 zum Allgemeinen Fischerei-Rat für das Mittelmeer[557] die Organisation zu verlassen[558].

b) Gemeinsame Mitgliedschaft von Gemeinschaft und Mitgliedstaaten in anderen Internationalen Organisationen

aa) Gemischte Mitgliedschaft in Internationalen Rohstofforganisationen

Neben dem bereits erwähnten Internationalen Weizen-Rat war der Internationale Zinn-Rat eine der ersten Internationalen Organisationen, der die EG durch Beitritt zu dem entsprechenden Übereinkommen als Mitglied angehörte[559]. Im Internationalen Zinn Übereinkommen von 1970 ist allerdings die vom Weizenhandels- oder Zucker-Übereinkommen bekannte spezifische EG-Teilnahmeklausel nicht enthalten. Statt dessen heißt es in Art. 50 S. 1 des Übereinkommens:

> „Zwischenstaatliche Organisationen mit Verantwortung hinsichtlich der Aushandlung Internationaler Übereinkünfte können sich am Internationalen Zinn-Übereinkommen beteiligen."

---

555 Dabei handelt es sich um die Mitgliedschaft in der Organisation für die Fischerei im Nordwestatlantik (NAFO), die Kommission für die Fischerei im Nordostatlantik (NEAFC), die Organisation für die Erhaltung der Lachsbestände im Nordatlantik (NASCO), die Internationale Kommission für die Fischerei in der Ostsee (IBSFC), die Internationale Kommission für die Erhaltung der Thunfischbestände im Atlantik (ICCAT) und die Fischereiorganisation für den Südostatlantik (SEAFO).

556 Siehe Art. V Abs. 1 (bzgl. Fischerei-Rat) und Art. XIV Abs. 1 (bzgl. Fischerei-Kommission) des Übereinkommens über die künftige multilaterale Zusammenarbeit auf dem Gebiet der Fischerei im Nordwestatlantik vom 24.10.1978 (ABl. 1978 Nr. L 378, S. 30 ff.); Art. 3 Abs. 9 des Übereinkommens über die künftige multilaterale Zusammenarbeit auf dem Gebiet der Fischerei im Nordostatlantik vom 24.1.1959 (ABl. 1981 Nr. L 227, S. 36 ff.); Art. 6 Abs. 2 (bzgl. Fischerei-Rat) und Art. 11 Abs. 2 (bzgl. Fischerei-Kommission) des Übereinkommens zur Lachserhaltung im Nordatlantik vom 22.1.1982 (ABl. 1982 Nr. L 378, S. 25 ff.); Art. VIII Abs. 3 der Konvention über die Fischerei und den Schutz der lebenden Ressourcen in der Ostsee und den Belten vom 13.9.1973 (ABl. 1983 Nr. L 237, S. 5 ff.); Art. III Abs. 3 der Internationalen Konvention zur Erhaltung der Thunfischbestände im Atlantik vom 14.5.1966 (ABl. 1986 Nr. L 162, S. 34 ff.); Art. 17 Abs. 3 des Übereinkommens über die Erhaltung und Bewirtschaftung der Fischereiressourcen im Südostatlantik vom 20.4.2001 (ABl. 2001 Nr. L 111, S. 16 ff.).

557 Vgl. Ratsbeschluß vom 16.6.1998 (ABl. 1998 Nr. L 190, S. 34 f.); angesichts dieser Weigerung hatte die Gemeinschaft zwischenzeitlich Abstand von einem Beitritt genommen (vgl. *Sack*, Die Europäische Gemeinschaft als Mitglied internationaler Organisationen (Fn 536), S. 643 Fn 31).

558 Vgl. *Rideau*, La participation de l'Union européene aux organisations internationales (Fn 537), S. 355; *Sack*, Die Europäische Union in den Internationalen Organisationen (Fn 540), S. 278, hält dies allerdings für ein „Scheinargument", denn der wirkliche Einfluß in einer Internationalen Organisation hänge nicht vom Stimmengewicht ab: „Ein starkes geschlossenes Auftreten kombiniert mit politischem und wirtschaftlichem Gewicht ist allemal wichtiger als die Anzahl der Stimmen [...]".

559 Ratsbeschluß vom 22.3.1972 (ABl. 1972 Nr. L 90, S. 1; Text des Übereinkommens, a.a.O., S. 2 ff.).

Die „Anonymisierung" der Beteiligungsklausel ist aus politischen Gründen erfolgt[560]. Der -unbeabsichtigte- Effekt war, daß auf diese Weise das Abkommen für sämtliche Internationale Organisationen geöffnet wurde, wenngleich seinerzeit allein die Europäische Gemeinschaft als Adressatin der Bestimmung in Frage kam. So erklärt es sich, daß 1998 der Gemeinsame Markt für das Östliche und Südliche Afrika (COMESA) und die OAU als erste Internationale Organisationen neben der EG Mitglieder einer Internationalen Rohstofforganisation, nämlich dem Gemeinsamen Fonds für Rohstoffe von 1980, werden konnten[561].
Heute werden in den Teilnahmeklauseln fast aller Internationalen Rohstoffabkommen die Europäische Gemeinschaft und „jede andere zwischenstaatliche Organisation" nebeneinander als mögliche Mitglieder genannt[562].

Was das Stimmrecht im Internationalen Zinnrat anbetrifft, so wurde in dem Abkommen eine Regelung getroffen, die überrascht, denn Art. 50 S. 2 bestimmt, daß zwischenstaatliche Organisationen „als solche" nicht stimmberechtigt sind. In Fragen ihres Zuständigkeitsbereiches sollen die Stimmrechte ihrer Mitgliedstaaten allerdings „gemeinsam ausgeübt werden" können. Darüber, wer für die gemeinsame Ausübung zuständig sein soll, gibt das Zinn-Übereinkommen keinen Aufschluß. Es erscheint zwar eher unwahrscheinlich, daß einem Vertreter der Gemeinschaft, also etwa dem Delegierten der Kommission, diese Befugnis zustehen soll[563], doch der insoweit offene Wortlaut läßt durchaus Raum für diese Interpretation.

---

560 Die Verwendung der „anonymen Formel" (*Groux/Manin*, Die Europäischen Gemeinschaften in der Völkerrechtsordnung, S. 77) stellte damals ein Zugeständnis an die Ostblockstaaten dar, die der Gemeinschaft zwar ihre völkerrechtliche Anerkennung verweigerten, sich aber gleichwohl an dem Abkommen beteiligen wollten. In einer ausdrücklichen Erwähnung der Gemeinschaft in dem Abkommen hätte möglicherweise eine Objektivierung des Rechtsstatus' der EG gesehen werden können (vgl. *Battati*, Création et personnalité juridique des organisations internationales - in: Rideau (Hrsg.), Manuel sur les organisation internationales, S. 33 ff. (57)).

561 Vgl. *United Nations*, Multilateral Treaties deposited with the Secretary-General of the United Nations, Status as at 31 December 2000, Vol. II, S. 149 f.; Die Teilnahmeklausel im Übereinkommen zur Gründung des Gemeinsamen Fonds für Rohstoffe (ABl. 1990 Nr. L 182, S. 2 ff.) lautet: „Mitglieder des Fonds können werden [...] jede zwischenstaatliche Organisation zum regionalen wirtschaftlichen Zusammenschluß, die im Tätigkeitsbereich des Fonds Zuständigkeiten wahrnimmt." (Art. 4 lit. b) S. 1).

562 Siehe z.B. Art. 4 Abs. 1 u. 2 des Internationalen Kakao-Übereinkommens von 1993 (ABl. 1994 Nr. L 52, S. 26 ff.), worin es heißt: „Jede Bezugnahme in diesem Übereinkommen auf "eine Regierung" oder "Regierungen" gilt gleichzeitig als Bezugnahme auf die Europäische Wirtschaftsgemeinschaft und jede zwischenstaatliche Organisation, die für das Aushandeln, den Abschluß und die Anwendung internationaler Übereinkünfte, insbesondere von Grundstoffübereinkünften, verantwortlich ist."; fast wortgleich auch Art. 5 Abs. 1 des Internationalen Naturkautschuk-Übereinkommens von 1995 (ABl. 1996 Nr. L 324, S. 2 ff.), Art. 5 Abs. 1 des Internationalen Tropenholz-Übereinkommens von 1996 (ABl. 1996 Nr. L 208, S. 4 ff.), Art. 4 Abs. 3 des Internationalen Kaffee-Übereinkommens von 2001 (ABl. 2001 Nr. L 326, S. 23 ff.) und Ziff. 5 des Übereinkommens von 2001 über die Satzung der Internationalen Jute-Studiengruppe (ABl. 2002 Nr. L 112, S. 35 ff. - allerdings mit der Einschränkung, daß die Teilnahme sonstiger zwischenstaatlicher Organisationen unter dem Vorbehalt der Zustimmung des Rates der Studiengruppe steht). Die Satzung der Internationalen Studiengruppe für Zinn (ABl. 1991 Nr. L 293, S. 23 ff.) und Kupfer (ABl. 1991 Nr. L 89, S. 40 ff.), beide von 1989, sowie die nur leicht variierte Regelung über das Mandat der Internationalen Studiengruppe für Nickel (ABl. 1991 Nr. L 293, S. 24 ff.) von 1986 folgen allerdings weiterhin der vollständig anonymisierten Beitrittsklausel: „Mitglieder der Gruppe können alle Staaten sein [...] sowie alle zwischenstaatlichen Organisationen, die für die Aushandlung [...] verantwortlich sind." (jeweils Ziff. 5).

563 *Dauses*, Die Beteiligung der Europäischen Wirtschaftsgemeinschaft an multilateralen Völkerrechtsübereinkommen (Fn 493), S. 159.

Ein vergleichender Blick auf das ebenfalls im Rahmen der UNCTAD ausgearbeitete Internationale Kakao-Übereinkommen von 1972[564] und das Kaffee-Übereinkommen von 1968 in der Fassung des Verlängerungsprotokolls von 1973[565] kann hier Klarheit schaffen. Dort ist in Art. 4 Abs. 4 bzw. in Art. 3 Abs. 4 ebenfalls die Rede davon, daß die „zwischenstaatlichen Organisationen [...] selbst kein Stimmrecht [haben]". Dann heißt es aber weiter:

> „[...] bei einer Abstimmung über Angelegenheiten, die in ihren Zuständigkeitsbereich fallen, sind sie jedoch berechtigt, die Stimmen ihrer Mitgliedstaaten abzugeben, und zwar gemeinsam. In diesem Fall sind die Mitgliedstaaten der zwischenstaatlichen Organisation nicht berechtigt, ihr Einzelstimmrecht auszuüben."[566]

Da in Art. 50 S. 2 der Satzung des Internationalen Zinn-Rates eine Bestimmung wie in Satz 2 der vorgenannten Passage zur Vermeidung der Doppelabstimmung fehlt, kann dies nur bedeuten, daß dort nicht die Gemeinschaft, sondern nur einer der beteiligten Mitgliedstaaten -vorzugsweise der mit der Ratspräsidentschaft betraute- zur Abgabe der gemeinsamen Stimmen befugt ist. Die Gemeinschaft verfügt hier also nicht einmal über das Recht zur Abgabe „fremder" Stimmen. Damit kommt es an dieser Stelle wieder zu dem, was oben bereits bzgl. der Internationalen Weizenhandelsübereinkommen von 1967 und 1971 festgestellt wurde und was *Kovar* als „dissociation entre les notions de partie à la convention et de membre de l'institution" bezeichnet[567]. Die Regelung über das Stimm(abgabe)recht im Internationalen Kaffee- und Kakao-Übereinkommen nimmt sich im Vergleich dazu geradezu gemeinschaftsfreundlich aus, was auch daran deutlich wird, daß sich die Kommission bei der Neuverhandlung des Zinn-Übereinkommens um eine Übernahme dieser Bestimmungen bemühte - und damit letztlich auch Erfolg hatte[568].
Die rechtliche Diskriminierung zwischenstaatlicher Organisationen aufgrund der Verweigerung eines eigenen (originären) Stimmrechts bleibt allerdings auch unter dieser Regelung bestehen.

Im Internationalen Tropenholz-Rat und im Internationalen Naturkautschuk-Rat stellt sich die Situation möglicherweise anders dar. In den beiden zugrundeliegenden Übereinkommen wird einer zwischenstaatlichen Organisation ein eigenes Stimmrecht nicht mehr ausdrücklich verweigert. So besagen die Art. 5 Abs. 2 der Übereinkommen[569]:

> „Bei einer Abstimmung über Angelegenheiten, die in ihren Zuständigkeitsbereich fallen, geben diese zwischenstaatlichen Organisationen die Anzahl von Stimmen ab, die der Gesamtzahl der ihrer Mitgliedstaaten nach Art. 10 zuerkannten Stimmen gleich ist. In solchen Fällen dürfen die Mitgliedstaaten der zwischenstaatlichen Organisation ihr Einzelstimmrecht nicht ausüben."

Es fragt sich daher, ob sich aus dieser Formulierung auf ein eigenes Stimmrecht der zwischenstaatlichen Organisation schließen läßt. Die akzessorische Verbindung zwischen dem Stimmrecht ihrer Mitgliedstaaten und der Abstimmungsbefugnis der Organisation scheint auch hier durch den Wortlaut des Abkommens hindurch. So ist für die Organisa-

---

564 BGBl. 1973 II, S. 1694 ff. (vorläufig durch die EG angewendet aufgrund Ratsbeschluß vom 26.6.1973, Bull.EG 6-1973, Ziff. 2340).

565 BGBl. 1968 II, S. 666 ff.; BGBl. 1974 II, S. 92 ff.; beigetreten ist die EG allerdings erst dem Kaffee-Übereinkommen von 1976 (ABl. 1976 Nr. L 309, S. 30 ff.).

566 Die Bestimmungen sind in dem aktuellen Kakao- und dem Kaffee-Übereinkommen (s. Fn 562) unverändert geblieben.

567 *Kovar*, La Participation des Communautés européennes aux Conventions multilatérales (Fn 493), S. 917.

568 Vgl. Art. 54 lit. b) des Internationalen Zinn-Übereinkommens von 1975 (ABl. 1976 Nr. L 222, S. 3 ff.).

569 Siehe Fn 562.

tion weiterhin nur von einer „Stimm*abgabe*“ die Rede, wohingegen für die Mitgliedstaaten der Terminus des „(Einzel-)Stimm*rechts*“ gewählt wird. Insgesamt dürfte damit ein qualitativer Unterschied zu den Bestimmungen, in denen der Organisation ein eigenes Stimmrecht ausdrücklich abgesprochen wird, nicht beabsichtigt sein.

Für die gemischte Teilnahme von EG und einigen ihrer Mitgliedstaaten an Internationalen Rohstofforganisationen kann zusammenfassend gesagt werden, daß sich heute dort die Regelung durchgesetzt hat, wonach die Gemeinschaft in Angelegenheiten ihres Kompetenzbereichs über eine Stimmenzahl verfügt, die der Zahl ihrer teilnehmenden Mitgliedstaaten entspricht[570]. Daß die Gemeinschaft dabei nicht aus eigenem Recht abstimmen kann, ändert am praktischen Ergebnis zwar nichts. In rechtlicher oder vielmehr in politischer Hinsicht offenbart sich darin jedoch, daß ein Großteil der Staaten immer noch gewisse Schwierigkeiten damit hat, integrationsrechtliche Internationale Organisationen im allgemeinen und die Gemeinschaft im besonderen in ihre geschlossene (Staaten-) Gesellschaft als gleichberechtigt aufzunehmen[571].

bb) Gemischte Mitgliedschaft in internationalen Vertragsorganen zum Schutz der Umwelt

Häufig werden durch völkerrechtliche Übereinkommen zum Schutz der Umwelt internationale Kommissionen oder Konferenzen der Vertragsparteien eingesetzt, die mit der Überwachung und Durchführung des betreffenden Abkommens betraut werden. Auch diese unterfallen regelmäßig der weiten Definition des Begriffs ‘Internationale Organisation’[572].

Eine der ersten Kommissionen dieser Art, in der die Gemeinschaft Mitglied wurde, war die Internationale Kommission, die durch das Pariser Übereinkommen zur Verhütung der Meeresverschmutzung vom Lande aus von 1974[573] eingesetzt wurde. Deren Art. 24 eröffnet allein der Europäischen Wirtschaftsgemeinschaft als nicht-staatlichem Mitglied den Beitritt. Im Hinblick auf die Stimmenverteilung in der Kommission ist mangels ausdrücklicher Regelung grundsätzlich davon auszugehen, daß jedem Mitgliedstaat eine Stimme zukommt. Für die Europäische Gemeinschaft findet sich allerdings folgende Sonderregelung:

> „In den unter ihre Zuständigkeit fallenden Bereichen steht der Europäischen Wirtschaftsgemeinschaft eine Anzahl von Stimmen zu, die der ihrer Mitgliedstaaten entspricht, die Vertragsparteien dieses Übereinkommens sind. Die Europäische Wirtschaftsgemeinschaft übt ihr Stimmrecht in Fällen, in denen ihre Mitgliedstaaten ihr Stimmrecht ausüben, nicht aus; das gleiche gilt im umgekehrten Fall“ (Art. 19).

---

[570] Sonderfälle im Bereich der Internationalen Rohstofforganisationen bilden die bereits erwähnten Internationalen Studiengruppen für Zinn, Kupfer, Nickel (siehe Fn 562) sowie der Gemeinsame Fonds für Rohstoffe (siehe Fn 561). In allen diesen Fällen können zwischenstaatliche Organisationen zwar Mitglieder der Organisation werden, doch steht ihnen kein Stimm(abgabe)recht in den zentralen Entscheidungsorganen zu.

[571] *Sack*, Die Europäische Gemeinschaft als Mitglied internationaler Organisationen (Fn 536), S. 632, hält für diesen Umstand folgende Erklärung bereit: „In der Dynamik des ihr zugrundeliegenden Integrationsprozesses und dem Vorrang des Gemeinschaftsrechts vor nationalem Recht, vor allem aber in der Ausübung umfangreicher Gesetzgebungsbefugnisse anstelle der Mitgliedstaaten zeigt sich ihr bisher einzigartiger Charakter vor allen sonstigen internationalen Organisationen, der sie unausweichlich zu einem „enfant terrible“ des Völkerrechts macht, da sie nicht in das überkommene Schema paßt“.

[572] Vgl. oben: Teil 1 B. III. 1. (S. 42 f.).

[573] Übereinkommen zur Verhütung der Meeresverschmutzung vom Lande aus vom 4.6.1974 (ABl. 1975 Nr. L 194, S. 22 ff.).

Auf den ersten Blick scheint diese Bestimmung derjenigen über die Stimmrechtsverteilung in den Internationalen Rohstofforganisationen zu entsprechen. Bei genauem Hinsehen fällt allerdings auf, daß hier die subtile Differenzierung zwischen Stimmrecht und Stimmabgabeberechtigung fehlt. Der Gemeinschaft wird eindeutig ein eigenes („ihr") Stimmrecht in den Bereichen ihrer Zuständigkeit zuerkannt. Ob nun die Gemeinschaft oder die Mitgliedstaaten ihr Stimmrecht ausüben, ist für die übrigen Vertragsparteien zumindest in rechtlicher Hinsicht gleichgültig. Entscheidend ist für sie allein, wie aus Art. 19 S. 2 hervorgeht, daß es zu keiner doppelten Ausübung des Stimmrechts kommt. Anders als bei der Frage nach den Rechten und Pflichten aus gemischten Abkommen haben die anderen Vertragsparteien hier kein berechtigtes Interesse an der Offenlegung der internen Kompetenzverteilung zwischen der Gemeinschaft und ihren Mitgliedstaaten.

Das Prinzip der Zuerkennung eines eigenen Stimmrechts an die Internationale Organisation mit einem Stimmgewicht, das der Summe der Einzelstimmen ihrer teilnehmenden Mitgliedstaaten entspricht, hat sich seitdem in fast allen Internationalen Umweltschutzababkommen, die eine solche gemischte Teilnahme zulassen, durchgesetzt[574]. Eine Ausnahme bilden allein solche Abkommen, die eine Entscheidung der Beschlußorgane der Organisation nur im Konsens vorsehen. Hier wäre eine entsprechende Stimmenkumulation bei einer zwischenstaatlichen Organisation sinnlos, da Einstimmigkeit bereits mit einer einzigen Gegenstimme verhindert werden kann, unabhängig davon, ob ihr Zählwert eins, vier oder fünfzehn beträgt. Ein Einstimmigkeitserfordernis trifft man insbesondere in Kommissionen mit einem geringen und abgeschlossenen Teilnehmerkreis an. So beispielsweise in den Internationalen Kommissionen zum Schutze der Oder, des Rheins oder der Elbe[575]. Letzterer gehören etwa neben der Europäischen Gemeinschaft nur noch Deutschland und Tschechien an. Die Internationale Donauschutz-Kommission erweist sich mit ihren 12 Mitgliedern hingegen schon als zu groß, um generell auf das Einstimmigkeitsprinzip zurückgreifen zu können. Hier wird daher nur grundsätzlich im Konsens entschieden. Falls ein solcher nicht erzielt werden kann, reicht eine Vier-Fünftel-Mehrheit aus, also 10:2 Stimmen[576]. In diesem Fall greift folglich die Stimmverteilungsklausel, wonach die Gemeinschaft in ihrem Zuständigkeitsbereich mit einem Gewicht von zwei Stimmen (für Deutschland und Österreich) abstimmen kann.

---

574 Siehe z.B. Art. 19 des Übereinkommens zum Schutz des Mittelmeeres vor Verschmutzung vom 16.2. 1976 (ABl. 1977 Nr. L 240, S. 35 ff.); Art. 13 Abs. 2 des Übereinkommens über die Erhaltung der europäischen wildlebenden Pflanzen und Tiere und ihrer natürlichen Lebensräume vom 19.9.1979 (ABl. 1982 Nr. L 38, S. 33 ff.); Art. 15 des Wiener Übereinkommens zum Schutz der Ozonschicht vom 22.3.1985 (ABl. 1988 Nr. L 297, S. 10 ff.); Art. 24 des Übereinkommens über die Kontrolle der grenzüberschreitenden Verbringung von gefährlichen Abfällen und ihrer Entsorgung (Basler Übereinkommen) vom 22.3.1989 (ABl. 1993 Nr. L 39, S. 3 ff.); Art. 19 des Übereinkommens über die grenzüberschreitenden Auswirkungen von Industrieunfällen vom 17.3.1992 (ABl. 1998 Nr. L 326, S. 6 ff.); Art. 18 des Rahmenübereinkommens der Vereinten Nationen über Klimaänderungen vom 9.5.1992 (ABl. 1994 Nr. L 33, S. 13 ff.); Art. 31 des Übereinkommens über die biologische Vielfalt vom 5.6.1992 (ABl. 1993 Nr. L 309, S. 3 ff.); Art. 20 des Übereinkommens der Vereinten Nationen zur Bekämpfung der Wüstenbildung in den von Dürre und/oder Wüstenbildung schwer betroffenen Ländern, insbesondere in Afrika vom 17.6.1994 (ABl. 1998 Nr. L 83, S. 3 ff.).

575 Art. 8 Abs. 3 des Vertrages über die Internationale Kommission zum Schutz der Oder gegen Verunreinigung vom 11.4.1996 (ABl. 1999 Nr. L 100, S. 21 ff.); Art. 10 Abs. 1 des Übereinkommens zum Schutz des Rheins vom 12.4.1999 (ABl. 2000 Nr. L 289, S. 31 ff.); Art. 8 Abs. 3 der Vereinbarung über die Internationale Kommission zum Schutz der Elbe vom 8.10.1990 (ABl. 1991 Nr. L 321, S. 25 ff.).

576 Art. 18 Abs. 2 des Übereinkommens über die Zusammenarbeit zum Schutz und zur vertraglichen Nutzung der Donau vom 29.6.1994 i.V.m. Art. 4 Abs. 2 u. Art. 5 Abs. 1 der Anlage IV zu diesem Übereinkommen (Statut der Internationalen Kommission für den Schutz der Donau) (ABl. 1997 Nr. L 342, S. 19 ff.).

Anzumerken ist schließlich noch, daß im Bereich der Internationalen Umweltschutzabkommen erst seit Mitte des 80er Jahre durchgehend die anonymisierte Teilnahmeklausel verwendet wird. Nur sehr vereinzelt findet man vor diesem Zeitpunkt eine Öffnung des betreffenden Abkommens allgemein für integrationsrechtliche Internationale Organisationen[577].

cc) Gemeinsame Mitgliedschaft von Gemeinschaft und Mitgliedstaaten in der FAO

Von 1962 an besaß die Europäische Gemeinschaft Beobachterstatus in der Ernährungs- und Landwirtschaftsorganisation (FAO)[578], wie sie ihn auch in zahlreichen anderen Sonderorganisationen der Vereinten Nationen (vgl. Art. 57 UN-Charta) besitzt.
Am 26.11.1991 wurde die EG dann von der Konferenz der FAO auf Antrag[579] als 159. Vollmitglied in die Organisation aufgenommen[580].
Um den Beitritt zu ermöglichen, bedurfte es allerdings einer Änderung der FAO-Verfassung vom 16.10.1945[581], die in ihrem Art. II lediglich Staaten als ursprüngliche Mitglieder (Abs. 1) oder als später durch die Konferenz mit Zwei-Drittel-Mehrheitsbeschluß aufzunehmende neue (Voll-) Mitglieder (Abs. 2) zuließ.
Die zentralen Änderungen wurden daher auch in diesem Artikel vorgenommen. Insgesamt wurden acht neue Absätze eingefügt[582].

(1) Bestimmungen in der FAO-Verfassung über die Mitgliedschaft Internationaler Organisationen

Nach Art. II Abs. 3 der FAO-Verfassung besteht die Möglichkeit, daß die Konferenz bei Anwesenheit der Mehrheit der Mitgliedstaaten der Organisation mit Zwei-Drittel-Mehrheit beschließen kann, „any regional economic integration organization" unter bestimmten Vorausetzungen als Mitglied in die FAO aufzunehmen.
In Abs. 4 werden drei zentrale Voraussetzungen genannt, die erfüllt sein müssen, damit sich eine Internationale Organisation überhaupt für die Mitgliedschaft qualifiziert: (1.) die Mehrheit der Mitgliedstaaten der Organisation muß Mitglied in der FAO sein, (2.) der Organisation müssen durch die Mitgliedstaaten Kompetenzen in Angelegenheiten übertragen worden sein, die in die Zuständigkeit der FAO fallen und (3.) die Organisation muß für ihre Mitgliedstaaten bindende Entscheidungen treffen können.
Die erste Voraussetzung erfüllt(e) die EG[583] zwar ebenso unproblematisch wie die letzten beiden, doch gerade die Anforderungen an die Mitgliederzahl sind von einigen Autoren als

577 So etwa in Art. 24 des Übereinkommens zum Schutz des Mittelmeeres vor Verschmutzung (sog. Barcelona-Übereinkommen) vom 16.2.1976 (ABl. 1977 Nr. L 240, S. 3 ff.), wonach das Übereinkommen „auch für die Europäische Wirtschaftsgemeinschaft und für jeden regionalen Wirtschaftszusammenschluß ähnlicher Art zur Unterzeichnung auf[liegt]." (Stimmenverteilungsklausel in Art. 19).

578 *Kommission*, 6. EWG-Gesamtbericht (1963), Ziff. 281.

579 Nach Abschluß der mehrjährigen Beitrittsverhandlungen beantragte der Rat am 25.11.1991 förmlich die Aufnahme als Mitglied (Ratsbeschluß vom 25.11.1991, unveröffentlicht); der Beitritt vollzog sich außerhalb des Vertragsschlußverfahrens nach ex Art. 228 (Art. 300) EGV (kritisch dazu *Frid*, The European Economic Community - A Member of a Specialized Agency of the United Nations, EJIL 4 (1993), S. 239 ff. (247)).

580 Bull.EG 11-1991, Ziff. 1.3.66.

581 Dt. Quelle: BGBl. 1971 II, S. 1036 ff.

582 Eine amtliche deutsche Übersetzung der Satzungsänderung liegt -soweit ersichtlich- nicht vor. Die authentische englische Fassung und eine -nicht-amtliche- deutsche Version sind abgedruckt bei *von Mangoldt/Rittberger (Hrsg.)*, Das System der Vereinten Nationen und seine Vorläufer, Band I/2, S. 617 ff.

kaum gerechtfertigt kritisiert worden[584]. Die Furcht der FAO, die Mitgliedstaaten der Internationalen Organisation, die nicht gleichzeitig auch FAO-Mitglieder sind, könnten sich quasi durch die Hintertür Mitgliedsrechte erschleichen, ist unbegründet. Das Szenario eines 'free riders'[585], der zwar Leistungen in Anspruch nimmt, aber selbst nicht zahlt, entbehrt in der Tat jeder Grundlage, da dem betreffenden Staat allenfalls mittelbare Rechte gegenüber der FAO und deren Mitgliedern -vermittels der eigenen teilnehmenden Organisation- zuteil werden könnten. Aber selbst wenn man unterstellt, daß sich aus dieser schwachen Position Vorteile erzielen ließen, gilt es zu bedenken, daß diesen dann auch volle mittelbare Pflichten gegenüber der FAO gegenüberstünden.

Die Voraussetzung, daß eine Organisation ihren Mitgliedstaaten gegenüber zum Erlaß verbindlicher Entscheidungen in der Lage sein muß, um selbst FAO-Mitglied werden zu können, dürfte den Hintergrund haben, daß die Durchführung von FAO-Beschlüssen, die in den Zuständigkeitsbereich der Mitgliedsorganisation fällt, nicht an mangelnder Kooperation ihrer Mitgliedstaaten scheitern soll.

Art. II Abs. 8 und 10 der FAO-Verfassung regeln den Status, den eine Internationale Organisation nach ihrer Aufnahme als Vollmitglied in der FAO genießt:

> „A Member Organization shall exercise membership rights *on an alternative basis* with Member States that are Member Nations of the Organization in the areas of their respective competences and in accordance with rules set down by the Conference" (Abs. 8 - eigene Hervorhebung).
>
> „Except as otherwise provided in this Constitution or in rules set down by the Conference [...] a Member Organization may exercise on matters within its competence, in any meeting of the Organization in which it is entitled to participate, a number of votes equal to its Member States which are entitled to vote in such meeting. Whenever a Member Organization exercises its right to vote, its Member States shall not exercise theirs, and conversely" (Abs. 10).

Der Leitgedanke für die Mitgliedschaft einer Internationalen Organisation in der FAO ist der bereits bekannte einer alternativen Ausübung der Mitgliedschaftsrechte durch die Organisation und ihre Mitgliedstaaten[586]. Es soll -verständlicherweise- keinesfalls zu einer kumulativen Ausübung von Rechten kommen. Gleichzeitig wird aber deutlich, daß die Internationale Organisation über ein eigenes Stimmrecht („*its* right to vote") verfügt und nicht lediglich über die Befugnis, die Stimmen ihrer Mitgliedstaaten abzugeben, wie dies in den Internationalen Rohstofforganisationen der Fall ist, in denen eine gemischte Mitgliedschaft besteht[587].

Art. II Abs. 5 der FAO-Verfassung schreibt vor, daß die Organisation schon bei Stellung des Aufnahmeantrags eine förmliche Erklärung darüber abzugeben hat, in welchen FAO-Angelegenheiten ihr die Mitgliedstaaten Zuständigkeiten übertragen haben. Für Bereiche, die in der Liste nicht ausdrücklich genannt sind, greift eine Zuständigkeitsvermutung für

---

583 Bereits vor Gründung der EG waren alle der gegenwärtig 15 EU-Mitgliedstaaten Mitglieder der FAO. Als letztes Land trat Spanien der Organisation am 5.4.1951 bei.

584 *Frid*, The European Economic Community - A Member of a Specialized Agency of the United Nations (Fn 579), S. 249: „From a strict legal perspective [...] not correct"; *Schermers/Blokker*, International Institutional Law, § 83: „difficult to justify [...] from a strictly legal point of view".

585 *Frid*, a.a.O.

586 *Schwob*, L'amendement à l'acte constitutif de la FAO visant à permettre l'admission en qualité de membre d'organisations d'intégration économique régionale et la Communauté économique européenne, RTDE 29 (1993), S. 1 ff. (10); *Sack*, Die Europäsche Gemeinschaft als Mitglied Internationaler Organisationen (Fn 536), S. 649.

587 Siehe oben: C. II. 1. b) aa) (S. 231 ff.).

die Mitgliedstaaten (Abs. 6). Eine Änderung der Zuständigkeitsverteilung ist dem Generaldirektor der FAO zu notifizieren, der sie dann an die FAO-Mitgliedstaaten weiterleitet (Abs. 7).

Zieht man an dieser Stelle eine Zwischenbilanz, so ist zunächst festzustellen, daß man sich innerhalb der FAO bei der Festlegung der Teilnahmebedingungen für Internationale Organisationen in weiten Teilen aus dem Arsenal vorhandener Vertragsklauseln über die Teilnahme Internationaler Organisationen an multilateralen Verträgen bzw. an Klauseln über ihr Stimmrecht in anderen Internationalen Organisationen bedient hat. Dies bestätigt die Verfestigung der entsprechenden Grundsätze im Völkerrecht und im Recht der Internationalen Organisationen. Auf dieser Grundlage wäre eine gleichberechtigte Teilnahme Internationaler Organisationen (und ihrer Mitgliedstaaten) in der FAO möglich.

(2) Einschränkung der Mitgliedschaftsrechte einer Internationalen Organisation durch die „General Rules" der FAO

Die Rechtspositionen, die Art. II Abs. 8, 9 und 10 FAO-Verfassung den Mitgliedsorganisationen einräumt, sind ausdrücklich unter den Vorbehalt einer abweichenden Regelung durch die Konferenz der FAO gestellt („membership rights [...] *in accordance with* [...]" bzw. „*Except as otherwise provided* [...]"). Diese abweichenden Bestimmungen finden sich vor allem in den 'General Rules of the Organization', also gewissermaßen den Ausführungsbestimmungen zur FAO-Verfassung. Gleichzeitig mit der Änderung der FAO-Verfassung wurde diesen allgemeinen Regeln 1991 ein neues Kapitel: 'D. Member Organizations' (Regeln XL - XLV)[588] hinzugefügt.
Darin wird u.a. festgelegt, daß eine Mitgliedsorganisation in verschiedenen bedeutenden FAO-Ausschüssen generell nicht teilnehmen darf[589] und daß die Konferenz beschließen kann, ihr die Teilnahme in jedem anderen Gremium zu versagen, das sich mit der internen Arbeit der Konferenz befaßt (Regel XLII Abs. 2). Mag sich der Ausschluß aus den Finanz- und Haushaltsgremien noch damit rechtfertigen lassen, daß Mitgliedsorganisationen keine Beiträge zum FAO-Haushalt leisten, sondern nur einen Beitrag zur Deckung von Verwaltungs- und anderen Aufgaben (Art. XVIII Abs. 6 FAO-Verfassung), so kann die Versagung der Teilnahme an den anderen Auschüssen nur damit erklärt werden, daß einige FAO-Mitglieder die Mitgliedschaft der EG so restriktiv wie mögliche gestalten wollten[590]. Für das Verhältnis der Mitgliedsorganisation zu ihren Mitgliedstaaten führt dies im übrigen zu der unannehmbaren Konsequenz, daß die Mitgliedstaaten, die aus diesen Gremien nicht ausgeschlossen sind, dort auch über Fragen abstimmen müssen, die eigentlich in den Zuständigkeitsbereich ihrer Organisation fallen, will man nicht jeglichen Einfluß auf die Entscheidungsfindung verlieren.
Aus rechtlicher Sicht keineswegs erforderlich ist auch Regel XLI der 'General Rules', wonach die Mitgliedsorganisation auf Anfrage irgendeines FAO-Mitgliedes verpflichtet ist, sich diesem gegenüber zu ihrer Zuständigkeit in irgendeiner Frage zu äußern. Vor jeder

---

588 Abgedruckt bei *Frid*, The Relations Between the EC and International Organizations, S. 396 f. (Annex IV).

589 Ausgeschlossen ist eine Mitgliedsorganisation u.a. vom 'General Committee' (Art. XLII Abs. 2), vom 'Programme Committe', 'Finance Committee' und vom 'Committee on Constitutional and Legal Matters' (Art. XLV der 'General Rules').

590 Vgl. *Sack*, Die Europäische Gemeinschaft als Mitglied internationaler Organisationen (Fn 536), S. 648; *Frid*, The European Economic Community - A Member of a Specialized Agency of the United Nations (Fn 579), S. 241 f. - jeweils unter Hinweis auf die USA und Japan.

Zusammenkunft der FAO müssen Mitgliedsorganisation und Mitgliedstaaten zudem mitteilen, wer von beiden in den auf der Tagesordnung stehenden Punkten die Zuständigkeit besitzt und sein Stimmrecht auszuüben gedenkt[591]. Zurecht stellt *Sack* fest, daß dies bei über 50 FAO-Sitzungen im Jahr zu einem „völlig unverhältnismäßigen Verwaltungsaufwand" auf seiten der EG führt und ihr u.a. dadurch bewußt ein „Zwangskorsett" angelegt wurde[592].

(3) Gesamtbewertung

Insgesamt muß die Bewertung der rechtlichen Umstände der Mitgliedschaft der EG in der FAO differenziert ausfallen.

Zunächst ist festzuhalten, daß die Öffnung der FAO für die Mitgliedschaft von Internationalen Organisationen zur regionalen Wirtschaftsintegration 1991 nur erfolgt ist, um der EG eine Teilnahme an der UN Sonderorganisation als Vollmitglied zu ermöglichen. Insofern hat die Europäische Gemeinschaft auch in diesem Fall zur Aufbrechung der staatenzentrierten Struktur einer anderen Internationalen Organisation beigetragen.

Die Bestimmungen über die Mitgliedschaft Internationaler Organisationen sind in der FAO im Vergleich zu den bisher betrachteten Internationalen Organisationen deutlich umfangreicher. Ihre einzelnen Elemente sind allerdings schon aus dem Kontext der Beteiligung der EG an gemischten multilateralen Abkommen und/oder anderen Internationalen Organisationen im weiteren Sinne bekannt.

Die Rechtsposition, die Mitgliedsorganisationen in der FAO genießen, ist -aus politischen Gründen- deutlich schlechter als die von Mitgliedstaaten. Die Versagung des Teilnahmerechts in wichtigen Gremien der Organisation schwächt nicht nur (bewußt) die Stellung der Mitgliedsorganisation, sondern benachteiligt auch (mittelbar) deren Mitgliedstaaten, die gleichzeitig Mitglieder der FAO sind.

Vor diesem Hintergrund erscheint es wenig wahrscheinlich, daß weitere Internationale Organisationen die Mitgliedschaft in der FAO anstreben, selbst wenn sie die Voraussetzungen dafür erfüllen.

dd) Gemeinsame Mitgliedschaft von EG und Mitgliedstaaten in der WTO

Das Beispiel der FAO hat gezeigt, wie schwierig es für eine Internationale Organisation sein kann, in eine bestehende Organisation mit verfestigten Strukturen und Interessensphären als gleichberechtigtes Mitglied Aufnahme zu finden. Günstigere Ausgangsbedingungen sind dort vorhanden, wo es um die Mitgliedschaft in einer neu zu gründenden Organisation geht, in deren Gründungsvertrag von vornherein die Teilnahme einer anderen Internationalen Organisation als Vollmitglied berücksichtigt werden kann. Ein Beispiel dafür liefert die 1994 gegründete Welthandelsorganisation (WTO), die am 1.1.1995 in Genf offiziell ihre Arbeit aufnahm.

---

591 Regel XLI Abs. 2: „Before any meeting of the Organization the Member Organization or its Member States shall indicate which, as between the Member Organization and its Member States, has competence in respect of any specific question to be considered in the meeting and which, as between the Member Organization and its Member States, shall exercise the right to vote in respect of each particular agenda item."

592 *Sack*, a.a.O., S. 648 u. 650 f.; allgemein kritisch auch *Rideau*, La participation de l'Union européenne aux organisations internationales (Fn 537), S. 356: „inégalité par rapport à celui [le statut] dont bénéficient les États"; Zu den gemeinschaftinternen Auseinandersetzungen zwischen Kommission und Mitgliedstaaten über die Ausübung des Stimmrechts in der FAO vgl. EuGH Rs. C-25/94, Kommission v. Rat, Slg. 1996-I, S. 1497 ff.

In Art. XI des WTO-Gründungsvertrages[593] -überschrieben mit 'Original Membership'- wird gesagt, daß die Vertragsparteien des zum 31.12.1995 außer Kraft getretenen GATT'47 und die Europäischen Gemeinschaften „ursprüngliche Mitglieder der WTO" werden können. Der ausdrücklichen Erwähnung der EG bedurfte es, da diese bekanntlich nie förmlich neben ihren Mitgliedstaaten oder gar an deren Stelle Vertragspartei des Allgemeinen Zoll- und Handelsabkommens von 1947 geworden ist und daher von der h.M. nur als *de facto*-Mitglied eingestuft wurde[594].
In der Bestimmung über Annahme, Inkrafttreten und Hinterlegung (Art. XIV) wird die ursprüngliche Mitgliedschaft der EG und der (übrigen) GATT'47-Mitglieder noch einmal bestätigt.
Zu untersuchen ist gleichwohl, ob der Eindruck der gleichberechtigten Mitgliedschaft der EG, der durch diese Vorschriften erweckt wird, auch in ihrer tatsächlichen Rechtsstellung in den Gremien der Organisation eine Bestätigung findet.

In den Hauptorganen der Organisation, der Ministerkonferenz und dem Allgemeinen Rat, ist die Gemeinschaft wie jedes andere WTO-Mitglied auch vertreten (Art. IV Abs. 1 u. 2 WTO-Satzung). Über die Beschlußfassung in diesen Organen ist Art. IX Abs. 1 S. 2-4 zu entnehmen:

> „Auf den Tagungen der Ministerkonferenz und des Allgemeinen Rates verfügt jedes Mitglied der WTO über eine Stimme. Wenn die Europäischen Gemeinschaften ihr Stimmrecht ausüben, verfügen sie über eine Anzahl von Stimmen, die der Anzahl ihrer Mitgliedstaaten,[2)] die Mitglieder der WTO sind, entspricht. Beschlüsse der Ministerkonferenz und des Allgemeinen Rates werden mit Mehrheit der abgegebenen Stimmen gefaßt, sofern [...] nichts anders vorgeschrieben ist."

Die Gemeinschaft verfügt mithin über ein eigenes Stimmrecht und ebenso selbstverständlich über ein Stimmgewicht, das der Zahl ihrer teilnehmenden Mitgliedstaaten, gegenwärtig also 15, entspricht. Man vermißt allerdings zwei Wendungen, die in den bisher bekannten Stimmverteilungsklauseln stets zu finden waren: Einmal fehlt der Zusatz, daß die Gemeinschaft ihr Stimmrecht nur „in ihrem Zuständigkeitsbereich" ausübt, außerdem wurde auf die Festlegung verzichtet, daß die Gemeinschaft kein Stimmrecht ausübt, wenn die Mitgliedstaaten dieses wahrnehmen und umgekehrt. Stattdessen enthält der amtlichen Text eine Fußnote ([2)]), die besagt, daß „die Anzahl der Stimmen der Europäischen Gemeinschaften und ihrer Mitgliedstaaten [...] die Anzahl der Mitgliedstaaten der Europäischen Gemeinschaften in keinem Fall übersteigen [darf]". Auf diese Weise werden sämtliche Zuständigkeitsfragen zwischen Gemeinschaft und Mitgliedstaaten -anders als in der FAO- aus den Gremien der WTO verbannt. Entscheidend ist allein, daß die Gemeinschaftsgruppe insgesamt nie mehr als 15 Stimmen abgibt; wer die Stimmen abgibt und ob dies im Einklang mit der internen Zuständigkeitsverteilung erfolgt, ist gleichgültig. Folgerichtig wird von der EG auch nicht die Übermittlung einer Zuständigkeitsliste verlangt.

Nach Art. IV Abs. 5 S. 1 WTO-Übereinkommen werden jeweils spezielle Räte für den Handel mit Waren ('Council for Trade in Goods'), Dienstleistungen ('Council for Trade in Services') und für handelsbezogene Aspekte der Rechte des geistigen Eigentums ("Council for TRIPS") eingesetzt. Die Mitgliedschaft in diesen Räten steht allein Vertretern der Mitglieder, also auch denen der EG, offen (Abs. 5 S. 7). Die Verfahrensordnungen

---

593 'Agreement establishing the World Trade Organization' vom 15.4.1994 (ILM 33 (1994), S. 1144 ff.; dt. Quelle: BGBl. 1994 II, S. 1625 ff.).
594 Siehe oben: B. II. 2. c) (S. 191 f.).

der Räte[595] fußen auf derjenigen des Allgemeinen Rates ('General Council')[596]. Regel 33 dieser Verfahrensordnung bestimmt, daß sich das Abstimmungsverfahren in den Räten nach den Bestimmungen des WTO-Übereinkommens, insbesondere nach Art. IX richtet. In den speziellen Räten gilt mithin die gleiche Stimmenverteilung wie bei Abstimmungen im Allgemeinen Rat und in der Ministerkonferenz. Auch hier bleibt also die Frage, wer aus der Gemeinschaftsgruppe die Mitgliedschaftsrechte ausübt, allein der internen Zuständigkeitsverteilung zwischen EG und ihren Mitgliedsstaaten vorbehalten[597].
Die EG genießt damit bis in die Unterorgane hinein die gleichen Rechte innerhalb der WTO wie Mitgliedstaaten. Die Gleichstellung der Gemeinschaft mit WTO-Mitgliedstaaten in Art. XI des WTO-Übereinkommens spiegelt somit in der Tat die materielle Rechtslage wider.

Die Vollmitgliedschaft der Europäischen Gemeinschaft in der WTO hat allerdings nicht dazu beigetragen, daß das Übereinkommen generell für die Teilnahme anderer Internationaler Organisationen zur regionalen Wirtschaftsintegration geöffnet wurde. Eine dahingehende allgemeine Beitrittsklausel existiert nicht. Zwar läßt Art. XII des WTO-Übereinkommens den Beitritt „jedes gesonderte[n] Zollgebiet[es]" zu, „das in der Wahrnehmung seiner Außenhandelsbeziehungen und hinsichtlich der übrigen in dem Übereinkommen *und* in den Multilateralen Handelsübereinkommen behandelten Angelegenheiten volle Handlungsfreiheit besitzt"[598]. Doch der EG beispielsweise hätte -anders als unter dem GATT'47- ein Beitritt nach dieser Klausel verweigert werden müssen, da sie nicht in allen Bereichen der multilateralen Handelsübereinkommen „volle Handlungsfreiheit" besitzt[599]. Gleiches gilt daher erstrecht für andere Internationale Organisationen zur regionalen Wirtschaftsintegration[600]. Zwischenstaatlichen Organisationen mit gewissen Zuständigkei-

---

595 Texte abgedruckt bei *Hummer/Weiss*, Vom GATT'47 zur WTO, S. 340 (Rules of Procedure of the Council for Trade in Goods, WTO Doc. WT/L/79 vom 7.8.1995), S. 341 (Rules of Procedure for Meetings of the Council for Trade in Services, WTO Doc. S/L/15 vom 15.10.1995), S. 343 (Rules of Procedure for Meetings of the Council for Trade-Related Aspects of Intellectual Property Rights, WTO Doc. IP/C/1 vom 28.9.1995).

596 Rules of Procedure for Meetings of the General Council, WTO Doc. WT/L/28 vom 7.2.1995 (abgedruckt: a.a.O., S. 329 ff.).

597 Dem WTO-Gutachten des EuGH (Gutachten 1/94, Slg. 1994-I, S. 5267 ff.) zufolge liegt die Außenkompetenz für den Abschluß und die Durchführung des GATS in weiten Teilen (5402 Rz 46-48), die für das TRIPS fast ausschließlich (5409 Rz 71) bei den Mitgliedstaaten. Für das GATT'94 und die übrigen multilateralen Handelsübereinkommen (vgl. Anlage 1A zum WTO-Übereinkommen) besitzt hingegen die Gemeinschaft nach ex Art. 113 (Art. 133) EGV die ausschließliche Zuständigkeit. Die Besorgnis der Kommission, eine gemischte Teilnahme von Gemeinschaft und Mitgliedstaaten am WTO-Übereinkommen könnte zu erheblichen Problemen bei der Durchführung des Abkommens führen, erkannte der EuGH zwar als „völlig legitim" an, doch könnten solche Schwierigkeiten an der Beantwortung der (Rechts-)Frage der Zuständigkeit nichts ändern (5420 Rz 107). Die Richter verwiesen vielmehr auch hier auf die Pflicht zur engen Zusammenarbeit zwischen Mitgliedstaaten und Gemeinschaftsorganen, die sich aus der Notwendigkeit eines geschlossenen völkerrechtlichen Auftretens ergebe (5420 Rz 108 - ausführlich dazu *MacLeod/Hendry/Hyett*, The External Relations of the European Communities, S. 148 ff.).

598 Eigene Hervorhebung.

599 Siehe Fn 597.

600 Als einziges „gesondertes Zollgebiet" ist bisher das Gebiet bestehend aus Taiwan, Penghu, Kinmen und Matsu am 1.1.2002 Mitglied in der WTO geworden.

ten im WTO-Bereichen kann hingegen lediglich Beobachterstatus in der Ministerkonferenz und im Allgemeinen Rat eingeräumt werden[601].

ee) Gemeinsame Mitgliedschaft von Gemeinschaft und Mitgliedstaaten in der EBRD

Die Europäische Bank für Wiederaufbau und Entwicklung (EBRD) mit Sitz in London wurde 1990 gegründet, um -ausweislich der Zielbestimmung in Art. 1 des Gründungsvertrages[602]- durch die Unterstützung des wirtschaftlichen Fortschritts und des Wiederaufbaus in den mittel- und osteuropäischen Ländern den Übergang zur offenen Marktwirtschaft zu begünstigen sowie die private und unternehmerische Initiative zu fördern.

Die Mitgliedschaft der EG in der EBRD weist in vielerlei Hinsicht Parallelen zu ihrer wenige Jahre später erfolgten WTO-Mitgliedschaft auf.
Auch in der EBRD ist die Europäische Gemeinschaft "ursprüngliches" Mitglied. Neben ihr sind sämtliche Mitgliedstaaten ebenfalls an der Bank beteiligt. Im Entscheidungsorgan, dem Gouverneursrat, verfügt die Gemeinschaft über einen eigenen Gouverneur (Art. 23 Abs. 1 des Übk.) und folglich über ein eigenes Stimmrecht. Die Stimmenzahl jedes Mitglieds richtet sich nach der Anzahl der von ihm gezeichneten Anteile am Stammkapital der Bank[603]. Auch im übrigen steht die EG vollkommen gleichberechtigt und unabhängig neben den staatlichen Mitgliedern, wie u.a. in der Bestimmung über die Wahl der Bankdirektoren deutlich wird (Art. 26). Festzuhalten ist allerdings, daß die Bank zwar nichteuropäischen Ländern, die Mitglieder des Internationalen Währungsfonds sind, offensteht (Art. 3 Abs. 1 lit. i)), doch aus der Gruppe der Internationalen Organisationen können allein die Europäische Gemeinschaft und die Europäische Investitionsbank (vgl. Art. 266 f. EGV) Mitglieder werden.

2. Ergebnis

Im Jahre 1983, also zu einem Zeitpunkt, an dem die EG das einzige Beispiel für die Vollmitgliedschaft einer Internationalen Organisation in einer anderen Organisation war, schrieb *Schermers*:

> „[W]e submit that the EEC is a forerunner and that other organizations of States will in the future meet many of the same problems which the EEC meets now."[604]

Die Europäische Gemeinschaft hat in der Tat in dieser Hinsicht eine Vorreiterrolle gespielt: Durch ihre Mitgliedschaft in anderen Internationalen Organisationen hat sie diesen Weg auch für andere Internationale Organisationen (zur regionalen Wirtschaftsintegration) geebnet. Denn in den meisten Fällen wurden keine speziell auf die EG bezogenen Beteiligungsregeln geschaffen, sondern die Organisation wurde generell für die Teilnahme anderer Internationaler Organisationen geöffnet. Die EG hat damit maßgeblich dazu beigetragen, daß der traditionell rein staatenzentrierte Charakter Internationaler Organisationen aufgebrochen wurde.

---

601 Art. V Abs. 1 WTO-Übereinkommen i.V.m. Regel 11 der 'Rules of Procedure for Sessions of the Ministerial Conference' bzw. 'Rules of Procedure for Meetings of the General Council' (jew. WTO Doc. WT/L/28 vom 7.2.1995 - Text in: *Hummer/Weiss*, Vom GATT'47 zur WTO'94, S. 322 ff. u. 329 ff.).

602 Übereinkommen zur Errichtung der Europäischen Bank für Wiederaufbau und Entwicklung vom 29.5. 1990 (ABl. 1990 Nr. L 372, S. 4 ff.).

603 Art. 29 i.V.m. Anlagen A u. B des Übereinkommens.

604 *Schermers*, International Organizations as Members of Other International Organizations (Fn 478), S. 823.

Die konkrete Ausgestaltung der Bedingungen für die Teilnahme einer Internationalen Organisation neben ihren Mitgliedstaaten oder an deren Stelle hängt einerseits von der individuellen Struktur der betreffenden aufnehmenden Organisation ab, andererseits aber in nicht geringem Maße auch von den jeweiligen Machtkonstellationen zwischen den Beteiligten und dem Verhandlungsgeschick der Delegationen.

Dennoch haben sich im Laufe der Zeit Grundregeln herausgebildet und verstetigt, die es rechtfertigen, von „une sorte de droit commun de la participation, à côté de leurs membres, des organisations d'intégration régionale aux organisations à vocation universelle“ [605] zu sprechen.

Der Status als Vollmitglied bringt es zwingend mit sich, daß die Mitgliedsorganisation im zentralen Beschlußorgan der Internationalen Organisation repräsentiert ist. Nimmt die Organisation unter Ausschluß ihrer Mitgliedstaaten an der Internationalen Organisation teil, dann verfügt sie dort regelmäßig nur über eine Stimme. Anderes gilt bei gleichzeitiger Mitgliedschaft der Organisation und ihrer Mitgliedstaaten. In diesem Fall wird der Organisation bei Abstimmungen über Angelegenheiten, die in ihren Zuständigkeitsbereich fallen, eine Stimmenzahl zugebilligt, die der Zahl ihrer (teilnehmenden) Mitgliedstaaten entspricht. Grundsätzlich übt die Organisation dann ein eigenes, originäres Stimmrecht aus. Nur in Ausnahmefällen (Internationale Rohstofforganisationen) wird der Mitgliedsorganisation lediglich das Recht eingeräumt, die Stimmen ihrer beteiligten Mitgliedstaaten (koordiniert) abzugeben.

In der Regel besteht -anders als anläßlich des Beitritts zu dem multilateralen Abkommen selbst, durch das die Organisation errichtet wird- keine Verpflichtung der teilnehmenden Internationalen Organisation und ihrer Mitgliedstaaten, vor Abstimmungen ihre interne Zuständigkeitsverteilung im konkreten Fall offenzulegen. Sie bleibt in diesem Zusammenhang eine reine *res inter alios acta.*

III. Der Beitrag der Gemeinschaft zur Förderung der Achtung der Menschenrechte und der Demokratie durch dritte Staaten

Die Förderung und der Schutz der Menschenrechte fällt heute unzweifelhaft (auch) in den Regelungsbereich des internationalen Rechts[606].

Über die politischen Menschenrechte ist eine Entwicklung im modernen Völkerecht angestoßen worden, die auch die innerstaatliche Einhaltung gewisser demokratischer Mindeststandards zu einem legitimen völkerrechtlichen Anliegen macht. Auch der Grundsatz der verantwortungsvollen Führung der Staatsgeschäfte (good governance) taucht zunehmend in der völkerrechtlichen Praxis auf.

Vorliegend soll untersucht werden, inwiefern und auf welche Weise die EG über ihre völkervertraglichen Beziehungen zu dritten Staaten zur Herausbildung bzw. Verfestigung völkerrechtlicher Normen in diesen Bereichen beigetragen hat.

1. Haltung der Gemeinschaft zur Bedeutung von Menschenrechten und Demokratie in ihren Außenbeziehungen

a) Beginn eines Entwicklungsprozesses in den 70er Jahren

Menschenrechtsfragen spielten in den vertraglichen Außenbeziehungen der Gemeinschaft

---

605 *Vigne,* La Participation aux organisations internationales (Fn 532), S. 67.

606 Siehe dazu bereits oben: Teil 1 Fn 261.

bis in die 70er Jahre praktisch keine Rolle. In den im Zuge der Entkolonialisierungswelle Anfang der 60er Jahre beginnenden Vertragsbeziehungen zu den neuen unabhängigen Staaten Afrikas[607] klammerte die Gemeinschaft die "politische" Frage der Achtung der Menschenrechte durch diese Staaten bewußt aus und beschränkte sich allein auf die technischen Fragen der Zusammenarbeit[608]. Erst anläßlich des Völkermordes in Uganda im Frühjahr 1977 begann man innerhalb der Gemeinschaft -vor allem auf Initiative des Europäischen Parlaments hin[609]-, über die Notwendigkeit eines gemeinsamen Bekenntnisses der Vertragspartner zur Achtung der Menschenrechte im Rahmen der Zusammenarbeit zu diskutieren[610]. Bei der Neuverhandlung des Lomé I-Abkommens mit den AKP-Staaten versuchte die Gemeinschaft dann, die Aufnahme einer entsprechenden Bestimmung in das Abkommen zu erreichen. Die afrikanischen Staaten wiesen dieses Ansinnen jedoch als unzulässige Einmischung in interne Angelegenheiten zurück[611]. Außerdem führten sie ins Feld, daß in ihren nationalen Verfassungen die Menschenrechte garantiert seien und daß die EG darüber hinaus in ihrem Bestreben wenig glaubwürdig sei, da sie gleichzeitig das Apartheidregime in Südafrika unterstütze[612]. Schließlich einigten sich die afrikanischen Staaten im Rahmen der OAU im Juli 1979 auf einen Entwurf für eine Charta der Menschenrechte und der Rechte der Völker[613]. In der Verabschiedung der Charta war auch ein Zugeständnis an die Verhandlungsposition der Gemeinschaft zu sehen. Das Lomé II-

---

607 Mit 18 Staaten West- und Zentralafrikas schlossen die EG und die Mitgliedstaaten am 20.7.1963 in Jaunde (Kamerun) das erste Assoziierungsabkommen, *Jaunde I* (ABl. 1964, S. 1431 ff.). Am selben Ort wurde 1969 das Nachfolgeabkommen (*Jaunde II*) unterzeichnet (ABl. 1970 Nr. L 282, S. 2 ff.). Mit den drei Staaten der Ostafrikanischen Wirtschaftsgemeinschaft (AEC), Uganda, Kenia und Tansania, wurde am 26. 7.1968 in Arusha (Tansania) ebenfalls ein Assoziierungsabkommen geschlossen, dessen Geltungsdauer allerdings schon verstrichen war, bevor das Ratifikationsverfahren abgeschlossen war; am 24.9.1969 wurde ein neues Abkommen geschlossen (*Arusha II*, ABl. 1970 Nr. L 282, S. 55 ff.). 1975 wurde die Entwicklungszusammenarbeit mit insgesamt 48 Staaten Afrikas sowie des karibischen- und pazifischen Raumes (sog. AKP-Staaten) durch das Abkommen von Lomé (Togo, *Lomé I*) auf eine einheitliche Grundlage gestellt (Abkommen vom 1.2.1975, ABl. 1976 Nr. L 25, S. 2 ff.).

608 *King*, Human Rights in the development policy of the European Community: towards a European world order?, NYIL 28 (1997), S. 51 ff. (53 f.).

609 Siehe v.a. die Debatte des Europäischen Parlaments vom 10.3.1977 (Verh.EurParl. 1977-78, Anhang zum ABl. 214, S. 79) und vom 6.7.1977 (a.a.O., Anhang zum ABl. 219, S. 226 ff.).

610 Vgl. Memorandum der Kommission zu den bevorstehenden Verhandlungen mit den AKP-Staaten über eine Erneuerung der Lomé-Konvention vom 3.2.1978 (COM (78) 47 final).

611 *Arts*, European Community development cooperation, human rights, democracy and good governance: at odds or at ease with eachother - in: Ginther u.a. (Hrsg.), Sustainable Development and Good Governance, S. 258 ff. (269).

612 *Hoffmeister*, Menschenrechts- und Demokratieklauseln in den vertraglichen Außenbeziehungen der Europäischen Gemeinschaft, S. 15; *Arts* zufolge (a.a.O., Fn 611) empfand die EG die ablehnende Haltung allerdings ebenfalls als heuchlerisch: „The Community felt that it was hypocritical on the part of the ACP to deny legitimacy to the introduction of human rights as an element in the ACP-EC relations (because of unjustified intervention into domestic affairs, disrespect for sovereignty etc.), while at the same time maintaining that human rights violations in South Africa would warrant (punitive) action".

613 Die 'African Charter on Human and People's Rights' (auch „Banjul-Charta" genannt; nach dem Ort der Ausarbeitung in Gambia) wurde am 26.6.1981 auf dem OAU-Gipfel in Nairobi verabschiedet und trat am 21.10.1986 in Kraft (Text in: ILM 21 (1982), S. 59 ff.); die Charta ist heute für alle 52 AU (ehemaligen OAU)-Mitglieder verbindlich.

Abkommen jedenfalls wurde am 31.10.1979 ohne Menschenrechtsklausel unterzeichnet[614].

Am 13.4.1984 verabschiedete das Europaparlament eine Resolution[615], worin gefordert wurde, daß alle Assoziierungs-, Präferenz- und Kooperationsabkommen der Gemeinschaft in Zukunft mit einer Menschenrechtsklausel versehen werden sollten, in der die Vertragspartner ihre Verpflichtung zur Achtung der Menschenrechte bekunden.
Auch die Mitgliedstaaten gaben in der Präambel zur Einheitlichen Europäischen Akte von 1986 der Gemeinschaft auf, in ihren Außenbeziehungen „ganz besonders für die Grundsätze der Demokratie und die Wahrung des Rechts und der Menschenrechte [...] einzutreten"[616]. Zudem wurde durch Art. 8 der EEA ein Zustimmungserfordernis des Europaparlaments zu Assoziierungsverträgen in Art. 238 EWGV (jetzt in Art. 300 Abs. 3 UAbs. 2 EGV) festgeschrieben. Im Rat verabschiedeten die Außenminister kurz darauf eine Erklärung, worin u.a. die Förderung der Grundrechte im Rahmen der Außenbeziehungen der Gemeinschaft zum Ziel des gemeinschaftlichen Handelns erklärt wurde[617].

b) Gemeinschaftsrechtliche Fixierung des Ziels der Wahrung von Menschenrechten und Demokratie in und durch Drittstaaten

1990 gab der in Rom tagende Europäische Rat eine Erklärung ab, in der die Frage der Achtung der Menschenrechte als „ein entscheidender Bestandteil des Dialogs und der Zusammenarbeit mit Drittländern" bezeichnet wird[618]. Weiter heißt es darin:

> „Die wechselseitige Beziehung zwischen Demokratie, Menschenrechten und dauerhafter Entwicklung ist immer offenkundiger geworden. Die Achtung der Menschenrechte und der Grundfreiheiten, Rechtsstaatlichkeit und politischer Pluralismus als wesentliche Voraussetzung für soziale Stabilität, dynamisches Wirtschaftswachstum und gerechte Einkommensverteilung sind ein Grundkonzept der Hilfeprogramme der Gemeinschaft [...]."

Der Erklärung liegt der Gedanke zugrunde, daß sich Menschenrechte, Demokratie und Rechtsstaatlichkeit wechselseitig bedingen und es daher nicht möglich ist, die Verwirklichung jedes Aspektes isoliert zu verfolgen. Zudem deutet sich mit diesem Konzept die Aufgabe der Neutralität gegenüber den Regierungsformen der Kooperationspartner durch die Gemeinschaft an[619].
Durch den am 1.11.1993 in Kraft getretenen Maastrichter Vertrag wurde schließlich ein neuer Titel (XVII a.F., jetzt XX) über Entwicklungszusammenarbeit in den EGV eingefügt. Seitdem verfolgt die Entwicklungszusammenarbeit „das allgemeine Ziel einer Fortentwicklung und Festigung der Demokratie und des Rechtsstaats sowie das Ziel der Wahrung der Menschenrechte und Grundfreiheiten" in Drittstaaten (ex Art. 130u, Art. 177 Abs. 2 n.F. EGV).
Die Förderung von Demokratie und Menschenrechten in Drittstaaten durch die Gemeinschaft im Rahmen der Entwicklungszusammenarbeit ist mithin ein Ziel, das spätestens

---

614 'Zweites AKP-EWG-Abkommen, unterzeichnet am 31. Oktober 1979 in Lome' (ABl. 1980 Nr. L 347, S. 2 ff.); Dem Abkommen gehörten 58 AKP-Staaten an. Es trat am 1.1.1981 in Kraft und war -wie das Vorgängerabkommen- auf 5 Jahre befristet.

615 ABl. 1984 Nr. C 127, S. 126 ff. (§ 2).

616 5. Erwägungsgrund der Präambel der Einheitlichen Europäischen Akte, unterzeichnet am 17. u. 28.2. 1986; in Kraft seit dem 1.7.1987 (ABl. 1987 Nr. L 169, S. 12 ff.).

617 Erklärung vom 21.7.1986 (Bull.EG 7-8/1986, Ziff. 2.4.4.).

618 Erklärung vom 15.12.1990 (Bull.EG 12-1990, Ziff. 1.5.3.).

619 Vgl. G/T/E-*Frisch*, Kommentar zum EU-/EG-Vertrag, Vorbem. zu Art. 130u bis 130y EGV Rn 33.

durch den EU-Vertrag eine rechtliche Grundlage auch im EGV findet. Bei alledem darf aber nicht übersehen werden, daß das Motiv der Gemeinschaft, mit einem Abkommen über Kooperation etwa im Bereich von Entwicklung, Wirtschaft und Handel auch zum Schutz der Menschenrechte beizutragen, nicht dessen entwicklungs-, wirtschafts- oder handelspolitischen Charakter ändert[620]. Es verlangt somit nicht etwa nach einer Gemeinschaftskompetenz für den Abschluß von (reinen) Menschenrechtsabkommen.
Für den Abschluß von Verträgen im Bereich der Entwicklungszusammenarbeit, die vor dem Inkrafttreten des EU-Vertrages mit Drittstaaten geschlossen wurden, und solchen, die sich heute nicht eindeutig oder nicht ausschließlich diesem Bereich zuordnen lassen, konnte und kann die Gemeinschaft auf die ergänzende Rechtssetzungsbefugnis des ex Art. 235/Art. 308 n.F. EGV zurückgreifen[621].

c) Sekundärrechtliche Vorgaben für die Gemeinschaft auf dem Gebiet der Kooperation mit Drittstaaten und der Entwicklungszusammenarbeit

Im Jahre 1999 verabschiedete der Rat auf Grundlage von ex Art. 235 (Art. 308) EGV die Verordnung 976/1999 (EG)[622]. Ausweislich ihres -etwas sperrigen- Titels dient sie der „Festlegung der Bedingungen für die Durchführung von anderen als die Entwicklungszusammenarbeit betreffenden Gemeinschaftsmaßnahmen, die im Rahmen der Gemeinschaftspolitik auf dem Gebiet der Zusammenarbeit zu dem allgemeinen Ziel der Fortentwicklung und Festigung der Demokratie und des Rechtsstaates sowie zur Wahrung der Menschenrechte und Grundfreiheiten in Drittländern beitragen". Mit der Verordnung sollen einheitliche Modalitäten für Maßnahmen zur Förderung von Menschenrechten und Demokratie im Rahmen bestehender Kooperationsprogramme mit Drittstaaten wie PHARE[623], ALA[624], TACIS[625] oder MEDA[626] und späterer, ebenfalls (ausschließlich) auf Art. 308 EGV gestützter Programme (z.B. CARDS[627]) geschaffen werden[628]. In Art. 3 der

---

620 Vgl. EuGH Gutachten 1/78, Internationales Naturkautschuk-Übereinkommen, Slg. 1979, S. 2871 ff. (2917 Rz 56), bestätigt in EuGH Rs. C-268/94, Portugal v. Rat, Slg. 1996-I, S. 6177 ff. (6217 Rz 27).

621 Schwarze-*Zimmermann/Martenczuk*, EU-Kommentar, Art. 179 EGV Rn 3.

622 VO 976/1999 (EG) vom 29.4.1999 (ABl. 1999 Nr. L 120, S. 8 ff.).

623 Das PHARE-Programm (*P*oland and *H*ungary: *A*ssistance for the *R*econstruction of the *E*conomy) wurde ursprünglich aufgelegt, um Polen und Ungarn den Übergang zu Demokratie und Marktwirtschaft zu erleichtern. Mittlerweile ist es das Hauptinstrument der wirtschaftlichen Hilfe für die mittel- und osteuropäischen Beitrittskandidaten; Rechtsgrundlage ist VO 3906/89 (EWG), ABl. 1989 Nr. L 375, S. 11 ff.; zuletzt geändert durch VO 1266/1999 (EG), ABl. 1999 Nr. L 161, S. 68 ff.

624 Auf der ALA-Verordnung (*A*sia and *L*atin-*A*merican Countries), VO 443/92 (EWG), ABl. 1992 Nr. L 52, S. 1 ff. beruht die Unterstützung für die Staaten Asiens und Latein-Amerikas.

625 TACIS (*T*echnical *A*ssistance to the *C*ommonwealth of *I*ndependent *S*tates) dient der finanziellen und technischen Unterstützung der Staaten der ehemaligen Sowjetunion sowie der Mongolei; Rechtsgrundlage ist VO 2157/91 (EWG/EURATOM), ABl. 1991 Nr. L 201, S. 2 ff., zuletzt geändert durch VO 99/2000 (EG, Euratom), ABl. 2000 Nr. L 012, S. 1 ff.

626 Das MEDA (*M*editerranean *E*uropean *D*evelopment *A*greement)-Programm stellt das Hauptfinanzierungsinstrument der Europäischen Kommission im Rahmen der Kooperation zwischen der EG und den Mittelmeeranrainern dar; Rechtsgrundlage ist VO 1763/92 (EWG), ABl. 1992 Nr. L 181, S. 5 ff., zuletzt geändert durch VO 2698/2000 (EG), ABl. 2000 Nr. L 311, S. 1 ff.).

627 CARDS (*C*ommunity *A*ssistance for *R*econstruction, *D*evelopment and *S*tabilization) wurde mit VO 2666/2000 (EG) (ABl. 2000 Nr. L 306, S. 1 ff.) beschlossen und soll die Wiederaufbauhilfe für die Staaten des Westbalkan zusammenfassen und auf eine einheitliche Grundlage stellen.

628 In Art. 1 der ALA-Verordnung und in Art. 3 der VO 1488/96 (ABl. 1996 Nr. L 189, S. 1 ff.) zur Änderung der MEDA-Verordnung ist bereits von der besonderen Bedeutung der Achtung der Menschenrechte,

Verordnung werden die Ziele der Gemeinschaft, die sie mit der Leistung technischer und finanzieller Hilfe verfolgt, folgendermaßen benannt:

> „1. die Förderung und der Schutz der in der Allgemeinen Erklärung der Menschenrechte und sonstigen internationalen Verträgen zur Fortentwicklung und Festigung der Demokratie und des Rechtsstaats verkündeten Menschenrechte und Grundfreiheiten nämlich: [es folgt unter lit. a) bis j) die Aufzählung einzelner zu fördernder Rechte, Personengruppen und Einrichtungen];
>
> 2. die Förderung des Demokratisierungsprozesses, insbesondere:
>   a) Förderung und Stärkung des Rechtsstaates, insbesondere durch Maßnahmen zur Förderung der Unabhängigkeit der Judikative und durch Unterstützung eines die menschliche Person achtenden Strafvollzugssystems [...];
>   b) Förderung der Gewaltenteilung, insbesondere Unabhängigkeit der Judikative und der Legislative von der Exekutive [...];
>   c) Förderung des Pluralismus sowohl auf politischer Ebene als auch auf Ebene der Bürgergesellschaft
>   [...] für die Pressefreiheit und die Achtung der Vereinigungs- und Versammlungsfreiheit einzutreten;
>   d) Förderung einer verantwortungsvollen Führung der Staatsgeschäfte, insbesondere durch Verbesserung der Transparenz der Verwaltung und durch Vorbeugung und Bekämpfung der Korruption;
>   [e) bis g)]
>
> 3. die Unterstützung von Maßnahmen, mit denen die Achtung der Menschenrechte und die Demokratisierung gefördert werden sollen [...].“

Durch die Beschreibung der unterschiedlichen Ausprägungen, die die Begriffe Menschenrechte und Demokratie aus Sicht der Gemeinschaft haben, werden der Kommission konkrete (und verbindliche) Richtlinien für die Entscheidung über die Förderungswürdigkeit von Projekten in Drittstaaten und für die Gestaltung von Kooperationsabkommen mit diesen Staaten an die Hand gegeben. Vom Standpunkt der Gemeinschaft aus gesehen gibt es damit praktisch kein innerstaatliches Tätigkeitsfeld mehr, das nicht zum Gegenstand von Vertragsverhandlungen mit dritten Staaten und damit zum Gegenstand völkerrechtlicher Kooperationsabkommen gemacht werden könnte[629]. Fragen, die klassischerweise in die ausschließliche Organisationshoheit eines Staates fallen, wie etwa die „verantwortungsvolle Führung der Staatsgeschäfte“, besser bekannt unter dem in der englischsprachigen Fassung der VO 976/1999 (EG) verwendeten Terminus 'good governance', und insbesondere die Transparenz der Verwaltung[630] werden zu weltweit zu verfolgenden Zielen erhoben. Ob und wenn ja in welcher Form sich dieses z.T. heftig kritisierte Programm[631] der Gemeinschaft zum Schutze und der Förderung von Menschenrechten und

---

der demokratischen Grundsätze und der Rechtstaatlichkeit für die Zusammenarbeit mit den Drittstaaten die Rede.

629 Vgl. schon *King*, Human Rights in the development policy of the European Community: towards a European world order? (Fn 608), S. 51 ff. (zur Entwicklungszusammenarbeit).

630 In der englischen Fassung wird der Begriff 'administrative accountability' verwendet. Dieser ist indes nicht inhaltsgleich mit dem Begriff der „Transparenz der Verwaltung“, denn 'accoutability' meint auch und vor allem straf- und zivilrechtliche Verantwortlichkeit für die Führung der Verwaltung.

631 *Alston/Weiler*, An 'Ever Closer Union' in Need of a Human Rights Policy, EJIL 9 (1998), S. 658 ff. (704), meinen, die -damals als Entwurf vorliegende- Verordnung demonstriere „the Union's enthusiasm for supporting human rights and democracy in third countries [whilst] there is surprisingly little sensibility to the very issues as regards the Community itself.“. An anderer Stelle trägt *Weiler* seine Kritik noch pointierter vor: „The Commission's proposal in many respects is, however, a disappointing and ugly document which, at its worst, mocks at the very values it purports to promote.“ (*Weiler/Fries*, A Human Rights Policy for the European Community and Union: The Question of Competences - in: Alston (Hrsg.), The EU and Human Rights, S. 147 ff. (151). Die Einseitigkeit des Menschenrechts“dialogs” mit den AKP-Staaten kritisiert auch

Demokratie in Drittstaaten auch in konkrete völkerrechtliche Verpflichtungen der Kooperationspartner umsetzen ließ und läßt, wird später zu erörtern sein.
Hervorzuheben ist schließlich noch das außerordentlich weite Förderungsspektrum, das die VO sowohl im Hinblick auf den möglichen Kreis der Projekte als auch auf den Kreis der Durchführenden eröffnet[632].

Da sich Verordnung 976/1999 nur auf Maßnahmen der Gemeinschaft, die „im Rahmen der Gemeinschaftspolitik auf dem Gebiet der Zusammenarbeit" ergehen, bezieht, wurde parallel dazu die weitgehend inhaltsgleiche Verordnung 975/1999 (EG) auf Grundlage von ex Art. 130w (Art. 179) EGV erlassen[633]. Sie legt demzufolge die Bedingungen für die Durchführung von Maßnahmen auf dem Gebiet der Entwicklungszusammenarbeit fest, die zu den in Art. 177 EGV genannten allgemeinen Zielen beitragen.

d) Gemeinschaftsrechtliche Befugnis der EG zum Abschluß reiner Menschenrechtsabkommen mit Drittstaaten

Offengeblieben ist bisher, ob die Gemeinschaft die in den Verordnungen 975, 976/1999 (EG) genannten Ziele auch im Rahmen von reinen Menschenrechtsverträgen verfolgen kann, also auch außerhalb von allgemeinen Kooperationsverträgen oder Verträgen über Entwicklungszusammenarbeit. Denn -wie der EuGH in seinem Gutachten 2/94 zum EMRK-Beitritt der Gemeinschaft sagt- „keine Bestimmung des Vertrages [verleiht] den Gemeinschaften die Befugnis, Vorschriften auf dem Gebiet der Menschenrechte zu erlassen oder völkerrechtliche Verträge in diesem Bereich zu schließen"[634]. Art. 11 Abs. 1 Spstr. 5 EUV bezieht sich nur auf die Gemeinsame Außen- und Sicherheitspolitik, woraus sich für die Gemeinschaft(en) keine Kompetenzen ableiten lassen. Art. 177 EGV läßt sich ebenfalls nicht als allgemeine bereichsübergreifende Kompetenzgrundlage begreifen[635].
Im besagten Gutachten prüfte der EuGH allerdings, ob ex Art. 235 (Art. 308) EGV nicht als Kompetenzgrundlage für ein Tätigwerden der Gemeinschaft auf dem Gebiet des Menschenrechtsschutzes herangezogen werden könnte. Nachdem er den Regelungsbereich von ex Art. 235 EGV beschrieben hatte, grenzte er ihn negativ ein: Die Bestimmung könne keine Grundlage dafür bieten, den Bereich der Gemeinschaftsbefugnisse über den allgemeinen Rahmen hinaus auszudehnen, der sich aus der Gesamtheit der Vertragsbestimmungen und insbesondere denen ergebe, die die Aufgaben und Tätigkeiten der Gemeinschaft festlegen. Ex Art. 235 EGV könne jedenfalls nicht als Rechtsgrundlage für den Erlaß von Vorschriften dienen, die der Sache nach, gemessen an ihren Folgen, auf eine Vertragsänderung ohne Einhaltung des hierfür vom Vertrag vorgesehenen Verfahrens hinausliefen[636].

Arts, European Community development cooperation, human rights, democracy and good governance: at odds or at ease with each other? (Fn 611), S. 271.

632 Als potentiell förderungswürdig werden in der VO etwa eingestuft „Maßnahmen zur Sensibilisierung, Unterrichtung und Fortbildung der betreffenden Akteure und der Öffentlichkeit" (Art. 4 Abs. 1); in Art. 5 Abs. 1 heißt es dann: „Die für eine finanzielle Hilfe aufgrund dieser Verordnung in Betracht kommenden Partner sind die regionalen und internationalen Organisationen, die Nichtregierungsorganisationen, die nationalen, regionalen und lokalen Stellen sowie die in der Gemeinschaft ansässigen Organisationen, Einrichtungen und Personen des öffentlichen und privaten Rechts."; kritisch wiederum *Weiler/Fries*, a.a.O., S. 152 f.: „loose language".

633 VO 975/1999 (EG) vom 29.4.1999 (ABl. 1999 Nr. L 120, S. 1 ff.).

634 EuGH Gutachten 2/94, Beitritt zur EMRK, Slg. 1996-I, S. 1759 ff. (1787 Rz 27).

635 Implizit EuGH Rs. C-268/94, Portugal v. Rat, Slg. 1996-I, S. 6177 ff. (6216 f. Rz 23 f.).

636 EuGH Gutachten 2/94, Beitritt zur EMRK, Slg. 1996-I, S. 1759 ff. (1787 Rz 30).

Das Ergebnis im konkreten Fall ist bekannt: Der EuGH verneinte die Möglichkeit eines Beitritts der Gemeinschaft zur EMRK, da dieser eine Änderung des Systems des Schutzes der Menschenrechte in der Gemeinschaft mit grundlegenden institutionellen Auswirkungen mit sich brächte. Eine solche Änderung „wäre von verfassungsrechtlicher Dimension und ginge daher ihrem Wesen nach über die Grenzen des Artikels 235 hinaus“[637]. Im Umkehrschluß kann dies nur bedeuten, daß dort, wo keine solch tiefgreifenden Auswirkungen zu erwarten sind, ex Art. 235 (Art. 308) EGV sehr wohl als Kompetenzgrundlage für ein Handeln der Gemeinschaft nach außen auf dem Gebiet der Menschenrechte in Betracht kommt[638]. In der Tat wäre es kaum nachvollziehbar, daß die EG im primären und im sekundären Gemeinschaftsrecht sowie in zahllosen nicht-bindenden Erklärungen der Organe das Ziel des Menschenrechtsschutzes als bedeutsame Aufgabe der Gemeinschaft und der Union hervorhebt, dann aber nicht in der Lage sein soll, dieses Ziel durch den Abschluß völkerrechtlicher Verträge zu verfolgen, die allein auf seine Verwirklichung gerichtet sind.
So betrachten *Weiler/Fries* die nachdrückliche Ablehnung einer Menschenrechtskompetenz der Gemeinschaft auf Grundlage von Art. 308 EGV durch den Rat auch nicht als Ergebnis rechtlicher Bedenken, sondern als eine Facette des „korporativen Spiels“ zwischen den Gemeinschaftsorganen in diesem Bereich[639].

2. Völkerrechtliche Grundlage für die Durchsetzung der von der Gemeinschaft in ihren vertraglichen Außenbeziehungen verfolgten Menschenrechts- und Demokratie-Politik

Kompetenzrechtlich ist die Gemeinschaft -wie gesehen- seit Inkrafttreten des Maastrichter Vertrages ausdrücklich befugt, im Rahmen von Entwicklungskooperationsabkommen auf der Grundlage von Art. 179 die in Art. 177 Abs. 2 genannten und nunmehr durch VO 975/1999 (EG) spezifizierten Ziele zu verfolgen. Im Rahmen sonstiger Kooperationsabkommen ergibt sich diese Befugnis aus Art. 308 EGV i.V.m. den Bestimmungen der VO 976/1999 (EG). Nach der hier vertretenen Auffassung läßt sich aus Art. 308 EGV zudem eine -eingeschränkte- Gemeinschaftskompetenz zum Abschluß reiner Menschenrechtsverträge mit Drittstaaten entnehmen.
Nach alledem stellt sich nun die Frage, auf welche Weise die EG die gemeinschaftsintern definierten Ziele und Aufgaben im Verhältnis zu dritten Staaten auch durchzusetzen in der Lage ist.

In einer Resolution des Rates und der Mitgliedstaaten zu Menschenrechten, Demokratie und Entwicklung vom 28.11.1991[640] heißt es dazu bereits:

> „Die Gemeinschaft und ihre Mitgliedstaaten werden in einem positiven Konzept, das die Achtung der Menschenrechte fördert und die Demokratie unterstützt, hohe Priorität einräumen. Ein offener und

637 EuGH, a.a.O.

638 *Brandtner/Rosas*, Human Rights and External Relations of the European Community, EJIL 9 (1998), S. 468 ff. (471 f.).

639 *Weiler/Fries*, A Human Rights Policy for the European Community and Union: the Question of Competence (Fn 631), S. 150: „[T]here are no clear saints and villains. All institutions seem to be playing a corporatist game, intent on promoting and preserving their own prerogatives under the guise of concern for human rights. They all seem be giving a new meaning to the term '*chutzpah*' by preaching to others what they do not practice themselves - following faithfully the officer's maxim: don't do what I do, do what I tell you to do“.

640 Bull.EG 11-1991, Ziff. 2.3.1.

konstruktiver Dialog zwischen ihnen und den Regierungen der Entwicklungsländer kann zur Förderung der Menschenrechte und der Demokratie einen sehr wichtigen Beitrag leisten."

Die Unterstützungsmaßnahmen, in denen das vom Rat so bezeichnete „positive Konzept" Ausdruck findet, sind in den oben angesprochenen Verordnungen ausführlich niedergelegt. Das positive Konzept wird allerdings insofern relativiert, als bei schweren und fortgesetzten Verstößen gegen Menschenrechte oder einer größeren Unterbrechung demokratischer Prozesse „geeignete [negative] Reaktionen" in Betracht zu ziehen seien. Zur Geeignetheit entsprechender Reaktionen wird weiter ausgeführt, daß man auf Verstöße gegen Menschenrechte so reagieren werde, daß nicht die Bevölkerung für das Handeln der Regierung bestraft wird[641].
Gegen Ende der Erklärung heißt es dann noch fast beiläufig:

„[I]n künftigen Kooperationsabkommen werden Bestimmungen über Menschenrechte aufgenommen."

Zunächst ist fraglich, welche (völker-)rechtliche Bedeutung entsprechenden Bestimmungen über die Achtung der Menschenrechte zukomme kann, die in Abkommen enthalten sind, die primär auf finanzielle, technische oder wirtschaftliche Kooperation ausgerichtet sind. Anders formuliert: Es ist zu klären, ob mittels solcher Bestimmungen der "negative Ansatz" in der Menschenrechtspolitik der Gemeinschaft -also der Ansatz, der zu wählen ist, wenn dem positiven und fördernden Konzept sowie der Schaffung von Anreizen für die Achtung der Menschenrechte kein Erfolg beschieden ist- auf eine (völker)rechtliche Grundlage gestellt werden kann. Ist also die Gemeinschaft und sind -sofern es sich um gemischte Abkommen handelt- die Mitgliedstaaten auf dieser Grundlage befugt, bei einer Verletzung der entsprechenden Menschenrechts-Bestimmungen durch den Vertragspartner, das Kooperationsabkommen teilweise oder insgesamt auszusetzen oder bei schwerwiegenden Verstößen den Vertrag zu beenden?

a) Rechtfertigung der Anwendungsaussetzung von Kooperationsabkommen wegen Menschenrechtsverletzungen nach allgemeinem Völkerrecht

Die Wiener Vertragsrechtskonventionen enthalten in Art. 60 und 62 Bestimmungen, die völkergewohnheitsrechtlich anerkannte Suspendierungs- und Beendigungsgründe für internationale Abkommen bei Vertragsverletzung durch einen Teil bzw. bei grundlegender Änderung der Umstände (*clausula rebus sic stantibus*) kodifizieren[642].
Abkommen über wirtschaftliche Zusammenarbeit oder Unterstützung werden durch die Aufnahme von Bestimmungen über die Achtung von Menschenrechten nicht zu einem „Vertrag humanitärer Art", so daß die Ausnahme vom Aussetzungsrecht (Art. 60 Abs. 5 WVRK) vorliegend nicht eingreift. Gleichwohl dürfte es kaum zu begründen sein, daß in der Nicht-Achtung von Menschenrechten die Verletzung einer für die Erreichung des Zieles oder des Zwecks eines Vertrages über wirtschaftliche Kooperation wesentlichen Bestimmung i.S.v. Art. 60 Abs. 3 lit. b) WVRK liegt. Art. 60 wäre nur dann anwendbar,

---

641 In der 3 Monate später erlassenen ALA-Verordnung (VO 443/92 (EWG), siehe Fn 624) wird angedeutet: „Bei schwerwiegenden und andauernden Menschenrechtsverletzungen und Verstößen gegen demokratische Grundsätze könnte die Gemeinschaft die Zusammenarbeit mit den betreffenden Staaten aussetzen [...]" (Art. 2 Abs. 3).

642 Vgl. IGH 'Legal consequences for States of the continued presence of South Africa in Namibia (South West Africa) notwithstanding Security Council Resolution 276 (1970)', Advisory Opinion, ICJ Rep. 1971, S. 14 ff. (47 § 94); bestätigt in 'Case Concerning the Gabčikovo-Nagymaros Project' (Ungarn v. Slowakei), ICJ Rep. 1997, S. 7 ff. (38 § 46).

wenn der Schutz der Menschenrechte zum wesentlichen Gegenstand der Vertragsbeziehungen erhoben wurde[643].

Eine Anwendung der *clausula rebus sic stantibus*-Regel kommt bei der Verletzung von Menschenrechten allenfalls in Ausnahmefällen in Betracht. Selbst wenn man in der Verletzung von Menschenrechten eine grundlegende Änderung der bei Abschluß des Kooperationsabkommens gegebenen Umstände sähe, würde diese Änderung erst dann zu einer tiefgreifenden Umgestaltung von Vertragspflichten nach Art. 62 Abs. lit. b) WVRK führen, wenn die Vertragspflicht zur Kooperation zum Wohl der Bevölkerung in eine Verpflichtung umschlagen würde, ein menschenverachtendes, autokratisches Regime zu unterstützen[644].

Einen tragfähigeren Ansatz verspricht die Deutung der Suspendierung eines Abkommens in Reaktion auf Menschenrechtsverletzungen als völkergewohnheitsrechtlich zulässige Dritt(staaten)repressalie. Im abschließenden Entwurf der ILC zur Staatenverantwortlichkeit wird allen Staaten das Recht eingeräumt, solchen Staaten gegenüber Gegenmaßnahmen zu ergreifen, die sie bindende Normen über den Schutz der Menschenrechte und grundlegender Freiheiten verletzen[645]. Dabei kann jedoch die stets zu wahrende Verhältnismäßigkeit der Mittel (Art. 49 des Entwurfs) im Einzelfall zu schwierigen Abwägungsfragen führen, die eine hinreichende Rechtssicherheit über die Völkerrechtmäßigkeit entsprechender Gegenmaßnahmen kaum zulassen. Nimmt man an, daß der ILC-Entwurf weitgehend das geltende Völkergewohnheitsrecht zur Staatenverantwortlichkeit kodifiziert, so bleibt immer noch zweifelhaft, ob oder inwieweit diese Regelungen auch für Internationale Organisationen, also auch für die EG, gelten. Unbefriedigend muß aus Sicht der Gemeinschaft auch sein, daß sich obige Grundsätze zur Zulässigkeit einer Repressalie durch Dritte nach dem gegenwärtigen Stand des Völkergewohnheitsrechts nicht auf Fälle der Verletzung fundamentaler demokratischer Grundsätze durch einen Staat übertragen lassen[646].

Im Ergebnis würde sich somit der Rückgriff der Gemeinschaft auf Normen des allgemeinen Völkerrechts zur Rechtfertigung der gänzlichen oder teilweisen Suspendierung eines Abkommens allenfalls in Einzelfällen als tragfähig erweisen. Eine effektive Menschenrechts- und Demokratiepolitik gegenüber dritten Staaten ließe sich auf dieser Grundlage kaum realisieren.

b) Das Konzept der 'Wesentlichkeitsklausel' in Kooperationsabkommen der Gemeinschaft mit Drittstaaten

1992 präsentierte der Rat erstmals Leitlinien zur Gestaltung von Abkommen über die Un-

---

643 *Pippan*, Demokratie durch Völkerrecht? Zu den Menschenrechts- und Demokratieklauseln in den Verträgen der Europäischen Gemeinschaft mit Drittstaaten am Beispiel des Lomé-Abkommens - in: Benedek u.a. (Hrsg.), FS Ginther, S. 473 ff. (475).

644 *Hoffmeister*, Menschenrechts- und Demokratieklauseln in den vertraglichen Außenbeziehungen der Europäischen Gemeinschaft, S. 206; In der *Racke*-Entscheidung (Rs. C-162/96, A. Racke GmbH & Co. v. Hauptzollamt Mainz, Slg. 1998-I, S. 3655 ff.) nahm der EuGH zwar an, die Gemeinschaft könne sich bei der Aussetzung des Handelsabkommens mit Jugoslawien anläßlich des 1. Balkankrieges 1991 auf die *clausula rebus sic stantibus*-Regel berufen, begründet wurde dies jedoch nicht mit der vertragswidrigen Verletzung von Menschenrechten durch die Bundesrepublik Jugoslawien -in dem Abkommen war keine dahingehende Verpflichtung enthalten-, sondern damit, „daß weitere Begünstigungen zur Förderung des Handels sinnlos geworden [waren], da sich Jugoslawien in Auflösung befand." (a.a.O., S. 3707 Rz 57).

645 Art. 40 Abs. 2 lit. e) iii) i.V.m. Art. 47 der 'Draft Articles' (YBILC 1996 II/2, S. 57 ff.).

646 Vgl. *Pippan*, Demokratie durch Völkerrecht? (Fn 643), S. 478.

terstützung von Staaten des ehemaligen Ostblocks beim Übergang zu Demokratie und Marktwirtschaft[647], in denen ein völkerrechtlich weniger anfechtbares Konzept für die Verhängung von Sanktionen im Falle der Verletzung von Menschenrechten und Demokratie durch Vertragspartner enthalten ist. In der Erklärung ist die Rede davon, „daß die Achtung der demokratischen Grundsätze und der Menschenrechte gemäß der Schlußakte von Helsinki und der Pariser Charta für ein Neues Europa sowie die Einhaltung der Grundsätze der Marktwirtschaft *wesentliche Bestandteile* der Kooperations- und Assoziationsabkommen zwischen der Gemeinschaft und ihren KSZE-Partnern darstellen"[648]. Weiter heißt es:

> „Die Kommission wird ersucht, darauf hinzuwirken, daß eine geeignete und im Notfall wirksame Regelung, die auch Bestimmungen für den Fall der Nichterfüllung von Verpflichtungen einschließt, in die von der Gemeinschaft zu schließenden Abkommen aufgenommen wird."

Indem die vorgenannten Grundsätze in einem zu schließenden Kooperationsabkommen zum „wesentlichen Bestandteil" („élément essentiel", „essential element") erklärt werden, läßt sich eine Aussetzung des Vertrages bei Verletzung dieser „wesentlichen" Vertragsvorschriften nach Art. 60 WVRK bzw. der korrespondierenden völkergewohnheitsrechtlichen Norm rechtfertigen[649].
Sollte es gelingen, auch eine ausdrückliche Nichterfüllungsklausel in die Abkommen selbst zu integrieren, so könnten dadurch weiterhin drohende Auseinandersetzungen über die rechtlichen Voraussetzungen für die teilweise oder gänzliche Aussetzung des Abkommens vermieden werden. Auf diese Weise ließe sich der Sanktionsmechanismus insgesamt auf eine rein völker*vertragliche* Grundlage stellen. So erklärt sich der Auftrag des Rates an die Kommission darauf hinzuwirken, daß auch für den Fall der Nichterfüllung von Verpflichtungen Bestimmungen in Kooperationsabkommen aufgenommen werden.

1995 leitete die Kommission dem Rat eine Mitteilung über die Aufnahme von Menschenrechts- und Demokratie-Klauseln in Abkommen mit dritten Staaten zu[650]. Sie systematisierte darin die seit 1992 auf Einzelfallbasis erfolgte Aufnahme entsprechender Klauseln in Abkommen und destillierte aus ihren Erfahrungen allgemeine Verhandlungsrichtlinien heraus, die ihr der Rat für alle zukünftigen Vertragsverhandlungen mit auf den Weg geben möge. Der Rat nahm den Vorschlag der Kommission ohne Änderungen an[651]. Die Richtlinien sehen vor, daß die Präambel eines Abkommens stets eine allgemeine Bezugnahme auf Menschenrechte und demokratische Grundsätze sowie auf universelle und regionale Menschenrechts-Übereinkommen enthalten soll, an denen die Vertragsparteien beteiligt sind.
Im operativen Teil des Abkommens soll dann eine -von ihrem Inhalt her ggf. leicht anzupassende- Wesentlichkeitsklausel („essential element clause") enthalten sein[652]. Die Richt-

---

647 Erklärung des Rates zur Achtung der demokratischen Grundsätze und der Menschenrechte sowie der Grundsätze der Marktwirtschaft vom 11.5.1992 (Bull.EG 5-1992, Ziff. 1.2.13.).

648 Eigene Hervorhebung.

649 Vgl. EuGH Rs. C-268/94, Portugal v. Rat, Slg. 1996-I, S. 6177 ff. (6217 Rz 27); s.a. die Antwort des damaligen EG-Kommissars *Van den Broek* vom 3.6.1993 auf die schriftliche Anfrage 617/93 (ABl. 1993 Nr. C 264, S. 42 f.): „ausdrückliche Rechtsgrundlage".

650 KOM (95) 216 vom 23.5.1995.

651 Ratsbeschluß vom 29.5.1995 (Bull.EG 5-1995, Ziff. 1.2.3.).

652 Die vorgesehene Standard-Wesentlichkeitsklausel -in den Richtlinien als *Artikel X* bezeichnet- lautet: „Die Wahrung der Grundsätze der Demokratie und die Achtung der Menschenrechte [wie sie in der Allgemeinen Erklärung der Menschenrechte enthalten sind] / [wie sie in der Schlußakte von Helsinki und der Charta von Paris für ein neues Europa definiert sind] sind Richtschnur der Innen- und Außenpolitik

linien stellen klar, daß im Falle der OSZE-Staaten das Bekenntnis zur Marktwirtschaft stets in die Abkommen aufzunehmen ist. Gegenüber anderen Ländern soll dies nur auf ausdrücklichen Ratsbeschluß erfolgen. Des weiteren soll eine gesonderte Nichterfüllungsklausel („suspension clause") Aufnahme in Abkommen finden, die es den Vertragsparteien erlaubt, bei Nichterfüllung einer Vertragspflicht aus dem Abkommen „geeignete Maßnahmen" zu treffen. Grundsätzlich sollen jedoch vor Ergreifen solcher -verhältnismäßiger- Maßnahmen Konsultationen im Rahmen eines gemeinsamen Gremiums stattfinden. Nur in „besonders dringenden Fällen" können ohne vorherigen Einigungsversuch „geeignete Maßnahmen" ergriffen werden[653].
Schließlich ist vorgesehen, daß die Parteien in einer gemeinsamen Erklärung definieren, was solche „Fälle besonderer Dringlichkeit" sind[654].

Im Jahr 2001 stellt die Kommission in ihrer Mitteilung an den Rat über die Rolle der Europäischen Union bei der Förderung von Menschenrechten und Demokratie in dritten Staaten fest, daß die Wesentlichkeitsklausel seit 1992 -also nach der oben erwähnten Ratserklärung vom 11.5.1992- in sämtliche Kooperationsabkommen der Gemeinschaft mit Drittstaaten aufgenommen wurde[655].

3. Praxis der EG im Hinblick auf die Verwendung von Menschenrechts- und Demokratieklauseln in völkerrechtlichen Abkommen

a) Menschenrechts- und Demokratieklauseln in den Abkommen zwischen der EG und den AKP-Staaten

In Fragen der Menschenrechte und der Demokratie weisen die Vertragsbeziehungen zu den Staaten Afrikas, des karibischen und pazifischen Raums eine eigene, evolutionsartige Entwicklung auf.

aa) Lomé-Abkommen I bis III (1967-1984)

Wurden die ersten beiden Abkommen zwischen den AKP-Staaten und der EG von 1975 und 1979 (*Lomé I* und *II*[656]) noch ohne Bezugnahme auf den Schutz der Menschenrechte

---

der Gemeinschaft und [des betreffenden Landes bzw. der betreffenden Staatengruppe] und bilden einen *wesentlichen Bestandteil* dieses Abkommens" (eigene Hervorhebung).

653 Die Muster-Nichterfüllungsklausel -*Artikel Y*- lautet:
„Ist eine Vertragspartei der Auffassung, daß die andere Vertragspartei einer Verpflichtung aus diesem Abkommen nicht nachgekommen ist, so kann sie geeignete Maßnahmen treffen. Abgesehen von besonders dringenden Fällen unterbreitet sie dem Assoziations-/Kooperationsrat alle sachdienlichen Informationen für eine gründliche Prüfung der Situation, um eine für die Vertragsparteien annehmbare Lösung zu finden.
Es sind mit Vorrang solche Maßnahmen zu wählen, die das Funktionieren dieses Abkommens am wenigsten stören. [...]"

654 „(a) Die Vertragsparteien kommen überein, daß für Zwecke der richtigen Auslegung und der praktischen Anwendung des Abkommens „*besonders dringende Fälle*" im Sinne des Artikels Y Fälle erheblicher Verletzung des Abkommens durch eine Vertragspartei sind. Eine erhebliche Verletzung liegt
(i) in einer nach den allgemeinen Regeln des Völkerrechts nicht zulässigen Ablehnung des Abkommens oder
(ii) in einer *Verletzung der wesentlichen Bestandteile des Abkommens nach Artikel X*
(b) Die Vertragsparteien kommen überein, daß die in Artikel Y genannten „geeigneten Maßnahmen" im Einklang mit dem Völkerrecht getroffen werden. [...]" (eigene Hervorhebungen).

655 KOM (2001) 252 endg. vom 8.5.2001.

656 Siehe Fn 607.

oder gar die Achtung demokratischer Grundsätze abgeschlossen, so klang im dritten Lomé-Abkommen aus dem Jahre 1984[657] das Ziel der Achtung der Menschenrechte erstmals zaghaft an. Neben einer Wiedergabe des 2. Erwägungsgrundes der UN-Charta im Vorspruch des Abkommens wird in Art. 4 des operativen Teils das Ziel formuliert, „den Wohlstand [der] Bevölkerung durch die Befriedigung ihrer grundlegenden Bedürfnisse, die Anerkennung der Rolle der Frau und die Entfaltung der menschlichen Fähigkeiten unter Achtung ihrer Würde zu fördern". In einer gemeinsamen Erklärung zu Art. 4, die dem Vertrag als Anhang beigefügt wurde, wird diese Aussage im wesentlichen inhaltsgleich „aufrichtig bekräftigt"; neu ist dort lediglich die Erwähnung eines „Rechts auf Schutz durch das Gesetz". Der fehlenden Ausgestaltung dieses vagen und unverbindlichen Bekenntnisses zu "gewissen Menschenrechten" als echte Vertragspflicht steht dessen hohe Signalwirkung gegenüber[658]. Erstmals wurde durch die förmliche Bezugnahme auf Rechte der Bevölkerung, die diese gegenüber ihrem Staat genießt, deutlich gemacht, daß Menschenrechtsfragen durchaus legitimer Gegenstand der Entwicklungszusammenarbeit sind. Von diesem einmal eingeschlagenen Weg sollte nicht mehr abgewichen werden.

bb) Lomé IV-Abkommen (1989)

Bei der Aushandlung eines Nachfolge-Abkommens für das am 28.2.1990 außer Kraft getretene Lomé III-Abkommen war die Gemeinschaft nicht mehr bereit, auf die Aufnahme einer umfassenden und eindeutig formulierten Menschenrechtsklausel zu verzichten. Bereits in der Präambel des Lomé IV-Abkommens[659] wird ausdrücklich auf einzelne universelle und regionale Menschenrechtsabkommen hingewiesen[660]. In Art. 5 Abs. 1 UAbs. 1 S. 1 und Abs. 2 UAbs. 1 S. 2 des Abkommens heißt es u.a.:

> „Ziel der Zusammenarbeit ist eine auf den Menschen als ihren hauptsächlichen Betreiber und Nutznießer ausgerichtete Entwicklung, die somit die Achtung der Menschenrechte insgesamt voraussetzt [...].
>
> Die genannten Rechte sind die Menschenrechte als Ganzes, da ihre verschiedenen Kategorien nicht voneinander zu trennen sind und sich gegenseitig bedingen sowie jeweils für sich ihre eigene Legitimation haben: Hierbei ist zu denken an das Recht auf nichtdiskriminierende Behandlung, die Grundrechte der Person, die bürgerlichen und politischen Rechte, die wirtschaftlichen, die sozialen und die kulturellen Rechte."

Anders als im Vorgängerabkommen wird hier die Achtung der Menschenrechte (insgesamt) vorausgesetzt und damit zur Grundlage der Kooperation gemacht[661]. Die ebenfalls

---

657 'Drittes AKP-EWG-Abkommen, unterzeichnet am 8. Dezember 1984 in Lome' (ABl. 1986 Nr. L 86, S. 3 ff.); am Abkommen waren 66 AKP-Staaten beteiligt.

658 Vgl. *Hilpold*, Konditionalität in den Beziehungen zwischen der EU und den AKP-Staaten: Menschenrechte, Demokratie, Rechtsstaatlichkeit und verantwortungsvolle Regierungsführung, ZeuS 5 (2002), S. 239 ff. (245 f.): „den Fuß in die Tür gesetzt".

659 'Viertes AKP-EWG-Abkommen, unterzeichnet am 15. Dezember 1989 in Lome' (ABl. 1991 Nr. L 229, S. 3 ff.); am Abkommen waren 68 AKP-Staaten beteiligt. Mit Beschluß Nr. 1/91 des AKP-EWG-Ministerrates vom 22.10.1993 (ABl. 1993 Nr. L 280, S. 26) wurde Eritrea als 69. Staat in die Anwendung des Abkommens einbezogen.

660 Bezug genommen wird auf die Allgemeine Erklärung der Menschenrechte, die Afrikanische Menschenrechtscharta von 1981, die Europäische Menschenrechtskonvention (6. Erwägungsgrund) sowie auf die Internationalen Pakte über bürgerliche und politische Rechte und über wirtschaftliche, soziale und kulturelle Rechte (5. Erwägungsgrund).

661 In der zitierten deutschen Fassung des Art. 5 Abs. 1 UAbs. 1 S. 1 ist der textliche Befund nicht eindeutig. Hier kann sich das Relativpronomen „die" sowohl auf „Zusammenarbeit" als auch auf „Entwicklung" beziehen. Nur im ersteren Falle wäre aber eine unmittelbare Abhängigkeit zwischen der Zusammenarbeit und

angesprochene Unteilbarkeit der Menschenrechte ist einer von zwei Grundsätzen -bei dem anderen handelt es sich um die Universalität der Menschenrechte-, auf denen die Menschenrechtspolitik der Gemeinschaft und das internationale System zum Schutz der Menschenrechte insgesamt heute beruht[662]. Auch findet das 1986 von der Generalversammlung der Vereinten Nationen proklamierte „Recht auf Entwicklung"[663] einen gewissen Widerhall in dem Abkommen. Nach einem Bekenntnis zur Achtung demokratischer Grundsätze sucht man -1989- allerdings noch vergebens. Die Achtung der Menschenrechte ist zudem noch nicht zu einem „wesentlichen Bestandteil" des Abkommens erklärt worden, womit eine einseitige Aussetzung des Abkommens durch die EG bei Menschenrechtsverletzungen in einem AKP-Staat grundsätzlich nicht in Betracht kam.

cc) Revidiertes Lomé IV-Abkommen (1995)

Beide zuletzt genannten Aspekte fanden jedoch bei dem nach Art. 366 Abs. 2 des Lomé IV- Abkommens auf Antrag einer Vertragspartei durchzuführenden „mid-term-review" -also bei der Prüfung zur Halbzeit der Geltungsdauer des Abkommens, ob Anpassungen von Vertragsbestimmungen erforderlich sind- Berücksichtigung. Überhaupt nähert sich das am 4.11.1995 in Mauritius unterzeichnete Abkommen zur Änderung des Vierten AKP-EG-Abkommens von Lomé[664] deutlich den systematischen Richtlinien des Rates vom 29. Mai desselben Jahres an. So findet sich in Art. 5 Abs. 1 UAbs. 3 die Wesentlichkeitsklausel[665] und in dem neu eingefügten Art. 366a Abs. 3 die Nichterfüllungsklausel, die -sofern Eile geboten ist- als zulässige Maßnahme einer Partei in Reaktion auf einen Vertragsverstoß durch die andere Partei „die teilweise oder vollständige Aussetzung der Anwendung des Abkommens" autorisiert. In einer Gemeinsamen Erklärung zu Art. 366a wird definiert, wann ein Fall gebotener Eile gegeben ist, nämlich dann, „wenn ein außergewöhnlicher Fall besonders ernster und flagranter Verletzungen vorliegt *und* eine vorherige Konsultation wegen der erforderlichen Antwortzeit unmöglich ist"[666]. In diesem Punkt mußte die Kommission offensichtlich deutliche Zugeständnisse an die AKP-Staaten machen, wenn man das Ergebnis mit den Verhandlungsrichtlinien vom 29. Mai vergleicht[667]. Denn danach hätte in der Gemeinsamen Erklärung ein „besonders dringender

---

der Achtung der Menschenrechte durch die AKP-Staaten herzustellen. Die italienische und die portugiesische -gem. Art. 369 ebenfalls authentische- Fassung des Abkommens bestätigen erstere Interpretation.

662 Vgl. jeweils den 5. Erwägungsgrund der Verordnungen 975 u. 976/1999 (EG) (ABl. 1999 Nr. L 120, S. 1 ff. u. 8 ff.); *Brandtner/Rosas*, Human Rights and the External Relations of the European Community (Fn 638), S. 484 u. 489.

663 Declaration on the Right to Development, Annex, GA Res. 41/128 vom 4.12.1986 (YBUN 40 (1986), S. 717 ff.).

664 'Abkommen zur Änderung des Vierten AKP-EG-Abkommens von Lomé, unterzeichnet in Mauritius am 4. Dezember 1995' (ABl. 1998 Nr. L 156, S. 3 ff.); Am Vertrag beteiligt waren 71 AKP-Staaten. Er trat regulär erst am 1.6.1998 in Kraft, Art. 5 und Art. 366a wurden allerdings schon vorzeitig zum 1.1.1996 in Kraft gesetzt (vgl. Beschluß Nr. 6/95 des AKP-EG-Ministerrates vom 20.12.1995 (ABl. 1995 Nr. L 327, S. 32). Das Abkommen insgesamt sollte am 28.2.2000 auslaufen, wurde aber bis zum 1.8.2000 verlängert (vgl. Beschluß I/2000 des AKP-EG-Botschafterausschusses vom 28.2.2000, ABl. 2000 Nr. L 56, S. 47 f.).

665 „Die Achtung der Menschenrechte, der demokratischen Grundsätze und der Rechtsstaatlichkeit, die in den Beziehungen zwischen den AKP-Staaten und der Gemeinschaft sowie allen Bestimmungen dieses Abkommens zugrunde liegt und sowohl für die Innenpolitik als auch die internationale Politik der Vertragsparteien bestimmend ist, bildet einen wesentlichen Bestandteil dieses Abkommens".

666 Eigene Hervorhebung.

667 Vgl. *Pippan*, Demokratie durch Völkerrecht? (Fn 643), S. 484: „Der Vorschlag der Kommission zur inhaltlichen Erweiterung der Menschenrechtsklausel wurde von der AKP-Seite vollinhaltlich akzeptiert; im

Fall" eigentlich schon bei „einer Verletzung eines wesentlichen Bestandteils des Abkommens" nach Art. 5 Abs. 1 UAbs. 3 angenommen werden müssen. Ein zusätzliches zeitliches Element -die Unmöglichkeit vorheriger Konsultationen wegen der erforderlichen Antwortzeit- ist in den Richtlinien nicht vorgesehen. Ein Rückgriff auf die insofern großzügigere Suspensionsregel des Art. 60 WVRK ist angesichts der vorrangigen (spezielleren) Vertragsbestimmung nicht möglich.
In materieller Hinsicht ist hervorzuheben, daß unter dem revidierten Lomé IV-Abkommen auch die Achtung der demokratischen Grundsätze und der Rechtsstaatlichkeit zu einem wesentlichen Bestandteil der Vertragsbeziehungen mit den AKP-Staaten erhoben worden sind. Auch „die verantwortungsvolle Führung der Staatsgeschäfte" findet Erwähnung; allerdings nur als unverbindliches Ziel in Art. 5 Abs. 1 UAbs. 2. Eine Definition dieser Begriffe im Abkommen ist indes unterblieben.

dd) Cotonou-Abkommen (2000)

Das neue AKP-EG-Partnerschaftsabkommen wurde am 23.6.2000 zwischen 77 AKP-Staaten einerseits und der EG und ihren Mitgliedstaaten andererseits in Cotonou (Benin) unterzeichnet[668] und trat am 1.4.2003 in Übereinstimmung mit seinem Art. 93 Abs. 3 in Kraft[669].

In Art. 9 Abs. 2 UAbs. 2 des Abkommens wird der Begriff der demokratischen Grundsätze jetzt folgendermaßen definiert:

> „Die demokratischen Grundsätze sind weltweit anerkannte Grundsätze, auf die sich die Organisation des Staates stützt, um die Legalität der Staatsgewalt, die Legalität des staatlichen Handelns, die sich in seinem Verfassungs-, Rechts- und Verwaltungssystem widerspiegelt, und das Vorhandensein von Partizipationsmechanismen zu gewährleisten."

Man kann dies als abstrakte Umschreibung dessen verstehen, was in der EG-Verordnung 975/1999 unter „Förderung des Demokratisierungsprozesses" im einzelnen aufgeschlüsselt ist[670].
Konkreter ist die Definition des Terminus „verantwortungsvolle Führung der Staatsgeschäfte" in Art. 9 Abs. 3 UAbs. 1 ausgefallen:

> „In einem politischen und institutionellen Umfeld, in dem die Menschenrechte, die demokratischen Grundsätze und das Rechtsstaatsprinzip geachtet werden, ist verantwortungsvolle Führung der Staatsführung die transparente und verantwortungsbewußte Verwaltung der menschlichen, natürlichen, wirtschaftlichen und finanziellen Ressourcen und ihr Einsatz für eine ausgewogene und nachhaltige Entwicklung. Sie beinhaltet klare Beschlußfassungsverfahren für Behörden, transparente und verantwortungsvolle Institutionen, den Vorrang des Gesetzes bei der Verwaltung und Verteilung und Durchführung von Maßnahmen zur Verhinderung und Bekämpfung der Korruption."

Die Diskrepanz zwischen der eher vagen und offenen Umschreibung des Begriff der „demokratischen Grundsätze" und der vergleichsweise präzisen Ausfüllung des 'good governance'-Prinzips erklärt sich daraus, daß die Einhaltung des letzteren Grundsatzes nicht zu einem wesentlichen Bestandteil des Cotonou-Abkommens erklärt wurde und

---

Gegenzug stimmte die EG einem verstärkten Konsultationsmechanismus im Fall der Anwendung der MRDK [Menschenrechts- und Demokratieklausel] zu".

668 ABl. 2000 Nr. L 317, S. 3 ff.

669 Bis dahin wird das Abkommen -ausgenommen einige Anhänge- aufgrund der Beschlüsse des AKP-EG-Ministerrates vom 27.7.2000 (ABl. 2000 Nr. L 195, S. 46 ff.) und vom 31.5.2002 (ABl. 2002 Nr. L 150, S. 55) nur vorläufig angewendet.

670 Siehe oben: C. III. 1. c) (S. 246 f.).

somit im Falle des Verstoßes grundsätzlich keine Anwendungsaussetzung des Vertrages droht. Insofern war eine ausführliche Definition des Begriffes aus Sicht der AKP-Staaten "ungefährlich". Dieser Kompromiß findet seinen Niederschlag auch in der Einordnung des 'good governance'-Prinzips als „fundamentales Element“ [671] des Abkommens (Art. 9 Abs. 3 UAbs. 2)[672]. Dadurch wird es einerseits erkennbar von den „wesentlichen [generell sanktionsbewehrten] Bestandteilen“ des Abkommens abgekoppelt, andererseits wird seiner Bedeutung auf diese Weise Nachdruck verliehen. Nur ausnahmsweise, nämlich in Fällen schwerer Korruption, erlaubt das Abkommen die Anwendungsaussetzung wegen einer Verletzung des „fundamentalen Elements“. Liegt ein solcher Fall vor, dann kommt die speziell auf Art. 9 Abs. 3 UAbs. 2 bezogene Nichterfüllungsklausel des Art. 97 zum Tragen.

Die zur Wesentlichkeitsklausel (Art. 9 Abs. 2 UAbs. 4) gehörende Nichterfüllungsklausel findet sich in Art. 96 des Abkommens. Der bedeutendste Unterschied zwischen Art. 96 und 97 besteht darin, daß eine Aussetzung des Abkommens wegen eines schweren Falles der Korruption stets nur nach vorherigen erfolglosen Konsultationen erfolgen darf. Bei einer besonders ernsten und flagranten Verletzung von Menschenrechten, demokratischen Grundsätzen oder der Rechtsstaatlichkeit ist hingegen gem. Art. 96 eine sofortige -aber zu notifizierende- Aussetzung möglich, sofern der Verstoß „eine sofortige Reaktion erfordert“. Festzustellen ist, daß die Voraussetzungen aus Art. 366a des revidierten Lomé IV-Abkommens von 1995 („eine vorherige Konsultation wegen der erforderlichen Antwortzeit unmöglich ist“) aufgegeben wurden zugunsten einer bloßen "Erforderlichkeit der sofortigen Reaktion".
Der Zeitrahmen für Konsultationen wurde von „in der Regel nicht länger als 30 Tage“ (Art. 366a Lomé IV) auf strikt „nicht länger als 60 Tage“ (Art. 96, 97 Cotonou-Abkommen) modifiziert.

ee) Zwischenergebnis

Bezogen auf die AKP-EG-Kooperationsabkommen ist damit eine bemerkenswerte Entwicklung von einem unverbindlichen Bekenntnis zum „Recht auf Schutz durch das Gesetz“ im Lomé III-Abkommen von 1984 über die Achtung der Menschenrechte als Grundlage der Kooperation im Lomé IV-Abkommen, die Einfügung einer Wesentlichkeits- und Nichterfüllungsklausel im revidierten Lomé IV-Abkommen bis hin zur konkreten Verpflichtung auf den Grundsatz der verantwortungsvollen Führung der Staatsgeschäfte unter dem Cotonou-Abkommen von 2000 zu verzeichnen.

b) Menschenrechts- und Demokratieklauseln im Rahmen sonstiger allgemeiner Abkommen der Gemeinschaft über Zusammenarbeit

Auch außerhalb der Entwicklungszusammenarbeit mit den Staaten des AKP-Raumes unterhält die Europäische Gemeinschaft mit zahlreichen Staaten Kooperationsbeziehungen. Auch in diesem Rahmen werden regelmäßig (einseitige oder gegenseitige) Handelserleichterungen mit direkter technischer oder finanzieller Hilfe seitens der EG verbunden.

---

[671] Die Verhandlungsrichtlinien des Rates für die Kommission vom 30.6.1998 (EU Doc. (Council), No. 10097/98, S. 6) sahen vor, daß auch das 'good governance'-Prinzip in die Wesentlichkeitsklausel aufgenommen werden sollte.
[672] *Hilpold*, Konditionalität in den Beziehungen zwischen der EU und den AKP-Staaten (Fn 658), S. 252 f.

Diese Geberrolle[673] versetzt die Gemeinschaft auch gegenüber diesen Staaten in die Lage, den Abschluß entsprechender Abkommen von der Aufnahme von Menschenrechts- und Demokratieklauseln abhängig zu machen. In Fällen, in denen die ökonomische Dominanz der Gemeinschaft weniger ins Gewicht fällt oder in denen ideologische Vorbehalte auf seiten der Vertragspartner schwerer wiegen als materielle Anreize, ist es dagegen schon wiederholt zum Scheitern eines Vertrages gekommen[674].

Die Jahre 1991/92 haben sich mit den Erklärungen des Rates vom 28.11.1991 und vom 11.5.1992 in der Rückschau als Beginn einer neuen, konsequenten Menschenrechtspolitik der Gemeinschaft erwiesen. Diese gemeinschaftsinterne Neuorientierung schlug sich in der Folge unmittelbar in der Gestaltung der Verträge mit Drittstaaten nieder. Hatte die EG vor 1992 schon Kooperationsabkommen auf der Grundlage von ex Art. 130w (Art. 179) EGV geschlossen, in denen vereinzelt die Achtung der Menschenrechte und der demokratischen Grundsätze zur „Grundlage der Zusammenarbeit" erklärt werden[675], wurden von Mai 1992 an, dem Zeitpunkt der Unterzeichnung der Kooperationsabkommen mit den ehemaligen Ostblockstaaten Albanien, Litauen, Lettland und Estland[676], keine Abkommen mehr ohne Wesentlichkeitsklausel geschlossen[677].
Die in den vier Abkommen verwendete Wesentlichkeitsklausel hat dann als Standardklausel[678] Eingang in die Richtlinien zur Gestaltung von Kooperationsabkommen von 1995 gefunden:

> „Die Achtung der in der Schlußakte von Helsinki und der Pariser Charta für ein Neues Europa genannten demokratischen Grundsätze und Menschenrechte bestimmt die Innen- und Außenpolitik der Gemeinschaft und Albaniens [Estlands, Lettlands, Litauens] und ist ein wesentlicher Bestandteil dieses Abkommens."[679]

Die in den Abkommen eingesetzte Nichterfüllungsklausel hat sich allerdings im nachhinein als (zu) „scharfes Schwert mit (zu) geringer Reichweite"[680] erwiesen; sie lautete schlicht:

---

673 Die außerhalb der klassischen Entwicklungszusammenarbeit laufenden externen Hilfsprogramme der Gemeinschaft (PHARE, TACIS, MEDA, CARDS) haben ein jährliches Volumen von etwa 5 Mrd. Euro (KOM (2001) 252 endg. vom 8.5.2001).

674 So scheiterte der Abschluß eines neuen, das alte von 1980 ablösenden Kooperationsabkommens mit China an dessen Weigerung, darin Menschenrechts- und Demokratiefragen anzusprechen. Mit einigen der ASEAN-Staaten (Malaysia, Philippinen, Singapur, Myanmar und Thailand) verhält es sich ebenso. Ein neues Rahmenabkommen der EG über Zusammenarbeit mit Australien kam nicht zustande, weil man dort die Aufnahme einer Standard-Menschenrechtsklausel für entbehrlich und unangemessen hielt (vgl. *Hoffmeister*, Menschenrechts- und Demokratieklauseln in den vertraglichen Außenbeziehungen der Europäischen Gemeinschaft, S. 148 ff. u. 595).

675 Vgl. Art. 1 des Rahmenkooperationsabkommens mit Argentinien vom 2.4.1990 (ABl. 1990 Nr. L 295, S. 67 ff.); Art. 1 des Abkommens mit Chile vom 20.12.1990 (ABl. 1991 Nr. L 79, S. 2 ff.); Art. 1 des Abkommens mit Uruguay vom 4.11.1991 (ABl. 1992 Nr. L 94, S. 2 ff.); Art. 1 des Abkommens mit Paraguay vom 3.2.1992 (ABl. 1992 Nr. L 313, S. 72 ff.).

676 Verträge vom 11.5.1992 [ABl. 1992 Nr. L 343, S. 2 ff. (Albanien); Nr. L 403, S. 2 ff. (Estland), S. 11 ff. (Lettland), S. 20 ff. (Litauen)].

677 Vgl. KOM (2001) 252 endg. vom 8.5.2001.

678 Siehe Fn 652.

679 Jeweils Art. 1 der Abkommen (Fn 676).

680 *Riedel/Will*, Human Rights Clauses in External Agreements of the EC - in: Alston (Hrsg.), The EU and Human Rights, S. 723 ff. (729): „a sharp sword with a limited range"; s.a. *Pippan*, Demokratie durch Völkerrecht? (Fn 643), S. 481: „zu scharf formuliert".

„Die Vertragsparteien behalten sich das Recht vor, dieses Abkommen im Fall einer schweren Verletzung seiner wesentlichen Bestimmungen mit sofortiger Wirkung ganz oder teilweise auszusetzen."[681]

Indem das Abkommen selbst die sofortige Aussetzung erlaubt, ohne daß zumindest im Regelfall eine einvernehmliche Streitbeilegung vorgesehen ist, finden die auch nach Völkergewohnheitsrecht geltenden Verfahrensregeln des Art. 65 WVRK bei Suspendierung oder Beendigung des Vertrages keine Anwendung. Andererseits muß die Gemeinschaft nachweisen, daß als Aussetzungsgrund eine „schwere Verletzung" einer wesentlichen Bestimmung des Abkommens vorliegt, ehe eine vertragsgemäße gänzliche oder teilweise Aussetzung möglich ist. Diese sog. „baltische [Nichterfüllungs-]Klausel"[682] wurde daher auch aufgegeben. In den am 1.2.1993 mit Rumänien und am 8.3.1993 mit Bulgarien unterzeichneten Europa-Abkommen fand dann schon die spätere Muster-Nichterfüllungsklausel (sog. „bulgarische Klausel")[683] Verwendung[684].

In das am 24.6.1994 unterzeichneten Partnerschaftsabkommen mit Rußland[685] wurde schließlich erstmals eine gemeinsame Erklärung über die Auslegung des Begriffs „besonders dringender Fall" der („bulgarischen") Nichterfüllungsklausel aufgenommen[686].
Damit war Mitte 1994 der letzte Baustein gefunden für die standardisierte Gestaltung zukünftiger Kooperationsabkommen der Gemeinschaft mit Drittstaaten im Hinblick auf die Achtung von Menschenrechten und demokratischen Grundsätzen.
Alle drei Elemente, also die „baltische" Wesentlichkeitsklausel, die „bulgarische" Nichterfüllungsklausel und die "russische" Auslegungserklärung zur Nichterfüllungsbestimmung, wurden dann erstmals zusammen in den Abkommen mit den GUS-Staaten verwendet[687].

Diese Kombination wurde seither in der überwiegenden Mehrzahl der neu abgeschlossenen Kooperationsabkommen eingesetzt; so etwa in den neuen Europa-Abkommen mit den baltischen Staaten von 1995[688], in dem interregionalen Kooperationsabkommen der Gemeinschaft mit dem Mercosur[689] aus demselben Jahr, im Europaabkommen mit Slowenien (1996)[690], im Kooperationsabkommen mit der ehemaligen jugoslawischen Republik

---

681 Art. 21 Abs. 3 der Abkommen mit den baltischen Staaten; Art. 21 Abs. 4 des Abkommens mit Albanien.

682 So die Bezeichnung in den systematischen Richtlinien über die Aufnahme von Bestimmungen über die Achtung demokratischer Grundsätze und der Menschenrechte in Verträge zwischen der Gemeinschaft und dritten Staaten vom 23.5.1995 (KOM (95) 216 endg.) i.V.m. Ratsbeschluß vom 29.5.1995 (Bull.EG 5-1995, Ziff. 1.2.3.).

683 Siehe Fn 653.

684 Art. 6 (Wesentlichkeitsklausel), Art. 119 (Nichterfüllungsklausel) des Abkommens mit Rumänien (ABl. 1994 Nr. L 357, S. 2 ff.); Art. 6, 118 des Abkommens mit Bulgarien (ABl. 1994 Nr. L 358, S. 3 ff.); ebenso Art. 6, 117 der Abkommen mit der Tschechischen Republik und der Slowakei vom 4.10.1993 (ABl. 1994 Nr. L 360, S. 2 ff. und Nr. L 359, S. 2 ff.).

685 ABl. 1997 Nr. L 327, S. 3 ff.

686 Siehe Fn 654.

687 Vgl. z.B. Abkommen mit der Ukraine vom 14.6.1994 (ABl. 1998 Nr. L 49, S. 3 ff.), mit Moldawien vom 28.11.1994 (ABl. 1998 Nr. L 181, S. 3 ff.), mit Kasachstan vom 23.1.1995 (ABl. 1999 Nr. L 196, S. 3 ff.), mit Georgien, Armenien und Aserbaidschan vom 22.4.1996 (ABl. 1999 Nr. L 205, S. 3 ff.; Nr. L 239, S. 3 ff.; Nr. L 246, S. 3 ff.), mit Usbekistan vom 21.6.1996 (ABl. 1999 Nr. L 229, S. 3 ff.).

688 Verträge vom 12.6.1995 [ABl. 1998 Nr. L 26, S. 3 ff. (Lettland), Nr. L 51, S. 3 ff. (Litauen), Nr. L 68, S. 3 ff. (Estland)].

689 Interregionales Kooperationsabkommen der EG und ihrer Mitglieder einerseits mit dem Mercado Común del Sur (Mercosur) und dessen Mitgliedern (Argentinien, Brasilien, Paraguay, Uruguay) andererseits vom 15. 12.1995 (ABl. 1999 Nr. L 112, S. 66 ff.).

690 Abkommen vom 10.6.1996 (ABl. 1999 Nr. L 51, S. 3 ff.).

Mazedonien (1996)[691], im (neuen) Assoziierungsabkommen mit Marokko (1997)[692] und in dem Interimsassoziierungsabkommen mit der Palästinenserbehörde (1997)[693]. Es gibt allerdings auch Abkommen, in denen auf die gemeinsame Erklärung zur Nichterfüllungsklausel[694] oder gar auf die Nichterfüllungsklausel selbst[695] verzichtet wurde. In diesen Fällen ergibt sich folglich nicht unmittelbar aus dem Vertrag, unter welchen Voraussetzungen eine Aussetzung der Anwendung des Abkommens zulässig ist, sondern allein aus den entsprechenden Normen des Völkergewohnheitsrechts.

c) Zwischenergebnis

Gegenwärtig sind in mehr als 120 Abkommen der Gemeinschaft mit Drittstaaten Wesentlichkeitsklauseln enthalten[696]. Auch wenn noch nicht alle dieser Abkommen in Kraft getreten sind, so wird anhand dieser Zahl doch deutlich, daß mit Ausnahme einiger "weißer Flecken" in Asien[697], Arabien[698] und Ozeanien die Wesentlichkeitsklausel mittlerweile unter den Vertragspartnern der EG weltweit Verbreitung gefunden hat. Es gibt heute keinen Staat der Erde mehr, der mit der Europäischen Gemeinschaft (zusammen mit ihren Mitgliedstaaten) ein allgemeines Abkommen über wirtschaftliche, technische und/oder finanzielle Zusammenarbeit schließen kann, ohne eine völkerrechtlich bindende und sanktionsfähige Verpflichtung zur Achtung der Menschenrechte und demokratischer Grundsätze zu übernehmen.

In einem weiteren Schritt ist nun die Handhabung der Sanktionsmechanismen seitens der Gemeinschaft gegenüber den Vertragspartnern zu untersuchen.

---

691 Abkommen vom 29.4.1997 (ABl. 1997 Nr. L 348, S. 2 ff.).

692 Abkommen vom 26.2.1996 (ABl. 2000 Nr. L 70, S. 2 ff.).

693 Abkommen vom 24.2.1997 (ABl. 1997 Nr. L 187, S. 3 ff.).

694 So z.B. im Kooperationsabkommen mit Israel vom 20.11.1995 (ABl. 2000 Nr. L 147, S. 3 ff.) oder im neuen Assoziierungsabkommen mit Tunesien vom 17.7.1995 (ABl. 1998 Nr. L 97, S. 2 ff.).

695 So etwa im Rahmenabkommen mit der San José-Gruppe (Costa Rica, El Salvador, Guatemala, Honduras, Nicaragua, Panama) vom 22.2.1993 (ABl. 1999 Nr. L 63, S. 39 ff.) und im Rahmenkooperationsabkommen der EG mit dem Andenpakt und dessen Mitgliedstaaten (Bolivien, Ecuador, Kolumbien, Peru, Venezuela) vom 23.4.1993 (ABl. 1998 Nr. L 127, S. 11 ff.).

696 KOM (2001) 252 endg., allerdings ohne Nennung einzelner Staaten/Abkommen.

697 Bilaterale Entwicklungskooperationsabkommen mit Wesentlichkeits- und Nichterfüllungsklausel bestehen jedoch mit Laos (Abkommen vom 29.4.1997, ABl. 1997 Nr. L 334, S. 15 ff.) und Kambodscha (Abkommen vom 29.4.1997, ABl. 1999 Nr. L 269, S. 18 ff.). Das Rahmenkooperationsabkommen mit Vietnam vom 17. 7.1996 (ABl. 1996 Nr. L 136, S. 29 ff.) enthielt ebenfalls eine Wesentlichkeitsklausel, ist aber nicht mehr wirksam.

698 Vgl. allerdings das Rahmenabkommen über Entwicklungszusammenarbeit mit dem Jemen vom 25.11. 1997 (ABl. 1998 Nr. L 72, S. 18 ff.), in dem Wesentlichkeits- und Nichterfüllungsklausel sowie die Gemeinsame Erklärung enthalten sind. Hier wurde sogar eine "verlängerte" Wesentlichkeitsklausel verwendet: „Die Achtung der Menschenrechte und der demokratischen Grundsätze [...] ist wesentlicher Bestandteil dieses Abkommens *sowie* Grundlage der Beziehungen zwischen den Vertragsparteien *und* Grundlage aller Bestimmungen dieses Abkommens" (Art. 1 - eigene Hervorhebungen).

4. Anwendung der Wesentlichkeits- und Nichterfüllungsklauseln durch die EG im Einzelfall

In einem Bericht der Kommission an den Rat aus dem Jahr 1994[699] über die erfolgte Durchführung der Entschließung des Rates über Menschenrechte, Demokratie und Entwicklung vom 28.11.1991[700] findet sich eine der Sanktionsintensität nach gestaffelte Liste möglicher Maßnahmen gegenüber Drittstaaten, in denen Menschenrechte und/oder demokratische Grundsätze verletzt werden. Darin werden genannt:

> „-confidential or public *démarchés*;
> - change in the content of co-operation programmes or channels used;
> - deferment of decisions needed to implement co-operation;
> - reduction of cultural, scientific or technical co-operation programmes;
> - deferment of joint committee meetings;
> - suspension of high-level bilateral contacts;
> - postponement of new projects;
> - refusal to act on partner's initiatives;
> - trade embargoes;
> - suspension of co-operation with the states concerned."[701]

In der Praxis unter dem Lomé III und Lomé IV-Abkommen hat die Gemeinschaft gegenüber zahlreichen AKP-Staaten vor allem von der Möglichkeit der Nicht-Programmierung oder Nicht-Auszahlung zugesagter Mittel Gebrauch gemacht[702]. Begründet wurde dies in vier Fällen mit massiven Menschenrechtsverstößen durch die betreffenden Regierungen, in acht Fällen allerdings mit der Mißachtung demokratischer Grundsätze. Letzteres ist insofern erstaunlich als -wie gesehen- im Lomé III und IV-Abkommen weder eine Wesentlichkeitsklausel enthalten war noch darin von den Vertragsparteien ein Bekenntnis zur Achtung demokratischer Grundsätze abgegeben wurde. Folgerichtig kommt *Hoffmeister* zu dem Ergebnis, daß von diesen acht Fällen nur in zweien die Aussetzung zweifellos -als zulässige Drittstaatenrepressalie- völkerrechtlich gerechtfertigt war, nämlich im Falle Äquatorial-Guineas 1992 und Togos 1993[703]. Denn nur in diesen beiden Fällen gingen die Verstöße gegen demokratische Grundsätze einher mit der Verletzung grundlegender, zwingender Menschenrechte, wie etwa dem Recht auf Leben oder dem Folterverbot.
Zu dem in materiell-(völker)rechtlicher Hinsicht bedenklichen Vorgehen der Gemeinschaft und der Mitgliedstaaten unter dem Lomé III und IV-Abkommen kommt hinzu, daß lediglich in einem einzigen der o.g. zwölf Fälle (Gambia 1994) die prozessualen Vor-

---

699 'Report from the Commission to the Council and European Parliament on the implementation in 1993 of the Resolution of the Council and of the Member States meeting in Council on human rights, democracy and development adopted on 28 November 1991', COM (94) 42 final vom 23.2.1994.

700 Siehe Fn 640 und begleitenden Text.

701 A.a.O. (Fn 699).

702 Vgl. *Hoffmeister*, Menschenrechts- und Demokratieklauseln in den vertraglichen Außenbeziehungen der Europäischen Gemeinschaft, S. 458 ff. u. 525 ff., der für den Zeitraum 1990 bis 1995 insgesamt 12 Fälle nennt, in denen eine teilweise Anwendungsaussetzung erfolgt ist: Sudan (1990), Liberia (1990), Somalia (1991), Haiti (1991-95), Kenia (1991), Malawi (1992-93), Äquatorial-Guinea (1993), Zaire (1993), Togo (1993), Gambia (1994), Ruanda (1994), Nigeria (1995).

703 *Ders.*, a.a.O., S. 525.

schriften der Art. 65 ff. WVRK (Notifikation, Möglichkeit der Konsultationen) eingehalten wurden[704].

Unter dem revidierten Lomé IV-Abkommen und unter dem Contonou-Abkommen, in denen die Achtung der Menschenrechte und der demokratischen Grundsätze zu wesentlichen Bestandteilen der Abkommen gehören und in denen ein Konsultationsmechanismus ausdrücklich vorgesehen ist, ist es mehrfach zur Anwendung von Art. 366a bzw. Art. 96 gekommen[705]. Gerügt wurde jeweils die Verletzung der Demokratie und der Rechtsstaatlichkeit wegen nicht fair abgehaltener Wahlen oder wegen der gewaltsamen Absetzung einer demokratisch legitimierten Regierung.

Im Rahmen von Kooperationsabkommen außerhalb der Entwicklungszusammenarbeit, in denen Wesentlichkeits- und Nichterfüllungsklauseln enthalten sind, ist es -soweit ersichtlich- bislang noch zu keiner Aussetzung der Zusammenarbeit wegen einer Verletzung der Menschenrechte oder der Demokratie gekommen[706]. Der Grund dafür dürfte auch darin liegen, daß es außerhalb der AKP-Region nur wenige (potentiell) so instabile Staaten gibt, mit denen die Gemeinschaft vergleichbare Vertragsbeziehungen unterhält.

Im Einzelfall läßt sich der konkrete Beitrag (im Sinne einer Ursächlichkeit), den Sanktionen/Konsultationen der Gemeinschaft gegenüber/mit einem Drittstaat zur Förderung von Demokratie und Menschenrechten in diesem Staat bzw. für dessen Rückkehr zu diesen Werten geleistet hat, nur schwer beziffern. Davon unabhängig stellt sich die Frage, welches abstrakte Schutzniveau durch die Wesentlichkeitsklausel überhaupt erreicht wird.

5. Das mit der Wesentlichkeitsklausel zu erreichende Schutzniveau bei der Achtung der Menschenrechte und der demokratischen Grundsätze

Eine der wesentlichen Funktionen von Menschenrechtsklauseln in völkerrechtlichen Kooperationsabkommen ist einmal folgendermaßen beschrieben worden:

> „One of the main functions of the human rights clause will be to raise respect or attention to violations of human rights from the domestic to the international level, and to make them a legitimate subject of reciprocal relations."[707]

Es kann hier der Eindruck entstehen, erst durch die Verwendung einer entsprechenden Klausel in einem völkerrechtlichen Vertrag werde der Schutz der Menschenrechte von einem rein nationalen Anliegen und einer rein innerstaatlichen Aufgabe auf die Ebene des

---

704 *Riedel/Will*, Human Rights Clauses in External Agreements of the EC (Fn 680), S. 740, merken zurecht an, daß sich kein rational nachvollziehbares Reaktionsmuster der EG bei Menschenrechtsverstößen von AKP-Staaten feststellen läßt.

705 Vgl. *Kommission*, Gesamtbericht 1998, Ziff. 937 i.V.m. 955 (Togo); Gesamtbericht 1999, Ziff. 879 (Niger, Guinea-Bissau, Komoren); Gesamtbericht 2000, Ziff. 1035 (Côte d'Ivoire, Haiti), Gesamtbericht 2001, Ziff. 1116 (Fidschi); Gesamtbericht 2002, Ziff. 1003 i.V.m. 762: Bull.EU 3-2002, Ziff. 1.6.22. (Simbawe). Die Embargomaßnahmen gegen Sierra Leone (2000) und gegen Liberia (2001) wurden nicht unter Berufung auf die Nichterfüllungsklausel des jeweiligen AKP-EG-Abkommens gerechtfertigt, sondern allein unter Hinweis auf die entsprechenden UN-Sicherheitsrats-Resolutionen (siehe Fn 456 u. 457).

706 Einen Sonderfall bilden in diesem Zusammenhang die Vertragsbeziehungen zu Weißrußland. Die Ratifikation des am 6.3.1995 mit Belarus unterzeichneten Kooperationsabkommens wurde mit Beschluß des Rates vom 24.2.1997 (Doc. 5995/97, bestätigt am 15.9.1997, Bull.EU 9-1997, Ziff. 1.3.56.) auf unbestimmte Zeit ausgesetzt. Begründet wurde dieser Schritt vor allem mit der „anhaltenden Verletzung der Menschenrechte und der Grundfreiheiten, vor allem der Pressefreiheit", aber auch allgemein damit, daß „keinerlei Fortschritte bei den politischen und wirtschaftlichen Reformen erzielt wurden". S.a. Bull.EU 7/8-2002, Ziff. 1.6.6.

707 *Riedel/Will*, Human Rights Clauses in External Agreements of the EC (Fn 680), S. 743.

Völkerrechts gehoben. So verstanden wäre die Aussage sicherlich unzutreffend. Denn es bestehen heute keine Zweifel mehr daran, daß es einen universellen Mindestbestand von Menschenrechten gibt, zu dessen Einhaltung jeder Staat durch zwingende Normen des Völkerrechts der Staatengemeinschaft als Ganzer gegenüber verpflichtet ist. Zu diesem *ius cogens*-Bestand der Menschenrechte gehören unstreitig das Verbot des Völkermordes, der Apartheid und der Sklaverei[708]. Aber wohl auch das Gebot der Achtung elementarer Menschenrechte sowie Normen des humanitären Völkerrechts, die direkte Verbote an Staaten und Einzelpersonen enthalten, lassen sich diesem zwingenden Normbestand zuordnen[709].

Diese Normen binden einen Staat unabhängig davon, ob er einer dementsprechenden völkervertraglichen Verpflichtung unterliegt oder ob er die Achtung dieser fundamentalen Menschenrechte durch sein nationales Recht gewährleistet.

Ob ein Staat jenseits diese zwingenden Mindestbestandes allerdings völkergewohnheitsrechtlichen Bindungen unterliegt, ist damit aber noch nicht beantwortet. Vor diesem Hintergrund wird die oben wiedergegebene Aussage von *Riedel/Will* nun verständlich: Indem die ab 1992 von der Gemeinschaft und den Mitgliedstaaten mit Drittstaaten geschlossenen Kooperationsabkommen die Achtung *der* Menschenrechte (*der* demokratischen Grundsätze und des Rechtsstaats) zum wesentlichen Bestandteil des Abkommens erheben, soll eine Vertragspflicht erzeugt werden, die sich nicht am zwingenden völkerrechtlichen Mindeststandard orientiert, sondern die -dem Zweck der Vorschrift entsprechend- deutlich darüber hinausgeht. Die Frage, die sich dann allerdings unweigerlich stellt, ist die, *welchen* (konkreten) normativen Gehalt die Menschenrechts- und Demokratieklauseln haben. Denn erst anhand dessen läßt sich bestimmen, was ein „legitimate subject of reciprocal relations" ist und was in dem Vertragsverhältnis weiterhin eine rein innerstaatliche Angelegenheit der Vertragsparteien bleibt.

a) Normativer Gehalt der Menschenrechtsklausel

Bei Wesentlichkeitsklauseln, die den systematischen Richtlinien der Kommission vom 30. 5.1995 folgen, läßt sich der konkrete Bestand an Menschenrechten, deren Achtung von den Vertragsparteien zu gewährleisten ist, unschwer aus der Bezugnahme auf die Allgemeine Erklärung der Menschenrechte[710] oder im Falle der OSZE-Staaten auf die Schlußakte von Helsinki[711] und die Charta für ein Neues Europa[712] entnehmen[713].

In Klauseln, in denen eine solche ausdrückliche Bezugnahme fehlt, ist der Begriff der Menschenrechte „nach Treu und Glauben in Übereinstimmung mit der ihm im Zusam-

---

708 Vgl. nur den umfassenden Überblick bei *Künzli*, Zwischen Rigidität und Flexibilität: Der Verpflichtungsgrad internationaler Menschenrechte, S. 48 ff.

709 Vgl. Ipsen-*Heintschel von Heinegg*, Völkerrecht, § 15 Rn 59, unter Hinweis auf die Urteile des IGH 'The Corfu Channel Case' (Großbritannien v. Albanien), ICJ Rep. 1949, S. 4 ff. (22) und 'Case Concerning Military and Paramilitary Activities in and against Nicaragua' (Nicaragua v. USA), ICJ Rep. 1986, S. 14 ff. (112 § 215, 114 § 218); s.a. *Simma*, International Human Rights and General International Law: A Comparative Analysis - in: Academy of European Law (Hrsg.), Collected Courses 1993, Vol. IV, Book 2, S. 153 ff. (226).

710 'Universal Declaration of Human Rights', GA Res. 217 (III) vom 10.12.1948 (YBUN 3 (1948/49), S. 535 ff.).

711 'Helsinki Final Act' vom 1.8.1975 (ILM 14 (1975), S. 1292 ff.).

712 'Charter of Paris for a New Europe' vom 21.11.1990 (ILM 30 (1991), S. 190 ff.).

713 Die Schlußakte und die Charta sind in ihren Menschenrechtsteilen (Kap. 1 Art. VII Abs. 8 Schlußakte; 1. Grundsatz der Charta) praktisch identisch mit den Garantien der AEMR.

menhang des Vertrages zukommenden sowie der gewöhnlichen Bedeutung und im Lichte seines Zieles und Zweckes auszulegen“ (Art. 31 Abs. 1 WVRK). Aufschluß über die Bedeutung des Begriffes kann folglich zunächst dessen Verwendung in den übrigen Bestimmungen des Vertrages einschließlich der Präambel und der Anlagen (Art. 31 Abs. 2 WVRK) geben. Regelmäßig gelingt es auf diesem Wege, den Bestand der konkret von den Vertragspartnern einzuhaltenden Menschenrechte recht genau zu erfassen.
Im revidierten Lomé IV-Abkommen etwa wird bereits in der Präambel Bezug genommen auf universelle und regionale Menschenrechtsübereinkommen, denen die Mehrzahl der Vertragsparteien angehört[714]. Im operativen Teil heißt es dann in Art. 5 Abs. 2 UAbs. 1: „Die [in der Wesentlichkeitsklausel] genannten Rechte sind die Menschenrechte als ein Ganzes, da ihre verschiedenen Kategorien nicht voneinander zu trennen sind und sich gegenseitig bedingen sowie jeweils für sich ihre eigene Legitimation haben“. Es folgt die -exemplarische- Aufzählung des Rechts auf nicht-diskriminierende Behandlung, die Grundrechte der Person, die bürgerlichen und politischen Rechte, die wirtschaftlichen, die sozialen und die kulturellen Rechte. Als der von den Vertragsparteien zu gewährleistende Menschenrechtsstandard sind somit jedenfalls die in der AEMR, die im IPbürgR und im IPwirtR normierten Rechte anzusehen.

Im Cotonou-Abkommen von 2000 ist in Art. 9 Abs. 2 UAbs. 1 sogar pauschal die Rede davon, daß „die Vertragsparteien [...] auf ihre internationalen Verpflichtungen zur Achtung der Menschenrechte Bezug [nehmen]“. Dies wird man als “Verweisung” auf die insgesamt 19 (!) im Vorspruch zum Abkommen aufgezählten internationalen Verträge und Erklärungen über den Schutz der Menschenrechte[715] verstehen müssen. Damit wird deutlich, daß es von den Vertragsparteien nicht beabsichtigt ist, ein gänzlich neues Schutzniveau zu erreichen, sondern sie knüpfen vielmehr an die für die Mehrzahl der Vertragspartner völkervertraglich und völkergewohnheitsrechtlich bereits bestehenden Verpflichtungen an und machen diese lediglich zum Gegenstand der bilateralen Vertragsbeziehungen[716]. Für einzelne AKP-Staaten kann dies allerdings bedeuten, daß für sie durch die Wesentlichkeitsklausel eine völkervertragliche Verpflichtung zur Einhaltung gewisser Menschenrechte entsteht, die sonst nicht oder nicht ohne weiteres zu bejahen ist. Dies wird man zumindest im Hinblick auf die beiden Weltmenschenrechtspakte von 1966[717], die einen Grundkonsens der Staatengemeinschaft darstellen[718], annehmen können. Auf dieser Grundlage besteht dann in absehbarer Zeit die Möglichkeit, daß für die betreffenden Staa-

---

714 In der -gegenüber dem Abkommen von 1989 unveränderten- Präambel werden im 5. Erwägungsgrund die AEMR, der IPbürgR und der IPwirtR genannt; im 6. Erwägungsgrund wird auf die EMRK und die Afrikanische Charta für Menschenrechte (1981) Bezug genommen.

715 Siehe Erwägungsgründe 7, 8 und 9 der Präambel des Abkommens.

716 Vgl. *Brandtner/Rosas*, Human Rights and the External Relations of the European Community (Fn 638), S. 475.

717 Internationaler Pakt über bürgerliche und politische Rechte vom 19.12.1966 (BGBl. 1973 II, S. 1534 ff.; int. Quelle: UNTS 999, S. 171 ff.); Internationaler Pakt über wirtschaftliche, soziale und kulturelle Rechte vom 9.12.1966 (BGBl. 1973 II, S. 1570 ff.; int. Quelle: UNTS 993, S. 3 ff.).

718 Von den 193 Staaten der Erde haben den IPbürgR gegenwärtig 149, den IPwirtR 146 Staaten ratifiziert. Von den 77 AKP-Staaten sind 30 an den IPbürgR und 27 an den IPwirtR gebunden (vgl. <www.unhchr.ch/pdf/report. pdf> Stand: 9.12.2002). Vgl. a. *Dicke*, Erscheinungsformen und Wirkungen von Globalisierung in Struktur und Recht des internationalen Systems auf universaler und regionaler Ebene, BerDGV 39 (1999), S. 13 ff. (36): „[I]n den Präambeln der Allgemeinen Erklärung der Menschenrechte und den beiden Pakten von 19[6]6 haben sich die Staaten als repräsentative Gesetzgeber der Menschheit begriffen“.

ten eine korrespondierende völkergewohnheitsrechtliche Bindung an die in den beiden Pakten garantierten Menschenrechte eintritt[719].
Die Haltung der Gemeinschaft wird z.T. sogar so interpretiert, daß man in Brüssel bereits vom Bestehen einer entsprechenden Verpflichtung nach allgemeinem Völkerrecht ausgeht[720].

Lassen sich die in der Wesentlichkeitsklausel pauschal in Bezug genommenen Menschenrechte nicht durch die Erwähnung bestimmter Menschenrechtsinstrumente in der Präambel oder im operativen Teil des Abkommens konkretisieren, dann wird man den normativen Gehalt der Menschenrechtsklausel in erster Linie an dem von der Rechtsentwicklung im globalen Rahmen der Vereinten Nationen vorgegebenen Standard auszurichten haben. Letzterer wiederum wird bestimmt durch die Allgemeine Erklärung der Menschenrechte[721] und die Internationalen Pakte für bürgerliche und politische sowie für wirtschaftliche, soziale und kulturelle Rechte[722]. Dogmatisch läßt sich ein solcher Ansatz über die authentische Interpretation -mittels dieser Menschenrechtsinstrumente- von Art. 55 und 56 der UN-Charta begründen[723]. Diese Bestimmungen verpflichten jeden UN-Mitgliedstaat und damit heute praktisch die gesamte Staatengemeinschaft auf die Realisierung des Ziels der „allgemeine[n] Achtung und Verwirklichung der Menschenrechte und Grundfreiheiten für alle ohne Unterschied der Rasse, des Geschlechts, der Sprache oder der Religion" hinzuwirken.

b) Normativer Gehalt der Demokratieklausel

Auf größere Schwierigkeiten stößt die Ermittlung der „gewöhnlichen Bedeutung" i.S.v. Art. 31 WVRK des in den Wesentlichkeitsklauseln verwendeten Begriffs der Demokratie bzw. der „demokratischen Grundsätze", wenn er im Abkommen selbst nicht oder nur unzureichend definiert ist.
In den Kooperationsverträgen mit den OSZE-Staaten läßt sich der Inhalt des Begriffs der Demokratie noch vergleichsweise einfach bestimmen. Denn durch die Formulierung in der Wesentlichkeitsklausel „Grundsätze der Demokratie wie sie in der Charta für ein neues Europa definiert sind" wird die dort gegebene Begriffsbestimmung in das Abkommen hereingeholt:

---

719 *Künzli*, Zwischen Rigidität und Flexibilität: Der Verpflichtungsgrad internationaler Menschenrechte, S. 83 f., macht im völkerrechtlichen Menschenrechtsschutz generell eine Tendenz zur Umkehr des traditionellen Verhältnisses von (bestehendem) Völkergewohnheitsrecht und (nachfolgender) Kodifikation aus.

720 So *Pippan*, Demokratie durch Völkerrecht? (Fn 643), S. 486.

721 Die Grundsätze der AEMR dürften heute den Charakter völkergewohnheitsrechtlicher Verpflichtungen haben (vgl. *Reisman*, Sovereignty and human rights in contemporary international law - in: Fox/Roth (Hrsg.), Democratic Governance and International Law, S. 239 ff. (240); der Verbindlichkeitswert der AEMR ist allerdings nach wie vor umstritten, s. dazu Graf Vitzthum-*Hailbronner*, Völkerrecht, 3. Absch. Rn 246).

722 Vgl. etwa die Wiener Deklaration der UN-Weltmenschenrechtskonferenz von 1993, worin es im 8. Erwägungsgrund heißt: „Emphasizing that the Universal Declaration of Human Rights, which constitutes a common standard of achievement for all peoples and all nations, is the source of inspiration and has been the basis for the United Nations in making advances in standard setting as contained in the existing international human rights instruments in particular in the International Covenant on Civil and Political Rights and the International Covenant on Economic, Social and Cultural Rights." (ILM 32 (1993), S. 1661 ff.); s.a. *Higgins*, Problems and Process, S. 105 f.

723 Vgl. zu diesem „'Authentic Interpretation' Approach" und den weiteren Methoden zur Begründung der außervertraglichen Verbindlichkeit von Menschenrechten *Simma*, International Human Rights and General International Law: A Comparative Analysis (Fn 709), S. 223 ff.

„Democratic government is based on the will of the people, expressed regularly through free and fair elections. Democracy has as its foundation respect for the human person and the rule of law. [...] Democracy with its representative and pluralistic character, entails accountability to the electorate, the obligations of public authorities to comply with the law and justice administered impartially. No one will be above the law."[724]

In den Ausführungsbestimmungen zu der Charta[725] wird dann Bezug genommen auf die sog. Kopenhagen-Grundsätze der KSZE[726], deren Einhaltung das Büro für freie Wahlen überwachen soll. Dabei geht es um die Voraussetzungen, die -von der Vorbereitung von Wahlen, über die Umstände der Stimmabgabe und die Auswertung bis hin zur Umsetzung des Wahlergebnisses- erfüllt sein müssen, damit von demokratischen Wahlen und einem nach demokratischen Grundsätzen konstituierten und arbeitenden Parlament gesprochen werden kann.

Im revidierten Lomé IV-Abkommen, in dem die Achtung der demokratischen Grundsätze erstmals im Verhältnis zu den AKP-Staaten Erwähnung findet, fehlt eine Begriffsbestimmung hingegen.
Die "Definition" in Art. 9 Abs. 2 UAbs. 2 des Cotonou-Abkommens[727] ist kaum aufschlußreicher. Interessant ist darin vor allem die Formulierung, daß die demokratischen Grundsätze die „weltweit anerkannte[n] Grundsätze" seien, um die Legitimität der Staatsgewalt, die Legalität des staatlichen Handelns und das Vorhandensein von Partizipationsmechanismen zu gewährleisten. Die Vertragsparteien setzen damit offenbar voraus, daß es so etwas wie einen Grundkonsens der internationalen Staatengemeinschaft über den normativen Kerngehalt des Begriffs der Demokratie gibt. Rückschlüsse auf dessen möglichen Inhalt lassen aber allein die in der AEMR und dem UN-Menschenrechtspakten über bürgerliche und politische Rechte enthaltenen Menschenrechte auf politische Teilhabe zu. So wird durch Art. 25 lit. a) IPbürgR jedem Staatsbürger das Recht zugesprochen, bei echten, wiederkehrenden, allgemeinen, gleichen und geheimen Wahlen zu wählen und gewählt zu werden[728]. Bereits die AEMR geht in ihrem Art. 21 Abs. 3 von einem solchen Recht aus. Auch die Afrikanische Charta der Rechte der Menschen und Völker anerkennt dieses Recht (Art. 13[729]). Bei alledem wird aber allenfalls ein -wenn auch wesentlicher- Teilaspekt der Demokratie geregelt. Auch die Verbindung mit den ebenfalls verbrieften Rechten der Meinungs-, Presse-, Versammlungs- und Vereinigungsfreiheit ist zwar notwendige, aber nicht hinreichende Bedingung für eine nach demokratischen Grundsätzen

---

724 'Charter of Paris for a New Europe' vom 21.11.1990, 1. Grundsatz (ILM 30 (1991), S. 190 ff.).

725 'Supplementary Document to give Effect to Certain Provisions Contained in the Charter of Paris', Kap. I Art. G Abs. 1 (a.a.O., S. 209 ff.).

726 Diese Grundsätze sind in dem Dokument enthalten, das die 35 KSZE-Staaten im Rahmen der Konferenz über die menschliche Dimension der KSZE auf ihrem Treffen vom 5.-29. Juni 1990 in Kopenhagen ausgearbeitet haben („Document of the Copenhagen Meeting of the Conference on the Human Dimension of the CSCE"). Das Dokument enthält neben der feierlichen Erklärung unveräußerlicher Rechte eines jeden Menschen (§ 5) eine Verpflichtung der Mitglieder zur Einhaltung der im einzelnen angeführten wesentlichen Ausprägungen des Grundsatzes der Demokratie (§§ 6, 7) (Text in: ILM 29 (1990), S. 1306 ff.).

727 Siehe oben: C. III. 3. a) dd) (S. 256).

728 In authentischer Fassung lautet die Bestimmung: „[...] To vote and to be elected at genuine, periodic elections which shall be by universal and equal suffrage and shall be held by secret ballot, guaranteeing the free expression of the will of the electors".

729 „Every Citizen shall have the right to participate freely in the government of his country, either directly or through freely chosen representatives in accordance with the provisions of the law." (ILM 21 (1982), S. 58 ff.).

strukturierte Staatsordnung[730]. Wie wenig internationaler Konsens tatsächlich über den normativen Gehalt der Demokratie besteht, läßt sich beispielhaft an der Schlußerklärung der Wiener Weltmenschenrechtskonferenz vom 15.6.1993 demonstrieren, auf die i.ü. auch im 7. Erwägungsgrund des Vorspruchs zum Cotonou-Abkommen hingewiesen wird. In der sonst sehr ausführlich gehaltenen Wiener Erklärung konnten sich die 171 teilnehmenden Staaten lediglich auf folgende Umschreibung des Begriffs der Demokratie einigen:

> „Democracy is based on the freely expressed will of the people to determine their own political, economic, social and cultural systems and their full participation in all aspects of their lives."[731]

Diese viel zu allgemein gehaltene Passage hätte unter Umständen mit dem Hinweis darauf entschuldigt werden können, daß die Konferenz programmatisch allein auf Menschenrechtsfragen ausgerichtet war. Doch im unmittelbar vorhergehenden Satz ist in der Erklärung davon die Rede, daß Demokratie, Entwicklung und die Achtung der Menschenrechte sich gegenseitig bedingen und einander verstärken („interdependent and mutually reinforcing"). Insofern hätte es durchaus nahe gelegen, auch den Begriff der Demokratie hinreichend konkret zu definieren. Daß dies nicht geschehen ist, deutet auf nach wie vor stark divergierende Auffassungen in dieser Frage innerhalb der internationalen Staatengemeinschaft hin.

Im Jahre 1999 verabschiedete die UN-Menschenrechtskommission die Resolution „Promotion of the right to democratic governance". Die darin enthaltene Beschreibung des Inhalts des Begriffs der Demokratie bzw. des Rechts auf Demokratie ist zwar außergewöhnlich umfassend[732], doch kann aus ihr als *soft law* nicht ohne weiteres auf eine Rechtsüberzeugung der internationalen Staatengemeinschaft geschlossen werden, einer völkerrechtlichen Verpflichtung dieses Inhalts zu unterliegen.

---

730 Das deutsche Bundesverfassungsgericht beispielsweise definierte den Begriff der (freiheitlich) demokratischen Grundordnung als eine Ordnung, „die unter Ausschluß jeglicher Gewalt- und Willkürherrschaft eine rechtsstaatliche Herrschaftsordnung auf der Grundlage der Selbstbestimmung des Volkes nach dem Willen der jeweiligen Mehrheit und der Freiheit und Gleichheit darstellt. Zu den grundlegenden Prinzipien sind mindestens zu rechnen: die Achtung vor den im Grundgesetz konkretisierten Menschenrechten [...], die Volkssouveränität, die Unabhängigkeit der Gerichte, das Mehrheitsprinzip und die Chancengleichheit für alle politischen Parteien mit dem Recht auf verfassungsmäßige Bildung und Ausübung einer Opposition." (BVerfGE 2, S. 1 ff. (12 f.); s.a. BVerfGE 5, S. 85 ff. (140).

731 'Vienna Declaration and Programme of Action', Kap. I Ziff. 8, S. 2 (ILM 32 (1993), S. 1661 ff.).

732 Ziff. 2 der Resolution vom 27.4.1999 (E/CN.4/RES/1999/57) lautet: „[T]he rights of democratic governance include, *inter alia*, the following:

a) The right to freedom of opinion and expression, of thought, conscience and religion, and of peaceful association and assembly;
b) The right to freedom to seek, receive and import information and ideas through any media;
c) The rule of law, including legal protection of citizen's rights, interests and personal security and fairness in the administration of justice and independence of the judiciary;
d) The right of universal and equal suffrage, as well as free voting procedures and periodic and free elections;
e) The right to political participation, including equal opportunity for all citizens to become candidates;
f) Transparent and accountable government instances;
g) The right of citizens to choose their governmental systems through constitutional or other democratic means;
h) The right to equal access to public service in one's own country."

(angenommen mit 51 Stimmen, ohne Gegenstimme, bei zwei Enthaltungen)

Insgesamt bleibt damit festzuhalten, daß das Völkerrecht zwar verschiedene Ausprägungen des Begriffs 'Demokratie' in Form der in der AEMR und dem IPbürgR garantierten politischen Rechte kennt[733], doch von Demokratie als einem durch das Völkerrecht und internationale Institutionen geschützten Recht kann auch heute allenfalls in Ansätzen gesprochen werden[734].
Die Praxis der Gemeinschaft bei der Anwendung der Demokratieklausel in Abkommen mit der AKP-Staaten spiegelt i.ü. diese Auffassung wider. In den bisherigen Fällen einer Aussetzung des Abkommens wegen der Verletzung demokratischer Grundsätze durch einen Vertragspartner lag stets auch ein Verstoß gegen die in der AEMR und im IPbürgR verankerten politischen Menschenrechte vor.

c) Der Grundsatz der verantwortungsvollen Führung der Staatsgeschäfte - eine völkerrechtliche Norm?

Im AKP-EG-Abkommen von Cotonou ist der Begriff der verantwortungsvollen Führung der Staatsgeschäfte nicht nur als unverbindlicher Programmsatz enthalten, sondern ihm lassen sich konkrete, wenn auch nur bedingt sanktionsbewehrte Verpflichtungen der Vertragsparteien entnehmen.

In seiner Entstehung wird der Terminus 'good governance' (verantwortungsvolle Führung der Staatsgeschäfte) allgemein auf die Analyse der Weltbank zum Entwicklungsstand der Länder der Dritten Welt, insbesondere der Sub-Sahara-Region, zurückgeführt[735]. Dabei stand zunächst das negative Gegenstück zu diesem Begriff, die 'crisis of government', im Vordergrund. Sie wurde als ein Grund für den Entwicklungsrückstand der Dritten Welt ausgemacht[736].
Eine positive Definition des Begriffs 'good governance' findet sich dann in dem Bericht der Weltbank zu diesem Thema aus dem Jahre 1994:

---

733 *Franck*, Legitimacy and the democratic entitlement - in: Fox/Roth (Hrsg.), Democratic Governance and International Law, S. 25 ff. (42), schlägt in diesem Zusammenhang vor, (auch) im universellen Rahmen die zentrale Bestimmung des Art. 25 IPbürgR im Lichte der (präziseren) Grundsätze der Kopenhagen-Deklaration und der Charta von Paris der KSZE zu interpretieren. Für die OSZE-Staaten gilt dies schon heute (s. *Frowein*, Konstitutionalisierung des Völkerrechts, BerDGV 39 (1999), S. 427 ff. (431)).

734 Vgl. *Schindler*, Völkerrecht und Demokratie - in: Hafner u.a. (Hrsg.), FS Seidl-Hohenveldern, S. 611 ff. (622): „Eine gewohnheitsrechtliche Pflicht hat sich offensichtlich noch nicht entwickelt"; zögerlich auch Ipsen-*Heintze*, Völkerrecht, § 30 Rn 12: „auf Europa begrenzte Staatenpraxis"; *Tomuschat*, General Course on Public International Law, RdC 281 (1999 VI), S. 1 ff. (66), spricht von einem „legal framework that is growing fast".

735 Vgl. *Gillies*, Human Rights, Good Governance, and Democracy: The World Bank's Problem Frontiers, NQHR 11 (1993), S. 3 ff. (13 f.); *Tomuschat*, General Course on Public International Law, (Fn 734), S. 69; Zu nennen sind hier vor allem folgende Weltbank-Studien: *World Bank*, Sub-Saharan Africa - From Crisis to Sustainable Growth (1989); *dies.*, Governance and Development (1992); *dies.*, Governance - The World Bank's Experience (1994).

736 *World Bank*, Sub-Saharan Africa: From Crisis to Sustainable Growth (1989), S. 60 f.: „Underlying the litaney of Africa's development problems is a crisis of governance."; In dem Bericht der Weltbank aus dem Jahre 1992 (Governance and Development) werden unter der Überschrift „When Governance Fails" die Merkmale von 'poor governance' aufgezählt (S. 9 f.); zusammenfassend *Ginther*, Sustainable development and good governance: development and evolution of constitutional orders - in: Ginther u.a. (Hrsg.), Sustainable Development and Good Governance, S. 150 ff. (157): „Good governance is the opposite of poor or bad governance, which reaches from denial of political and civil as well as economic, social and cultural rights, administrative inefficiency and corruption, to deficient legal protection and political repression, and ultimately to mass violations of human rights and tyranny. It entails waste of human power and natural resources; it leads to environmental degradation and prevents sustainable development".

„Good governance is epitomized by predictable, open, and enlightened policymaking (that is, transparent processes); a bureaucracy imbuded with a professional ethos; an executive arm of government accountable for its actions; and a strong civil society participating in public affairs; and all behaving under the rule of law."[737]

Im selben Jahr nahm auch der damalige UN-Generalsekretär *Boutros Ghali* in seiner „agenda for development" unter dem Aspekt der Entwicklungspolitik Bezug auf das Konzept[738].

Der gegenwärtige Generalsekretär *Kofi Annan* maß 1997 in seinem ersten Bericht an die Generalversammlung 'good governance' die Bedeutung als „essential building block for meeting the objectives of sustainable development, prosperity and peace" zu[739]. Die anschließende Begriffsbestimmung greift die im oben zitierten Weltbankbericht genannten Elemente auf und fügt diesen noch den Respekt der Menschenrechte hinzu[740].

In jüngerer Zeit hat sich auch die mit Vertretern der Mitgliedstaaten besetzte UN-Menschenrechtskommission mit der verantwortungsvollen Führung der Staatsgeschäfte befaßt. Die Kommission arbeitete in zwei Resolutionen aus den Jahren 2000 und 2001 über die Bedeutung von 'good governance' für die Förderung der Menschenrechte fünf Kernelemente heraus, die sie als „foundation on which good governance rests" bezeichnete: „transparent, responsible, accountable and participatory government, responsive to the needs and aspirations of the people"[741].

Die Resolutionen liefern einen Beleg dafür, daß es sich bei der verantwortungsvollen Führung der Staatsgeschäfte nicht lediglich um eine Facette nachhaltiger ökonomischer Politik handelt, sondern auch um ein völkerrechtliches Anliegen von universeller Bedeutung. Damit können teilweise vorgebrachte Bedenken ausgeräumt werden, die EG verfolge mit ihrem Ansatz in der Entwicklungspolitik „unilateral standard setting [which] might even frustrate the efforts that are being undertaken in the UN" und strebe eine unangemessene Intensivierung der politischen Kontrolle über die Entwicklungsländer an[742].

Die inhaltliche Bedeutung der Resolutionen, also ihr Beitrag zur Konkretisierung des 'good governance'-Grundsatzes, ist indes eher gering einzuschätzen. Die Schaffung von Sub-Kriterien wie „transparency, responsibility, accountability" ist kaum geeignet, dem vagen Begriff einen eindeutigen Bedeutungsinhalt zu geben.

---

737 *World Bank*, Governance - The World Bank's Experience, S. vii.

738 'An agenda for development' vom 6.5.1994, Report of the Secretary General, UN Doc. A/48/935, § 126: „In the context of development, improved governance has several meanings. In particular [...] it means [...] ensuring the capacity, reliability and integrity of the core institutions of the modern State. It means improving the ability of government to carry out governmental policies and functions, including the management of implementation systems. It means accountability for actions and transparency in decision making".

739 'Report of the Secretary-General on the Work of the Organization' vom 3.9.1997, § 22 (UN Doc. A/52/1).

740 A.a.O.: „[G]ood Governance comprises the rule of law, effective state institutions, transparency and accountability in the management of public affairs, respect for human rights, and the meaningful participation of all citizens in the political process of their countries and in decisions affecting their lives."; s.a. Annual Report 1998, § 114 (UN Doc. A/53/1); Annual Report 2000, § 244 (UN Doc. A/55/1), Annual Report 2001, § 165 (UN Doc. A/56/1).

741 Commission on Human Rights, The role of good governance in the promotion of human rights, Resolution 2000/64 vom 27.4.2000 (E/CN.4/Res/2000/64) und Resolution 2001/72 vom 25.4.2001 (E/CN.4/Res/2001/72) - jeweils Ziff. 1.

742 So *Denters*, Good governance and development cooperation: towards a global approach - in: Ginther u.a. (Hrsg.), Sustainable Development and Good Governance, S. 308 ff. (309, 311).

An dieser Stelle nun leistet die Verwendung und ausführliche Umschreibung des Begriffs in Art. 9 Abs. 3 UAbs. 1 des Cotonou-Abkommens einen wichtigen Beitrag. Denn auf diese Weise haben 92 Staaten der Erde (77 AKP-Staaten und 15 EU-Staaten) aus einem - im universellen Maßstab betrachtet- unspezifischen Programmsatz eine konkrete völkervertragliche Verpflichtung im Verhältnis zueinander gemacht. Daran ändert auch die Tatsache nichts, daß diese Vertragspflicht nur eingeschränkt durchsetzbar ist.

Aus Sicht des Völkerrechts hat die Gemeinschaft damit einen wesentlichen Beitrag zur beginnenden Verrechtlichung des 'good governance'-Prinzips im universellen Völkerrecht geleistet.

6. Ergebnis: Die Bedeutung des Gemeinschaftsrechts für den internationalen Schutz der Menschenrechte und die Förderung der Demokratie

Seit 1992 hat die Gemeinschaft in sämtlichen ihrer allgemeinen Abkommen über Entwicklungszusammenarbeit, Kooperation und Assoziierung mit -gegenwärtig- etwa 120-Drittstaaten auf der Aufnahme sog. Wesentlichkeitsklauseln bestanden. Darin wird die Achtung der Menschenrechte und der demokratischen Grundsätze zu einem wesentlichen Bestandteil des betreffenden Abkommens erklärt, dessen eigentlicher Regelungsgegenstand allgemeine Handels-, Wirtschafts-, Finanz- oder andere technische Fragen sind.
In der ganz überwiegenden Zahl der Abkommen kommt eine sog. Nichterfüllungsklausel hinzu. Beide Klauseln zusammen ermöglichen es der Gemeinschaft, allein auf völkervertraglicher Grundlage das Abkommen gegenüber dem/einem der Vertragspartner ganz oder teilweise auszusetzen für den Fall, daß diesem ein Verstoß gegen die Verpflichtung zur Achtung der Menschenrechte oder der Grundsätze der Demokratie zur Last liegt.

Über die Bezugnahme in den Kooperationsverträgen auf internationale und regionale Abkommen zum Schutz der Menschenrechte läßt sich das konkret zu gewährleistende Schutzniveau bestimmen. Maßstab für die Gewährleistung der demokratischen Grundsätze sind die in der AEMR und im IPbürgR genannten entsprechenden politischen Rechte.

Die Bedeutung dieses Menschenrechts- und Demokratiekonzepts der Europäischen Gemeinschaft und der Mitgliedstaaten für die Entwicklung des Völkerrechts in diesem Bereich liegt auf drei verschiedenen Ebenen:

- Durch die zwingende Verknüpfung von Fragen der wirtschaftlichen Zusammenarbeit mit dem Schutz und der Förderung von Menschenrechten und Demokratie durch die Vertragsparteien hat die Gemeinschaft mit dazu beigetragen, daß ersterer Aspekt heute nicht mehr der „domaine réservé", also dem vom Völkerrecht nicht durchdrungenen Bereich der inneren Angelegenheiten eines jeden Staates zuzuordnen sind, sondern zu einem legitimen Anliegen der Staatengemeinschaft geworden sind.
Im Hinblick auf die Achtung demokratischer Grundsätze hat die EG die noch andauernde Entwicklung in diese Richtung maßgeblich beeinflußt.

- Durch die Bezugnahme auf internationale Verträge zum Schutz der Menschenrechte in den Kooperationsabkommen der Gemeinschaft erlangen die darin verankerten Rechte auch für solche Staaten mittelbare Verbindlichkeit, die die Verträge selbst nicht ratifiziert haben.

- Durch die Einbeziehung der in internationalen Menschenrechts-Instrumenten gewährleisteten Rechte in die Kooperationsabkommen nehmen sie mittelbar an den vertraglich festgelegten spezifischen Sanktionsmechanismen dieser Abkommen wegen Verletzung von

Menschenrechten und Demokratie teil. Auf diese Weise wird die praktische Durchsetzung der verbürgten Rechte deutlich erleichtert.

IV. Der Einfluß der Anerkennungspraxis der EU(-Mitgliedstaaten) auf das internationale Rechte der Anerkennung neuer Staaten

Im Zusammenhang mit dem Zerfall der Sowjetunion und der Sozialistischen Föderativen Republik Jugoslawien ist, gemessen an der Kürze des Zeitraumes, die bisher größte Zahl neuer Staaten außerhalb eines Entkolonialisierungsprozesses entstanden[743]. Dieser Prozeß vollzog sich in beiden Regionen praktisch zeitgleich während der zweiten Hälfte des Jahres 1991 und in den ersten Monaten des Jahres 1992.
Im folgenden soll analysiert werden, inwiefern sich die im Rahmen der Europäischen Gemeinschaft koordinierte Anerkennung der neu entstandenen Herrschaftsverbände auf dem Balkan und dem Gebiet der ehemaligen UdSSR durch die EG-Mitgliedstaaten auf das bis zu diesem Zeitpunkt geltende internationale Recht der Anerkennung neuer Staaten ausgewirkt hat.

1. Der völkerrechtliche Begriff der Anerkennung und der Streit über ihre Wirkung

Die Anerkennung ist einer der klassischen Begriffe des Völkerrechts. Durch sie werden Zustände oder Ansprüche jeglicher Art zwischen Völkerrechtssubjekten, zumeist Staaten, außer Streit gestellt und dadurch als rechtsverbindlich akzeptiert[744]. Völkerrechtlich anerkannt werden insbesondere Staaten, Regierungen und kriegsführende Parteien[745].

Gestritten wird in der Lehre darüber, ob der Anerkennung als Staat durch andere Staaten konstitutive oder lediglich deklaratorische Wirkung beizumessen ist. Nach der konstitutiven Theorie[746] entsteht ein Staat als Völkerrechtssubjekt erst, wenn neben den drei Elementen Staatsgebiet, Staatsvolk und effektive Staatsgewalt auch die Anerkennung dieser Einheit als Völkerrechtssubjekt durch dritte Staaten erfolgt ist[747].
Die deklaratorische Theorie[748] hingegen mißt dieser Anerkennung nur (rechts)feststellende (deklaratorische) Bedeutung zu. Ist nach dem Effektivitätsgrundsatz die Entstehung eines neuen Staates zu bejahen, nehmen dritte Staaten diese tatsächliche und rechtliche Gege-

---

743 Auf dem Gebiet der ehemaligen UdSSR existieren heute 15 unabhängige Staaten: die drei baltischen Staaten (Litauen, Lettland, Estland), Rußland, Weißrußland, die Ukraine, Kasachstan, Georgien, Armenien, Aserbaidschan, Kirgistan, Moldawien, Tadschikistan, Turkmenistan und Usbekistan. Aus der ehemaligen Sozialistischen Föderativen Republik Jugoslawien (SFRY) sind die unabhängigen Staaten Slowenien, Kroatien, Bosnien-Herzegowina, die Ehemalige Jugoslawische Republik Mazedonien (FYROM) und die Bundesrepublik Jugoslawien entstanden. Die in der Bundesrepublik Jugoslawien zusammengeschlossenen Republiken Serbien und Montenegro haben am 14.2.2002 mit der Bundesführung ein Abkommen unterzeichnet, wonach die offizielle Bezeichnung des Staates künftig „Serbien und Montenegro" lauten soll (FAZ vom 15.3.2002 Nr. 63, S. 1 u. 2).

744 *Verdross/Simma*, Universelles Völkerrecht, § 666; *Frowein*, Recognition, EPIL Vol. IV, S. 33 ff. (34); Ipsen-*Gloria*, Völkerrecht, § 22 Rn 1.

745 Vgl. *Brownlie*, Principles of Public International Law, S. 86 ff.

746 Zu deren Vertretern gehören u.a. *Anzelotti*, *H. Lauterpacht*, *Guggenheim*, (zuletzt auch) *Kelsen*, *R. Jennings* (Nachweise bei *Brownlie*, a.a.O., S. 87 Fn 7).

747 Vgl. nur Dahm/Delbrück/Wolfrum-*Delbrück*, Völkerrecht Bd. I/1, S. 188 f.; Graf Vitzthum-*Hailbronner*, Völkerrecht, 3. Abschn. Rn 171.

748 Vertreten u.a. von *T.C. Chen*, *Briggs*, *Rousseau*, *Rolin*, *Waldock*, *Verdross* (Nachweise bei *Brownlie* a.a.O., S. 87 Fn 7).

benheit durch ihre Anerkennung lediglich zur Kenntnis und signalisieren damit die grundsätzliche Bereitschaft zur Aufnahme diplomatischer Beziehungen[749].
Eine vermeintlich vermittelnde Auffassung will die völkerrechtliche Anerkennung in zwei getrennte Akte aufspalten: die (deklaratorische) Anerkennung durch bereits bestehende Staaten, daß sich eine neue, unabhängige Herrschaftsordnung mit Aussicht auf Dauer und durchgesetzt hat, und die (konstitutive) Aufnahme diplomatischer Beziehungen[750]. Die Aufnahme diplomatischer Beziehungen hat indes mit der Frage der Staatsqualität nichts zu tun. Von daher kann es allein auf den für diese Frage bedeutsamen Teil, die Qualität der Anerkennung, ankommen. Insofern dürfte es sich bei der vermittelnden Theorie letztlich um eine Variante der deklaratorischen Theorie handeln.

Vereinfacht ausgedrückt macht also die konstitutive Theorie die Staatsqualität von der Anerkennung abhängig, während die deklaratorische Theorie dieses Verhältnis umkehrt und die Anerkennung von der Staatsqualität abhängig macht.
Führt man sich die zentrale Bedeutung der Staatsqualität im Völkerrecht vor Augen, wird die praktische Relevanz des Theorienstreits deutlich: Die völkerrechtliche Souveränität knüpft ebenso an die Staatsqualität an wie die originäre Völkerrechtssubjektivität. Erstere schützt die Existenz und Unabhängigkeit des neu entstandenen Herrschaftsverbandes gegenüber Angriffen von außen, letztere verleiht ihm die Eigenschaft, Träger völkerrechtlicher Rechte und Pflichten sein zu können[751].

Die Anerkennungspraxis gegenüber neuen Herrschaftsverbänden hat eine wechselvolle Geschichte hinter sich. In dieser Praxis spiegelt sich insbesondere ein mehrfach gewandeltes Verständnis von den Rechtswirkungen der Anerkennung wider. Vor dem Hintergrund dieser Entwicklung werden auch die hier zu untersuchenden möglichen Änderungen im heutigen Anerkennungsrecht besser verständlich.

2. Wechsel zwischen konstitutiver und deklaratorischer Wirkung der Anerkennung von Neustaaten in der Völkerrechtsgeschichte

Als erster Fall völkerrechtlicher Anerkennung eines neuen Staates wird gemeinhin die Anerkennung der Unabhängigkeit der Vereinigten Niederlande durch die ehemalige Kolonialmacht Spanien im Jahre 1648 angesehen[752]. Der eigentliche Abspaltungsakt vom Mutterland war allerdings schon 1581 erfolgt, so daß sich für die Zwischenzeit die Frage stellte, ob die losgelöste Kolonie schon vor ihrer Anerkennung durch den Mutterstaat als unabhängiger Staat behandelt werden konnte[753].
Auf die gleiche Frage gab Frankreich etwa 200 Jahre später im Zusammenhang mit der Anerkennung der Vereinigten Staaten von Amerika als unabhängigen Staat eine bejahende Antwort. Nachdem die Vereinigten Staaten am 4. Juli 1776 ihre Unabhängigkeit von Großbritannien erklärt hatten, ersuchten sie die europäischen Großmächte dringend um völkerrechtliche Anerkennung. Trotz Protesten des britischen Mutterstaates vollzog Frankreich diesen Schritt am 6. Februar 1778 durch den Abschluß eines Freundschafts- und

[749] Vgl. die in Fn 744 Genannten.

[750] Vgl. Ipsen-*Gloria*, Völkerrecht, § 22 Rn 30.

[751] Vgl. *Murphy*, Democratic Legitimacy and the Recognition of States and Governments, ICLQ 48 (1999), S. 545 ff. (545 f.); Dahm/Delbrück/Wolfrum-*Delbrück*, Völkerrecht, Bd. I/1, S. 190.

[752] *Frowein*, Recognition, EPIL Vol. IV, S. 33 ff. (34).

[753] *Crawford*, The Creation of States in International Law, S. 9; ausführlich *Frowein*, Die Entwicklung der Anerkennung von Staaten und Regierungen im Völkerrecht, Der Staat 11 (1972), S. 145 ff. (146 f.).

Handelsvertrages -allerdings erst nachdem Ende 1777 im Unabhängigkeitskrieg die Wende zugunsten der amerikanischen Streitkräfte eingetreten war und sich so die effektive Beherrschung des Staatsgebietes abzeichnete[754]. Diese Haltung läßt sich daher als ein Präzedenzfall für die Anwendung des Effektivitätsprinzips im Zusammenhang mit der Anerkennung[755] werten[756]. Im Gegensatz dazu wurde einer förmlichen Entlassung in die Unabhängigkeit durch den Mutterstaat Großbritannien keine völkerrechtliche Bedeutung mehr beigemessen.

Nach ihrem Sieg über das napoleonische Frankreich versuchten die kontinentaleuropäischen Großmächte vergeblich, eine am Grundsatz der Legitimität ausgerichtete Nichtanerkennungsdoktrin bzgl. Staaten und Regierungen[757] in Europa zu etablieren[758]. Die Wende hin zu einem konstitutiven Verständnis von der Wirkung der Anerkennung vollzog sich dennoch wenige Jahre später -allerdings von Großbritannien ausgehend- im Zusammenhang mit der Anerkennung der nach Unabhängigkeit strebenden lateinamerikanischen Staaten. Der damalige britische Außenminister *Canning* formulierte aus diesem Anlaß vier Bedingungen, die erfüllt sein müßten, damit die britische Regierung die Unabhängigkeit der spanischen Kolonien anzuerkennen bereit wäre:

> „1st. Has the Govt. so constituted, already notified by a publick act its determination to remain independent of Spain... ?
>
> 2 nd. Is it in military possession of the Country; and also in a respectable condition of military defence against any probable attack from Europe?
>
> 3 rd. Does it appear to have acquired a reasonable degree of consistency, and to enjoy the confidence and good will of several orders of the people?
>
> 4 th. Has it abjured and abolished the Slave Trade?“[759]

Mit den drei ersten Fragen sollte offensichtlich festgestellt werden, ob die neue Regierung die effektive Herrschaftsgewalt über das beanspruchte Territorium besaß und damit die für einen Staat erforderliche Dauerhaftigkeit und Stabilität versprach. Bedeutsamer ist aber die vierte Frage, spricht aus ihr doch die Überzeugung, daß die bestehenden Staaten eine Zivilisationsgemeinschaft bilden, die vom Völkerrecht als einem „law among civilized nations“ beherrscht wird[760]. Ein Herrschaftsverband, der Aufnahme in diese Gemeinschaft begehrt, muß als Ausweis seiner Zivilisiertheit zumindest die Leibeigenschaft abgeschafft haben. Dieses Kriterium macht aber auch deutlich, daß sich die Anerkennung von ihrer früheren Bedeutung als Aufnahme in die christlich-europäische Völkerfamilie entfernt hat

---

754 Zu den Hintergründen vgl. *Hillgruber*, Die Aufnahme neuer Staaten in die Völkerrechtsgemeinschaft, S. 6 ff.

755 Vgl. *Verdross/Simma*, Universelles Völkerrecht, § 69; ausführlich *Krieger*, Das Effektivitätsprinzip im Völkerrecht, S. 86 ff.

756 *Frowein*, a.a.O. (Fn 753), S. 153; *Hillgruber*, a.a.O., S. 12 f.

757 In einem im Rahmen der Konferenz von Troppau (Okt./Nov. 1820) von Preußen, Österreich und Rußland unterzeichneten Protokoll heißt es dazu: „[Les puissances alliées] s'engageront à refuser leur reconnaissance aux changements consommés par des voies illégales.“ (zitiert nach *Grewe*, Epochen der Völkerrechtsgeschichte, S. 585 Fn 2).

758 *Ders.*, a.a.O.: Schon 1830 konnten die drei Mächte der im Protokoll von Troppau festgelegten Linie nicht mehr folgen, als sie nicht umhin kamen, den durch die Juli-Revolution von 1830 auf den Thron gekommenen *Louis Philippe* als König von Frankreich anzuerkennen.

759 Zitiert nach *Hillgruber*, Die Aufnahme neuer Staaten in die Völkerrechtsgemeinschaft, S. 29 Fn 23.

760 *Crawford*, The Creation of States in International Law, S. 13.

und es statt dessen vorrangig um den Aufstieg irgendeines Volkes zu einer gewissen zivilisatorischen Entwicklungsstufe geht[761].

Von der Aufnahme in die Zivilisationsgemeinschaft und die sie beherrschende Rechtsordnung hing die völkerrechtliche Rechts- und Handlungsfähigkeit des betreffenden Herrschaftsverbandes ab und somit seine rechtliche Existenz als Staat. Der Anerkennung kam damit konstitutive Wirkung zu.

Das Fundament für die konstitutive Theorie lieferte der in der zweiten Hälfte des 19. Jahrhunderts in der Völkerrechtslehre herrschende Positivismus. Dessen Vertreter sahen -im Gegensatz zu denen der Naturrechtslehre des 17. Jahrhunderts- den Geltungsgrund völkerrechtlicher Normen allein in dem Einverständnis der Staaten, an sie gebunden zu sein[762]. Käme einem Verband mit seiner faktischen Existenz auch *eo ipso* Völkerrechtssubjektivität zu, so würde dies für die bereits bestehenden Staaten bedeuten, daß für sie völkerrechtliche Pflichten diesem neuen Völkerrechtssubjekt gegenüber entstehen könnten ohne oder gar gegen ihren Willen. Zwar wurde die Existenz eines nicht anerkannten Staates nicht geleugnet, eine Bindung an oder ein Schutz durch das Völkerrecht wurde ihm aber -jedenfalls theoretisch- nicht zuteil[763].

Vor diesem Hintergrund erklärt sich die Rückkehr der Staatengemeinschaft zur deklaratorischen Anerkennungsdoktrin nach dem 2. Weltkrieg. Spätestens seit der Verabschiedung der Charta der Vereinten Nationen mit dem darin enthaltenen Prinzip der souveränen Gleichheit aller Staaten (Art. 2 Ziff. 4) war eine Unterscheidung zwischen zivilisierten und unzivilisierten Staaten nicht länger haltbar. In Art. 38 Abs. 1 lit. e) des IGH-Statuts findet das Konzept der Zivilisiertheit zwar noch einmal Erwähnung, doch seither ist es aus der völkerrechtlichen Begriffswelt verbannt. An seine Stelle tritt ein wertneutrales, faktisches Verständnis vom Staat als Mitglied der Völkerrechtsgemeinschaft. Dieser Wandel kommt bereits in der Interamerikanischen Konvention über die Rechte und Pflichten der Staaten vom 26.12.1933 (sog. Montevideo-Konvention) zum Ausdruck, die in Art. 1 eine Definition des Begriffes 'Staat' enthält:

> „The State as a permanent person of international law should possess the following qualifications:
> a) a permanent population;
> b) a defined territory;
> c) government; and
> d) capacity to enter into relations with other states."

Klargestellt wird damit, daß ein Herrschaftsverband, der diese Voraussetzungen erfüllt, Staat und (daher) auch Völkerrechtssubjekt *ist* („The State *as* a person of international law"). Der konstitutiven Anerkennungslehre wird folglich eine Absage erteilt. Das bedeutet aber nicht, daß das Effektivitätsprinzip dadurch zum alleinigen Kriterium für die Anerkennung geworden wäre, denn Art. 1 lit. d) der Konvention enthält als zusätzliche Voraussetzung die Fähigkeit, mit anderen Staaten in Beziehungen treten zu können. Angesprochen ist damit die Fähigkeit und die Bereitschaft, völkerrechtliche Pflichten zu erfüllen. Die Bereitschaft zu völkerrechtskonformem Verhalten ist auch Bedingung für die Aufnahme in die Vereinten Nationen (Art. 4 Abs. 1 UN-Charta). Angesichts der zentralen Rolle, die die UNO in den internationalen Beziehungen spielt, ist es zu einem weitgehenden Gleichlauf zwischen (kollektiver) Anerkennung als Staat seitens der UN-Mitglied-

---

761 Vgl. *Grewe*, Epochen der Völkerrechtsgeschichte, S. 587.

762 Vgl. *Ago*, Positivism, EPIL Vol. III, S. 1072 ff. (1073).

763 *Crawford*, The Creation of States in International Law, S. 13.

staaten und Aufnahme in die Weltorganisation gekommen[764]. Folgerichtig wurde dem 1965 für unabhängig erklärten und zweifellos "effektiven" Herrschaftsverband Süd-Rhodesien von der Staatengemeinschaft die Anerkennung als Staat versagt, weil das weiße Minderheitsregime unter *Ian Smith* gegen das Selbstbestimmungsrecht der schwarzen Mehrheit des Volkes verstoßen hatte[765].

Gleiches galt für die vom Apartheidsstaat Südafrika geschaffenen und 1980 für unabhängig erklärten Homelands Transkei, Ciskei, Bophuthatswana und Venda[766].

Als Ausgangspunkt für die aktuelle Untersuchung ist damit festzuhalten: Vom Ende des 2. Weltkrieges bis zum Ende der Nachkriegsordnung in den Jahren 1989-1991 ließ sich die Anerkennungspraxis der Staaten(gemeinschaft) gegenüber Neustaaten -zumeist solchen, die aus dem Entkolonialisierungsprozeß hervorgegangen waren,- überzeugend auf der Grundlage der deklaratorischen Theorie erklären. Lag ein effektiver Herrschaftsverband vor, der nach der Drei-Elementen-Lehre als Staat zu qualifizieren war, und ließ dieser die Bereitschaft erkennen, die elementaren völkerrechtlichen Pflichten eines Staates zu erfüllen, wurde seine Existenz als Staat und seine Völkerrechtsfähigkeit von der Staatengemeinschaft mit rechtsfeststellender Wirkung anerkannt. Andere Gesichtspunkte, wie etwa eine demokratische Organisation des Staatswesens oder die Gewährleistung der Menschenrechte spielten keine Rolle.

3. Reaktion der EG (-Mitgliedstaaten) auf den Zerfall Jugoslawiens und der UdSSR

a) Die Ereignisse in Jugoslawien im Sommer und Herbst 1991

Der schließlich zum Zerfall der Föderativen Sozialistischen Republik Jugoslawien führende Streit zwischen der Belgrader Bundesführung und den Republiken Slowenien und Kroatien entzündete sich an einer von diesen geforderten Umstrukturierung des Bundesstaates in eine gelockerte Konföderation, die den Teilrepubliken eine größere Selbständigkeit ermöglichen sollte[767]. Als eine Einigung auf dem Verhandlungswege nicht erzielt werden konnte, erklärten Slowenien und Kroatien am 25.6.1991 einseitig ihre staatliche Unabhängigkeit und ihren Austritt aus der Föderation[768]. Bereits am folgenden Tag kam es in beiden Republiken zu gewaltsamen Auseinandersetzungen zwischen der jugoslawischen Volksarmee und lokalen bewaffneten Einheiten. Während die Kämpfe in Slowenien bereits wenige Wochen später durch den Abzug der Bundesarmee beendet

---

764 *Verhoeven*, La reconnaissance internationale, déclin ou renouveau? AFDI 39 (1993), S. 7 ff. (9); *Higgins*, Problems and Process, S. 45.

765 SC Res. 217 (1965) vom 20.11.1965 (YBUN 19 (1965), S. 133): „*The Security Council* [...] regards the declaration of independence of it as having no legal validity; [...] *Calls upon* all States not to recognize this illegal authority [...];".

766 Vgl. *Krieger*, Das Effektivitätsprinzip im Völkerrecht, S. 219 ff. (insbes. 227 ff.); zur komplexen Zypern-Frage siehe *Hillgruber*, Die Aufnahme neuer Staaten in die Völkerrechtsgemeinschaft, S. 749 ff.

767 Zu den Hintergründen und der Entwicklung des Konfliktes siehe *Baer*, Der Zerfall Jugoslawiens im Licht des Völkerrechts, S. 35-44 (insbes. 39); *Hillgruber*, Die Aufnahme neuer Staaten in die Völkerrechtsgemeinschaft, S. 603 ff. u. 662 ff.

768 Vgl. AdG 61 (1991), S. 35794 ff. (35798); Am 23.12.1990 hatten sich in einem Referendum über die Unabhängigkeit in Slowenien 88,5 % (Wahlbeteiligung 93,2 %) für die Unabhängigkeit ausgesprochen; bei einer entsprechenden Abstimmung in Kroatien am 19.5.1991 waren es 93,2 % (Wahlbeteiligung 84,2 %) (Zahlen nach *Hillgruber*, Die Aufnahme neuer Staaten in die Völkerrechtsgemeinschaft, S. 607, 609).

wurden, hielten in Kroatien die Kampfhandlungen zwischen serbischen Freischärlern, unterstützt von der jugoslawischen Armee, und kroatischen Milizen an[769].
Am 8. September 1991 wurde auch in Mazedonien ein Referendum abgehalten, in dem sich ebenfalls eine Mehrheit für die Unabhängigkeit aussprach[770].

Für die EG-Mitgliedstaaten, die von Beginn der Auseinandersetzungen an auf dem Balkan vermittelnd tätig und anfangs für den Erhalt des jugoslawischen Bundesstaates eingetreten waren, stellte sich nunmehr die Frage, wie sie im Rahmen der Europäischen Politischen Zusammenarbeit (EPZ) koordiniert auf die Unabhängigkeitsbestrebungen der Republiken reagieren sollten.

b) Die Ausgangssituation in der Sowjetunion 1991

In der Sowjetunion ist der formale Beginn des Zerfalls des Einheitsstaates in den Volksabstimmungen in den drei baltischen Republiken Litauen, Lettland und Estland im Frühjahr 1991 zu sehen[771]. Darin sprachen sich jeweils deutliche Mehrheiten der Bevölkerungen für die staatliche Unabhängigkeit aus[772]. Anders als in Litauen, das am 12. Februar von Island als erstem Staat anerkannt wurde, betrachteten Lettland und Estland die Referenden nicht als Unabhängigkeitserklärungen, sondern zunächst nur als Zustimmung der Bevölkerung zur Fortführung ihres Unabhängigkeitskurses gegenüber Moskau, an dessen Ende aber ohne Zweifel die Unabhängigkeit stehen sollte. Insofern bestand zu diesem Zeitpunkt seitens dritter Staaten noch keine konkrete Veranlassung, über eine Anerkennung nachzudenken.
Diese Situation änderte sich jedoch abrupt nach dem gescheiterten Staatsstreich in der UdSSR vom 19. August 1991[773], in dessen Folge sich alle Sowjetrepubliken -bis auf Litauen, Georgien und Rußland[774]- für unabhängig erklärten[775].

Im Falle Litauens, Lettlands und Estlands stellte sich für die EG-Mitgliedstaaten die Anerkennungsfrage im eigentlichen Sinne nicht, denn die westliche Welt hatte die Annexion der baltischen Staaten durch die Sowjetunion im Jahre 1940 nie als völkerrechtlich

---

769 *Baer*, Der Zerfall Jugoslawiens im Licht des Völkerrechts, S. 41.

770 Vgl. AdG 61 (1991), S. 36018 ff. (36024 f.).

771 Grundlage für die Unabhängigkeitsreferenden war der Beschluß des Kongresses des Volksdeputierten der UdSSR vom 24.12.1989, das geheime Zusatzprotokoll des Hitler-Stalin-Paktes vom 23.8.1939, in dem die baltischen Staaten zur Annexion durch die Sowjetunion "freigegeben" wurden, (als völkerrechtswidrig) zu annullieren (*Murphy*, democratic legitimacy and the recognition of States and governments (Fn 751), S. 557 f.; zu dem Vorgang selbst vgl. AdG 60 (1990), S. 34173 ff. (34175)).

772 Litauen (9.2.1991): 90,5 % Zustimmung bei einer Beteiligung von 84,7 %; Lettland (3.3.1991): 73,7 % Zustimmung bei einer Wahlbeteiligung von 87,5 %; Estland (3.3.1991): 77,8 % Zustimmung bei einer Wahlbeteiligung von 82,9 % (Zahlen nach *Schweißfurth*, Vom Einheitsstaat (UdSSR) zum Staatenbund (GUS), ZaöRV 52 (1992), S. 541 ff. (629 Fn 219).

773 Zu den Geschehnissen bis zum Scheitern des Putsches am 21. August 1991 s. ausführlich AdG 60 (1991), S. 35959 ff.

774 Litauen betrachtete sich schon seit dem 9.2.1991 als unabhängig (s.o.); Georgien hatte sich -ebenfalls nach einem zustimmenden Referendum- bereits am 9.4.1991 für unabhängig erklärt; Rußland schließlich sah sich von Anfang an als Rechtsnachfolgerin der (im Zerfall begriffenen) UdSSR (vgl. *Schweißfurth*, a.a.O. (Fn 772), S. 669 ff.).

775 Datum der Unabhängigkeitserklärung 1991: Lettland und Estland (21.8.), Ukraine (24.8.), Weißrußland (25.8.), Moldawien (27.8.), Aserbaidschan und Kasachstan (30.8.), Usbekistan und Kirgistan (31.8.), Tadschikistan (9.9.), Armenien (23.9.), Turkmenistan (27.10.).

wirksam anerkannt[776]. Insofern war in der Erklärung des EG-Außenministerrates vom 27.8.1991 auch nicht von Anerkennung dieser Staaten die Rede, sondern von „Wiederherstellung der Souveränität und Unabhängigkeit [...], die sie 1940 verloren haben“[777] [778]. Am 6. September 1991 erkannte der mit der Verfassungsrevision vom Vortage gebildete Staatsrat die Unabhängigkeit aller drei baltischen Republiken an[779]. Die kollektive Anerkennung durch die internationale Staatengemeinschaft wurde den baltischen Staaten durch ihre Aufnahme in die Vereinten Nationen am 17.8.1991[780] zuteil.

Spätestens mit dem faktischen Ende der UdSSR durch die Gründung der Gemeinschaft Unabhängiger Staaten (GUS) am 8.12.1991[781] duldete die Frage, wie man im Rahmen der EPZ auf die Unabhängigkeitserklärungen der übrigen ehemaligen Sowjetrepubliken reagieren sollte, keinen Aufschub mehr.

c) Die Anerkennungsleitlinien der EG-Mitgliedstaaten vom 16.12.1991

Am 16. Dezember verabschiedeten die EG-Außenminister auf einer außerordentlichen Tagung im Rahmen der EPZ „Leitlinien für die Anerkennung neuer Staaten in Osteuropa und in der Sowjetunion“[782]. Der gemeinsame Standpunkt zum Prozeß der Anerkennung dieser neuen Staaten wird folgendermaßen eingeleitet:

> „Die Gemeinschaft und ihre Mitgliedstaaten bekräftigen, daß sie an den Grundsätzen der Schlußakte von Helsinki und der Charta von Paris, vor allem am Prinzip der Selbstbestimmung, festhalten.
> Sie wollen gemäß den international akzeptierten Normen und unter Berücksichtigung der politischen Realitäten in jedem konkreten Fall die neuen Staaten anerkennen, die nach den in der Region eingetretenen historischen Veränderung auf demokratischer Grundlage entstehen, die bestehenden internationalen Verpflichtungen übernehmen und sich für einen friedlichen Verhandlungsprozeß einsetzen.“

In fünf Einzelpunkten werden diese allgemeinen Vorgaben dann präzisiert, wobei ausdrücklich die Verpflichtung in bezug auf Rechtsstaatlichkeit, Demokratie und Menschenrechte (1), Minderheitenschutz (2), Achtung bestehender Grenzen (3), Abrüstung und Nichtweiterverbreitung von Atomwaffen (4) sowie friedliche Streitbeilegung (5) genannt werden.

---

776 Vgl. *Verhoeven*, La reconnaissance internationale: déclin ou renouveau? (Fn 763), S. 13; *Murphy*, Democratic legitimacy and the the recognition of States and governments (Fn 751) S. 558.

777 Bull.EG 7/8-1991, Ziff. 1.4.23.; einige Mitgliedstaaten haben diese Erklärung gleichwohl als Anerkennung gewertet (siehe *Ribbelink*, Succession d'Etats et Reconnaissance d'Etats et de Gouvernements - in: Klabbers u.a. (Hrsg.), State Practice Regarding State Succession and Issues of Recognition, S. 33 ff. (49/51/53); *Verhoeven*, La reconnaissance internationale: déclin ou renouveau? (Fn 764), S. 13, kommentiert diese Widersprüchlichkeit lakonisch mit: „Comprenne qui pourra!“.

778 Auch in der Erklärung des amerikanischen Präsidenten *Bush* vom 2.9.1991 kommt diese Rechtsüberzeugung zum Ausdruck, wenn er die Unabhängigkeit der baltischen Staaten als „the culmination of the United States' 52 year refusal to accept the forcible incorporation of the independent Baltic States by the USSR“ bezeichnet (zitiert nach *Rich*, Recognition of States: The Collapse of Yugoslavia and the Soviet Union, EJIL 4 (1993), S. 36 ff. (38)).

779 *Schweißfurth*, Vom Einheitsstaat (UdSSR) zum Staatenbund (GUS) (Fn 772), S. 629.

780 GA Res. 46/4, 5, 6 vom 17.9.1991 (YBUN 45 (1991), S. 98 f.).

781 'Agreement establishing the Commonwealth of Independent States' (engl. Übers. in: ILM 31 (1992), S. 143 ff.); Juristisch wurde die UdSSR erst mit der Deklaration von Alma-Ata vom 21.12.1991 beendet: „With the establishment of the Commonwealth of Independent States, the Union of Soviet Socialist Republics ceases to exist“ (engl. Übers.: a.a.O., S. 148 f.).

782 Bull.EG 12-1991, Ziff. 1.4.5.

In einer wenige Tage später verabschiedeten gemeinsamen Erklärung[783] stellten die EG-Mitgliedstaaten fest, daß sie Rußland als Rechtsnachfolgerin der am 21. Dezember untergegangenen UdSSR betrachteten, verzichteten aber darauf, eine ausdrückliche Anerkennung seiner unabhängigen Staatlichkeit auszusprechen[784]. Die übrigen -damals neun-GUS-Staaten[785] werde man anerkennen, sobald diese die Zusicherung erteilt hätten, die in den Leitlinien vom 16.12. enthaltenen Bedingungen zu erfüllen[786]. Am 31.12.1991 erfolgte, nach entsprechenden Erklärungen durch diese Staaten, die Anerkennung Armeniens, Aserbaidschans, Weißrußlands, Kasachstans, Moldawiens, Turkmenistans, der Ukraine und Usbekistans[787]. Kirgistan und Tadschikistan wurden nach gegebener Zusicherung am 16.1.1992 anerkannt[788]. Der Fall Georgien bedarf einer gesonderten Betrachtung.

Am 16. Dezember wurde eine weitere Erklärung der EG-Außenminister veröffentlicht, in der klargestellt wird, daß die für die GUS-Staaten geltenden Kriterien für eine Anerkennung in gleicher Weise auf die nach Unabhängigkeit strebenden jugoslawischen Teilrepubliken Anwendung fänden[789]. Da zum Zeitpunkt der Erklärung nicht zweifelsfrei feststand, von welchen der Republiken eine solche Anerkennung als unabhängige Staaten gewünscht wurde, gaben die Außenminister diesen auf, sich binnen fünf Tagen darüber zu erklären. Entsprechende Anträge der Republiken sollten der Schiedskommission der europäischen Friedenskonferenz für Jugoslawien[790] zur Prüfung unterbreitet werden, bevor von den Mitgliedstaaten über eine Anerkennung endgültig entschieden würde.

---

[783] Erklärung vom 23.12.1991 (Bull.EG 12-1991, Ziff. 1.4.10.).

[784] Siehe dazu *Schweißfurth*, Vom Einheitsstaat (UdSSR) zum Staatenbund (GUS) (Fn 772), S. 672; Der Autor spricht insofern von einer -„gewiß atypische[n]"- inzidenten Anerkennung als unabhängiger Staat durch die Aufnahme diplomatischer Beziehungen; Völkerrechtlich handelt es sich dabei um einen anerkannten Fall der konkludenten Anerkennung (vgl. dazu *Verdross/Simma*, Universelles Völkerrecht, § 966).

[785] Georgien trat der GUS als elftes Mitglied am 23.10.1993 bei (vgl. AdG 63 (1993), S. 38370).

[786] Bull.EG 12-1991, Ziff. 1.4.10.

[787] A.a.O., Ziff. 1.4.13.

[788] Erklärung vom 15.1.1992 (Bull.EG 1/2-1992, Ziff. 1.5.11.).

[789] Bull.EG 12-1991, Ziff. 1.4.6.

[790] Die EG-Mitgliedstaaten hatten am 28.8.1991 in einer gemeinsamen Erklärung die Einberufung einer Jugoslawien-Friedenskonferenz und die Einsetzung einer Kommission zur Durchführung eines Schiedsverfahrens zwischen den Parteien des Jugoslawien-Konfliktes bekanntgegeben (Bull.EG 7/8-1991, Ziff. 1.4.25.). Als Mitglieder der Schiedskommission wurden die Präsidenten der Verfassungsgerichte Frankreichs (*Robert Badinter*), Deutschlands (*Roman Herzog*) und Italiens (*Aldo Corasaniti*) bestimmt. Da man sich innerhalb des Jugoslawischen Staatspräsidiums nicht -wie eigentlich vorgesehen- auf die Personen der weiteren zwei Mitglieder einigen konnte, beriefen die drei Kommissionsmitglieder stattdessen die Präsidentin des belgischen Schiedsgerichtshofs, *Irène Petry*, und den Päsidenten des spanischen Verfassungsgerichts, *Francisco Tomas y Valente*. Zu ihrem Vorsitzenden wählte die Kommission *R. Badinter*, der ihr auch seinen Namen lieh. Die *Badinter*-Kommission wurde allerdings nie schiedsrichterlich tätig, da es dazu einer gemeinsamen Anrufung durch die Streitparteien bedurft hätte (vgl. zum Ganzen *Pellet*, Note sur la Commission d'arbitrage de la Conférence européenne pour la Paix en Yougoslavie, AFDI 37 (1991), S. 329 ff. (332 f.). Stattdessen erstattete die Kommission insgesamt 15 Gutachten (Opinions), mit denen sie auf die ihr vorgelegten Fragen antwortete: In dem Gutachten No. 1 (vom 29.11.1991) stellte sie fest, daß sich die Sozialistische Föderative Republik Jugoslawien nicht einem (zugunsten des Rumpfstaates identitätswahrenden) Fall der Sezession der Teilrepubliken gegenüber sah, sondern sich in einem Prozeß der Dismembration („dissolution") befand, der zum Untergang der SFRJ führen mußte. Im Gutachten No. 2 (11.1.1992) verneinte die Kommission ein Recht auf Selbstbestimmung regionaler Minderheiten, also v.a. serbischer Bevölkerungsteile, in den sezessierenden Teilrepubliken Kroatien und Bosnien-Herzegowina. Im Gutachten No. 3 (11.1.1992) erklärte die Kommission den im Rahmen von Entkolonialisierungsprozessen entwickelten völkerrechtlichen *uti possidetis*-Grundsatz (i.e. ehemalige Binnengrenzen bleiben als Staatsgrenzen im völkerrechtlichen Sinne erhalten) auch im Falle Jugoslawiens für anwendbar (Gutachten Nos. 1-3 sind abgedruckt

Vier der sechs jugoslawischen Teilrepubliken (Slowenien, Kroatien, Mazedonien und Bosnien-Herzegowina) erklärten bis zum 23. Dezember fristgerecht ihren Wunsch nach Anerkennung und ihre Verpflichtung auf die in den EG-Anerkennungsrichtlinien enthaltenen Grundsätze[791].

Am 11. Januar 1992 erstattete die *Badinter*-Kommission ihre Stellungnahmen zu den Anerkennungsgesuchen der vier Republiken. Mazedonien und Slowenien wurde bescheinigt, daß sie die Anerkennungs-Leitlinien der EG uneingeschränkt erfüllten[792], im Hinblick auf Kroatien wurde dies mit Einschränkungen bejaht[793]. Bosnien-Herzegowina wurde dagegen aufgegeben, zunächst eine Volksabstimmung über die Frage der Unabhängigkeit durchzuführen, bevor eine erneute Prüfung durch die Kommission möglicherweise die Empfehlung zur Anerkennung ergeben könnte[794].

Vier Tage später, am 15. Januar, erfolgte die geschlossene Anerkennung Sloweniens und Kroatiens durch die EG-Mitgliedstaaten[795]. Am 7. April wurde Bosnien-Herzegowina als unabhängiger Staat anerkannt. Als letzte der Teilrepubliken erfuhr Mazedonien durch seine Aufnahme in die Vereinten Nationen am 8. April die kollektive Anerkennung seiner Staatlichkeit.

d) Rechtliche Bewertung der Anerkennungsleitlinien

Über die rechtliche Bewertung der Anerkennungsrichtlinien mit ihrem umfassenden Kriterienkatalog herrscht Uneinigkeit. Äußerungen wie „sans réel précédent dans la pratique internationale“[796] oder „the Community was not applying general international law in the determination of its position“[797] machen jedenfalls deutlich, daß die in den Leitlinien enthaltenen Bedingungen für eine Anerkennung mit der bis zu diesem Zeitpunkt von der Staatengemeinschaft praktizierten Anwendung des Effektivitätsprinzips kaum zu vereinbaren waren. Die Erklärung der Außenminister nimmt zwar auch auf die „international akzeptierten Normen“ Bezug, doch kryptische Formulierungen wie die „Berücksichtigung

---

in: ILM 32 (1992), S. 1494 ff. auf englisch; RGDIP 96 (1992), S. 264 ff. auf französisch - s.a. den Überblick bei *Hummer*, Probleme der Staatennachfolge am Beispiel Jugoslawien, SZIER 3 (1993), S. 425 ff. (440 ff.)).

791 Vgl. *Hummer*, a.a.O., S. 440; Serbien und Montenegro lehnten die Anerkennung ab und verurteilten die Anerkennungsrichtlinien als „Aggression gegen Jugoslawien“ (a.a.O.).

792 Gutachten No. 6 und 7 (ILM 31 (1992), S. 1502 u. 1507 ff.; RGDIP 97 (1993), S. 571 ff. u. 577 ff.).

793 Gutachten No. 5 (ILM 31 (1992), S. 1503 ff.; RGDIP 97 (1993), S. 568 ff.); Die Kommission machte allerdings in der am 4.12.1991 verabschiedeten neuen kroatischen Verfassung eine Lücke hinsichtlich der Gewährleistung umfassender Minderheitenrechte aus (Ziff. 3. (ii): „the authorities of the Republic of Croatia should therefore supplement the constitutional Act [...].“). Am 15.1.1992 sicherte der kroatische Präsident *Tudjman* in einem Brief an den Kommissionsvorsitzenden *Badinter* zu, daß Kroatien die entsprechende Verfassungsänderung vornehmen werde (vgl. *Weller*, The International Response to the Dissolution of the Socialist Federal Republic of Yugoslavia, AJIL 86 (1992), S. 569 ff. (593)).

794 Gutachten No. 4 (ILM 31 (1992), S. 1501; RGDIP 97 (1993), S. 564 ff.).

795 Deutschland hatte seine Anerkennung sogar schon am 23.12.1991 erklärt, verschob die Aufnahme diplomatischer Beziehungen aber auf den 15. Januar, um das gemeinsame Vorgehen der Zwölf nicht zu konterkarieren (vgl. *Charpentier*, Les déclarations des douzes sur la reconnaissance des nouveaux Etats, RGDIP 96 (1992), S. 343 ff. (347), der den Schritt der *Kohl*-Regierung als „méconnaissance flagrante de l'engagement de concertation du 16 décembre“ bezeichnet).

796 *Verhoeven*, La reconnaissance internationale: déclin ou renouveau? (Fn 764), S. 8; ebenso *Hummer*, Probleme der Staatennachfolge am Beispiel Jugoslawien (Fn 790 a.E.), S. 440: „Eine Konditionierung von Anerkennungen mit einer solchen Fülle politischer Bedingungen hat es in der diplomatischen Staatengeschichte der neueren Zeit wohl noch nie gegeben“.

797 *Weller*, The International Response to the dissolution of the Federal Republic of Yugoslavia (Fn 793), S. 588.

der politischen Realitäten" oder man werde „auch die Auswirkungen der Anerkennung auf die Nachbarstaaten berücksichtigen", dürften dazu beigetragen haben, daß die Anerkennungsleitlinien z.T. als „political criteria concerning the possibility of establishing diplomatic relations" eingestuft werden[798]. Diese Ansicht vermag jedoch aus mehrerlei Gründen nicht zu überzeugen. Bereits die amtliche Bezeichnung der Leitlinien als „Leitlinien zur Anerkennung neuer Staaten ..." liefert ein erstes Indiz dafür, daß es eben nicht lediglich um die (politische) Frage der Aufnahme diplomatischer Beziehungen geht. Zudem wird in der Erklärung selbst sehr wohl zwischen beiden Aspekten differenziert: „Das Eintreten für diese Prinzipien öffnet den Weg zur Anerkennung durch die Gemeinschaft und ihre Mitgliedstaaten *und* zur Aufnahme diplomatischer Beziehungen"[799]. Vor allem aber anhand der konkreten Anerkennungspraxis der EG-Mitgliedstaaten wird deutlich, daß es sich bei der Anerkennung nicht um eine politische Willensbekundung handelte, mit einem (bereits existenten) Staat in völkerrechtlichen Kontakt treten zu wollen. Vielmehr diente offenbar die Zusicherung der Beachtung der in den Leitlinien genannten Bedingungen -zumindest in den im folgenden zu erörternden Problemfällen- gleichsam als Ersatz für die -insoweit fehlenden- klassischen Staatlichkeitskriterien.

e) Die Anerkennungspraxis der EG-Staaten in einzelnen Fällen

aa) Kroatien

Ende Juli 1991 entbrannten in Kroatien heftige Kämpfe zwischen der jugoslawischen Bundesarmee und den verbündeten Freischärlern (Tschetniks) auf der einen Seite und den kroatischen Milizen auf der anderen[800]. Die Kampfhandlungen dauerten, in unterschiedlicher Intensität und von zeitweiligen Waffenstillständen unterbrochen, bis zum 9. Januar 1992 an. An diesem Tag erklärte der serbische Präsident *Milosevic* den Krieg mit Kroatien für beendet, da die Kriegsziele der Bundesführung in Belgrad erreicht seien[801]. Diese bestanden angesichts des offenkundigen Umstandes, daß ein gewaltsames Zusammenhalten des jugoslawischen Bundesstaates nicht mehr zu erreichen war, nur noch darin, die mehrheitlich von ethnischen Serben besiedelten Gebiete auf kroatischem Territorium (Ostslawonien und die Krajina) für einen Anschluß an Serbien bzw. für die Mitgliedschaft in einem jugoslawischen Rumpfstaat zu sichern. In diesen Gebieten, die immerhin etwa ein Drittel des Territoriums Kroatiens ausmachten, bestand zu diesem Zeitpunkt bereits praktisch ein „serbischer Parallelstaat"[802].
Obwohl also die kroatische Regierung über dieses Drittel keine effektive Herrschaftsgewalt ausübte und somit eine klassische Voraussetzung für die Staatsqualität des neuen Verbandes fehlte, wurde Kroatien am 15. Januar 1992 als unabhängiger Staat anerkannt.
Andere europäische Staaten, die der Gemeinschaft (seinerzeit) nicht angehörten, machten sich die Leitlinien der Mitgliedstaaten ebenfalls zu eigen und sprachen zeitgleich die Anerkennung aus[803]. Rußland und Japan folgten am 17. Februar. Die USA, die den Schritt

[798] *Ders.*, a.a.O.; so auch *Hummer*, Probleme der Staatennachfolge am Beispiel Jugoslawien (Fn 790 a.E.), S. 440.

[799] Bull.EG 12-1991, Ziff. 1.4.5.

[800] Vgl. AdG 61 (1992), S. 35854 ff. (35858).

[801] *Hillgruber*, Die Aufnahme neuer Staaten in die Völkerrechtsgemeinschaft, S. 654 f.

[802] AdG 60 (1990), S. 34786 ff. (34789).

[803] Vgl. *Ribbelink*, Succession d'Etats et Reconnaissance d'Etats et de Gouvernements (Fn 777), S. 69/71 bzgl. Österreich, Finnland und der Schweiz. Auch Norwegen, Bulgarien, Ungarn und -als erster außereuropä-

der Europäer zunächst noch als vorschnell erachtet hatten[804], sahen sich gezwungen, Kroatien am 7. April anzuerkennen.

Unter Zugrundelegung der am Effektivitätsprinzip orientierten Anerkennungslehre und -praxis mußte die Anerkennung Kroatiens als verfrüht bezeichnet werden[805]. Daß eine Anerkennung gleichwohl erfolgte, hat nicht zuletzt damit zu tun, daß man auf diese Weise eine -politisch gewünschte- Internationalisierung des Jugoslawien-Konfliktes erreichen konnte[806]. Politische Motive bei der Anerkennung eines Staates ändern indes nichts an dem völkerrechtlichen Charakter der Erklärung. Dogmatisch kann die Anerkennung eines Staates, der nicht sämtliche klassischen Staatlichkeitsvoraussetzungen -kumulativ- erfüllt, nur auf der Grundlage der konstitutiven Theorie erklärt werden; in den Worten von *Higgins*:

> „The recognition [of Croatia] was constitutive not only in the legal sense, but in the political sense that it was an essential element in securing the later 'statehood' that was recognized before it became an effective reality."[807]

Umgekehrt bedeutet dies, daß sich die EG-Mitgliedstaaten mit der Anerkennung Kroatiens in Widerspruch zu dem -ausdrücklich auch von der *Badinter*-Kommission bestätigten[808]- deklaratorischen Verständnis von den Wirkungen der völkerrechtlichen Anerkennung gesetzt haben.

bb) Bosnien-Herzegowina

Noch markanter und offensichtlicher als in Kroatiens war das Fehlen einer effektiven Beherrschung des eigenen Territoriums im Falle Bosnien-Herzegowinas.
Im Frühjahr 1992 kam es auch in Bosnien-Herzegowina zu Kampfhandlungen, in denen sich zunächst die Volksgruppen der Kroaten und Muslime einerseits und die Gruppe der bosnischen Serben andererseits gegenüberstanden, in die dann aber zusehends auch die Bundesarmee auf seiten der serbischen Milizen eingriff. Auslöser für den Ausbruch der Kämpfe war vor allem das am 29. Februar und 1. März 1992 abgehaltene Referendum, in dem sich 99,4 % der bosnischen Bevölkerung für die Unabhängigkeit von Jugoslawien ausgesprochen hatten, das aber von der serbischstämmigen Bevölkerung im Lande (etwa 31%) boykottiert worden war[809]. Zur weiteren Verschärfung der Lage trugen Pläne über

---

ischer Staat- Kanada erklärten am 15. Januar die Anerkennung (vgl. *Hummer*, Probleme der Staatennachfolge am Beispiel Jugoslawien (Fn 790), S. 440).

[804] AdG 62 (1992), S. 36743 ff. (36743 f.).

[805] So auch *Verhoeven*, La reconnaissance internationale: déclin ou renouveau? (Fn 764), S. 10; *Rich*, Recognition of States: The Collapse of Yugoslavia and the Soviet Union (Fn 778), S. 56; *Baer*, Der Zerfall Jugoslawiens im Licht des Völkerrechts, S. 351; a.A. *Weller*, The International Response to the dissolution of the Socialist Federal Republic of Yugoslavia (Fn 797), S. 604.

[806] Vgl. *Weller*, a.a.O., S. 575; auf S. 587 gibt der Autor auszugsweise ein Schreiben des damaligen deutschen Außenministers *Genscher* an den UN-Generalsekretär wieder, das diesen Schluß rechtfertigt.

[807] *Higgins*, Problems and Process, S. 44 f.

[808] Siehe Gutachten No. 1 vom 29.11.1991 (Fn 790), Ziff. 1 lit. a): „[T]he existence [...] of a State is a question of fact; [...] the effects of recognition are purely declaratory;".

[809] Der Serbenführer *Karadzic* wertete das Referendum „als Kriegserklärung an die Serben, die weiterhin zu Jugoslawien gehören wollten" (AdG 62 (1992), S. 36539 ff. (36542). Bereits am 9.1.1992 hatte in Sarajewo das selbsternannte „Parlament der serbischen Bevölkerung" die „Serbische Republik in Bosnien-Herzegowina" ausgerufen, die ca. 60 % des Territoriums der Republik Bosnien-Herzegowina ausmachte und schon bald eigene staatliche Strukturen aufbaute (vgl. *Baer*, Der Zerfall Jugoslawiens im Licht des Völkerrechts, S. 109 ff.).

die Aufteilung Bosnien-Herzegowinas in drei Kantone bei, auf die sich die Führer der drei Volksgruppen unter EG-Vermittlung zeitweilig geeinigt hatten. Kämpfer aller Gruppen versuchten daher, noch schnell territoriale Gewinne zu erzielen und durch gezielte Vertreibungen ethnisch "reine" Gebiete zu schaffen[810].
In den folgenden Wochen eskalierten die Kämpfe zu bürgerkriegsähnlichen Auseinandersetzungen. Anfang April herrschte praktisch in allen Landesteilen der Ausnahmezustand[811]. Die Regierung *Izetbegovic* kontrollierte nicht einmal mehr die Hauptstadt Sarajewo.
In diese Situation hinein teilten die EG-Mitgliedstaaten am 6. April 1992 mit, Bosnien-Herzegowina mit Wirkung ab dem darauffolgenden Tag als unabhängigen Staat anzuerkennen[812]. Am 7. April erkannten die USA Bosnien-Herzegowina (, Slowenien und Kroatien) mit dem Hinweis an, „[that these states] meet the requisite criteria for recognition"[813] - ohne freilich zu sagen, welche Voraussetzungen die US-Regierung dabei im Blick hatte. Noch im selben Monat erklärten zehn weitere Staaten die Anerkennung[814].
Am 22. Mai 1992 wurde Bosnien-Herzegowina zusammen mit Slowenien und Kroatien, wie bereits erwähnt, von der Generalversammlung als Mitglied in die Vereinten Nationen aufgenommen[815].
Ende 1992 kontrollierte die anerkannte Regierung Bosnien-Herzegowinas nur noch etwa 20 % des Gesamtstaatsgebiets[816], im August 1993 waren es sogar nur noch 8 %[817].

Vom Vorhandensein einer effektiven Staatsgewalt in Bosnien-Herzegowina konnte zum Zeitpunkt der Anerkennung als Staat unstreitig nicht die Rede sein. Eine Anerkennung hätte hier also -unter Zugrundelegung der klassischen Staatlichkeitskriterien- keinesfalls erfolgen dürfen[818]. Das Abweichen der Staatengemeinschaft von diesen Kriterien kann nur als Ausdruck eines gewandelten Verständnisses von den Wirkungen der völkerrechtlichen Anerkennung -jedenfalls im Einzelfall- gewertet werden. Ein Herrschaftsverband, der nicht schon Staat ist, kann nur mit konstitutiver Wirkung als solcher anerkannt werden.

---

810 Vgl. AdG 62 (1992), S. 36650 ff. (36651).

811 A.a.O., S. 36743.

812 Bull.EG 4-1992, Ziff. 1.4.8. i.V.m. 1.5.9.

813 *Rich*, Recognition of States: the Collapse of Yugoslavia and the Soviet Union (Fn 778), S. 50, unter Hinweis auf eine Presseerklärung des Weißen Hauses vom selben Tag.

814 *Ders.*, a.a.O., S. 50 f.: Kroatien, Kanada, Neuseeland, die Tschechoslowakei, Ungarn, Polen, Ägypten, Saudi-Arabien und Australien. Noch vor den EG-Staaten hatten dies Bulgarien (15.1.1992) und die Türkei (6.2.1992) getan.

815 Siehe Fn 780.

816 *Baer*, Der Zerfall Jugoslawiens im Licht des Völkerrechts, S. 111 Fn 462.

817 AdG 63 (1993), S. 38139 ff. (38144).

818 Ganz h.M.: *Murphy*, Democratic Legitimacy and the Recognition of States and Governments (Fn 751), S. 564: „the viability of a new state remained in doubt from 1992 to late 1995"; *Rich*, Recognition of States: The Collapse of Yugoslavia and the Soviet Union (Fn 778), S. 49: „not only could Bosnia and Herzegovina not be accurately described as independent, but it could hardly be described as state"; *Hillgruber*, Die Aufnahme neuer Staaten in die Völkerrechtsgemeinschaft, S. 669: „hätte niemals als Gesamtstaat anerkannt werden können und dürfen"; *Verhoeven*, La reconnaissance internationale: déclin ou renouveau? (Fn 764), S. 25: „cette reconaissance soit jugée pour le moins hâtive sur le terrain de l'efficacité [...] lors que l'existance de l'etat n'était pas assurée"; *Baer*, Der Zerfall Jugoslawiens im Licht des Völkerrechts, S. 113: „die effektive und dauerhafte Durchsetzung [der Staatsgewalt] [...] muß [...] verneint werden".

cc) Mazedonien

Im Vergleich zu den beiden zuvor diskutierten Fällen steht hier das Problem im Zusammenhang mit der Anerkennung der Staatlichkeit praktisch unter genau umgekehrten Vorzeichen.
In der jugoslawischen Teil-Republik Mazedonien kam es nie zu kriegerischen Auseinandersetzungen zwischen der jugoslawischen Bundesarmee und einheimischen Milizen. Ein Staatsgebiet etwa von der Größe Mecklenburg-Vorpommerns und ein Staatsvolk von ca. 2,1 Mio. waren ebenso vorhanden wie eine aus demokratischen Wahlen hervorgegangene Regierung, die das gesamte Territorium unter effektiver Kontrolle hatte. Neben diesen klassischen Kriterien für die Staatlichkeit erfüllte Mazedonien nach Feststellung der *Badinter*-Kommission[819] auch die in den Anerkennungsrichtlinien der EG-Mitgliedstaaten aufgestellten Anforderungen, inklusive der auf Druck Griechenlands[820] aufgenommenen speziellen "Mazedonien-Klausel"[821]. Trotzdem wurde Mazedonien -wiederum auf Druck Griechenlands- die Anerkennung seitens der EG-Staaten verweigert bzw. davon abhängig gemacht, daß der Name des zukünftigen Staates nicht 'Mazedonien' lautete[822].
Der damalige Präsident Mazedoniens *Gligorov* begrüßte zwar die grundsätzliche Bereitschaft zur Anerkennung seines Landes, doch er fügte hinzu: „[C]onditioning this recognition with the name of our state which would be acceptable to all parties is, first, without precedent, and then ... brings our Republic and our people in a state of suspense and into a situation which no people would allow since it brings into question its identity and dignity“[823].
Nur wenige Staaten Osteuropas fanden sich angesichts der kollektiven Verweigerung der Anerkennung seitens der EG-Mitgliedstaaten bereit, Mazedonien als Staat anzuerkennen. Erst ein Jahr später, nach schwierigen Verhandlungen über die Namensgebung, gab Griechenland sein Einverständnis, die Aufnahme Mazedoniens in die Vereinten Nationen unter dem -bis heute- provisorischen Namen „Ehemalige jugoslawische Republik Mazedonien“ nicht länger zu blockieren[824]. Am 8.4.1993 folgte dann die UN-Generalversamm-

---

[819] Siehe Fn 792.

[820] Griechenland behauptete, mit der Namensführung 'Mazedonien' würde der zukünftige Staat Gebietsansprüche auf die gleichnamige griechische Provinz anmelden.

[821] Bull.EG 12-1991, Ziff. 1.4.6. a.E.; In dem gemeinsamen Standpunkt der EG-Außenminister zur Anerkennung der jugoslawischen Republiken wird gefordert, „daß sie [eine Republik] sich vor ihrer Anerkennung verpflichtet, verfassungsmäßige und politische Garantien dafür zu geben, daß sie keinerlei Gebietsansprüche gegenüber einem der Gemeinschaft angehörenden Mitgliedstaat erhebt. Auch darf sie keine feindselige Propaganda gegen ein der Gemeinschaft angehörendes Nachbarland treiben, wozu auch die Verwendung von Namen gehört, die Gebietsansprüche implizieren“.

[822] Schlußfolgerung des Europäischen Rates von Lissabon (26./27.6.1992), Bull.EG 6-1992, Ziff. I.32.: „Er bringt seine Bereitschaft zum Ausdruck, diese Republik innerhalb ihrer bestehenden Grenzen gemäß der Erklärung vom 16. Dezember 1991 unter einem Namen anzuerkennen, der nicht die Bezeichnung Mazedonien enthält.“; s.a. *Ribbelink*, Succession d'Etats et Reconnaissance d'Etats et de Gouvernements (Fn 777), S. 73.

[823] Erklärung vom 3.5.1992, Skopje - zitiert nach *Rich*, Recognition of States: The Collapse of Yugoslavia and the Soviet Union (Fn 778), S. 52.

[824] AdG 63 (1993), S. 37736 ff. (37737 f.).

lung der Empfehlung des Sicherheitsrates[825] und beschloß per Akklamation die Aufnahme der „Former Yugoslav Republic of Macedonia“ als 181. Mitglied[826].
Zwischen dem Zeitpunkt, von dem an Mazedonien alle Voraussetzungen erfüllte, um als unabhängiger Staat anerkannt zu werden, und der tatsächlichen -kollektiven- Anerkennung durch die Staatengemeinschaft lagen also etwa eineinhalb Jahre.

Erklären könnte man diesen Umstand möglicherweise damit, daß es sich bei der „Anerkennung“ vom 8. April in Wahrheit nur um die förmliche Erklärung der Bereitschaft zur Aufnahme diplomatischer Beziehungen handelte, der Staat Mazedonien wäre also schon zu einem früheren Zeitpunkt zur Entstehung gelangt[827]. Gerade vor dem Hintergrund der Staatenpraxis in den Fällen Kroatien und Bosnien-Herzegovina erscheint es aber auch denkbar, die Haltung der Staatengemeinschaft so zu interpretieren, daß aus ihr die Rechtsauffassung spricht, die Existenz des Staates Mazedonien sei von ihrer -konstitutiven- Anerkennung abhängig.

dd) Georgien

Nach der Unabhängigkeitserklärung Georgiens am 9. April 1991 fanden im Monat darauf demokratische Wahlen statt, aus denen *Swiad Gamsachurdia* als eindeutiger Sieger hervorging[828]. Gleichwohl sah sich der neue Präsident von Anfang an einer starken Opposition gegenüber. Diese nahm die zweifelhafte Rolle, die *Gamsachurdia* während des Putsches im August desselben Jahres in Moskaus spielte, zum Anlaß, um offen seinen Sturz zu betreiben[829]. Im Dezember 1991 kam es zu bewaffneten Auseinandersetzungen zwischen Regierungstruppen und zur Opposition übergelaufenen Nationalgardisten. Nach schweren Straßenkämpfen in der Hauptstadt Tiflis eroberten die Einheiten der Opposition am 6. Januar 1992 das Regierungsgebäude, woraufhin *Gamsachurdia* ins benachbarte Armenien floh[830]. In der Folgezeit kam es immer wieder zu gewaltsamen Auseinandersetzungen, die von massiven Protesten für den gewählten Präsidenten begleitet wurden. In der Hauptstadt übernahm das Militär die Regierungsgeschäfte.
Gleichzeitig ging in dem internen Konflikt zwischen Georgiern und Osseten die bewaffnete Konfrontation weiter. Das von rund 165.000 Osseten bewohnte Südossetien im Nordosten Georgiens hatte sich, nach einem gescheiterten ersten Versuch, im Dezember 1991 erneut für unabhängig erklärt und strebte einen Anschluß an das zur Russischen Föderation gehörende Nordossetien an[831]. Freiwillige Kämpfer aus Nordossetien unterstützten die Sezessionsbestrebungen.
Am 10. März 1992 wurde der ehemalige sowjetische Außenminister *Schewardnadse* der wenige Tage zuvor aus Moskau in seine Heimat zurückgekehrt war, vom Militärrat zum Vorsitzenden des neu geschaffenen Staatsrates ernannt[832]. Weitere zwei Wochen später,

---

825 SC Res. 817 (1993) vom. 7.4.1993 (YBUN 47 (1993), S. 208).

826 In GA Res. 47/225 vom 8.4.1993 (a.a.O.) heißt es: „[...] this State being provisionally referred to for all purposes within the United Nations as "the former Yugoslav Republic of Macedonia" pending settlement of the difference that has arisen over the name of the State.“

827 So etwa *Hillgruber*, Die Aufnahme neuer Staaten in die Völkerrechtsgemeinschaft, S. 680 u. 683.

828 AdG 61 (1991), S. 36350 ff. (36355).

829 The Europa World Year Book 34 (1993) Vol. I, Georgia, S. 1193 ff. (1194).

830 AdG 62 (1992), S. 36366 f.

831 A.a.O., S. 36999 ff. (36999); in AdG 61 (1991), S. 36350 ff. (36355) wird allerdings der 28.11.1991 als Tag der Unabhängigkeitserklärung genannt.

832 AdG 62 (1992), S. 36566 ff. (36568).

am 23. März 1992, erklärten die Mitgliedstaaten der Europäischen Gemeinschaft die Anerkennung Georgiens, nachdem von dort die verlangte Zusicherung der Einhaltung der in den EG-Anerkennungsleitlinien genannten Bedingungen gekommen war[833]. Die Anerkennung erfolgte dabei nicht etwa unter Hinweis darauf, daß Georgien nunmehr über sämtliche Staatlichkeitsvoraussetzungen -also insbesondere eine effektive und dauerhafte Staatsgewalt verfüge- und darüber hinaus noch die in den Anerkennungsleitlinien genannten Bedingungen zu erfüllen verspreche, sondern es wurde ausschließlich auf letzteren Gesichtspunkt abgestellt[834]. Das Vorhandensein einer Staatlichkeit Georgiens unterlag zu diesem Zeitpunkt mangels einer effektiven und eine gewisse Dauer versprechenden Staatsgewalt zumindest noch gewissen Zweifeln. Der wenig später ausbrechende Konflikt mit Abchasien, einem ebenfalls nach Unabhängigkeit strebenden autonomen Gebiet im Westen Georgiens, der rasch zu einem Bürgerkrieg eskalierte[835], illustriert dies im nachhinein.

Wie bereits in den zuvor erörterten Fällen dürfte auch hier ein politisches Motiv bedeutsam für die Zuerkennung der Staatsqualität Georgiens geworden sein. Man wertete die Ernennung des im Westen bekannten und geschätzten *Schewardnadse* zum Vorsitzenden des Staatsrates als Signal für eine Stabilisierung des Landes und der Kaukasus-Region und, so steht zu vermuten, man wollte diesen Schritt gewissermaßen durch die Anerkennungserklärung honorieren. Wie auch im Falle Kroatiens und Bosnien-Herzegowinas folgte die internationale Staatengemeinschaft dem Beispiel der EG-Mitgliedstaaten und sprach durch die Aufnahme Georgiens in die Vereinten Nationen am 31.7.1992[836] ebenfalls die (kollektive) Anerkennung aus.

4. Ergebnis

Der Zerfall Jugoslawiens und der Sowjetunion und die damit einhergehende Anerkennung ehemaliger Teilrepubliken als unabhängige Staaten hat zu einer Neuausrichtung des völkerrechtlichen Instituts der Anerkennung von Staaten geführt. Schon zum Zeitpunkt der Verabschiedung der UN-Charta entsprach es der ständigen Staatenpraxis, daß ein Herrschaftsverband als neuer Staat anerkannt wurde, wenn er über ein Staatsgebiet, ein Staatsvolk, eine effektive Staatsgewalt sowie über die Bereitschaft verfügte, die ihm als Völkerrechtssubjekt obliegenden Verpflichtungen zu erfüllen. Insofern kam der Anerkennung der Staatlichkeit seitens dritter, bereits bestehender Staaten lediglich rechtsfeststellende (deklaratorische) Bedeutung zu.

In ihren im Rahmen der EPZ ausgearbeiteten „Leitlinien für die Anerkennung neuer Staaten" in Osteuropa, der Sowjetunion und auf dem Balkan haben die EG-Mitgliedstaaten die Zusicherung der Republiken zur Einhaltung der darin niedergelegten Grundsätze zur Voraussetzung für deren Anerkennung als unabhängige Staaten gemacht. Ohne eine Verpflichtung auf die Grundsätze von Demokratie und Rechtsstaat, auf die Einhaltung der Menschenrechte und auf den Schutz von Minderheitenrechten war eine Anerkennung nicht

---

833 Bull.EG 3-1992, Ziff. 1.4.9.

834 In der Erklärung vom 23.3.1991 heißt es (a.a.O.): „Die Gemeinschaft und ihre Mitgliedstaaten begrüßen die Zusicherung Georgiens im Hinblick auf die in den Erklärungen der Gemeinschaft und ihrer Mitgliedstaaten vom 26. und 31. Dezember 1991 enthaltenen „Leitlinien für die Anerkennung neuer Staaten in Osteuropa und in der Sowjetunion". Sie sind nun bereit, diesen neuen Staat anzuerkennen".

835 AdG 62 (1992), S. 36999 ff. (37001); S. 37118 ff.; S. 37226 ff.

836 GA Res. 46/241 (YBUN 46 (1992), S. 138).

zu erlangen. Bei den Anerkennungs-Leitlinien handelte es sich nicht um politische Bedingungen für die Aufnahme diplomatischer Beziehungen.
Anhand der Anerkennungspraxis in einigen Fällen wurde vielmehr deutlich, daß die Erfüllung der in den Leitlinien genannten Bedingungen teilweise an die Stelle der klassischen Staatlichkeitskriterien trat. So konnte etwa in dem Fall Kroatien, Bosnien-Herzegowina und -wohl auch- Georgien das Fehlen einer effektiven und Dauerhaftigkeit versprechenden Staatsgewalt durch eine Verpflichtung auf die Bestimmungen der Leitlinien "kompensiert" werden. Mazedonien, das nach traditionellen Kriterien als Staat anzusehen war, wurde über mehr als ein Jahr hinweg die Anerkennung wegen eines Streits über den Namen des zukünftigen Staates verweigert.

Vor diesem Hintergrund erschließt sich die Bedeutung der Anerkennungsleitlinien der EG-Mitgliedstaaten und deren praktischer Anwendung für die Entwicklung des völkerrechtlichen Instituts der Anerkennung:

- Indem die Gewährleistung von Menschenrechten, Demokratie und Rechtsstaatlichkeit zur Voraussetzung für die völkerrechtliche Anerkennung gemacht wird, wird das ehedem wertneutrale, am Effektivitätsprinzip ausgerichtete Institut der Anerkennung mit "westlichen" Werten aufgeladen. Zumindest im Hinblick auf den europäischen Kontinent kann insofern von der Herausbildung von neuem (partikulärem) Völkergewohnheitsrecht gesprochen werden.

- Im universellen Maßstab trägt die Konditionalisierung der Anerkennung zur weiteren, schrittweisen Verfestigung der Achtung der Grundsätze von Demokratie und Rechtsstaatlichkeit als echten völkerrechtlichen Pflichten bei.

- Die Anerkennung von Herrschaftsverbänden als Staaten, die zwar die Bedingungen in den EG-Leitlinien erfüllen, denen es aber -jedenfalls zum Zeitpunkt der Anerkennung- an einer effektiven Staatsgewalt und mithin an einem klassischen Kriterium für die Staatlichkeit mangelt, setzt ein konstitutives Verständnis von den Wirkungen der Anerkennung voraus. Daß die internationale Staatengemeinschaft die Anerkennungspraxis der EG-Mitgliedstaaten durch die zeitnahe Aufnahme der betreffenden Staaten in die Vereinten Nationen jeweils nachvollzogen hat, kann als Anzeichen für eine Abkehr von der fast ausschließlich am Effektivitätsprinzip orientierten Anerkennungslehre gewertet werden.

Teil 3: Die EG/EU als konkretes Integrationsmodell für Staaten in anderen Regionen der Welt ?

Auf dem europäischen Kontinent ist die Attraktivität der Europäischen Gemeinschaft nach wie vor ungebrochen. Von den ehedem 6 zentraleuropäischen Gründungsstaaten der drei Gemeinschaften wird die EU im Jahre 2004 auf 25 Staaten anwachsen und mittel- bis langfristig aller Wahrscheinlichkeit nach sämtliche europäischen Staaten umfassen, einschließlich Norwegen, der Schweiz und der Türkei. Dabei ist es nicht die -vage- Perspektive einer umfassenden politischen und rechtlichen Union, an deren Ende möglicherweise eine europäische Föderation steht, sondern die Mitgliedschaft in dem zweitgrößten Wirtschaftsblock der Welt, der Europäischen Gemeinschaft[1], der die enorme Anziehungskraft dieser Internationalen Organisation zur regionalen Wirtschaftsintegration ausmacht.
Fraglich ist, inwieweit die Erfolge der EG bei der Erreichung ihrer Ziele und Aufgaben sie zu einem Modell für Wirtschaftsintegration auch in anderen Regionen der Welt gemacht haben.

A. Formen und Methoden regionaler Wirtschaftsintegration

Das Wort 'Integration' beschreibt in seiner allgemeinen Bedeutung die Verschmelzung mehrerer Teile zu einem großen Ganzen[2]. Der Begriff der Wirtschaftsintegration ist insoweit mehrdeutig, als mit ihm zwei unterschiedliche Vorgänge beschrieben werden: Zum einen bezeichnet er einen Zustand, also etwa die Situation bereits verschmolzener Wirtschaftseinheiten; zum anderen kennzeichnet der Begriff aber auch die dynamische Entwicklung im Sinne eines programmierten und gelenkten Prozesses, der mehrere zuvor autonome Einheiten zu einem Integrationszustand führen soll[3].
Als Zustand verstanden, definiert *Balassa* Wirtschaftsintegration als „the absence of various forms of discrimination between national economies“[4]. In seiner Verwendung zur Bescheibung eines prozeßartigen Vorgangs gibt er folgerichtig diese Definition des Begriffs: „Regarded as a process, it encompasses measures designed to abolish discrimination between economic units belonging to different national states“[5].
Dieser prozeßartige Verlauf des Abbaus von Handelshemmnissen bis hin zu einer vollständigen wirtschaftlichen Integration vollzieht sich dabei regelmäßig in vier aufeinander aufbauenden Stufen[6]. Mit jeder Stufe steigt der Grad der wirtschaftlichen Verschmelzung der am Integrationsprozeß beteiligten Staaten, wobei die Integration nach dem Willen der Mitgliedstaaten auch auf einer der ersten drei Stufen enden kann.

---

1 Auf die EG entfallen 34,6 % bzw. 35,8 % der weltweiten Im- und Exporte (Quelle: *International Monetary Fund*, Direction of Trade Statistics Yearbook 2001, S. 2 u. 70) bei einer Bevölkerungszahl von 376,4 Mio. (= 6,2 % der Weltbevölkerung) und einem Anteil von 2,4 % an der Landoberfläche der Erde (= 3,242 Mio. km²). Sie erwirtschaftet 27,1 % des Bruttosozialproduktes der Welt (= 8.458 Mrd. US $) (Quelle: *World Bank*, World Development Indicators 2002, S. 18 ff. u. 36).

2 Vgl. z.B. Brockhaus - Die Enzyklopädie, Bd. 10, Stichwort „Integration“ (S. 586).

3 *Constantinesco*, Das Recht der Europäischen Gemeinschaften, Bd. I, S. 123 f.

4 *Balassa*, The Theory of Economic Integration, S. 1.

5 *Ders.*, a.a.O.

6 Vgl. *Laffan*, Integration and Cooperation in Europe, S. 5; *Petersmann*, Economic Organizations and Groups, International, EPIL Vol. II, S. 32 ff. (33); s.a. *Herdegen*, Internationales Wirtschaftsrecht, § 9 Rn 1-4.

Auf der ersten Stufe wirtschaftlicher Integration befinden sich diejenigen Staaten, die über eine *Freihandelszone* miteinander verbunden sind. Entsprechend der Legaldefinition in Art. XXIV Abs. 8 lit. b) GATT'47[7] bedeutet dies, daß zwischen den Mitgliedstaaten einer Freihandelszone ein weitgehend oder vollständig von Zöllen und sonstigen handelsbeschränkenden Maßnahmen befreiter Warenverkehr stattfindet. Gegenüber Drittländern behält jedoch jeder Mitgliedstaat seine eigenen Zölle bei. Waren dieser Herkunft nehmen daher nicht am Freihandel teil. Prominenteste Beispiele sind hier die Europäische (EFTA)[8], die Nordamerikanische (NAFTA)[9] und die Lateinamerikanische (LAFTA) Freihandelszone[10]. Aus Art. 3 Abs. 1 lit. a) EGV ergibt sich, daß die EG ebenfalls das Merkmal der Freihandelszone in sich trägt[11].

Zollunionen stellen die zweite Stufe der Wirtschaftintegration dar. Das Merkmal der Feihandelszone, der zollfreie Warenverkehr im Innern, wird hier um einen gemeinsamen einheitlichen Außenzolltarif ergänzt[12]. Auch die aus Drittländern importierten Waren genießen daher zollfreien Verkehr innerhalb des Gebiets der Zollunion[13].

Auf der dritten Ebene ist der *Gemeinsame Markt* anzusiedeln. Zur Zollunion tritt hier der auch von diskriminierenden Beschränkungen jeder Art befreite Warenverkehr sowie der freie Verkehr von Dienstleistungen, Arbeitskräften und Kapital hinzu.

Prototyp eines (funktionierenden) Gemeinsamen Marktes ist die Europäische Gemeinschaft. Art. 9 Abs. 1 EWGV ließ sich entnehmen, daß die Zollunion die Grundlage der Gemeinschaft, also des Gemeinsamen Marktes, bildet[14].

---

7 Text in: UNTS 62, S. 56 ff.; Die Bestimmungen des GATT'47 gelten auch unter dem GATT'94 (vgl. dessen Art. 1 lit. a), Quelle: s. Teil 2 Fn 593) fort.

8 Die EFTA (*E*uropean *F*ree *T*rade *A*ssociation) wurde durch Übereinkommen vom 4.1.1960 (Text in: UNTS 370, S. 5 ff.) von 7 europäischen Staaten als Gegengewicht zur Europäischen Wirtschaftsgemeinschaft (EWG) gegründet. Durch den Übertritt von 5 ihrer Mitglieder (Dänemark, Großbritannien, Portugal, Österreich und Schweden) zur EG/EU besteht die EFTA heute nur noch aus den Gründungsstaaten Norwegen und Schweiz sowie aus den später beigetretenen Staaten Island und Liechtenstein.

9 Die NAFTA (*N*orth *A*merican *F*ree *T*rade *A*rea) entstand 1992 zwischen den USA, Kanada (die zuvor schon durch eine Freihandelszone -CUFTA- verbunden waren) und Mexiko (Text des Freihandelsabkommens in: ILM 32 (1993), S. 296 ff. u. 612 ff.).

10 Weitere Beispiele bei *Herdegen*, Internationales Wirtschaftsrecht, § 9 Rn 30 u. 37 f.

11 „Die Tätigkeit der Gemeinschaft [...] umfaßt [...] das Verbot von Zöllen und mengenmäßigen Beschränkungen bei der Ein- und Ausfuhr von Waren sowie aller sonstigen Maßnahmen gleicher Wirkung zwischen den Mitgliedstaaten; [...]".

12 Vgl. die Legaldefinition des Begriffs der Zollunion in Art. XXIV Abs. 8 lit. a) GATT'47 (vgl. Fn 7).

13 Art. 3 Abs. 1 lit. b) EWGV lautete: „Die Tätigkeit der Gemeinschaft [...] umfaßt [...] die Einführung eines gemeinsamen Zolltarifs [...] gegenüber dritten Ländern".

14 Vgl. auch GA *Lagrange* in seinen Schlußanträgen in EuGH Rs. 7/61, Kommission v. Italien, Slg. 1961, S. 693 ff. (725): „Es ist allgemein bekannt, daß der Gemeinsame Markt weit mehr als eine Zollunion ist; *in erster Linie* ist er jedoch eine Zollunion" (Hervorhebung im Original). Der Gemeinsame Markt wurde vom Inkrafttreten des EWGV an (am 1.1.1958) in insgesamt 3 Stufen zu jeweils 4 Jahren bis zum 31.12.1969 realisiert (vgl. Art. 8 EWGV). Art. 23 Abs. 1 EGV ist zwar inhaltlich identisch mit Art. 9 Abs. 1 EWGV, aber durch die Einheitliche Europäische Akte von 1986 wurde in den EWGV der Begriff des 'Binnenmarktes' eingeführt (Art. 3 Abs. 1 lit. c); Legaldefinition in Art. 14 Abs. 2 EGV). Insofern muß Art. 23 EGV jetzt richtigerweise so gelesen werden, daß Grundlage des Binnenmarktes eine Zollunion ist. Zur umstrittenen Abgrenzung (der Reichweite) der Begriffe Gemeinsamer Markt und Binnenmarkt vgl.: *Schweitzer/Hummer*, Europarecht, Rn 1066 ff.; Calliess/Ruffert-*Kahl*, Kommentar des EU-/EGV, Art. 14 EGV Rn 6 ff.. Der EuGH geht in ständ. Rspr. davon aus, der Binnenmarkt sei die Vollendung des Gemeinsamen Marktes (vgl. EuGH Rs. C-41/93, Kommission v. Frankreich, Slg. 1994-I, S. 1829 ff. (1847 Rz 19)).

Die intensivste Form der Integration wird durch eine *Wirtschafts-*, *Währungs-* und *politische Union* erreicht. Sie weist neben den Merkmalen eines gemeinsamen Marktes ein hohes Harmonisierungsniveau in den einzelnen Politikbereichen auf, das sich auch und v.a. in der Festlegung verbindlicher Grundsätze für die Führung der nationalen Wirtschaftspolitiken sowie in der Einführung einer gemeinsamen Währung manifestiert[15].
Bisher einziges Beispiel für diese vierte Integrationsebene ist die Europäische Union, die als gestufte Internationale Organisation mit der EG über einen einheitlichen Wirtschafts- und Währungsraum[16] verfügt und mit der Gemeinsamen Außen- und Sicherheitspolitik (GASP)[17] und der Zusammenarbeit im Bereich Justiz und Inneres (ZBJI)[18] um eine politische Komponente ergänzt wird.

Freihandelszonen und Zollunionen lassen sich als Ausprägungen „negativer" Integration beschreiben, da sie allein durch die gegenseitige Abschaffung von Handelsbarrieren realisiert werden. Die Errichtung eines Gemeinsamen Marktes und die einer wirtschaftlichen und politischen Union hingegen erfordern „positive" Integrationsschritte in Form einer differenzierten institutionellen Struktur und der Annahme gemeinsamer Politiken in den vielfältigen Integrationsbereichen[19].

Eine wesentliche Rolle für den Erfolg positiver (Wirtschafts-)Integration spielt neben dem politischen Willen zur Integration und einem geeigneten wirtschaftlichen Umfeld die konkrete Ausgestaltung der Rechtsordnung der Internationalen Organisation zur regionalen Wirtschaftsintegration. Die EG verfolgt ihre wirtschaftlichen Integrationsziele auf integrationsrechtlichem Weg, d.h. mittels einer mit supranationalen Elementen ausgestatteten Rechtsordnung. Zwingend ist dies indes nicht. So ist es durchaus denkbar, die Errichtung einer Zollunion oder eines Gemeinsamen Marktes durch eine koordinationsrechtlich, d.h. intergouvernemental strukturierte Internationalen Organisation anzustreben[20].

Bei der folgenden Untersuchung anderer Organisationen zur regionalen Wirtschaftsintegration kommt daher beiden Aspekten gleichermaßen Bedeutung zu. Zu untersuchen ist also nicht nur, welche Staaten das europäische Modell eines Gemeinsamen Marktes oder gar einer Wirtschafts- und Währungsunion zum Vorbild für die Gründung einer Organisation mit gleicher wirtschaftlicher Zielsetzung genommen haben, sondern auch, inwieweit sie dazu eine korrespondierende Integrationsrechtsordnung nach europäischem Vorbild geschaffen haben.

---

15 Vgl. *Balassa*, The Theory of Economic Integration, S. 2.

16 Die Wirtschafts- und Währungsunion wurde vom 1.7.1990 an in insgesamt drei Schritten bis zum 1.1. 1999 zwischen 12 der 15 EU-Mitgliedstaaten realisiert (ausführlich zum Ganzen: *Streinz*, Europarecht, Rn 884 ff.).

17 Titel V (Art. 11-28) EGV.

18 Titel VI (Art. 29-42) EGV.

19 Zu dem auf *Tinbergen* zurückgehenden Begriffspaar „negative" - „positive" Integration vgl. *Laffan*, a.a.O., S. 4 f.

20 Zur Unterscheidung zwischen integrationsrechtlichen- und koordinationsrechtlichen Internationalen Organisationen siehe: Teil 1 C. II. a.E. (S. 60 m. Fn 166).

B. Organisationen zur regionalen Wirtschaftsintegration in Afrika

Afrika ist der Kontinent mit der größten Zahl Internationaler Organisationen zur regionalen Wirtschaftsintegration. Über Jahrzehnte hatte der Kontinent allerdings, gemessen an den eigenen formulierten Ansprüchen und Zielen, praktisch keine Erfolge in Sachen Wirtschaftsintegration vorzuweisen. Der damalige stellvertretende OAU-Generalsekretär *Dede* zog 1993 folgende Bilanz der Integrationsunternehmungen afrikanischer Staaten:

> „In the past 30 years of African independence, the road to regional economic cooperation and integration has been littered with dead or dying inter-governmental organizations [...]. In the continent as a whole, there exist nearly 100 inter-governmental organizations devoted to the pursuit of the noble but seemingly elusive objective of economic integration. Many of them are in a state of financial coma, starved of funds and the resources, human and material, necessary for the achievement of their objectives. A majority of them exist only on paper, while others are involved in what Otto von Bismarck [...] would have described as 'Ploughing the same disputed furrow'".[21]

Im Laufe der 90er Jahre hatte die Gründung neuer oder die Umwandlung bestehender regionaler afrikanischer Wirtschaftsorganisationen erneut Konjunktur. Als "Totgeburt" hat sich bisher keine dieser Organisationen erwiesen. Einige können bereits auf Erfolge bei der Realisierung ihrer Vertragsziele verweisen, andere haben zumindest die Voraussetzungen geschaffen, um die gravierendsten Fehler der Vergangenheit zu vermeiden.

I. *East African Community* (EAC)

1. Die *East African Community* von 1967

In Ostafrika reichen die Anfänge der Wirtschaftsintegration bis in die Zeit vor der Gründung der Europäischen Gemeinschaft zurück[22], aber erst am 6.6.1967 unterzeichneten die einige Jahre zuvor unabhängig gewordenen Staaten Kenia, Uganda und Tansania in Kampala (Uganda) den Vertrag über die ostafrikanische Kooperation[23]. Durch den Vertrag wurde eine Ostafrikanische Gemeinschaft gegründet, deren wesentlicher Bestandteil („integral part") ein Ostafrikanischer Gemeinsamer Markt sein sollte (Art. 1).

a) Ziele und Tätigkeiten der EAC

Als Ziele der Gemeinschaft wurden in Art. 2 Abs. 1 des Vertrages genannt:

> „It shall be the aim of the Community to strengthen and regulate the industrial, commercial and other relations of the Partner States to the end that there shall be accelerated, harmonious and balanced development and sustained expansion of economic activities the benefits whereof shall be equitably shared".

---

[21] *Dede*, 'Keynote Address' zu einem wissenschaftlichen Kolloquium über die Afrikanische Wirtschaftsgemeinschaft - in: Ajomo/Adewale (Hrsg.), The Legal and Institutional Framework of the African Economic Community, S. xxxii ff. (xxxiv).

[22] Vgl. *Friedrich*, Gemeinsamer Markt in Ostafrika und Zentralamerika,VRÜ-Beih. 6 (1975) S. 1-4.

[23] Treaty for East African Co-operation (abgedruckt in: ILM 6 (1967), S. 932 ff.); der Vertrag trat am 1.12. 1967 in Kraft. Artikel ohne Angabe des Vertrages, dem sie entstammen, sind im folgenden solche des EAC-Vertrages von 1967.

Auch in Art. 2 des EWG-Vertrages vom 25.3.1957 ist von einer „harmonischen Entwicklung des Wirtschaftslebens innerhalb der Gemeinschaft" und einer „beständigen und ausgewogenen Wirtschaftserweiterung" die Rede.
Bei den Mitteln, mit denen diese Ziele erreicht werden sollten, bestand in den Grundzügen ebenfalls Übereinstimmung zwischen beiden Verträgen, doch blieb der Katalog in Art. 2 Abs. 2 lit. a)-k) des EAC-Vertrages inhaltlich deutlich hinter den in Art. 3 lit. a)-k) EWG-Vertrag genannten Tätigkeiten der Europäischen Wirtschaftsgemeinschaft zurück. Zwar sollte auch in der Ostafrikanischen Gemeinschaft ein gemeinsamer Außenzolltarif eingeführt und eine Liberalisierung des Binnenhandels vorgenommen werden -als konstitutive Voraussetzungen für einen Gemeinsamen Markt sind diese Elemente unverzichtbar-, doch galt ersterer nur „subject to certain exceptions"[24], und die Binnenfreizügigkeit beschränkte sich nur auf den Austausch von Waren[25]. Freier Personen- und Dienstleistungsverkehr waren gar nicht, freier Kapitalverkehr war nur eingeschränkt vorgesehen. Stattdessen sollten gemeinsame Dienstleistungsunternehmen unterhalten werden[26]. Im übrigen war im EAC-Vertrag von 1967 auch von der -langfristigen- Einführung einer gemeinsamen Agrarpolitik[27], der Harmonisierung der Steuer- und Währungspolitiken[28] sowie einer Angleichung („approximation") der handelsrechtlichen Vorschriften der Partnerstaaten[29] die Rede. Die Nennung letzteren Punktes ist allerdings durchaus bemerkenswert, denn gerade die auch in Art. 2 lit. h) EWGV (Art. 3 lit. h) EGV n.F.) erwähnte Harmonisierung der nationalen Rechtsvorschriften hat sich auf europäischer Ebene als wesentliches Instrument zur Integration erwiesen. Die Frage bleibt allerdings, ob der EAC-Vertrag ähnliche Mechanismen zur Umsetzung dieser und letztlich sämtlicher Aufgaben der Gemeinschaft zur Verfügung stellte, wie dies der E(W)G-Vertrag mit seinen supranationalen Elementen tut.

b) Institutioneller und struktureller Rahmen der EAC

Art. 3 EAC-V sah folgende Hauptorgane der Gemeinschaft vor:

> „the East African Authority,
> the East African Legislative Authority,
> the East African Ministers,
> the Common Market Council,
> the Common Market Tribunal [...]"[30].

Dabei wurde gleichzeitig auf die näheren Bestimmungen über die Organe in Teil III (Art. 30-42) und IV (Art. 43-64) des Vertrages verwiesen.
Die 'Authority' war gem. Art. 46 die oberste Exekutivbehörde („principal executive authority") der Gemeinschaft und setzte sich aus den Präsidenten Kenias, Ugandas und Tansa-

---

[24] Art. 2 Abs. 2 lit. a) i.V.m. Art. 5; Ausnahmen für einen Partnerstaat waren mit Zustimmung der Finanzminister der (beiden anderen) Partnerstaaten zulässig (Art. 5 Abs. 2).

[25] Art. 2 Abs. 2 lit. a) i.V.m. Art. 11, 12; Verstöße gegen das Verbot mengenmäßiger Beschränkungen oder Maßnahmen gleicher Wirkung („quantitative or the like restrictions") konnten gem. Art. 12 Abs. 1 im wesentlichen aus den gleichen Gründen wie in Art. 34 EWG-Vertrag (Art. 30 EGV n.F.) gerechtfertigt werden.

[26] Aus Kolonialzeiten existierten bereits gemeinsame Körperschaften für Eisenbahn, Häfen, Post- und Fernmeldewesen sowie für Luftfahrt.

[27] Art. 2 Abs. 2 lit. c) i.V.m. Art. 14.

[28] Art. 2 Abs. 2 lit. f) i.V.m. Art. 24 ff. u. 86 ff.

[29] Art. 2 Abs. 2 lit. j).

[30] Daneben wurden in Art. 3 noch spezielle (Unter-)Organe („Councils") genannt: Communications Council, Finance Council, Economic Consultative and Planning Council, Research and Social Council.

nias zusammen. Anders als ihre Bezeichnung glauben macht, erschöpfte sich die Tätigkeit der Exekutivbehörde aber nicht in der Ausführung der Vertragsbestimmungen und in der Aufsicht über die ihr untergeordneten Exekutivorgane, die 'East African Ministers' und die 'Councils' (vgl. Art. 48 Abs. 3), sondern ihr wurde an verschiedenen Stellen im Vertrag die Befugnis zugesprochen, die zahlreichen, zumeist technischen Anhänge des EAC-Vertrages durch 'orders' oder 'decisions' zu modifizieren oder zu ergänzen, also quasi gesetzgeberisch tätig zu werden[31]. Nach Art. 96 Abs. 2 waren die Regeln und Anordnungen der 'Authority' für die Gemeinschaft und die Partnerstaaten verbindlich. Das Einstimmigkeitserfordernis für Entscheidungen der 'Authority'[32] verhinderte jedoch, zumindest potentiell, daß sich das zentrale Organ der Gemeinschaft zu einem wirklichen Integrationsmotor entwickeln konnte, da jeder Partnerstaat praktisch über ein Vetorecht verfügte.

Der 'Authority' zur Unterstützung ihrer Arbeit zugewiesen waren, wie bereits angedeutet, die Ostafrikanischen Minister. Jeder Partnerstaat nominierte (s)einen Minister (Art. 49 Abs. 2) für einen im vorhinein nicht bestimmten Zeitraum[33]. Die Ostafrikanischen Minister waren ausschließlich Minister der Gemeinschaft, d.h. für den Fall, daß sie zuvor in einem Partnerstaat einen Ministerposten bekleidet hatten, mußten sie diesen vor ihrer Ernennung durch die 'Authority' aufgeben (Art. 49 Abs. 3).

Jedes der fünf speziellen 'Councils' setzte sich aus den drei Ostafrikanischen Ministern und neun Ministern aus den Partnerstaaten (drei pro Land) zusammen (Art. 54). Die Zuständigkeit der Räte lag im wesentlichen darin, das Funktionieren des Gemeinsamen Marktes zu überwachen und sicherzustellen. Eine besonders wichtige Funktion kam dabei dem 'Common Market Council' zu. Wurde ein Verstoß eines Partnerstaates gegen eine Bestimmung über den Gemeinsamen Markt festgestellt oder wurde ein solcher von einem anderen Mitgliedstaat geltend gemacht, befaßte sich dieser Rat mit der Angelegenheit und war befugt, Partnerstaaten oder einem Partnerstaat verbindliche Anweisungen („directives") zur Abstellung des Vertragsverstoßes zu erteilen[34]. Da der Rat stets einstimmig entscheiden mußte[35], war es nicht unwahrscheinlich, daß der Erlaß einer Anordnung an der Zustimmungsverweigerung durch den betroffenen Staat scheiterte. Erst in diesem Fall griff die Zuständigkeit des Tribunals der Gemeinschaft gem. Art. 36 ein.

Das 'Common Market Tribunal' hatte somit lediglich eine sekundäre Zuständigkeit. Erstaunlich ist auch, daß das Tribunal keine Möglichkeiten hatte, Kompetenzüberschreitungen eines Gemeinschaftsorgans zu überprüfen[36]. In Art. 41 Abs. 3 war zwar vorgesehen, daß ein Partnerstaat verpflichtet war, die Entscheidungen des Tribunals unverzüglich umzusetzen, die Verhängung von Sanktionen für den Fall der Verletzung dieser Pflicht -wie

---

[31] *Friedrich*, Gemeinsamer Markt in Ostafrika und Zentralamerika (Fn 22), S. 32 ff., differenziert daher ausdrücklich zwischen "exekutiven" und "legislativen" Befugnissen der 'Authority'. Als Beispiele für "Legislativkompetenzen" nennt er (a.a.O., S. 34): Art. 11 Abs. 5 (Modifikation der Regeln zur Bestimmung des Warenursprungs), Art. 13 Abs. 2 (Abänderung der Liste der landwirtschaftlichen Produkte, bei denen die Partnerstaaten den interregionalen Handel quantitativ einschränken konnten), Art. 20 Abs. 2 (Neubestimmung der Güter, bei denen Tansfersteuern erhoben werden konnten).

[32] Art. 3 lit. a) Annex XI -Procedural Provisions (Text in: ILM 6 (1967), S. 1036 ff.).

[33] Art. 50; danach führte nur der Eintritt eines der drei dort genannten Ereignisse zur Beendigung der Amtszeit des betreffenden Ministers: a) Rücktritt, b) Verlust der Eignung für das Amt, c) Abberufung durch die 'Authority'.

[34] Art. 30 lit. d) i).

[35] Art. 8 lit. a) Annex XI zum Vertrag (Procedural Provisions) (Text in: ILM 6 (1967), S. 1036 ff.).

[36] Vgl. *Friedrich*, Gemeinsamer Markt in Ostafrika und Zentralamerika (Fn 22), S. 41.

im übrigen für die Verletzung jedweder anderen Vertragspflicht auch- ließ der Vertrag nicht zu.

Das eigentliche Gesetzgebungsorgan der Gemeinschaft war ausweislich von Art. 56 Abs. 1 („legislative body") und gemäß ihrer Bezeichnung die 'East African Legislative Assembly'. Scheinbar folgerichtig sah Art. 59 Abs. 1 dann auch vor: „The enactment of measures of the Community shall be effected by means of Bills passed by the Assembly [...]". Läßt sich dem verwendeten Begriff „Bill" (eigentlich "Gesetzentwurf") je nach Kontext auch die Bedeutung "Gesetz" beimessen, wird bei der Lektüre des zweiten Teils des Satzes aber deutlich, daß sich die Kompetenz der "Legislativversammlung" tatsächlich darin erschöpfte, Gesetzes*vorschläge* zu erarbeiten: „[...] Bills passed by the Assembly *and* assented to on behalf of the Community by the Heads of State by the Partner States"[37]. Gesetze für die Gemeinschaft konnten also nur mit Zustimmung der drei Staatsoberhäupter zustande kommen. Dabei war die Erteilung oder Verweigerung der Zustimmung vollständig in das Belieben der Präsidenten der Partnerstaaten gestellt[38]. Wurde die Zustimmung nicht innerhalb von 9 Monaten erteilt, galt das Gesetz als gescheitert (Art. 60 Abs. 2). Auch an dieser Stelle kommt der souveränitätswahrende Charakter des Kooperationsvertrages deutlich zum Ausdruck. Der Vertrag selbst ordnete für einmal verabschiedete Gesetze nicht einmal deren unmittelbare Geltung in den einzelnen Partnerstaaten an[39].
Schließlich ist noch anzumerken, daß die Mitglieder der 'Legislative Assembly' jedenfalls nicht unmittelbar demokratisch legitimiert waren. Die Versammlung setzte sich aus maximal 36 Mitgliedern[40] zusammen, die von den Partnerstaaten (jeweils 9) -nach einem ihnen freigestellten Verfahren- und von der Authority ernannt wurden (Art. 56). Für die Regierung eines Mitgliedstaates bestand mithin die Möglichkeit, ausschließlich ihr genehme Vertreter in die Versammlung zu entsenden.

Es kann somit resümiert werden, daß der Ostafrikanischen Gemeinschaft zwar im wesentlichen die gleichen wirtschaftlichen Aufgaben von den drei Mitgliedstaaten übertragen worden waren, wie sie der EWGV für die Europäische Gemeinschaft vorsah, daß die Mitgliedstaaten ihr aber einen völlig anderen rechtlichen Rahmen gegeben hatten. Die Gemeinschaft war intergouvernemental und nicht supranational ausgestaltet. In den Beschlußorganen konnten Entscheidungen nur einstimmig getroffen werden, eine unmittelbare Rechtssetzungsbefugnis der Gemeinschaft gegenüber den Mitgliedstaaten existierte nicht und eine Rechtskontrolle der Gemeinschaftsorgane durch das Gemeinschaftstribunal fand nicht statt.
Auch in tatsächlicher Hinsicht nahmen EAC und E(W)G eine geradezu diametrale Entwicklung.

---

[37] Eigene Hervorhebung.

[38] Vgl. Art. 60 Abs. 1: „The President of the United Republic of Tanzania, the President of the Sovereign State of Uganda and the President of the Republic of Kenya *may* assent or withhold assent to a Bill" (eigene Hervorhebung).

[39] Gem. Art. 95 Abs. 1 lit. b) waren die Partnerstaaten nur verpflichtet, diesen Gesetzen auch innerstaatlich Gesetzeskraft („force of law") zukommen zu lassen. Alle drei Staaten hatten erst durch entsprechende Inkorporationsgesetze -von sich aus- eine generelle unmittelbare Verbindlichkeit angeordnet (vgl. *Friedrich*, Gemeinsamer Markt in Ostafrika und Zentralamerika (Fn 22), S. 36).

[40] Die Zahl war davon abhängig, ob die 'Authority' von der durch Art. 52 eingeräumten Möglichkeit Gebrauch gemacht hatte, drei 'Deputy East African Ministers' zu ernennen, die dann ebenfalls der Legislativversammlung angehörten.

c) Realisierung der Vertragsziele

Die Ostafrikanische Gemeinschaft konnte lediglich während der ersten zwei Jahre ihres Bestehens in bestimmten Tätigkeitsbereichen die in sie gesetzten Erwartungen erfüllen, vielleicht sogar übertreffen[41]. In Rede standen dabei allerdings ausschließlich der Betrieb bestehender und die Schaffung neuer gemeinsamer Unternehmen im Dienstleistungsbereich[42]. In den vorrangigen Aufgabenbereichen, also beim gemeinsamen Außenhandel und der Liberalisierung des Binnenhandels, wurden keine Fortschritte erzielt.
Kaum ein Jahr später zeichnete sich schon das Ende der Gemeinschaft ab. Politisch eingeläutet wurde es mit dem Sturz des ugandischen Präsidenten *Obote* durch General *Idi Amin* im Januar 1971. Tansanias Staatsoberhaupt *Nyerere* gewährte dem gestürzten *Obote* Asyl und verweigerte jegliche Zusammenarbeit mit Ugandas neuem Präsidenten *Amin*. Die 'Authority' war damit handlungsunfähig. Aber auch zwischen Tansania und Kenia kam es in zunehmendem Maße zu Unstimmigkeiten, die die faktische Aufrechterhaltung der Zusammenarbeit zwischen diesen beiden Staaten schließlich ebenfalls vollständig zum Erliegen brachte[43]. Der symbolträchtige Zusammenbruch der ehemals von allen drei Staaten gemeinsam betriebenen Luftfahrtgesellschaft 'East African Airways' im Februar 1977 markierte schließlich das endgültige Aus für die Ostafrikanische Zusammenarbeit. Die tansanische Regierung stellte am 16.6.1977 die Auflösung der Gemeinschaft mit Wirkung von diesem Tage an fest. Weitere sieben Jahre dauerte es, bis unter Vermittlung des Schweizers *Victor Umbricht* zwischen Kenia, Tansania und Uganda eine Übereinkunft über die Abwicklung der Ostafrikanischen Gemeinschaft erzielt werden konnte. Am 14.5. 1984 wurde in Arusha (Tansania) ein Schlichtungsvertrag unterzeichnet, der auch das förmliche Ende der Gemeinschaft besiegelte[44].

Die Ursachen für den Zusammenbruch waren vielfältig. Genannt werden vor allem der wirtschaftliche Egoismus der beteiligten Staaten, aber auch gravierende ideologische Unterschiede und nicht zuletzt eigene innerstaatliche Integrationsprobleme mit Angehörigen unterschiedlicher Volksgruppen[45].
Aus rechtlicher Sicht läßt sich nicht ohne weiteres sagen, ob die drei Staaten unter günstigeren politischen Rahmenbedingungen mit dem von ihnen errichteten intergouvernementalen System tatsächlich die festgelegten Ziele der Wirtschaftsintegration hätten erreichen können. Schließlich fehlten dem rechtlichen Rahmen der Ostafrikanischen Gemeinschaft

---

41 *Wühler*, East African Community, EPIL Vol. II, S. 1 ff. (1): „In the first two years of its existence progress in the Community exceeded expectations [...]".

42 Zu erwähnen ist hier nach *Heimsoeth*, Die Auflösung der Ostafrikanischen Gemeinschaft, VRÜ 13 (1980), S. 55 ff. (57), insbesondere „das ostafrikanische Direktorat für die zivile Luftfahrt, der Industrierat, das Literatur-Büro, die Meteorologische Abteilung, die Statistische Abteilung, der Steuer-Ausschuß, die Zoll- und Abgaben-Abteilung sowie eine ganze Anzahl von Forschungsinstituten auf industriellem, landwirtschaftlichem, naturwissenschaftlichem und medizinischem Gebiet".

43 *Ders.*, a.a.O., S. 57 f.; *Friedrich*, Gemeinsamer Markt in Ostafrika und Zentralamerika (Fn 22), S. 160 f. (zur Entwicklung bis 1974).

44 Vgl. ILM 24 (1985), S. 1185.

45 Vgl. *Heimsoeth*, Die Auflösung der Ostafrikanischen Gemeinschaft (Fn 42), S. 58 f.; *Wühler*, East African Community (Fn 41), S. 2. Tansania unter Präsident *Nyerere* etwa praktizierte einen afrikanischen Sozialismus, während Kenias Wirtschaftssystem -pro forma ebenfalls sozialistisch- durchaus als marktwirtschaftlich-liberal bezeichnet werden konnte. Das Regime *Idi Amins* in Uganda verfolgte allein eine diktatorisch-rassistische Politik. Bedingt durch die historische Erblast willkürlich von den Kolonialmächten gezogener Grenzen, waren die Staaten zudem noch mit schwierigen Integrationsfragen im innerstaatlichen Bereich beschäftigt, die nach außen hin eine konsequente Politik der nationalen Souveränität erforderten.

die Elemente, mit denen die EG-Mitgliedstaaten ihre Gemeinschaft zu einem Erfolgsmodell gemacht haben: Gemeinschaftsrechtsakte, die mit Vorrang und unmittelbarer Anwendbarkeit ausgestattet sind, die zentrale Rolle der Europäischen Kommission als unabhängige Hüterin der Verträge und des allgemeinen Wohls, Mehrheitsentscheidungen im Rat, die Unabhängigkeit des Europäischen Parlaments von den nationalen Regierungen und die bedeutende Rolle des Europäischen Gerichtshofs.

Im Jahre 1999 gründeten die Staaten Kenia, Tansania und Uganda eine neue Ostafrikanische Gemeinschaft und hatten so die Gelegenheit, die Voraussetzungen für eine Integration nach europäischem Vorbild zu schaffen.

2. Die *East African Community* von 1999

Am 30.11.1999 unterzeichneten die Präsidenten von Kenia (*Moi*), Tansania (*Mkapa*) und Uganda (*Museveni*) in Arusha den Vertrag zur (Wieder)Errichtung der East African Community[46]. Im 4. Erwägungsgrund der Präambel nennen die drei Staaten die Gründe, die aus ihrer Sicht zum Scheitern der Ostafrikanischen Gemeinschaft von 1967 geführt hatten[47].

Defizite im rechtlichen Rahmen der Gemeinschaft werden dort allerdings nicht genannt. Gleichwohl hat man in dieser Hinsicht einige Veränderungen vorgenommen. Parallel dazu sind aber auch die Aufgaben der Gemeinschaft anspruchsvoller geworden. In Art. 5 Abs. 2 [48]wird gesagt:

> „[T]he Partner States undertake to establish among themselves and in accordance with the provisions of this Treaty, a Customs Union, a Common Market, subsequently a Monetary Union and ultimately a Political Federation [...]".

Als grundlegende Prinzipien der EAC werden zuförderst genannt: „mutual trust" und „political will" (Art. 6 lit. a)) und „good neighbourliness" (Art. 6 lit. b)).

Von ihrer institutionellen Struktur her hat sich die neue EAC stärker an die der EG angenähert. So ist nicht mehr die Konferenz der Staats- und Regierungschefs die „principal executive authority", sondern ihre Hauptaufgabe entspricht jetzt der des Europäischen Rates: Nach Art. 11 Abs. 1 gibt die Konferenz der Gemeinschaft nur noch die allgemeinen Leitlinien, die zu erreichenden Ziele und ihre zukünftige Entwicklung vor. Von daher ist die Umbenennung von 'Authority of the East African Community' (EAC-Vertrag 1967) in 'The Summit' nur folgerichtig. Nichtsdestoweniger behält die Konferenz weiterhin eine bedeutende Rolle im Gefüge der Institutionen (vgl. Art. 11 Abs. 2-9). Vom Konsenserfordernis in der Konferenz und im Rat hat man sich -bei einer Gemeinschaft, die nur aus drei Staaten besteht- aus nachvollziehbaren Gründen, vorbehaltlich anderer Bestimmungen im Protokoll über das Abstimmungsverfahren, nicht getrennt (vgl. Art. 12 Abs. 3; Art. 15 Abs. 4).

---

[46] 'Treaty for the establishment of the East African Community'; Der Vertrag trat am 7.7.2000 in Kraft (Text abrufbar unter: <www.eachq.org/Treaty/eac-TheTreaty.htm>).

[47] „[T]he main reasons contributing to the collapse of the East African Community being lack of strong political will, lack of strong participation of the private sector and civil society in the co-operation activities, the continued disproportionate sharing of benefits of the Community among the Partner States due to their differences in their levels of development and lack of adequate policies to adress this situation.".

[48] In diesem Abschnitt sind Artikel ohne Angabe des Vertrages, dem sie entstammen, solche des EAC-V von 1999.

Akte der Konferenz wie die der übrigen Organe sind nicht länger von der Zuständigkeit des Gemeinschaftsgerichtshofes ausgenommen. So können Partnerstaaten eine Vertragsverletzung durch ein Gemeinschaftsorgan ebenso rügen (Art. 28) wie natürliche Personen (Art. 30). Letzterer Gesichtspunkt ist besonders bemerkenswert, da in Art. 30 als einzige Voraussetzung für die Zulässigkeit der Klage genannt ist, daß der/die Betreffende seinen Wohnsitz in einem Partnerstaat haben muß. Es scheint hier folglich eine Popularklage geschaffen worden zu sein, mit der Individuen auf die Einhaltung des Rechts um seiner selbst Willen klagen können. Auch ein Vorabentscheidungsverfahren betreffend die Interpretation oder Anwendung von Vertragsbestimmungen oder die Prüfung der Gültigkeit von Richtlinien, Verordnungen, Entscheidungen oder Maßahmen der Gemeinschaft ist vorgesehen (Art. 34). Für den Gemeinschaftsgerichtshof eröffnet sich dadurch die Möglichkeit, dem Beispiel des EuGH zu folgen und Grundsätzliches zum Verhältnis von Gemeinschaftsrecht und nationalem Recht zu sagen. Anders als im EGV ist im EAC-Vertrag schon eine ausdrückliche, wenn auch begrenzte Vorrangbestimmung enthalten (Art. 8 Abs. 4[49]). Ob Richtlinien, Verordnungen und Entscheidungen (directives, regulations, decisions) des Ministerrates von der Vorranganordnung ebenfalls erfaßt werden, ist allerdings unklar, da sich diese sekundären Rechtsakte nicht ohne weiteres unter den in Art. 8 Abs. 4 verwendeten Begriff der Gemeinschaftsgesetze (Community laws) subsumieren lassen[50]. Die Aufgabe des Gerichtshofes dürfte es daher sein, im Rahmen eines Vorabentscheidungsverfahrens den Vorrang sämtlichen Gemeinschaftsrechts vor (kollidierendem) nationalem Recht festzustellen.

Die 'Legislative Assembly' erhält unter dem neuen EAC-Vertrag eine größere demokratische Legitimation. Die 27 Mitglieder, die vormals von den Regierungen der drei Partnerstaaten nach einem freien Verfahren bestimmt werden konnten, sind jetzt von den nationalen Parlamenten zu wählen. Die neun Abgeordneten pro Land, die den nationalen Abgeordnetenhäusern selbst nicht angehören dürfen, sollen ein möglichst breites polititisches, gesellschaftliches und Interessen-Spektrum abdecken (Art. 50 Abs. 1). Die fünf *ex-officio*-Mitglieder der 'Legislative Assembly' (die Minister für regionale Kooperation der drei Partnerstaaten, der Generalsekretär und der rechtliche Berater der Gemeinschaft) verfügen bei Abstimmungen über kein Stimmrecht (Art. 58 Abs. 2). Gesetzesvorschläge der Versammlung bedürfen auch weiterhin der Zustimmung der Staatsoberhäupter der drei Partnerstaaten. Wird diese nicht binnen drei Monaten erteilt, wird der Gesetzentwurf mit einer Darlegung der Ablehnungsgründe an die Versammlung zurückverwiesen. Beschließt sie den Entwurf erneut, verändert oder unverändert, wird er wiederum den Staatsoberhäuptern zur Zustimmung vorgelegt. Kann diese ein zweites Mal nicht erreicht werden, gilt der Gesetzentwurf endgültig als gescheitert (Art. 63 Abs.4).

3. Zusammenfassung

Die Veränderungen und Anpassungen, die die EAC durch den Vertrag von 1999 im Vergleich zu ihrer Vorgängerorganisation von 1967 erfahren hat, sind nicht unbedeutend. Der intergouvernementale Charakter der Gemeinschaft ist etwas abgeschwächt worden bei

---

49 „Community organs, institutions and laws shall take precedence over similar national ones on matters pertaining to the implementation of this Treaty".

50 In Art. 8 Abs. 2 lit. b) etwa wird ausdrücklich zwischen „legislation, regulations and directives of the Community" unterschieden. Die Kompetenz für die Gesetzgebung liegt bei der 'Legislative Assembly', während für den Erlaß des sekundären Gemeinschaftsrechts der Rat zuständig ist.

gleichzeitiger deutlicher Stärkung der Position des Gerichtshofes und einer moderaten der gesetzgebenden Versammlung.
Die Vorrangstellung des primären Gemeinschaftsrechts in den mitgliedstaatlichen Rechtsordnungen ist ausdrücklich festgeschrieben worden. Auch hier hat ein erster vorsichtiger Schritt zum supranationalen europäischen Modell der Wirtschaftsintegration stattgefunden.
Die institutionelle Struktur beider Gemeinschaften divergiert allerdings nach wie vor stark. Ausschlaggebend für den zukünftigen Erfolg oder Mißerfolg der EAC dürfte in erster Linie sein, inwieweit das Handeln der drei Partnerstaaten tatsächlich von den von ihnen in Art. 6 niedergelegten grundlegenden Prinzipien des gegenseitigen Vertrauens, des politischen Willens zur Zusammenarbeit und der guten Nachbarschaftlichkeit getragen ist. Die jetzige rechtliche Struktur der EAC steht einem Funktionieren der Dreier-Gemeinschaft jedenfalls nicht entgegen.

II. *Economic Community of West African States* (ECOWAS)

1. Hintergrund und Entstehung der ECOWAS

Am 28.05.1975 wurde in Lagos (Nigeria) der Vertrag zur Gründung der Economic Community of West African States (ECOWAS) bzw. der Communauté Economique des Etats de l'Afrique d'Ouest (CEDEAO) von fünf anglophonen[51] und neun frankophonen[52] Staaten und dem portugiesischsprachigen Guinea-Bissau unterzeichnet[53]. Dem waren 12-jährige Verhandlungen zwischen einer wechselnden Zahl westafrikanischer Staaten vorausgegangen, die im November 1963, kurz nach der Gründung der OAU, auf Initiative der Wirtschaftskommission der Vereinten Nationen für Afrika (ECA) begannen[54]. Die Probleme, die es zwischen den Staaten zu überwinden galt, waren zahlreich und wogen schwer. Der Unwille, die gerade erst erlangte staatliche Souveränität zugunsten einer Integrationsgemeinschaft zumindest teilweise wieder einzuschränken, die -gleichwohl- weiterbestehende semi-koloniale Abhängigkeit zu zwei unterschiedlichen ehemaligen Mutterstaaten, die sich im frankophonen Block nicht zuletzt in der Anbindung an das französische Währungssystem (CFA-Franc) ausdrückte, eine z.T. höchst unterschiedliche ökonomische und demographische Verfassung der einzelnen Staaten sowie das (Weiter-) Bestehen zweier

---

51 Gambia, Ghana, Liberia, Nigeria, Sierra Leone.

52 Dahomey (Benin), Elfenbeinküste, Guinea, Mali, Mauretanien, Niger, Senegal, Togo, Obervolta (Burkina Faso).

53 Text in: ILM 14 (1975), S. 1200 ff.; Der Vertrag trat am 23.6.1975 gem. Art. 62 Abs. 1 in Kraft, nachdem er von sieben Unterzeichnerstaaten ratifiziert worden war. Die Kapverdischen Inseln traten dem Vertrag 1977 nach Art. 62 Abs. 2 bei. Im Jahre 2000 kündigte Mauretanien in Übereinstimmung mit Art. 64 des Vertrages seine Mitgliedschaft in der ECOWAS.

54 Ausführlich zu den Hintergründen *Elias*, The Economic Community of West Africa, YBWA 1978, S. 93 ff. (93-95) und *Okolo*, ECOWAS Regional Cooperation Regime, GYIL 32 (1989), S. 111 ff. (111-113).

regionaler Wirtschaftsvereinigungen zwischen einigen der teilnehmenden Staaten[55] stellten nur einige Hindernisse auf dem Weg zur ECOWAS dar[56].

2. Ziele und Tätigkeiten der ECOWAS nach dem Gründungvertrag von 1975

Als Ziel der Gemeinschaft wird in Art. 2 Abs. 1[57] die Förderung von Kooperation und Entwicklung in allen Bereichen wirtschaftlicher Tätigkeit[58] genannt, um eine Verbesserung der Lebensverhältnisse ihrer Völker, die Steigerung und Aufrechterhaltung wirtschaftlicher Stabilität und die Förderung enger Beziehungen zwischen ihren Mitgliedstaaten zu erreichen sowie einen Beitrag zu Fortschritt und Entwicklung des Afrikanischen Kontinents zu leisten. In der Präambel der EWG-Vertrages vom 25.3.1957[59] findet man alle diese Elemente wieder.

Die Mittel, mit denen diese Ziele erreicht werden sollen, sind in Art. 2 Abs. 2 genannt:

> „For the purposes set out in the preceding paragraph and as hereinafter provided for in this Treaty, the Community shall by stages ensure:
>
> (a) the elimination as between the Member States of customs duties and other charges of equivalent effect in respect of the importation and exportation of goods;
>
> (b) the abolition of quantitative and administrative restrictions on trade among Member States;
>
> (c) the establishment of a common customs tariff and a common commercial policy towards third countries;
>
> (d) the abolition as between the Member States of the obstacles to the free movement of persons, services and capital;
>
> (e) harmonization of the agricultural policies [...];"
>
> [(f) bis j)].

Auch bei Fortsetzung dieser Liste stellt man fest, daß sie fast wörtlich mit derjenigen übereinstimmt, die in Art. 3 der ursprünglichen Fassung des EWG-Vertrages, also der zum Zeitpunkt der Abfassung des ECOWAS-Vertrages gültigen, übereinstimmt. Ebenso vorgesehen ist im ECOWAS-Vertrag -wie in Art. 3 EWGV („nach Maßgabe der vorgesehenen Zeitfolge")- die schrittweise Verwirklichung der angegebenen Tätigkeiten der Gemeinschaft[60]. Eine wesentliche Bestimmung vermißt man allerdings in der "afrikanischen

---

55 Zu nennen sind hier insbesondere die 1972 von Dahomey (Benin), der Elfenbeinküste, Mali, Mauretanien, Niger, Obervolta (Burkina Faso) und dem Senegal gegründete CEAO (Communauté Economique de l'Afrique de l'Ouest), die an die Stelle der alten UDAO (*U*nion *D*ouanière de l'*A*frique *O*ccidentale) von 1959 (seit 1966 UDEAO = *U*nion *D*ouanière et *E*conomique de l'*A*frique de l'*O*uest) trat und die seit 1973 zwischen Liberia, Sierra Leone und Guinea bestehende Mano River Union (MRU).

56 *Elias*, The Economic Community of West Africa (Fn 54), S. 95-98; *Okolo*, Integrative and cooperative regionalism: the Economic Community of West African States, IO 39 (1985), S. 121 ff. (133 ff. -mit einer Tabelle der wesentlichen Daten der 16 Staaten auf S. 125).

57 Artikel ohne Angabe des Vertrages, dem sie entstammen, sind in diesem Abschnitt solche des ECOWAS-Vertrages von 1975.

58 Ausdrücklich erwähnt werden („particularly in the fields of"): Industrie, Transport, Telekommunikation, Energie, Landwirtschaft, Natürliche Ressourcen, Handel, Währungs- und Finanzfragen sowie soziale und kulturelle Angelegenheiten.

59 BGBl. 1957 II, S. 766 ff.

60 Diese ist durchaus ehrgeizig: Während der ersten 2 Jahren nach Inkrafttreten des Vertrages (1975) dürfen die Mitgliedstaaten keine neuen Steuern und Zölle untereinander einführen (Art. 13 Abs. 2), ein weiteres Jahr später sollen sämtliche innerstaatlichen protektionistischen Steuern auf Waren aus anderen Mitgliedstaaten abgeschafft sein (Art. 17 Abs. 2). 10 Jahre nach Inkrafttreten des Vertrages sollen gem. Art. 13 Abs. 3 die innergemeinschaftlichen Zölle abgeschafft und mengenmäßige Beschränkungen oder Maßnahmen gleicher

Version" des Aufgabenkataloges: Die in Art. 3 lit. h) E(W)GV vereinbarte Angleichung der innerstaatlichen Rechtsvorschriften, die erfolgen soll, soweit dies für das ordnungsmäßige Funktionieren des Gemeinsamen Marktes erforderlich ist. Im System der Europäischen Gemeinschaft stellt diese unscheinbare Vorschrift allerdings den zentralen Integrationsauftrag an die Gemeinschaftsorgane dar.

3. Institutioneller und struktureller Rahmen nach dem Vertrag von 1975

Nach Art. 4 Abs. 1 des ECOWAS-Vertrages verfügt die Gemeinschaft über folgende Organe, die als „institutions" bezeichnet werden: a) die Konferenz der Staats- und Regierungschefs, b) den Ministerrat, c) ein Sekretariat, d) ein Tribunal der Gemeinschaft und e) über vier Fachkommissionen für die zentralen Tätigkeitsbereiche[61].

„Principal governing body" der ECOWAS ist die Konferenz (Art. 5 Abs. 1). Von ihrer Funktion her entspricht sie einerseits dem EWG-Ministerrat. Andererseits stellt dieses Organ nichts anderes als eine institutionalisierte Regierungskonferenz dar. Dementsprechend intergouvernemental geprägt ist die Entscheidungsbefugnis der mindestens einmal jährlich tagenden Konferenz. Ihre Entscheidungen und Anordnungen sind zwar gem. Art. 5 Abs. 3 für alle Organe der Gemeinschaft verbindlich, doch eine Befugnis zum Erlaß von die Mitgliedstaaten bindenden Rechtsakten -wie in Art. 189 EWG-Vertrag (Art. 249 EGV) vorgesehen- besteht unter dem Vertrag von 1975 nicht. Mangels ausdrücklicher abweichender Bestimmungen im Vertrag können Entscheidungen der Konferenz für die Mitgliedstaaten daher nur nach Ratifikation entsprechend den nationalen Bestimmungen Verbindlichkeit erlangen[62]. Die Praxis der Konferenz bestätigte zudem die Einhaltung des Einstimmigkeitsprinzips[63].

Der Ministerrat und das Sekretariat der ECOWAS erfüllen gemeinsam einige der Funktionen, die der Europäischen Kommission gem. Art. 155 EWGV (Art. 211 EGV) zukommen. Der Ministerrat besteht aus zwei Vertretern jedes Mitgliedstaates und hat die Aufgabe, die Funktionsfähigkeit und die Entwicklung der Gemeinschaft zu überwachen, der Konferenz Empfehlungen über Angelegenheiten im Tätigkeitsbereich der Gemeinschaft zuzuleiten, untergeordneten Organen der Gemeinschaft Anweisungen zu erteilen und sonstige ihr durch den Vertrag übertragene Pflichten zu erfüllen (Art. 6 Abs. 2). Die Entscheidung über die Wirkung und die Wirksamkeit der Beschlüsse des Ministerrates liegt gem. Art. 7 bei der Konferenz.

Im Gegensatz zum Ministerrat, der nur zweimal jährlich tagt (einmal, um die Treffen der Konferenz vorzubereiten), ist das Sekretariat ein permanentes Organ mit Sitz in Abuja (Nigeria), das mit der alltäglichen Verwaltungsarbeit betraut ist (Art. 8)[64].

Was schließlich das in Art. 4 Abs. 1 lit. d) vorgesehene Tribunal der Gemeinschaft anbelangt, so einigte man sich in der einzigen Bestimmung des Vertrages bzgl. des Gerichts, in

---

Wirkung (Art. 18 Abs. 1) verboten sein. Nach insgesamt 15 Jahren soll ein gemeinsamer Außenzoll eingeführt (Art. 14 Abs. 2) und mithin eine Zollunion errichtet sein (Art. 12).

61 Art. 4 Abs. 1: „[...] the Authority of Heads of State and Government; the Council of Ministers; the Executive Secretariat; the Tribunal of the Community; and the following Technical and Specialized Commissions: [...]".

62 Vgl. *Okolo*, ECOWAS Regional Cooperation Regime (Fn 54), S. 135.

63 *Ajulo*, Economic Community of West African States, EPIL Vol. II., S. 16 ff. (18); *Ntumba*, Ressemblances et dissemblances institutionnelles entre la CEDEAO, la CEEAC et la ZEP - in: Lavergne (Hrsg.), Intégration et coopération régionales en Afrique de l'Ouest, S. 349 ff. (356).

64 *Elias*, The Economic Community of West Africa (Fn 54), S. 101.

Art. 11 Abs. 1, auf eine potentiell weitreichende allgemeine Zuständigkeitsklausel, die mit der des Art. 164 EWGV[65] identisch ist: „[The] Tribunal of the Community [...] shall ensure the observance of law and justice in the interpretation of the provisions of this Treaty". Das Tribunal der Gemeinschaft soll außerdem über Streitigkeiten zwischen Mitgliedstaaten abschließend entscheiden (Art. 11 Abs. 1 i.V.m. Art. 56).
Bestimmungen über Zuständigkeit, Zusammensetzung etc. des Tribunals sowie seine Verfahrensordnung sollten gem. Art. 11 Abs. 2 von der Konferenz verabschiedet werden. Bis 1990 konnte man sich dort allerdings nicht einmal über die Errichtung des Gerichts einigen.

4. Zwischenergebnis

Die Ausgestaltung des institutionellen Rahmens der ECOWAS ließ Zweifel geboten erscheinen, ob die Gemeinschaft die aus dem EWG-Vertrag übernommenen Aufgaben würde erfüllen können. Der „Intergouvernementalismus", der den gesamten Vertrag prägt, ließ eine effektive Durchsetzung der vertraglichen Vorgaben für die Mitgliedstaaten zur Realisierung der Zollunion kaum zu. Sanktionen gegen vertragswidrig handelnde Mitgliedstaaten waren mit der uneingeschränkten Dominanz der nationalen Regierungen in den Entscheidungsgremien und dem dort herrschenden Einstimmigkeitsprinzip ebensowenig zu vereinbaren wie die Unterwerfung unter eine obligatorische Gerichtsbarkeit[66]. Selbst dort, wo die Konferenz Entscheidungen einstimmig traf, bis zum Jahre 1989 waren es über 70, wurden nur wenige überhaupt ratifiziert und umgesetzt[67]. Bis 1990, also dem Jahr, in dem die Zollunion zwischen den Mitgliedstaaten der ECOWAS hätte realisiert sein sollen, war die Gemeinschaft nur unwesentlich weitergekommen. Keiner der im Vertrag genannten Schritte zur Wirtschaftsintegration konnte als erreicht gelten[68]. Mithin wurde auch der Zweck des Bestehens der Gemeinschaft verfehlt, zur Verbesserung der Lebensverhältnisse der Bevölkerung, zur Förderung von wirtschaftlicher Stabilität und Wachstum sowie zur Festigung gut-nachbarschaftlicher Beziehungen zwischen den Völkern beizutragen. Geradezu symptomatisch ist, daß als einzige erwähnenswerte Errungenschaften der Gemeinschaft genannt werden: der visumfreie innergemeinschaftliche Reiseverkehr, die Einführung der sog. ECOWAS Brown Card -sie soll für ihren Inhaber eine

---

65 Art. 164 EWGV -bis heute im Grundsatz unverändert- lautet: „Der Gerichtshof sichert die Wahrung des Rechts bei der Auslegung und Anwendung dieses Vertrages.".

66 In Art. 54 Abs. 3 des Vertrages ist zwar die Möglichkeit einer Suspendierung der Mitgliedschaft bei Beitragsrückständen „by the resolution of the Authority" vorgesehen. Doch ist weder klar, nach welchem Modus abgestimmt werden soll noch erstreckt sich die Sanktionsmöglichkeit auf sonstiges vertragswidriges Verhalten eines Mitgliedstaates.

67 *Okolo*, ECOWAS Regional Cooperation Regime (Fn 62), S. 135; *Bundu*, La CEDEAO et l'avenir de l'intégration régionale en Afrique de l'Ouest - in: Lavergne (Hrsg.), Intégration et coopération régionale en Afrique de l'Ouest, S. 41 ff. (50).

68 Vgl. die (selbst)kritische Bilanz des ehemaligen 'Executive Secretary' der ECOWAS (1989-1993), *Abass Bundu*, a.a.O.: „La libéralisation effective du commerce a été [...] négligeable en ce qui concerne la CEDEAO [...]. La part du commerce intra-CEDEAO dans l'ensemble des échanges commerciaux enregistrés des pays membres a stagné depuis la création de cette communauté." (S. 48). An anderer Stelle weist er darauf hin, daß die Wachstumsraten in den Ländern der Sub-Sahara-Region von + 1,5 % während der 60er über + 0,7 % in den 70er auf -1,2 % in den 80er Jahren gesunken waren (S. 42). S.a. *Bach*, Crise des institutions et recherche de nouveaux modèles - in: Lavergne (Hrsg.), Intégration et coopération régionales en Afrique de l'Ouest, S. 95 ff. (101): „On constate en effet des blocages plus ou moins absolus dans chacune des grandes aires d'intervention de la CEDEAO: [es folgt eine Bewertung, gegliedert nach den einzelnen Integrationsbereichen]".

weniger bürokratische Schadensregulierung bei Autounfällen in einem anderen Mitgliedstaat gewährleisten- sowie die Möglichkeit, Telefongespräche innerhalb der Gemeinschaft dank des Intelcom-Projekts nicht mehr generell über Europa abwickeln zu müssen[69].
Angesichts dieser durchweg ernüchternden Bilanz wurden Anfang der 90er Jahre Versuche unternommen, den Integrationsprozeß wiederzubeleben und ein faktisches Scheitern wie im Falle der Ostafrikanischen Gemeinschaft zu verhindern. Zu diesem Zweck wurde 1991 zunächst das Protokoll zur Errichtung eines Gerichtshofes der Gemeinschaft unterzeichnet, drei Jahre später dann der revidierte ECOWAS-Vertrag.

5. Reformen im ECOWAS-System 1991 und 1993

a) Errichtung des 'Community Court of Justice'

Auf ihrer 14. Sitzung im Juli 1991 verabschiedete die Konferenz der Staats- und Regierungschefs der ECOWAS endlich das Protokoll zur Errichtung des 'Community Court of Justice'[70]. Durch die bewußte terminologische Abweichung von der eigentlich in Art. 4 und 11 des ECOWAS-Vertrages vorgesehenen Bezeichnung 'Tribunal' wollte man die herausgehobene Bedeutung des Gerichtshofs unterstreichen, dessen Tätigkeit sich nicht in der eines herkömmlichen (Administrativ-)Tribunals erschöpfen soll.
Der Gerichtshof besteht aus sieben Richtern, die die Staatsangehörigkeit eines ECOWAS-Staates besitzen müssen und die von der Konferenz ernannt werden, wobei aus keinem Land zwei Richter ausgewählt werden dürfen. Die Amtszeit beträgt 5 Jahre und ist einmal erneuerbar (Art. 4 Abs. 1 Protokoll). Um die Unabhängigkeit des Gerichts und der Richter zu gewährleisten, werden ihnen Vorrechte und Immunitäten gewährt, wie sie diplomatische Missionen und Diplomaten in den Mitgliedstaaten genießen (Art. 6 Abs. 1 Protokoll).
In Art. 9 des Protokolls (Competence of the Court) wird zunächst in Abs. 1 u. 2 die aus Art. 11 Abs. 1 des ECOWAS-Vertrages von 1975 bekannte Zuständigkeitsregelung wiederholt, bevor es in Abs. 3 heißt:

> „A Member State may, on behalf of its nationals, institute proceedings against another Member State or Institution of the Community, relating to the interpretation and application of the provisions of the Treaty, after attempts to settle the dispute amicably have failed."

Der nur indirekte Zugang von Individuen zu dem Gerichtshof ist sicherlich per se ein Manko, da das Verfahren über die Mitgliedstaaten eine weitere Barriere für den um Rechtsschutz nachsuchenden Bürger darstellt und nicht zur notwendigen Förderung der Akzeptanz der Gemeinschaft und des Gerichtes bei den Bürgern beiträgt[71]. Ein Komitee bedeutender Persönlichkeiten (Committee of Eminent Persons), das mit der Überarbeitung

---

69 *Buor*, Integrating West Africa Through the Economic Community of West African States (ECOWAS) - in: Boon-Thong (Hrsg.), Vanishing Borders: The New International Order of the 21st Century, S. 231 ff. (238 u. 242); *Okolo*, ECOWAS Regional Cooperation Regime (Fn 62), S. 136 f.

70 Protocol A/P.1/7/91 on the Community Court of Justice, 6.7.1991 (abgedruckt in: RADIC 8 (1996), S. 228 ff.).

71 *Bundu*, La CEDEAO et l'avenir de l'intégration régionale en Afrique de l'Ouest (Fn 68), S. 51, beklagt, daß es immer noch an einer „culture d'intégration" in der Region fehle: „Dans quelle mesure a-t-on encouragé les citoyens à réfléchir en tant que Ouest-Africains?".

des ECOWAS-Vertrages von 1975 von der Konferenz beauftragt wurde, hatte dagegen empfohlen, den direkten Zugang natürlicher Personen zu dem Gerichtshof zuzulassen[72].
Durch Art. 10 des Protokolls wird dem Gerichtshof auch eine Gutachten-Zuständigkeit eingeräumt.
Art. 22 Abs. 3 des Protokolls schließlich besagt:

> „Member States and Institutions of the Community shall take immedeately all necessary measures to ensure execution of the decisions of the Court."

Hier stellt sich die Frage, wie es um die Befolgung der für die Mitgliedstaaten verbindlichen Urteile bestellt ist. Bedenken scheinen aus zweierlei Gründen angebracht zu sein: Zum einen bereitet schon, wie gesehen, die Umsetzung der ECOWAS Rechtsakte durch die Mitgliedstaaten äußerste Schwierigkeiten. Wieso sollte es sich bei den Urteilen des Gerichtshofes anders verhalten? Zum anderen herrscht, darauf weist *Kufour* hin, im postkolonialen Afrika seitens der Exekutive z.T. noch eine Kultur der systematischen Beschneidung und Mißachtung der Autorität der Judikative[73]. Warum sollten sich Mitgliedstaaten also veranlaßt sehen, diese Haltung ausgerechnet gegenüber dem ECOWAS-Gerichtshof zu ändern?
Im Januar 2001 wurden die 7 Richter des Gerichtshofs vereidigt, so daß der Aufnahme der Tätigkeit des Gerichtshofes an sich nichts mehr entgegensteht. Es bleibt abzuwarten, welche Bedeutung der Gerichtshof im Gefüge der Institutionen spielen wird.

b) Revision des ECOWAS-Vertrages 1993

Im Juli 1993 unterzeichneten die 16 Staats- und Regierungschefs auf ihrem Treffen in Cotonou (Benin) einen revidierten ECOWAS-Vertrag[74], der am 23.8.1995 nach Ratifikation durch den neunten Mitgliedstaat in Kraft trat.
Der Vertrag bringt, zumindest von seinem Wortlaut her, einige bedeutende Änderungen für die Gemeinschaft mit sich.

Hervorzuheben ist dabei insbesondere, daß in das ECOWAS-System gewisse supranationale Elemente Einzug halten. Eine erste Andeutung dafür findet sich in der umgestalteten und erweiterten Tätigkeitsliste für die Gemeinschaft in Art. 3 des Vertrages. Die Schaffung eines Gemeinsamen Marktes (Abs. 2 lit. d)) und einer Währungsunion (Abs. 2 lit. e)) soll begleitet werden durch „the establishment of an enabling legal environment" (Abs. 2 lit. h). Mit einem solchen „günstigen rechtlichen Umfeld" kann durchaus auch die Harmonisierung von Rechtsbestimmungen der Mitgliedstaaten gemeint sein.
Für die Beschlüsse der Konferenz ist in Art. 9 Abs. 2 vorgesehen, daß diese, abhängig vom Gegenstand der Beratung, „by unanimity, consensus or, by a two-thirds majority of the Member States" gefaßt werden. Solange allerdings die Bereiche, in denen Mehrheitsbeschlüsse möglich sein sollen, nicht durch das in Abs. 3 vorgesehene Protokoll bestimmt sind -das wiederum der Ratifikation durch sämtliche Mitgliedstaaten bedarf- bleibt es bei reinen Mehrheitsentscheidungen in allen Angelegenheiten. Unabhängig davon ist aber vorgesehen, daß erstmals Beschlüsse der Konferenz neben den Organen der Gemeinschaft auch die Mitgliedstaaten unmittelbar binden, vorbehaltlich einer gegenteiligen Entschei-

---

[72] Vgl. *Kufour*, Securing Compliance with the Judgements of the ECOWAS Court of Justice, RADIC 8 (1996), S. 1 ff. (8 f.) unter Hinweis auf: *Draft CEP Report*, June 1992 (ECW/CEP/TREV/IV/2), S. 20; *Final CEP Report* (no date), S. 20-21.
[73] *Ders.*, a.a.O., S. 7 f.
[74] Text in: ILM 35 (1996), S. 660 ff.

dung des Gemeinschaftsgerichtshofes (Abs. 4). In Art. 77 ist in diesem Zusammenhang ein ausdifferenzierter Sanktionskatalog vorgesehen für den Fall, daß ein Mitgliedstaat seine Verpflichtungen (nicht mehr nur seine Beitragspflicht![75]) gegenüber der Gemeinschaft nicht erfüllt. Der Anwendungsmodus für diese Bestimmung wurde allerdings wiederum einer weiteren Entscheidung der Konferenz vorbehalten (Art. 77 Abs. 4).
Dem Ministerrat wird das neue Handlungsinstrument der Verordnung (regulation) zur Verfügung gestellt. Solche Verordnungen binden auch die Mitgliedstaaten, wenn sie die Zustimmung der Konferenz erhalten (Art. 12 Abs. 3 S. 2).

In Art. 6 Abs. 1 lit. c) i.V.m. Art. 13 ist ein Gemeinschafts-Parlament vorgesehen. Das entsprechende Protokoll wurde 1994 unterzeichnet und trat am 14.3.2000 in Kraft. Die 120 Abgeordneten werden durch direkte Wahl in den Mitgliedstaaten bestimmt. Bis zur Abhaltung der Wahlen entsenden noch die nationalen Parlamente Vertreter in die Gemeinschafts-Versammlung. Im November 2000 fand die Einsetzung des Parlamentes statt, im Januar 2001 kam es zu seiner ersten Plenarsitzung zusammen. Seine Aufgabe besteht vor allem in der demokratischen Kontrolle der Gemeinschaftsorgane. Am Gesetzgebungsverfahren ist das Parlament indes nur mit beratender Funktion beteiligt.

6. Zusammenfassung

Nimmt man den EG-Vertrag als Vergleichsmaßstab, so ist insgesamt zu konstatieren, daß im institutionellen Bereich der ECOWAS unter dem neuen Vertrag nur recht bescheidene Fortschritte gemacht wurden, daß aber zumindest die vertraglichen Voraussetzungen für Fortschritte bei der Wirtschaftsintegration geschaffen worden sind.
Der verordnete Zeitrahmen für die Errichtung des Gemeinsamen Marktes und der Wirtschafts- und Währungsunion ist dafür um so enger gesteckt. Das erste Ziel soll gem. Art. 54 bis spätestens 2005 erreicht sein, das zweite Ziel bis 2010 (Art. 55)[76]. Abzuwarten bleibt, ob diese Zeitvorgaben eingehalten werden können.
Letztlich kann die Lösung nur im konsequenten Gebrauch der wenigen bereits jetzt im Vertrag angelegten supranationalen Entscheidungsmechanismen liegen sowie in deren systematischer Ausweitung, vor allem durch die Einführung von Mehrheitsentscheidungen.
Damit ist auch gleichzeitig das Paradoxon des (west)afrikanischen Integrationsprozesses aufgezeigt: Man strebt im Kern die gleichen Integrationsziele an wie die Europäische Gemeinschaft, stattet aber die zu diesem Zweck errichtete Internationale Organisation mit einer für die Zweckerreichung unzureichenden koordinationsrechtlichen Rechtsordnung aus. In den Worten von *Ibriga*:

> „L'un des paradoxes de l'intégration économique ouest-africaine avait toujours été de vouloir réaliser les objectifs de l'intégration avec des institutions de coopération. Le caractère interétatique de ces

[75] Die Beitragspflicht der Mitgliedstaaten bleibt zwar auch weiterhin bestehen (Art. 73), doch wird sie durch eine Gemeinschaftserhebung (Community Levy) ergänzt, die der Gemeinschaft eine größere Finanzautonomie verschaffen soll. Ihr fließen 0,5 % der Summe aller Zolleinnahmen für Importe aus Drittstaaten in die Gemeinschaft zu (Art. 72 Abs. 2).

[76] Auf einem "kleinen" ECOWAS-Gipfel der Staatspräsidenten der englischsprachigen Mitgliedsstaaten (Gambia, Ghana, Guinea, Nigeria und Sierra-Leone) am 20.04.2000 in Accra (Ghana) wurde vereinbart, bereits zum 1.1.2003 zwischen diesen Staaten eine gemeinsame Währungszone zu errichten. Bei seinem 48. Treffen am 17.12.2001 beschloß der ECOWAS-Ministerrat, die zu errichtende Währungszone bis Ende 2004 mit der bereits zwischen den 7 frankophonen Mitgliedstaaten bestehenden Währungszone des CFA-Franc (dazu unten) zu einer einheitlichen West African Monetary Zone (WAMZ) zu verschmelzen. Die gemeinsame Währung soll 'eco' heißen.

institutions dans lequels prédominait le principe de souveraineté était en totale opposition avec les principes de solidarité et de supranationalité qu'implique l'idée d'intégration"[77].

III. *Union Economique et Monétaire Ouest-Africaine* (UEMOA)

Nur ein halbes Jahr nach der Revision des ECOWAS-Vertrages beschlossen die 7 frankophonen ECOWAS-Mitgliedstaaten die Gründung einer neuen westafrikanischen Wirtschafts- und Währungsunion.

1. Hintergrund und Entstehung der UEMOA

Der Vertrag über die „Union Economique et Monétaire Ouest-Africiane (UEMOA)" wurde am 10.1.1994 von den Staats- und Regierungschefs von Benin, Burkina Faso, der Elfenbeinküste, Mali, Niger, dem Senegal und Togo in Dakar (Senegal) unterzeichnet[78]. Schon am 1. August desselben Jahres konnte der Vertrag in Kraft treten[79]. Er ersetzt die im März 1994 aufgelöste CEAO (Communauté Economique de l'Afrique de l'Ouest) von 1972 und inkorporiert bzw. transformiert die UMOA (Union Monétaire Ouest Africaine) von 1962.

Die Voraussetzungen für die Gründung waren nicht ungünstig: Die CEAO wurde in einem Weltbankbericht von 1989 als „among Africa's market integration schemes [...] most successful" bezeichnet[80]. Die UMOA ist eine funktionierende Währungsgemeinschaft mit der Zentralbank Westafrikanischer Staaten (BCEAO) an ihrer Spitze, deren Gouverneur als der Architekt des UEMOA-Vertrages gilt[81]. Zudem blicken die Mitgliedstaaten der UEMOA auf eine gemeinsame französische Kolonialgeschichte zurück, mit der sich die Homogenität dieser Staaten im politischen, rechtlichen und kulturellen Bereich erklärt. Was die Rivalität zur ECOWAS angeht, so wird versucht, diese zu überdecken. Im ersten Erwägungsgrund der Präambel des UEMOA-Vertrages bekennt man sich ausdrücklich zu den Zielen der ECOWAS, und der Gouverneur der BCEAO erklärte: „Le schéma d' intégration de l'Union entend donner une impulsion nouvelle à la CEDEAO [ECOWAS] en conformant un de ses pôles et, partant, en introduisant en son sein un facteur dynamisant et équilibrant à côté du pôle nigérian"[82].

Nicht ganz im Einklang damit steht allerdings, daß im achten Erwägungsgrund der Präambel des UEMOA-Vertrages die anderen westafrikanische Staaten eingeladen werden, sich den gemeinsamen Integrationsbemühungen im Rahmen der UEMOA anzuschließen,

---

[77] *Ibriga*, L'UEMOA: Une nouvelle approche de l'intégration économique régionale en Afrique de l'Ouest, AfrYBIL 6 (1998), S. 23 ff. (47).

[78] Text abrufbar unter: <www.uemoa.int/actes/traité/Traite.htm>.

[79] Guinea-Bissau trat der Union nach Art. 104 des Vertrages am 2.5.1997 bei.

[80] *World Bank*, Sub-Saharan Africa - From Crisis to Sustainable Growth, 1989, S. 149.

[81] Vgl. *Ibriga*, L'UEMOA: Une nouvelle approche de l'intégration économique régionale en Afrique de l'Ouest (Fn 77), S. 24 f.

[82] *BCEAO*, Mission de sensibilisation sur le schéma d'intégration économique des Etats membres de l'UMOA, Note introductive du Gouverneur *Charles Konan Banny*,version resumée, S. 7 (zitiert nach *Ibriga*, a.a.O., Fn 8). Angespielt wird auf die extreme wirtschaftliche Dominanz des anglophonen Nigeria in der ECOWAS. Der flächenmäßig keineswegs größte der ECOWAS-Staaten verfügt mit 127 Mio. Einwohnern über deutlich mehr als die übrigen 14 ECOWAS-Staaten zusammen (106,4 Mio.). Im Jahr 2000 betrug das Bruttosozialprodukt Nigerias 32,7 Mrd. US $ und lag damit nur um 3,7 Mrd. US $ niedriger als die Summe der Bruttosozialprodukte der übrigen Mitgliedstaaten (Quelle: *World Bank*, World Development Indicators 2002, S. 18 ff.).

was auch in der Beitrittsbestimmung des Art. 103 Abs. 1 des Vertrages zum Ausdruck kommt („Tout Etat Ouest Africaine peut demander à devenir membre de l'Union").

Die neu geschaffene Union kann vor allem im Hinblick auf die institutionelle wie strukturelle Ausgestaltung ihrer Rechtsordnung Vorbildcharakter für das ECOWAS-System haben.
Denn anders als dort hat man sich nicht nur an den ehrgeizigen Zielen der Europäischen Gemeinschaft orientiert, sondern man hat auch alle wesentlichen Elemente der Gemeinschaftsrechtsordnung übernommen.

2. Ziele und Tätigkeiten der UEMOA

Die 1994 gegründete UEMOA verfolgt im Kern die gleichen Ziele wie die ECOWAS nach dem revidierten Vertrag von 1993. Auch hier soll ein gemeinsamer Markt auf der Grundlage von freiem Personen-, Waren-, Dienstleistungs- und Kapitalverkehr sowie einem gemeinsamen Außenzoll-Tarif entstehen (Art. 4 lit. c[83])[84]. Der Weg zur Erreichung dieses Zieles unterscheidet sich allerdings deutlich von dem der ECOWAS, denn anders als dort kann die UEMOA bereits auf eine seit langem bestehende Integration im Währungsbereich zurückblicken, weshalb die Währungsunion auch als Keimzelle der neuen Union dienen soll. Die so bereits vorhandene, im großen und ganzen positive Erfahrung mit dem Verzicht auf die Währungshoheit zugunsten des Franc CFA[85] dürfte bei den Mitgliedstaaten auch die Vorbehalte gegen weitere Souveränitätseinschränkungen zugunsten einer supranationalen Organisation zur umfassenden regionalen Wirtschaftsorganisation minimiert haben. Statt wie die ECOWAS im Kern weiterhin den souveränitätswahrenden intergouvernementalen Weg zur Wirtschaftsintegration zu beschreiten, wählt die UEMOA einen neuen Ansatz, der bereits in der Präambel des Gründungsvertrages deutlich formuliert wird:

> „*Désireux* de compléter à cet effet l'Union Monétaire Ouest Africaine (UMOA) par de nouveaux transferts de souveraineté et de transformer cette Union en une Union Economique et Monétaire (UEMOA), dotée de compétences nouvelles, [...]" (8. Erwägungsgrund).

Die ausdrückliche Ankündigung von „transferts de souveraineté" und „compétences nouvelles" sucht man sogar im EGV vergebens. Im operativen Teil des Vertrages findet die ernsthafte Absicht zu effektiver rechtlicher Integration ihrer Bestätigung, wenn in Art. 4 lit. e) als eines Ziele der Union genannt wird:

> „harmoniser, dans la mesure nécessaire au bon fonctionnement du marché commun, les législations des Etats membres et particulièrement le régime de la fiscalité,".

---

[83] Vorschriften ohne Vertragsangabe in diesem Kapitel sind solche des UEMOA-Vertrages.

[84] Seit dem 1.1.2000 herrscht innerhalb der UEMOA freier Verkehr für Produkte aus Landwirtschaft, Viehzucht und Handwerk sowie für im einzelnen bestimmte Industrieprodukte mit Herkunft aus einem UEMOA-Staat (vgl. Acte Additionnel n° 04/98; während der Übergangsphase vom 1.7.1996 bis zum 31.12.1999 wurde der Vorzugszoll auf Waren im Binnenverkehr, die sog. 'Taxe Préférentielle Communautaire', schrittweise auf 0% gesenkt -vgl. 'Acte Additionnel n° 04/96' vom 10.5.1996 u. 'Acte Additionnel n° 01/97' vom 23.6. 1997).
Zum 1.1.2000 ist auch der gemeinsame 4-stufige Außenzolltatif (*T*arif *E*xtérieur *C*ommun) -0, 5, 10 und 20 %- in Kraft getreten. Rechtsgrundlage ist die Verordnung (Règlement) n° 02/97 des Ministerrates vom 28.11. 1997.

[85] Ursprünglich: Franc des *C*olonies *F*rançaises d'*A*frique; ab 1958: Franc de la *C*ommunauté *F*rançaise d' *A*frique; heute: Franc de la *C*ommunauté *F*inancière d'*A*frique.

Darüber hinaus sollen, wie auch in der EG, gemeinsame Politiken in verschiedenen Bereichen eingeführt werden (Art. 4 lit. d) UEMOA-V[86]). Einen bedeutsamen Schritt zur Festigung der Währungsunion haben die Mitgliedstaaten durch die Verabschiedung eines Wachstums- und Stabilitätspaktes nach europäischem Vorbild[87] vollzogen[88].
Zu klären ist allerdings, inwiefern auch die Ausgestaltung des institutionellen Systems der UEMOA, insbesondere die Kompetenzausstattung der einzelnen Organe, eine konsequente Umsetzung der in Art. 4 genannten Ziele erlaubt.

3. Institutionelles System der UEMOA

a) Allgemeiner rechtlicher Rahmen

Das erste Kapitel (Art. 9-15) im Titel II des UEMOA-Vertrages (Du Système institutionnel de l'Union) trägt die Überschrift: „Du Statut de l'Union". Für fast jede der darin enthaltenen Vorschriften läßt sich eindeutig eine Vorlage aus den Allgemeinen und den Schlußbestimmungen des EGV ausmachen, mit denen sie z.T. wortwörtlich -in der französischen Version des EG-Vertrages- übereinstimmen.
In Art. 9 wird erklärt, daß die Union Rechtspersönlichkeit besitzt (vgl. Art. 281 EGV) und daß sie über Rechts- und Geschäftsfähigkeit in den Mitgliedstaaten verfügt sowie über die Fähigkeit, bewegliches und unbewegliches Vermögen zu erwerben und zu veräußern (vgl. Art. 282 EGV). Art. 9 S. 5 sieht ausdrücklich die vertragliche Haftung der Union vor (vgl. Art. 288 Abs. 1 EGV).
Die Vorschrift des Art. 11 über die Unionsbeamten ist sogar bis hin zur Festlegung der qualifizierten Mehrheit für die Verabschiedung des Beamtenstatuts identisch mit der Bestimmung des Art. 283 EGV.
Art. 13 Abs. 1 S. 1 entspricht Art. 302 EGV (Beziehungen zu internationalen Organisationen). Die Regelungen über das Vertragsabschlußverfahren der EG (Art. 300 EGV) sind -um ihre beteiligungsrechtlichen Besonderheiten bereinigt- in Art. 13 Abs. 2 i.V.m. 84 enthalten. Art. 14 schließlich ist aus Art. 305 EGV entwickelt worden und regelt das Verhältnis des Vertrages zu früheren von den Mitgliedstaaten geschlossenen völkerrechtlichen Verträgen.

Es deutet sich bereits hier an, daß mit der UEMOA offensichtlich eine Internationale Organisation exakt nach dem Vorbild der Europäischen Gemeinschaft geschaffen werden sollte.

b) Unionsorgane und ihre Zuständigkeiten

In Art. 16 Abs. 1 werden als Organe der Union die Konferenz der Staats- und Regierungschefs, der Ministerrat, die Kommission, der Gerichtshof und der Rechnungshof genannt. Ein Unions-Parlament wird zwar nicht unmittelbar erwähnt, aber in Abs. 2 ist die Rede von einem 'Comité interparlementaire'. Wie aus Art. 35 hervorgeht, erfüllt diese Versammlung übergangsweise bis zur Schaffung des direkt gewählten Unions-Parlaments des-

---

[86] Genannt werden die Bereiche „ressources humaines, aménagement du territoire, transports et télécommunications, environnement, agriculture, énergie, industrie et mines".

[87] Vgl. zum einen die Bestimmung des Art. 104 EGV zur Vermeidung öffentlicher Defizite, zum anderen die Entschließungen des Europäischen Rates über den Stabilitäts- und Wachstumspakt vom 17.6.1997 (ABl. 1997 Nr. C 236, S. 1 f.) und vom 1.5.1998 (ABl. 1998 Nr. L 139, S. 28 f.).

[88] 'Acte Additionnel N° 04/99 portant pacte de convergence, de stabilité, de croissance et de solidarité entre les Etats membres de l'UEMOA' vom 8.12.1999.

sen Kontrollfunktionen. Es setzt sich aus jeweils 5 Mitgliedern zusammen, die vom Legislativorgan jedes Mitgliedstaates bestimmt worden sind. Man hat hier folglich die gleiche Übergangslösung gewählt wie in der Europäischen Gemeinschaft bis zur Einführung der Direktwahl der Mitglieder des Europäischen Parlamentes im Jahre 1979. Gemäß Art. 37 Abs. 3 soll das zu schaffende Parlament an den Entscheidungsprozessen der Union beteiligt sein.

Die allgemeine Aufgabenbeschreibung für die einzelnen in Art. 16 genannten Organe entspricht ebenfalls derjenigen für die EU/EG-Organe: Die Konferenz der Staats- und Regierungschefs legt die allgemeinen politischen Zielvorgaben der Union fest[89] (vgl. Art. 4 Abs. 1 EUV), der Ministerrat stellt deren Umsetzung sicher[90] (vgl. Art. 202 EGV), die Kommission erfüllt mit Blick auf das ordnungsgemäße Funktionieren und das allgemeine Wohl der Union die ihr im einzelnen zugeteilten Aufgaben[91] (vgl. Art. 211 EGV). Der Gerichtshof sichert die Wahrung des Rechts bei der Auslegung und Anwendung des Vertrages[92] (vgl. Art. 220 EGV) und der Rechnungshof schließlich kontrolliert die Gesamtheit der Ausgaben der Gemeinschaftsorgane[93] (Art. 246 EGV).

Diese „symétrie raisonnée“[94] zwischen UEMOA-V und EGV setzt sich von den Bestimmungen über die Zusammensetzung der Organe über ihre Zuständigkeit im einzelnen bis hin zu ihrem Verhältnis zueinander fort[95]. So wird in den tragenden Bestimmungen ein Grad von inhaltlicher Übereinstimmung erzielt, der erstaunlich ist. Hervorzuheben ist vor allem die Rolle der Kommission und die des Gerichtshofs.

Der Kommission kommt in der UEMOA wie in der EG eine zentrale Bedeutung im Gefüge der Institutionen zu. Die Kommissionsmitglieder werden zwar von der Konferenz (anhand der Kriterien 'compétence' und 'intégrité morale') für eine vierjährige Amtszeit -erneuerbar- ausgewählt (Art. 27 Abs. 2), doch sie üben ihre Aufgaben in völliger Unabhängigkeit und zum allgemeinen Wohl der Union aus (Art. 28). Sie leisten ihren Amtseid vor dem Gerichtshof und können auch nur von ihm wegen einer Amtspflichtverletzung entlassen werden (Art. 30).
Im Verhältnis zum Ministerrat verfügt die Kommission über das alleinige Initiativrecht für den Erlaß von Unions-Rechtsakten. Will der Ministerrat von einem entsprechenden Kommissionsvorschlag abweichen, kann er dies nur durch einstimmigen Beschluß tun (Art.

---

89 Art. 17: „La Conférence des Chefs d'Etats et du Gouvernement définit les grandes orientations de la politique de l'Union“.

90 Art. 20: „Le Conseil des Ministres de l'Union assure la mise en œuvre des orientations générales définies par la Conférence des Chefs d'Etats et de Gouvernement“.

91 Art. 26: „La Commission exerce, en vue du bon fonctionnement et de l'intérêt général de l'Union, les pouvoirs propres que lui confère le présent Traité“.

92 Art. 38 i.V.m. Art. 1 'Protocol Additionnel N° 1 relatif aux organes de contrôle de l'UEMOA' vom 10. 1.1994 (im folgenden ZP n° 1): „La Cour de Justice veille au respect du droit quant à l'interprétation et à l'application du Traité de l'Union“.

93 Art. 38 i.V.m. Art. 23 ZP n° 1: „La Cour des Comptes assure le contrôle de l'ensemble des comptes des organes de l'Union“.

94 *Viaud*, Union Européenne et Union Economique et Monétaire de l'Ouest Africain: une symétrie raisonnée, RMCUE 1998, S. 15 ff. (16): „le traité de l'UEMOA [...] a manifestement bénéficié de rédacteurs qui ont fait leurs les expériences européennes“.

95 Eine systematisierte Darstellung der Vertragsbestimmungen über Zusammensetzung, Aufgaben und Befugnisse der einzelnen Organe findet sich bei *Badolo*, L'Union Economique et Monétaire Ouest Africaine (UEMOA) - Mission, objectifs et perspectives, Recht in Afrika 2001, S. 1 ff. (3-8).

22)[96]. Dies ist um so bemerkenswerter als die Kommission mit einfacher Mehrheit in ihren Angelegenheiten entscheidet (Art. 32)[97].
Auf Delegation des Ministerrates hin und unter seiner Aufsicht ist die Kommission für die Durchführung der Rechtsakte der Union verantwortlich. Sie verwaltet das Budget der Union[98] (Art.16) und trägt Sorge für die Einhaltung des Unionsrechts. Erforderlichenfalls kann sie dazu von ihrem Klagerecht vor dem Gerichtshof der Union Gebrauch machen.

In den Vorschriften über den Gerichtshof im Zusatzprotokoll n°1 bzgl. der Organe zur Kontrolle der UEMOA[99] i.V.m. der Verfahrensordnung des Gerichtshofes[100] sind alle wesentlichen aus dem EGV bekannten Verfahrensarten vorgesehen: das Vertragsverletzungsverfahren gegen einen Mitgliedstaat[101], die Nichtigkeitsklage gegen Rechtsakte der Unionsorgane[102] (antragsbefugt ist ein anderes Unionsorgan, jeder Mitgliedstaat und jede durch den Gemeinschaftsrechtsakt beschwerte[103] natürliche oder juristische Person), das Vorabentscheidungsverfahren[104], Schadensersatzklagen im Bereich der außervertraglichen

---

96 Im Rat verfügt jeder Mitgliedstaat bei Abstimmungen -anders als im EU-Ministerrat- nur über eine Stimme. Das Mehrheitserfordernis ist in den jeweiligen Vertragsbestimmungen festgelegt, die zum Erlaß von Gemeinschaftsrechtsakten ermächtigen. Die Regel ist hier eine 2/3 Mehrheit, so z.B. für die Verabschiedung des Haushalts (Art. 47), für den Erlaß von Harmonisierungsvorschriften (Art. 61), für den Beschluß von Sanktionen gegen einen Mitgliedstaat im Rahmen der sog. „surveillance multilatérale“ (mit ihr soll die Konvergenz der nationalen Wirtschafts- und Währungspolitiken mit denen der Union sichergestellt werden, Art. 74 lit.c)). Einstimmigkeit ist dagegen nur selten vorgesehen, so etwa für den Beschluß über vorübergehende Befreiungen eines Mitgliedstaates von Vorgaben im Rahmen der „surveillance multilatérale“ (Art. 71).

97 Anzumerken ist hier, daß der Gouverneur der BCEAO „de plein droit“ an den Beratungen der Kommission teilnehmen kann, Punkte auf die Tagesordnung setzen lassen oder den Ministerrat ersuchen kann, er möge der Kommission vorschlagen, in einem bestimmten Bereich ihr Initiativrecht auszuüben. Bei Abstimmungen in der Kommission verfügt der Gouverneur allerdings nur über eine beratende Stimme („voix consultative“), vgl. Art. 31.

98 Gem. Art. 48 finanziert sich die Union (ausschließlich) aus Eigenmitteln. Diese setzen sich aus einem 1%igen Anteil am gemeinsamen Außenzolltarif (TEC), der sog. 'Redevance Statistique' und dem sog. 'Prélèvement Communautaire de Solidarité', und von der Union erhobenen indirekten Steuern, (v.a. einer Unions-Mehrwertsteuer -*T*axe sur la *V*aleur *A*jouté) zusammen (Art. 54). Bis zur Implementierung des Eigenmittelsystems, die eigentlich schon bis 1997 hätte erfolgen sollen, finanzierte die Westafrikanische Zentralbank (BCEAO) die Union zu 90 % und die Westafrikanische Entwicklungsbank (BOAD) zu 10 % (vgl. *Ibriga,* L'UEMOA: une nouvelle approche de l'intégration économique régionale en Afrique de l'Ouest (Fn 77), S. 49 Fn 127).

99 Siehe Fn 92.

100 'Règlement n°1/96/CM portant règlement des procédures de la Cour de Justice de l'UEMOA' vom 5.7. 1996 (im folgenden abgekürzt VerfO).

101 Art. 5 ZP n°1 i.V.m. Art. 15 § 1 VerfO: 'recours en manquement'.

102 Art. 8 ZP n°1 i.V.m. Art. 15 § 2 VerfO: 'recours en appréciation de légalité'.

103 Die authentische Formulierung „contre tout acte d'un organe *lui faisant grief* "(eigene Hervorhebung) dürfte einer ähnlichen Präzisierung durch den Gerichtshof bedürfen wie sie der EuGH bei der Wendung „unmittelbar und individuell betreffen“ in Art. 230 Abs. 4 EGV vorgenommen hat (vgl. dazu nur Schwarze-*Schwarze,* Kommentar zur EU, Art. 230 EGV Rn 35 ff.). Gesondert erwähnt wird in Art. 15 § 3 VerfO der 'plein contentieux de la concurrence', mit dem (von einer natürlichen oder juristischen Person) gegen Wettbewerbsentscheidungen der Kommission vorgegangen werden kann. Der Gerichtshof wird in einem solchen Fall ausdrücklich auch zur Modifizierung der Höhe der von der Kommission verhängten Bußgelder wegen Verstößen gegen den freien Wettbewerb oder wegen des Mißbrauchs einer marktbeherrschenden Stellung ermächtigt.

104 Art. 12 ZP n°1 i.V.m. Art. 15 § 6 VerfO: 'recours préjudiciel'; Man unterscheidet, wie in Art. 234 Abs. 3 u. 4 EGV auch, zwischen fakultativer und obligatorischer Vorlage durch nationale Gerichte und andere mit Rechtsprechungsbefugnissen ausgestatteten Behörden („autorités“). In Art. 14 ZP n°1 ist sogar ausdrücklich vorgesehen, daß die Kommission beim Gerichtshof Klage gegen einen Mitgliedstaat erheben kann, wenn

Haftung [105] sowie Beamtenklagen [106]. Schließlich besteht auch eine umfassende Gutachtenzuständigkeit des Gerichtshofs[107].
Die Urteile des Gerichtshofes sind für alle Beteiligten und im Falle des Vorabentscheidungsverfahrens für sämtliche Verwaltungs- und Gerichtsebenen in den Mitgliedstaaten verbindlich (vgl. Art. 6, 10, 13 ZP n°1).

4. Rechtsakte der Union: Wirkung und Rang

In Art. 42 werden die den einzelnen Unions-Organen für die Erfüllung ihrer Aufgaben nach dem Vertrag zu Gebote stehenden Handlungsformen abschließend genannt. Unter den im Vertrag vorgesehen Bedingungen kann die Konferenz ergänzende Rechtsakte (actes additionnels) beschließen. Der Rat hat die Befugnis zum Erlaß von Verordnungen (règlements), Richtlinien (directives) und Entscheidungen (décisions) und kann außerdem Empfehlungen (recommandations) und/oder Stellungnahmen (avis) abgeben. Die Kommission kann zur Anwendung von Rechtsakten des Rates Verordnungen beschließen, Entscheidungen erlassen sowie Empfehlungen aussprechen und/oder Stellungnahmen abgeben.

Bis auf die 'actes additionnels', derer sich die Konferenz der Staats und Regierungschefs bedient, werden die Handlungsformen der Union in Art. 43 UEMOA folgendermaßen definiert:

> „Les règlements ont une portée générale. Ils sont obligatoires dans tous leur éléments et sont directement applicables dans tout Etat membre.
> Les directives lient tout Etat membre quant aux résultats à atteindre.
> Les décisions sont obligatoires dans tous leurs éléments pour les destinataires qu'elles désignent.
> Les recommandations et les avis n'ont pas de force exécutoire."

Einzig die Auslassung der klarstellenden Wendung, daß die Richtlinie den innerstaatlichen Stellen die Wahl der Form und der Mittel bei der Umsetzung überläßt, unterscheidet Art. 43 von Art. 249 EGV. Zu den 'actes additionnels' wird in Art. 19 lediglich gesagt, daß die Konferenz ergänzende Rechtsakte verabschieden kann, sofern dafür ein Bedürfnis besteht.

---

ihrer Ansicht nach das Vorabentscheidungsverfahren dort fehlerhaft angewendet wird. Stellt der Gerichtshof diesbezügliche Unzulänglichkeiten tatsächlich fest, richtet er sein Urteil mit Hinweisen zur richtigen Anwendung des Vorabentscheidungsverfahrens („interprétations exactes") an das oberste nationale Gericht. An die darin enthaltenen Vorgaben sind dann sämtliche nationale Rechtsprechungsorgane gebunden.

105 Art. 15 ZP n°1 i.V.m. Art. 15 § 5 VerfO: 'recours en responsabilité'.

106 Art. 16 ZP n°1 i.V.m. Art. 15 § 4 VerfO: 'recours du personnel de l'Union'.

107 Dem ZP n°1 läßt sich nichts über eine Gutachtenzuständigkeit des Gerichtshofes entnehmen. Art. 15 § 7 VerfO sieht allerdings 'avis et recommandations' vor. Dabei geht die Gutachtenkompetenz des UEMOA-Gerichtshofs weiter als die des EuGH nach Art. 300 Abs. 6 EGV. Auf Antrag prüft er nicht nur die Vereinbarkeit eines geplanten internationalen Abkommens der Union mit dem UEMOA-Vertrag, sondern er kann Gutachten und Empfehlungen über jeden Rechtsaktsentwurf abgeben, mit dem ihn die Kommission befaßt [Der authentische Text läßt hier sogar die Interpretation zu, daß der Gerichtshof auf eigene Initiative hin tätig werden kann: „La Cour peut émettre des avis et des recommendations sur tout projet de texte soumis par la Commission". Das „soumis par" (= vorgeschlagen von, unterbreitet durch) kann sich sowohl auf den Entwurf des Rechtsaktes als auch auf das Gericht („[lui] soumis par la Commission") beziehen. Im Kontext mit den übrigen Bestimmungen des Art. 15 § 7 erscheint letztere Auslegung allerdings als die wahrscheinlichere. So heißt es in Abs. 2 „Le Conseil [...] peut recueillir l'avis de la Cour [...]", in Abs. 3 wird ebenfalls explizit der Antrag an das Gericht erwähnt: „Lorsqu'elle est saisie par la Commission [...], la Cour peut émettre un avis [...]"]. Art. 15 § 7 Abs. 3 VerfO ermöglicht es der Kommission, dem Rat, der Konferenz der Staats- und Regierungschefs oder einem Mitgliedstaat ein Gutachten über die Anwendung und Auslegung von Unionsrechtsakten („actes relevant du droit communautaire") einzuholen.

Gem. Art. 19 Abs. 2 werden diese Akte dann an den Vertrag angehängt und vervollständigen ihn, ohne ihn jedoch zu modifizieren („sans que toutfois le modifier"). Zu ihrer Beachtung sind sowohl die Organe der Union als auch die Mitgliedstaaten verpflichtet. Über die Justiziabilität der 'actes additionnels' schweigt sich sowohl der UEMOA-Vertrag als auch das Zusatzprotokoll n° 1 aus. *Ibrigia* geht (daher) davon aus, daß sie keiner Überprüfung durch den Gerichtshof unterliegen[108]. Insgesamt erweist sich damit eine Einordnung der 'actes additionnels' in die durch den EU-/EG-Vertrag geschaffene Rechtsordnung als kaum möglich. Anders als die Beschlüsse des Europäischen Rates beschränken sich die ergänzenden Rechtsakte nicht auf Zielvorgaben, sondern sie enthalten auch durchaus detaillierte Rechtsvorschriften. Im Gegensatz zu den von der Konferenz der Europäischen Staats- und Regierungschefs unterzeichneten Verträgen, etwa zur Änderung der Gründungverträge gem. Art. 48 EUV, bedürfen die ergänzenden Rechtsakte des Organs (!) Konferenz der Staats- und Regierungschefs der UEMOA-Staaten keiner Ratifikation entsprechend den Vorschriften der nationalen Rechtsordnungen. Auch ein Vergleich mit der ergänzenden Rechtssetzungsbefugnis des Rates nach Art. 308 EGV scheidet aus, denn die Rechtmäßigkeit der auf dieser Grundlage erlassenen Rechtsakte ist selbstverständlich vollständig vom EuGH nachprüfbar.
Die 'actes additionnels' erweisen sich somit als *sui generis*-Handlungsform der Konferenz der Staats- und Regierungschefs als UEMOA-Organ und stellen gewissermaßen ein intergouvernementales Relikt des ansonsten supranationalen Ganzen der Union dar. Normenhierarchisch sind sie zwischen dem UEMOA-Vertrag und Unions-Verordnungen anzusiedeln[109].

Mit der Übernahme der Handlungsform der Verordnung hat man sich gleichzeitig für das gemeinschaftsrechtliche Konzept der unmittelbaren Geltung entschieden, also den Verzicht auf einen gesonderten mitgliedstaatlichen Inkorporationsakt als Geltungsvoraussetzung im nationalen Recht. Außerdem bringt es das System der Verordnung mit sich, daß die unmittelbare Anwendbarkeit ihrer Bestimmungen zur Regel wird, anstatt -wie es im sonstigen Völkerrecht üblich ist- eine Ausnahmeerscheinung zu bleiben[110].
Zwangsläufig drängt sich nun nach der bis zu diesem Punkt ganz offensichtlich zutage getretenen Symmetrie des UEMOA-Vertrages zum EGV die entscheidende Frage auf: Wie hält es die UEMOA mit dem innerstaatlichen Vorrang des Unionsrechts vor nationalem Recht? Die Effektivität und letztlich der Erfolg des gesamten Integrationssystems der Europäischen Gemeinschaft ist untrennbar mit dem innerstaatlichen Vorrang des Gemeinschaftsrechts vor nationalem Recht verbunden[111]. Dessen war man sich offenbar auch in Westafrika bewußt und verzichtete so darauf, diese wesentliche Frage dem Unionsge-

---

[108] *Ibriga*, L'UEMOA: une nouvelle approche de l'intégration économique régionale en Afrique de l'Ouest (Fn 77), S. 57.

[109] *Sawadago*, L'Union européenne et l'UEMOA - in: European Commission (Hrsg.), The European Union in a changing world, S. 735 ff. (741).

[110] In seinem Gutachten n° 01/97 vom 20.5.1997 machte der Gerichtshof die unmittelbare Geltung und Anwendbarkeit der Verordnung zum entscheidenden Argument dafür, daß sich der Unions-Gesetzgeber ihrer statt der ebenfalls in Art. 67 Abs. 2 vorgesehenen Richtlinie zur Harmonisierung der nationalen Rechtsordnungen bedienen könne: „[C]ompte tenu du délai imparti [...] il y a lieu d'adopter les deux textes soumis à l'avis de la Cour sous forme de règlement, en raison de son *caractère d'applicabilité immédiate et directe*, la directive demandant un délai de mise en œuvre pour permettre à chaque Etat membre de procéder aux transpositions utiles dans les conditions de son droit interne" (eigene Hervorhebung).

[111] An dieser Stelle sei nur an den von *Pescatore* geprägten Begriff der „exigence 'existentielle' de primauté" erinnert (siehe dazu oben: Teil 1 C. III. 1. (S. 62)).

richtshof zur Entscheidung zu überlassen. Stattdessen schrieb man den auf europäischer Ebene vom EuGH im *Costa v. ENEL*- Urteil[112] entwickelten Vorrang unmittelbar in den Vertragstext hinein:

> „Les actes arrêtés par les organes de l'Union pour la réalisation des objectifs du présent Traité et conformément aux règles et procédures instituées par celui-ci, sont applicables dans chaque Etat membre nonobstant toute législation nationale contraire, antérieure ou postérieure." (Art. 6)

Nicht eindeutig entnommen werden kann dieser Vorschrift, ob mit ihr der absolute Vorrang des Unionsrechts festgeschrieben wird oder ob die Mitgliedstaaten nationales Verfassungsrecht gegen kollidierendes Unionsrecht ins Feld führen können. Dies hängt davon ab, wie man die Formulierung „toute législation nationale" interpretiert. Sieht man in Art. 6 implizit die formale Unterscheidung zwischen Verfassungsgeber und Gesetzgeber (pouvoir constituant - pouvoir constitué) als enthalten an, wäre das nationale Verfassungsrecht vom Vorrang des Unionsrechts ausgenommen. Die Semantik ist hier allerdings wenig aufschlußreich, wie etwa der Begriff der 'Verfassungsgesetzgebung' deutlich macht. Vom Sinn und Zweck des Art. 6 her ist der Begriff der nationalen Gesetzgebung ohnehin im weiten Sinne zu verstehen, denn eine effektive Realisierung der Vertragsziele ist nur dann gewährleistet, wenn dem Unionsrecht „keine wie auch immer gearteten innerstaatlichen Rechtsvorschriften"[113] vorgehen können. Letztlich wird es dem zur Auslegung des Vertrages berufenen Gerichtshof obliegen, über den absoluten oder relativen Charakter der Vorrangbestimmung des Art. 6 zu entscheiden. Es dürfte allerdings kaum zu erwarten stehen, daß sich das Gericht für eine restriktive Auslegung zu Lasten der Union entscheiden wird[114].

5. Zusammenfassung

Die UEMOA hat ihre Rechtsordnung so eng am Modell der EG ausgerichtet, daß sie über einen idealen rechtlichen Rahmen verfügt, ihre Aufgaben zu erfüllen und ihre Ziele zu erreichen. Mit der Übertragung des europäischen Integrationsmodells auf den afrikanischen Kontinent ist sein Erfolg dort allerdings noch nicht garantiert. Faktoren, die sich in der Vergangenheit als Integrationshemmnisse erwiesen haben (z.B. die starken Unterschiede in der demographischen Struktur der Mitgliedstaaten, im Entwicklungsstand und in der Wirtschaftskraft), sind nach wie vor vorhanden. Andererseits sind in der frankophonen Region Westafrikas die Erfahrungen mit Versuchen, die Wirtschaften der dortigen Staaten zu integrieren, die besten auf dem ganzen Kontinent.

Nach fast zehn Jahren ihres Bestehens deutet jedenfalls nichts darauf hin, daß der UEMOA ein ähnliches Ende beschieden sein könnte wie der für damalige Verhältnisse ebenso ambitionierten Ostafrikanischen Gemeinschaft.

Gradmesser für den Erfolg der UEMOA müssen dabei in erster Linie die wirtschaftlichen Daten ihrer Mitgliedstaaten sein.

Aus völkerrechtlicher Sicht muß indes allein schon die Existenz und das Funktionieren des institutionellen und rechtlichen Systems der symmetrisch zur Europäischen Gemeinschaft konstruierten Internationalen Organisation als bemerkenswerter Fortschritt gewertet werden.

---

[112] EuGH Rs. 6/64, Flaminio Costa v. E.N.E.L., Slg. 1964, S. 1251 ff. (1270).

[113] Vgl. EuGH Rs. 11/70, *Internationale Handelsgesellschaft*, Slg. 1970, S. 1125 ff. (1135 Tz 3).

[114] Von einem absoluten Vorrang des Unionsrechts geht *Sawadago*, L'Union européenne et l'UEMOA (Fn 109) S. 740, aus: „cette primauté s'exerce à l'encontre de toutes les normes nationales".

IV. *Communauté Economique et Monétaire de l'Afrique Centrale* (CEMAC)

1. Hintergrund der Entstehung der CEMAC

Die Zentralafrikanische Wirtschafts- und Währungsunion wurde, nur zwei Monate nach der UEMOA, am 16.3.1994 in N'Djamena (Tschad) von sechs Staaten der Region gegründet: Äquatorial-Guinea, Gabun, Kamerun, Kongo, Tschad und der Zentralafrikanischen Republik.
Der Gründungsvertrag[115] trat zusammen mit den ergänzenden Verträgen, die am 5.7.1996 in Libreville (Gabun) unterzeichnet wurden[116], nach Ratifikation durch alle Mitgliedstaaten am 23.6.1999 in Kraft.

Sowohl die Mitgliedstaaten der UEMOA als auch alle CEMAC-Staaten (bis auf Äquatorial Guinea) gehörten zum ehemaligen französischen Kolonialgebiet (l'Afrique Equatoriale Française). Wie in Westafrika wurde auch hier noch zu Kolonialzeiten (1959) eine Zollunion gegründet (*U*nion *D*ouanière *E*quatoriale), die ebenfalls 1966 durch eine Zoll- und Wirtschaftsunion (*U*nion *D*ouanière et *E*conomique de l'*A*frique *C*entrale)[117] ersetzt wurde.
Nach dem Vorbild der ECOWAS von 1975 wurde in der Folge von einem erweiterten Kreis zentralafrikanischer Staaten 1983 in Libreville die CEEAC (Communauté Economique des Etats de l'Afrique Centrale) ins Leben gerufen[118]. Ziele und Strukturen der beiden Gemeinschaften waren weitgehend deckungsgleich[119], ihre Probleme ebenfalls. In ökonomischer Hinsicht nahm (das ehemals belgische) Zaire aufgrund seiner Größe und seines Rohstoffreichtums in der Gemeinschaft von Beginn an eine dominierende Position ein - so wie Nigeria sie in der ECOWAS innehat. Die rechtlichen Hindernisse für einen Erfolg beider Gemeinschaften faßt *Ntumba* unter folgenden Stichworten zusammen: 1) la prédominance de l'interétatisme, 2) la consécration de la règle du consensus; 3) le caractère embryonnaire des organes intégrés; 4) les juridictions à compétence limitée[120].

So war auch die Motivationslage der ehemals französischen Staaten Zentralafrikas für die Schaffung eines harten Kerns innerhalb der klassisch strukturierten CEEAC die gleiche wie für die frankophonen westafrikanischen Staaten bei dem Entschluß, eine neue integrationsrechtliche Union (UEMOA) zu schaffen: Einerseits wollte man die eigene -kaum er-

---

115 'Traité instituant la Communauté Economique et Monétaire de l'Afrique Centrale'; dieser stellt lediglich einen Rahmenvertrag (mit sieben Artikeln) dar.

116 Dies sind: der 'Additif au Traité de la C.E.M.A.C. relatif au système institutionnel et juridique de la Communauté', die 'Convention régissant l'Union Economique de l'Afrique Centrale (UEAC)', die 'Convention régissant l'Union Monétaire de l'Afrique Centrale (UMAC) und die 'Convention régissant la Cour de Justice de la C.E.M.A.C.' (Texte in: Banque des Etats de l'Afrique Centrale (Hrsg.), Bulletin Etudes et Statistiques n° 232 (1996); einige primär- und sekundärrechtliche CEMAC-Dokumente sind abrufbar unter: <www.izf.net/ Documentation/JournalOfficiel/Index cemac.htm>).

117 Der Vertrag von Brazzaville (Kongo) zur Gründung der UDEAC stammt vom 8.12.1964 und trat am 1.1.1966 in Kraft. Zur UDEAC vgl. den Überblick bei *Langhammer*, Zentralafrikanische Zoll- und Wirtschaftsunion - in: Andersen/Woyke (Hrsg.), Handwörterbuch Internationale Organisationen, S. 462 f.

118 Ihr gehörten neben Äquatorial-Guinea, Gabun, Kamerun, Kongo, Tschad und der Zentralafrikanischen Republik die Staaten Angola, São Tomé und Principe, Ruanda, Burundi und Zaire an.

119 Zu Zielen und Struktur der Gemeinschaft vgl. *Kamto*, La Communauté économique des Etats de l'Afrique Centrale (C.E.E.A.C.), une Communauté de plus?, AFDI 33 (1987), S. 839 ff. (843 ff.).

120 *Ntumba*, Ressemblances et dissemblances institutionnelles entre la CEDEAO, la CEEAC et la ZEP (Fn 63), S. 351, 356, 360, 362.

folgreiche[121]- Kooperation im Rahmen der UDEAC auf eine neue Grundlage stellen, zum andern wollte man sich vom fehlerhaften Integrationssystem der CEEAC unabhängig machen[122]. Die Federführung bei der Ausarbeitung des neuen Integrationsprojekts hatte -in Parallelität zur UEMOA- der Gouverneur der Bank der zentralafrikanischen Staaten (BEAC). Auch im Rahmen der CEMAC ist die bereits existierende Währungsunion als tragende Säule der Integration konzipiert[123].

Die (vertragstechnischen) Schwierigkeiten, die die Eingliederung bzw. Überführung der im Rahmen der UDEAC bestehenden Wirtschafts- und Währungsunion in die neue Gemeinschaft bereitet hat[124], manifestieren sich in der bereits erwähnten Aufspaltung in insgesamt fünf getrennte Verträge, die gemeinsam das CEMAC-System bilden.

2. Ziele und Tätigkeitsfelder der CEMAC

Der Zweck der Wirtschaftsgemeinschaft wird in Art. 1 UEAC-V schlicht damit beschrieben, gemeinsam die Voraussetzungen für eine harmonische wirtschaftliche und soziale Entwicklung im Rahmen eines offenen Marktes und ein angemessenes rechtliches Umfeld zu schaffen.
Als dazu erforderliche Gemeinschaftstätigkeiten werden in Art. 2 UEAC-V genannt:

> „a) renforcer la compétitivité des activités économiques et financières en harmonisant les règles qui régissent leur fonctionnement;
>
> b) assurer la convergence vers des performances soutenables par la coordination des politiques économiques et la mise en cohérence des politiques budgétaires nationales avec la politique monétaire commune;
>
> c) créer un marché commun fondé sur la libre circulation des biens, des services, des capitaux et des personnes;
>
> d) instituer une coordination des politiques sectorielles nationales, mettre en œuvre des actions communes et adopter des politiques communes, notamment dans les domaines suivants: l'agriculture, l'élevage, la pêche, l'industrie, le commerce, le tourisme, les transports, les télécommunications, l'énergie, l'environnement, la recherche, l'enseignement et la formation professionnelle.“

Lit. a) bis d) entsprechen somit, von geringfügigen Abweichungen abgesehen, Art. 4 lit. a) bis d) des UEMOA-Vertrages[125].

Der Vertrag sieht für die Realisierung dieser Ziele -nach europäischem Vorbild[126]- einen Zeitplan in drei aufeinander aufbauenden Stufen zu jeweils 5 Jahren vor. Innerhalb von 15

---

121 In diesem Punkt besteht allerdings ein Unterschied zu der Kooperation der frankophonen Staaten Westafrikas. Deren *C*ommunauté *E*conomique de l' *A*frique de l'*O*uest war im Vergleich zur UDEAC deutlich erfolgreicher (s. Fn 80 u. begleitenden Text).

122 Vgl. *Mouangue Kobila/Donfack Sokeng*, La CEMAC: à la recherche d'une nouvelle dynamique de l' intégration en Afrique centrale, AfrYBIL 6 (1998), S. 65 ff. (69).

123 Die 6 zentralafrikanischen Staaten der CEMAC verfügen als gemeinsame Währung ebenfalls über den Franc CFA. Ihr Emissionsinstitut ist die Banque des Etats de l'Afrique Centrale (BEAC), errichtet durch Abkommen vom 22.11.1972. Zusammen mit den acht Staaten der UEMOA bilden sie einen gemeinsamen Währungsraum, die sog. 'Zone Franc'.

124 *Avom*, Le Traité de la CEMAC: nouveau départ pour le processus d'intégration économique en Afrique Centrale?, Revue juridique et politique 53 (1999), S. 158 ff. (168), bezeichnet es gar als „paradoxe“, daß im Rahmen der CEMAC die theoretisch logische -und am Beispiel der EG in der Praxis bestätigte- Reihenfolge von: 1. Schaffung einer Wirtschaftsgemeinschaft und darauf aufbauend 2. Einführung einer gemeinsamen Währung umgekehrt wird.

125 Siehe Fn 78.

Jahren nach Inkrafttreten sollen somit die in Art. 2 UEAC-V genannten Ziele realisiert sein. In einer ersten Stufe ist die Harmonisierung nationaler Rechtsvorschriften durch den Erlaß gemeinsamer Bestimmungen vorgesehen, sofern dies für ein Funktionieren des Gemeinsamen Marktes erforderlich ist (Art. 4 lit. a) UEAC-V). Im übrigen sollen die erforderlichen Vorarbeiten für den Eintritt in die zweite Stufe geleistet werden.
Auf dieser soll bis 2009 der Gemeinsame Markt errichtet sein sowie eine gemeinsame Politik in den in Art. 2 Lit. d) genannten Bereichen betrieben werden (Art. 5 UEAC-V[127]). In der letzten Etappe soll dann, sofern dies erforderlich ist, eine "Feinjustierung" der auf den ersten beiden Stufen realisierten Programme erfolgen (Art. 6 UEAC-V).

3. Institutioneller Rahmen der CEMAC

Der CEMAC-Rahmenvertrag von 1994 differenziert in Art. 2 zwischen „institutions (rattachées á la Communauté)“ und „organes (de la Communauté)“. Diese Unterscheidung ist insofern nur schwer nachvollziehbar, als die Wirtschaftsunion (UEAC) und die Währungsunion (UMAC) ebenso als an die Gemeinschaft angebundene Institutionen bezeichnet werden wie das Gemeinschaftsparlament und der Gemeinschaftsgerichtshof. Hauptorgane der Gemeinschaft hingegen sollen die Konferenz der Staats- und Regierungschefs (Conférence des Chefs d'Etat), der Ministerrat (Conseil des Ministres[128]), das Exekutiv-Sekretariat (Secrétariat Exécutif), der Zwischenstaatenausschuß (Comité Inter-Etats), die Bank zentralafrikanischer Staaten sowie zwei weitere Finanzorgane[129] sein.
Ungeachtet dieser eigenwilligen Trennung zwischen Institutionen und Organen fügt sich deren Funktionsweise in das von der EG/EU und der UEMOA bekannte Schema ein: Die Konferenz der Staats- und Regierungschefs ist das oberste politische Leitungsorgan der Gemeinschaft[130], der Ministerrat hat für die Umsetzung der von ihr vorgegebenen Leitlinien mittels Gemeinschaftsrechtsakten zu sorgen[131]. Mit deren Vorbereitung und Durchführung ist das Exekutiv-Sekretariat betraut[132]. Nach dem Vorbild des COREPER der EU bereitet der 'Comité Inter-Etats' die Sitzungen des Ministerrates vor[133]. Das (zukünftige) direkt gewählte Parlament soll zum einen die demokratische Kontrolle der Gemeinschaft wahrnehmen[134] und zum anderen "gesetzgeberisch" tätig werden[135]. Der obligatorisch zu-

126 Vgl. *Avom*, La Traité de la CEMAC: nouveau départ pour le processus d'intégration économique en Afrique centrale? (Fn 124), S. 162.

127 Die Regelungen über die gemeinsamen Politiken sind in Art. 29-46 UEAC-V enthalten.

128 Im Rahmen der Währungsunion (UMAC) nennt sich das Ministergremium 'Comité ministériel', vgl. Art. 12 Additif au Traité, Art. 11 UMAC-V.

129 Commission Bancaire de l'Afrique centrale, Institution de Financement du Développement.

130 Art. 3 Abs. 1 'Additif au Traité': „La Conférence des Chefs d'Etats détermine la politique de la Communauté et oriente l'action du Conseil des ministres de l'UEAC et du Comité ministériel de l'UMAC.“

131 Art. 8 'Additif aus Traité', Art. 63 UEAC-V: „Le Conseil des Ministres [...] assure la direction de l'Union Economique [...].“

132 Art. 16 Abs. 2 'Additif au Traité' verweist insofern auf die Regelungen in den 'Conventions'; So heißt es beispielsweise in Art. 34 UEAC-V: „Le Conseil des Ministres arrête [...] sur proposition du Secrétaire Exécutif, les règlements mentionnés à l'article [...]. Il délègue au Secrétaire Exécutif, [...] tout pouvoir d'exécution nécessaire à la coordination des politiques [...]“. Zu den weiteren -weitgehend mit denen der EU-Kommission identischen- Aufgaben des Exekutiv-Sekretariats im Rahmen der UEAC vgl. Art. 71 UEAC-V.

133 Vgl. Art. 70 UEAC-V.

134 Art. 25 Abs. 1, 26 'Additif au Traité': „chargé du contrôle démocratique des Institutions et Organes“.

135 Art. 4 CEMAC-V: „Le Parlement Communautaire [...] aura pour rôle essentiel de légiférer par voie de directives“.

ständige Gerichtshof soll die Wahrung des Gemeinschaftsrechts bei der Anwendung und Auslegung der Verträge gewährleisten[136]. Seine Zuständigkeiten sind die gleichen wie die des EuGH und des UEMOA-Gerichtshofes[137]. Das Statut des Gerichtshofs und seine Verfahrensordnung wurde im Dezember 2000 von den Konferenz der Staatschefs verabschiedet[138].

Auch das Institutionengefüge ist mithin im Kern deckungsgleich mit dem der UEMOA und damit auch mit dem der EG.

4. Strukturelle Grundlagen des Gemeinschaftsrechtssystems

In der CEMAC gelten die grundlegenden Prinzipien der europäischen Gemeinschaftsrechtsordnung in gleicher Weise: die unmittelbare Geltung und Anwendbarkeit von Gemeinschaftsrechtsakten in den mitgliedstaatlichen Rechtsordnungen sowie der innerstaatliche Vorrang des Gemeinschaftsrechts vor kollidierendem nationalen Recht[139].

Letzterer Aspekt läßt sich etwa Art. 10 UEAC-V und dem fast wortgleichen Art. 8 UMAC -V entnehmen:

> „Les États membres apportent leur concours à la réalisation des objectifs de l'Union Économique en adoptant toutes mesures internes propres à assurer l'exécution des obligations découlant de la présente Convention. Ils s'abstiennent de toute mesure susceptible de faire obstacle à l'application de la présente Convention et des actes juridiques pris pour sa mise en œuvre."

Art. 21 des 'Additif au Traité' regelt Bezeichnung und Wirkung der CEMAC-Rechtsakte im Sinne von Art. 249 EGV und Art. 43 UEMOA-V[140]: Verordnungen (règlements), Richtlinien (directives[141]), Entscheidungen (décisions), Empfehlungen (recommendations) und Stellungnahmen (avis).
Die für die Verabschiedung eines Rechtsaktes im Ministerrat erforderliche Mehrheit schwankt je nach Regelungsgegenstand zwischen einfacher Mehrheit, qualifizierter Mehrheit und Einstimmigkeit[142]. Über eine ursprünglich in Erwägung gezogene Stimmenge-

---

136 Die 'Convention régissant la Cour de Justice' enthält in Art. 14 eine generalklauselartige Zuständigkeitsbestimmung: „La Chambre Judiciaire connaît, sur recours de tout Etat membre, de tout Organe de la C.E.M.A.C. ou de toute personne physique ou morale qui justifie d'un interêt certain et légitime, *de tous les cas de violation* des dispositions des Traités de la C.E.M.A.C. et des Conventions subséquentes" (eigene Hervorhebung); zum Vorabenscheidungsverfahren vgl. Art. 17 ff. -hier ist i.ü. auf die Ausführungen zum UEMOA-Gerichtshof zu verweisen (s. Fn 104).

137 Art. 5 CEMAC-V, Art. 25 Abs. 1 'Additif au Traité'.

138 'Acte Additionnel n° 6/00 portant Statut de la Chambre Judiciaire de la Cour de Justice de la CEMAC'; 'Acte Additionnel n° 4/00 portant Règles de Procédure devant la Chambre Judiciaire de la Cour de la CEMAC' - jeweils vom 14.12.2000.

139 *Mouelle Kombi*, Les aspects juridiques d'une union monétaire: l'exemple de l'union monétaire d'Afrique centrale, RGDIP 105 (2001), S. 521 ff. (550 ff.)- die dortigen Ausführungen zur Währungsunion gelten zweifellos auch für die UEAC und mithin für die CEMAC insgesamt; i.d.S. auch *Kamtoh*, La mise en œuvre du droit communautaire dans les Etats membres de la CEMAC, <www.juriscope.org/actu_juridiques/doctrine/idef/ idef_1.pdf> (Stand: 31.12.2002), S. 2 f.

140 Wortlaut siehe oben: B. III. 4. (S. 309).

141 In Art. 21 Abs. 2 'Additif au Traité' ist zusätzlich noch die Sonderkategorie der „Rahmen-Verordnung" (règlement cadre) vorgesehen; sie gilt nur im Hinblick auf „certains de leurs éléments" unmittelbar in den Mitgliedstaaten.

142 Einfache Mehrheit ist etwa für Harmonisierungsbestimmungen im Bereich technischer und sanitärer Normen, Zertifizierung (Art. 17), Landwirtschaft, Viehzucht, Fischerei (Art. 34), Energie (Art. 37), Umweltschutz (Art. 40), Tourismus (Art. 45) -jeweils UEAC-V- vorgesehen. Einer qualifizierten Mehrheit bedürfen

wichtung im Rat in Anlehnung an Art. 205 Abs. 2 EGV konnte letztlich keine Einigkeit erzielt werden[143].

5. Zusammenfassung

Die CEMAC-Mitgliedstaaten haben sich bei der Errichtung ihres Gemeinschaftsrechtssystems eng an ihrer westafrikanischen Schwesterorganisation, der UEMOA, orientiert[144]. Da die UEMOA aber als afrikanisches Ebenbild der EG konzipiert ist, pflanzt sich die EG gewissermaßen mittelbar ebenfalls in der zentralafrikanischen Wirtschafts- und Währungsgemeinschaft fort. Damit erklären sich die überaus zahlreichen Gemeinsamkeiten des Integrationssystems der CEMAC mit dem der Europäischen Gemeinschaft.
Formal haben sich damit auch die sechs CEMAC-Mitgliedstaaten von dem klassischen souveränitätswahrenden afrikanischen Konzept zur regionalen Wirtschaftsintegration verabschiedet.

Einerseits sollte man in diesem Zusammenhang einen Erfahrungssatz aus der Geschichte der afrikanischen Wirtschaftsintegration im Gedächtnis behalten:

> „Le problème de l'intégration économique en Afrique n'est pas celui de la qualité des traités, mais celui de son application [...].“[145]

In dem zögerlichen Beginn der CEMAC -es dauerte immerhin fünf Jahre bis mit Gabun 1999 der letzte der sechs zentralafrikanischen Staaten die Verträge ratifiziert hatte- mag man eine gewisse Bestätigung dafür sehen.
Andererseits gilt es zu bedenken, was *Kamto* im Jahre 1987 in bezug auf die damals wenige Jahre alte CEEAC schrieb: „[I]l serait hasardeux et donc périlleux de juger l'enfant au berceau“[146].

V. *Common Market for Eastern and Southern Africa* (COMESA)

Die von der Mitgliederzahl und ihrer geographischen Ausdehnung her größte regionale Wirtschaftsorganisation in Afrika ist der COMESA (Common Market for Eastern and Southern Africa). Ihm gehören 20 afrikanische Staaten von Ägypten im Nordosten über die Demokratische Republik Kongo in Zentralafrika bis zu Swaziland und Namibia im

---

z.B. Verordnungen zur Festlegung des Handelsregimes ggü. Drittstaaten (Art. 18 UEAC-V) oder Rechtsakte im Bereich Bildung, Forschung und berufliche Ausbildung (Art. 30 UEAC-V). Mit Einstimmigkeit beschlossen werden müssen Verordnungen zur Herstellung der Arbeitnehmerfreizügigkeit, der Niederlassungsfreiheit, der Dienstleistungs- und Kapitalverkehrsfreiheit (Art. 26 UEAC-V) sowie Verordnungen zur Harmonisierung der Steuervorschriften (Art. 12 Abs. 2 UEAC-V).

143 Vorgesehen war, daß Kamerun, Gabun und Kongo jeweils 2 Stimmen erhalten sollten und Tschad, Äquatorial-Guinea und die Zentralafrikanische Republik jeweils 1 Stimme. Eine qualifizierte Mehrheit hätte dann bei 7 (von 9) Stimmen gelegen. (vgl. *Avom*, Le Traité de la CEMAC: nouveau départ pour le processus d'intégration économique en Afrique centrale (Fn 124), S. 176 f.).

144 Vgl. *Mouangue Kobila/Donfack Sokeng*, La CEMAC: à la recherche d'une nouvelle dynamique de l'intégration en Afrique centrale (Fn 122), S. 71: „similitudes entre la CEMAC et l'UEMOA“.

145 *Avom*,a.a.O. (Fn 124), S. 178.

146 *Kamto*, La Communauté Economique des Etats de l'Afrique Centrale (C.E.E.A.C.), une communauté de plus? (Fn 119), S. 839.

südlichen Afrika an[147]. Der Gemeinsame Markt wurde mit Vertrag vom 5.11.1993[148] -in Kraft seit dem 8.12.1994- in Kampala (Uganda) als Nachfolgeorganisation der PTA[149] gegründet.

Die Ziele des COMESA sind die von den zuvor erörterten Internationalen Organisationen zur regionalen Wirtschaftsintegration in Afrika bereits hinlänglich bekannten, also insbesondere die Förderung eines nachhaltigen Wachstums in allen Wirtschaftsbereichen zur Verbesserung des Lebensstandards der Bevölkerungen und die Förderung von Wohlstand, Frieden und Sicherheit in der Region (vgl. Art. 3[150]).
Realisiert werden sollen diese Ziele auch hier durch die Schaffung einer Zollunion (Art. 4 Abs. 1 lit. a)), eines Binnenmarktes mit freiem Waren-, Dienstleistungs-, Kapital- und Personenverkehr und mit Niederlassungsrecht (Art. 4 Abs. 6 lit. e)) sowie eventuell einer Währungsunion (Art. 4 Abs. 4 lit. a)).

Auch von ihrer Organstruktur her folgt die COMESA -mit einer Ausnahme- dem bekannten Schema: 'Authority', Ministerrat, Gerichtshof und Sekretariat sind die Hauptorgane des Gemeinsamen Marktes. Nur ein gemeinsames Parlament ist in Art. 7 nicht vorgesehen. Dessen Fehlen fällt aber kaum ins Gewicht, wenn man sich die untergeordnete Bedeutung vor Augen führt, die den Parlamenten bisher in fast allen afrikanischen Wirtschaftsgemeinschaften zukommt.

In der 'Authority', der Konferenz der Staats- und Regierungschefs der Mitgliedstaaten, die in Art. 8 Abs. 2 als „Supreme Policy Organ" des Gemeinsamen Marktes bezeichnet wird, gilt das traditionelle Konsensprinzip für Abstimmungen (vgl. Art. 8 Abs. 7). Im Ministerrat (Council) sind hingegen Entscheidungen mit Zweidrittelmehrheit möglich, wenn kein Konsens erzielt werden kann (Art. 9 Abs. 6). Dem Ministerrat stehen Verordnungen, Richtlinien, Entscheidungen und Empfehlungen als Handlungsmöglichkeiten zur Verfügung. Die in Art. 10 gegebene Definition dieser Rechtsakte entspricht auch hier derjenigen in Art. 249 EGV. Unklar ist allerdings, ob Verordnungen des Rates -wie im Falle der EG und der UEMOA- auch unmittelbare Geltung in den Rechtsordnungen der COMESA-Staaten zukommen soll, denn in Art. 5 Abs. 2 lit. b) wird gesagt, daß die Mitgliedstaaten sich verpflichten „to confer upon the regulations of the Council the force of law and the necessary legal effect within its territory". Damit könnte ein Mitgliedstaat zulässigerweise auch eine Verordnung des Rates jeweils im Einzelfall für innerstaatlich geltendes Recht erklären, anstatt dies einmalig, abstrakt und generell (durch die Ratifizierung des Gründungsvertrages) zu tun.

---

147 Die übrigen 17 Staaten sind: Angola, Äthiopien, Burundi, Djibouti, Eritrea, Kenia, Komoren, Madagaskar, Malawi, Mauritius, Ruanda, Sambia, Seychellen, Simbabwe, Sudan und Uganda. Tansania kündigte den Vertrag zum Sept. 2000.

148 Text in: ILM 33 (1994), S. 1067 ff.

149 Die PTA (*P*referential *T*rade *A*rea for Eastern and Southern African States) wurde am 21.12.1981 von 10 Staaten (Äthiopien, Kenia, Lesotho, Malawi, Mauritius, Sambia, Simbabwe, Somalia, Swaziland, Uganda) als Kooperations- und Freihandelszone gegründet. Der PTA-Vertrag trat im Sept. 1983 in Kraft (Text in: ILM 21 (1982), S. 479 ff.). Die langfristige Perspektive der PTA entsprach der der ECOWAS von 1975. (Vgl. zum Ganzen: *Gondwe*, From PTA to COMESA: the quest for sub-regional economic integration in Eastern and Southern Africa, AfrYBIL 6 (1998), S. 3 ff. (6 ff.)). Zum Schluß gehörten der PTA 22 Staaten an. Von diesen sind nur Lesotho und Tansania nicht bzw. nicht mehr Mitglieder der Nachfolgeorganisation COMESA.

150 Artikel ohne Angabe des Vertrages, dem sie entstammen, sind in diesem Abschnitt solche des COMESA-Vertrages.

Ebenfalls nicht geklärt ist das Verhältnis des Gemeinschaftsrechts zu den Rechtsordnungen der Mitgliedstaaten, da eine ausdrückliche Vorrangbestimmung oder zumindest eine solche, die unschwer dahingehend interpretiert werden kann, fehlt.

Allerdings ist die Zuständigkeit des Gerichtshofes des Gemeinsamen Marktes ebenfalls eng an die des EuGH angelehnt[151], so daß von daher die Wahrscheinlichkeit besteht, daß er sich früher oder später zur Vorrangfrage wird äußern müssen - und sich dann im Zweifel der Rechtsprechung seines europäischen Vorbildes anschließen wird.

Was die Bewältigung der Aufgaben des Gemeinsamen Marktes angeht, kann sich die Bilanz nach 8 Jahren seines Bestehens durchaus sehen lassen[152]. Seit dem Jahr 2000 sind zwischen den 21 COMESA-Staaten die Zoll- und Handelsschranken gefallen, das Protokoll über die Personenfreizügigkeit ist ratifiziert und in Kraft. Bis zum Jahr 2004 soll der gemeinsame Außenzolltarif realisiert sein[153].

VI. *Southern African Development Community* (SADC)

1. Hintergrund und Entstehung der SADC

Die Entwicklungsgemeinschaft des Südlichen Afrika (Southern African Development Community-SADC) ist 1992 aus der SADCC (Southern African Development Coordination Conference)[154] hervorgegangen, einer Organisation *sui generis* ohne spezifisches Vertragswerk und mit einer nur lockeren Organisationsstruktur[155]. Ein klar definiertes Integrationsziel im Sinne einer Freihandelszone, Zollunion oder eines Gemeinsamen Marktes existierte nicht[156].
Am 17. August 1992 unterzeichneten die 10 SADCC-Staaten auf ihrer Gipfelkonzerenz in Windhoek (Namibia) den Vertrag zur Gründung der 'Southern African Development Community'[157], die damit an die Stelle der Vorgängerorganisation trat[158].

---

151 Vertragsverletzungsklagen eines Mitgliedstaates oder des Generalsekretärs gegen einen Mitgliedstaat (Art. 24 Abs. 1, 25), Nichtigkeitsklagen eines Mitgliedstaates (Art. 24 Abs. 2) oder einer natürlichen/juristischen Person (Art. 26), Beamtenklagen (Art. 27 Abs. 1), Amtshaftungsklagen gegen den Gemeinsamen Markt (Art. 27 Abs. 2) und Vorabentscheidungsverfahren (Art. 30).

152 Vgl. *Gondwe*, From PTA to COMESA: the quest for sub-regional economic integration in Eastern and Southern Africa (Fn 148), S. 18-21 zur Bilanz bis 1998.

153 Vorgesehen sind Zollsätze von 0% (für Kapitalgüter), 5% (für Rohstoffe), 15% (für Zwischen-) und 30% (für Endprodukte) (vgl. The Europa World Year Book, 43 (2002), Vol. I, Common Market for Eastern and Southern Africa-COMESA, S. 156 f. (156).

154 Die Initiative zur Gründung der SADCC ging auf die ursprünglich fünf sog. Frontlinienstaaten zurück, die eine gemeinsame Grenze mit dem damaligen Apartheidstaat Südafrika (inkl. Süd-West-Afrika) haben/hatten: Angola, Botswana, Mosambik, Tansania, Sambia. Auf einer Gipfelkonferenz dieser Staaten zusammen mit Lesotho, Malawi, Swaziland und Simbabwe am 1. April 1980 in Lusaka (Sambia) erfolgte dann die eigentliche Gründung der SADCC. Nach seiner Unabhängigkeit 1990 wurde Namibia 10. Mitglied der SADCC.

155 *Hofmeier*, Entwicklungsgemeinschaft des Südlichen Afrika - in: Andersen/Woyke (Hrsg.), Handwörterbuch Internationale Organisationen, S. 79 ff. (80).

156 Vorrangiges Ziel der SADCC war ausweislich der Gipfel-Deklaration vom 1. August 1980 „the reduction of economic dependence, particularly, but not only, on the Republic of South Africa" (zitiert nach: *Meyns*, Die "Entwicklungsgemeinschaft des Südlichen Afrika" nach der Apartheid - neue Ziele, alte Probleme, VRÜ 31 (1998), S. 171 ff. (173).

157 Text in: ILM 32 (1993), S. 120 ff.; der Vertrag trat am 5.10.1993 in Kraft.

Heute umfaßt die Entwicklungsgemeinschaft 14 Staaten des südlichen Afrika[159] und ist als Internationale Organisation zur regionalen Wirtschaftsintegration zu qualifizieren[160].
Am 14. Aug. 2001 unterzeichneten die Mitgliedstaaten ein Übereinkommen zur Änderung des SADC-Vertrages[161], mit dem vor allem institutionelle Veränderungen herbeigeführt werden.

Bei einem Blick auf den Kreis der Mitgliedstaaten fällt auf, daß bis auf Lesotho, Mosambique und Botswana alle SADC-Staaten gleichzeitig auch Mitglieder in der COMESA sind[162]. Dies legt den Schluß nahe, daß sich beide Organisationen in ihren Tätigkeitsbereichen nicht wesentlich überschneiden, zumal auf einem SADC-COMESA-Ministertreffen im August 1996 eine Fusion beider Gemeinschaften abgelehnt wurde[163].

2. Ziele und Tätigkeiten der SADC

Die übergeordneten Ziele der Entwicklungsgemeinschaft beschreibt der SADC-Vertrag in Art. 5 Abs. 1 lit. a) folgendermaßen:

> „[to] promote sustainable and equitable economic growth and socio-economic development that will ensure poverty alleviation with the ultimate objective of its eradication, enhance the standard and quality of life of the peoples of Southern Africa and support the socially disadvantaged through regional integration“[164].

Erreicht werden sollen diese Ziele u.a., indem die Wirtschaftspolitiken der Mitgliedstaaten harmonisiert und Politiken entwickelt werden, die auf den schrittweisen Abbau von Hemmnissen zwischen den Mitgliedstaaten abzielen betreffend den freien Verkehr von Kapital, Arbeit, Waren und Dienstleistungen sowie der Menschen der Region[165].
Aus der Verwendung dieser an sich einen Gemeinsamen Markt charakterisierenden Begriffe darf aber nicht auf eine dahingehende konkrete Aufgabe der Gemeinschaft geschlossen werden. Von der Schaffung eines Gemeinsamen Marktes ist weder im Vertrag selber noch in einem der Protokolle, die gem. Art. 22 Abs. 3 SADC-V integraler Bestandteil des Vertrages sind, ausdrücklich die Rede[166]. So besteht allenfalls eine entsprechende abstrakte Perspektive für die Zukunft[167].

---

158 Vgl. Art. 44 SADC-V.

159 Neue Mitglieder wurden Süd-Afrika (1994), Mauritius (1995), die Demokratische Republik Kongo und die Seychellen (1997).

160 Art. 3 SADC-V: „SADC shall be an international organization, and shall have legal personality with capacity and power to enter into contract, acquire, own or dispose of movable or immovable property and to sue and be sued“.

161 Agreement Amending the Treaty of the SADC (Text abrufbar unter: <www.sadc.int/english/protocols/index. html>); Das Abkommen muß gem. Art. 32 von 2/3 der Mitgliedstaaten ratifiziert werden, damit der revidierte SADC-Vertrag (im folgenden abgekürzt SADC-V n.F.) wirksam wird.

162 Siehe Fn 147 u. begleitenden Text.

163 Vgl. The Europa World Year Book 43 (2002), Vol. I, Southern African Development Community, S. 302 ff. (302); Zum Problem der überlappenden Mitgliedschaften ausführlich *Meyns*, Die "Entwicklungsgemeinschaft des Südlichen Afrika" nach der Apartheid - neue Ziele, alte Probleme (Fn 156), S. 176 ff.; Im Jahr 2001 wurde gleichwohl ein Koordinierungsausschuß zwischen beiden Organisationen eingerichtet, um Duplizitätseffekte zu verringern.

164 Die alte Fassung unterscheidet sich von der neuen nur unwesentlich: „[to] achieve development and economic growth, alleviate poverty, enhance [...]“.

165 Art. 5 Abs. 2 lit. a) u. d) SADC-V.

166 Auch in der die Unterzeichung des Gründungsvertrages begleitenden Deklaration der Staats- und Regierungschefs vom 17. Aug. 1992 wird unter der Überschrift „A Shared Future“ lediglich ein Rahmenplan für

Nahziel ist zunächst die Vollendung der im Sept. 2000 in Kraft getretenen Freihandelszone[168] bis zum Jahre 2012[169].

Bis zur Vertragsrevision war die SADC fast ausschließlich vom überkommenen Gedanken der Koordination und der Kooperation geprägt. Deutlich zum Ausdruck kommt dies vor allem in der -systematisch eigentlich den Anfangsbestimmungen des Vertrages zuzuordnenden- Vorschrift des Art. 21 SADC-V:

> „Member States shall, through appropriate institutions of SADC, *coordinate*, rationalize and harmonize their overall macro-economic policies and strategies, programmes and projects in the *areas of cooperation*.“ (Abs. 2)[170]

In Abs. 3 werden dann die einzelnen Kooperationsbereiche der SADC-Staaten genannt. Sie decken sich in weiten Teilen mit den Tätigkeitsfeldern der EG:

> „a) food security, land and agriculture;
> b) infrastructure and services;
> c) trade industry, finance, investment, and mining;
> d) social and human development and special programmes;
> e) science and technology;
> f) natural resources and environment;
> g) social welfare, information and culture; and
> h) politics, diplomacy, international relations, peace and security.“[171]

Die konkrete Ausgestaltung der Kooperation in den einzelnen Bereichen hat gemäß Art. 22 Abs. 1 durch (Zusatz-)Protokolle zu erfolgen. 20 solcher Protokolle sind bereits unterzeichnet worden[172], zu deren Inkrafttreten es der Ratifikation durch die Mitgliedstaaten bedarf[173]. Dieses klassisch intergouvernementale Verfahren korrespondiert zwar mit dem generellen Kooperationsansatz der SADC, doch erweist es sich auch hier als schwerfällig und ineffizient[174]. So dauerte es beispielsweise knapp vier Jahre bis das bedeutsame Protokoll über Handel in Kraft treten konnte, obwohl es dazu gem. seines Art. 37 lediglich der Ratifikation durch zwei Drittel der Mitgliedstaaten bedurfte[175].

---

einen freieren („freer“) -nicht völlig liberalisierten (!)- grenzüberschreitenden Verkehr von Produktionsfaktoren, Waren und Dienstleistungen in Aussicht gestellt wird. (Text der Deklaration in: ILM 32 (1993), S. 267 ff.).

167 Vgl. *Ndulo*, African Integration Schemes: A Case Study of the Southern African Development Community (SADC), AfrYBIL 7 (1999), S. 3 ff. (14) - mit ausdrücklichem Hinweis auf die Vorbildfunktion der Europäischen Union in diesem Zusammenhang.

168 Grundlage ist das im Jan. 2000 in Kraft getretene 'Protocol on Trade' vom 24.8.1996.

169 Im Protokoll selbst ist eine vollständige Liberalisierung des interregionalen Handels innerhalb von 8 Jahren nach seinem Inkrafttreten vorgesehen (Art. 3 Abs. 1 lit. b)). Im Mai 2000 wurde der Zeitrahmen aber um weitere vier Jahre verlängert, so daß die Vollendung der Freihandelszone nun bis 2012 zu erfolgen hat. Im Jahr 2008 sollen die Handelshemmnisse zu 85% abgebaut sein (vgl. The Europa World Year Book (Fn 163), S. 305).

170 Eigene Hervorhebungen.

171 Art. 21 Abs. 3 SADC Konsolidierte Fassung; die Änderungen sind aber eher redaktioneller Art.

172 Vgl. die Liste unter <www.sadc.int/english/protocols/index.html> (Stand: 31.08.2002). Darunter ist auch das Protokoll über die Errichtung des Tribunals der SADC (vgl. Art. 16 SADC-V) vom 7.8.2000.

173 Art. 22 Abs. 3 SADC-V.

174 Erinnert sei hier nur an die Erfahrungen der ECOWAS (s. oben: B. II. 4. (S. 300 f.)).

175 Nach Art. 22 Abs. 4 SADC-V n.F. gilt diese Regelung künftig für alle Protokolle.

3. Organe und Struktur der SADC

Zusätzlich zu den schon bestehenden Hauptorganen (Konferenz, Ministerrat, Ständiger Ausschuß der Fachminister auf Beamtenebene und Sekretariat[176]) mit klassischen Zuständigkeiten wurden durch die Vertragsreform ein Außenpolitisches Koordinierungsorgan[177] sowie das sog. 'Integrated Committee of Ministers' geschaffen[178]. Letzteres verdient insofern Aufmerksamkeit, als mit ihm -wie der Namen bereits andeutet- ein stärkeres Integrationselement in die SADC eingeführt wird. In Art. 12 Abs. 2 SADC-V n.F. heißt es:

> „It shall be the responsibility of the Integrated Committee of Ministers to:
> (a) oversee the activities of the *core areas of integration* which include:
> (i) trade, industry, finance and investment;
> (ii) infrastructure and services;
> (iii) food, agriculture and natural resources; and
> (iv) social and human development and special programmes. [...]"[179]

Erstmals ist damit konkret von Integrations- statt nur von Kooperationsbereichen die Rede. Das Attribut „core" suggeriert sogar, daß auch die übrigen (in Art. 21 Abs. 3 genannten Kooperations-)Bereiche von nun an ebenfalls Integrationsbereiche -wenn auch periphere-sind.

Auf der Durchführungsebene geht dieses Konzept mit der Errichtung einer völlig neuen Organisationsstruktur einher. Statt des von der Vorgängerorganisation SADCC übernommenen Modells der nationalen Koordinierungseinheiten für spezielle Kooperationsbereiche[180] wird nun das von der Kommission der Europäischen Union bekannte Konzept der Generaldirektionen übernommen. Insgesamt vier dieser im Büro des SADC-Generalsekretärs angesiedelten 'General Directorates' sollen künftig für die zentrale Koordinierung in den vier o.g. „core areas of integration" sorgen. An die Stelle der nationalen Koordinierungsbüros treten 'SADC National Committees', von denen jedes für die Umsetzung

[176] Art. 9 Abs. 1 SADC-V: The Summit of Heads of State or Government; The Council of Ministers; The Standing Committee of Officials; The Secretariat.

[177] Art. 9 Abs. 1 lit. b) SADC-V n.F.: the Organ on Politics, Defence and Security Cooperation; zu seiner Zuständigkeit siehe Art. 10A SADC-V n.F.

[178] Um die Handlungsfähigkeit der Gemeinschaft trotz der Aufblähung ihres institutionellen Apparates sicherzustellen, wurde zusätzlich die sog. Troika geschaffen. Eine solche soll es künftig für die Konferenz der Staats- und Regierungschefs, das Organ für Politik, Verteidigung und Sicherheit, den Ministerrat, das Integrierte Ministerkomitee und den Ständigen Ausschuß der Fachminister auf Beamtenebene geben (vgl. Art. 9A Abs. 1 SADC-V n.F.). Die Troika besteht in all diesen Fällen aus dem gegenwärtigen Vorsitzenden des Organs, dessen Vorgänger und dessen Nachfolger (vgl. Art. 9a T-SADC n.F.); insofern ist sie der EU-Troika (Art. J.5 Abs. 3 EUV a.F.) nachgebildet. Die Troika soll Steuerungsfunktion für die jeweiligen Organe haben und unabhängig von den regulären Sitzungen der Organe Beschlüsse fassen können (Art. 9A Abs. 6, 7 SADC-V n.F.).

[179] Eigene Hervorhebung.

[180] Nach diesem Modell unterhielt jeder Mitgliedstaat ein sog. 'Sectoral Coordination Office', das für die Koordinierung der Tätigkeiten der Mitgliedstaaten in einem oder mehreren der in Art. 21 Abs. 3 SADC-V genannten Kooperationsbereiche verantwortlich zeichnete. Auf diese Weise unterhielt beispielsweise Simbabwe das Sektorale Koordinierungsbüro für Ernährung, Getreide, Landwirtschaft und natürliche Ressourcen; Botswana war zuständig für Viehzucht und Veterinärwesen, Tansania für Industrie und Handel, Sambia für Arbeit und Beschäftigung usw. (vollständige Liste der -früheren- mitgliedstaatlichen Zuständigkeiten in: The Europa World Year Book 42 (2001), Vol. I, Southern African Development Community, S. 280 ff. (281).

der Vorgaben der Generaldirektionen auf nationaler Ebene zuständig ist[181]. Diese neue Struktur soll spätestens bis zum 9.3.2003 implementiert sein[182].

Von den Reformen nicht erfaßt wurden allerdings die Entscheidungsmechanismen in der SADC. Anders als etwa in der UEMOA, der CEMAC und dem konkurrierenden COMESA verzichtete man hier auf die Einführung supranationaler Elemente. So ist im Vertrag nach wie vor keine unmittelbare Rechtssetzungsbefugnis der Gemeinschaft gegenüber den Mitgliedstaaten vorgesehen[183]. Allein die Entscheidungen der mindestens einmal jährlich tagenden Konferenz der Staats- und Regierungschefs sind für die Mitgliedstaaten verbindlich[184]. Sie können ausweislich Art. 10 Abs. 9 SADC-V n.F. aber nur im Konsens getroffen werden. Dies gilt sogar für die nach außen hin unverbindlichen Entscheidungen der übrigen Beschlußorgane[185].

Hervorzuheben ist schließlich noch die Schaffung des in Art. 9 Abs. 1 lit. g), Art. 16 SADC-V n.F. vorgesehenen SADC-Tribunals durch ein entsprechendes Protokoll vom 7.8.2000.
Die Mitgliedstaaten haben den Gerichtshof darin mit einer obligatorischen Zuständigkeit für die Auslegung und Anwendung des SADC-Rechts nach Vorbild des EuGH ausgestattet[186]. In einer Besetzung von drei oder fünf Richtern entscheidet das Gericht mit Mehrheit über den Streitgegenstand[187]. Seine Entscheidungen sind für die Streitparteien abschließend und verbindlich[188].

4. Zusammenfassung

Die SADC hat sich aus der losen Konferenzstruktur ihrer Vorgängerorganisation zu einer vollwertigen Internationalen Organisation zur regionalen Wirtschaftsintegration entwikkelt. Gleichwohl unterscheidet sie sich nach wie vor deutlich von der EG und anderen bisher untersuchten afrikanischen Wirtschaftsorganisationen. Die Mitgliedstaaten haben

---

181 Art. 16A SADC-V n.F.

182 Art. 31 Agreement Amending the Treaty of the SADC.

183 Vgl. *Ndulo*, African Integration Schemes: A Case Study of the Southern African Development Community (Fn 167), S. 18: „[...] SADC organs do not have the power to legislate or issue directives binding on member states".

184 Art. 10 Abs. 8 SADC-V (Abs. 9 SADC-V n.F.).

185 Art. 10A Abs. 7 (Organ on Politics, Defence and Security Cooperation), Art. 11 Abs. 6 (Council of Ministers), Art. 12 Abs. 7 (Integrated Committee of Ministers) SADC-V n.F.; Für alle Organe gemeinsam wird das Konsensprinzip noch einmal ausdrücklich in Art. 19 SADC-V wiederholt.

186 In Art. 15-20 des Protokolls sind die unterschiedlichen Verfahrensarten vor dem Gerichtshof aufgeführt: Disputes between States, Disputes between Natural or Legal Persons and States (Art. 15); Preliminary Rulings (Art. 16); Disputes between States and the Community (Art. 17); Disputes between Natural or Legal Persons and the Community (Art. 18); Disputes between the Community and Staff (Art. 19); Advisory Opinions (Art. 20).

187 Art. 3 Abs. 3, Art. 24 Abs. 2 des Protokolls.

188 Art. 24 Abs. 3; Art. 32 Abs. 3 des Protokolls. Art. 32 Abs. 2 besagt: „States and institutions of the Community shall take forthwith all measures necessary to ensure the executions of the decisions of the Tribunal". Im Falle der Nichtbeachtung einer Entscheidung durch einen Mitgliedstaat sieht das Protokoll lediglich die Möglichkeit der Feststellung dieses Tatbestandes durch den Gerichtshof vor und die Weiterleitung des Ergebnisses an die Konferenz, damit diese weitere Maßnahmen beschließen kann (Art. 24 Abs. 5 des Protokolls). Die Konferenz kann zwar Sanktionen gegen einen Mitgliedstaat „on case-by-case basis" verhängen (Art. 33 SADC-V), doch ist nicht ersichtlich, daß für diese Beschlußfassung eine Ausnahme vom Konsensprinzip gilt bzw. daß der betreffende Mitgliedstaat von der Beschlußfassung ausgeschlossen ist.

der SADC keine von Anfang an klar definierten wirtschaftlichen Integrationsziele vorgegeben. So bleibt offen, ob und wenn ja in welchem Zeitrahmen der 2012 zu vollendenden Freihandelszone die Errichtung einer Zollunion und eines Gemeinsamen Marktes folgen soll.
Ein weiterer Unterschied besteht darin, daß die SADC-Rechtsordnung rein koordinationsrechtlich strukturiert ist. Die bevorstehende Errichtung eines SADC-Tribunals nach Vorbild das EuGH kann in diesem Zusammenhang zwar als supranationales Einsprengsel gewertet werden, doch bleibt es isoliert. Dies schließt jedoch nicht aus, daß das Tribunal in die Rolle eines Integrationsmotors hineinwachsen kann.

Die Revision des SADC-Vertrages im Jahre 2001 führt die Gemeinschaft in institutioneller Hinsicht vorsichtig näher an das Organisationsmodell der EG heran. So wird die ursprünglich breit angelegte Kooperation zu einer Integration in Kernbreichen verdichtet. Die Durchführungszuständigkeit geht dazu von den Mitgliedstaaten auf die SADC selbst über.
Insgesamt gesehen kann die SADC aber allenfalls als Vorstufe einer Wirtschaftsorganisation nach Vorbild der EG betrachtet werden.

Hervorzuheben ist allerdings, daß in der SADC im Gegensatz zu zahlreichen anderen -gescheiterten- afrikanischen Wirtschaftsorganisationen keine Diskrepanz zwischen ehrgeizigen Integrationszielen und der der Organisation zu ihrer Realisierung zur Verfügung gestellten Rechtsordnung besteht. Die konkreten Aufgaben der SADC lassen sich erfahrungsgemäß ohne weiteres auf intergouvernementalem Wege lösen.

VII. *African Economic Community* (AEC)

1. Hintergrund und Entstehung

Schon Ende der 70er Jahre gab es im Rahmen der OAU konkrete Überlegungen zur Schaffung eines den ganzen Afrikanischen Kontinent umfassenden Gemeinsamen Marktes[189]. Mit gut 10-jähriger Verspätung beschloß die Konferenz der Staats- und Regierungschefs der OAU auf ihrer 26. ordentlichen Sitzung vom 9.-11. Juli 1990 in Addis-Abeba (Äthiopien) schließlich die Gründung einer Pan-Afrikanischen Wirtschaftsgemeinschaft. Der Vertrag zur Errichtung der 'African Economic Community' (AEC) wurde dann auf der 27. Sitzung am 3.6.1991 in Abuja (Nigeria) von 49 der damals 51 OAU-Staaten

---

[189] Zu nennen sind hier insbesondere die 'Monrovia-Declaration', die auf der 16. ordentlichen Sitzung der OAU im Juli 1979 in Monrovia (Liberia) von der Konferenz der Staats- und Regierungschefs verabschiedet wurde und der 'Lagos Plan of Action for the Economic Development of Africa 1980-2000' des OAU- Sondergipfels von 1980. In diesem Plan, einem 125-Seiten-Dokument, wurden Ziele und Strategien für eine wirtschaftliche Emanzipation des afrikanischen Kontinents formuliert. In der Schlußakte von Lagos wurde der OAU-Generalsekretär beauftragt, so schnell wie möglich eine Kommission einzusetzen, um einen Vertrag zur Errichtung einer Afrikanischen Wirtschaftsgemeinschaft (African Economic Community) auszuarbeiten mittels derer die Lagos-Ziele realisiert werden sollten. Der Vertragsentwurf sollte schon zur nächsten Tagung der Staats- und Regierungschefs 1981 vorliegen, die Gemeinschaft sollte im Jahr 2000 realisiert sein (vgl. zum Ganzen *Akanle*, The Legal and Institutional Framework of the African Economic Community - in: Ajomo/Adewale (Hrsg.), African Economic Community Treaty, Issues, Problems and Prospects, S. 1 ff. (7-9)).

unterzeichnet[190]. Er trat am 12.5.1994 gem. Art. 101 in Kraft nachdem er von zwei Dritteln der OAU-Mitgliedstaaten ratifiziert worden war[191].

Über die rechtliche Struktur der zu schaffenden Gemeinschaft, insbesondere über ihr Verhältnis zur OAU, herrschte im Vorfeld der Vertragsausarbeitung Uneinigkeit. So ging man auf der 26. Sitzung noch davon aus, die OAU mit der Afrikanischen Wirtschaftsgemeinschaft zu einer einheitlichen afrikanischen wirtschaftlichen und politischen Gemeinschaft mit einem einzigen Gründungsvertrag zu verschmelzen: „une seule organisation-mère, constitutant le centre nerveux de tout le système juridique, politique et économique africain"[192]. Letztlich entschied man sich aber doch für das unveränderte Weiterbestehen der OAU.

In der Präambel des AEC-Vertrages heißt es dann auch „We, the Heads of State and Government of the Member States of the Organization of African Unity [...] have decided to establish an African Economic Community constituting an integral part of the OAU". Im operativen Teil taucht die Wendung „integral part of the OAU" wieder in der Begriffsbestimmung in Art. 1 lit. c)[193] auf. Die Verzahnung beider Organisationen äußert sich vor allem darin, daß die Beschlußorgane der OAU (vgl. Art. 7), die Versammlung der Staats- und Regierungschefs und der Ministerrat sowie das Sekretariat der OAU, diese Funktion auch für die AEC wahrnehmen[194]. Der Sitz der AEC ist folgerichtig derselbe wie der der OAU (Art. 96), Addis Abeba (Äthiopien).

Lediglich der Gerichtshof der Gemeinschaft, die besonderen Ausschüsse und das ebenfalls in Art. 7 vorgesehene, aber noch zu schaffenden Pan-Afrikanische Parlament stellen originäre Gemeinschaftsorgane dar. Die AEC verfügt damit nur über eine „structure dérivé ou secondaire" im Verhältnis zur OAU[195]. Man muß demnach hier -wie bei der Europäischen Union- die Konstruktion der Organleihe oder der doppelfunktionalen Stellung der Organe bemühen, um zu einer eigenständigen Rechtspersönlichkeit der AEC zu gelangen[196]. Die Völkerrechtsfähigkeit der AEC steht allerdings nicht in Zweifel, da sie von den Mitgliedstaaten ausdrücklich mit der Fähigkeit ausgestattet wurde, Kooperationsabkommen mit dritten Staaten, der ECA[197], UN-Sonderorganisationen oder anderen

---

190 Text in: ILM 30 (1991), S. 1245 ff.

191 Heute ist der AEC-Vertrag für alle gegenwärtig 52 (O)AU-Staaten völkerrechtlich verbindlich. Sein Geltungsbereich erstreckt sich somit auf das Gebiet sämtlicher (souveräner) afrikanischer Staaten bis auf Marokko, das die OAU zum Nov. 1985 verließ.

192 OAU, Projet de création de la Communauté Economique Africaine, Partie II, Examen préliminaire des aspects opérationnels de mise en place de la Communauté, Comité Directeur Permanent, 20ème Session Ordinaire, 17-20 avril 1990, Addis-Abéba (Ethiopie), PSC/2, EXP/XX-Part II, p.12 - zitiert nach *Ntumba*, De la nature de la Communauté Economique Africaine, RADIC 8 (1996), S. 51 ff. (53 Fn 9).

193 Artikel ohne Angabe des Vertrages, dem sie entstammen, sind in diesem Abschnitt solche des AEC-Vertrages.

194 Siehe Art. 1 lit. h): "Assembly" shall mean the Assembly of Heads of State and Government of the OAU [...]; lit. i): "Council" shall mean the Council of Ministers of the OAU [...]; lit. n) "Secretariat" shall mean the General Secretariat of the OAU [...].

195 *Nutumba*, De la nature de la Communauté Economique Africaine (Fn 192), S. 57.

196 Siehe dazu Teil 1 D. II. 1. c) (S. 101); von einer „international legal person distinct from the OAU" geht beispielsweise *Ogan*, The International Personality of the African Economic Community (AEC) - in: Ajomo/Adewale (Hrsg.), The Legal and Institutional Framework of the African Economic Community, S. 52 ff. (58), aus. So wohl auch *Akanle*, The Legal and Institutional Framework of the African Economic Community (Fn 189), S. 11; offenlassend *Ntumba*, De la nature de la Communauté économique Africaine (Fn 192), S. 62: „une quelconque personnalité juridique".

197 United Nations *E*conomic *C*ommission for *A*frica.

Internationalen Organisationen zu schließen (Art. 92). Die (völker)rechtliche Vertretung der Gemeinschaft nimmt gem. Art. 98 Abs. 2 der Generalsekretär wahr.
Im Ergebnis ist die AEC mithin als Internationale Organisation einzustufen.

2. Ziele und Tätigkeitsbereiche der AEC

Die Ziele der Gemeinschaft werden in Art. 4 des AEC-Vertrages genannt. Interessant ist in diesem Zusammenhang ein Vergleich mit den Grundsätzen, auf die sich die OAU-Staaten in Art. III ihrer Charta verpflichtet haben[198]. Im AEC-Vertrag ist die Rede von „equality and interdependence of Member States" anstatt „sovereign equality" in der OAU-Charta[199]. „Solidarity and self-reliance" trat an die Stelle des mantraartig wiederholten Grundsatzes der „non-interference in the internal affairs"[200]. Auch das Bekenntnis zu „inter-state cooperation, harmonization of policies and integration of programmes" im AEC-Vertrag und die Festschreibung von „respect for the sovereignty and territorial integrity of each state and for the inalienable right to independent existence" in der OAU-Charta[201] könnten gegensätzlicher kaum sein. Am deutlichsten tritt die verändete Grundhaltung der OAU-Staaten zueinander allerdings durch die Gegenüberstellung von Art. 3 lit. f) AEC-Vertrag und Art. III Abs. 5 OAU-Charta zutage: „peaceful settlement of disputes among Member States, active cooperation between neighbouring countries and promotion of a peaceful environment" anstatt „unreserved condemnation, in all its forms, of political assassination as well as of subversive activities on the part of neighbouring States or any other State".
Diese fundamentale Neudefinition des Verhältnisses der OAU-Staaten zueinander und eine Umsetzung der Buchstaben des AEC-Vertrages in diesem Geiste ist unabdingbare Voraussetzung dafür, daß die Gemeinschaft ihre anspruchsvollen Aufgaben zu erfüllen in der Lage ist.
Die Aufgabenliste in Art. 4 Abs. 2 umfaßt nicht weniger als 15 Einzelposten (lit. a) bis o)[202]), die sich aber letztlich auf vier Kernaufgaben reduzieren lassen:

> „a) the strengthening of existing regional economic communities and the establishment of communities where they do not exist; [...]
> g) the establishment and maintenance of a common external tariff;
> h) the establishment of a common market;
> i) the gradual removal, among Member States, of obstacles to the free movement of persons, goods, services and capital and the right of residence and establishment; [...]."

In der angestrebten Errichtung eines gemeinsamen Außenzolles und der Schaffung eines vollständig liberalisierten Binnenmarktes stimmt das Aufgabenspektrum der AEC mit dem der EG überein. Die Schwierigkeiten, die solch ein Unterfangen für ein Gebiet der 10-

---

198 Einen solchen Vergleich stellt schon *Ogan*, The International Personality of the African Economic Community (AEC) (Fn 196), S. 52 f. an: „[T]he AEC Treaty contains no stipulations similar (either in letter or spirit) to the queer provisions of Articles III and IV of the OAU Charter which makes the latter document look like a difficult peace-treaty after a war of independence among African States, rather than a treaty realizing African unity".

199 Art. 3 lit. a) AEC-Vertrag; Art. III Abs. 1 OAU-Charta ('Charter of the Organization of African Unity' vom 25.5.1963, Text in: UNTS 479, S. 70 ff. u. ILM 2 (1963), S. 766 ff.).

200 Art. 3 lit. b) AEC-Vertrag; Art. III Abs. 2 OAU-Charta.

201 Art. 3 lit. c) AEC-Vertrag; Art. III Abs. 3 OAU-Charta.

202 Lit. p) enthält eine Generalklausel: „[...] any other activity that Member States may decide to undertake jointly with a view to attaining the objectives of the Community".

fachen Größe der Europäischen Union mit 52 Staaten von z.T. völlig unterschiedlicher Größe, Einwohnerzahl und Wirtschaftskraft mit sich bringt, lassen sich allerdings nur auf einem soliden Fundament funktionierender kleinerer Einheiten zur regionalen Wirtschaftsintegration bewältigen. Darauf hebt Art. 4 lit a) ab, wenn dort von der Stärkung vorhandener und der Errichtung neuer regionaler Wirtschaftsgemeinschaften die Rede ist[203]. Art. 88 betont die zentrale Bedeutung dieser Organisationen für die AEC, wenn es in Abs. 1 heißt, daß die Gemeinschaft hauptsächlich („mainly") über die Koordinierung, Harmonisierung und schrittweise Integration der Tätigkeiten der Regionalen Wirtschaftsorganisationen errichtet werden soll[204]. Zum Zeitpunkt der Gründung der AEC 1991 existierten bereits die ECOWAS, die PTA, die CEEAC, die UMA[205] und die SADCC[206]. Seitdem haben die ECOWAS-Staaten eine umfassende Vertragsrevision vorgenommen, die CEEAC ist von der CEMAC abgelöst worden, die PTA hat sich neu formiert zum COMESA, und aus der losen Konferenzstruktur des SADCC ist die Entwicklungsgemeinschaft für das südliche Afrika (SADC) geworden. Bis auf die UMA unterhält die AEC zu allen diesen Organisationen entsprechende Koordinationsbeziehungen[207].

Um die -vorausgesetzten- Fortschritte der afrikanischen Regionen und Sub-Regionen bei der Wirtschaftsintegration für die AEC nutzbar machen zu können, haben die Mitgliedstaaten der Gemeinschaft einen differenzierten Zeitrahmen für die Realisierung ihrer Aufgaben vorgegeben, dessen Ende das Jahr 2025 markiert. In sechs unterschiedlich lang bemessenen Etappen sollen jeweils einzelne Integrationsschritte der regionalen afrikanischen Wirtschaftsgemeinschaften von der AEC nachvollzogen werden[208].

---

[203] Der Begriff „region" wird dabei in Art. 1 lit. d) AEC-Vertrag unter Hinweis auf die Resolution CM/Res. 464 (XXVI) des OAU-Ministerrates zur Einteilung Afrikas in fünf Regionen definiert: Nord-Afrika, West-Afrika, Zentral-Afrika, Ost-Afrika und das südliche Afrika.

[204] In Art. 88 Abs. 3 heißt es sogar: „To this end, the Community shall be entrusted with coordination, harmonization and evaluation of the activities of existing and future regional economic communities.".

[205] Die 'Union du Maghreb Arabe' (UMA) wurde am 17.2.1989 in Marrakesch zwischen Algerien, Libyen, Marokko, Mauretanien und Tunesien als politische und wirtschaftliche Internationale Organisation gegründet. Zu Entstehungsgeschichte, Zielen und Struktur der Organisation vgl. *Mattes*, Arabische Maghreb-Union - in: Andersen/Woyke, Handwörterbuch Internationale Organisationen, S. 34 ff.).

[206] Schon der 'Lagos Plan of Action' von 1980 sah die parallele Gründung regionaler Wirtschaftsorganisationen vor, um die Pan-Afrikanische Wirtschaftsgemeinschaft aus den Regionen heraus zu entwickeln (vgl. *Bach*, Crise des institutions et recherche de nouveaux modèles (Fn 68), S. 97).

[207] In der Präambel des Gründungsvertrages jeder der vorgenannten Organisationen gehen die Mitgliedstaaten in der einen oder anderen Weise auf die Pan-Afrikanischen Integrationsbemühungen im Rahmen der AEC ein: vgl. 9. u. 10. Erwägungsgrund ECOWAS-V n.F.; 1. Erwägungsgrund UEMOA-V; 3. Erwägungsgrund CEMAC-V; 5. Erwägungsgrund COMESA-V; 9. Erwägungsgrund SADC-V.

[208] Vgl. Art. 6:

1.Stufe (5 Jahre): Stärkung bestehender regionaler Integrationsgemeinschaften und Gründung neuer dort, wo noch keine existieren.

2. Stufe (8 Jahre): Stabilisierung von Zollschranken und anderen Handelsbarrieren; Stärkung der sektoralen Integration im regionalen wie kontinentalen Maßstab; Koordinierung und Harmonisierung der Tätigkeiten der bestehenden Wirtschaftsgemeinschaften;

3. Stufe (10 Jahre): Errichtung regionaler Freihandelszonen und Zollunionen;

4. Stufe (2 Jahre): Annahme eines kontinentweiten einheitlichen Außenzolltarifs auf der Grundlage der koordinierten und harmonisierten Zollsysteme der unterschiedlichen Wirtschaftsgemeinschaften;

5. Stufe (4 Jahre): Schaffung eines gemeinsamen afrikanischen Marktes durch gemeinsame Politiken in zahlreichen Bereichen, durch Harmonisierung der Finanz- und Währungspolitiken, Personenfreizügigkeit einschließlich Aufenthalts- und Niederlassungsrecht sowie durch die Erschließung von Eigenmitteln für die Gemeinschaft;

Der Erfolg der Afrikanischen Wirtschaftsgemeinschaft ist damit untrennbar mit dem der regionalen und sub-regionalen Wirtschaftsgemeinschaften verbunden. Für letztere ist damit ein erhebliches Maß an Verantwortung verbunden, auch wenn ihnen oftmals das Bewußtsein dafür fehlt[209].
Inwiefern die AEC selbst die Voraussetzungen für eine effektive Umsetzung ihrer eigenen (zukünftigen) Aufgaben geschaffen hat, hängt maßgeblich davon ab, wie unabhängig und effektiv die Organe der Gemeinschaft zu arbeiten in der Lage sind.

3. Organe der AEC

Das oberste Organ der AEC ist gem. Art. 7 Abs. 1 die 'Assembly of Heads of States and Government' der OAU, die für die Realisierung der Vertragsziele Sorge zu tragen hat. Zu diesem Zweck werden ihr in Art. 7 Abs. 3 die denkbar weitesten Entscheidungs-, Leitungs-, Delegations- und Überwachungsfunktionen zuerkannt. Die Handlungsform der einmal jährlich tagenden 'Assembly' ist die Entscheidung (decision). Entscheidungen der Konferenz binden nicht nur die Organe der Gemeinschaft und die Mitgliedstaaten, sondern auch die regionalen Wirtschaftsgemeinschaften (Art. 10 Abs. 2). Einstimmigkeit bei der Entscheidungsfindung wird zwar angestrebt, ist sie aber nicht zu erreichen, genügt eine Zweidrittelmehrheit. Eine auf diese Weise zustande gekommene Entscheidung erlangt 30 Tage nach ihrer Unterzeichnung durch den Vorsitzenden der Konferenz unmittelbare Geltung (Art. 10 Abs. 3). Im Vergleich zu den Organen der EG/EU nimmt die Assembly eine Zwitterstellung zwischen Europäischem Rat und Rat der Europäischen Union ein.
Der Ministerrat der OAU (Council of Ministers) assistiert der Assembly auch im Rahmen der AEC bei der Wahrnehmung ihrer Funktionen. Er setzt sich aus den Außenministern der Regierungen der Mitgliedstaaten zusammen[210]. Seine allgemeine Aufgabe besteht nach Art. 11 Abs. 2 darin, das Funktionieren und die Entwicklung der Gemeinschaft sicherzustellen. Der Ministerrat ist befugt, zur Erfüllung seiner Aufgaben Verordnungen zu erlassen. Diese erlangen aber erst nach Zustimmung durch die Konferenz Verbindlichkeit für die untergeordneten Organe der Gemeinschaft, die Mitgliedstaaten und die regionalen Wirtschaftsgemeinschaften (Art. 13). Der Abstimmungsmodus im Ministerrat ist der gleiche wie in der Versammlung der Staats- und Regierungschefs.
Das OAU-Generalsekretariat (General Secretariat) erfüllt zusammen mit dem Ministerrat in seiner Funktion als AEC-Organ Aufgaben, die im Rahmen der EG im wesentlichen in den Zuständigkeitsbereich der EU-Kommission fallen (vgl. Art. 22 Abs. 2).
Der Gerichtshof der Afrikanischen Wirtschaftsgemeinschaft (Court of Justice of the Community) schließlich ist für die Gewährleistung der Einhaltung des Rechts bei der Anwendung und Auslegung des Vertrages zuständig (Art. 18 Abs. 2). Anders als bei seinem europäischen Gegenstück, dem EuGH, sind aber lediglich die Mitgliedstaaten und die Konferenz der Staats- und Regierungschefs befugt, Vertragsverletzungsverfahren gegeneinander oder gegen andere Organe der Gemeinschaft anzustrengen oder die Kompetenzüberschreitung eines Gemeinschaftsorgans und die Nichtigkeit eines Gemeinschaftsrechtsaktes geltend zu machen.

---

6. Stufe (5 Jahre): Vollendung der Afrikanischen Wirtschaftsgemeinschaft durch eine Konsolidierung des gemeinsamen afrikanischen Marktes, die Errichtung einer afrikanischen Währungsunion und eines Pan-Afrikanischen Parlaments.

209 Vgl. *Bach*, Crise des institutions et recherche de nouveaux modèles (Fn 68), S. 99.

210 Art. 11 Abs. 1 AEC-V i.V.m. Art. XXII Abs. 1 OAU-Charta.

Art. 19 ordnet die Verbindlichkeit der Gerichtsentscheidungen für die Gemeinschaftsorgane und für die Mitgliedstaaten an, doch ist die Bestimmung nicht unmittelbar sanktionsbewehrt[211].

4. Verhältnis von Gemeinschaftsrecht zu nationalem Recht

Über das Verhältnis von Gemeinschaftsrecht zu den nationalen Rechtsordnungen findet sich im AEC-Vertrag keine ausdrückliche Regelung. Einige Bestimmungen des Vertrages lassen jedoch diesbezüglich gewisse Rückschlüsse zu. In Art. 3 lit. e) wird die Beachtung des Rechtssystems der Gemeinschaft als ein Grundsatz der Gemeinschaft genannt. Art. 5 Abs. 2 besagt, daß die Mitgliedstaaten verpflichtet sind, im Einklang mit ihren Verfassungen alle erforderlichen gesetzgeberischen Maßnahmen zu treffen, um die Durchführung der Vertragsbestimmungen zu gewährleisten. Vor diesem Hintergrund sagt *Akanle*, es entspreche allgemeiner Überzeugung, daß dem Gemeinschaftsrecht Vorrang vor nationalem Recht zukommt[212]. Offenbar geht der Autor dabei nicht nur von dem klassischen völkerrechtlichen Vorrang(anspruch) des internationalen Rechts aus, sondern auch vom innerstaatlichen Vorrang des Gemeinschaftsrechts vor kollidierendem nationalen Recht, denn er zitiert in diesem Zusammenhang eine EuGH-Entscheidung[213], wonach Mitgliedstaaten der Anwendung einer Norm des Gemeinschaftsrechts keine irgendwie gearteten Hindernisse entgegenstellen können.

5. Zwischenergebnis

Die OAU Mitgliedstaaten haben sich nicht nur bei ihrer grundsätzlichen Entscheidung, eine Pan-Afrikanischen Wirtschaftsgemeinschaft zu errichten, von den europäischen Erfahrungen mit einer weitreichenden Wirtschaftsintegration leiten lassen, sondern der AEC-Vertrag greift auch konkrete Elemente des europäischen Modells auf. Insbesondere der ausdifferenzierte Zeitrahmen für die schrittweise Vollendung des Gemeinsamen Marktes und die im Vergleich zum herkömmlichen Völkerrecht starke Stellung des Gemeinschaftsrechts gegenüber dem nationalen Recht sind europarechtlich inspiriert. Schwachpunkt der AEC ist allerdings ihre teilweise redundante institutionelle Struktur. Die Konferenz der Staats- und Regierungschefs der OAU und der OAU-Ministerrat sind beides intergouvernemental besetzte Organe der AEC, die gemeinsam die Aufgabe erfüllen, die im Rahmen der EG im wesentlichen vom EU-Ministerrat wahrgenommen wird. Das OAU-Generalsekretariat wiederum teilt sich mit dem Ministerrat Zuständigkeiten, die eigentlich allein einer supranationalen und unabhängigen Kommission hätten überantwortet werden sollen. Auch die weitreichende institutionelle und personelle Identität von OAU und AEC dürfte sich angesichts des streng souveränitätswahrenden Charakters der OAU möglicherweise nachteilig auf die Funktionsfähigkeit der in Teilen supranational ausgestalteten AEC auswirken.

---

[211] Es kommt hier nur die allgemeine Sanktionsbestimmung des Art. 5 Abs. 3 S.1 in Betracht: „Any Member State which persistently fails to honour its general undertakings under this Treaty or fails to abide by the decisions or regulations of the Community may be subjected to sanctions by the Assembly upon the recommendation of the Council".

[212] *Akanle*, The Legal and Institutional Framework of the African Economic Community (Fn 189), S. 12: „In view of this, the general belief is that the community law should have supremacy over municipal law".

[213] EuGH Rs. 48/71, Kommission v. Italien, Slg. 1972, S. 529 ff. (534 f. Tz 5/10).

6. Jüngste Entwicklungen

Auf ihrem 36. ordentlichen OAU-Gipfel in Lomé (Togo) verabschiedete die Konferenz der Staats- und Regierungschefs am 12. 7. 2000 die Gründungsakte für eine Afrikanische Union (African Union-AU)[214]. Am 26.5.2001 trat der Vertrag nach Hinterlegung der Ratifikationsurkunden von zwei Dritteln der 52 OAU-Staaten gem. Art. 28 in Kraft. Am 10. Juli 2002 wurde die Gründung der neuen Union in einer feierlichen Zeremonie in Durban (Südafrika) vollzogen[215].

Mit der AU wurde eine Internationale Organisation zur politischen und wirtschaftlichen Integration nach dem Vorbild der Europäischen Union geschaffen[216]. Sie ersetzte nach einer einjährigen Übergangszeit die alte OAU (vgl. Art. 33 Abs. 1 AU-V), läßt die AEC aber als integralen Bestandteil -wie die EG im Rahmen der EU- weiterbestehen[217]. Als Ziele der AU werden in Art. 3 AU-V u.a. genannt:

> „[...]
>
> c) accelerate the political and socio-economic integration of the continent;
>
> d) promote and defend African common positions on issues of interest to the continent and its peoples; [...]
>
> g) promote democratic principles and institutions, popular participation and good governance; [...]
>
> i) establish the necessary conditions which enable the continent to play its rightful role in the global economy and in international negotiations; [...]."

Auch bei der Aufzählung der Grundsätze der Afrikanischen Union in Art. 4 AU-V wird deutlich, daß die neue Organisation in ihrem Charakter sowohl durch die alte OAU als auch durch die AEC geprägt ist.

So werden beispielsweise in Art. 4 lit. a) AU-V der OAU-Grundsatz der „sovereign equality" und der AEC Grundsatz der „interdependence among States" unmittelbar nebeneinandergestellt. „Non-interference by any Member State in the internal affairs of another" (lit. h)) wird ebenso als Prinzip der Union genannt wie „condemnation and rejection of unconstitutional changes of governments"(lit. p). Auch die Organstruktur der AU stellt letztlich eine Mischung aus traditionellen OAU-Elementen und den vergleichsweise modernen Strukturen des AEC-Vertrages dar. Die Konferenz der Staats- und Regierungschefs sowie der Ministerrat (jetzt: Executive Council) bleiben als intergouvernementale Beschlußorgane der Union erhalten. Allerdings ist jetzt auch hier wie bereits im Rahmen der AEC Entscheidungsfindung mit Zweidrittelmehrheit möglich (vgl. Art. 7 und 11 AU-V). Dem Exekutiv-Rat wird zudem ein 'Permanent Representatives Committee' zur Seite gestellt (Art. 21 AU-V), das die gleiche Unterstützungsfunktion wie der COREPER für den EU-Ministerrat erfüllt. Die Zuständigkeiten des Generalsekretariats (jetzt: Commission, Art. 20 Abs. 1 AU-V), des Unions-Gerichtshofes sowie die der neu zu schaffenden Organe 'Pan-African-Parliament' (Art. 17 AU-V) und 'African Central Bank' (Art. 19 AU-V) müssen erst noch durch Protokolle geregelt werden.

Die Gründung der Afrikanischen Union geht maßgeblich auf das Betreiben des libyschen Staatschefs *Gadaffi* zurück, der erklärtermaßen das Fernziel einer Pan-Afrikanischen Föderation, also von Vereinigten afrikanischen Staaten verfolgt[218]. Das quasi-Scheitern

---

214 Text abrufbar unter: <www.africa-union.org/en/docs/Constitutive Act - final version (signed).PDF>.

215 FAZ vom 9.7.2002 Nr. 156, S. 1 u. 2.

216 Vgl. *Cissé*, Naissance de l'Union africaine, IntLawFORUM 3 (2001), S. 151 f. (151).

217 Bei Unvereinbarkeiten zwischen dem AEC-Vertrag und der AU-Gründungsakte kommt letzterer gem. Art. 33 Abs. 2 Vorrang zu.

218 *Cissé*, Naissance de l'Union africaine (Fn 216), S. 151.

der OAU und die Schwierigkeiten, die im wirtschaftlich bereits voll integrierten Europa die Schaffung einer politischen Union bereitet, lassen zum jetzigen Zeitpunkt den Erfolg der Afrikanischen Union oder gar die Schaffung einer Afrikanischen Föderation als illusorisch erscheinen.

VIII. Ergebnis

Wirtschaftsintegration in Afrika krankte über Jahrzehnte an einem gravierenden inneren Widerspruch. Einerseits formulierte man für die gegründeten Organisationen zur regionalen Wirtschaftsintegration ehrgeizige Ziele und gab einigen von ihnen die äußerst anspruchsvolle Aufgabe der Schaffung eines Gemeinsamen Marktes mit auf den Weg. Hier orientierte man sich bis in einzelne Formulierungen hinein sehr eng an dem Modell der EG. Andererseits wurden die Organisationen mit einem rein koordinationsrechtlichen institutionellen System versehen, das mit dem der Europäischen Gemeinschaft letztlich nichts gemeinsam hatte. An diesem inneren Widerspruch scheiterten praktisch alle Organisationen.

Mit der Gründung der Afrikanischen Wirtschaftsgemeinschaft im Jahre 1991 begann jedoch der vorsichtige Abschied von der streng souveränitätswahrenden Konzeption der Rechtsordnungen der afrikanischen Organisationen zur regionalen Wirtschaftsintegration. In dem AEC-Vertrag finden sich erste supranationale Elemente. Die in der Folge gegründeten bzw. grundlegend reformierten afrikanischen Internationalen Organisationen zur regionalen Wirtschaftsintegration (ECOWAS, UEMOA, CEMAC, COMESA) haben diese aufgegriffen und z.T. deutlich ausgeweitet. Das eindrucksvollste Beispiel für eine bis ins Detail konsequente Übernahme der Bausteine der EG-Rechtsordnung liefern die UEMOA und auch die nach ihrem Vorbild konzipierte CEMAC. Die übrigen Organisationen haben sich Rechtsordnungen gegeben, mit denen sich die Vertragsziele -bei unterstelltem politischen (Integrations-)Willen- durchaus realisieren lassen.

C. Organisationen zur regionalen Wirtschafsintegration in Lateinamerika

> „Lateinamerika verfügt weltweit über die ältesten, schon unmittelbar mit der Unabhängigkeit im frühen 19. Jahrhundert beginnenden Erfahrungen auf dem Gebiet regionaler Kooperation und Integration. Das meiste davon sollte zunächst versanden oder sogar scheitern. In jüngerer Vergangenheit ist an eine Reihe von Integrationsmaßnahmen zu denken, die in den sechziger Jahren einsetzten, bis zur Stunde Bestand haben, jedoch keineswegs als erfolgreich gewertet werden können".[219]

Diese Diagnose aus dem Jahre 1993 legt die Schlußfolgerung nahe, daß jedenfalls zu diesem Zeitpunkt und zumindest von den Ergebnissen her deutliche Parallelen zwischen den Unternehmungen zur regionalen Wirtschaftsintegration auf dem afrikanischen Kontinent und denen in Lateinamerika bestehen.
Das Ergebnis einer rechtlichen Bewertung der lateinamerikanischen Integrationsprojekte vor dem Hintergrund des europäischen Modells ist damit aber ebensowenig präjudiziert wie deren weitere Entwicklung im Verlauf der 90er Jahre, ihr gegenwärtiger Stand und ihre Perspektiven.

---

219 *Lauth/Mols*, Anmerkungen zum Stand der Integration und Kooperation auf dem amerikanischen Kontinent - in: dies. (Hrsg.), Integration und Kooperation auf dem amerikanischen Kontinent, S. 1 ff. (1).

Jüngste Entwicklungen in der Region zeugen im Gegenteil von einem ungebrochenen Glauben der Staaten an den Nutzen und die Zukunft wirtschaftlicher Integration.

Die Untersuchung beschränkt sich im folgenden auf die wichtigsten derjenigen lateinamerikanischen Organisationen, deren konkretes Ziel über die Vollendung der ersten Stufe wirtschaftlicher Integration (i.e. eine Freihandelszone) hinausgeht. In Zentralamerika handelt es sich dabei um den Gemeinsamen Zentralamerikanischen Markt (MCCA), im karibischen Raum ist es die Karibische Gemeinschaft (CARICOM), und in Südamerika geht es um die Andengemeinschaft (CAN) sowie den Gemeinsamen Markt des Südens (MERCOSUR).

I. *Mercado Común Centroamericano* (MCCA)

1. Hintergrund und Entstehung des MCCA

Nachdem schon in den 50er Jahren eine Reihe bilateraler Freihandelsverträge zwischen mittelamerikanischen Staaten geschlossen worden waren[220], unterzeichneten Costa Rica, El Salvador, Guatemala, Honduras und Nicaragua am 10.6.1958 in Tegucigalpa (Honduras) einen „Multilateralen Vertrag über Freihandel und wirtschaftliche Integration"[221]. Darin war vorgesehen, daß mit sofortiger Wirkung für mehr als 200 Warenpositionen sämtliche Beschränkungen für den Handel innerhalb der Region fallen sollten[222]. Neben der schrittweisen Ausweitung des Freihandels auf weitere Produkte war auch die Errichtung einer Zollunion binnen 10 Jahren nach Inkrafttreten des Vertrages vorgesehen[223].

Bereits zwei Jahre später, am 13.12.1960, wurde allerdings schon ein neuer sog. „Generalvertrag über zentralamerikanische Wirtschaftsintegration"[224] von vier der fünf Vertragsstaaten in Managua (Nicaragua) unterzeichnet[225]. Costa Rica trat diesem Vertrag 1962 bei[226].
Neben dem Generalvertrag bleiben die bis zu diesem Zeitpunkt zwischen den Mitgliedstaaten abgeschlossenen bilateralen und multilateralen Verträge weiter bestehen, doch geht er diesen ausdrücklich vor[227].

---

[220] Vgl. *Simmonds*, The Central American Common Market - an Experiment in Regional Integration, ICLQ 16 (1967), S. 911 ff. (915).

[221] 'Tratado Multilateral de Libre Comercio e Integración Económica Centroamericana'; der Vertrag tat am 2.6.1959 in Kraft.

[222] Art. I Abs. 1 S. 2 i.V.m. mit Anhang A des Vertrages: 'Lista de mercancias de libre intercambio entre los Estados contractantes'.

[223] Art. I Abs. 1 S. 1.

[224] 'Tratado General de Integración Económica Centroamericana'; im folgenden TG.

[225] Hintergrund für diese rasche Aufeinanderfolge zweier gleichgerichteter Verträge war ein überraschender Alleingang von Guatemala, El Salvador und Honduras, die am 6.2.1960 einen separaten Vertrag zur schnelleren wirtschaftlichen Integration geschlossen hatten, den 'Tratado de Asociación Económica', auch 'Tratado Tripartito' genannt (vgl. *Friedrich*, Gemeinsamer Markt in Ostafrika und Zentralamerika, VRÜ-Beih. 6 (1975), S. 20 f.).

[226] Der Vertrag trat für Guatemala, El Salvador und Nicaragua gem. Art. XXX Abs. 3 am 4.6.1961, für Honduras am 27.4.1962 und für El Salvador am 23.9.1963 in Kraft.

[227] Art. XXVII Abs. 1 TG: „prevalecerá".

2. Ziele der zentralamerikanischen Wirtschaftsintegration

Ein der wirtschaftlichen Integration als solcher übergeordnetes Ziel wurde im Gegensatz zum EWG-Vertrag im Generalvertrag nicht formuliert. Im ersten Erwägungsgrund der Präambel heißt es lediglich:

> „Con el objeto de reafirmar su propósito de unificar las economías de los cuatro países e impulsar en forma conjunta el desarrollo de Centroamérica a fin de mejorar las condiciones de vida de sus habitantes [...].“[228]

Im Vorspruch zum Multilateralen Vertrag von 1958 war dagegen noch -ungleich pathetischer- die Rede davon, daß die fünf Staaten entschlossen seien, die gemeinsamen Wurzeln und die brüderliche Friedfertigkeit, die sie glücklich vereint, auszuweiten und zu festigen[229].

Im Kapitel I des Generalvertrages, das nur aus zwei Artikeln besteht und die Überschrift „Mercado Común Centroamericano“ trägt, wird stattdessen unmittelbar das konkrete wirtschaftliche Integrationsziel genannt:

> „Los Estados contractantes acuerdan establecer entre ellos un mercado común que deberá quedar perfeccionado en un plazo máximo de cinco años a partir de la fecha de entrada en vigencia de este Tratado. Se comprometen admás a constituir una unión aduanera entre sus territorios.“[230]

Die in Art. I getroffene Unterscheidung zwischen der Errichtung eines Gemeinsamen Marktes („mercado común“) in Satz 1 und einer Zollunion („unión aduanera“) in Satz 2 gibt insofern Anlaß zu Verwirrung als die Vertragsstaaten dem Begriff des Gemeinsamen Marktes offensichtlich nicht die eingangs gegebene[231] -und auch damals schon allgemein geläufige- Definition zugrundelegten. Denn danach bildet die Zollunion die Grundlage für einen Gemeinsamen Markt, auf dem der freie Verkehr von Waren-, Dienstleistungen, Arbeitnehmern und Kapital gewährleistet ist, aber nicht umgekehrt. Von der Systematik des Art. I TG her scheinen die Vertragsstaaten aber gerade davon ausgegangen zu sein, daß die Zollunion auf dem zu errichtenden Gemeinsamen Markt aufbaut. Für die Realisierung der Zollunion ist, anders als für den Gemeinsamen Markt, zudem kein Zeitplan vorgesehen[232]. Erstaunlich ist auch, daß an keiner Stelle des Vertrages von anderen Grundfreiheiten auf dem Gemeinsamen Markt die Rede ist als von der Warenverkehrsfreiheit.

Schließlich findet sich in den Bestimmungen über die Zuständigkeit der Organe ein weiterer nicht definierter Begriff Erwähnung, der der Wirtschaftsunion („unión económica de Centroamérica“[233]).

---

228 „Zur Unterstreichung ihrer Absicht, die Wirtschaftssysteme der vier Länder zu vereinigen und gemeinsam die Entwicklung Mittelamerikas voranzutreiben mit dem Ziel, die Lebensbedingungen seiner Bewohner zu verbessern [...]“ (amtl. Übers., herausgegeben 1962 vom Generalsekretariat des Gemeinsamen Marktes (SIECA); abgedruckt bei *Peterwerth*, Das Vertragswerk des Zentralamerikanischen Gemeinsamen Marktes, S. 101 ff.).

229 „[D]eseando estrechar y fortalecer los vínculos de origen y fraternal amistad que felizmente unen los cinco países; [...]“.

230 Art. I TG: „Die vertragsschließenden Staaten kommen überein, unter sich einen gemeinsamen Markt einzuführen, der innerhalb eines Zeitraums von höchstens fünf Jahren vom Tag des Inkrafttretens ab voll wirksam wird. Darüberhinaus beschließen sie, zwischen ihren Ländern eine Zollunion zu bilden“ (amtl. Übers., s. Fn 228).

231 Siehe oben: A. (S. 225).

232 S.a. *Simmonds*, The Central American Common Market (Fn 220), S. 917.

233 Art. XXI Abs. 1 TG.

Dem TG liegt in der Tat ein spezifisch zentralamerikanisches Verständnis von unterschiedlichen Stufen der Wirtschaftsintegration zugrunde, welches folgendermaßen aufzuschlüsseln ist[234]: Der Begriff 'Freihandelszone' hat auch im zentralamerikanischen Integrationsprozeß seinen herkömmlichen Bedeutungsinhalt. Unter einem Gemeinsamen Markt wird indes eine Freihandelszone verstanden, zu der dann noch -separat- ein gemeinsamer Außenzoll tritt. Die aus einem Drittstaat eingeführten Waren nehmen daher nicht am Freihandel innerhalb des Gemeinsamen Marktes teil. Erst auf der dritten Stufe, also mit Realisierung der Zollunion, genießen auch diese Waren Zollfreiheit im Binnenverkehr. Als höchste Stufe der Wirtschaftsintegration wird die Wirtschaftsunion verstanden, in der dann freier Verkehr von Personen, Gütern und Kapital garantiert wird und in der die Mitgliedstaaten eine gemeinsame Wirtschafts- und Sozialpolitik betreiben.

3. Institutionelle Struktur des MCCA

Der MCCA ist, anders als die EG und sämtliche bisher untersuchten Organisationen, von ihren Mitgliedstaaten weder ausdrücklich mit Völkerrechtsfähigkeit ausgestattet worden noch wird diese implizit durch den TG zuerkannt. Die Organe des MCCA sind daher nicht in der Lage, für den Gemeinsamen Markt völkerrechtlich zu handeln.
Stattdessen wählte man den eher ungewöhnlichen Weg, das Ständige Sekretariat des MCCA (Secretaría Permanente, Art. XXIII), genannt SIECA[235], mit Sitz in Guatemala-Stadt als Internationales Organ auszugestalten, das im eigenen Namen am Völkerrechtsverkehr teilnahm[236]. Die Hauptaufgabe des Sekretariats bestand gem. Art. XXIV TG darin, für die korrekte Einhaltung der bilateralen und multilateralen Handelsverträge, die die Mitgliedstaaten verbinden, zu sorgen. Im übrigen sollte das Sekretariat für die beiden anderen durch den TG errichteten Organe tätig sein („será a la vez"). Dabei handelte es sich um den mittelamerikanischen Wirtschaftsrat (Consejo Económico Centroamericano, Art. XX) und den Exekutivrat (Consejo Ejecutivo, Art. XXII). Neben diesen Hauptorganen wurde eine Vielzahl weiterer Organe und Institutionen mit z.T. wenig klaren Zuständigkeiten geschaffen[237].

Der Wirtschaftsrat setzte sich aus den Wirtschaftsministern der Mitgliedstaaten zusammen und hatte als Hauptaufgabe, die mittelamerikanische Wirtschaft zu integrieren und die Wirtschaftspolitik der Vertragsstaaten zu koordinieren[238]. Der TG stellte ihm dazu als Entscheidungsform allerdings lediglich unverbindliche Beschlüsse zur Verfügung, wie sich implizit (!) aus Art. XXI Abs. 3 entnehmen läßt. Darin heißt es, daß der Wirtschaftsrat vor einer Beschlußfassung einstimmig darüber befindet, ob über die Angelegenheit einstimmig oder mit einfacher Mehrheit entschieden wird.
Auch dem Exekutivrat war keine Befugnis zum Erlaß von Sekundärrecht eingeräumt, um seine -wiederum nur sehr allgemein umschriebenen- Aufgaben zu erfüllen, nämlich diejenigen Maßnahmen zu treffen, die erforderlich waren, um die im Rahmen des Vertrages

---

234 Die folgenden Ausführungen beruhen auf *Peterwerth*, Das Vertragswerk des Zentralamerikanischen Gemeinsamen Marktes, S. 21.

235 Secretaría (Permanente del Tratado General) de *I*ntegración *E*conómica *C*entro*a*mericana.

236 Art. XXIII Abs. 1 TG: „carácter de persona jurídica", Abs. 3: „Los funcionarios de la Secretaría gozarán de imunidad diplomática" (Die Mitglieder des Sekretariats genießen diplomatische Immunität); vgl. auch *Friedrich*, Gemeinsamer Markt in Ostafrika und Zentralamerika (Fn 226), S. 45 f.

237 Vgl. The Europa World Year Book 14 (1973), Vol. I, S. 145 ff. (146 f.).

238 Art. XX TG: „[D]irigir la integración de las economías centroamericanas y coordinar la política, en materia económica de los Estados contratantes; [...]".

eingegangenen Verpflichtungen zu erfüllen und um Probleme zu lösen, die bei der Durchführung seiner Bestimmungen entstanden.
Im MCCA konnten daher wesentliche Integrationsentscheidungen nur in Form von ergänzenden Abkommen oder Protokollen, also auf völkervertraglichem Wege, zustandekommen. Wegen des damit verbundenen Ratifikationserfordernisses lag der Fortgang des Integrationsprozesses praktisch in der Hand der mitgliedstaatlichen Parlamente.

Zusammenfassend ist festzustellen, daß der Zentralamerikanische Gemeinsame Markt in seiner ursprünglichen Form auch institutionell praktisch keine Gemeinsamkeiten mit der EG aufwies. Dem Generalvertrag von 1960 lag auch in institutioneller Hinsicht ein spezifisch zentralamerikanisches Integrationsverständnis zugrunde, das aus dem EWGV keine erkennbare Inspiration bezogen hat.

4. Realisierung der Vertragsziele

In Ausführung und zur Umsetzung der Verpflichtung zur Gewährleistung des Freihandels für die aus den Mitgliedstaaten stammenden Produkte („productos originarios") sowie für die Verpflichtung zur Schaffung eines einheitlichen zentralamerikanischen Außenzolls[239] wurden nach Inkrafttreten des Generalvertrages zahlreiche Protokolle und Abkommen unterzeichnet[240]. Der Gemeinsame Markt konnte auf diese Weise innerhalb des vorgegebenen Zeitrahmens von fünf Jahren fast vollständig realisiert werden[241]. Die Auswirkungen auf den innergemeinschaftlichen Handel waren überaus positiv[242].
In eine zwischenzeitliche Krise geriet der Gemeinsame Markt allerdings 1967, als es aufgrund der verstärkten Importe in die Region bei gleichzeitig schwacher Exportrate zu einem Zahlungsbilanzdefizit von 284 Mio. US $[243] kam, dessen weitere Steigerung für die kommenden Jahre von der SIECA prognostiziert wurde. Über die ungleichen Auswirkungen der Krise auf die Mitgliedstaaten des MCCA und die erforderlichen Stabilisierungsmaßnahmen kam es zwischen ihnen zudem zum Streit.

Weitaus verheerender für den Gemeinsamen Markt wirkte sich der sog. "Fußball-Krieg" zwischen El Salvador und Honduras aus, in dem sich beide Staaten über vier Tage im Juli 1969 militärische Auseinandersetzungen lieferten[244]. Auslöser für die Invasion salvadorianischer Truppen in Honduras waren Übergriffe auf Staatsangehörige El Salvadors anläßlich der Qualifikationsspiele zwischen beiden Staaten für die Fußballweltmeister-

---

239 Vgl. Art. II i.V.m. Art. III Abs. 1 TG.

240 Vgl. *Friedrich*, Gemeinsamer Markt in Ostafrika und Zentralamerika (Fn 225), S. 21 f.; *Peterwerth*, Das Vertragswerk des Zentralamerikanischen Gemeinsamen Marktes, S. 55.

241 1969 war für 95 % der in den Mitgliedstaaten hergestellten Produkte der Freihandel gewährleistet, und 98,4% aller Zollpositionen waren vom Gemeinsame Außenzolltarif erfaßt (The Europa World Year Book 21 (1980), Vol. I, Central American Common Market, S. 143). *Simmonds*, The Central American Common Market (Fn 220), S. 927, schrieb 1967: „Yet the CACM is widely regarded as the most successful attempt to date to foster regional integration among a group of developing countries [...]".

242 Das Volumen des intra-regionalen Handels verachtfachte sich zwischen 1960 und 1971 (von 33 Mio. US $ auf 275 Mio. US $ 1971, The Europa World Year Book, a.a.O.). Dabei machten 1970 Industrieprodukte 88% des Handelsvolumens aus (*Bollin*, Der zentralamerikanische Integrationsprozeß, S. 71: „hervorragende makroökonomische Erfolge").

243 *Peterwerth*, Das Vertragswerk des Zentralamerikanischen Gemeinsamen Marktes, S. 16.

244 Ausführlich zu den Ereignissen AdG 39 (1967), S. 14854 f.

schaft 1970[245]. Die Ursachen für den Konflikt lagen aber offensichtlich tiefer[246]. Honduras beendete daraufhin zum 31.12.1970 *de facto* seine Mitgliedschaft im Gemeinsamen Markt.

Der Gemeinsame Zentralamerikanische Markt fiel in den 70er Jahren nicht völlig in sich zusammen; er stagnierte vielmehr, funktionierte dabei aber auf niedrigem Niveau weiter[247]. Ursächlich für die Stagnation war eine Kumulation verschiedener Hemmnisse: eine ungleiche Kosten-Nutzen-Verteilung zwischen den Mitgliedstaaten, chronische Finanzprobleme der Gemeinschaft, der Konflikt zwischen nationalen Entwicklungs- und Integrationszielen, institutionelle Mängel, militärische Konflikte in den Mitgliedstaaten sowie die nachteiligen weltwirtschaftlichen Entwicklungen[248].
Auch in den wirtschaftlichen Daten der 80er Jahre spiegelt sich das Ausmaß der Krise wider, in die der Gemeinsame Markt geraten war[249].
Politisch deutete sich Mitte dieses Jahrzehnts allerdings schon eine Erholung an[250]. Ausgehend von erfolgreichen Friedensinitiativen für die Region in den Jahren 1986/87[251], gelang dann eine endgültige Wiederbelebung des Integrationsprozesses, die schließlich Anfang der 90er Jahre in der Reform des MCCA ihren Niederschlag fand.

5. Reform des MCCA

a) Das *Sistema de la Integración Centroamericana* (SICA) als institutioneller Rahmen für die Wiederbelebung des Integrationsprozesses

Ausgangspunkt und Grundlage für eine Neuausrichtung des Gemeinsamen Marktes war die umfassende Neustrukturierung des alten politischen Zusammenschlusses der zentralamerikanischen Staaten, der ODECA[252]. Auf ihrem XI. Gipfeltreffen vom 13.-15.12.1991

---

[245] Vgl. AdG 39 (1967), S. 14780.

[246] Vgl. *Simmonds*, International Economic Organizations in Central and Latin America and the Caribbean: Regionalism and Sub-Regionalism in the Integration Process, ICLQ 19 (1970), S. 376 ff. (378 f.): Neben der jahrelangen z.T. illegalen Ansiedlungspraxis von Bevölkerungsteilen aus dem vergleichsweise wohlhabenden El Salvador in dem armen und von erhöhter Arbeitslosigkeit geplagten Honduras stellt der Autor als Ursache fest: „The conflict [...] saw local nationalism take on militaristic form“ (S. 379).

[247] *Bollin*, Der zentralamerikanische Integrationsprozeß, S. 73.

[248] Vgl. *Lauth*, Zentralamerikanischer Gemeinsamer Markt - in: Andersen/Woyke (Hrsg.), Handwörterbuch Internationale Organisationen, S. 466 ff. (468).

[249] *Ders.*, a.a.O., S. 467 nennt folgenden Zahlen: 1986 betrug der Anteil des MCCA am gesamten Außenhandel der Mitgliedstaaten nur noch 10,3 % gegenüber 25,5 % 1970 und lag damit nur leicht höher als 1960 vor Inkrafttreten des Gemeinsamen Marktes. In absoluten Zahlen ausgedrückt lag der Wert der intra-regional gehandelten Waren 1986 mit 411 Mio. US $ (vgl. The Europa World Year Book 30 (1989), Vol. I, Central American Common Market, S. 108) nur um 60 % höher als 1971 (mit 275 Mio. US $).

[250] Am 14. u. 27.12.1984 unterzeichneten die Staatschefs von Costa Rica, El Salvador, Guatemala und Nicaragua die 'Convenio sobre el Regimen Arancelario y Aduanero Centroamericano', mit der ein gemeinsamer Importzoll gegenüber Drittstaaten auf einer einheitlichen Grundlage eingeführt wurde, der sog. 'Arancel Centroamericano de Importación'. Das Abkommen trat am 17.9.1985 in Kraft. Zu nennen ist in diesem Zusammenhang aber auch der sog. San José-Dialog der MCCA-Staaten (u. Panamas) mit der EG, der 1984 auf jährlich wiederkehrender Basis begann (vgl. dazu Bull. EG 9-1984, Ziff. 1.3.1. ff.).

[251] Ausführlich zu den sog. Esquipulas-Friedensplänen I u. II, die auf den Gipfeltreffen der Präsidenten am 24./25.5.1986 und 6./7.8.1987 in Guatemala verabschiedet wurden, *Bollin*, Der zentralamerikanische Integrationsprozeß, S. 79 ff.

[252] Die '*O*rganización *de* *E*stados *C*entro*a*mericanos' wurde am 14.10.1951 als politische Regionalorganisation von fünf zentralamerikanischen Mitgliedstaaten (Costa Rica, El Salvador, Guatemala, Honduras, Nicaragua) gegründet. Die 'Carta de la Organización de Estados Centroamericanos' ermöglichte Panama in Art. 1 der Übergangsbestimmungen den jederzeitigen Beitritt, der jedoch nie erfolgte.

setzten die fünf zentralamerikanischen Staaten und Panama mit dem Protokoll von Tegucigalpa[253] an die Stelle der ODECA das 'Sistema de la Integración Centroamericana' (SICA), dem nunmehr auch Panama und Belize[254] angehören. Ziel des umfassenden Integrationsansatzes -er betrifft praktisch alle Bereiche staatlicher Tätigkeit: Innen- und Außenpolitik, Militär, Soziales, Kultur, Wirtschaft, Finanzen, Umwelt[255]- ist gem. Art. 3 Abs. 1 die Schaffung einer Region des Friedens, der Freiheit, der Demokratie und der Entwicklung. Wesentliche Grundlage des Integrationssystems soll die Achtung, der Schutz und die Förderung der Menschenrechte sein[256]. Die Organstruktur der Internationalen Organisation[257] gleicht im wesentlichen der der Europäischen Union. Der zweimal jährlich stattfindende Gipfel der Präsidenten (Reunión de Presidentes) ist das oberste Organ des Integrationssystems und demgemäß vor allem zuständig für die Festlegung und Lenkung der zentralamerikanischen Politik, die Vorgabe von Richtlinien für den Integrationsprozeß und die Koordinierung der Außenpolitiken der Mitgliedstaaten[258]. Die Entscheidungsfindung erfolgt dabei im Konsens[259].
Der Ministerrat (Consejo de Ministros) ist für die Umsetzung der Vorgaben des Gipfels der Präsidenten verantwortlich, Art. 16 Abs. 2 PT. Die grundsätzliche Verbindlichkeit (auch) seiner Entscheidungen für die Mitgliedstaaten wird ausdrücklich in Art. 22 Abs. 1 PT festgeschrieben. Nur noch in Grundsatzfragen ist Einstimmigkeit erforderlich[260]. Erstmals lassen sich damit im zentralamerikanischen Integrationsprozeß Ansätze eines supranationalen Entscheidungsmechanismus' ausmachen.
Die beiden ständigen (Exekutiv-)Organe des SICA sind das Exekutivkomitee (Comité Ejecutivo) und das Generalsekretariat (Secretaría General)[261].

Das Zentralamerikanische Parlament (Parlamento Centroamericano) ist dem SICA als „Teil" („parte de este Sistema") eingegliedert, wird also nicht ausdrücklich als Organ des Systems bezeichnet[262]. Seine Gründung erfolgte schon im Jahre 1987[263], sein erster Zu-

---

253 'Protocolo de Tegucigalpa a la Carta de la Organización de Estados Centroamericanos (ODECA)'. Das Protokoll (im folgenden PT) trat gem. seines Art. 36 Abs. 3 am 23.7.1992 in Kraft, nachdem es von drei der sechs Unterzeichnerstaaten (El Salvador, Honduras und Nicaragua) ratifiziert worden war. Für Guatemala wurde das Protokoll im August 1993 wirksam, für Costa Rica im Juni 1995 und für Panama im Mai 1996.

254 Belize war nicht ursprünglicher Unterzeichnerstaat, machte aber von der in Art. 36 Abs. 5 PT ausdrücklich vorgesehen Möglichkeit seines Beitritts am 1.12.2000 Gebrauch.

255 Vgl. Art. 3 lit. a) bis j) PT.

256 Art. 4 lit. a) PT.

257 Vgl. Art. 30, 31 PT: „EL SISTEMA [...] gozará internacionalmente [...] de capacidad jurídica [...]. EL SISTEMA podrá, en el marco de sus competencias, celebrar con terceros Estados u organismos, tratados o acuerdos [...]."

258 Art. 15 lit. a): „Definir y dirigir la política centroamericana, estableciendo las directrices sobre la integración de la región [...]"; lit. b) „Armonizar las políticas de sus Estados".

259 Art. 14 S. 2 PT.

260 Art. 21 Abs. 2 PT; Ob es sich um eine Frage von grundsätzlicher Bedeutung („cuestión de fondo") handelt, darüber wird wiederum mit einfacher Mehrheit entschieden.

261 Zum Zuständigkeitsbereich vgl. Art. 24 u. 26 PT.

262 Vgl. Art. 12 PT; s.a. *Bollin*, Der zentralamerikanische Integrationsprozeß, S. 95 ff.

263 'Tratado Constitutivo del Parlamento Centroamericano' vom 2.10.1987. Zwei Jahre später mußte der Vertrag durch ein entsprechendes Protokoll geändert werden, da offensichtlich weder Costa Rica noch Panama beabsichtigten, die für das Inkrafttreten des Vertrages gem. Art. 35 erforderliche fünfte Ratifikationsurkunde zu hinterlegen. Der revidierte Vertrag konnte dann im Juni 1990 zunächst zwischen El Salvador, Guatemala, Honduras und Nicaragua in Kraft treten, da es dazu nunmehr nur noch der Ratifikation von drei Staaten bedurfte. Im Mai 1994 wurde der Vertrag auch für Panama als fünftem Mitgliedstaat wirksam.

sammentritt drei Jahre später am 28.10.1991. Als letzter der vier Mitgliedstaaten ließ Panama im Mai 1999 seine 20 Abgeordneten im Zentralamerikanischen Parlament direkt vom Volk wählen[264]. Es war damit nach dem Europäischen Parlament, an dem man sich bei der Errichtung explizit orientierte[265], das einzige zwischenstaatliche Parlament mit direkt gewählten Abgeordneten weltweit. Neben seiner beratenden und empfehlenden Funktion ist im Gründungsvertrag das Recht vorgesehen, die Amtsinhaber der wichtigsten Positionen in den bestehenden oder noch zu schaffenden Integrationsorganen zu bestimmen oder abzusetzen (Art. 5 lit.c)). Außerdem sieht der Vertrag ein Informationsrecht des Parlamentes gegenüber sämtlichen Integrationsorganen vor (Art. 29). Ob diese Befugnisse gegenwärtig schon bestehen, ist aber unklar[266].
Der Zentralamerikanische Gerichtshof (Corte Centroamericana de Justicia) wurde, wie auch das Parlament, durch ein gesondertes Abkommen[267] errichtet und nahm im Oktober 1994 seine Arbeit am Sitzort in Managua (Nicaragua) auf. Die weitreichenden Zuständigkeiten des Gerichtshofs für Rechtsstreitigkeiten im Zusammenhang mit dem Integrationssystem[268] haben dazu geführt, daß bisher nur El Salvador, Honduras und Nicaragua seine Zuständigkeit anerkannt haben[269].

b) Das *Subsistema de Integración Económica Centroamericana*

Nach der Errichtung des Zentralamerikanischen Integrationssystems wurde 1993 in einem zweiten Schritt der Generalvertrag von 1960 grundlegend reformiert. Das dazu am 29.10. 1993 von den sechs SICA-Staaten unterzeichnete Protokoll von Guatemala[270] regelt in 64 Artikeln etliche Aspekte der Wirtschaftsintegration zwischen diesen Staaten neu[271].

---

264 Direktwahlen hatten zuvor bereits erstmals in Honduras (1989), Guatemala (1990), El Salvador (1991) und Nicaragua (1997) stattgefunden.

265 *Maihold*, Die Konstituierung des Zentralamerikanischen Parlaments: Friedensprozeß und Subregionale Integration, ZParl 24 (1993), S. 271 ff. (271).

266 Die Anwendung von Art. 5 lit. c) und Art. 29 des Gründungsvertrages wurde durch das Änderungsprotokoll unter die aufschiebende Bedingung der Hinterlegung der fünften Ratifikationsurkunde gestellt (s. Art. 4 Abs. 1 u. 2 des 'Protocolo del Tratado Constitutivo del Parlamento Centroamericano' vom 9.12.1989, in Kraft seit 17.6.1990). Fraglich ist, ob auch mit der Hinterlegung der fünften Ratifikationsurkunde durch Panama anstatt -wie ursprünglich gedacht- durch Costa Rica die aufschiebende Bedingung eingetreten ist und Art. 5 lit. c) und Art. 29 mithin Anwendung finden.

267 'Estatuto de la Corte Centroamericana de Justicia' vom 10.12.1992.

268 Der Gerichtshof ist mit obligatorischer Zuständigkeit gegenüber den Mitgliedstaaten ausgestattet (Art. 1 Abs. 2 des Statuts -Ausnahme: Entscheidung über Grenz-, Territorial- und maritime Streitigkeiten; hier bedarf es der gesonderten Zustimmung sämtlicher Streitparteien, um seine Zuständigkeit zu begründen, Art. 22 lit. a) des Statuts). Im Statut vorgesehen sind u.a. Vertragsverletzungsverfahren, Nichtigkeitsklage („acciones de nulidad y de incumplimiento", Art. 22 lit. b)) und Vorabentscheidungsverfahren („decisión preliminaria", Art. 22 lit. k)). Die Entscheidungen des Gerichtshofs sind für die Mitgliedstaaten verbindlich (Art. 24). Eine Sanktionsmöglichkeit für den Fall der Nichtbeachtung eines Urteils besteht nicht.

269 Nach *Bollin*, Der zentralamerikanische Integrationsprozeß, S. 100, droht dem Gerichtshof eine deutliche Beschneidung seiner Kompetenzen, um Costa Rica, Guatemala und Panama zum Beitritt bewegen zu können.

270 'Protocolo al Tratado General de Integración Económica Centroamericana' (sog. *Protocolo de Guatemala* - im folgenden PG); Das PG trat am 17.8.1995 nach Ratifikation durch El Salvador, Honduras und Nicaragua in Kraft. Für Guatemala wurde das PG am 6.6.1996 wirksam, für Costa Rica am 19.5.1997.

271 Wie auch schon der Generalvertrag selbst enthält das Protokoll eine allgemeine Vorrangklausel, wonach es allen sonstigen zwischen den Mitgliedstaaten geschlossenen bi- und multilateralen Abkommen über den Freihandel vorgeht, deren Wirksamkeit aber unberührt läßt (Art. 62 Abs. 1).

Zunächst fällt auf, daß der Begriff 'Mercado Común Centroamericano' (MCCA) im Protokoll selbst nicht erwähnt wird. Stattdessen ist vom 'Subsistema de Integración Económica Centroamericana' die Rede, das die Mitgliedstaaten im Rahmen des SICA errichten wollen[272]. Da es sich aber formal lediglich um ein den Generalvertrag ergänzendes bzw. abänderndes Protokoll handelt, ist nicht davon auszugehen, daß damit die Bezeichnung MCCA ersetzt werden sollte. Wenn die Mitgliedstaaten also das Subsystem als vollwertige Internationale Organisation ausgestaltet haben[273], so erlangt dadurch auch der MCCA die ihm bis dahin fehlende Völkerrechtssubjektivität.

Was die Organstruktur nach dem PG anbetrifft, so deutet sich aus der Bezeichnung 'Subsystem' bereits an, daß sie in die Struktur des SICA eingebunden ist. Der Gipfel der Präsidenten (Reunión de Presidentes) wird im Protokoll zwar nicht ausdrücklich als das oberste Organ des Subsystems bezeichnet, doch ergibt sich dies implizit aus Art. 39 PG. Danach werden die allgemeinen politischen Leitlinien des Subsystems vom 'Consejo de Ministros de Integración Económica' erarbeitet, um sie anschließend dem Gipfel der Präsidenten zur Zustimmung vorzulegen. Das 'Comité Ejecutivo' des SICA tagt im Rahmen des Subsytems MCCA als 'Consejo Ejecutivo de Integración Económica' (Art. 37 Abs. 2 lit. d)).

In Art. 55 Abs. 1 des Protokolls werden die Rechtsakte aufgezählt, die den Beschlußorganen des Subsystems zur Verfügung stehen. Dabei ist festzustellen, daß die Rechtswirkung von Verordnungen (Reglamentos) und Entscheidungen (Acuerdos) wie in Art. 249 Abs. 2 u. 3 EGV definiert werden[274]. Das darf allerdings nicht darüber hinwegtäuschen, daß diese Rechtsakte zu ihrer innerstaatlichen Verbindlichkeit der Ratifikation durch die Mitgliedstaaten bedürfen.
Empfehlungen (Recomendaciones) haben nach dem PG dagegen eine andere Bedeutung als im europäischen Gemeinschaftsrecht. Sie dienen gem. Art. 55 Abs. 5 PG der Vorbereitung anderer Rechtsakte und sind immerhin noch im Hinblick auf die darin enthaltenen Ziele und Grundsätze verbindlich.
Auch bei den Resolutionen (Resoluciones), mit denen sich der Ministerrat mit Verbindlichkeit an die übrigen Organe wendet (Art. 55 Abs. 2 PG), handelt es sich nicht um eine dem Europarecht entstammende Entscheidungsform.
Bei alldem gilt nach wie vor das Einstimmigkeitsprinzip[275].

---

272 So ausdrücklich nur im 8. Erwägungsgrund der Präambel: „*Coincidiendo* que dicha readecuación debe orientarse al establecimiento y consolidación del Subsistema de Integración Económica Centroamericana en el marco del Sistema de la Integración Centroamericana (SICA)." Insgesamt bestehen heute fünf Subsysteme im Rahmen des SICA: ein politisches, ein wirtschaftliches, ein soziales, ein kulturelles und ein ökologisches [s. dazu *Bollin*, Der zentralamerikanische Integrationsprozeß, S. 103 ff.. Die Autorin zitiert dazu eine Stimme aus der zentralamerikanischen Literatur (a.a.O., S. 107 Fn 81): *Morales Gamboa, Abelardo*, América Central - La construcción regional y su torre de Babel, tendencias 67 (1997), S. 15 ff. (17)): „[...] que tres generaciones de presidentes en vez de un proyecto regional coherente han levantado una torre de Babel" (... daß es drei Generationen von Präsidenten geschafft haben, statt eines kohärenten regionalen Projektes einen Turm von Babel zu errichten)].

273 Vgl. Art. 56, 58 PG.

274 Art. 55 Abs. 3 PG: „Los Reglamentos tendrán carácter general, obligatoriedad en todos sus elementos y serán directamente aplicables en todos los Estados Parte."; Abs. 4: „Los Acuerdos tendrán carácter específico o individual y serán obligatorios para sus destinatarios".

275 Art. 52 S. 1 PG: „Las decisiones de los órganos del Subsistema Económico se adoptarán mediante el consenso de sus miembros".

Das wirtschaftliche Integrationsziel der Zentralamerikanischen Staaten wird in Art. 1 PG neu formuliert:

> „Los Estados Parte comprometen a alcanzar de manera voluntaria, gradual, complementaria y progresiva la Unión Económica Centroamericana cuyos avances deberán responder a las necesidades de los países que integran la región [...]“[276].

Im Generalvertrag von 1960 tauchte der Begriff „Zentralamerikanische Wirtschaftsunion“ lediglich in einem Nebensatz und in den Bestimmungen über die Organe auf, so daß aus seiner bloßen Erwähnung dort nicht auf ein konkretes Vertragsziel geschlossen werden konnte[277].
Jetzt ist die Errichtung einer Wirtschaftsunion an die Spitze des Zielkataloges gerückt. Auffällig ist dabei allerdings eine gewisse Einschränkung, die das Vertragsziel durch die Beifügung -teilweise redundanter- Adjektive („voluntaria, gradual....“) erfahren hat. Diese Formulierung erklärt sich aus der Rücksichtnahme auf die (seinerzeitigen) Vorbehalte Costa Ricas und (die immer noch vorhandenen) Panamas gegenüber einem zu raschen Voranschreiten bzw. einer Verselbständigung des Integrationsprozesses. Ruft man sich in Erinnerung, daß der Terminus 'Wirtschaftsunion' im zentralamerikanischen Integrationsprozeß die gleiche Bedeutung hat wie der im internationalen Wirtschaftsrecht verwendete Begriff des Gemeinsamen Marktes, also umfassende Freizügigkeitsrechte meint, wird die Zurückhaltung einiger Mitgliedstaaten verständlich. Auf die Festlegung eines verbindlichen Zeitplans für die vom Vertrag vorgesehene Gewährleistung des freien Verkehrs von Waren[278], Arbeitskräften und Kapital[279] wurde daher auch verzichtet[280].
Der auch schon im Generalvertrag verwendete Begriff der „Unión Aduanera“ wird jetzt in Art. 15 S. 1 PG gleichsam legaldefiniert[281]. In der Zusammenschau mit der Bestimmung über den gemeinsamen Außenzolltarif[282] wird erneut deutlich, daß dessen Einführung in Kombination mit der bestehenden Freihandelszone im zentralamerikanischen Kontext keineswegs gleichbedeutend ist mit der Errichtung einer Zollunion.

Mit Art. 52 PG hat man eine Vorschrift geschaffen, die in ihrem Satz 2 ausdrücklich ein Voranschreiten einzelner Mitgliedstaaten bei der Realisierung der Integrationsziele erlaubt

---

276 Die Mitgliedstaaten verpflichten sich, freiwillig, stufenweise, sich ergänzend und fortschreitend die Zentralamerikanische Wirtschaftsunion zu errichten, deren Fortschritte sich an den Bedürfnissen der Staaten der Region auszurichten haben [...] (eigene Übers.).

277 Daß es sich dabei allenfalls um ein abstraktes Ziel gehandelt hat, wird sowohl an der systematischen Stellung der Bestimmung deutlich als auch daran, daß der Begriff nicht -wie in Art. 1 PG- als Eigenname verwendet wurde.

278 Vorgesehen in Art. 7 Abs. 1 PG; darin ist u.a. die aus Art. 28 EGV bekannte Wendung der 'Beseitigung mengenmäßiger Beschränkungen und Maßnahmen gleicher Wirkung' enthalten: „eliminando toda restricción de cáracter cuantitativo y cualquier otra medida de efecto equivalente“.

279 Art. 18 PG: „libre movilidad de la mano de obra y del capital en la región“.

280 Dienstleistungsfreiheit ist nicht ausdrücklich im PG vorgesehen. In Art. 28 Abs. 1, 30 PG ist lediglich von „Harmonisierung der nationalen Rechtsvorschriften über die Erbringung von Dienstleistungen in bestimmten Sektoren“ die Rede.

281 „Los Estados Parte se comprometen a constituir una Unión Aduanera entre sus territorios, con el propósito de dar libertad de tránsito a las mercaderías independientemente del origen de las mismas, previa nacionalización en algunos de los Estados miembros, de los productos procedentes de terceros países“ (Die Mitgliedstaaten kommen überein, ihre Staatsgebiete zu einer Zollunion zusammenzufassen mit der Verpflichtung, Waren freien Verkehr einzuräumen unabhängig von deren Herkunft und unabhängig von einem vorherigen Inverkehrbringen in einem der Mitgliedstaaten bei Produkten aus Drittstaaten. - eigene Übers.).

282 In Art. 10 PG ist die Rede von einer Vervollständigung des (seit 1985) wieder bestehenden Gemeinsamen Außenzolltarifes („perfeccionar el Arancel Centroamericano de importación“).

-ohne dabei freilich Bindungen für die zurückbleibenden Staaten zu erzeugen[283]. Damit wird das aus dem europäischen Kontext bekannte Konzept der „Integration der mehreren Geschwindigkeiten“ (synonym: Flexibilität, abgestufte Integration[284]) auch in den zentralamerikanischen Integrationsprozeß eingeführt.

Auf dieser Grundlage beschlossen El Salvador und Guatemala 1996, auf ihrem Gebiet vorzeitig eine Zollunion zu realisieren[285]. Am 13. Jan. 2000 wurde ein entsprechendes Rahmenabkommen zwischen beiden Staaten unterzeichnet[286]. Ein fester Gesamtzeitplan für die Errichtung der Zollunion ist zwar auch darin nicht vorgesehen. Bis zum 31.12.2002 sollten aber beispielsweise die für verschiedene Waren unterschiedlich hohen Außenzölle beider Staaten harmonisiert werden[287]. Bereits wenige Monate nach der Unterzeichnung des Rahmenabkommens erklärten Honduras und Nicaragua, ebenfalls an dem beschleunigten Integrationsprozeß teilnehmen zu wollen[288]. Daß mit der Teilnahme dieser beiden weit weniger entwickelten Staaten[289] die alten Interessengegensätze den Integrationsprozeß erneut lähmen, erscheint angesichts der ernüchternden Erfahrungen der vergangenen 45 Jahre nicht ausgeschlossen. Letztlich würde der Sinn des Flexibilitätskonzepts dadurch wieder in Frage gestellt werden.

6. Zusammenfassung

Wirtschaftsintegration hat sich in Zentralamerika von ihren Anfängen Ende der 50er Jahre bis in die jüngere Vergangenheit weitgehend unabhängig von dem Modell der Europäischen Gemeinschaft entwickelt. Dies manifestierte sich nicht zuletzt in einem originär zentralamerikanischen Verständnis der Merkmale eines Gemeinsamen (Zentralamerikanischen) Marktes (Mercado Común Centroamericano), den fünf Staaten der Region 1960 gründeten. Diesen begriff man als Vorstufe zu einer Zollunion und nicht, wie allgemein üblich, als demgegenüber höhere Integrationsstufe. Freizügigkeitsrechte nach europäischem Vorbild waren folglich im MCCA nicht vorgesehen.
Supranationale Strukturen etablierte der Gründungsvertrag im Gegensatz zu den EG-Verträgen nicht. Die Erfolge des Gemeinsamen Marktes waren in seiner Anfangsphase beachtlich. Von 1970 an stagnierte der Integrationsprozeß, bis er Mitte der 80er Jahre, dem

---

283 Art. 6 (i.V.m. Art 52) PG: „El avance del proceso de integración hacia la Unión Económica, se realizará mediante la voluntad de los Estados Parte expresada según lo dispone el artículo 52 del presente Protocolo [...]. Lo cual significa que todos o algunos Miembros podrán progresar con la celeridad que acuerden dentro de ese proceso“ (Das Voranschreiten des Integrationsprozesses hin zu einer Wirtschaftsunion soll von dem Willen der Mitgliedstaaten abhängen, wie er über Artikel 52 dieses Protokolls zum Ausdruck kommt [...], was bedeutet, daß alle oder einzelne Mitglieder mit der Geschwindigkeit voranschreiten können, die sie im Rahmen dieses Prozesses beschließen. - eigene Übers.).

284 Siehe Art. 43, 44 EUV; Art 11 EGV; s.a. Calliess/Ruffert-*Ruffert*, Kommentar des EU-/EGV, Art. 43 EUV Rn 5.

285 Entschließung (resolución) N° 27-96 des 'Consejo de Ministros de Integración Económica' vom 22. 5.1996.

286 'Convenio Marco para el establecimiento de una unión aduanera entre los territorios de la República de El Salvador y la República de Guatemala'.

287 Art. 4 Abs. 3 des Rahmenabkommens.

288 Entschließung N° 56-2000 (Nicaragua) und 57-2000 (Honduras) des 'Consejo de los Ministros de Integración Económica' vom 29.8.2000.

289 Im Jahr 2000 betrug das durchschnittliche Pro-Kopf-Einkommen in El Salvador 2.000 US $, in Guatemala 1.680 US $. In Honduras und Nicaragua erreichte es dagegen lediglich 860 bzw. 400 US $ (Quelle: *World Bank*, World Development Indicators 2002, S. 18 f.).

für Zentralamerika „verlorenen Jahrzehnt" („la década perdida"), auf einem Tiefpunkt angelangt war.

Nach seiner Neuausrichtung in der ersten Hälfte der 90er Jahre sind nun gewisse institutionelle Ähnlichkeiten zwischen dem zentralamerikanischen Integrationssystem und dem europäischen festzustellen. In Zentralamerika nimmt das 'Sistema de la Integración Centroamericana' (SICE) die Funktion wahr, die der EU in Europa zukommt. Bei beiden handelt es sich um Internationale Organisationen, mit denen die Mitgliedstaaten einen besonderen institutionellen Rahmen für ihre Kooperation und Integration geschaffen haben. Eingegliedert in diesen Rahmen ist eine gesonderte Internationale Organisation zur regionalen Wirtschaftsintegration, die EG bzw. der reformierte MCCA (auch genannt 'Subsistema de Integración Económica'). Obwohl sich Dachorganisation und Unterorganisation gemeinsame Organe teilen, sind beide rechtlich selbständig.
Im MCCA wie in der EG ist ein schnelleres Voranschreiten einiger Staaten im Integrationsprozeß (Konzept der Flexibilität) möglich.
Was die Rechtsordnung des reformierte MCCA im übrigen betrifft, so ist lediglich bei den vom Vertrag vorgesehenen Rechtsakten der Verordnung (Reglamento) und der Entscheidung (Acuerdo) eine Anleihe beim europäischen Gemeinschaftsrecht festzustellen.
Insgesamt betrachtet, vor allem im Vergleich zu Integrationsorganisationen auf dem afrikanischen Kontinent, erscheinen die Gemeinsamkeiten zwischen dem zentralamerikanischen System zur wirtschaftlichen (und politischen) Integration einerseits und dem Europäischen andererseits aber als zu gering und zufällig, um letzteres in der Rolle eines konkreten Vorbilds zu sehen.

II. *Pacto Andino* und *Comunidad Andina* (*de Naciones*)

1. Hintergrund und Entstehung des *Pacto Andino*

Wirtschaftsintegration auf dem südamerikanischen Kontinent begann schon 1960 mit der Gründung der Lateinamerikanischen Freihandelszone (LAFTA[290]). Den Gründungsvertrag hatten alle südamerikanischen Staaten und Mexiko ratifiziert. Die enormen Entwicklungsunterschiede zwischen großen und wirtschaftlich vergleichsweise starken Staaten wie Argentinien, Brasilien und Mexiko und den Staaten der Andenregion Bolivien, Chile, Ecuador, Kolumbien, Peru und Venezuela, die zu den am wenigsten entwickelten der Welt gehörten, führten zu teilweise widerstreitenden Interessen der Teilnehmerstaaten im Hinblick auf den Zweck einer Wirtschaftskooperation im südamerikanischen Raum[291].

Vor diesem Hintergrund entschlossen sich Bolivien, Chile, Ecuador, Kolumbien und Peru im Jahre 1969, die Zusammenarbeit im Rahmen der LAFTA zu intensivieren. Die Grund-

---

290 *L*atin *A*merican *F*ree *T*rade *A*ssociation) bzw. ALALC im Spanischen (*A*sociación *L*atino*a*mericana de *L*ibre *C*omercio), gegründet durch den Vertrag von Montevideo vom 18.2.1960, der am 1.7.1961 in Kraft trat. Bis 1973 sollten sämtliche Zollbarrieren gefallen sein. Dieser Zeitraum wurde bereits 1969 als zu knapp bemessen erkannt und bis 1980 ausgedehnt.

291 *Grigera Naón*, Latin American Economic Cooperation, EPIL Vol. III, S. 137 ff. (139); *Marwege*, Der Andengerichtshof, S. 22 f.; Die Autorin stellt den rein handelspolitischen Erwartungen der leistungsstarken Staaten die entwicklungspolitischen der weniger entwickelten Staaten gegenüber.

lage dazu bildete der Vertrag von Cartagena (Kolumbien) vom 26.5.1969[292]. Venezuela trat dem Vertrag 1973 bei während Chile unter *Pinochet* diesen zum 30.10.1976 kündigte.

Die Einbindung des sog. Andenpaktes in die Lateinamerikanische Freihandelszone wurde an verschiedenen Stellen des Cartagena-Vertrages von 1969 deutlich. Bereits im kurzen Vorspruch hieß es, daß das Abkommen auf dem Montevideo-Vertrag fußt („Fundados en el Tratado de Montevideo"). Bei den in Art. 1 des Abkommens aufgeführten Zielen wird u.a. die Erleichterung der Teilnahme der Andenpakt Staaten am Integrationsprozeß unter dem Montevideo-Vertrag sowie die Schaffung günstiger Bedingungen für die Transformation der LAFTA in einen Gemeinsamen Markt genannt[293]. Bei den Voraussetzungen für die Abweichung von Vertragsverpflichtungen durch eine Partei (Art. 78 AC) wird auf die Bestimmungen des LAFTA-Vertrages verwiesen. Schließlich mußte der Cartagena-Vertrag dem Exekutivkomitee der LAFTA nach Art. 110 AC zur Überprüfung der Vereinbarkeit mit den Bestimmungen des Vertrages von Montevideo vorgelegt werden. Erst als diese Konformitätserklärung vorlag, konnte die Ratifikation durch die Mitgliedstaaten erfolgen.
Trotz dieser Verschränkungen mit der LAFTA wurde mit dem 'Pacto Andino' eine eigenständige Internationale Organisation zur regionalen Wirtschaftsintegration gegründet.

2. Ziele des Andenpaktes von 1967 und Mechanismen zu ihrer Erreichung

Neben den zwei bereits zuvor erwähnten Zielen im Zusammenhang mit der Lateinamerikanischen Freihandelszone wurden im Gründungsvertrag von 1967 als Ziele des Paktes in Art. 1 und 2 lediglich die Förderung und Beschleunigung einer ausgeglichenen und harmonischen Entwicklung der Mitgliedstaaten genannt. Dadurch sollte eine gleichmäßigere Verteilung der Vorteile der Integration erreicht werden sowie eine schrittweise Verbesserung des Lebensstandards der Bevölkerungen in der Sub-Region. In Art. 25 AC, der einleitenden Bestimmung des 3. Kapitels (Harmonisierung der Wirtschaftspolitiken und Koordinierung der Entwicklungsplanung), wurden als Ziele darüber hinaus genannt: verstärkte Schaffung von Beschäftigungsmöglichkeiten, Überwindung von Infrastrukturproblemen und maximale Nutzung des wissenschaftlichen und technologischen Fortschritts.
Die vorgesehenen Mechanismen und Maßnahmen zur Erreichung dieser Ziele sind Art. 3 zu entnehmen:

> „a) La armonización de políticas económicas y sociales y la aproximación de las legislaciones nacionales en las materias pertinentes;[294]
>
> b) La programación conjunta, la intensificación del proceso de industrialización subregional y la ejecución de Programas Sectoriales de Desarrollo Industrial;[295]

---

[292] Der Vertrag ist seit dem 16.10. 1969 in Kraft (Text in: Derecho de la integración No. 5 (1969), S. 103 ff.; nicht-amtliche engl. Übers. in: ILM 8 (1969), S. 910 ff.). Die offizielle Bezeichnung des Vertrages zum Zeitpunkt der Unterzeichnung war 'Acuerdo de Integración Subregional'. Die 'Comisión' des Andenpaktes gab ihm mit ihrer ersten Entscheidung (Decisión n° 1 vom 26.5.1969) den Namen „Acuerdo de Cartagena". Die geläufige Bezeichnung „Andenpakt" (Pacto Andino) ist hingegen keine amtliche (vgl. dazu *Marwege*, Der Andengerichtshof, S. 25). Artikel des Cartagena-Vertrages werden im folgenden mit „AC" abgekürzt.

[293] „[F]acilitar su participación en el proceso de integración previsto en el Tratado de Montevideo y establecer condiciones favorables para la conversión de la ALALC en un mercado común".

[294] Harmonisierung der Wirtschafts- und Sozialpolitiken und Annäherung der nationalen Gesetze in diesen Bereichen; (eigene Übers.).

c) Un Programa de Liberación del intercambio más acelerado que el que se adopte en general en el marco de la ALALC;[296]

d) Un Arancel Externo Común, cuya etapa previa será la adopción de un Arancel Externo Mínimo Común;[297]

e) Programas destinados a acelerar el desarrollo del sector agropecuario;[298]"

[f) bis h)]

Diese bis heute praktisch unverändert geltenden -später aber ergänzten- „mecanismos y medidas" des Andenpaktes blieben insoweit deutlich hinter denen der EWG zurück, als die Errichtung eines Gemeinsamen Marktes der Andenstaaten nicht vorgesehen war. Übereinstimmung bestand lediglich in der geplanten Errichtung einer Zollunion. Für die dazu erforderliche Liberalisierung des Binnenhandels und die Schaffung eines gemeinsamen Außenzolltarifs sah der Vertrag einen Zeitrahmen bis zum 31.12.1980 vor (Art. 45 u. 61 AC), also kaum mehr als 10 Jahre.
Insgesamt war beim Andenpakt eine stärkere industriepolitische Ausrichtung festzustellen, was wohl daran gelegen haben dürfte, daß man sich von diesem Sektor die größten Impulse für Wachstum und Entwicklung versprach.

3. Institutioneller Rahmen des Andenpaktes

In institutioneller Hinsicht sind ebenfalls gewisse Übereinstimmungen zwischen dem Andenpakt von 1967 und der EWG festzustellen.
Als die beiden Hauptorgane („órganos principales") des Abkommens bezeichnete Art. 5 AC die 'Comisión' und die 'Junta'.

a) Comisión

Die 'Comisión' nahm schon damals im Rahmen des Andenpaktes die Funktion ein, die in der EG dem Rat zukommt. Das heißt, sie war und ist das oberste Beschlußorgan des Abkommens („órgano maximo") und setzt sich zusammen aus jeweils einem vollumfänglich handlungsermächtigten Vertreter der Mitgliedstaaten („representante plenipotenciario"), zumeist dem jeweiligen Integrationsminister. Die Präsidentschaft der 'Comisión' rotiert im Jahresrhythmus unter den fünf Mitgliedstaaten (Art. 9 AC). Die 'Comisión' formuliert die allgemeinen Politiken des Abkommens und sie trifft diejenigen Maßnahmen, die zur Erreichung der Integrationsziele erforderlich sind (Art. 7 lit. a) AC). Sie ernennt und entläßt die Mitglieder der Junta, kann ihr Weisungen erteilen, an sie Befugnisse delegieren und entscheidet über deren Vorschläge für Rechtsakte (Art. 7 lit. c)-f) AC). Den Mitgliedstaaten kann sie Vorschläge für die Reform des Abkommens unterbreiten (Art. 7 lit. j) AC). Im übrigen hat sie das Recht, sich mit allen Angelegenheiten von allgemeinem Interesse zu befassen (Art. 7 lit. k) AC).
Die 'Comisión' kommt dreimal im Jahr zu ordentlichen Sitzungen zusammen (Art. 10 AC) Entscheidungen werden grundsätzlich mit Zweidrittelmehrheit (Art. 11) getrof-

---

295 Gemeinsame Programmierung und Intensivierung des Industrialisierungsprozesses in der Subregion sowie die Durchführung sektoraler Programme zur industriellen Entwicklung; (eigene Übers.).

296 Ein Programm zur Liberalisierung des Handels, das im Vergleich zu dem im Rahmen der LAFTA allgemein beschlossenen beschleunigt ist; (eigene Übers.).

297 Ein gemeinsamer Außenzoll-Tarif, dem die Annahme eines gemeinsamen Mindest-Außenzoll-Tarifs vorangeht; (eigene Übers.).

298 Programme zur Beschleunigung der Entwicklung des Landwirtschafts- und Viehzuchtsektors; (eigene Übers.).

fen[299]. Auch in letzterem Punkt besteht Übereinstimmung mit den im EWGV vorgesehenen Mehrheitsentscheidungen.

b) Junta

Die '*Jun*ta del *A*cuerdo de *C*artagena' (JUNAC) wurde im Gründungsvertrag als technisches Organ („órgano técnico") bezeichnet, das allein im Interesse der Subregion als Ganzer handelt (Art. 13 Abs. 1 AC). Nach der klassischen Terminologie aus dem Recht der Internationalen Organisationen stellt die Junta das ständige Sekretariat des Andenpaktes dar, das mit der täglichen Verwaltungsarbeit betraut ist. Ihr Tätigkeitsbereich geht jedoch darüber hinaus und entspricht auch heute noch im wesentlichen dem der Kommission der Europäischen Gemeinschaften[300]. Anders als die Mitglieder der EG-Kommission wurden die Junta-Mitglieder nach dem Gründungsvertrag aber nicht von den Mitgliedstaaten, sondern -wie bereits gesehen- von der 'Comisión' für eine Amtszeit von 3 Jahren (einmalig erneuerbar) bestimmt. Ihr gegenüber waren die Junta-Mitglieder auch verantwortlich. Ihre Zahl war -bei 5 Mitgliedstaaten- auf lediglich drei festgelegt. Es war keine Ernennungsvoraussetzung, daß sie die Staatsangehörigkeit eines der Mitgliedstaaten besitzen mußten[301]. Insgesamt erlangte die Junta auf diese Weise einen supranationalen Charakter, der auch durch das Einstimmigkeitserfordernis für Abstimmungen im Rahmen der Junta (vgl. Art. 17 AC) nicht beeinträchtigt wurde.
Als ständigen Sitz der Junta einigte man sich auf Lima (Peru).

c) Andengerichtshof (Tribunal de Justicia)

Im ursprünglichen Vertrag von 1969 war kein unabhängiges Rechtsprechungsorgan des Andenpaktes vorgesehen, das die Einhaltung der Bestimmungen des Vertrages sicherzustellen hatte. Im Vergleich zum EWG-Vertrag mit seinem ausdifferenzierten institutionellen System war dies ein schwerwiegendes Versäumnis[302], zumal die Überantwortung der Kontrolle über die Einhaltung des Gemeinschaftsrechts an die 'Comisión'[303] allenfalls übergangsweise hinnehmbar war. Wie auch bei einigen Internationalen Organisationen zur regionalen Wirtschaftsintegration auf dem afrikanischen Kontinent (z.B. die ECOWAS

---

[299] Für Entscheidungsgegenstände, die in Annex I zum Vertrag genannt sind (z.B. die Delegation von Entscheidungsbefugnissen an die Junta, Abänderung von Vorschlägen der Junta, Rechtsakte zur Harmonisierung der Entwicklungspläne der Wirtschaftspolitiken der Mitgliedstaaten), bedurfte es zwar ebenfalls keiner Einstimmigkeit, allerdings konnte ein Mitgliedstaat durch seine ausdrückliche Gegenstimme das Zustandekommen des Beschlusses verhindern (vgl. Art. 11 lit. a)). Die Mitglieder der Junta mußten einstimmig bestimmt werden (Art. 11 lit. d)).

[300] In Art. 15 AC werden in 18 Punkten (lit. a) bis r) die Funktionen der Junta genannt: u.a. die Überwachung der Durchführung der Bestimmungen des Vertrages und der Entscheidungen der 'Comisión', Umsetzung der Vorgaben der 'Comisión', Initiativfunktion ggü. der 'Comisión', Wahrnehmung der Funktion eines ständigen Sekretariats des Abkommens, Erstellung des Entwurfs des jährlichen Haushaltsplanes, Vorlage eines Gesamtberichts über die Tätigkeit der Junta.

[301] Art. 14 AC verlangte lediglich, daß die Mitglieder die Staatsangehörigkeit eines lateinamerikanischen Staates besaßen.

[302] *Ortíz de Zevallos*, Common Market Law and its Influence in the Latin American Andean Region - in: Capotorti u.a. (Hrsg.), FS Pescatore, S. 843 ff. (851): „serious omission".

[303] Art. 7 lit. g) AC sieht vor: „Corresponde a la Comisión: [...] Velar por el cumplimiento [...] de las obligaciones derivadas del Acuerdo [...]." (Der Comisión obliegt es, die Einhaltung der [...] Verpflichtungen aus dem Abkommen [...] zu überwachen -eigene Übers.); s.a. Art. 23 AC zu Mitteln und Vorgehensweise bei der Streitschlichtung zwischen Mitgliedstaaten.

von 1969 oder die AEC) erklärt sich diese Unzulänglichkeit dadurch, daß ein mit obligatorischer Zuständigkeit ausgestattetes, unabhängiges und mit Verbindlichkeit entscheidendes Gericht als zu weitgehende Einschränkung der staatlichen Souveränität empfunden wurde[304].
Erst 10 Jahre nach Inkrafttreten des Cartagena-Vertrages von 1969 wurde dieses Manko beseitigt. Am 28.5.1979 unterzeichneten die fünf Staaten des Andenpaktes -ebenfalls in Cartagena- den Vertrag zur Gründung des Gerichtshofs des Cartagena-Abkommens[305]. Die Ausarbeitung des Vertrages über den Andengerichtshof wurde maßgeblich beeinflußt durch europäische Experten[306]. Deren Handschrift ist im Vertragswerk dann auch unverkennbar.

Die Verfahrensarten vor dem Andengerichtshof entsprechen denjenigen des EWGV, soweit sich diese sinnvollerweise auf das weniger komplexe System des Cartagena-Abkommens übertragen ließen. Übernommen wurden so die Nichtigkeitsklage, das Vertragsverletzungsverfahren und das Vorabentscheidungsverfahren[307]. Auf die im andinen Kontext ebenfalls praktikable Untätigkeitsklage (Art. 175 EWGV) wurde allerdings verzichtet[308].

Am 5.1.1984 nahm der Andengerichtshof an seinem Sitz in Quito (Ecuador) offiziell seine Arbeit auf. Bis zur Reform des Andenpaktes 1987 fällte der Gerichtshof allerdings lediglich ein einziges Sachurteil[309].

d) Andenparlament (Parlamento Andino)

Ebenfalls im Jahre 1979 beschlossen die Andenstaaten die Schaffung eines Andenparlaments[310], das parallel zum Europäischen Parlament konstruiert wurde. Es nahm 1984 seine Arbeit an seinem Sitz in Bogotá (Kolumbien) auf. Bis zur angestrebten -aber seinerzeit nicht näher spezifizierten- Direktwahl der Mitglieder setzt sich das Parlament aus Angehörigen der Parlamente der Mitgliedstaaten zusammen. Über wirkliche Mitwirkungsrechte am Gesetzgebungsprozeß verfügte das einmal jährlich tagende Parlament ebensowenig

---

304 *Nikken*, Andean Common Market, Court of Justice, EPIL Vol. I, S. 159 ff. (159).

305 'Tratado de Creación del Tribunal de Justicia del Acuerdo de Cartagena' (Text in: Integración latinoamericana No. 38 (1979), S. 66 ff.; in engl. Übers.: ILM 18 (1979), S. 1203 ff.) - im folgenden abgekürzt mit: VAndGH. Die Unterzeichnung des Vertrages fand anläßlich der Feierlichkeiten zum 10-jährigen Bestehen des Andenpaktes statt. Der Vertrag trat am 28.5.1983 in Kraft.

306 Vgl. *Ortíz de Zevallos*, Common Market Law and its influence in the Latin American Andean Region (Fn 302), S. 851; *Marwege*, Der Andengerichtshof, S. 71 f.. Zu nennen ist hier vor allem *Pierre Pescatore*, seinerzeit Richter am EuGH.

307 'Acción de Nulidad', Art. 17-22. VAndGH; 'Acción de Incumplimiento', Art. 23-27 VAndGH; 'Interpretación Prejudicial', Art. 28-31 VAndGH.

308 Vgl. *Nikken*, Andean Common Market, Court of Justice (Fn 304), S. 161 f., mit kurzer Übersicht zu den wesentlichen Aspekten der einzelnen Verfahren. Ausführlich *Marwege*, Der Andengerichtshof, S. 165 ff., 202 ff., 230 ff.

309 Urteil (sentencia) vom 10.10.1985, 1-N-85, Republica de Colombia c. Junta, Gac.Of. del AC No. 15 vom 3.3.1986. Zuvor waren allerdings bereits sechs Prozeßurteile ergangen (vgl. *Marwege/Samtleben*, Wirtschaftliche Integration und gewerbliche Schutzrechte in der Rechtsprechung des Andengerichtshofes, GRUR Int. 1993, S. 279 ff. (280 u. 281).

310 Der 'Tratado Constitutivo del Parlamento Andino' wurde am 25.10.1979 in La Paz (Bolivien) unterzeichnet und trat am 17.1.1984 in Kraft (Text in: Integración latinoamericana No. 146/147 (1989), S. 90 ff., in engl. Übers. in: ILM 19 (1980), S. 269 ff.).

wie über demokratische Kontrollrechte. Ein echter Zugewinn an demokratischer Legitimation des Andenpaktes konnte durch seine Einrichtung folglich nicht erzielt werden[311]. Anläßlich einiger Änderungen des Cartagena-Abkommen[312] durch das Quito-Protokoll vom 12.5.1987[313] erhob man den Andengerichtshof und das Andenparlament -neben der 'Comisión' und der 'Junta'- zu „órganos principales" des Cartagena-Abkommens (Art. 5 AC 1988).

e) Sonstige Organe des Andenpaktes

Im Cartagena-Vertrag waren von Beginn an als Nebenorgane („órganos auxiliares", Art. 5 Abs. 2) ein die 'Junta' bei der Ausarbeitung von Vorlagen an die 'Comisión' beratender Expertenausschuß (Comité Consultivo, Art. 19-21 AC) sowie ein Wirtschafts- und Sozialausschuß (Comité Asesor Económico Social, Art. 22 AC) vorgesehen. Ein Rat der Außenminister (Consejo Andino de Ministros de Relaciones Exteriores), zuständig für die Koordinierung der Außenpolitiken der Mitgliedstaaten, wurde durch einen völkerrechtlichen Vertrag zwischen den Andenstaaten vom 13.11.1979 ins Leben gerufen.
Im Jahre 1974 hatten die Staats- und Regierungschefs der Europäischen Gemeinschaft beschlossen, ihre Konferenz als zweimal jährlich tagenden Europäischen Rat zu institutionalisieren[314]. Die Staats- und Regierungschefs der Staaten des Andenpaktes taten es ihnen auf ihrem Gipfel von Macchu Pichu (23.5.1990) gleich und schufen den 'Consejo Presidencial Andino'. Wie sein europäisches Pendant für die EU formuliert er die allgemeinen politischen Leitlinien des Andenpaktes und gibt die Zielvorgaben für den Integrationsprozeß[315].

4. Struktureller Rahmen des Andenpaktes

Der strukturelle Rahmen des Andenpaktes, wie er in Art. 1-4 VAndGH vorgesehen war, ist bis heute praktisch unverändert geblieben. Nach Art. 1 VAndGH besteht die Rechtsordnung des Cartagena-Abkommens („ordenamiento jurídico del Acuerdo de Cartagena") aus dem 'Acuerdo de Cartagena' selbst, seinen Protokollen und ergänzenden Instrumenten, dem VAndGH sowie den Entscheidungen (decisiones) der 'Comisión' und den Resolutionen (resoluciones) der 'Junta'. Erstmals wurden dann auch primärrechtlich die Rechtswirkungen besagter Entscheidungen definiert. In Art. 2 VAndGH heißt es, daß die 'Decisiones' für die Mitgliedstaaten verbindlich sind ab dem Zeitpunkt der Verabschiedung durch die 'Comisión'. Sie gelten grundsätzlich unmittelbar in den Mitgliedstaaten („directamente aplicables en los Países Miembros") von ihrer Veröffentlichung in der 'Gazeta Oficial del Acuerdo' an (Art. 3 Abs. 1 VAndGH). Sofern es in der Entscheidung allerdings explizit vorgesehen ist, müssen die Mitgliedstaaten einen eigenen Rechtsakt zur

---

311 Kritisch auch *Hummer*, Neueste Entwicklungen im fortschreitenden Integrationsprozeß in Lateinamerika, JÖR 29 (1980), S. 527 ff. (532): „Pflichtübung in Sachen Legitimation".

312 Vgl. dazu *Polakiewicz*, Andean Common Market, Addendum 1990, EPIL Vol. I, S. 158 f. (158).

313 Das Quito-Protokoll trat am 25.5.1988 in Kraft. Die Junta erstellte im Anschluß daran eine konsolidierte Fassung des Cartagena-Abkommens: 'Texto Oficial Codificado' (vgl. Anhang zur Decisión 236 der Comisión vom 15.7.1988, engl. Übers. in: ILM 28 (1989), S. 1165 ff.). Die Numerierung einzelner Artikel hat sich dadurch geändert. Im folgenden wird auf diese konsolidierte Fassung des Vertrages mit „AC 1988" Bezug genommen.

314 Siehe dazu unten: Teil 1 Fn 376.

315 Vgl. *Da Cruz Vilaça/Sobrino Heredia*, The European Union and the Transformation of the Andean Pact into the Andean Community: From the Trujillo Protocol to the Sucre Act, EFARev 3 (1998), S. 13 ff. (21 f.).

Eingliederung („incorporación") in die nationale Rechtsordnung erlassen (Art. 3 Abs. 2 VAndGH). Die 'Decisión' entspricht folglich der europarechtlichen Verordnung i.S.v. Art. 189 Abs. 2 EWGV[316]. Für die im Cartagena-Vertrag ebenfalls vorgesehenen Richtlinien (directivas)[317] fehlt jedoch eine Legaldefinition ihrer Wirkung.

Hervorzuheben ist, daß mit dem VAndGH eine Abkopplung vom Fortbestehen des gesamt-lateinamerikanischen Wirtschaftsintegrationsprozesses im Rahmen der LAFTA erfolgte. Art. 38 Abs. 2 VAndGH bestimmt, daß der Vertrag zur Gründung des Andengerichtshofs ebenso wie das Cartagena-Abkommen von 1969 in Kraft bleiben unabhängig von dem Fortbestehen des LAFTA-Vertrages von Montevideo[318].

Bei Art. 5 VAndGH dürfte es sich um eine der bedeutsamsten Vorschriften der Rechtsordnung des Andenpaktes handeln. Sie besagt:

> „Los Países Miembros están obligados a adoptar las medidas que sean necesarias para asegurar el cumplimiento de las normas que conforman el ordenamiento jurídico del Acuerdo de Cartagena.
>
> Se comprometen, asimismo, a no adoptar ni emplear medida alguna que sea contraria a dichas normas o que de algún modo obstaculice su aplicación."[319]

In der Literatur wird diese Bestimmung als Normierung des Prinzips des innerstaatlichen Vorrangs des Rechts des Andenpaktes vor kollidierendem nationalen Recht gesehen[320]. Der Andengerichtshof ging praktisch von Beginn an ebenfalls vom Vorrang des Gemeinschaftsrechts aus [321]. In der Bestimmung des Art. 5 VAndGH wird die aus Art. 5 EWGV (Art. 10 EGV n.F.) bekannte Verpflichtung der Mitgliedstaaten zu gemeinschaftstreuem Verhalten mit der Kernaussage des *Costa v. ENEL*-Urteils des EuGH verbunden. Der Andengerichtshof selbst läßt keinen Zweifel an der Vorbildfunktion des europäischen Vorrangkonzepts für seine eigene Rechtsprechung:

> „En cuanto al efecto de las normas de la integración sobre las normas nacionales, señalan la doctrina y la jurisprudencia que, en caso de conflicto, la regla interna queda desplazada por la comunitaria, la cual se aplica preferentemente, ya que la competencia en tal caso corresponde a la comunidad.

---

316 Art. 249 Abs. 2 EGV.

317 Siehe Art. 27 AC: „[...] las directivas que servirán de base a la armonización de las legislaciones [...]".

318 Das offenkundige Scheitern der LAFTA vor Augen, konnten die Andenstaaten so Schwierigkeiten vermeiden, die angesichts der Eingliederung des Andenpaktes in die LAFTA nach dem Cartagena-Vertrag von 1969 durch deren Auflösung im Jahre 1980 hätten entstehen können. Auf eine Anbindung des Andenpaktes an die von allen ehemaligen LAFTA-Staaten am 12.8.1980 gegründete Nachfolgeorganisation, die LAIA (*L*atin *A*merican *I*ntegration *A*ssociation) bzw. ALADI (*A*sociación *L*atino*a*mericana *d*e *I*ntegración), wurde von vornherein verzichtet.

319 Die Mitgliedstaaten sind verpflichtet, die erforderlichen Maßnahmen zu ergreifen, um die Einhaltung der Bestimmungen sicherzustellen, die Teil der Rechtsordnung des Cartagena-Abkommens sind. Sie verpflichten sich ebenfalls, keinerlei Maßnahmen zu beschließen oder zu ergreifen, die im Widerspruch zu diesen Bestimmungen stehen oder die ihre Anwendung beeinträchtigen könnten. (eigene Übers.).

320 *Ortíz de Zevallos*, Common Market Law and its Influence in the Latin American Andean Region (Fn 302), S. 849; *Da Cruz Vilaça/Sobrino Heredia*, The European Union and the Transformation of the Andean Pact into the Andean Community (Fn 315), S. 21.

321 Urteil vom 3.12.1987, 1-IP-87, Interpretación prejudicial de los artículos 58, 62 y 64 de la Decisión 85 de la Comisión, Gac.Of. del AC No. 28 vom 15.2.1988; Urteil vom 25.5.1988, 2-IP-88, Interpretación prejudicial de los artículos 56, 58, 76, 77 y 84 de la Decisión 85 de la Comisión, Gac.Of. del AC No. 33 vom 26.7.1988; Urteil vom 26.2.1991, 2-IP-91, Interpretación prejudicial de los artículos 66, 67 y 84 de la Decisión 85 de la Comisión, Gac.Of. del AC No. 78 vom 18.3.1991 (eine kurze Zusammenfassung der Entscheidungen auf deutsch findet sich bei *Marwege/Samtleben*, Wirtschaftliche Integration und gewerbliche Schutzrechte in der Rechtsprechung des Andengerichtshofs (Fn 309), S. 286 u. 288.

En otros términos, la norma interna resulta inaplicable, en beneficio de la norma comunitaria. Así lo ha señalado reiteradamente el Tribunal de Justicia de las Comunidades Europeas (ver principalmente Sentencias Costa/ENEL de 15 del junio de 1964, y la Sentencia Simmenthal del 9 de marzo de 1978) en concordancia, en este punto, con el espíritu de las normas de la integración andina."[322]

Mit der Anerkennung des Vorrangs des Gemeinschaftsrechts durch die Mitgliedstaaten waren mithin 20 Jahre nach Gründung des Andenpaktes zumindest die rechtlichen Voraussetzungen für einen erfolgreichen Verlauf des Integrationsprozesses geschaffen.

5. Erfolgsbilanz des Andenpaktes Ende der 80er Jahre und Revitalisierung des Integrationsprozesses Anfang der 90er Jahre

Die Geschichte des Andenpaktes bis Ende der 80er Jahre war von schweren Krisen und nur bescheidenen Erfolgen geprägt[323].
Die wirtschaftliche Bilanz, der eigentliche Gradmesser für den Erfolg einer Organisation zur regionalen Wirtschaftintegration, fiel deutlich negativ aus[324].
Als Ausdruck einer gewissen Revitalisierung des Integrationssystems kann die Verabschiedung des bereits erwähnten Quito-Protokolls von 1987 betrachtet werden.
Auf seiner sechsten Zusammenkunft vom 3.-5.12.1991 in Cartagena gelang es dem Andinen Rat der Staatspräsidenten dann, den darniederliegenden wirtschaftlichen Integrationsprozeß wiederzubeleben. Die dort verabschiedete Akte von Barahona sieht in Punkt 1 -überschrieben mit „Integración Comercial Andina"- vor:

„a) Zona de Libre Comercio
La Zona de Libre Comercio entrará a regir el 1 de enero de 1992. En el caso de Ecuador y Perú comenzará a regir el 1 de julio de 1992.

b) Arancel Externo Común [...]
i. El Arancel Externo Común se aplicará con base en cuatro (4) niveles arancelarios: 5%, 10%, 15% y 20%. Bolivia podrá mantener niveles de 5% y 10%. [...]."

---

322 Urteil vom 25.5.1988 2-IP-88, a.a.O.: Was die Wirkung der Normen des Integrationssystems gegenüber den Normen des nationalen Rechts anbelangt, gehen Lehre und Rechtsprechung davon aus, daß im Falle des Konfliktes die nationale Norm durch die gemeinschaftsrechtliche verdrängt wird. Letztere wird also vorrangig angewendet, da die Zuständigkeit in diesem Fall bei der Gemeinschaft liegt. Mit anderen Worten, die innerstaatliche Norm wird unanwendbar zugunsten der Gemeinschaftsnorm. Dies hat der Gerichtshof der Europäischen Gemeinschaften, insoweit in Übereinstimmung mit dem Geist der andinen Integration, wiederholt festgestellt (siehe vor allem die Entscheidung Costa/ENEL vom 15. Juni 1964 und die Entscheidung Simmenthal vom 9. März 1978) -eigene Übers.

323 Nach *Da Cruz Vilaça/Sobrino Heredia,* The European Union and the Transformation of the Andean Pact into the Andean Community (Fn 315), S. 22 f., läßt sich der andine Integrationsprozeß bis Ende der 80er Jahre in unterschiedliche Phasen („Ups and Downs of the Andean Project") einteilen: 1. 1969 - 1973 (Eintritt Venezuelas in das Cartagena Abkommen): Gründungsphase; 2. 1973 - 1976 (Austritt Chiles aus dem Abkommen): Konsolidierungsphase nach Mitgliedswechsel; 3. 1976 - 1978 (Unterzeichnung des Arequipa-Protokolls): Verlängerung des Zeitrahmens für die Liberalisierung des Binnenhandels und Einigung auf gemeinsamen Außenzolltarif (noch keine Einführung); 4. 1978 - 1983: wenig erfolgreiche Versuche, das Integrationssystem an die -schlechten- politischen und wirtschaftlichen Realitäten anzupassen; 5. 1984 - Mai 1987 (Verabschiedung des Quito-Protokolls): Phase der Lähmung, Durchsetzung des Sekundärrechts des Paktes findet praktisch nicht mehr statt; 6. 1987 - Ende 1991: Phase der Revitalisierung des Integrationsprozesses.

324 Der Anteil des intra-regionalen Handels am gesamten Warenverkehr der Mitgliedstaaten steigerte sich von 1970 (2,0 %) bis 1990 (4,6 %) lediglich um 2,6 %. Der Welthandelsanteil der Andengruppe, der zwischen 1960 und 1980 durchschnittlich 1,6 % betragen hatte, sank bis 1990 sogar auf 0,9 % ab. (Zahlen nach: *Nohlen/Thibault,* Andenpakt - in: Andersen/Woyke (Hrsg.), Handwörterbuch Internationale Organisationen, S. 25 ff. (28)).

Die Zielvorgabe in lit. a) wurde lediglich um ein Jahr verfehlt. Seit dem 1. Februar 1993 ist zwischen vier Staaten des Andenpaktes (Bolivien, Ecuador, Kolumbien, Venezuela) die Freihandelszone in Kraft[325].
Der Zeitrahmen für die Realisierung des in lit. b) erwähnten gemeinsamen gestuften Außenzolltarifs wurde durch die Entscheidung n° 370 der 'Comisión' vom 26.11.1994 auf den 31.1.1995 festgelegt[326]. Er wurde am 1. Februar 1995, wenn auch mit zahlreichen Ausnahmen[327], zwischen den vier vorgenannten Staaten wirksam[328].

In der zweiten Hälfte der 90er Jahre erfolgte dann eine teilweise Neustrukturierung des Andenpaktes. Die institutionellen Reformen wurden dabei durch das 1996 unterzeichnete Protokoll von Trujillo herbeigeführt. Eine Anpassung der materiell-rechtlichen Bestimmungen des Cartagena-Vertrages erfolgte ein Jahr später durch das Protokoll von Sucre.

6. Umwandlung des Andenpaktes in die *Comunidad Andina* (de Naciones - CAN)

Am 10.3.1996 unterzeichneten die Präsidenten von Bolivien, Ecuador, Kolumbien, Peru und Venezuela in Trujillo (Peru) ein gleichnamiges Protokoll[329]. Mit ihm wird das zweite Kapitel des Cartagena-Abkommens von 1969 (i.d.F. von 1988) -bisher überschrieben mit „Órganos del Acuerdo“- durch ein völlig neugestaltetes Kapitel „De la Comunidad Andina y el Sistema Andino de Integración“ ersetzt[330].
In Art. 5 AC 1996 heißt es einleitend:

> „Se crea la "Comunidad Andina", integrada por los Estados soberanos de Bolivia, Colombia, Ecuador, Perú y Venezuela, y por los órganos e instituciones del Sistema Andino de Integración, que establece por el presente Acuerdo.“[331]

Die 'Comunidad Andina' (Andengemeinschaft) löst als amtliche Bezeichnung mithin den inoffiziellen Begriff des Andenpaktes ab. Die recht unmotiviert erscheinende Eingliede-

---

325 Grundlage sind Art. 7 ff. der Entscheidung n° 324 der 'Comisión' vom 25.8.1992. Mit einer Entscheidung vom gleichen Tag (Decisión n° 321) wurde auf Antrag der Regierung *Fujimori* Perus Mitgliedschaft im Andenpakt suspendiert; zu den Gründen vgl. AdG 62 (1992), S. 37094 f.. Mit der Entscheidung n° 353 vom 4.4.1994 wurde festgestellt, daß Peru seine volle Teilnahme im Andenpakt wieder aufnimmt („Perú reasumirá su plena participación“). Durch Entscheidungen des Rates über die Freihandelszone oder die Zollunion wurde Peru allerdings nicht gebunden. Am 19.6.1995 beschloß die 'Comisión' Perus „incorporación plena a la zona de libre comercio“ bis zum 31.1.1996 (Decisión n° 377).

326 Die wichtigsten 'Decisiones' der 'Comisión' sind abrufbar unter: <www.comunidadandina.org/normativa/dec/decisiones.htm>.

327 Damit eine Einigung über den Gemeinsamen Außenzolltarif (AEC) überhaupt erzielt werden konnte, sieht die 'Decisión' folgende Ausnahmen vor: Bolivien konnte, wie bereits erwähnt, Zollsätze von 5 und 10 % beibehalten; Ecuador wurde gestattet, den minimalen Zollsatz von 5% zusätzlich auf 990 Warenpositionen anzuwenden und 440 vollständig vom AEC auszunehmen. Kolumbien und Venezuela wurden für 230 Positionen eine Befreiung erteilt. Diese „listas de excepciones“ sollten schrittweise bis 1999 abgebaut werden. Mit der Entscheidung n° 466 vom 25.5.1999 wurde diese Frist bis zum 31.7.2000 verlängert.

328 Gem. Art. 6 der Entscheidung n° 377 der 'Comisión' vom 19.6.1995 konnte Peru weiterhin Außenzölle gegenüber Drittstaaten in Höhe von 15 und 25 % beibehalten.

329 'Protocolo de Trujillo'; in Kraft 3.6.1997.

330 Das Cartagena-Abkommen ist in seiner Form, die es durch das Trujillo-Protokoll erhalten hat, von der 'Comisión' in einem neuen 'Texto Oficial Codifigio' 1997 bekanntgemacht worden (vgl. Anhang zur Entscheidung n° 406 der 'Comisión' vom 25.6.1997). Diese, vorläufig letzte, offizielle Fassung des Cartagena-Abkommens wird im folgenden mit „AC 1996“ bezeichnet.

331 Hiermit wird die Andengemeinschaft gegründet, bestehend aus den souveränen Staaten Bolivien, Kolumbien, Ecuador, Peru und Venezuela sowie aus den Organen und Institutionen des Andinen Integrationssystems, das durch den vorliegenden Vertrag geschaffen wird (eigene Übers.).

rung der Gemeinschaft in das gleichzeitig neu geschaffene 'Sistema Andino de Integración' beruht offenbar auf dem wenige Jahre älteren zentralamerikanischen Vorbild. Im Gegensatz zu der dort vollzogenen Trennung zwischen dem allgemein und breit angelegten Integrationssystem SICE und dem speziell auf Wirtschaftsintegration ausgerichteten MCCA erscheint die Aufspaltung hier allerdings künstlich und überflüssig. Der Vertrag selbst liefert jedenfalls keine Anhaltspunkte für Sinn und Bedeutung dieser Unterscheidung zwischen der Andengemeinschaft und dem „Sistema Andino de Integración"[332].
Dies gilt um so mehr als jetzt in Art. 48 AC 1996 ausdrücklich klargestellt wird, daß es sich bei der Andengemeinschaft um eine subregionale Organisation mit Völkerrechtsfähigkeit bzw. mit Völkerrechtspersönlichkeit handelt[333].
Kaum nachvollziehbar ist auch die neue Differenzierung zwischen Organen (órganos) und Institutionen (instituciones) des Integrationssystems, die in Art. 6 AC 1996 vorgenommen wird:

„El Sistema Andino de Integración está conformando por los siguientes órganos e instituciones:

- El Consejo Presidencial Andino;
- El Consejo Andino de Ministros de Relaciones Exteriores;
- La Comisión de la Comunidad Andina;
- La Secretaría General de la Comunidad Andina;
- El Tribunal de Justicia de la Comunidad Andina;
- El Parlamento Andino; [...][334]".[335]

Ungeachtet dieser Ungereimtheiten ist zunächst festzustellen, daß keines der vorgenannten Organe neu geschaffen wurde. Das Trujillo-Protokoll hat insofern lediglich zu einer Inkorporation der bisher in getrennten völkerrechtlichen Verträgen enthaltenen Bestimmungen über den Andinen Rat der Staatspräsidenten, den Außenministerrat und das Andine Parlament in das Cartagena-Abkommen geführt.
Allein die Regelungen über den Gerichtshof der Gemeinschaft sind -wohl wegen ihres Umfangs- in einem gesonderten Dokument (VAndGH) verblieben.

Die große Gesamtzahl von Organen läßt indes Zweifel aufkommen, ob für das Vorhandensein eines jeden einzelnen tatsächlich ein objektives Bedürfnis besteht. Statt Kompetenzen in wenigen Organen zu vereinen, wurde -bezeichnenderweise- ein weiteres Gremium geschaffen, die Versammlung der Vertreter der Institutionen (La Reunión de Representantes

---

332 An anderen Stellen des Vertrages (Art. 17, Art. 25 Abs. 2 AC 1996) ist beispielsweise die Rede von „Gemeinschaftsrechtsordnung" („ordenamiento jurídico de la Comunidad Andina") und nicht etwa -wie man konsequenterweise hätte erwarten müssen- von „Rechtsordnung des Andinen Integrationssystems".

333 „La Comunidad Andina es una organización subregional con personería o personalidad jurídica internacional".

334 Genannt werden noch 7 weiter untergeordnete Organe und Institutionen wie z.B. die 'Universidad Andina Simón Bolívar'.

335 Einerseits werden beide Begriffe 'Organe' und 'Institutionen' offenbar synonym verwendet. Dies ist etwa der Fall in Art. 9 AC 1996, worin von 'den Vertretern der Institutionen' die Rede ist, aber kein Zweifel daran besteht, daß auch und vor allem die Vertreter der Haupt*organe* gemeint sind. Andererseits werden allein Gremien untergeordneter Bedeutung (der Wirtschafts- und Arbeitsrat, die Andine Entwicklungskorporation und der Latein-Amerikanische Fonds für Währungsreserven) konkret als Institutionen bezeichnet (vgl. Art. 44, 45 AC 1996). *Da Cruz Vilaça/Sobrino Hereida*, The European Union and the Transformation of the Andean Pact into the Andean Community (Fn 315), S. 37, kritisieren daher zu Recht „a lack of clarity".

de las instituciones), die mit der Koordinierung der Tätigkeiten der zahlreichen Institutionen betraut ist (vgl. Art. 9 AC 1996)[336].

Zu den hier interessierenden Hauptorganen ist folgendes zu sagen:
Der Andine Rat der Staatspräsidenten hat durch das Trujillo-Protokoll seine förmliche Institutionalisierung erfahren und nimmt jetzt auch nach dem Cartagena-Abkommen (Art. 11 AC 1996) die Position als höchstes Organ der Gemeinschaft bzw. des Andinen Integrationssystems ein, die vorher die 'Comisión' innehatte.
Die 'Comisión' mußte zudem einen Teil ihrer Gesetzgebungskompetenzen (Art. 7 lit. f) AC 1988) an den Außenministerrat abtreten (Art. 16 lit. j) AC 1996) und hat auch die früheren Befugnisse gegenüber der 'Junta' weitgehend an den Außenministerrat verloren[337] (Art. 20 lit. b), c) AC 1996).
Die Resolutionen und Entscheidungen des Außenministerrates werden einstimmig gefaßt (Art. 17 S. 1 AC 1996). Das Mehrheitserfordernis für Abstimmungen im Rahmen der 'Comisión' ist im Ergebnis gleich geblieben (Art. 26 AC 1996[338]).
Bei der 'Junta' hat es Veränderungen vor allem im Hinblick auf ihre Bezeichnung, Zusammensetzung und Funktionsweise gegeben. Insgesamt rückt sie dadurch noch näher an ihr europäisches Vorbild, die Kommission, heran. Der weniger gebräuchliche Begriff der 'Junta' wird durch den üblicherweise verwendeten des Generalsekretariats (Secretaría General) ersetzt. Aus dem „órgano técnico" (Art. 13 AC 1988) wird nach Art. 29 AC 1996 das „órgano ejecutivo de la Comunidad Andina". Der Außenministerrat der Gemeinschaft bestimmt jetzt einstimmig den Generalsekretär der Andengemeinschaft für eine Amtszeit von fünf Jahren (einmalig erneuerbar), Art. 32 AC 1996. In Absprache mit den Mitgliedstaaten ernennt der Generalsekretär die Generaldirektoren (Directores Generales), die eine den EU-Kommissaren vergleichbare Rolle spielen. Ihre Zahl ist im Vertrag selbst nicht festgelegt, um sie im Bedarfsfalle sekundärrechtlich anpassen zu können[339]. Wie im EGV müssen jetzt auch in der Andengemeinschaft die Mitglieder des Generalsekretariats die Staatsangehörigkeit eines der Mitgliedstaaten besitzen und nicht mehr nur die irgendeines lateinamerikanischen Staates. Bei der Besetzung der Posten der Generaldirektoren besteht daher eine Art. 213 Abs. 1 UAbs. 3 EGV vergleichbare Verpflichtung zu regional ausgewogener Besetzung (vgl. Art. 35 Abs. 2 AC 1996).

Die Bedeutung des eher mit symbolischen Befugnissen ausgestatteten Anden-Parlaments ist durch das Trujillo-Protokoll nur geringfügig erhöht worden. Ihm werden zwar weitgehende Vorschlags- und Initiativrechte zugebilligt (Art. 42 lit. c), d) AC 1996), doch sind die vom Parlament erarbeiteten Entwürfe und Vorlagen für die eigentlichen Beschlußorgane unverbindlich. In dem in Art. 42 Abs. 2 AC 1996 vorgesehenen 'Protocolo Adicional' zum Gründungsvertrag über das Anden-Parlament, das am 23.4.1997 unter-

---

336 *Dies.*, a.a.O., S. 38 f., sprechen insofern von einer „institutional inflation" und merken an: „All this gives rise to the prediction of future interinstitutional conflict".

337 Was letzteren Punkt anbetrifft, entscheidet der Außenministerrat allerdings in erweiterter Form („en forma ampliada con los representantes titulares ante la Comisión"), also ergänzt um die Chefs der Delegationen der Mitgliedstaaten bei der 'Comisión'.

338 Art. 26 AC 1996 sieht zwar statt eines positiven Votums von zwei Dritteln der Mitgliedstaaten (vgl. Art. 11 AC 1988) nun eine absolute Mehrheit vor, doch bei einer Mitgliederzahl von fünf ändert dies am Mehrheitserfordernis von 3:2 nichts.

339 Gegenwärtig existieren in der Andengemeinschaft 10 Generaldirektionen mit folgenden Zuständigkeiten: Außenbeziehungen, Landwirtschaft, Wirtschaftspolitik, Integration, Industrielle Entwicklung, Programm-Planung, Rechtliche Angelegenheiten, Technologie, Hilfsprogramm für Bolivien, Öffentlichkeitsarbeit (vgl. The Europa World Year Book 43 (2002) Vol. I, Andean Community of Nations, S. 127 ff. (127)).

zeichnet wurde, aber noch nicht ratifiziert ist, wird in einer Übergangsbestimmung geregelt, daß die Direktwahlen zum Parlament innerhalb eines Zeitraumes von 5 Jahren -zu rechnen wohl ab dem Zeitpunkt des Inkrafttretens des Protokolls- stattfinden sollen[340].

Die Bestimmungen des Vertrages über die Gründung des Gerichtshofs des Andenpaktes wurden zwar, wie gesagt, nicht in das Cartagena-Abkommen integriert, doch wurde auch dieser Vertrag 1996 überarbeitet[341]. Im Ergebnis ist es dadurch zu einigen begrüßenswerten Verbesserungen im Rechtsschutzsystem der Andengemeinschaft gekommen. So wurde etwa die Untätigkeitsklage (Recurso por Omisión o Inactividad) in das Repertoire der Verfahrensarten vor dem Andengerichtshof aufgenommen (Art. 37 VAndGH n.F.). Sie kann gegen den Außenministerrat, die 'Comisión' oder das Generalsekretariat durch eines dieser Organe, einen der Mitgliedstaaten sowie eine natürliche oder juristische Person erhoben werden.
Im Falle von Nichtigkeitsklagen ist der Gerichtshof jetzt befugt, auf Antrag der klägerischen Partei die Anwendung der streitgegenständlichen Norm vorübergehend auszusetzen oder sonstige einstweilige Anordnungen zu treffen (Art. 21 Abs. 2 VAndGH n.F.)[342]. Die Frist für die Erhebung von Nichtigkeitsklagen ist von einem Jahr nach Inkrafttreten der streitigen Entscheidung oder Resolution auf zwei Jahre verlängert worden. Sie ist damit erheblich länger als die Zweimonatsfrist in Art. 230 Abs. 5 EGV. Nach Ablauf dieser Frist kann der Gerichtshof -auf Vorlage durch ein mitgliedstaatliches Gericht hin, vor dem die Nichtigkeit geltend gemacht wird- allerdings immer noch die Unanwendbarkeit des in Rede stehenden Rechtsaktes im konkret zu entscheidenden Fall erklären (Art. 20 Abs. 2 u. 3 VAndGH n.F.). Mit dieser Vorschrift wird gleichzeitig die alte Streitfrage entschieden, ob im Rahmen des Vorabsentscheidungsverfahrens nach Art. 32 ff. VAndGH n.F. (Art. 28 ff. VAndGH. a.F.) auch eine Entscheidung über die Gültigkeit einer Gemeinschaftsrechtsnorm ergehen kann[343]. Dies ist mithin zu verneinen, da sonst die Regelung in Art. 20 Abs. 2 u. 3 VAndGH n.F. entbehrlich gewesen wäre.
Im Rahmen des Vertragsverletzungsverfahrens wird natürlichen und juristischen Personen jetzt -wie zuvor schon den Mitgliedstaaten- das Recht eingeräumt, das Generalsekretariat mit der Behauptung einer Vertragsverletzung durch einen Mitgliedstaat zu befassen. Teilt das Generalsekretariat die Auffassung nicht, daß der in Rede stehende Mitgliedstaat gegen Gemeinschaftsrecht verstoßen hat und verweigert dementsprechend die Einleitung eines Vertragsverletzungsverfahrens oder bleibt es binnen einer Frist von 65 Tagen in dieser Angelegenheit untätig, so kann die Person unmittelbar Vertragsverletzungsklage beim Gerichtshof erheben (Art. 25 i.V.m. Art. 24 VAndGH n.F.). Klagebefugt sind Personen,

---

340 So auch Art. 1 Abs. 2 des 'Protocolo Adicional al Tratado Constitutivo del Parlamento Andino sobre Elecciones Directas y Universales de sus Representantes' vom 23.4.1997.

341 'Protocolo de Cochabamba' (Bolivien) vom 28.5.1996, noch nicht in Kraft; Der geänderte Vertrag über die Gründung des Andengerichtshofes wird im folgenden mit „VAndGH n.F." abgekürzt.

342 Vgl. Art. 242, 243 EGV i.V.m. Art. 83 ff. VerfO EuGH.

343 Vgl. dazu *Marwege*, Der Andengerichtshof, S. 242: Der Streit entzündete sich daran, daß in Art. 28 Abs. 1 VAndGH a.F. (Art. 32 VAndGH n.F.) im Gegensatz zu Art. 177 Abs. 1 lit. b) EWGV (Art. 234 Abs. 1 lit. b) EGV) nicht ausdrücklich die Rede davon ist, daß der Gerichtshof auch die Gültigkeit der vorgelegten Norm prüft. Es heißt dort lediglich allgemein, daß der Gerichtshof für die Auslegung des Gemeinschaftsrechts zuständig ist, um dessen einheitliche Anwendung durch die Mitgliedstaaten sicherzustellen. („[...] interpretar [...] las normas que conforman el ordenamiento jurídico de la Comunidad Andina, con fin de asegurar su aplicación uniforme en el territorio de los Países Miembros").

die eine Verletzung in eigenen Rechten durch den behaupteten Vertragsverstoß geltend machen können[344].

Die durch das Trujillo-Protokoll herbeigeführten institutionellen Reformen werden auf materiell-rechtlicher Ebene durch das wenig später unterzeichnete sog. Sucre-Protokoll[345] von 1997 ergänzt[346].
Dadurch wird nun auch die Liberalisierung des intra-regionalen Dienstleistungsverkehrs als Aufgabe der Gemeinschaft in den Vertrag eingeführt und in einem neuen entsprechenden Kapitel geregelt[347]. Neue Kapitel über die gemeinsame Außenpolitik und über die Assoziierung von Staaten wurden ebenfalls eingefügt. Etliche Bestimmungen in den Kapiteln „Programa de Liberación" und „Arancel Externo Común" strich das Protokoll ersatzlos wegen Zweckerreichung[348]. Festzustellen ist schließlich, daß mit dem Protokoll von Sucre die unter dem AC 1996 formal immer noch bestehende Einbindung in die LAFTA-Strukturen endgültig beendet wurde[349].
Die zahlreichen -zumeist kleineren- Veränderungen, die das Protokoll von Sucre herbeigeführt hat, dürften zum wiederholten Mal eine Neuordnung der Vertragsbestimmungen in Form einer konsolidierten Fassung des Cartagena-Abkommens erforderlich machen.

7. Jüngere Entwicklungen in der Andengemeinschaft

Der Ausbau der formal seit 1995 zwischen Bolivien, Ecuador, Kolumbien und Venezuela bestehenden Zollunion zu einem Gemeinsamen Markt wurde in den darauffolgenden Jahren konkret in Angriff genommen.

---

344 Die Anforderungen, die an die Klagebefugnis natürlicher und juristischer Personen gestellt werden, sind erkennbar weit gefaßt, vgl. Art. 25 Abs. 1 VAndGH n.F.: „afectadas en sus derechos". Um die Nichtigkeitsklage zulässig erheben zu können, reicht sogar ein legitimes Interesse an der Annullierung des in Rede stehenden Gemeinschaftsrechtsaktes aus: „[...] que afecten sus derechos subjectivos *o* sus intereses legítimos" (Art. 19 VAndGH n.F. -eigene Hervorhebung).

345 Das 'Protocolo de Sucre' (diese Bezeichnung ist in seinem Art. 33 ausdrücklich vorgesehen) wurde im wesentlichen auf dem IX. Gipfel des Andinen Rates der Staatspräsidenten in Sucre (Bolivien) vom 22.-23 April 1997 vereinbart; zur Unterzeichnung kam es allerdings erst am 25.6.1997 in Quito (Ecuador). Der Ratifikationsprozeß ist noch nicht abgeschlossen.

346 Die Unterzeichnung des 'Protocolo de Sucre' hätte eigentlich auf dem IX. Gipfel des Andinen Rates der Staatspräsidenten vom 22.-23. April 1997 in Sucre (Bolivien) erfolgen sollen. Die Erklärung der Regierung *Fujimori* am 10. April 1997, daß Peru den Andenpakt verlasssen werde (vgl. AdG 67 (1997), S. 41975), führte jedoch zu einer schweren Krise, die erst nach Intensivverhandlungen am 25. Juni 1997 mit der Erklärung Perus, doch im Andenpakt verbleiben zu wollen, und der anschließenden Unterzeichnung des Sucre-Protokolls beigelegt werden konnte. Hintergrund für das Zerwürfnis waren Uneinigkeiten über die Bedingungen, zu denen Peru nach der Krise von 1992-1994 wieder in das Integrationssystem des Paktes eingegliedert werden sollte. Der Kompromiß, auf den man sich schließlich einigen konnte (Entscheidung n° 414 der 'Comisión' vom 30.7.1997), sieht die vollständige Eingliederung Perus in die Freihandelszone erst für Ende 2005 vor. Die Peruanische Regierung beschloß allerdings mit sofortiger Wirkung, ca. 2.500 Produkte am zollfreien Warenverkehr teilnehmen zu lassen.
Die Eingliederung Perus in den gemeinsamen Außenzolltarif wurde zu diesem Zeitpunkt noch offen gelassen.

347 Zukünftiger Art. 3 Abs. 1 lit. h): „[...] la liberación del comercio intrasubregional de servicios."; Das neue Kapitel „Comercio Intrasubregional de Servicios" ist noch nicht numeriert.

348 Art. 76-88 sowie Art. 92, 93 u. 94 AC 1996.

349 Die Bestimmung in Art. 152 AC 1996, wonach der Vertrag dem Ständigen Exekutivkomitee der LAFTA vorzulegen war, damit dieses die Kompatibilität mit dem Vertrag von Montevideo prüft, wurde abgeschafft.

Im Mai 1999 verabschiedete der Andenrat der Präsidenten der Mitgliedstaaten auf seinem XI. Gipfel in Cartagena (Kolumbien) eine Deklaration zum Gemeinsamen Markt der Andengemeinschaft. Dieser soll bis spätestens 2005 errichtet sein und den freien Waren-, Dienstleistungs- und Kapitalverkehr gewährleisten sowie die Personenfreizügigkeit[350]. Auf ihrem XII. Gipfel im peruanischen Lima am 9./10. Juni 2000 verabschiedeten die Präsidenten die Deklaration und die Akte von Lima mit zwei Anhängen: 1. Maßnahmen für die Bildung eines Gemeinsamen Andenmarktes, 2. Aktionsprogramm 2000-2001 für die Errichtung des Gemeinsamen Marktes. Im Jahr darauf billigte der Rat im Rahmen des Gipfels von Corabobo (Venezuela) vom 23./24. Juni 2001 die 'Decisones' 503 und 504 der 'Comisión' über den freien Personenverkehr. Am 31.10.2001 erließ die Comisión die Entscheidung n° 510, wonach sämtliche Restriktionen im Dienstleistungsbereich bis Ende 2005 zwischen den Mitgliedstaaten abgebaut sein müssen. Mit der Erreichung dieses Zieles hätte die Andengemeinschaft dann auch in diesem wesentlichen Punkt die Entwicklung der Europäischen Gemeinschaft nachvollzogen[351].
Abzuwarten bleibt, ob die Dynamik der letzten Jahre im Integrationsprozeß der Andengemeinschaft aufrechterhalten werden kann oder ob nicht, wie in der Vergangenheit nicht selten der Fall, erneut eine Phase der Krise und der Stagnation einsetzt.

8. Zusammenfassung

Ursächlich für die Entscheidung der Staaten der Andenregion, im Rahmen der LAFTA einen eigenen weitergehenden Integrationsversuch zu unternehmen, war in erster Linie der Umstand, daß die Lateinamerikanische Freihandelszone ihren Bedürfnissen als Entwicklungsländer nicht gerecht wurde, ganz abgesehen von der sich ohnehin abzeichnenden Erfolglosigkeit der LAFTA. Erst in zweiter Linie spielte das europäische Vorbild einer aus sechs im wesentlichen entwicklungsgleichen Staaten bestehenden Wirtschaftsgemeinschaft für die Gründung des Andenpaktes 1969 eine Rolle. Als Aufgabe des Paktes wurde zwar auch die Schaffung einer Zollunion vorgegeben, allerdings sollte diese sich nur auf die Liberalisierung des Warenaustauschs beschränken. Das anfängliche institutionelle System war im Vergleich zu dem der Europäischen Gemeinschaft nur rudimentär ausgeprägt. Der europäischen Einfluß auf das Andine Integrationssystem tritt erst Ende der 70er Jahre deutlich zutage. Der Gerichtshof des Andenpaktes wurde exakt nach dem Vorbild des Europäischen Gerichtshofs errichtet. Der Vorrang des Rechts des Cartagena-Abkommens vor kollidierendem Recht der Mitgliedstaaten wurde bei dieser Gelegenheit ebenfalls kodifiziert. In einem seiner ersten Urteile, in dem der Andengerichtshof zum Vorrang Stellung nimmt, beruft er sich ausdrücklich auf die *Costa v. ENEL*-Rechtsprechung des EuGH. Im Jahre 1996 schließlich wird aus dem Andenpakt die Andengemeinschaft. Ihre Haupt-

---

350 'Acta de Cartagena' vom 27.5.1999, Declaración, § 8: „Nos fijamos como propósito el establecimiento del Mercado Común Andino a más tardar en el año 2005, creando las condiciones para que, a la libre circulación de bienes se añada la libre movilidad de servicios, de capitales y de personas en la subregión.“ (Wir haben uns das Ziel gesetzt, bis spätestens zum Jahre 2005 den Gemeinsamen Andenmarkt zu errichten, um so die Bedingungen für den freien Verkehr von Waren, Dienstleistungen, Kapital und Personen zu schaffen. - eigene Übers.); Text abrufbar unter: <www.comunidadandina.org/documentos/actas/act27-5-99.htm>.

351 Auf einem außerordentlichen Treffen des Andinen Rates der Staatspräsidenten am 30.1.2002 in Santa Cruz de la Sierra (Bolivien) -Peru wurde durch den neu gewählte Präsidenten *Toledo* vertreten- verabschiedeten die Staatschefs eine Deklaration, wonach Peru bis zum 1.6.2002 grds. in die Freihandelszone integriert sein sollte und die noch bestehenden Ausnahmen vom freien Warenhandel (v.a. Treib- und Brennstoffe sowie Agrarprodukte) bis zum 31.12.2003 bzw. 31.12.2005 abgebaut werden sollen. Bis zum 31.12.2003 soll Peru auch den gemeinsamen Außenzolltarif anwenden.

Organe sind in Zusammensetzung, Aufgabenbeschreibung und Modus der Entscheidungsfindung jetzt eng an denen der EU/EG ausgerichtet. Im Jahre 2000 beschloß der Andenrat der Präsidenten der Mitgliedstaaten die Realisierung eines gemeinsamen Marktes mit freiem Verkehr von Waren, Dienstleitungen, Arbeitskräften und Kapital.
Der Einfluß der Europäischen Gemeinschaft und des Europäischen Gemeinschaftsrechts auf die Entwicklung des Andenpaktes hin zu einer Gemeinschaft nach europäischem Vorbild ist nicht zu übersehen.

III. *Carribean Community* (CARICOM)

1. Hintergrund und Entstehung der CARICOM

Als Gegenstück zur LAFTA hatten die drei Commonwealth-Staaten der Karibik Antigua, Barbados und Guyana am 15.12.1965 in Dickinson Bay (Antigua) die Karibische Freihandelszone (Caribbean Free Trade Association, CARIFTA) gegründet[352].
Dem Beispiel der Andenstaaten folgend, beschlossen die Regierungschefs der 12 zum Teil noch von Großbritannien abhängigen Karibik-Staaten bzw. Territorien, die der CARIFTA zuletzt angehörten[353], auf ihrem Gipfel am 12.4.1973, den Integrationsprozeß zu beschleunigen und ihm durch die Gründung einer Karibischen Gemeinschaft und eines Karibischen Gemeinsamen Marktes ein neues politisches und wirtschaftliches Profil sowie eine neue institutionelle Struktur zu geben.
Dies geschah durch den am 4.7.1973 in Chaguaramas (Trinidad) unterzeichneten Vertrag zur Gründung der 'Carribean Community' (CARICOM)[354]. Der Vertrag trat am 1.8.1973 zunächst nur zwischen den vier weiterentwickelten Karibik-Staaten (Barbados, Guyana, Jamaica, Trinidad und Tobago) in Kraft, bevor er zum 1.5.1974 auch für die übrigen 8 weniger entwickelten abhängigen CARIFTA-Territorien wirksam wurde. Heute umfaßt die CARICOM 13 unabhängige Mitgliedstaaten[355] sowie Anguilla[356] und Montserrat als britische überseeische Gebiete.

2. Ziele und Tätigkeiten der CARICOM nach dem Gründungsvertrag von 1973

Die im dritten Erwägungsgrund der Präambel bereits umrissenen Ziele der Gemeinschaft werden in Art. 4 CARICOM-V folgendermaßen ausgeführt:

> „The Community shall have as its objectives-
> (a) the economic integration of the Member States by the establishment of a common market regime (hereinafter referred to as "the Common Market") in accordance with the provisions of the Annex to this Treaty [...]
> (b) the coordination of the foreign policies of Member States; and

---

352 Agreement establishing the Caribbean Free Trade Association (UNTS 772, S. 4 ff.). Der Vertrag trat am 1.5.1968 in Kraft. Eine konsolidierte Fassung des Vertrages vom 30. April 1969 ist abgedruckt in: ILM 7 (1968), S. 935 ff.

353 Neben Antigua, Barbados und Guyana waren dies Belize, Dominica, Grenada, Jamaica, Montserrat, St. Kitts-Nevis-Anguilla, St. Lucia, St. Vincent-Grenandinen sowie Trinidad und Tobago.

354 Treaty Establishing the Caribbean Community (ILM 12 (1973), S. 1033 ff.), sog. 'Treaty of Chaguaramas'.

355 Die Bahamas (4.7.1983), Surinam (4.7.1995) und Haiti (4.7.2002 -Datum der endgültigen Aufnahme, provisorisch schon 1997) traten der CARICOM später bei.

356 Anguilla trennte sich 1980 von St. Kitts und Nevis und kehrte unter britische Hoheitsgewalt zurück.

(c) functional cooperation, including -
   (i) the efficient operation of certain common services and activities for the benefit of its peoples;
   (ii) the promotion of greater understanding among its peoples and the advancement of their social, cultural and technological development [...]."

Mit dem Ziel der Errichtung eines Gemeinsamen Marktes machte sich die CARICOM an die Realisierung einer bereits im CARIFTA-Vertrag entsprechend formulierten Perspektive[357]. Durch die Verweisung in Art. 4 auf den Anhang des Vertrages betreffend den Gemeinsamen Karibischen Markt[358] wird deutlich, daß es dabei lediglich um eine wirtschaftliche Teilaktivität der ansonsten politisch orientierten CARICOM ging[359]. Aus Art. 32 CARICOM-V ergibt sich, daß der Gemeinsame Markt integraler Bestandteil der Gemeinschaft ist.
Mit dem Inkrafttreten des CARICOM-Vertrages für alle 12 Mitgliedstaaten der CARIFTA 1974 ging diese in dem Gemeinsamen Markt auf[360].

3. Der *Common Caribbean Market* (CCM)

Anders als im zentralamerikanischen Integrationsprozeß wurde im CARICOM-V und im Anhang über den 'Common Carribean Market' der Begriff des Gemeinsamen Marktes offensichtlich als Bezeichnung für eine Zollunion verwendet, in der zwischen den Mitgliedstaaten der freie Verkehr von Waren, Arbeitskräften, Dienstleistungen und Kapital gewährleistet werden sollte. Dieser Eindruck entsteht jedenfalls bei der Lektüre der Kapitel III, IV und V des Anhangs des CARICOM-Vertrages.
Kapitel III (Art. 13-30) regelt zunächst die Bedingungen für die Liberalisierung des (Waren-) Handels zwischen den Mitgliedstaaten, Kapitel IV (Art. 31-34) befaßt sich mit der Errichtung eines gemeinsamen Außenzolltarifs. In Kapitel V (Art. 35-38) sind schließlich Bestimmungen über die Niederlassung von Unternehmen, die Erbringung von Dienstleistungen, den Kapitalverkehr und die Freizügigkeit von Personen enthalten.
Fraglich ist jedoch, ob die in Kapitel V vorgesehenen Bestimmungen die Bezeichnung 'Gemeinsamer Markt' tatsächlich rechtfertigen. Gewisse Zweifel daran scheinen angebracht, denn lediglich für den Bereich der Niederlassung von Unternehmen in anderen Mitgliedstaaten ist "Inländergleichbehandlung" vorgesehen[361]. Bei der Erbringung von Dienstleistungen durch Angehörige eines Mitgliedstaates in einem anderen Mitgliedstaat sollten diese lediglich „as far as practicable" eine bevorzugtere Behandlung genießen als Angehörige eines Drittstaates.
Die Bestimmung über den Kapitalverkehr ist praktisch völlig inhaltsleer[362] und Art. 38 Anhang CARICOM-V schließt eine Verpflichtung der Staaten zur Gewährung von Personenfreizügigkeit für Angehörige aus anderen Mitgliedstaaten ausdrücklich aus.

---

[357] 4. Erwägungsgrund der Präambel CARIFTA-V: „[...] the immedeate establishment of a free trade area which will contribute to the ultimate creation of a viable Economic Community of Caribbean Territories [...]".

[358] Annex, The Caribbean Common Market (ILM 12 (1973), S. 1044 ff.).

[359] Vgl. *Hummer*, Karibische Gemeinschaft, Karibischer Gemeinsamer Markt - in: Andersen/Woyke (Hrsg.), Handwörterbuch Internationale Organisationen, S. 241 ff. (241).

[360] Siehe Art. 71 Anhang CARICOM-V.

[361] Art. 35 Abs. 1 Anhang CARICOM-V.

[362] Art. 37 CARICOM-V, Anhang: „The Council shall examine ways and means for the introduction of a scheme for the regulated movement of capital within the Common Market [...]".

Zumindest mit dem an der EWG orientierten Bild eines Gemeinsamen Marktes war all dies nicht in Einklang zu bringen.

4. Institutionelle Struktur der CARICOM und des *Common Caribbean Market*

Art. 6 CARICOM-V sieht die Konferenz der Regierungschefs (Conference of Heads of Government) und den unter dem Annex zum Vertrag zu errichtenden Rat des Gemeinsamen Marktes (Common Market Council) als die „principal organs" der Gemeinschaft vor. Die Konferenz bestimmt die Politik der Gemeinschaft und erteilt dem Rat und den Institutionen[363] Weisungen. Gegenüber den Mitgliedstaaten äußert sich die Konferenz in Form von verbindlichen, aber nicht unmittelbar anwendbaren Entscheidungen (Decisions)[364] oder Empfehlungen (Recommendations). Art. 9 des Gründungsvertrages von 1973 zufolge mußten diese jeweils ohne Gegenstimme verabschiedet werden (Enthaltung ist zulässig und zählt nicht als Gegenstimme). Gleiches galt für die Entscheidungen und Empfehlungen der Rates des Gemeinsamen Marktes[365].
Die Aufgabe des Rates besteht in der Steuerung und Überwachung des Wirtschaftsintegrationsprozesses[366].
Mit der Wahrnehmung der Administrativaufgaben von CARICOM und Gemeinsamem Markt wurde das Sekretariat betraut, das entweder als Community- oder als Common Market Sekretariat tätig wird[367].

Sowohl die CARICOM als auch der 'Common Caribbean Market' sind von den Mitgliedstaaten mit Völkerrechtsfähigkeit ausgestattet worden[368]. Da der Gemeinsame Markt aber -soweit ersichtlich- im völkerrechtlichen Verkehr nie als eigenständige Rechtspersönlichkeit, sondern stets zusammen mit der CARICOM auftrat, kann nicht davon ausgegangen werden, daß es sich bei dem CCM um eine selbständige Internationale Organisation handelte[369]. Diese Schlußfolgerung wird bestärkt durch die Tatsache, daß eine separate Mitgliedschaft in dem Gemeinsamen Markt nicht möglich war[370], in der Karibischen Gemeinschaft dagegen schon[371]. Institutionell jedenfalls hätte sich die Eigenschaft als Internationale Organisation mit einer Doppelfunktion der Organe begründen lassen.

5. Erfolgsbilanz des wirtschaftlichen Integrationsprozesses Ende der 80er Jahre

Die Gründung der CARICOM im Jahre 1973 erfolgte zu einem wirtschaftlich sehr ungünstigen Zeitpunkt. Infolge der sprunghaft gestiegenen Ölpreise kam es weltweit zu einer

---

363 Die CARICOM-Institutionen werden in Art. 10 des Vertrages genannt. Dabei handelt es sich um die Konferenz der Gesundheitsminister sowie um sechs Ständige Fachminister-Ausschüsse.

364 Zur unmittelbaren Anwendbarkeit vgl. *Meijers*, New International Persons in the Caribbean, NILR 24 (1977), S. 160 ff. (187).

365 Art. 8 Anhang CARICOM-V.

366 Art. 7 Anhang CARICOM-V.

367 Art. 15 CARICOM-V (gem. Abs. 1 S. 3 hat das Sekretariat seinen Sitz in Georgetown, Guyana), Art. 9 Anhang CARICOM-V.

368 Art. 20 CARICOM-V; Art. 63 Anhang CARICOM-V.

369 Im Ergebnis auch *Hummer*, Karibische Gemeinschaft, Karibischer Gemeinsamer Markt (Fn 359), S. 244; s.a. *Meijers*, New International Persons in the Caribbean (Fn 364), S. 187.

370 Vgl. *Meijers*, a.a.O., S. 176 Fn 35a.

371 Siehe Art. 31 Abs. 1 CARICOM-V; Im Falle der Bahamas liegt eine solche gespaltene Mitgliedschaft vor.

wirtschaftlichen Rezession. Die Karibik-Staaten wurden -mit Ausnahme Trinidads- besonders hart von den hohen Ölpreisen getroffen, weil ihre Energieversorgung vollständig auf den Betrieb mit Erdölprodukten ausgerichtet war[372]. Die Abhängigkeit von weltwirtschaftlichen Entwicklungen liegt darüber hinaus aber auch in den geographischen und demographischen Besonderheiten der Region begründet. *Bernal* schreibt in diesem Zusammenhang:

> „The process of integrating Caricom has involved small, externally vulnerable economies that are highly open, with extreme concentration of exports in primary products and a few markets. Despite aggregation into a collective involving liberalized trade, Caricom has not achieved a size sufficient to attain the economies of scale or prompt diversification of production and exports."[373]

Verzeichnete die Mehrzahl der CARICOM-Staaten und der intra-regionale Handel in den 70er Jahren immerhin noch positive Wachstumsraten, so gingen diese in den 80er Jahren dramatisch zurück[374]. Zu diesen geographisch, demographisch und ökonomisch bedingten Schwierigkeiten[375] kam aber auch ein insgesamt schwach ausgeprägter Integrationswille sowohl auf seiten der verantwortlichen Politiker als auch seitens der Bevölkerung hinzu[376]. Symptomatisch für die Krise war auch, daß zwischen 1976 und 1982 keine Treffen der CARICOM-Regierungschefs stattfanden.
Anfang der 90er Jahre kommt *Müllerleile* in einer umfassenden Studie über den politischen Integrationsprozeß der CARICOM-Staaten u.a. zu folgendem Ergebnis: „Die Gemeinschaft konnte in schwerer Zeit den Beweis für ihren Wert nicht erbringen"[377].

Auf ihrer 10. Gipfelkonferenz in Grand Anse (Grenada) vom 6.-7. Juli 1989 formulierten die Regierungschefs angesichts der bevorstehenden Schaffung des Europäischen Binnenmarktes und drohender (weiterer) Marginalisierung der Karibischen Gemeinschaft das Ziel der Errichtung eines einzigen Marktes und einer einzigen Wirtschaft („Single Market and Economy"). Ein gemeinsamer Außenzolltarif zwischen 5 und 45 % sollte bis zum 1.1. 1991 eingeführt werden. Nachdem von der Weltbank, dem Internationalen Währungsfonds und den USA deutliche Kritik an der maximalen Höhe des Zollsatzes geäußert worden

---

372 *Müllerleile*, Die Integration der CARICOM-Staaten, S. 107.

373 *Bernal*, CARICOM: Externally Vulnerable Regional Economic Integration - in: Bouzas/Ros (Hrsg.), Economic Integration in the Western Hemisphere, S. 171 ff. (200).

374 Zwischen 1981 und 1986 sank das Volumen des intra-regionalen Handels von 432 auf 215 Mio. US $. 1990 entfielen nur 9 % des Handelsvolumens aller CARICOM-Staaten auf den intra-regionalen Handel (Zahlen nach *Müllerleile*, Die Integration der CARICOM-Staaten, S. 115 u. 116 Fn 1).

375 Die 15 CARICOM-Staaten verfügen zusammen über eine Bevölkerungszahl von 13,5 Mio., die sich auf einer Landfläche etwa von der Größe Schwedens (462.600 km^2) verteilt (= Bevölkerungsdichte von 29,2 Einw. pro km^2). Rechnet man allerdings die drei dünn besiedelten und einzigen Festlandstaaten (Belize, Guyana, Surinam) heraus -sie machen 87% der Gesamtfläche aus-, kommt man für die verbleibenden 12 Inselstaaten auf einen Durchschnittswert von 197 Einw. pro km^2 , der dem Italiens entspricht. Zusammen verfügen die CARICOM-Staaten über ein Bruttosozialprodukt von 28,8 Mrd. US $. Das durchschnittliche Pro-Kopf- Einkommen liegt bei etwa 4.620 US $ pro Jahr (EU: 23.730 US $). (Quelle: *World Bank*, World Development Indicators 2002, S. 18 ff. - Daten für das Jahr 2000).

376 *Müllerleile*, Die Integration der CARICOM-Staaten, S. 429, konstatiert zum einen ein ausgeprägtes Besitzstandsdenken bei den Politikern der Region, das sie daran hindere, einen Teil ihrer Macht zugunsten des gemeinsamen Wohls abzugeben. Verstärkt wird dieser Effekt dadurch, daß es in der Region mehr Politiker und Bürokraten pro Kopf der Bevölkerung gibt als irgendwo sonst auf der Welt (vgl. *ders.*, a.a.O., S. 430). Zum anderen stellt der Autor fest: „Den meisten Bewohnern der Region bedeutet CARICOM wenig" (S. 428).

377 *Ders.*, a.a.O., S. 427.

war[378] und die (auf dem 12. CARICOM-Gipfel im Juli 1991 auf den 1.10.1991 verschobene) fristgerechte Einführung ohnehin scheiterte, einigten sich die CARICOM-Regierungschefs auf einem Sondergipfel im Oktober 1992 auf eine Zollmarge von 5 - 35%, die bis Ende 1997 auf 20% im Maximum abzubauen war. Am 1.1.1998 hatten alle CARICOM-Staaten bis auf Antigua und Barbuda die entsprechenden Außenzolltarifsätze implementiert.
In der zwischen den Mitgliedstaaten bestehenden Freihandelszone sind 95 % der Waren von jeglichen Handelsbeschränkungen befreit.

6. Der revidierte CARICOM-Vertrag von 2001

Ende der 90er Jahre wurde der Vertrag von Chaguaramas durch insgesamt neun Protokolle[379] einer Generalrevision unterzogen[380]. Entstanden ist dadurch ein völlig neues Vertragswerk[381] mit 240 Artikeln und einer Präambel mit 27 Erwägungsgründen, das mit dem alten Vertrag von 1963 lediglich noch den Namen gemeinsam hat.
Das Nebeneinander von Karibischer Gemeinschaft und Karibischem Gemeinsamen Markt wird beendet. Gem. Art. 2 CARICOM-V n.F. tritt die Gemeinschaft („the Community") als Rechtsnachfolgerin an die Stelle der beiden Organisationen und wird damit zu einer einheitlichen Internationalen Organisation[382].

a) Integrationsziele und Tätigkeiten der CARICOM unter dem neuen Vertrag

Auffällig ist, daß in den Vertragsbestimmungen an keiner Stelle die wirtschaftlichen Integrationsziele (i.e. Gründung einer Freihandelszone, Zollunion etc.) abstrakt formuliert werden. So erschließt sich erst aus der Gesamtlektüre des Vertrages, daß die Mitgliedstaaten auch tatsächlich -wie der Titel des Vertrages andeutet- die Errichtung eines im wesentlichen am Vorbild der Europäischen Gemeinschaft orientierten Gemeinsamen Marktes anstreben. In den Bestimmungen über die Handelspolitik der Gemeinschaft heißt es etwa, daß

> „full integration of the national markets of all Member States of the Community into a single unified and open market area"[383]

erreicht werden solle. In den Bestimmungen über die Organe ist dann von einer Zuständigkeit im Zusammenhang mit der Errichtung einer Währungsunion die Rede[384].

---

378 Vgl. The Europa World Year Book 42 (2001), Vol. 1, Caribbean Community and Common Market-CARICOM, S. 142 ff. (143).

379 *Protocol I* (19.2.1997) führt die institutionellen Änderungen herbei; *Protocol II* (1.7.1997): Establishment, Services, Capital; *Protocol III* (30.6.1998): Industrial Policy; *Protocol IV* (7.7.1999): Trade Policy; *Protocol V* (13.6.1998): Agricultural Policy; *Protocol VI* (4.7.1999): Transport Policy; *Protocol VII* (4.7.1999): Disadvantaged Countries, Regions and Sectors; *Protocol VIII* (14.3.2000): Competition Policy, Consumer Protection, Dumping and Subsidies; *Protocol IX* (14.3.2000): Dispute Settlement.

380 Auf ihrer 21. Konferenz vom 2.-5. Juli 2000 in Canoun (St. Vincent and Grenadines) beschlossen die Regierungschefs die vorläufige Anwendung der Protokolle I, II, IV und VII.

381 'Revised Treaty of Chaguaramas establishing the Caribbean Community including the CARICOM Single Market and Economy', verabschiedet auf der 22. Konferenz der Regierungschefs vom 3.-6. Juli 2001 in Nassau (Bahamas); der Vertragstext ist abrufbar unter <www.caricom.org/archives/revisedtreaty.pdf>.

382 Art. 228 Abs. 1 CARICOM-V n.F. stattet die Gemeinschaft mit „full juridical personality" aus und verleiht ihr in Abs. 3 die Fähigkeit zum Abschluß (neuer) völkerrechtlicher Verträge mit Staaten und Internationalen Organisationen.

383 Art. 78 Abs. 2 lit. a) CARICOM-V n.F.

Die für die Schaffung einer Freihandelszone und einer Zollunion unabdingbare Eliminierung von Im- und Exportzöllen für Produkte mit Gemeinschaftsursprung[385] sowie die Errichtung (bzw. Aufrechterhaltung) eines Gemeinsamen Zolltarifs für Einfuhren aus Drittstaaten ist in Art. 87, 88 und in Art. 82 CARICOM-V n.F. vorgesehen.
Art. 90 CARICOM-V n.F. verbietet die direkte oder mittelbare ungleiche Besteuerung von Waren mit Gemeinschaftsursprung gegenüber Waren aus dem betreffenden Mitgliedstaat. Die Abschaffung sonstiger Handelshemmnisse, also das Verbot mengenmäßiger Beschränkungen oder Maßnahmen gleicher Wirkung, ist schließlich in Art. 90 CARICOM-V n.F. enthalten.
Art. 33, 37, 40 und 45 sehen die Beseitigung von Restriktionen für die Niederlassung, die Erbringung von Dienstleistungen, den Kapitalverkehr und die Personenfreizügigkeit vor. Eine umfassende Arbeitnehmerfreizügigkeit ist allerdings im Vertrag nicht vorgesehen[386]. Die zentrale Bestimmung über das Niederlassungsrecht (Art. 33) beispielsweise lautet:

> „1. Subject to the provisions of Article *221* and Article *222*[387], the Member States shall remove restrictions on the right of establishment of nationals of a Member State in the territory of another Member State.
>
> 2. The removal of restrictions on the right of establishment mentioned in paragraph 1 of this Article shall also apply to restrictions on the setting up of agencies, branches or subsidiaries by nationals of a Member State in the territory of another Member State."

Der Wortlaut entspricht weitgehend dem des Artikels 43 EGV. Ein entscheidender Unterschied besteht allerdings darin, daß Art. 43 EGV ein unmittelbar anwendbares Beschränkungsverbot enthält[388], wohingegen Art. 33 CARICOM-V n.F. weitere Umsetzungsakte durch die Mitgliedstaaten erfordert. Zudem sehen Art. 48 und 49 CARICOM-V n.F., auf die in Art. 33 Abs. 1 richtigerweise hätte verwiesen werden müssen, für den Rat die Möglichkeit vor, einem Mitgliedstaat wegen „serious difficulties in any sector of the economy" auf Antrag eine teilweise Befreiung oder für den Zeitraum von maximal 5 Jahren nach Inkrafttreten der Freizügigkeitsregeln sogar einen „Waiver" (Rechtsverzicht) zu erteilen. Dazu treten die für einen mitgliedstaatlichen Verstoß gegen Freizügigkeitsrechte ohnehin geltenden allgemeinen Rechtfertigungsgründe noch hinzu. Diese sind in Art. 226 CARICOM-V n.F. enthalten und stellen in weiten Teilen eine Übernahme der Rechtfertigungsgründe aus Art. 30 und 46 Abs. 1 EGV dar[389].

---

384 Art. 14 Abs. 2 lit. d): „[The Council] shall: [...] pending the establishment of a monetary union in the Community, recommend [...]".

385 Was „goods of Community origin" sind, definiert Art. 84 CARICOM-V n.F.

386 In Art. 46 Abs. 1 lit. a) bis e) CARICOM-V n.F. sind die Personengruppen genannt, die in den Genuß der ungehinderten Suche und Aufnahme von Beschäftigung in einem anderen Mitgliedstaat kommen sollen, nämlich (nur): „University graduates; media workers; sportspersons; artists; and musicians." Über Art. 32 Abs. 3 UAbs. 1, der den Anwendungsbereich der Bestimmungen über das Niederlassungsrecht definiert, werden zudem noch sonstige Selbständige erfaßt: „[activities undertaken by self-employed persons] of a commercial, industrial, agricultural, professional or artisan nature".

387 Wie sich aus Art. IV des 2. Protokolls vom 1.7.1997 (Establishment, Services, Capital) ergibt, handelt es sich bei der Verweisung auf Art. 221 und Art. 222 um ein Redaktionsversehen. Richtigerweise hätte auf Art. 47 und Art. 48 CARICOM-V n.F. verwiesen werden müssen.

388 Vgl. EuGH Rs. 2/74, Jean Reyners v. Belgischen Staat, Slg. 1974, S. 631 ff. (652 Tz 29/31) -unmittelbare Anwendbarkeit; EuGH Rs. C-55/94, Reinhard Gebhard v. Consiglio dell'ordine degli avvocati e procuratori di Milano, Slg. 1995-I, S. 4165 ff. (4197 Rz 37) -Beschränkungsverbot.

389 „[...] (a) to protect public morals or to maintain public order and safety;
(b) to protect human, animal or plant life or health; [...]
(d) necessary to protect intellectual property or to prevent deceptive practices; [...]

Ein Zeitrahmen für die Beseitigung der Freizügigkeitshemmnisse ist im Vertrag selbst nicht vorgesehen. Innerhalb eines Jahres nach Inkrafttreten des Vertrages soll allerdings ein entsprechendes Programm ausgearbeitet werden[390].

Wie im EGV (Art. 47) schließt sich auch im CARICOM-V n.F. den Bestimmungen über das Niederlassungsrecht eine Vorschrift über die gegenseitige Anerkennung von Zeugnissen, Diplomen und sonstigen Befähigungsnachweisen an[391].

Das letztlich sämtlichen Freizügigkeitsbestimmungen des EGV zugrunde liegende und in Art. 12 EGV allgemein normierte umfassende Diskriminierungsverbot haben die CARICOM-Staaten praktisch wortgleich in Art. 7 CARICOM-V n.F. übernommen:

> „1. Within the scope of application of this Treaty and without prejudice to any special provisions contained therein, any discrimination on grounds of nationality only shall be prohibited.
>
> 2. The Community Council shall, after consultation with the competent Organs, establish rules to prohibit any such discrimination."

Besonders auffällig sind auch die Übereinstimmungen in den wettbewerbsrechtlichen Vorschriften des CARICOM-V n.F. mit denen des EGV[392].

b) Rechtsordnung der CARICOM nach der Vertragsrevision

An der institutionellen Struktur der CARICOM hat sich nach der Vertragsrevision im Kern nichts geändert. Weiterhin sind der Gipfel der Regierungschefs und der Ministerrat die Hauptorgane der Gemeinschaft. Sie werden nun von vier 'Councils' (Finance and Planning, Trade and Economic Development, Foreign and Community Relations sowie Human and Social Development) bei der Wahrnehmung ihrer Aufgaben unterstützt[393]. Eine Änderung hat sich allerdings beim Abstimmungsverfahren ergeben. Während in der Konferenz der Regierungschefs weiterhin ohne Gegenstimme abgestimmt wird, treffen die Ministerräte ihre Entscheidungen jeweils mit qualifizierter Mehrheit[394]. Wie Art. 29 Abs. 2 CARICOM-V n.F. klarstellt, bedeutet dies, daß von drei Vierteln der Gesamtzahl der Mitgliedstaaten der Gemeinschaft ein positives Votum abgegeben werden muß. Der im Zusammenhang mit Mehrheitsbeschlüssen im EWG-Ministerrat entwickelte sog. Luxemburger-Kompromiß von 1965[395] findet dabei im CARICOM-V n.F. eine Entsprechung, wenn es in Art. 29 Abs. 3 heißt, daß in Angelegenheiten, die für das nationale Wohlergehen von besonderer Bedeutung sind („issues of critical importance to the national well-being of a Member State"), Einstimmigkeit erforderlich ist. Ob es sich um eine solche Angelegenheit handelt, soll zuvor mit Zwei-Drittel-Mehrheit entschieden werden.

(h) imposed for the protection of national treasures of artistic, historic or archaeological value; [...]".

390 Art. 33 Abs. 3, 37 Abs. 2; für den Kapitalverkehr ist allerdings keine (1 Jahres-)Vorgabe gemacht (Art. 40 Abs. 2 CARICOM-V n.F.). Seit 1997 gewähren 11 der 15 Mitgliedstaaten Akademikern aus anderen Mitgliedstaaten durch Bestimmungen ihres nationalen Rechts Freizügigkeit.

391 Art. 35 CARICOM-V n.F.

392 Die in Art. 177 Abs. 2 lit. a) bis e) aufgezählten Beispiele für wettbewerbswidrige Verhaltensweisen entsprechen wortwörtlich den in Art. 81 Abs. 1 lit. a) bis e) EGV genannten. Das gleiche gilt für die in Art. 82 lit. a), b) und d) EGV genannten Beispiele für den Mißbrauch einer marktbeherrschenden Stellung (vgl. Art. 179 Abs. 1 lit. d), e), f) CARICOM-V n.F.).

393 Art. 10 Abs. 2 CARICOM-V n.F.

394 Art. 27 Abs. 1 S. 1 CARICOM-V n.F.

395 Siehe dazu oben: Teil 1 B. III. 4. b) bb) (S. 17 Fn 90).

Als gewisse Kompensation für die grundsätzliche Zulassung von Mehrheitsentscheidungen wird man die in Art. 27 Abs. 4 CARICOM-V n.F. vorgesehene *opt-out*-Möglichkeit verstehen müssen. Mit Zustimmung der Konferenz kann danach ein Mitgliedstaat von der Verbindlichkeit einer Gemeinschaftsentscheidung ausgenommen werden, sofern dadurch die grundlegenden Vertragsziele der Gemeinschaft nicht beeinträchtigt werden.

Die bloße Existenz dieser Ausnahmebestimmungen läßt zwar gewisse Rückschlüsse auf Vorbehalte auf seiten der bzw. einiger Mitgliedstaaten gegenüber supranationalen Entscheidungsmechanismen zu, doch wird es entscheidend von der praktischen Handhabung dieser Bestimmungen abhängen, ob dadurch der Integrationsprozess insgesamt behindert wird oder ob es zu eine Aufspaltung des Prozesses kommt. In Europa jedenfalls hat der Luxemburger Kompromiß nie praktische Bedeutung erlangt.

Hinzuweisen ist schließlich noch darauf, daß die Mitgliedstaaten dem noch zu errichtenden Karibischen Gerichtshof[396] obligatorische und ausschließliche Rechtsprechungszuständigkeit übertragen haben[397] und die Verbindlichkeit seiner Urteile anerkennen[398]. Seiner Anrufung vorgeschaltet sind allerdings klassisch völkerrechtliche Streitbeilegungsmechanismen: „good offices, mediation, consultations, conciliation" (Art. 188 CARICOM-V n.F.). Ursprünglich war der Gerichtshof lediglich als oberstes Appellationsgericht für die karibischen Commonwealth-Staaten geplant, um mit seiner Zuständigkeit an die Stelle des 'Privy Council' in London zu treten. Mit der Erstreckung seiner Zuständigkeit auch auf CARICOM-Angelegenheiten wollten die Mitgliedstaaten jedoch gleichzeitig eine treibende Kraft im Integrationsprozeß nach Vorbild des EuGH schaffen[399]. Ob und wenn ja in welcher Weise er diese Rolle auszufüllen in der Lage sein wird, bleibt abzuwarten. Einen möglichen dogmatischen Ansatzpunkt für eine integrationsfördernde Rechtsprechung bietet Art. 9 CARICOM-V n.F.[400], der -wiederum fast wörtlich- Art. 10 EGV (mit dem darin enthaltenen Grundsatz der Gemeinschaftstreue[401]) entspricht.

---

[396] Das 'Agreement Establishing the Caribbean Court of Justice' wurde am 14.2.2001 unterzeichnet (abrufbar unter <www.caricom.org/archives/ccj-agreement.pdf>). Das Übereinkommen bedarf zu seinem Inkrafttreten gem. Art. XIX lediglich der Ratifikation durch 3 Mitgliedstaaten. Bis zum 31.08.2002 lag allerdings noch keine Ratifikationsurkunde vor.

[397] Die Bestimmungen über die Zuständigkeit des Gerichtshofs im CARICOM-V n.F. (Art. 211-224) entspricht mit geringfügigen Abweichungen den Bestimmungen Art. XII-XXIV des Übereinkommens zur Errichtung des Karibischen Gerichtshofs. Art. 211 CARICOM-V n.F. lautet:

> „[T]he court shall have compulsory and exclusive jurisdiction to hear and determine disputes concerning the interpretation and application of the Treaty, including:
> (a) disputes between the Member States to the Agreement;
> (b) disputes between the Member States parties to the Agreement and the Community;
> (c) referrals from national courts of the Member States parties to the Agreement;
> (d) applications by persons in accordance with Article 222 [i.e. natural or juridical persons with *locus standi*]
> concerning the interpretation and application of this Treaty."

Art. 216 Abs. 1 CARICOM-V n.F.:

> „The Member States agree that they recognize as compulsory, *ipso facto* and without special agreement, the original jurisdiction of the Court referred to in Article 211".

[398] Art. 215, 221 CARICOM-V n.F.

[399] Vgl. zu den Hintergründen: *Lehmann*, Der Vertrag über den karibischen Gerichtshof im System der CARICOM, VRÜ 33 (2000), S. 282 ff. (S. 293 ff.).

[400] „Member States shall take all appropriate measures, whether general or particular, to ensure the carrying out of obligations arising out of this Treaty or resulting from decisions taken by the Organs or Bodies of the Community. They shall facilitate the achievement of the objectives of the Community. They shall abstain from any measures which could jeopardize the attainment of the objectives of this Treaty".

7. Zusammenfassung

In seinen Anfängen war der Gemeinsame Karibische Markt als unselbständiges Anhängsel der politisch orientierten Karibischen Gemeinschaft (CARICOM) Ausdruck eines eigenen karibischen Integrationsansatzes. Die Errichtung einer Zollunion war zwar angestrebt, doch ist es zu ihrer Realisierung nicht gekommen. Die Schaffung eines wirklichen Gemeinsamen Marktes mit umfassenden Freizügigkeitsrechten war -trotz der dies suggerierenden Bezeichung als Gemeinsamer Karibischer Markt- im Vertrag nicht vorgesehen. Mit der schrittweisen Revision des CARICOM-Vertrages Ende der 90er Jahre ist ein grundlegend neues Vertragswerk entstanden. Zukünftig handelt es sich bei der CARICOM um eine einheitliche Internationale Organisation zur regionalen Wirtschaftsorganisation, deren Verfassung in ihren materiell-rechtlichen Bestimmungen deutliche Parallelen zum EGV aufweist. Unter dem neuen Vertrag soll es zu einem vollständigen Abbau der Restriktionen für den Warenverkehr, die Niederlassung von Selbständigen und Unternehmen, die Erbringung von Dienstleistungen und den Kapitalverkehr kommen. Arbeitnehmerfreizügigkeit als wesentliches Element eines Gemeinsamen Marktes ist dagegen nicht vorgesehen. In struktureller wie institutioneller Hinsicht ist ebenfalls eine vorsichtige Annäherung an das europäische Integrationsmodell erfolgt. Im Ministerrat wird künftig mit qualifizierter Mehrheit entschieden, und ein gemeinsamer Gerichtshof soll die Wahrung des Gemeinschaftsrechts bei der Auslegung und Anwendung des Vertrages sichern.

Als großes Versäumnis muß gelten, daß es in der CARICOM auch weiterhin kein System der Rechtsakte nach europäischem Vorbild gibt. Der Schritt von einer koordinationsrechtlich verfassten Gemeinschaft hin zu einer Organisation mit integrationsrechtlich ausgestalteter Rechtsordnung ist deshalb auch nur teilweise von den Mitgliedstaaten vollzogen worden.

IV. *Mercado Comùn del Sur* (Mercosur)

1. Hintergrund und Entstehung des Mercosur

Als Gründungsmitglieder der LAFTA von 1960 und der Nachfolgeorganisation LAIA von 1980 folgten Argentinien, Brasilien, Paraguay und Uruguay dem Vorbild der Staaten der Andenregion und beschlossen ihrerseits, die subregionale Zusammenarbeit untereinander zu intensivieren. Zu diesem Zweck vereinbarten die vier Staaten des südlichen Lateinamerika am 26.3.1991 im Vertrag von Asunción (Paraguay)[402] die Gründung des Gemeinsamen Marktes des Südens, des Mercosur (*Mer*cado *Co*mún del *Sur*)[403]. Die Bezeichnung Mercosur entstammt dem Vertrag selbst. In Art. 1 Abs. 1 TA heißt es:

---

401 Vgl. *Schweitzer/Hummer*, Europarecht, Rn 1045 f.; Calliess/Ruffert-*Kahl*, Kommentar des EU-/EGV, Art. 10 EGV Rn 1 ff.

402 Vertrag von Asunción (Tratado de Asunción) ist gem. Art. 23 die amtliche Bezeichnung des Vertrages (im folgenden abgekürzt als TA). Der Vertrag trat am 23.11.1991 in Kraft. Text in engl. Übers. in: ILM 30 (1991), S. 1041 ff.. Sämtliche Primär- und Sekundärrechtsakte sind (auf spanisch und/oder portugiesisch) abrufbar unter: <www.mercosur.org.uy/espagnol/snor/normativa>.

403 Auf portugiesisch -gem. Art. 24 Abs. 2 TA ebenfalls authentische Sprache- lautet die Abkürzung „Mercosul“ (*Mer*cado *Co*mum do *Sul*).

„Los Estados Partes deciden constituir un Mercado Común, que debe estar conformado al 31 de diciembre de 1994, el que se denominará «Mercado Común del Sur» (MERCOSUR)"[404].

Daß der Gemeinsame Markt, wie von Art. 1 Abs. 1 TA vorgesehen, schon am 1.1.1995 in Kraft treten konnte, mutet auf den ersten Blick „rekordverdächtig"[405] an. Allerdings darf das formale Inkrafttreten nicht mit dem tatsächlich erreichten materiell-rechtlichen Integrationsstand verwechselt werden, der deutlich differenzierter zu bewerten ist[406].

2. Ziele und Tätigkeiten des Mercosur

Dem unmittelbaren Gelingen des Integrationsprozesses übergeordnete Ziele (Fernziele), wie sie beispielsweise in Art. 2 EGV genannt werden, finden sich in dem knapp gehaltenen Vertrag von Asunción praktisch nicht. Im 6. Erwägungsgrund der Präambel ist lediglich die Rede davon, daß die Versorgung mit Waren und Dienstleistungen sowie deren Qualität gesteigert werden soll, um die Lebensverhältnisse der Bevölkerungen zu verbessern. Im 7. und letzten Erwägungsgrund bekräftigen die Mitgliedstaaten zwar ihren politischen Willen zur Förderung einer zunehmend engeren Verbindung zwischen ihren Völkern, doch auch dies soll wiederum nur der Erreichung des wirtschaftlichen Hauptziels, der Beschleunigung des wirtschaftlichen Entwicklungsprozesses dienen[407].

Der operative Teil des Vertrages beginnt unmittelbar mit der Auflistung der Aufgaben der Mitgliedstaaten, die diese zur Verwirklichung des Gemeinsamen Marktes bewältigen müssen, Art. 1 Abs. 2 TA:

- Freier Verkehr von Waren, Dienstleistungen und Produktionsfaktoren (also Arbeit und Kapital) zwischen den Mitgliedstaaten;
- Errichtung eines Gemeinsamen Außenzolltarifs sowie Annahme einer gemeinsamen Handelspolitik gegenüber dritten Staaten oder Staatengruppen;
- Koordinierung der makroökonomischen Politiken der Mitgliedstaaten in den Bereichen Außenhandel, Landwirtschaft, Industrie, Fiskal- und Währungsfragen, Wechselkurse, Kapital, Dienstleistungen, Zoll, Transport, Kommunikation und solchen weiteren Bereichen, auf die man sich einigt, um einen angemessenen Wettbewerb zwischen den Mitgliedstaaten zu gewährleisten;
- Das Versprechen der Mitgliedstaaten, ihre Gesetzgebung in den relevanten Gebieten zu harmonisie-

---

404 Die Mitgliedstaaten beschließen die Errichtung eines Gemeinsamen Marktes, der am 31. Dezember 1994 vollendet sein soll und der sich „Gemeinsamer Markt des Südens" (MERCOSUR) nennen soll. (eigene Übers.)

405 Vgl. *Martins*, MERCOSUR: Der Südamerikanische Gemeinsame Markt im Überblick, RIW 1999, S. 851 ff. (853 Fn 41). Dies gilt vor allem vor dem Hintergrund der europäischen Erfahrungswerte. In der EG hat die Errichtung des Gemeinsamen Marktes 12 Jahre in Anspruch genommen, dessen Vollendung immerhin weitere 22 Jahre (vom Ablauf der Übergangszeit 1970 bis zum Inkrafttreten des Binnenmarktes zum 1.1. 1992). Für die Errichtung des Gemeinsamen Andenmarktes zum Jahre 2005 werden dessen Mitgliedstaaten dann ebenfalls weit mehr als 20 Jahre benötigt haben.

406 Die bis dato wohl aktuellsten und umfassendsten deutschsprachigen Untersuchungen zu den wirtschaftsrechtlichen Aspekten des Mercosur stammen von *Wehner*, Der Mercosur, (Stand: Nov. 1998) und *Haller*, Mercosur (Stand: Juni 2001). Ersterer läßt keine Zweifel daran, daß der Begriff des Gemeinsamen Marktes im Zusammenhang mit dem Mercosur zunächst mehr im Sinne einer politischen Willenserklärung denn als integrationstechnischer Begriff aufzufassen war (S. 166). *Haller* schreibt: „Dennoch kann man den Mercosur zur Zeit noch nicht vollständig als gemeinsamen Markt ansehen, auch wenn der TA von dessen Konstituierung bis zum Ablauf der Übergangszeit ausging" (S. 59). Es sei richtigerweise von einem Gemeinsamen Markt „in Bildung" auszugehen.

407 „Reafirmando su voluntad de dejar las bases para una unión cada vez más estrecha entre sus pueblos, *con la finalidad* de alcanzar los objetivos arriba mencionados" (eigene Hervorhebung).

ren, um den Integrationsprozeß zu stärken.[408]

Am 1.1.1995 war erst für ca. 82 % der Waren aus den Mitgliedstaaten zollfreier Verkehr gewährleistet[409]. Für die verbleibenden 18 % „besonders sensibler" und von jedem der vier Mitgliedstaaten individuell zu bestimmender Produkte[410] wurde der freie Warenverkehr erst zum 1.1.1999 (für Brasilien und Argentinien) bzw. zum 1.1.2000 (für Paraguay und Uruguay) realisiert[411].
Im Jahre 1997 wurde schließlich ein Protokoll über den Handel von Dienstleistungen im Mercosur unterzeichnet[412]. Nach diesem sog. Protokoll von Montevideo soll der Dienstleistungsverkehr zwischen den Mitgliedstaaten schrittweise innerhalb von zehn Jahren ab seinem Inkrafttreten, also bis 2010, vollständig liberalisiert sein[413].
Für die verbleibenden beiden Grundfreiheiten (freier Kapitalverkehr und Arbeitnehmerfreizügigkeit) existiert zum gegenwärtigen Zeitpunkt nicht einmal ein Zeitplan[414].
Beim gemeinsamen Außenzolltarif, neben dem freien Warenverkehr zwischen den Mitgliedstaaten weitere Voraussetzung einer Zollunion, wurde dann in ähnlicher Weise verfahren wie bei der Liberalisierung des Binnenhandels[415]: Um den ehrgeizigen Zeitrahmen einhalten zu können, wurden etliche Güter vom gemeinsamen Außenzoll ausgenommen[416]. Erst im Jahre 2006 sollen sämtliche Waren aus Drittstaaten bei der Einfuhr in einen der Mercosur-Mitgliedstaaten einem gemeinsamen Außenzolltarif unterliegen[417]. Erst dann wird man den Mercosur als vollständige Zollunion ansehen können[418].

---

408 Eigene Übersetzung.

409 Nach Art. 5 lit. a) TA i.V.m. Art. 1 des Annexes I zum TA sollte an sich bis zum 31.12.1995 der vollständige Abbau von Binnenzöllen auf sämtliche Waren erreicht sein.

410 Gem. der Entscheidung N° 07/94 des 'Consejo del Mercado Común' vom 5.8.1994 mußten die Mitgliedstaaten bis zum 31.12.1994 Listen derjenigen Produkte vorlegen, die sie während einer Übergangsphase vom Freihandel ausnehmen wollten. Im Rahmen dieses sog. 'Régimen de Adecuación' hatte Argentinien 221, Brasilien 29, Paraguay 427 und Uruguay 1018 Waren benannt (vgl. *Wehner*, Der Mercosur, S. 151-53).

411 Siehe den in der Entschließung N° 48/94 des 'Groupo Mercado Común' vom 21.10.1994 vorgesehenen Zeitplan.

412 'Protocolo de Montevideo sobre el Comercio de Servicios del MERCOSUR' vom 15.12. 1997 (= Entscheidung N° 13/97 des 'Consejo del Mercado Común').

413 Art XIX Abs. 1 des Protokolls von Montevideo.

414 Erste Schritte hin zu einer Liberalisierung in diesen Bereichen sind allerdings getan. Von der Dienstleistungsfreiheit nach dem Montevideo-Protokoll werden auch Kapitaldienstleistungen erfaßt (Art. IV Abs. 1 S. 2 des Protokolls). Im Jahre 2000 wurde mit der Entscheidung N° 48/00 des 'Consejo del Mercado Común' vom 14.12.2000 der Visumzwang für Staatsangehörige eines Mercosur-Staates bei Reisen in einen anderen Mitgliedstaat abgeschafft.

415 *Wehner*, Der Mercosur, S. 159 f., macht folgende wiederkehrende Vorgehensweise der Mitgliedstaaten bei der Umsetzung der Integrationsziele aus: Zunächst wird festgelegt, „diese bis [...] zu verwirklichen. Im Verlaufe der Übergangszeit werden dann Ausnahmen von dem generellen Ziel aufgestellt. Für einige ausgenommene Produkte wird im Falle des Außenzolltarifs eine spezielle Konvergenzphase vereinbart [...]. Schließlich werden Sektoren [...] gänzlich ausgenommen, um für diese im Laufe der Zeit spezielle Regelungen einzuführen".

416 Vgl. *Haller*, Mercosur, S. 84 Fn 208: „Schätzungsweise 25-30 % des gesamten Zollhandels waren zu Beginn der Zollunion von einem gemeinsamen Außenzollsatz ausgenommen". Heute sind es immerhin noch etwa 15 % der Waren, die aus einem Drittstaat in einen Mercosur-Staat importiert werden (zu den Ausnahmen im einzelnen *ders.*, a.a.O., S. 85 ff.).

417 Vgl. Entscheidung N° 07/94 des 'Consejo del Mercado Común' vom 5.8.1994.

418 *Haller*, Mercosur, S. 84, spricht insofern zum gegenwärtigen Zeitpunkt von einer „Zollunion in Bildung".

Hervorzuheben bei der Festlegung der Integrationsziele in Art. 1 Abs. 2 TA ist das Bekenntnis zur Harmonisierung der Rechtsvorschriften in den betreffenden Bereichen. Diese Bestimmung erinnert an Art. 3 lit. h) EGV. Stellt man die beiden Bestimmungen aber in ihren jeweiligen vertraglichen Gesamtkontext, lassen sie sich kaum vergleichen. Im Falle der EG wird die Annäherung der Rechtsordnungen der Mitgliedstaaten durch ein effizientes System supranationaler Gesetzgebung vorangetrieben. Das Integrationssystem des Mercosur ist hingegen intergouvernemental strukturiert und unterscheidet sich somit grundlegend von dem der EG.

3. Institutionelle Struktur des Mercosur

Die ursprüngliche Organstruktur des Mercosur war lediglich als Provisorium bis zum Ablauf der Übergangszeit am 31.12.1994 gedacht, wie sich aus Art. 9 TA ergibt, der das 2. Kapitel (Estructura Organica; Art. 9-18 TA) einleitet:

> „La Administración y ejecución del presente Tratado y de los acuerdos específicos y decisiones que se adopten en el marco jurídico que el mismo establece durante el período de transición, estará a cargo de los siguientes órganos:
> a) Consejo del Mercado Común
> b) Grupo Mercado Común.“[419]

Art. 18 TA bestimmt, daß die Mitgliedstaaten vor dem Inkrafttreten des Gemeinsamen Marktes auf einer außerordentlichen Zusammenkunft die endgültige Organstruktur des Mercosur festlegen. Dies ist am 17.12.1994 in Ouro Preto (Brasilien) mit dem gleichnamigen Protokoll geschehen[420]. Ausweislich des abschließenden 53. Artikels gehen seine Bestimmungen im Falle eines Konfliktes denen des TA vor. Ein offensichtlicher Widerspruch ist jedoch nicht gegeben. Das Protokoll von Ouro Preto bestätigt vielmehr die im TA grundgelegte Organstruktur. Gleichzeitig wird sie präzisiert und vervollständigt. In Art. 1 POP werden neben dem Mercosur-Rat und der Mercosur-Gruppe vier weitere Organe aufgelistet:

> iii) La Comisión de Comercio del Mercosur
> iv) La Comisión Parlamentaria Conjunta
> v) El Foro Consultivo Económico-Social
> vi) La Secretaría Administrativa del Mercosur

Der Mercosur-Rat, die Mercosur-Gruppe und die Handelskommission des Mercosur werden in Art. 2 POP vorab als die Entscheidungsorgane intergouvernementaler Natur charakterisiert[421]. Daß in einem völkerrechtlichen Vertrag die Funktionsweise eines Organs ausdrücklich als 'intergouvernemental' festgelegt wird, ist ungewöhnlich. Üblicherweise enthalten sich die Vertragsstaaten solcher rechtlichen Bewertungen. Hintergrund für dieses Vorgehen kann daher nur die Besorgnis gewesen sein, daß diesen drei Organen möglicherweise supranationale Entscheidungsbefugnisse zugeschrieben werden könnten, die ihnen die Mitgliedstaaten keinesfalls verleihen wollten. Mit diesen klarstellenden Worten gleich

---

419 Die Verwaltung und Ausführung dieses Vertrages sowie der besonderen Abkommen und Entscheidungen, die in dem während der Übergangszeit zu errichtenden rechtlichen Rahmen verabschiedet werden, obliegt folgenden Organen: a) dem Mercosur-Rat b) der Mercosur-Gruppe (eigene Übers.).

420 'Protocolo Adicional al Tratado de Asunción sobre la estructura institucional del Mercosur', sog. 'Protocolo de Ouro Preto' - im folgenden abgekürzt mit POP (Text in: Integración latinoamericana No. 206 (1994), S. 66 ff.; engl. Übers. in: ILM 34 (1995), S. 1244 ff.).

421 „Son órganos con capacidad decisoria, de naturaleza intergubernamental: [...]“.

zu Beginn wollte man deutlich machen, daß es allein die Mitgliedstaaten sind, in deren Händen die Entscheidungen über den Verlauf des Integrationsprozesses liegen.
So überrascht es nicht, wenn es in Art. 37 POP ebenso knapp wie eindeutig heißt: Die Entscheidungen der Organe des Mercosur werden im Konsens getroffen und bei Anwesenheit aller Mitgliedstaaten.
Bereits zu diesem Zeitpunkt steht damit fest, daß die Mercosur-Staaten zwar die gleichen wirtschaftlichen Integrationsziele wie die Europäische Gemeinschaft verfolgen, daß sie dies aber auf der Grundlage des klassischen koordinationsrechtlichen, souveränitätswahrenden Völkerrechts erreichen wollen[422].

a) Mercosur-Rat

Der Mercosur-Rat (Consejo del Mercado Común) wird sowohl im Vertrag von Asunción als auch im Protokoll von Ouro Preto als „órgano superior" des Mercosur bezeichnet[423]. Er setzt sich aus den Außen- und Wirtschaftsministern der Mitgliedstaaten zusammen. Wie in der EU wechselt auch hier die Ratspräsidentschaft alle sechs Monate unter den Mitgliedstaaten. Ratstagungen werden anberaumt, wenn dies für erforderlich gehalten wird. Festgelegt ist lediglich, daß jedes halbe Jahr ein Treffen des Mercosur-Rates zusammen mit den Präsidenten der Mitgliedstaaten stattzufinden hat[424]. In dieser Zusammensetzung ist der Mercosur-Rat dann dem Europäischen Rat vergleichbar. Dem so erweiterten Mercosur-Rat kommt mithin die bedeutende Impulsgeberfunktion zu, indem er die politischen Leitlinien für die künftige Entwicklung der Organisation vorgibt.
Art. 8 POP enthält eine Liste der Aufgaben und Befugnisse des Mercosur-Rates:

- i) Überwachung der Einhaltung der Bestimmungen des Vertrages von Asunción, seiner Protokolle und der mit ihm in Zusammenhang stehenden Abkommen;
- ii) Formulierung der Politiken des Gemeinsamen Marktes und Verabschiedung der zu seiner Errichtung erforderlichen Programme;
- iii) Repräsentanz des Mercosur als Völkerrechtssubjekt;
- iv) Verhandlung und Abschluß völkerrechtlicher Abkommen im Namen des Mercosur mit dritten Staaten, Staatengruppen oder Internationalen Organisationen. Diese Funktionen können durch ausdrückliches Mandat unter den in Art. 14 Spstr. 7 genannten Bedingungen an die Mercosur-Gruppe übertragen werden;
- v) Entscheidung über die von der Mercosur-Gruppe unterbreiteten Vorschläge;
- vi) Abhaltung von Ministertreffen und Entscheidung über die in diesem Rahmen erarbeiteten Übereinkommen;
- vii) Schaffung der für notwendig befundenen Organe sowie deren Modifizierung oder Abschaffung;
- viii) Erläuterung von Inhalt und Zweck seiner 'Decisiones', soweit dies für geboten erachtet wird;
- ix) Nominierung des Direktors des Verwaltungssekretariats des Mercosur;
- x) Verabschiedung von 'Decisiones' in Finanz- und Haushaltsfragen;
- xi) Bestätigung der Geschäftsordnung der Mercosur-Gruppe.[425]

---

[422] Hintergrund für dieses Vorgehen ist zunächst ein ausgeprägtes Souveränitätsdenken bei den Mitgliedstaaten, insbesondere auf seiten Brasiliens. Zudem ermöglicht nur die intergouvernementale Struktur die Beibehaltung des in den Mitgliedstaaten existierenden Präsidial-Systems auf internationaler Ebene. Die Entscheidung über den Fortgang und das Tempo der Integration liegt damit praktisch ausschließlich in den Händen der Präsidenten der vier Mitgliedstaaten (vgl. *Wehner*, Der Mercosur, S. 56 f.).

[423] Art. 10 TA; Art. 3 POP.

[424] Art. 6 POP; die in Art. 11 Abs. 2 TA noch vorgesehene Mindestzahl von einem Treffen jährlich ist damit obsolet.

[425] Eigene Übersetzung.

In Art. 9 POP wird abschließend klargestellt, daß die Handlungsform des Rates Entscheidungen (Decisiones) sind, denen Verbindlichkeit gegenüber Mitgliedstaaten zukommt.

b) Mercosur-Gruppe

Die Mercosur-Gruppe (Grupo Mercado Común) setzt sich aus jeweils vier ständigen und vier wechselnden Vertretern der Mitgliedstaaten zusammen, besteht also insgesamt aus 32 Mitgliedern[426]. Vertraglich vorgeschrieben ist, daß die Mitgliedstaaten jeweils einen Vertreter ihres Außen- und ihres Wirtschaftsministeriums sowie einen Repräsentanten ihrer nationalen Zentralbank in das Gremium zu entsenden haben. Ein fester Tagungsrhythmus ist der Gruppe durch das Protokoll nicht vorgegeben.
Die Mercosur-Gruppe ist das Exekutivorgan („órgano ejecutivo") des Mercosur[427]. Ihre Tätigkeit besteht daher im wesentlichen in der Umsetzung der vom Rat erlassenen Entscheidungen und der an sie delegierten Aufgaben[428]. Von den originären Zuständigkeiten der Gruppe sind vor allem hervorzuheben: das Vorschlagsrecht für die Annahme von Entscheidungen durch den Rat, die Erstellung von Arbeitsprogrammen zur Sicherung der Fortschritte bei der Errichtung des Gemeinsamen Marktes, Überwachung der Tätigkeit des Verwaltungssekretariats und die Genehmigung der Geschäftsordnung der Handelskommission. Unter anderem am letzteren Punkt wird das hierarchische Verhältnis der Haupt-Organe des Gemeinsamen Marktes zueinander deutlich. Der Mercosur-Rat als höchstes Organ genehmigt die Geschäftsordnung der ihm untergeordneten Mercosur-Gruppe. Diese wiederum muß ihre Zustimmung zu der Geschäftsordnung der unter ihr angesiedelten Handelskommission erteilen. Indem die Außenministerien der Mitgliedstaaten die Tätigkeit der Gruppe koordinieren[429], wird ein Gleichlauf der Aktivitäten des Rates und der Gruppe sichergestellt. Eine solche institutionelle und personelle Verzahnung einzelner Organe kennt die EG-Rechtsordnung nicht[430].
Die Gruppe handelt nach außen hin durch Entschließungen (Resoluciones), deren Verbindlichkeit für die Mitgliedstaaten von Art. 15 POP angeordnet wird[431].

c) Mercosur-Handelskommission

Die Mercosur-Handelskommission (Comisión de Comercio del Mercosur) ist das dritte und letzte Organ, das in Art. 2 POP als Entscheidungsorgan des Gemeinsamen Marktes bezeichnet wird. Im Vertrag von Asunción nicht vorgesehen, wurde sie zunächst durch eine Entscheidung des Mercosur-Rates[432] ins Leben gerufen, bevor ihre Existenz wenig später formal ordnungsgemäß durch das Protokoll von Ouro Preto festgeschrieben wurde. Die Handelskommission ist parallel zur Mercosur-Gruppe aufgebaut. Auch in sie entsen-

---

[426] Art. 11 POP.

[427] Art. 13 TA; Art. 10 POP.

[428] vgl. Art. 14 Spstr. 3, 6, 7, 9, 11, 12.

[429] Vgl. Art. 13 TA; Art. 11 POP: „El Grupo Mercado Común será coordinado por los Ministerios de Relaciones Exteriores".

[430] Deutlich wird dies beispielsweise an der Qualität des Initiativrechts der Kommission. Wird der Rat auf Vorschlag der Kommission tätig, so kann er gem. Art. 250 EGV Abänderungen dieses Vorschlags grds. nur einstimmig beschließen, während ein zustimmender Ratsbeschluß lediglich der qualifizierten Mehrheit bedarf (vgl. Art. 205 EGV).

[431] „El Grupo Mercado Común se pronunciará mediante Resoluciones, las cuales serán obligatorias para los Estados Partes".

[432] Decisión N° 9/94 vom 5.8.1994.

det jeder Mitgliedstaat vier Mitglieder und vier Stellvertreter, die allerdings keinem festgelegten Ressort entstammen müssen. Der allgemeine Aufgabenkreis der Kommission wird von Art. 16 POP mit „Organ zur Unterstützung der Mercosur-Gruppe" umschrieben. Wie ihre Bezeichnung deutlich macht, ist die Handelskommission für alle Fragen in bezug auf die gemeinsamen handelspolitischen Instrumente zuständig, also insbesondere für

i) trade agreements with other countries or international entities;
ii) administrative and commercial product lists;
iii) final adaptation system for the MERCOSUR customs union;
iv) general origin rules;
v) free-trade zone regulation, excepting special customs areas and export processing zones;
vi) mechanisms to discourage unfair trade practices;
vii) elimination of internal and harmonization of external tariff restrictions;
viii) customs coordination and harmonization;
ix) consumer protection systems; and
x) export incentive harmonization.[433]

Aus diesem praktisch das gesamte gegenwärtige Tätigkeitsfeld des Mercosur umfassenden Zuständigkeitsbereich wird die Bedeutung der Handelskommission für die tägliche Arbeit der Organisation deutlich[434]. Handlungsform der Kommission sind Richtlinien (Directivas) und Vorschläge (Propuestas). Nur erstere sind für die Mitgliedstaaten nach Art. 20 S. 2 POP verbindlich.

d) Sonstige Organe des Mercosur

Nicht mit Entscheidungsbefugnissen ausgestattet sind die übrigen Organe des Mercosur. Die Gemeinsame Parlamentarische Kommission (Comisión Parlamentaria Conjunta), geregelt in Art. 22 bis 27 POP, ist das Repräsentationsorgan für die Parlamente der Mitgliedstaaten. Jeder Mitgliedstaat entsendet nach einem von ihm zu bestimmenden Verfahren 16 Abgeordnete seines nationalen Parlaments in die Gemeinsame Kommission. Deren Hauptaufgabe ist es, darauf hinzuwirken, daß die Umsetzung des Mercosur-Rechts durch die nationalen Gesetzgeber zügig vonstatten geht (Art. 25 POP). Sie kann an den Mercosur-Rat -vermittelt durch die Mercosur-Gruppe- Empfehlungen jeder Art richten. Auf diese Weise kann sie also beispielsweise auch etwaige Bedenken hinsichtlich der Rechtmäßigkeit einer umzusetzenden Rats-Entscheidung oder einer Entschließung der Gruppe vortragen. Als Gemeinschaftsparlament läßt sich die Gemeinsame Parlamentarische Kommission offenkundig nicht charakterisieren[435].

Die Aufgabe des beratenden Wirtschafts- und Sozialforums (Foro Consultivo Económico-Social, Art. 28 - 30 POP) erschließt sich bereits aus seiner Bezeichnung. Gleiches gilt für das Verwaltungssekretariat des Mercosur (Secretaría Administrativa del Mercosur, Art. 31-33). Zu nennen sind hier vor allem die Organisations-, Dokumentations- und Veröffentlichungsaufgaben des Sekretariats. Dadurch, daß das Sekretariat das einzige permanente Organ des Mercosur ist und (daher) einen festen Sitz hat[436], erfährt seine institutionelle Struktur insgesamt eine gewisse Verstetigung.

---

[433] Zusammenfassung der in Art. 19 POP geregelten Zuständigkeit nach *Casella*, Legal Features and Institutional Perspectives for the MERCOSUR: The Common Market of the South and the End of the Transition Period, VRÜ 31 (1998), S. 523 ff. (529).

[434] Vgl. *Wehner*, Der Mercosur, S. 88 u. 89; *Haller*, Mercosur, S. 103: „treibende Kraft im Integrationsprozeß".

[435] *Wehner*, a.a.O., S. 93.

[436] Art. 31 POP bestimmt Montevideo (Uruguay) als Sitz des Verwaltungssekretariats.

Als ständiges Organ des Mercosur vermißt man vor allem einen Gerichtshof. In sämtlichen bisher untersuchten Internationalen Organisationen zur regionalen Wirtschaftsintegration besteht ein mit obligatorischer Zuständigkeit ausgestatteter Gerichtshof oder steht seine Gründung bevor. Einen ersten Schritt in diese Richtung haben die Mercosur-Mitgliedstaaten indes jüngst mit der Errichtung eines ständigen Revisionsgerichts getan[437].

4. Rang und Wirkung der Mercosur-Rechtsakte

Mit der Entscheidung der Mitgliedstaaten für eine streng souveränitätswahrende intergouvernementale Struktur des Mercosur ist gleichzeitig die Entscheidung gegen das integrationsrechtliche europäische System gefallen. Mit der Anordnung der Verbindlichkeit der Entscheidungen des Rates (Art. 9 POP), der Beschlüsse der Gruppe (Art. 19 POP) und der Richtlinien der Handelskommission (Art. 20 S. 2 POP) für die Mitgliedstaaten geht weder deren unmittelbare Geltung in den Rechtsordnungen der Mitgliedstaaten noch deren Vorrang vor kollidierendem nationalen Recht einher[438]. Art. 38 POP beinhaltet zwar die allgemeine Verpflichtung der Mitgliedstaaten zu vertragskonformem Verhalten[439], doch verzichtet er -im Gegensatz zu dem sonst fast gleichlautenden Art. 5 VAndGH[440]- auf ein Verbot zum Erlaß von gemeinschaftsrechtswidrigem nationalen Recht.
Aus dem klassisch völkerrechtlichen Erfordernis der Ratifikation der MERCOSUR-Rechtsakte folgt zudem, daß sich der Rang dieser Bestimmungen im nationalen Recht allein nach den verfassungsrechtlichen Bestimmungen der Mitgliedstaaten richtet[441]. Art. 42 POP[442] ordnet ausdrücklich an, daß die von den Beschlußorganen erlassenen Rechtsnormen entsprechend den dafür vorgesehenen Verfahren in die nationalen Rechtsordnungen einzugliedern sind, wenn dies erforderlich ist[443]. Das vom Vertrag in Art. 40 POP vor-

---

437 Siehe dazu sogleich.

438 Bzgl. der Vorrangfrage ist dies unstreitig (s. dazu *Wehner*, Der Mercosur, S. 118). Bei der Frage der unmittelbaren Geltung des sekundären Mercosur-Rechts in den Mitgliedstaaten sind in der lateinamerikanischen Literatur aber auch vereinzelte bejahende Stimmen zu finden (s. den Überblick zum Meinungsstand bei *Haller*, Mercosur, S. 123 ff. (insbes. Fn 400 u. 408 und den sie begleitenden Text).

439 Art. 38 POP: „Los Estados Partes se comprometen a adoptar todas las medidas necesarias para asegurar, en sus respectivos territorios, el cumplimiento de las normas emanadas de los órganos del Mercosur previstos en artículo 2 de este Protocolo“ (Die Mitgliedstaaten verpflichten sich, alle notwendigen Maßnahmen zu treffen, um auf ihrem Hoheitsgebiet die Einhaltung der in Art. 2 dieses Protokolls vorgesehenen Entscheidungen der Mercosur-Organe sicherzustellen - eigene Übersetzung).

440 Siehe oben: II. 4. (Fn 319 u. begleitenden Text).

441 Einen kurzen Überblick über die diesbezüglichen verfassungsrechtlichen Regelungen in den vier Mercosur-Staaten gibt *Olivar Jiménez*, La compréhension du concept du droit communautaire en vue d'une véritable intégration dans le Cône sud - in: European Commission (Hrsg.), The European Union in a Changing World, S. 629 ff. (655-660); s.a. *Haller*, Mercosur, S. 140-145: Danach wird in Brasilien und Uruguay ein Vorrang des Mercosur-Rechts vor kollidierendem nationalem Recht abgelehnt, wohingegen Argentinien und Paraguay einen solchen anerkennen.

442 „Las normas emanadas de los órganos del Mercosur previstos en el Artículo 2 de este Protocolo tendrán carácter obligatorio y, cuando sea necesario, deberán ser incorporadas a los ordenamientos jurídicos nacionales mediante los procedimientos previstos por la legislación de cada país“.

443 Die Entscheidung N° 23/00 des 'Consejo del Mercado Común' vom 29.6.2000 stellt in Art. 5 ausdrücklich klar, daß der Vorbehalt „wenn es erforderlich ist“ („cuando sea necesario“) dazu dient, Rechtsakte von rein innergemeinschaftlicher Wirkung („la norma trata asuntos relacionados al funcionamiento interno del MERCOSUR“) und solche Normen, die bereits inhaltsgleich in der Rechtsordnung eines Mitgliedstaates vorhanden sind („el contenido de la norma ya estuviera contemplado en la legislación nacional del Estado Parte“), vom Umsetzungserfordernis durch den betreffenden Staat auszunehmen. Allgemein s.a. *Olivar Jiménez*, La compréhension du concept du droit communautaire en vue d'une véritable intégration dans le

gesehene System der simultanen Geltung („vigencia simultánea") des sekundären Mercosur-Rechts bedeutet, daß zunächst jeder Mitgliedstaat die vollzogene Inkorporation des Rechtsakts in das Landesrecht dem MERCOSUR-Administrativ-Sekretariat meldet. Ist die Umsetzung durch sämtliche Mitgliedstaaten erfolgt, setzt das Sekretariat diese geschlossen davon in Kenntnis. 30 Tage nach diesem Zeitpunkt kann dann die betreffende Norm in Kraft treten. Vor allem wegen der mangelnden Umsetzungsdisziplin der Mitgliedstaaten hat sich dieses System als so ineffektiv erwiesen, daß der Mercosur-Rat im Februar 2002 die Mercosur Gruppe beauftragte, entsprechende Reformvorschläge zu unterbreiten[444]. Im Erwägungsgrund zu der entsprechenden 'Decisión' ist dabei von der Überzeugung die Rede, daß die rechtliche Seite des Integrationsprozesses vertieft werden soll sowie dem Ziel einer grundlegenden institutionellen Entwicklung des MERCOSUR zur Verbesserung seiner Funktionsfähigkeit. Die vom Mercosur-Rat dann letztlich beschlossenen "Reformen" des Systems[445] werden diesem Anspruch aber kaum gerecht. Sie erschöpfen sich im wesentlichen in Maßnahmen zur Verbesserung der Kooperation und Koordination zwischen den Mercosur-Organen und den am Gesetzgebungsprozeß in den Mitgliedstaaten beteiligten Organen sowie einer Verpflichtung der Mitgliedstaaten, ihre Rechtsordnungen entsprechend anzupassen. Die Gelegenheit zu einer grundsätzlichen Neuausrichtung des Systems der Mercosur-Rechtsakte, und damit der rechtlichen Seite des Integrationsprozesses insgesamt hat man mithin vorerst verstreichen lassen.

d) Streitbeilegungsmechanismus des Mercosur

Klassisch völkerrechtlich konzipiert ist auch das Streitbeilegungssystem innerhalb des Mercosur. Dessen ursprüngliche Ausgestaltung geht auf das Protokoll von Brasilia vom 17.1.1991 zurück[446]. Man hat sich dabei im Kern auf ein dreistufiges Verfahren mit einem festen Zeitrahmen für jede Stufe verständigt. Können die Streitparteien im Verhandlungswege (1. Stufe) die Streitigkeit über die Auslegung, Anwendung oder Befolgung der primär- oder sekundärrechtlichen Mercosur-Normen nicht innerhalb von 15 Tagen beilegen, kann jede der Streitparteien die Angelegenheit der Mercosur-Gruppe vorlegen (2. Stufe). Innerhalb von 30 Tagen unterbreitet die Gruppe den Parteien einen Lösungsvorschlag. Wird dieser nicht akzeptiert, kann nun jede der Streitparteien auf der dritten Stufe das *Ad hoc*-Schiedsgericht mit der Sache befassen[447]. Die drei Schiedsrichter haben 60

Cône sud (Fn 441), S. 654 f.; *Martins*, MERCOSUR: Der Südamerikanische Gemeinsame Markt im Überblick (Fn 404), S. 852.

444 Entscheidung n° 01/02 des 'Consejo del Mercado Común' vom 18.2.2002. Darin heißt es u.a.: „[E]stas propuestas deberán analizar la estructura, los cometidos, el funcionamiento, la relación de los órganos que integran la estructura institucional del MERCOSUR [...] *y el régimen de incorporación de la normativa MERCOSUR* (eigene Hervorhebung); (In diesen Vorschlägen sollen die Struktur, die Komitees, das Funktionieren und das Verhältnis der MERCOSUR-Organe zueinander analysiert werden [...] sowie die Regelung der Umsetzung der Rechtsakte des MERCOSUR -eigene Übers.).

445 Entscheidung N° 20/02 vom 6.12.2002: 'Perfeccionamiento del sistema de incorporación de la normativa MERCOSUR al ordenamiento jurídico de los Estados Partes'.

446 'Protocolo de Brasilia para la Solución de Controversias' (= Decisión N° 01/91); das Protokoll -im folgenden PB- trat am 22.4.1993 in Kraft (Text in: Integración latinoamericana No. 175 (1992), S. 66 ff.).

447 Die Zusammensetzung des dreiköpfigen Schiedsgerichtes richtet sich nach Art. 9 ff. PB. Jede Partei kann aus einer beim Verwaltungssekretariat vorgehaltenen Liste von 40 „renommierten" Juristen eine Person auswählen. (Jeder der vier Mitgliedstaaten hatte zu einem früheren Zeitpunkt die Möglichkeit, jeweils 10 Personen für die Liste zu benennen.). Kann der dritte Schiedsrichter nicht innerhalb von 15 Tagen im gegenseitigen Einvernehmen bestimmt werden, wählt das Verwaltungssekretariat die Person aus einer anderen 16-

Tage -verlängerbar um weitere 30 Tage- Zeit, um eine Entscheidung in der Sache zu fällen. Der Schiedsspruch (laudo) ergeht mit Mehrheit, wobei das Abstimmungsverhalten der einzelnen Schiedsrichter geheim bleibt. Der Spruch unterliegt keinem Rechtsmittel und ist für die Streitparteien verbindlich[448]. Kommt eine Partei dem Schiedsspruch nicht binnen 30 Tagen nach seiner Verkündung nach, so berechtigt Art. 23 PB die betroffenen Mercosur-Staaten, kompensatorische Gegenmaßnahmen zu ergreifen, um so erlittene Nachteile auszugleichen. Dieses den EG-Mitgliedstaaten untersagte Retorsionsrecht ist innerhalb des Mercosur nicht wirklich überraschend, da der Gemeinsame Markt insgesamt nach den Prinzipien des klassischen Völkerrechts, also vor allem auch der Gegenseitigkeit strukturiert ist[449].
Erst sieben Jahre nach dem Inkrafttreten des Protokolls von Brasilia ist es zu dem ersten Spruch des *Ad hoc*-Schiedsgerichts des Mercosur gekommen[450]. Seither sind sieben weitere Schiedssprüche ergangen[451].
In Ergänzung zu dem Streitbeilegungssystem nach dem Protokoll von Brasilia wurde durch das Protokoll von Ouro Preto eine zusätzliche, gesonderte Beschwerdemöglichkeit vor der neu ins Leben gerufenen Handelskommission geschaffen[452]. Entsprechend ihrem Zuständigkeitsbereich kann sie nur mit Rügen im Zusammenhang mit handelspolitischen Instrumenten des Mercosur befaßt werden. Ist eine Streitbeilegung durch die Kommission nicht möglich, tritt das Verfahren in die vom Protokoll von Brasilia bekannte zweite Phase vor der Mercosur-Gruppe und evtl. in die dritte Phase vor dem Mercosur-Schiedsgericht ein.

Natürliche oder juristische Personen können, anders als in der Rechtsordnung der Europäischen Gemeinschaft und der Andengemeinschaft, nicht Adressaten von Rechtsakten der Mercosur-Organe sein. Demzufolge fehlt es schon an einem Bedürfnis, Individuen Rechtsschutz gegen solche Akte zu gewähren. Anders verhält es sich bei Rechtsakten oder Maßnahmen der Mitgliedstaaten, die an eine ihrer Hoheitsgewalt unterstellte natürliche oder juristische Person gerichtet sind. Das Protokoll von Brasilia räumt in diesem Fall Individuen die Möglichkeit ein, einen Verstoß der Mitgliedstaaten durch Administrativ- oder Legislativmaßnahmen geltend zu machen[453]. Ein unmittelbarer Zugang zum Streitentscheidungssystem des Mercosur besteht für Individuen allerdings nicht. Vielmehr kön-

---

köpfigen Liste per Los aus. Der dritte Schiedsrichter darf allerdings nicht über die Staatsangehörigkeit einer der Streitparteien verfügen.

448 Art. 21 Abs. 1 PB; dies ergibt sich auch schon aus Art. 8 PB, worin sich die Mitgliedstaaten der Gerichtsbarkeit des im Einzelfall zu bildenen Schiedsgerichts im vorhinein unterworfen haben: „Los Estados Partes declaran que reconocen como obligatoria, ipso facto y sin necesidad de acuerdo especial, la jurisdicción del Tribunal Arbitral que en cada caso se constituya para conocer y resolver todas las controversias a que se refiere el presente Protocolo".

449 Vgl. *Olivar Jiménez*, La compréhension du concept du droit communautaire en vue d'une véritable intégration dans le Cône sud (Fn 442), S. 646.

450 Schiedsspruch ('Laudo') vom 28.4.1999, Comunicados DECEX (Argentina v. Brasilia).

451 Sämtliche Schiedssprüche sind unter <www.mercosur.org.uy/espanol/snor/normativa/LAUDOS.htm> abrufbar. Eine kurze Sachverhaltsschilderung und rechtliche Bewertung der ersten drei Schiedssprüche findet sich bei *Lehmann*, Neues von der Schiedsgerichtsbarkeit des Mercosur - ein Integrationsmotor à la Luxemburg?, EuZW 12 (2001), S. 622 ff.

452 Art. 21 POP i.V.m. 'Anexo al Protocolo de Ouro Preto' (abgedruckt im Anschluß an das POP in: Integración latinoamericana No. 206 (1994), S. 70 f.).

453 Kapitel V (Art. 25-32) PB: Reclamos de Particulares.

nen sie mit ihrer Beschwerde lediglich ein Verfahren in Gang setzen, auf dessen weiteren Verlauf sie keine Einflußmöglichkeit haben[454].

Am 10.2.2002 unterzeichneten Argentinien, Brasilien, Paraguay und Uruguay in Olivos (Argentinien) ein neues Protokoll über die Beilegung von Streitigkeiten innerhalb des Mercosur[455], das mit seinem Inkrafttreten einige Änderungen im bisherigen Streitbeilegungssystem herbeiführen wird. Die Dreistufigkeit wird zwar auch danach im Grundsatz beibehalten, doch kann die zweite Stufe (Verfahren vor der Mercosur-Gruppe) in Zukunft auf Antrag einer Streitpartei übersprungen werden, um so -nach einem erfolglosen Einigungsversuch auf dem Verhandlungswege- das Schiedsgericht sofort anrufen zu können. Wichtigste Änderung ist die Schaffung eines ständigen Revisionsgerichts (Tribunal Permanente de Revisión)[456]. Jede der Streitparteien ist berechtigt, binnen 15 Tagen nach Verkündung der Entscheidung des *Ad hoc*-Schiedsgerichts diese dem Revisionsgericht zu einer abschließenden Klärung weiterhin streitiger Rechtsfragen zu unterbreiten. Tatsachenfragen sind indes ausgeklammert. Das Revisionsgericht setzt sich aus fünf Richtern zusammen statt wie beim *Ad hoc*-Schiedsgericht nur aus drei[457]. Seine Entscheidungsbefugnis umfaßt die inhaltliche Bestätigung oder Abänderung des Schiedsspruchs sowie die bloße Korrektur der rechtlichen Erwägungen des *Ad hoc*-Schiedsgerichts. Gem. Art. 22 Abs. 2 PO ist der Schiedsspruch des Ständigen Revisionsgerichts endgültig und geht dem Spruch des *Ad hoc*-Schiedsgerichts vor. Die Zulässigkeit von Ausgleichsmaßnahmen bei Nichtbefolgung des abschließenden Schiedsspruchs durch eine der Streitparteien wird jetzt ausdrücklich im Protokoll geregelt[458], nachdem an anderer Stelle (Art. 27 PO) bereits klargestellt wurde, daß die Durchführung von zulässigen Ausgleichsmaßnahmen den von ihnen betroffenen Staat nicht von seiner Verpflichtung zur Befolgung der Schiedssprüche befreit.

Durch das Protokoll von Olivos hat der Mercosur ein permanentes Gericht erhalten. Auch wenn dieses bisher nur eine letztinstanzliche Zuständigkeit besitzt, so stellt dessen Einrichtung doch einen ersten Schritt dar hin zu einem einzigen ständigen Gerichtshof mit umfassender Zuständigkeit für alle Streitigkeiten im Zusammenhang mit der Anwendung und Auslegung des Mercosur-Rechts. Ist diese institutionelle und personelle Kontinuität

---

454 Ausführlich dazu *Wehner*, Der Mercosur, S. 104 ff.

455 'Protocolo de Olivos para la Solución de Controversias en el MERCOSUR', sog. *Protocolo de Olivos* (im folgenden abgeküzt mit PO), Text abrufbar unter: <www.mercosur.org.uy/espanol/snor/varios/protocolo_ olivos_2002.htm>.

456 Kapitel VII (Art. 17-24) PO.

457 Art. 18 Abs. 1 PO; Jeder Mitgliedstaat benennt einen Schiedsrichter, dessen zweijährige Amtszeit in unmittelbarer Folge zweimal verlängert werden kann (Abs. 2). Der fünfte Richter soll für eine einmalige Amtszeit von drei Jahren von den Mitgliedstaaten im Einvernehmen bestimmt werden. Er darf nicht über die Staatsangehörigkeit eines Mercosur-Staates verfügen. Gelingt keine Einigung, entscheidet das Verwaltungssekretariat per Los über die Person des fünften Schiedsrichters (Abs. 3).

458 Kapitel IX (Art. 31, 32) PO; Die Verhängung von Ausgleichsmaßnahmen muß dem Adressatenstaat 15 Tage vor ihrer Durchführung förmlich angekündigt werden. Die Zeitspanne zwischen dem Ablauf der 30-tägigen Befolgungsfrist für die unterlegene Partei (Art. 29 Abs. 1) und der Durchführung von Ausgleichsmaßnahmen durch die obsiegende Partei darf nicht mehr als ein Jahr betragen. Die Ausgleichsmaßnahmen sollen in erster Linie in dem Sektor stattfinden, den der Schiedsspruch betrifft. Sollte sich die Retorsion dort allerdings als unpraktikabel oder ineffizient erweisen, kann sie auch auf andere Sektoren ausgedehnt werden. Die von den Gegenmaßnahmen betroffene Partei kann das *Ad hoc*-Schiedsgericht oder das Ständige Revisionsgericht anrufen, um die Rechtmäßigkeit der angedrohten oder bereits verhängten Maßnahmen überprüfen zu lassen.

erst einmal gegeben, dann bestehen in der Tat gute Voraussetzungen dafür, daß sich das Gericht zu einem „Integrationsmotor à la Luxemburg“[459] entwickeln kann.

6. Zusammenfassung

Der Mercosur ist von den bisher untersuchten Internationalen Organisationen zur regionalen Wirtschaftsintegration, die die Errichtung eines Gemeinsamen Marktes, mindestens jedoch einer Zollunion anstreben, die schillerndste. In keiner anderen Organisation wurden innerhalb eines vergleichbaren Zeitraums entsprechende Fortschritte auf dem Weg zu einem Gemeinsamen Markt erreicht wie im Mercosur. Gleichzeitig gibt es heute keine vergleichbare Organisation mehr, die praktisch über keinerlei supranationale Elemente verfügt. Im afrikanischen Kontext erwies sich dies als offenkundiger innerer Widerspruch, an dem letztlich alle afrikanischen Versuche zur Wirtschaftsintegration in den 70er und 80er Jahren gescheitert sind. Allein im südlichen Lateinamerika scheint das von der Europäischen Gemeinschaft nachdrücklich bestätigte Junktim zwischen supranationaler Rechtsordnung der Organisation und erfolgreicher Wirtschaftsintegration nach den bisherigen Erfahrungen nicht, jedenfalls nicht uneingeschränkt zu gelten.

V. Ergebnis

Ähnlich wie auf dem afrikanischen Kontinent bedurften die bedeutendsten Projekte zur regionalen Wirtschafsintegration in Lateinamerika Ende der 80er Jahre dringend einer Revitalisierung im Sinne einer Neuausrichtung des Integrationsprozesses, um sie vor dem faktischen Scheitern zu bewahren.
Wie in Afrika auch lagen die wesentlichen Ursachen für die Krise, in die der Zentralamerikanische Gemeinsame Markt (MCCA), der Andenpakt und der Karibische Gemeinsame Markt (im Rahmen der CARICOM) geraten waren, im Fehlen eines echten politischen Willens zur Einschränkung nationaler Souveränität zugunsten von effizienten supranationalen Entscheidungsmechanismen. Die klassisch zwischenstaatlich besetzten Beschlußorgane funktionierten zudem infolge ideologischer, wirtschaftspolitischer und z.T. auch militärischer Auseinandersetzungen zwischen den Mitgliedstaaten nur unzureichend oder gar nicht.

Die Ziele der lateinamerikanischen regionalen Wirtschaftsorganisationen waren von vornherein bescheidener formuliert als dies bei vergleichbaren afrikanischen Organisationen der Fall war. Die Errichtung eines Gemeinsamen Marktes nach Vorbild der Europäischen Wirtschaftsgemeinschaft wurde -trotz Formulierungen in einigen Verträgen, die anderes vermuten lassen- weder im MCCA, noch im Andenpakt, noch in der CARICOM angestrebt. Insgesamt war eine deutlich stärkere Autonomie des lateinamerikanischen Integrationsprozesses von der europäischen Konzeption wirtschaftlicher Integration festzustellen, als dies im stärker europäisch geprägten Afrika der Fall war. Der Andenpakt erhielt seine europäische Prägung erst zu Beginn der 80er Jahre.

Der 1991 gegründete Mercosur ist eine späte Manifestation jenes eigenständigen lateinamerikanischen Integrationsansatzes.

---

[459] *Lehmann*, Neues von der Schiedsgerichtsbarkeit des MERCOSUR - ein Integrationsmotor à la Luxemburg? (Fn 451). S. 625 ff.

Die während des letzten Jahrzehnts im MCCA, dem Andenpakt und der CARICOM durchgeführten grundlegenden Revisionen der Gründungsverträge waren erkennbar vom europäischen Integrationsmodell inspiriert: In Zentralamerika, der Andenregion und in der Karibik strebt man jetzt nicht nur die Schaffung Gemeinsamer Märkte mit umfassenden Grundfreiheiten an, sondern die Mitgliedstaaten haben die von ihnen damit befassten Internationalen Organisationen zur regionalen Wirtschaftsintegration vorsichtig, aber in einzelnen Ausprägungen deutlich erkennbar an das supranationale europäischen Konzept herangeführt.

Zusammenfassung der Ergebnisse

Das Europarecht verdankt seine Existenz dem Völkerrecht. In umgekehrter Richtung, also im Hinblick auf die Bedeutung des Europarechts für das Völkerrecht, sah sich *Pescatore* noch Ende der 60er Jahre lediglich zu Prognosen in der Lage[460].

Die vorliegende Untersuchung hat gezeigt, daß die einleitend dargestellten Thesen *Pescatores* im Verlauf der letzten 30 Jahre weitgehend Bestätigung gefunden haben. Dies gilt insbesondere für die Annahme, die EG könnte sich zu einem konkreten Integrationsmodell für Staaten in anderen Regionen der Welt entwickeln. Aber auch die These, das Gemeinschaftsrecht könnte das Völkerrecht um eine „neue Dimension" bereichern, hat sich -wenn auch ohne die vom Autor in diesem Punkt vorgenommene Einschränkung- als zutreffend erwiesen.

Das von *Pescatore* seinerzeit bemühte Argument, das Gemeinschaftsrecht habe deshalb noch keine Rückwirkungen auf das Völkerrecht in seiner Gesamtheit zeitigen können, weil es sich bei ihm noch um ein zu junges Phänomen gehandelt habe, ist heute offenkundig obsolet. Auch vom Ergebnis her kann die damals wohl zutreffende Diagnose, entsprechende Rückwirkungen seien nicht feststellbar, heute keine Gültigkeit mehr beanspruchen.

I.

1. Sowohl EG als auch EU sind Internationale Organisationen besonderen Typs: Erstere ist eine besonders weit integrierte, letztere eine gestufte Internationale Organisation.

Im Vergleich zu anderen Internationalen Organisationen weist die EG keine qualitativen Besonderheiten auf, die es rechtfertigen, ihr eine *sui generis*-Natur zuzuerkennen.

Spätestens seitdem die Europäische Union selbst ausdrücklich als Vertragspartei an völkerrechtlichen Abkommen mit dritten Staaten beteiligt ist, bestehen an ihrer Völkerrechtssubjektivität und an ihrer Anerkennung als Internationale Organisation keine ernsthaften Zweifel mehr. Die Union beherbergt neben ihren 15 Mitgliedstaaten, abgestuft, auch die beiden Europäischen Gemeinschaften (EG und EAG) als Mitglieder.

2. Das von den Europäischen Gemeinschaften und der Europäischen Union ausgehende und das sie beherrschende (Europa-)Recht ist Teil der Völkerrechtsordnung. Beim Europäischen Gemeinschaftsrecht handelt es sich im Gegensatz zum Unionsrecht (in den Bereichen GASP und PJZS) indes nicht um klassisches zwischenstaatliches Recht. Die Mitgliedstaaten haben vielmehr eine neue Rechtsordnung des Völkerrechts geschaffen, um die dem Völkerrecht innewohnende Durchsetzungsschwäche in und gegenüber Staaten zu überwinden.

Die vom EuGH in *Costa v. ENEL* festgestellte Autonomie der Gemeinschaftsrechtsordnung diente diesem als taktisches Konzept, um den innerstaatlichen Vorranganspruch des Gemeinschaftsrechts in den mitgliedstaatlichen Rechtsordnungen zu etablieren.
Die Schlußfolgerung eines Teils der Literatur, das Gemeinschaftsrecht sei vor allem wegen seines spezifischen Vorrangs gegenüber kollidierendem nationalen Recht jeder Rangstufe nicht mehr Teil der Völkerrechtsordnung, vermag nicht zu überzeugen. Eine solche Voranordnung durch das Gemeinschaftsrecht selbst war aus Sicht des vom traditionellen

---

[460] Siehe Einleitung (S. 29).

Souveränitätsverständnis beherrschten Internationalen Rechts zweifellos revolutionär, doch keineswegs unvereinbar mit dem Wesen des Völkerrechts.
Der tiefgreifende Bedeutungswandel, den das völkerrechtliche Souveränitätsdogma im Verlauf der zweiten Hälfte des vergangenen Jahrhunderts und insbesondere seit Beginn der 90er Jahre auch im universellen Maßstab erfahren hat, bestätigt dies im nachhinein.

Die Annahme, der EG komme eine eigene, Staaten vergleichbare Souveränität zu, aus der heraus sich die Autonomie ihrer Rechtsordnung gegenüber der des Völkerrechts rechtfertigen ließe, findet keine Entsprechung in der rechtlichen Wirklichkeit. Die Entscheidung über Existenz und Kompetenzausstattung von Union und Gemeinschaften liegt nach wie vor allein in den Händen der Mitgliedstaaten, die der Gemeinschaft lediglich gewisse Souveränitätsrecht zur selbständigen Ausübung überlassen haben.

Die Effektivität des Gemeinschaftsrechts wird durch seine Zugehörigkeit zur Völkerrechtsordnung nicht in Frage gestellt, da unmittelbare Anwendbarkeit und innerstaatlicher Vorrang als Garanten der Durchsetzungskraft des Gemeinschaftsrechts gegenüber nationalem Recht in ihrem Bestand unabhängig vom Autonomiekonzept sind. Für Völkerrecht gemeinschaftsfremden Ursprungs bleibt in den innergemeinschaftlichen Rechtsbeziehungen auch nach der hier vertretenen Ansicht grundsätzlich kein Anwendungsbereich mehr.

3. Die Bedeutung des Europarechts als solchem für die Entwicklung des Völkerrechts liegt zum einen darin, daß das Gemeinschaftsrecht die im Völkerrecht, insbesondere im Recht der Internationalen Organisationen, z.T. in Versatzstücken bereits vorhandenen Strukturelemente einer Integrationsrechtsordnung zu einem kohärenten und funktionsfähigen Ganzen zusammengefügt hat. Zusammen mit der unmittelbaren Anwendbarkeit und dem innerstaatlichen Vorrang des Gemeinschaftsrechts ist auf diese Weise die neue Kategorie des „internationalen Integrationsrechts" entstanden, bei dem es sich folglich -im Gegensatz zur Ansicht von *Pescatore*, der den Begriff geprägt hat,- ebenfalls um Völkerrecht handelt.

Zum anderen liefert das Gemeinschaftsrecht einen eindrücklichen Beleg für die dem Völkerrecht innewohnende Flexibilität und dynamische Entwicklungsmöglichkeit. So schützt das Völkerrecht einerseits nach wie vor die staatliche Souveränität gegen Eingriffe von außen, andererseits stellt es den rechtlichen Rahmen und die Instrumente für Zusammenschlüsse von Staaten zur Verfügung, die weitreichende Souveränitätseinschränkungen zugunsten eines zentralen völkerrechtlichen Normgebers mit sich bringen. Im Hinblick auf letzteren Aspekt hat das Europarecht auf regionaler Ebene damit eine Entwicklung vorweggenommen, die seit dem Ende des Kalten Krieges auch im universellen Völkerrecht verstärkt zu beobachten ist.

II.

Unabhängig von der Auffassung vom Verhältnis zwischen Gemeinschaftsrecht und Völkerrecht ist die Bedeutung zu beurteilen, die dem Europarecht für die Entwicklung des Völkerrechts als Folge der Außenbeziehungen der EG/EU und ihrer Mitgliedstaaten zukommt.

1. Der Status, den völkerrechtliche Normen üblicherweise in den nationalen Rechtsordnungen genießen, erfährt durch das Gemeinschaftsrecht dann eine deutliche Verbesserung, wenn die Mitgliedstaaten diese Normen im Anwendungsbereich des EG-Rechts zu berücksichtigen haben. Auch außerhalb eines gemeinschaftsrechtlichen Kontextes genießt das Völker(vertrags)recht heute in einigen Mitgliedstaaten einen Rang, den es der Reflexwirkung des Gemeinschaftsrechts verdankt.

a) Bestimmungen völkerrechtlicher Abkommen der Gemeinschaft binden gem. Art. 300 Abs. 7 EGV auch die Mitgliedstaaten gemeinschaftsrechtlich. Nach der Rspr. des EuGH bilden sie zudem einen „integrierenden Bestandteil der Gemeinschaftsrechtsordnung". Auf diese Weise nehmen die völkerrechtlichen Bestimmungen grundsätzlich auch am gemeinschaftsrechtlichen Konzept der unmittelbaren Anwendbarkeit und des absoluten innerstaatlichen Vorrangs teil. Der völkerrechtliche *pacta tertiis*-Grundsatz verbietet es allerdings, daß dritte Völkerrechtssubjekte aus dieser gemeinschaftsrechtlichen Regel unmittelbar Rechte gegenüber den Mitgliedstaaten herleiten.
Mittelbar und in praktischer Konsequenz profitieren die Vertragspartner der Gemeinschaft bzw. die vertraglich Berechtigten im Verhältnis zu den Mitgliedstaaten gleichwohl von der starken Stellung, die das Gemeinschaftsrecht Bestimmungen aus EG-Abkommen im nationalen Recht verschafft. Denn in keiner der mitgliedstaatlichen Rechtsordnungen ist der innerstaatliche Vorrang einer völkervertraglichen Verpflichtung vor nationalem Recht jeder Rangstufe anerkannt, und in keiner der Rechtsordnungen besteht eine grundsätzliche Vermutung für die unmittelbare Anwendbarkeit der Bestimmungen eines internationalen Abkommens. Die Einhaltung dieser beiden gemeinschaftsrechtlichen Grundsätze durch die Mitgliedstaaten stellt der EuGH im Rahmen seiner Zuständigkeit gerade sicher.

b) In den sieben monistischen EU-Mitgliedstaaten ist der Vorrang völkervertraglicher Normen gemeinschaftsfremden Ursprungs vor nationalen Gesetzen heute anerkannt. In drei dieser Staaten, in Frankreich, Belgien und Griechenland, ist diese Tatsache maßgeblich auf die Vorreiterrolle des europäischen Gemeinschaftsrechts mit seinem spezifischen Vorranganspruch zurückzuführen. In den Niederlanden ist ebenfalls ein gemeinschaftsrechtlicher Einfluß auf die seinerzeitige Vorrangdebatte feststellbar, der in seiner Bedeutung allerdings differenzierter zu bewerten ist. In Luxemburg, Spanien und Portugal vollzog sich die Anerkennung des Vorrangs des Völkervertragsrechts dagegen unabhängig von der Vorrangrechtsprechung des EuGH.

c) Wie das Völkervertragsrecht betrachtet der EuGH auch das die EG bindende internationale Gewohnheitsrecht als integralen Bestandteil der Gemeinschaftsrechtsordnung. Trotz Fehlens einer allgemeinen Rezeptionsnorm nach Vorbild des Art. 300 Abs. 7 EGV sind die Mitgliedstaaten gemeinschaftsrechtlich auch an die völkergewohnheitsrechtlichen Verpflichtungen der Gemeinschaft gebunden. Die Wirkung dieser Bindung ist wiederum vergleichbar mit der zuvor beim Völkervertragsrecht festgestellten: Im Ergebnis erfährt auch das Völkergewohnheitsrecht eine Statusverbesserung dadurch, daß mitgliedstaatliche Gerichte gemeinschaftsrechtlich verpflichtet sind, seine Einhaltung sicherzustellen, wenn nationale Behörden Gemeinschaftsrecht vollziehen. Und zwar unabhängig vom Rang, den Völkergewohnheitsrecht ansonsten innerstaatlich genießt.

2. Die EG ist an völkerrechtliche Verträge ihrer Mitgliedstaaten, die diese vor dem Beitritt oder vor dem Übergang der entsprechenden Vertragsschlußkompetenz an die Gemeinschaft geschlossen haben, weder gemeinschaftsrechtlich noch nach sonstigem Völkerrecht gebunden. Es ist daher jeweils der konkrete Einzelfall daraufhin zu untersuchen, ob eine entsprechende Bindung bejaht werden kann.

Aus der Rechtsprechung des EuGH zur Bindung der Gemeinschaft an das GATT'47 lassen sich jedoch allgemeine völkerrechtliche Kriterien für die Rechtsnachfolge einer Internationalen Organisation in völkerrechtliche Abkommen ihrer Mitgliedstaaten entwickeln:

- Das in Rede stehende Abkommen muß sämtliche Mitgliedstaaten der Internationalen Organisation völkerrechtlich binden.
- Die Kompetenz für den Regelungsgegenstand des Abkommens ist von den Mitgliedstaaten auf die Internationale Organisation übergegangen.
- Der Wille der Mitgliedstaaten und der Internationalen Organisation, daß zukünftig nur sie Rechte und Pflichten aus dem Abkommen wahrnehmen soll, muß sich in einem eindeutig nach außen erkennbaren Handeln beider manifestieren.
- Dieser Wille und damit die interne Zuständigkeitsverlagerung muß von den Vertragspartnern mit völkerrechtlicher Wirkung anerkannt werden.

Eine völkerrechtliche Verpflichtung der EG zur Einhaltung der Bestimmungen der EMRK oder -auf der Grundlage o.g. Kriterien- zur Umsetzung von Sanktionsresolutionen des UN-Sicherheitsrates besteht nicht.
Daß die Gemeinschaft/Union in beiden Fällen gleichwohl im Sinne einer faktischen Bindung an die völkervertraglichen Verpflichtungen ihrer Mitgliedstaaten handelt, führt dazu, daß bei deren Umsetzung die spezifischen Mechanismen des Gemeinschaftsrechts zur Anwendung kommen: Im Falle der EMRK stellt der EuGH in den unterschiedlichen Bereichen seiner Zuständigkeit die einheitliche Anwendung und die Achtung der Konventionsrechte durch alle Mitgliedstaaten sowie durch die Organe der Gemeinschaft sicher. Sanktionsbeschlüsse des UN-Sicherheitsrates werden im Wege von EG-Verordnungen gemeinschaftsweit gleichförmig und mit absolutem Vorrang gegenüber evtl. kollidierendem nationalen Recht durchgeführt.

Die vorstehend beschriebene Wirkung des Gemeinschaftsrechts bedeutete für einige EG-/EU-Mitgliedstaaten im Hinblick auf die EMRK quasi eine Inkorporation deren Bestimmungen „durch die Hintertür". Um die so entstandene Ungleichbehandlung von Sachverhalten im Anwendungsbereich des Gemeinschaftsrechts und solchen ohne gemeinschaftsrechtlichen Anknüpfungspunkt zu beenden -mangels innerstaatlichen Eingliederungsaktes konnten EMRK-Rechte im nationalen Recht bis dahin keine (unmittelbare) Berücksichtigung finden-, haben die betreffenden Mitgliedstaaten die Konvention im ordentlichen parlamentarischen Wege inkorporiert oder stehen unmittelbar davor. Der entscheidende Impuls für diesen Schritt kam mithin aus dem Gemeinschaftsrecht.

3. Die Teilnahme der EG am Völkerrechtsverkehr hat in verschiedenen Bereichen des Völkerrechts zur Herausbildung neuer Mechanismen und Normen geführt:

a) Aus der gemeinschaftsinternen Kompetenzverteilung zwischen EG und Mitgliedstaaten resultiert, daß in vielen Fällen der Abschluß eines völkerrechtlichen Vertrages nur gemeinsam möglich ist. Nur so können sämtliche Vertragspflichten von der Gemeinschaftsgruppe kompetenzgemäß übernommen und erfüllt werden. Vor diesem Hintergrund ist das Konzept des gemischten völkerrechtlichen Vertrages entstanden. Völkerrechtlich wird damit sichergestellt, daß den Vertragspartnern aus der gemischten Zusammensetzung der/einer anderen Vertragspartei keine rechtlichen Nachteile erwachsen. Vor allem bei multilateralen Kodifikationen mit weltweiter Beteiligung kommen die entsprechenden Regeln mittlerweile so regelmäßig zur Anwendung, daß in dieser Hinsicht von einem Bestandteil des internationalen Gewohnheitsrechts der Verträge gesprochen werden kann.

b) Vergleichbares gilt für die Regelungen über die Mitgliedschaft einer (integrationsrechtlichen) Internationalen Organisation in einer anderen Internationalen Organisation. Die Vollmitgliedschaft der EG in anderen Internationalen Organisationen hat zum einen dazu geführt, daß viele Organisationen ihren rein staatenzentrierten Charakter aufgegeben haben und sich generell auch für die Mitgliedschaft von Internationalen Organisationen geöffnet haben. Zum anderen haben sich in diesem Zusammenhang gewisse Grundregeln für die Mitgliedschaft herausgebildet (v.a. betreffend die Stimmenverteilung und Stimmabgabe in den Beschlußorganen der aufnehmenden Organisation), die heute Bestandteil des Rechts der Internationalen Organisationen sind.

c) Seit Anfang der 90er Jahre verlangt die EG, daß in allen von ihr allein oder gemeinsam mit den Mitgliedstaaten geschlossenen Kooperationsabkommen mit Drittstaaten oder Staatengruppen standardisierte Klauseln enthalten sind, in denen die Achtung und Förderung von Menschenrechten und Demokratie durch die Vertragsparteien zu einem wesentlichen Bestandteil des Abkommens erklärt wird. Im Falle des Verstoßes gegen diese Vertragspflichten berechtigt eine entsprechende Nichterfüllungsklausel die Gemeinschaft und die Mitgliedstaaten zu entsprechenden Sanktionen bis hin zur Anwendungsaussetzung des Abkommens.
Die Europäische Gemeinschaft hat auf diese Weise dazu beigetragen, daß die Achtung von Menschenrechten und Demokratie auch in solchen Regionen der Welt zu einer "echten" sanktionsbewehrten völkerrechtlichen Verpflichtung geworden ist, in denen entsprechende verbindliche Bekenntnisse entweder gar nicht bestanden oder praktisch folgenlos mißachtet werden konnten.

Das jüngste Kooperationsabkommen zwischen den EU-Mitgliedstaaten und der Gemeinschaft einerseits und den AKP-Staaten andererseits verpflichtet die Vertragsparteien darüber hinaus zu einer verantwortungsvollen Führung der Staatsgeschäfte (good governance), wobei der Inhalt dieses Begriffs recht präzise definiert ist. Die Gemeinschaft leistet damit einen entscheidenden Beitrag dazu, daß der *good governance*-Grundsatz sich von seinem *soft law*-Status, den er bisher noch im universellen Völkerrecht genießt, langsam hin zu einer echten völker(gewohnheits)rechtlichen Verpflichtung entwickelt.

d) Im Zusammenhang mit der Anerkennung der Staatlichkeit der Anfang der 90er Jahre auf dem Balkan und auf dem Gebiet der damaligen UdSSR unabhängig gewordenen ehemaligen Teilrepubliken ist es unter Federführung der im Rahmen der EPZ koordiniert handelnden EG-Mitgliedstaaten zu einer teilweisen Neuausrichtung des völkerrechtlichen Instituts der Anerkennung von Staaten gekommen. Indem die EG-Mitglieder die Anerkennung der Teilrepubliken u.a. von deren Selbstverpflichtung zur Einhaltung der Menschen- und Minderheitenrechte sowie der Grundsätze von Demokratie und Rechtsstaatlichkeit abhängig machten, ist das ehedem wertneutrale Anerkennungsrecht mit westlichen Werten aufgeladen worden.
Durch den Verzicht auf das kumulative Vorliegen der drei klassischen Staatlichkeitsvoraussetzungen (Staatsvolk, Staatsgebiet, effektive Staatsgewalt) in den Fällen Kroatien, Bosnien-Herzegowina und Georgien haben die Mitgliedstaaten eine Abkehr vom deklaratorischen, am Effektivitätsprinzip orientierten Verständnis der Anerkennungswirkung eingeleitet. Die Anerkennung der Staatlichkeit dieser Teilrepubliken, in denen es seinerzeit erkennbar an einer effektiven, eine gewisse Dauer versprechenden Staatsgewalt fehlte, kann dogmatisch nur schlüssig damit erklärt werden, daß man auf seiten der EG-Mitgliedstaaten davon ausging, durch die Anerkennung einen Staat mit konstitutiver Wirkung ins internationale Leben rufen zu können.

Die internationale Staatengemeinschaft hat diese Anerkennungspraxis der EG-Mitgliedstaaten jeweils durch die zeitnahe Aufnahme der betreffenden Teilrepubliken in die Vereinten Nationen nachvollzogen.

III.

Die Europäische Gemeinschaft ist nicht nur wirtschaftlich die erfolgreichste Internationale Organisation zur regionalen Wirtschaftsintegration der Welt, sondern sie hat bisher auch alle ihr von den Mitgliedstaaten gesteckten Integrationsziele erreicht. Heute ist die EG die einzige Organisation, der über die Schaffung einer Zollunion und eines Gemeinsamen Marktes hinaus die Realisierung einer Wirtschafts- und Währungsunion gelungen ist. Viele Staaten in Afrika und Lateinamerika haben sich daher nicht nur die Integrationsziele der Europäischen Gemeinschaft zum Vorbild genommen, sondern mittlerweile auch das Integrationssystem als solches.

1. Schon in den 60er und 70er Jahren des vergangenen Jahrhunderts wurden in Afrika und Lateinamerika Internationalen Organisationen zur regionalen Wirtschaftsintegration gegründet, deren konkrete wirtschaftliche Integrationsziele sich z.T. deutlich an denen des EWG-Vertrages orientierten.
Fast alle dieser Organisationen krankten jedoch praktisch seit ihrem Bestehen an notorischer Erfolglosigkeit. Die Realisierung der ehrgeizigen Integrationsziele, die die Mitgliedstaaten ihren Organisationen verordnet hatten, war mit dem vorgegebenen institutionellen und strukturellen Rahmen nicht möglich. Dieser ließ supranationale Elemente, wie sie die EG-Rechtsordnung charakterisieren, zumeist gänzlich vermissen. Es fehlten also insbesondere die Unabhängigkeit der Organe, Mehrheitsentscheidungen in den Beschlußorganen, die unmittelbare Anwendbarkeit und der Vorrang der Gemeinschaftsrechtsakte sowie das umfassende Rechtsschutzsystem.
Der intergouvernementale Charakter der Organisationen führte in manchen Fällen gleichsam zu einer Institutionalisierung der zwischen den bzw. einzelnen Mitgliedstaaten bestehenden Differenzen und zu einer Lähmung der Beschlußorgane. Selbst dort, wo die erforderlichen Beschlüsse zum Vorantreiben des Integrationsprozesses gefaßt werden konnten, verzögerten oder verhinderten langwierige Ratifikationsverfahren in den Mitgliedstaaten deren Umsetzung. Vertragsverstöße waren regelmäßig nicht justiziabel und/oder nicht sanktionsbewehrt.

2. Von Anfang der 90er Jahre an, praktisch zeitgleich mit dem Inkrafttreten des Europäischen Binnenmarktes zum 1.1.1992, setzte auch in Afrika und Lateinamerika eine bemerkenswerte Wiederbelebung und z.T. grundlegende Neuausrichtung der regionalen Integrationsprozesse ein.

In Afrika entstanden in dieser Zeit allein drei neue regional bedeutsame Wirtschaftsorganisationen, darunter die *African Economic Community* (AEC) als Pan-Afrikanische Wirtschaftsgemeinschaft im Rahmen der OAU (jetzt AU). Sie ist in Aufgaben und Struktur eng an der EG orientiert.
Die frankophone *Union Economique et Monétaire Ouest-Africaine* (UEMOA) und die *Communauté Economique et Monétaire de l'Afrique Centrale* (CEMAC) stellen praktisch detailgetreue Kopien der EG dar einschließlich des -im ersteren Fall sogar primärrechtlich verankerten- innerstaatlichen Vorrangs des Gemeinschaftsrechts.
Für den *Common Market of Eastern and Southern Africa* (COMESA) gilt ähnliches.

Die *Economic Community of West African States* (ECOWAS) von 1975 wurde ebenfalls einer Vertragsrevision unterzogen und den Strukturen der EG weiter angenähert.

In Zentralamerika hat die Neuausrichtung des Integrationsprozesses dagegen nur in Teilbereichen zu Übereinstimmungen zwischen den Mechanismen des *Mercado Común Centroamericano* (MCCA) und denen des EG-Vertrages geführt.
Der südamerikanische Andenpakt (*Pacto Andino*) ist nach den letzten Vertragsänderungen seiner europäischen "Schwester", der EG, noch ähnlicher geworden, was u.a. auch in seiner Umbenennung in *Comunidad Andina* (Andengemeinschaft) zum Ausdruck kommen soll.
In der Karibik haben die Mitgliedstaaten der *Caribbean Community* (CARICOM) nach einer Generalrevision des Gründungsvertrages erste konkrete Schritte hin zu einem Binnenmarkt („Single Market") nach europäischem Vorbild unternommmen.
Allein der *Mercado Común del Sur* (Mercosur) als jüngste lateinamerikanische Organisation zur regionalen Wirtschaftsintegration wurde 1991 entgegen dem Trend als rein intergouvernementale Organisation gegründet. Jüngste Entwicklungen lassen hier eine Umorientierung in naher Zukunft auch nicht erwarten.

3. Vor dem Hintergrund dieser Erfahrungen ist festzustellen, daß Wirtschaftsintegration auf der zweiten und dritten Stufe (Zollunion und Gemeinsamer Markt) in der Regel nur auf der Grundlage einer Integrationsrechtsordnung, also begleitet von *rechtlicher* Integration erfolgreich realisiert werden kann.

Literaturverzeichnis

Abraham, Ronny
Les normes du droit communautaire et du droit international devant le juge administratif français - in: Société française pour le droit international (Hrsg.), Droit international et droit communautaire, perspectives actuelles, Paris 2000, S. 283-293

Ago, Roberto
Positivism, EPIL Vol. III, S. 1072-1080

Ajulo, Sunday
Economic Community of West African States, EPIL Vol. II, S. 16-20

Akanle, O.
The Legal and Institutional Framework of the African Economic Community - in: Ajomo, M. Ayo / Adewale, Omobolaji (Hrsg.), African Economic Community - Issues, Problems, Prospects, Lagos 1993, S. 1-51

Allott, Philip
Adherence To and Withdrawl From Mixed Agreements - in: O'Keeffe, David / Schermers, Henry G. (Hrsg.), Mixed Agreements, Deventer-Antwerp-Boston-London-Frankfurt 1983, S. 97-121

Alston, Philip / Weiler, Joseph H. H.
An 'Ever Closer Union' in Need of a Human Rights Policy, EJIL 9 (1998), S. 658-723

Arts, Karin C.J.M.
European Community development cooperation, human rights, democracy and good governance: at odds or at ease with each other? - in: Ginther, Konrad / Denters, Erik / de Waart, Paul J.I.M. (Hrsg.), Sustainable Development and Good Governance, Dordrecht-Boston-London 1995, S. 259-273

Avom, Désiré
Le Traité de la CEMAC: nouveau départ pour le processus d'intégration économique en Afrique centrale?, Revue juridique et politique 53 (1999), S. 158-179

Bach, Daniel C.
Crise des institutions et recherche de nouveaux modèles - in: Lavergne, Réal (Hrsg.), Intégration et coopération régionales en Afrique de l'Ouest, Paris-Ottawa 1996, S. 95-122

Baer, Stephanie
Der Zerfall Jugoslawiens im Licht des Völkerrechts, Frankfurt a.M.-Berlin-Bern-NewYork-Paris-Wien 1995

Badolo, Loussir
L'Union Economique et Monétaire Ouest Africaine (UEMOA) - Missions, objectifs et perspectives, Recht in Afrika 2001, S. 1-16

Balassa, Bela
The Theory of Economic Integration, London 1969

Beier, Siegfried
Die geschlossene Vertretung der Gemeinschaft am Beispiel der 3. Vertragskonferenz der Klimarahmenkonvention in Kyoto, EuZW 10 (1999), S. 11-15

Bermejo García, Romualdo / Bon Franch, Valentín / Valdés Díaz, Carlos / Paja Burgoa, José A.
Spain - in: Eisemann, Pierre M. (Hrsg.), L'intégration du droit international et communautaire dans l'ordre juridique national, The Hague-London-Boston 1996, S. 183-240

Bernal, Richard L.
CARICOM: Externally Vulnerable Regional Economic Integration - in: Bouzas, Roberto / Ros, Jaime (Hrsg.), Economic Integration in the Western Hemisphere, Notre Dame-London 1994, S. 172-202

Bernhardt, Rudolf
Europäisches Gemeinschaftsrecht und das Recht internationaler Organisationen: Gemeinsamkeiten und Unterschiede - in: Hafner, Gerhard / Loibl, Gerhard / Rest, Alfred / Sucharipa-Behrmann, Lilly / Zemanek, Karl (Hrsg.), Liber amicorum Professor Ignaz Seidl-Hohenveldern in honour of his 80 th birthday, The Hague-Boston-London 1998, S. 25-36

ders. Das Recht der Europäischen Gemeinschaften zwischen Völkerrecht und staatlichem Recht - in: Diez, Emanuel / Monnier, Jean / Müller, Jörg P. / Reimann, Heinrich / Wildhaber, Luzius (Hrsg.), Festschrift für Rudolf Bindschedler zum 65. Geburtstag, Bern 1980, S. 229-239

ders. (Hrsg.)
Encyclopedia of Public International Law
Volume I (A - D), Amsterdam-London-New York-Tokyo 1992
Volume II (E - I), Amsterdam-Lausanne-New York-Oxford-Shannon-Tokyo 1995
Volume III (J - P), Amsterdam-Lausanne-New York-Oxford-Shannon-Singapore-Tokyo 1997
Volume IV (Q - Z), Amsterdam-New York-Oxford-Paris-Shannon-Tokyo 2000
[zit.: *Bearb.*, EPIL Vol.]

ders. International Organizations, Internal Law and Rules, EPIL Vol. II, S. 1314-1318

ders. Die Europäische Gemeinschaft als neuer Rechtsträger im Geflecht der traditionellen zwischenstaatlichen Rechtsbeziehungen, EuR 18 (1983), S. 199 - 215

Berranger, Thibault de
Constitutions nationales et Construction communautaire, Paris 1995

Berrisch, Georg Matthias
Der völkerrechtliche Status der Europäischen Wirtschaftsgemeinschaft im GATT, München 1992

ders. / Kamann, Hans-Georg
WTO-Recht im Gemeinschaftsrecht - (k)eine Kehrtwende des EuGH, EWS 11 (2000), S. 89-97

Bettati, Mario
Création et personnalité juridique des organisations internationales - in: Dupuy, René-Jean (Hrsg.), Manuel sur les organisations internationales, 2. Aufl., Dordrecht-Boston-London 1998, S. 33-60

Biever, Robert / Edon, Nico / Weitzel, Luc
Luxembourg - in: Eisemann, Pierre M. (Hrsg.), L'intégration du droit international et communautaire dans l'ordre juridique national, The Hague-London-Boston 1996, S. 407-432

Bindschedler, Rudolf L.
Rechtsfragen der europäischen Einigung - Ein Beitrag zu der Lehre von den Staatenverbindungen, Basel 1954

ders. International Organizations, General Aspects, EPIL Vol. II, S. 1289-1309

Björklund, Martin
Responsibility in the EC for Mixed Agreements - Should Non-Member Parties care?, NordJIL 70 (2001), S. 373-402

BK Dolzer, Rudolf (Hrsg.), Bonner Kommentar zum Grundgesetz, Band 4 (Art. 20-37), Heidelberg, Stand: Aug. 1998 (85. Erg.-Lfg.)
[zitiert: BK-*Bearb.*]

Bleckmann, Albert
Europarecht, 6. Aufl., Köln-Berlin-Bonn-München 1997

Blumann, Claude
L'article 54 de la Constitution et le contrôle de la constitutionnalité des traités en France, RGDIP 82 (1978), S. 537-618

Bogdan, Michael
Application of Public International Law by Swedish Courts, NordJIL 63 (1994), S. 3-16

Bohr, Sebastian
Sanction by the United Nations Security Council and the European Community, EJIL 4 (1993), S. 256-268

Bollin, Christina
Der zentralamerikanische Integrationsprozeß, Frankfurt a.M.-Berlin-Bern-Bruxelles-NewYork-Oxford-Wien 2000

Bourgeois, Jacques, H. J.
Mixed Agreements: A New Approach? - in: Bourgeois, Jacques H. J. / Dewost, Jean-Louis / Gaiffe, Marie-Ange (Hrsg.), La Communauté européenne et les accords mixtes, Quelles perspectives?, Bruxelles 1997, S. 83-91

Brandtner, Barbara / Rosas, Allan
Human Rights and the External Relations of the European Community: An Analysis of Doctrine and Practice, EJIL 9 (1998), S. 468-490

Brockhaus - Die Enzyklopädie: in 24 Bänden, Band 10 (HERR-ISS), 20. Aufl., Leipzig-Mannheim, 1997

Brölmann, Catherine
The 1986 Vienna Convention on the Law of Treaties: The History of Draft Article 36*bis* - in: Klabbers, Jan / Lefeber, René (Hrsg.), Essays on the Law of Treaties, A Collection of essays in honour of Bert Vierdag, The Hague-Boston-London 1998, S. 121-140

dies. / Vierdag, Egbert W.
Netherlands - in: Eisemann, Pierre M. (Hrsg.), L'intégration du droit international et communautaire dans l'ordre juridique national, The Hague-London-Boston 1996, S. 433-459

Brownlie, Ian
Principles of Public International Law, 3. Aufl., Oxford 1998

Bundu, Abass
La CEDEAO et l'avenir de l'intégration régionale en Afrique de l'Ouest - in: Lavergne, Réal (Hrsg.), Intégration et coopération régionales en Afrique de l'Ouest, Paris-Ottawa 1996, S. 41-62

Buor, Daniel
Integrating West Africa Through the Economic Community of West African States (ECOWAS) - in: Boon-Thong, Lee / Bahrin, Tengku Shamsul (Hrsg.), Vanishing Borders: The New International Order of the 21st Century, Aldershot-Brookfield USA-Singapore-Sydney 1998, S. 231-244

Busse, Christian
Die völkerrechtliche Einordnung der Europäischen Union, Köln-Berlin-Bonn-München 1999

Cahier, Philippe
L'ordre juridique interne des organisations internationales - in: Dupuy, René-Jean (Hrsg.), Manuel sur les organisations internationales, 2. Aufl., Dordrecht-Boston-London 1998, S. 377-397

Calliess, Christian / Ruffert, Matthias
Kommentar des Vertrages über die Europäische Union und des Vertrages zur Gründung der Europäischen Gemeinschaft -EUV/EGV-, 2. Auflage, Neuwied-Kriftel 2002

Capotorti, Francesco
Supranational Organizations, EPIL Vol. IV, S. 737-744

Casella, Paulo Borba
Legal Features and Institutional Perspectives for the MERCOSUR: The Common Market of the South after the End of the Transition Period, VRÜ 31 (1998), S. 523-537

Catsiapis, Jean
La constitution de la Grèce du 9 juin 1975, RDP 91 (1975), S. 1577-1598

Charpentier, Jean
Les déclarations des Douzes sur la reconnaissance des nouveaux Etats, RGDIP 96 (1992), S. 343-355

Cheyne, Ilona
Haegman, Demirel and their Progeny - in: Dashwood, Alan / Hillion, Christophe (Hrsg.), The General Law of E.C. External Relations, London 2000, S. 20-41.

Cissé, Catherine
Naissance de l'Union africaine, IntLaw FORUM 3 (2001), S. 151-152

Constantinesco, Léotin-Jean
Das Recht der Europäischen Gemeinschaften, Das institutionelle Recht - Band I, Baden-Baden 1977

Craig, Paul
The Nature of the Community: Integration, supremacy and legitimacy - in: Craig, Paul / Búrca, Gráinne de (Hrsg.), The Evolution of EU Law, Oxford 1999, S. 1-54

Craig, Paul / Búrca, Gráinne de
EU-Law, 2. Aufl., Oxford 1998

Crawford, James
The Creation of States in International Law, Oxford 1979

Crottier, Michael
Die Anwendung von völkerrechtlichen Normen im innerstaatlichen Bereich als Ausprägung der Konstitutionalisierung des Völkerrechts, SZIER 9 (1999), S. 403-440

Cruz Vilaça, José Luís da / Sobrino Heredia, José Manuel
The European Union and the Transformation of the Andean Pact into the Andean Community: From the Trujillo Protocol to the Sucre Act, EFARev 3 (1998), S. 13-52

Dagtoglou, Prodromos D.
La nature juridique de la Communauté européenne - in: Commission des Communautés européennes (Hrsg.), Trente ans de droit communautaire, Luxembourg 1981, S. 35-44

ders. Die Süderweiterung der Europäischen Gemeinschaft -insbesondere der Beitritt Griechenlands-, EuR 15 (1980), S. 1-21

Dahm, Georg / Delbrück, Jost / Wolfrum, Rüdiger
Völkerrecht, Band I/1, 2. Aufl., Berlin-New York 1989

Dauses, Manfred A.
Die Beteiligung der Europäischen Gemeinschaft an multilateralen Völkerrechtsübereinkommen, EuR 14 (1979), S. 138-170

Decaux, Emmanuel / Eisemann, Pierre M. / Goesel-Le Bihan, Valérie / Stern, Brigitte
France - in: Eisemann, Pierre M. (Hrsg.), L'intégration du droit international et communautaire dans l'ordre juridique national, The Hague-London-Boston 1996, S. 241-286

Dede, Brownson N.
'Keynote Adress' - in: Ajomo, M.A. / Adewale, Omobolaji (Hrsg.), African Economic Community - Issues, Problems, Prospects, Lagos 1993, S. xxxii-xxxix

Denters, Erik
Good governance and development cooperation: towards a global approach - in: Ginther, Konrad / Denters, Erik / de Waart, Paul J.I.M. (Hrsg.), Sustainable Development and Good Governance, Dordrecht-Boston-London 1995, S. 308-321

Dewost Jean Louis,
Diskussionsbeitrag, Kolloquium „Die Organe der Europäischen Union im Spannungsfeld zwischen Gemeinschaft und Zusammenarbeit", EuR Beiheft 2/1995, S. 83 f. u. 97

Dicke, Klaus
Erscheinungsformen und Wirkungen von Globalisierung in Struktur und Recht des internationalen Systems auf universaler und regionaler Ebene sowie gegenläufige Renationalisierungstendenzen - in: Völkerrecht und Internationales Privatrecht in einem sich globalisierenden System - Auswirkungen der Entstaatlichung transnationaler Rechtsbeziehungen, BerDGV 39 (1999), S. 13-44

Doehring, Karl
State, EPIL Vol. IV, S. 600-605

Dörr, Oliver
Zur Rechtsnatur der Europäischen Union, EuR 30 (1995), S. 334-348

Dreier, Horst (Hrsg.)
Grundgesetz-Kommentar, Band II (Artikel 20-82), Tübingen 1998
[zitiert: Dreier-*Bearb.*]

Dupuy, Jean-René
Etat et organisation internationale - in: ders. (Hrsg.), Manuel sur les organisations internationales, 2. Auflage, Dordrecht-Boston-London 1998, S. 13-30

Duval, Claire
L'évolution politique et constitutionnelle de l'Espagne depuis la mort de Général Franco, RDP 94 (1978), S. 361-393

Elias, Taslim O.
The Economic Community of West Africa, YBWA 1978, S. 93-116

Emmert, Frank
Europarecht, München 1996

Epiney, Astrid
Zur Stellung des Völkerrechts in der EU, EuZW 10 (1999), S. 5-11

Erades, Lambertus / Gould, Wesley L.
The relations between international law and municipal law in the Netherlands and in the United States, Leyden-New York 1961

Everling, Ulrich
Zur Stellung der Mitgliedstaaten der Europäischen Union als "Herren der Verträge" - in: Beyerlin, Ulrich / Bothe, Michael / Hofmann, Rainer / Petersmann, Ernst-Ulrich (Hrsg.), Recht zwischen Umbruch und Bewahrung, Festschrift für Rudolf Bernhardt, Berlin-Heidelberg-New York-London-Paris-Tokyo-Hong Kong-Barcelona-Budapest 1995, S. 1161-1176

ders. Sind die Mitgliedstaaten der Europäischen Gemeinschaft noch Herren der Verträge? - Zum Verhältnis von Europäischem Gemeinschaftsrecht und Völkerrecht- in: Bernhardt, Rudolf / Geck, Wilhelm Karl / Jaenicke, Günther / Steinberger, Helmut (Hrsg.), Völkerrecht als Rechtsordnung - Internationale Gerichtsbarkeit - Menschenrechte, Festschrift für Hermann Mosler, Berlin-Heidelberg-New York 1983, S. 173-191

Evrigénis, Dimitros J.
Les conflits de la loi nationale avec les traités internationaux en droit hellénique, RHellDI 18 (1965), S. 353-357

Fatouros, Arghyrios A.
International Law in the New Greek Constitution, AJIL 70 (1976), S. 492-506

Fischer, Peter
Is the European Community an International Organization? - in: Ginther, Konrad / Hafner, Gerhard / Lang, Winfried / Neuhold, Hanspeter / Sucharipa-Behrmann, Lilly (Hrsg.), Völkerrecht zwischen normativem Anspruch und politischer Realität - Festschrift für Karl Zemanek zum 65. Geburtstag, Berlin 1994, S. 179-202

Fox, Gregory H.
The right to political participation in international law - in: ders. / Roth, Brad R. (Hrsg.), Democratic Governance and International Law, Cambridge 2000, S. 48-90

Fox, Hazel /Gardner, Piers / Wickremasinghe, Chanaka
United Kingdom - in: Eisemann, Pierre M. (Hrsg.), L'intégration du droit internaitional et communataire dans l'ordre juridique national, The Hague-London-Boston 1996, S. 495-528

Franck, Thomas M.
The Emerging Right to Democratic Governance, AJIL 86 (1992), S. 46-91

ders. Legitimacy and the democratic entitlement - in: Fox, Gregory H. / Roth, Brad R. (Hrsg.), Democratic Governance and International Law, Cambridge 2000, S. 25-47

Frid, Rachel
The European Community, A Member of a Specialized Agency of the United Nations, EJIL 4 (1993), S. 239-255

dies. The Relations Between the EC and International Organizations, Amsterdam 1995

Friedrich, Gunter
Gemeinsamer Markt in Ostafrika und Zentralamerika, Ein Vergleich, VRÜ-Beih. 6 (1975)

Frowein, Jochen Abr.
Die Entwicklung der Anerkennung von Staaten und Regierungen im Völkerrecht, Der Staat 11 (1972), S. 145-159

ders. Recognition, EPIL Vol. IV, S. 33-41

ders. Konstitutionalisierung des Völkerrechts - in: Völkerrecht und Internationales Privatrecht in einem sich globalisierenden internationalen System - Auswirkungen der Entstaatlichung transnationaler Rechtsbeziehungen , BerDGV 39 (1999), S. 427-447

ders. / Oellers-Frahm, Karin
Allemagne - in: Eisemann, Pierre M. (Hrsg.), L'intégration du droit international et communautaire dans l'ordre juridique national, The Hague-London-Boston 1996, S. 69-114

Gaja, Giorgio
A "New" Vienna Convention on the law of Treaties between States and international Organizations: A critical Commentary, BYIL 62 (1987), S. 253-269

ders. The European Community's Rights and Obligations under Mixed Agreements - in: O'Keeffe, David / Schermers, Henry G. (Hrsg.), Mixed Agreements, Deventer-Antwerp-Boston-London-Frankfurt 1983, S. 133-140

ders. Italy - in: Jacobs, Francis G. / Roberts, Shelley (Hrsg.), The effect of treaties in domestic law, London 1987, S. 87-108

Garçon, Gérardine
Handelsembargen der Europäischen Union auf dem Gebiet des Warenverkehrs gegenüber Drittstaaten, Baden-Baden 1997

Gautron, Jean-Claude / Grard, Loïc
Le Droit international dans la Construction de l'Union européenne - in: Société française pour le droit international (Hrsg.), Droit international et droit communautaire, perspectives actuelles, Paris 2000, S. 11-153

Generalsekretariat des Rates der Europäischen Union (Hrsg.)
Regierungskonferenz zur Revision der Verträge, Niederländischer Vorsitz (Jan. - Juni 1997), Textsammlung, Luxemburg 1998

Georgel, Jacques
La crise politique de 1978 au Portugal, RDP 95 (1979), S. 425-463

Gillies, David
Human Rights, Governance and Democracy: The World Bank's Problem Frontiers, NHRQ 11 (1993), S. 3-14

Ginther, Konrad
Sustainable development and good governance: development and evolution of constitutional orders - in: Ginther, Konrad / Denters, Erik / de Waart J.I.M. (Hrsg.), Sustainable Development and Good Governance, Dordrecht-Boston-London 1995, S. 150-164

Gold, Joseph
Monetary Unions and Monetary Zones, EPIL Vol. III, S. 454-460

Gondwe, Michael
From PTA to COMESA: the quest for subregional economic integration in Eastern and Southern Africa, AfrYBIL 6 (1998), S. 3-22

Gornig, Gilbert-Hanno
Immunität von Staatsoberhäuptern - in: Ipsen, Jörn / Schmidt-Jortzig, Edzard (Hrsg.), Recht, Staat, Gemeinwohl, Festschrift für Dietrich Rauschning, Köln-Berlin-Bonn-München 2001, S. 457-485

Grabitz, Eberhard / Hilf, Meinhard (Hrsg.)
Das Recht der Europäischen Union, Kommentar, München, Stand: 19. Erg.-Lfg. (Feb. 2002)
bis 5. Erg.-Lfg. (1993): Kommentar zum EWG-Vertrag
bis 12. Erg.-Lfg. (1998): Kommentar zur Europäischen Union
[zitiert: Grabitz/Hilf-*Berarb.*]

Graf Vitzthum, Wolfgang (Hrsg.)
Völkerrecht, 2. Aufl., Berlin-New York 2001
[zitiert: Graf Vitzthum-*Bearb.*]

Granvik, Lena
Incomplete Mixed Environmental Agreements of the Community and the Principle of Bindingness - in: Koskenniemi, Martti (Hrsg.), International Law Aspects of the European Union, The Hague-Boston-London 1998, S. 255-272

Grewe, Wilhelm G.
Epochen der Völkerrechtsgeschichte, Baden-Baden 1984

Grigera Naón, Horacio A.
Latin American Economic Cooperation, EPIL Vol. III, S. 137-144

Groeben, Hans von der / Thiesing, Jochen / Ehlermann, Claus-Dieter (Hrsg.)
Kommentar zum EWG-Vertrag, Band 4, Artikel 189-248, 4. Aufl. 1991
Kommentar zum EU-/EG-Vertrag
Band 1: Artikel A-F EUV; Artikel 1-84 EGV, 5. Aufl., 1997
Band 3: Artikel 102a-136a EGV, 5. Aufl., 1999
Band 4: Artikel 137-209a EGV, 5. Aufl., 1997
Band 5: Artikel 210-248 EGV, Artikel H-S EUV, 5. Aufl. 1997
alle: Baden-Baden [zitiert: G/T/E-*Bearb.*]

Groux, Jean / Manin, Philippe
Die Europäischen Gemeinschaften in der Völkerrechtsordnung, Brüssel 1984

Gundel, Jörg
Die Einordnung des Gemeinschaftsrechts in die französische Rechtsordnung, Berlin 1997

Hafner, Gerhard
The Amsterdam Treaty and the Treaty-Making Power of the European Union - in: Hafner, Gerhard / Loibl, Gerhard / Rest, Alfred / Sucharipa-Behrmann, Lilly / Zemanek, Karl (Hrsg.), Liber amicorum Professor Ignaz Seidl-Hohenveldern in honour of his 80th birthday, The Hague-Boston-London 1998, S. 257-284

Hahn, Michael J. / Schuster, Gunnar
Le droit des Etats membres de se prévaloir en justice d'un accord liant la Communauté - L'invocabilité du GATT dans l'affaire République Fédérale d'Allemagne contre Conseil de l'Union Européenne, RGDIP 99 (1995), S. 366-384

Haller, Arnd
Mercosur - Rechtliche Würdigung der außenwirtschaftlichen Beziehungen und Vereinbarkeit mit dem Welthandelsrecht, Münster-Köln 2001

Harhoff, Frederik
Denmark - in: Eisemann, Pierre M. (Hrsg.), L'intégration du droit international et communautaire dans l'ordre juridique national, The Hague-London-Boston 1996, S. 151-181

Harris, David J.
Cases and Materials on International Law, 5. Aufl., London 1998

Hayoit de Termicourt, Raoul
Le Conflit "Traité-Loi interne", JdT 1963, S. 481-486

Heimsoeth, Harald
Die Auflösung der Ostafrikanischen Gemeinschaft, VRÜ 13 (1980), S. 55-59

Herdegen, Matthias
Internationales Wirtschaftsrecht, 3. Aufl., München 2002

Higgins, Rosalyn
Problems and Process - International Law and how we use it, Oxford 1994

Hilf, Meinhard
Les relations du droit international public et du droit interne dans la nouvelle Constitution de l'Espagne du 17 décembre 1978 - in: Bothe, Michael / Vinuesa, Raul E. (Hrsg.), International Law and municipal law, Berlin 1982, S. 179-191

Hillgruber, Christian
Die Aufnahme neuer Staaten in die Völkerrechtsgemeinschaft - Das völkerrechtliche Institut der Anerkennung von Neustaaten in der Praxis des 19. und 20. Jahrhunderts, Frankfurt a.M-Berlin-Bern-NewYork-Paris-Wien 1998

Hilpold, Peter
Konditionalität in den Beziehungen zwischen der EU und den AKP-Staaten: Menschenrechte, Demokratie, Rechtsstaatlichkeit und verantwortungsvolle Regierungsführung, ZeuS 5 (2002), S. 239-254

Hoffmeister, Frank
Menschenrechts- und Demokratieklauseln in den vertraglichen Außenbeziehungen der Europäischen Gemeinschaft, Berlin-Heidelberg-NewYork-Barcelona-Budapest-Hongkong-London-Mailand-Paris-Singapur-Tokio 1998

ders. Die Bindung der Europäischen Gemeinschaft an das Völkergewohnheitsrecht der Verträge, EWS 9 (1998), S. 365-371

Hofmeier, Rolf
Entwicklungsgemeinschaft des Südlichen Afrika - in: Andersen, Uwe / Woyke, Wichard (Hrsg.), Handwörterbuch Internationale Organisationen, 2. Aufl., Opladen 1995, S. 79-84

Hummer, Waldemar
Probleme der Staatennachfolge am Beispiel Jugoslawien, SZIER 3 (1993), S. 425-459

ders. Neueste Entwicklungen im fortschreitenden Integrationsprozeß in Lateinamerika, JÖR 29 (1980), S. 527-563 *ders.* Karibische Gemeinschaft, Karibischer Gemeinsamer Markt - in: Andersen, Uwe / Woyke, Wichard (Hrsg.), Handwörterbuch Internationale Organisationen, 2. Aufl., Opladen 1995, S. 241-246

ders. / Weiss, Friedl (Hrsg.)
Vom GATT'47 zur WTO'94, Dokumente zur alten und zur neuen Welthandelsorganisation, Wien 1997

Ibrigia, Marius Luc
L'UEMOA: une nouvelle approche de l'intégration économique régionale en Afrique de l'Ouest, AfrYBIL 6 (1998), S. 23-64

Ipsen, Hans-Peter
Europäisches Gemeinschaftsrecht, Tübingen 1972

ders. Diskussionsbeitrag - in: Bewahrung und Veränderung demokratischer und rechtsstaatlicher Verfassungsstruktur in den internationalen Gemeinschaften, Verhandlungen der Tagung der Deutschen Staatsrechtslehrer zu Kiel vom 9. bis 12. Okt. 1964, VVDStRL 23 (1966), S. 128-133

ders. Über Supranationalität - in: ders. (Hrsg.), Europäisches Gemeinschaftsrecht in Einzelstudien, Baden-Baden 1984, S. 97-112

Ipsen, Knut (Hrsg.)
Völkerrecht, 4. Aufl., München 1999
[zitiert: Ipsen-*Bearb.*]

Isaac, Guy
Droit communautaire général, 7. Aufl., Paris 1999

Isensee, Josef / Kirchhof, Paul (Hrsg.)
Handbuch des Staatsrechts der Bundesrepublik Deutschland, Band I - Grundlagen von Staat und Verfassung, Heidelberg 1987

Jacobs, Francis G.
European community Law and the European Convention on Human Rights - in: Curtin, Deirdre / Heukels, Ton (Hrsg.), Institutional Dynamics of European Integration, Essays in honour of Henry G. Schermers, Vol. II, Dordrecht-Boston-London 1994, S. 561-571

Jaenicke, Günther
Allgemeines Zoll- und Handelsabkommen - in: Strupp, Karl / Schlochauer, Hans-Jürgen (Hrsg.), Wörterbuch des Völkerrechts, Band 1, 2.Aufl., Berlin 1962, S. 29-35

Kamto, Maurice
La Communauté économique des Etats de l'Afrique Centrale (C.E.E.A.C.), une Communauté de plus?, AFDI 33 (1987), S. 839-862

O'Keeffe, David
Exclusive, Concurrent and Shared Competence - in: Dashwood, Alan / Hillion, Christophe (Hrsg.), The General Law of E.C. External Relations, London 2000, S. 179-199

Keller, Helen
Rechtsvergleichende Aspekte zur Monismus-Dualismus-Diskussion, SZIER 9 (1999), S. 225-249

Kelsen, Hans
The Law of the United Nations - A Critical Analysis of Its Fundamental Problems, London 1951

ders. Souveränität - in: Strupp, Karl (Hrsg.), Wörterbuch des Völkerrechts und der Diplomatie, 2. Band, Berlin-Leipzig 1925, S. 554-559

ders. Souveränität - in: Strupp, Karl / Schlochauer, Hans-Jürgen (Hrsg.), Wörterbuch des Völkerrechts, 2. Aufl., 3. Band, Berlin 1962, S. 278-285

Kempen, Bernhard
Einige Bemerkungen zum völkerrechtlichen Begriff der Souveränität - in: Dörr, Dieter / Fink, Udo / Hillgruber, Christian / Kempen, Bernhard / Murswiek, Dietrich (Hrsg.), Die Macht des Geistes, Festschrift für Hartmut Schiedermair, Heidelberg 2001, S. 783-801

Kimmel, Adolf / Kimmel, Christiane
Die Verfassungen der EU-Mitgliedstaaten, 5. Aufl., München 2000

King, Toby
Human Rights in the development policy of the European Community: towards a European world order, NYIL 28 (1997), S. 51-99

Kirchhof, Paul
Der Verfassungsstaat und seine Mitgliedschaft in der Europäischen Union - in: Classen, Claus Dieter / Dittmann, Armin / Fechner, Frank / Gassner, Ulrich M. / Kilian Michael (Hrsg.), „In einem vereinten Europa dem Frieden der Welt zu dienen ...", Liber amicorum Thomas Oppermann, Berlin 2001, S. 201-218

Klein, Eckart
Menschenrechte - Stille Revolution des Völkerrechts und Auswirkungen auf die innerstaatliche Rechtsanwendung, Baden-Baden 1997

ders. United Nations, Specialized Agencies, EPIL Vol. IV, S. 1172-1193

Klein, Friedrich
Sanktion - in: Strupp, Karl / Schlochauer, Hans-Jürgen (Hrsg.), Wörterbuch des Völkerrechts, 2. Aufl., 3. Band, Berlin, 1962, S. 158-162

Köbler, Gerhard
Juristisches Wörterbuch, 11. Aufl., München 2002

Kovar, Robert
La Participation des Communautés européennes aux Conventions multilatérales, AFDI 21 (1975), S. 903-923

ders. / Simon, Denys
La citoyenneté européenne, CDE 29 (1993), S. 285-316

Krieger, Heike
Das Effektivitätsprinzip im Völkerrecht, Berlin 2000

Krumscheid, Günter
Die Anwendung von Völkerrecht im spanischen Staat nach der Verfassung der zweiten Republik von 1931 und im gegenwärtigen Staat, Bonn 1971

Künzli, Jörg
Zwischen Rigidität und Flexiblität: Der Verpflichtungsgrad internationaler Menschenrechte, Berlin 2001

Kufuor, Kofi Oteng
Securing Compliance with the Judgements of the ECOWAS Court of Justice, RADIC 8 (1996), S. 1-11

Laffan, Brigid
Integration and Cooperation in Europe, London-New York 1992

Langhammer, Rolf J.
Zentralafrikanische Zoll- und Wirtschaftsgemeinschaft - in: Andersen, Uwe / Woyke, Wichard (Hrsg.), Handwörterbuch Internationale Organisationen, 2. Aufl., Opladen 1995, S. 462-463

Lauth, Hans J.
Zentralamerikanischer Gemeinsamer Markt - in: Andersen, Uwe / Woyke, Wichard (Hrsg.), Handwörterbuch Internationale Organisationen, 2. Aufl., Opladen 1995, S. 466-469

ders. / Mols, Manfred
Anmerkungen zum Stand der Integration und Kooperation auf dem amerikanischen Kontinent: Eine Einleitung - in: dies. (Hrsg.), Integration und Kooperation auf dem amerikanischen Kontinent - Lateinamerikanische Perspektiven in den neunziger Jahren, Mainz 1993, S. 1-13

Leben, Charles
A propos de la nature juridique des Communautés européennes, Droits 13 (1991), S. 61-72

Lecourt, Robert
Quel eut été le droit des Communautés sans les arrêts de 1963 et 1964 (1)? - in: L'Europe et le Droit, Mélanges en hommage à Jean Boulouis, Paris 1991, S. 349-361

Lehmann, Julia
Der Vertrag über den Karibischen Gerichtshof im System der CARICOM, VRÜ 33 (2000), S. 283-303

dies. Neues von der Schiedsgerichtsbarkeit des MERCOSUR - ein Integrationsmotor à la Luxemburg?, EuZW 12 (2001), S. 622-625

Lenaerts, Koen / De Smijter, Eddy
Some reflections on the status of international agreements in the Community legal order - in: Rodríguez Iglesias, Gil Carlos / Due, Ole / Schintgen, Romain / Elsen, Charles (Hrsg.), Mélanges en hommage à Ferdinand Schockweiler, Baden-Baden 1999, S. 347-370

Lowe, Vaughan
Can the European Community Bind the Member States on Questions of Customary International Law? - in: Koskenniemi, Martti (Hrsg.), International Law Aspects of the European Union, The Hague-Boston-London 1998, S. 149-168

Louis, Jean-Victor,
L'ordre juridique communautaire, 6. Aufl., Bruxelles-Luxembourg 1993

MacDonald, Ronald St. John
The Charter of the United Nations and the Development of Fundamental Principles of International Law - in: Cheng, Bin / Brown, Edward D. (Hrsg.), Contemporary Problems of International Law - Essays in honour of Georg Schwarzenberger on his eightieth birthday, London 1988, S. 196-215

Maihold, Günther
Die Konstituierung des Zentralamerikanischen Parlaments: Friedensprozeß und Subregionale Integration, ZParl 24 (1993), S. 271-292

Mangoldt, Hans von / Rittberger, Volker (Hrsg.)
Das System der Vereinten Nationen und seine Vorläufer, Band I/2, Sonderorganisationen und andere Organisationen, Bern-München 1995

Manin, Philippe
La Convention de Vienne sur le droit des traités entre Etats et organisations internationales ou entre organisations internationales, AFDI 32 (1986), S. 454-481

Maresceau, Marc
Belgium - in: Jacobs, Francis G. / Roberts, Shelley (Hrsg.), The effect of treaties in domestic law, London 1987, S. 1-28

Martens, Fedor de
Traité de Droit International, Tomé I, Paris 1883 - Übers. aus dem Russischen

Martins, Renata
MERCOSUR: Der Südamerikanische Gemeinsame Markt im Überblick, RIW 1999, S. 851-856

Martius, Georg
Die Entwicklung des zwischenstaatlichen Donauschiffahrtsrechts, AVR 1 (1948/49), S. 233-245

Marwege, Renata
Der Andengerichtshof - Das Rechtsschutzsystem des Andenpaktes mit vergleichenden Bezügen zum Recht der Europäischen Gemeinschaften, Berlin 1995

dies. / Samtleben, Jürgen
Wirtschaftliche Integration und gewerbliche Schutzrechte in der Rechtsprechung des Andengerichtshofs, GRUR Int. 1993, S. 279-291

Mattes, Hans-Peter
Arabische Maghreb-Union - in: Andersen, Uwe / Woyke, Wichard (Hrsg.), Handwörterbuch Internationale Organisationen, 2. Aufl., Opladen 1995, S. 34-37

Mayer, Franz C.
Kompetenzüberschreitung und Letztentscheidung - Das Maastricht-Urteil des Bundesverfassungsgerichts und die Letztentscheidung über Ultra-vires-Akte in Mehrebenensystemen; eine rechtsvergleichende Betrachtung von Konflikten zwischen Gerichten am Beispiel der EU und der USA, München 2000

ders. Macht und Gegenmacht in der Europäischen Verfassung - Zur Arbeit des europäischen Verfassungskonvents, ZaöRV 63 (2003), S. 59-75

Marschik, Axel
Subsysteme im Völkerrecht - Ist die Europäische Union ein *„Self-Contained Regime“* ?, Berlin 1997

Meijers, Herman
New International Persons in the Caribbean, NILR 24 (1977), S. 160-188

Meng, Werner
Das Recht der Internationalen Organisationen - eine Entwicklungsstufe des Völkerrechts, Baden-Baden 1979

Meyns, Peter
Die "Entwicklungsgemeinschaft des Südlichen Afrika" nach der Apartheid - neue Ziele, alte Probleme, VRÜ 31 (1998), S. 171-195

Mosler, Hermann
Der Vertrag über die Europäische Gemeinschaft für Kohle und Stahl, ZaöVR 14 (1953), S. 1-45

Mouangue Kobila, James / Sokeng Donfack, Léopold
La CEMAC: à la recherche d'une nouvelle dynamique de l'intégration en Afrique centrale, AfrYBIL 6 (1998), S. 65-105

Mouelle Kombi, Narcisse
Les aspects juridiques d'une union monétaire: l'exemple de l'union monétaire d'Afrique centrale, RGDIP 105 (2001), S. 521-558

Moura Ramos, Rui Manuel
Portugal - in: Eisemann, Pierre M. (Hrsg.), L'intégration du droit international et communautaire dans l'ordre juridique national, The Hague-London-Boston 1996, S. 461-494

Moussé, Jean
Le contentieux des organisations internationales et de l'Union européenne, Bruxelles 1997

Müllerleile, Christoph
Die Integration der CARICOM-Staaten - Fortschritte und Hindernisse auf dem Weg zur Karibischen Gemeinschaft, Münster-Hamburg 1993

Murphy, Sean D.
Democratic Legitimacy and the Recognition of States and Governments, ICLQ 48 (1999), S. 545-581

Ndulo, Muna
African Integration Schemes: A Case Study of the Southern African Development Community (SADC), AfrYBIL 7 (1999), S. 3-30

Nerviens, Pierre de (Pseudonym)
Le Traité d'Amsterdam - Les relations extérieures, RTDE 33 (1997), S. 801-812

Nicolaysen, Gert
Der Unionsvertrag als Integrationsverfassung - in: Classen, Claus Dieter / Dittmann, Armin / Fechner, Frank / Gassner, Ulrich M / Kilian, Michael (Hrsg.), „In einem vereinten Europa dem Frieden der Welt zu dienen ...", Liber amicorum Thomas Oppermann, Berlin 2001, S. 187-200

Nikken, Pedro
Andean Common Market, Court of Justice, EPIL Vol. I, S. 159-163

Nohlen, Dieter / Thibault, Bernhard
Andenpakt - in: Andersen, Uwe / Woyke, Wichard (Hrsg.), Handwörterbuch Internationale Organisationen, 2. Aufl., Opladen 1995, S. 25-29

Ntumba, Luaba Lumu
Ressemblances et dissemblances institutionnelles entre la CEDEAO, la CEEAC et la ZEP - in: Lavergne, Réal (Hrsg.), Intégration et coopération régionales en Afrique de l'Ouest, Paris-Ottawa 1996, S. 349-369

Ogan, C. A.
The International Personality of the African Economic Community (AEC) - in: Ajomo, M. Ayo / Adewale, Omobolaji (Hrsg.), The Legal and Institutional Framework of the African Economic Community - Issues, Problems and Prospects, Lagos 1993, S. 52-59

Okolo, Julius E.
ECOWAS Regional Cooperation Regime, GYIL 32 (1989), S. 111-137

ders. Integrative and cooperative regionalism: the Economic Community of West African States, IO 39 (1985), S. 121-153

Olivar Jiménez, Martha L.
La compréhension du concept du droit communautaire en vue d'une véritable intégration dans le Cône sud - in: European Commission (Hrsg.), The European Union in a changing World, Luxembourg 1998, S. 619-661

Oppermann, Thomas
Europarecht, 2. Aufl., München 1999

Ortíz de Zevallos, Gonzalo
Common Market Law and its Influence in the Latin American Andean Region - in: Capotorti, Francesco / Ehlermann, Claus-Dieter / Frowein, Jochen A. / Jacobs, Francis / Joliet, René / Koopmans, Thijmen / Kovar, Robert (Hrsg.), Du droit international au droit de l'intégration, Liber amicorum Pierre Pescatore, Baden-Baden 1987, S. 843-859

Ott, Andrea
GATT und WTO im Gemeinschaftsrecht, Köln-Berlin-Bonn-München 1997

Paulus, Andreas L.
Die Internationale Gemeinschaft im Völkerrecht: Eine Untersuchung zur Entwicklung des Völkerrechts im Zeitalter der Globalisierung, München 2001

Pechstein, Matthias / König, Christian
Die Europäische Union, 3. Aufl., Tübingen 2000

Pellet, Alain
L'activité de la Commission d'arbitrage de la Conférence européenne pour la paix en Yougoslavie, AFDI 38 (1992), S. 220-238

ders. Les fondements juridiques internationaux du droit communautaire - in: Academy of European Law (Hrsg.), Collected Courses 1994, Vol. V, Part 2, S. 193-271

Pernice, Ingolf
Europäisches und nationales Verfassungsrecht, VVDStRL 60 (2001), S. 149-193

Pescatore, Pierre
L'ordre juridique des Communautés européennes, Liège 1975

ders. L'apport du droit communautaire au droit international public, CDE 4 (1970), S. 501-525

ders. Belgium-Luxemburg Economic Union, EPIL Vol. I, S. 367-371

Petersmann, Ernst-Ulrich
Economic Organizations and Groups, International, EPIL Vol. II, S. 32-38

Peterwerth, Reinhard
Das Vertragswerk des Zentralamerikanischen Gemeinsamen Marktes, Berlin 1973

Pippan, Christian
Demokratie durch Völkerrecht? Zu den Menschenrechts- und Demokratieklauseln in den Verträgen der Europäischen Gemeinschaft mit Drittstaaten am Beispiel des Lomé-Abkommens - in: Benedek, Wolfgang / Isak, Hubert / Kicker, Renate (Hrsg.), Development and Developing International and European Law, Essays in honour of Konrad Ginther on Occasion of his 65th birthday, Frankfurt a.M.-Berlin-Bern-Bruxelles-New York-Wien 1999, S. 473-500

Pitschas, Christian
Die völkerrechtliche Verantwortlichkeit der Europäischen Gemeinschaft und ihrer Mitgliedstaaten, Berlin 1995

Polakiewicz, Jörg
Völkervertragsrecht und Landesrecht in Portugal - Der Streit um Art. 4 des Decreto-Lei 262/83, ZaöRV 47 (1987), S. 265-278

ders. Andean Common Market, Court of Justice, Addendum 1990, EPIL Vol. I, S. 63-64

Politis, Nicolas-S.
Le problème des limitations de souveraineté et la théorie de l'abus des droits dans les rapports internationaux, RdC 6 (1925 I), S. 5-116

Quadri, Rolando
Cours général de droit international public, RdC 113 (1964 III), S. 237-483

Reisman, Michael W.
Sovereignty and human rights in contemporary international law - in: Fox, Gregory H. / Roth, Brad R. (Hrsg.), Democratic Governance and International Law, Cambridge 2000, S. 239-258

Ress, Georg
Ist die Europäische Union eine juristische Person?, EuR Beih. 2/1995, S. 27-40

Reuter, Paul
La Communauté Européenne du Charbon et de l'Acier, Paris 1953

ders. La Conférence de Vienne sur les traités des organisations internationales et la sécurité des engagements conventionnels - in: Capotorti, Francesco / Ehlermann, Claus-Dieter / Frowein, Jochen / Jacobs, Francis / Joliet, René / Koopmans, Thijmen / Kovar, Robert (Hrsg.), Du droit international au droit de l'intégration, Liber amicorum Pierre Pescatore, Baden-Baden 1987, S. 545-564

Ribbelink, Oliver
Succession d'Etats et Reconnaissance d'Etats et de Gouvernements - in: Klabbers, Jan / Koskenniemi, Martti / Ribbelink, Oliver / Zimmermann, Andreas (Hrsg.), State Practice Regarding State Succession and Issues of Recognition, The Hague-London-Boston 1999, S. 33-79

Rideau, Joël
Droit institutionnel de l'Union et des Communautés européennes, 3. Aufl., Paris 1999

ders. Les accords internationaux dans la jurisprudence de la Cour de justice des Communautés européennes, RGDIP 94 (1990), S. 289-418

ders. La participation de l'Union européenne aux organisations internationales - in: Société française pour le droit international (Hrsg.), Droit international et droit communautaire, perspectives actuelles, Paris 2000, S. 303-386

Rich, Roland
Recognition of States: The Collapse of Yugoslavia and the Soviet Union, EJIL 4 (1993), S. 36-65

Riedel, Eibe / Will, Martin
Human Rights Clauses in External Agreements of the EC - in: Alston, Philip (Hrsg.), The EU and Human Rights, Oxford 1999, S. 723-754

Rosas, Allan
The European Union and Mixed Agreements - in: Dashwood, Alan / Hillion, Christophe (Hrsg.), The General Law of E.C. External Relations, London 2000, S. 200-220

Roucounas, Emmanuel J.
Pour le dialogue entre le droit communautaire et le droit grec, RHellDI 33 (1980), S. 11-29

ders. Grèce - in: Eisemann, Pierre M. (Hrsg.), L'intégration du droit international et communautaire dans l'ordre juridique national, The Hague-London-Boston 1996, S. 287-315

Ruffert, Matthias
Pinochet Follow Up: The End of Sovereign Immunity, NILR 48 (2001), S. 171-195

Ruin, Olaf
Suède - in: Rideau, Joël (Hrsg.), Les Etats membres de l'Union européenne, Paris 1997, S. 439-458

Sack, Jörn
Die Europäische Gemeinschaft als Mitglied Internationaler Organisationen - in: Randelzhofer, Albrecht / Scholz, Rupert / Welke, Dieter (Hrsg.), Gedächtnisschrift für Eberhard Grabitz, München 1995, S. 631-660

ders. Die Europäische Union in den Internationalen Organisationen, ZEuS 4 (2001), S. 267-284

Sawadago, Filiga M.
L'Union européenne et l'UEMOA - in: European Commission (Hrsg.), The European Union in a Changing World, Luxembourg 1998, S. 735-747

Scabie, Iain (revising Abdullah El-Erian †)
International Organizations and International Relations - in: Dupuy, René-Jean (Hrsg.), Manuel sur les organisations internationales, 2. Aufl., Dordrecht-Boston-London 1998, S. 831-896

Scheinin, Martin / Ojanen, Tuomas
Finlande - in: Rideau, Joël (Hrsg.), Les Etats membres de l'Union européenne, Paris 1997, S. 541-702

Schermers, Henry G.
A Typology of Mixed Agreements - in: O'Keeffe, David / Schermers, Henry G. (Hrsg.), Mixed Agreements, Deventer-Antwerp-Boston-London-Frankfurt 1983, S. 23-33

ders. International Organizations as Members of Other International Organizations - in: Bernhardt, Rudolf / Geck, Wilhelm Karl / Jaenicke, Günther / Steinberger, Helmut (Hrsg.), Völkerrecht als Rechtsordnung, Internationale Gerichtsbarkeit, Menschenrechte-Festschrift für Hermann Mosler, Berlin-Heidelberg-New York 1983, S. 823-837

ders. Netherlands - in: Jacobs, Francis G. / Roberts, Shelley (Hrsg.), The effect of treaties in domestic law, London 1987, S. 109-122

ders. / Blokker, Niels M.
International Institutional Law, 3. Aufl., The Hague-London-Boston 1995

Scheurer, Christoph
Die Bindung Internationaler Organisationen an völkerrechtliche Verträge ihrer Mitgliedstaaten - in: Ginther, Konrad / Hafner, Gerhard / Lang, Winfried / Neuhold, Hanspeter / Sucharipa-Behrmann, Lilly (Hrsg.), Völkerrecht zwischen normativem Anspruch und politischer Realität - Festschrift für Karl Zemanek zum 65. Geburtstag, Berlin 1994, S. 223-250

Schlochauer, Hans-Jürgen
Der Rechtsschutz gegenüber der Tätigkeit internationaler und übernationaler Behörden, Schriften des Instituts für ausländisches und internationales Recht, Band 1, Frankfurt a.M. 1958

ders. Das Verhältnis des Rechts der Europäischen Wirtschaftsgemeinschaft zu den nationalen Rechtsordnungen der Mitgliedstaaten, AVR 11 (1963), S. 1-34

Schmitz, Thomas
Integration in der Supranationalen Union - Das europäische Ordnungsmodell einer prozeßhaften geo-regionalen Integration und seine rechtlichen und staatstheoretischen Implikationen, Baden-Baden 2001

Schneider, Henning C.
Wirtschaftssanktionen - Die VN, EG und Bundesrepublik Deutschland als konkurrierende Normgeber beim Erlaß paralleler Wirtschaftssanktionen, Berlin 1999

Schroeder, Werner
Die Rechtsnatur der Europäischen Union und verwandte Probleme - in: Schweitzer, Michael / Hummer, Waldemar (Hrsg.), Österreich und das Recht der Europäischen Union, Wien 1996, S. 3-22

ders. / Selmayr, Martin
Die EG, das GATT und die Vollzugslehre, JZ 1998, S. 344-349

Schwarze, Jürgen (Hrsg.)
EU-Kommentar, 1. Aufl., Baden-Baden 2000

ders. Das allgemeine Völkerrecht in den innergemeinschaftlichen Rechtsbeziehungen, EuR 18 (1983), S. 1-39

Schweißfurth, Theodor
Vom Einheitsstaat (UdSSR) zum Staatenbund (GUS), ZaöRV 52 (1992), S. 541-702

Schweitzer, Michael
Staatsrecht, Völkerrecht, Europarecht (Staatsrecht III), 7. Aufl., Heidelberg 2000

ders. Europäisches Recht und nationales Recht - dargestellt am Beispiel der deutschen und österreichischen Grundrechtsproblematik - in: Schwind, Fritz (Hrsg.), Aktuelle Fragen zum Europarecht aus der Sicht in- und ausländischer Gelehrter, Wien 1986, S. 128-147

ders. (Hrsg.)
Internationale Organisationen, Bad Homburg-Berlin-Zürich 1969

ders. / Hummer, Waldemar
Europarecht, 5. Aufl., Neuwied-Kriftel 1996, mit Nachtrag zum Amsterdamer Vertrag 1999

Schwob, Jacques
L'amendement à l'acte constitutif de la FAO visant à permettre l'admission en qualité de membre d'organisations d'intégration économique régionale et la Communauté économique européenne, RTDE 29 (1993), S. 1-16

Seidl-Hohenveldern, Ignaz
Danube River, EPIL Vol. I, S. 934-937

ders. / Loibl, Gerhard
Das Recht der Internationalen Organisationen einschließlich der Supranationalen Gemeinschaften, 7. Aufl., Köln-Berlin-Bonn-München 2000

Simma, Bruno (Hrsg.)
Charta der Vereinten Nationen, Kommentar, München 1991
[zitiert: Simma-*Bearb.*]

ders. International Human Rights and General International Law: A Comparative Analysis - in: Academy of European Law (Hrsg.), Collected Courses 1993, Vol. IV, Part 2, S. 153-236

Simmonds, Kenneth R.
The Central American Common Market - an Experiment in Regional Integration, ICLQ 16 (1967), S. 911-945

ders. International Economic Organizations in Central and Latin America and the Caribbean: Regionalism and Sub-Regionalism in the Integration Process, ICLQ 19 (1970), S. 376-397

Simon, Denys
Les fondements de l'autonomie du droit communautaire - in: Société française pour le droit international (Hrsg.), Droit international et droit communautaire, perspectives actuelles, Paris 2000, S. 207-249

Sohn, Louis B. (Hrsg.)
Basic Documents of African Regional Organizations, Vol. II, Dobbs Ferry-New York 1972

Steenbergen, Jacques
Les accords mixtes et le système fédéral belge - in: Bourgeois, Jacques H. J. / Dewost, Jean-Louis / Gaiffe, Marie Ange (Hrsg.), La Communauté européenne et les accords mixtes, Quelles perspectives?, Bruxelles 1997, S. 77-82

Stein, Eric
Toward supremacy of treaty - Constitution by judicial fiat in the European Economic Community, RivDirInt 48 (1965), S. 3-28

Stein, Klaus D.
Der gemischte Vertrag im Recht der Außenbeziehungen der Europäischen Wirtschaftsgemeinschaft, Berlin 1986

Steinberger, Helmut
Sovereignty, EPIL Vol. IV, S. 500-521

Streinz, Rudolf
Europarecht, 5. Aufl., Heidelberg 2001

Sudre, Frédéric
L'apport du droit international et européen à la protection communautaire des droits fondamentaux - in: Société française pour le droit international (Hrsg.), Droit international et droit communautaire, perspectives actuelles, Paris 2000, S. 169-193

Symmons, Clive R.
Ireland - in: Eisemann, Pierre M. (Hrsg.), L'intégration du droit international et communautaire dans l'ordre juridique national, The Hague -London-Boston 1996, S. 317-363

Tangermann, Christoph
Die völkerrechtliche Immunität von Staatsoberhäuptern - Grundlagen und Grenzen, Berlin 2002

Thun-Hohenstein, Christoph / Cede, Franz
Europarecht, 3. Aufl., Wien 1999

Timmermans, Christian
The EU and Public International Law, EFARev 4 (1999), S. 181-194

Tomuschat, Christian
Die internationale Gemeinschaft, AVR 33 (1995), S. 1-20

ders. General Course on Public International Law, RdC 281 (1999 VI), S. 1-438

ders. Obligations Arising for States without or against Their Will, RdC 241 (1993 IV), S. 195-374

ders. Liability for Mixed Agreements - in: O'Keeffe, David / Schermers, Henry G. (Hrsg.), Mixed Agreements, Deventer-Antwerp-Boston-London-Frankfurt 1983, S. 125-132

ders. Commodities, International Regulation of Production and Trade, EPIL Vol. I, S. 686-692

Treves, Tullio / Frigessi di Rattalma, Marco
Italie - in: Eisemann, Pierre M. (Hrsg.), L'intégration du droit international et communautaire dans l'ordre juridique national, The Hague-London-Boston 1996, S. 365-406

Trüe, Christiane
Verleihung von Rechtspersönlichkeit an die Europäische Union und Verschmelzung zu einer einzigen Organisation - deklaratorisch oder konstitutiv?, Vorträge, Reden und Berichte aus dem Europa-Institut der Universität des Saarlandes Nr. 357, 1997

dies. Rechtspersönlichkeit der Europäischen Union nach dem Vertragsänderungen von Amsterdam: Wer handelt in GASP und PJZ?, ZEuS 3 (2000), S. 127-176

Verdross, Alfred / Simma, Bruno
Universelles Völkerrecht, 3. Aufl., Berlin 1984

Verhoeven, Joe
La reconnaissance internationale, déclin ou renouveau? AFDI 39 (1993), S. 7-40

ders. Belgique - in: Eisemann, Pierre M. (Hrsg.), L'intégration du droit international et communautaire dans l'ordre juridique national, The Hague-London-Boston 1996, S. 115-149

Viaud, Pierre
Union européene et Union économique et monétaire de l'Ouest Africain: une symétrie raisonnée, RMCUE 1998, S. 15-24

Vigne, Daniel
La Participation aux organisations internationales - in: Dupuy, René-Jean (Hrsg.), Manuel sur les organisations internationales, 2. Aufl., Dordrecht-Boston-London 1998, S. 61-87

Vigne, Daniel
L'absence de personnalité juridique de l'Union européenne: Amsterdam persiste et signe - in: Hafner, Gerhard / Loibl, Gerhard / Rest, Alfred / Sucharipa-Behrmann, Lilly / Zemanek, Karl (Hrsg.), Liber amicorum Professor Ignaz Seidl-Hohenveldern in honour of his 80th birthday, The Hague-Boston-London 1998, S. 757-770

ders. La Participation aux organisations internationales - in: Dupuy, René-Jean (Hrsg.), Manuel sur les organisations internationales, 2. Aufl., Dordrecht-Boston-London 1998, S. 61-87

Visscher, Paul de
La Communauté européenne du charbon et de l'acier et les Etats membres - in: Centro Italiano di Studi Giuridici (Hrsg.), Actes officiels du Congrès International d'Etudes sur la Communauté européenne du Charbon et de l'Acier, Band 2 , La communauté européenne du charbon et de l'acier et les Etats membres, Milano 1957, S. 7-85

Waelbroeck, Michel
Traités internationaux et juridictions internes dans les pays du Marché commun, Bruxelles 1969

Wehner, Ulrich
Der Mercosur - Rechtsfragen und Funktionsfähigkeit eines neuartigen Integrationsprojektes und die Erfolgsaussichten der interregionalen Kooperation mit der Europäischen Union, Baden-Baden 1999

Weiler, Joseph H.H. / Fries, Sybilla C.
A Human Rights Policy for the European Community and Union: The Question of Competences - in: Alston, Philip (Hrsg.), The EU and Human Rights, Oxford 1999, S. 147-165

ders. The External Legal Relations of Non-Unitary Actors: Mixity and the Federal Principle - in: O'Keeffe, David / Schermers, Henry G. (Hrsg.), Mixed Agreements, Deventer-Antwerp-Boston-London-Frankfurt 1983, S. 35-83

Weller, Marc
The International Response to the Dissolution of the Socialist Federal Republic of Yugoslavia, AJIL 86 (1992), S. 569-607

Wichard, Johannes C.
Wer ist Herr im europäischen Haus?, EuR 34 (1999), S. 170-184

Witte, Bruno de
Retour à «Costa», La primauté du droit communautaire à la lumière du droit international, RTDE 20 (1984), S. 425-454

ders. Direct Effect, Supremacy, and the Nature of the Legal Order - in: Craig, Paul / de Búrca, Gráinne, The Evolution of EU Law, Oxford 1999, S. 177-213

World Bank
Sub-Saharan Africa - From Crisis to Sustainable Growth, A Long-Term Perspective Study, Washington D.C. 1989

dies. Governance and Development, Washington D.C. 1992

dies. Governance - The World Bank's Experience, Washington D.C. 1994 *dies.* World Development Indicators, Washington D.C. 2002

Wühler, Norbert
East African Community, EPIL Vol. II, S. 1-3

Wyatt, Derrick
New Legal Order, or Old?, ELR 7 (1982), S. 147-166

Zimmermann, Erich
Die Neuregelung der auswärtigen Gewalt in der Verfassung der Niederlande, ZaöRV 15 (1953/54), S. 164-210

Studien und Materialien zum Öffentlichen Recht

Herausgegeben von Herbert Bethge

Band 1 Hans-Georg Kamann: Die Mitwirkung der Parlamente der Mitgliedstaaten an der europäischen Gesetzgebung. National-parlamentarische Beeinflussung und Kontrolle der Regierungsvertreter im Rat der Europäischen Union im Spannungsfeld von Demokratie und Funktionsfähigkeit des gemeinschaftlichen Entscheidungsverfahrens. 1997.

Band 2 Gerhard Spieß: Der Grundrechtsverzicht. 1997.

Band 3 Stefan Hepach: Der Grundrechtsstatus der Landesmedienanstalten. 1997.

Band 4 Michael Fraas: Sicherheitsrat der Vereinten Nationen und Internationaler Gerichtshof. Die Rechtmäßigkeitsprüfung von Beschlüssen des Sicherheitsrats der Vereinten Nationen im Rahmen des VII. Kapitels der Charta durch den Internationalen Gerichtshof. 1998.

Band 5 Friedrich Loschelder: Die Durchsetzbarkeit von Weisungen in der Bundesauftragsverwaltung. 1998.

Band 6 Gunila Dieterich: Rechtsschutz der deutschen Bundesländer vor dem Bundesverfassungsgericht in Angelegenheiten der Europäischen Union. 1998.

Band 7 Wolfgang Weiß: Die Personenverkehrsfreiheiten von Staatsangehörigen assoziierter Staaten in der EU. Eine vergleichende Analyse der Assoziationsabkommen. 1998.

Band 8 Christian Bamberger: Verfassungswerte als Schranken vorbehaltloser Freiheitsgrundrechte. Vom Verfassungs- zum Gegenseitigkeitsvorbehalt. 1999.

Band 9 Andreas Rohde: Freier Kapitalverkehr in der Europäischen Gemeinschaft. 1999.

Band 10 Herbert Bethge: Rechtsberatung im privaten Rundfunk. Rechtsgutachten, erstattet auf Ansuchen von SAT 1, unter Mitwirkung von Christian von Coelln. 2000.

Band 11 Marcel Vachek: Das Religionsrecht der Europäischen Union im Spannungsfeld zwischen mitgliedstaatlichen Kompetenzreservaten und Art. 9 EMRK. 2000.

Band 12 Kerstin Ebock: Der Schutz grundlegender Menschenrechte durch kollektive Zwangsmaßnahmen der Staatengemeinschaft. Vom Interventionsverbot zur Pflicht zur humanitären Intervention? 2000.

Band 13 Christiane Gucht: Das Zensurverbot im Gefüge der grundrechtlichen Eingriffskautelen. 2000.

Band 14 Markus Ruttig: Der Einfluß des EG-Beihilferechts auf die Gebührenfinanzierung der öffentlich-rechtlichen Rundfunkanstalten. 2001.

Band 15 Jochen Murach: Die Haftung der öffentlichen Hand im Verwaltungsschuldrecht. 2002.

Band 16 Holger Schäfer: Die ungeschriebenen Freiheitsrechte in der schweizerischen Bundesverfassung von 1874 im Vergleich mit dem Grundgesetz. 2002.

Band 17 Alexander Glos: Die deutsche Berufsfreiheit und die europäischen Grundfreiheiten. Ein Strukturvergleich. 2003.

Band 18 Georg Blasberg: Verfassungsgerichte als Ersatzgesetzgeber. Entscheidungsaussprüche bei Normenkontrollen von Bundesverfassungsgericht und Corte Costituzionale. 2003.

Band 19 Artur Müller-Wewel: Souveränitätskonzepte im geltenden Völkerrecht. 2003.

Band 20 Helmut Wirner: Kommunale Wohnungsunternehmen als öffentliche Auftraggeber im Sinne der EG-Vergaberichtlinien. 2003.

Band 21 Christian Abt: Die Mitwirkung der deutschen Bundesländer bei völkervertraglichen Handlungen im Rahmen der Europäischen Union. 2003.

Band 22 Wolfram Wormuth: Die Bedeutung des Europarechts für die Entwicklung des Völkerrechts. 2004.

Philippe Gréciano

Die Anwendung des Europarechts im innerstaatlichen Bereich

Rechtsvergleichende Analyse: Österreich-Frankreich

Mit einem Vorwort von Theodor Öhlinger

Frankfurt am Main, Berlin, Bern, Bruxelles, New York, Oxford, Wien, 2002.
278 S.
Europäische Hochschulschriften: Reihe 2, Rechtswissenschaft. Bd. 3392
ISBN 3-631-39378-4 · br. € 45.50*

Zum aktuellen Thema des Europarechts führt die Arbeit eine komparative Analyse in den unterschiedlichen Staatsorganisationen durch, insbesondere zwischen Bundesstaat und Zentralstaat. Der Vergleich konzentriert sich auf den Vorrang und die unmittelbare Anwendbarkeit des Gemeinschaftsrechts und den dadurch geschaffenen Rechtsschutz. Der Schwerpunkt der Problematik liegt bei der Implementierung und im Vollzug der supranationalen Rechtsakte, welche zu inhaltlichen, strukturellen und verfahrensrechtlichen Veränderungen der beiden Rechtsordnungen führen. Anpassungsfragen sind aufgeworfen, in erster Linie im Prozessrecht, wo oft wegen verschiedener Rechtskulturen und -traditionen noch keine einheitliche europäische Lösung gefunden wurde. Die Arbeit bietet Beispiele für die Problemlösung im österreichischen und französischen Streitverfahren.

Aus dem Inhalt: Vergleichendes Recht Österreich-Frankreich · Europarecht · Anwendung · Strukturelle und verfahrensrechtliche Veränderungen · Anpassungen im Prozessrecht · Verschiedene Rechtskulturen

FSC
www.fsc.org
MIX
Papier | Fördert gute Waldnutzung
FSC® C083411

Kolibri 360 GmbH
Ferdinand-Jühlke-Straße 7
99095 Erfurt, Deutschland
produktsicherheit@kolibri360.de

Druck:
CPI Druckdienstleistungen GmbH
im Auftrag der
Kolibri 360 GmbH
Ferdinand-Jühlke-Str. 7
99095 Erfurt